Vor dem Gesetz

Frankfurter kriminalwissenschaftliche Studien

Bd./Vol. 149

Zu Qualitätssicherung und Peer Review der vorliegenden Publikation

Die Qualität der in dieser Reihe erscheinenden Arbeiten wird vor der Publikation durch Herausgeber der Reihe geprüft.

Notes on the quality assurance and peer review of this publication

Prior to publication, the quality of the work published in this series is reviewed by editors of the series.

Lauro Joppert Swensson Jr.

Vor dem Gesetz

Transitional Justice in Brasilien und die Problematik der strafrechtlichen Verantwortung für Straftaten der Militärdiktatur

PL ACADEMIC RESEARCH

Bibliografische Information der Deutschen Nationalbibliothek
Die Deutsche Nationalbibliothek verzeichnet diese Publikation in der Deutschen Nationalbibliografie; detaillierte bibliografische Daten sind im Internet über http://dnb.d-nb.de abrufbar.

Zugl.: Frankfurt (Main), Univ., Diss., 2014

D 30
ISSN 0170-6918
ISBN 978-3-631-66220-5 (Print)
E-ISBN 978-3-653-05218-3 (E-Book)
DOI 10.3726/978-3-653-05218-3

PL Academic Research ist ein Imprint der Peter Lang GmbH.

Peter Lang – Frankfurt am Main · Bern · Bruxelles · New York · Oxford · Warszawa · Wien

Diese Publikation wurde begutachtet.

www.peterlang.com

Für Erika
t.a.m.m.d.q.m

Vorwort

Die vorliegende Arbeit wurde im Sommersemester 2013 dem Fachbereich Rechtswissenschaft der Goethe-Universität Frankfurt am Main als Dissertation vorgelegt. Mein Dank gilt zuerst meinem Doktorvater, Herrn Prof. Dr. Dr. h.c. Ulfrid Neumann. Ihm schulde ich jenseits der Betreuung dieser Arbeit jahrelange intellektuelle und persönliche Anregungen. Herrn Prof. Dr. Klaus Günther möchte ich für die Bereitschaft, das Zweitgutachten zu dieser Dissertation zügig vorzubereiten, ebenfalls herzlich danken. Dem Deutschen Akademischen Austauschdienst danke ich für die finanzielle Unterstützung.

Im April 2013, zu dem Zeitpunkt also, an dem ich die letzten Zeilen dieser Arbeit beende, ist es sieben Jahre her, dass ich Brasilien verlassen habe, um mir in Deutschland einen Traum zu erfüllen. Fast zwei Jahre lang lernte ich die deutsche Sprache in Heidelberg und fünf Jahre habe ich der Forschung als Doktorand in Frankfurt am Main gewidmet. Jemand, der es Ende der 1990er-Jahre wagte aus *Dourados*, einer Kleinstadt im Bundesland *Mato Grosso do Sul*, fast an der Grenze zwischen Brasil und Paraguay gelegen, auszuziehen, um an der traditionsreichen juristischen Fakultät des *Largo São Francisco* in *São Paulo* zu studieren, hätte nie geträumt, so weit zu kommen. Für mich, der ich voller Pläne war und Abenteuer erleben wollte, bedeutete der Schritt, aus Brasilien fortzuziehen, um in Deutschland zu studieren, das Erleben einer persönliche Epik, ähnlich der, welche von *Luís Vaz de Camões* über den Seeweg von *Vasco da Gama* nach Indien geschrieben wurden.

Wenn ich mich jetzt an diese „Reise“ erinnere, kann ich nicht umhin, mich an schwierige Augenblicke zu erinnern, in denen ich die Angst spürte, weil ich für so viele Jahre Freunde, Verwandte und geliebte Personen verlassen musste. In diesen Jahren wusste ich manchmal, dass ich meine körperlichen und psychischen Schranken überschritten hatte. Auf der anderen Seite waren es diese Augenblicke, in denen ich die Hilfe und die Großzügigkeit von Freunden und Kollegen fand, ohne die diese Arbeit und diese Überfahrt nicht möglich gewesen wäre. Ich möchte wenigstens Dr. Antonio Martins, Regis Dudena, Newton Silveira Jr., Fabrício Lopes e Silva, Dr. Tobias Fernandes Neto, Ania Słobodzianek, Vito Palo Neto, Lizandra Carvalho, Nadine Kemmel, Gabriela Souza, Renata Teruel, Ysabel Colman, Sonia Ferreira, Ivan Santos, Dr. Julian Culp, Dr. Jorgos Giannoulis, Dr. Filipe Campello, Maria Salgado Martinez, Dr. Abe Nobuyuki und Uta Wilkens an dieser Stelle nennen. Auch die Kollegen aus Göttingen, Saulo Matos, Gabriel Machado und Eneas Vasconcelos, die Familie Kuers aus Eldigen, die Familie Vegners aus Riga und die Freunde, die in Brasilien geblieben sind, Giovani F. Brocardo, Laurent A. M. de Saes, Leonardo H. da Silva, Luiz Malcolm M. de Mello Filho, Marcelo Torelly, Rafael H. J. Rocha, Rodrigo M. Toffoli und Rodrigo R. de Souza.

Ich möchte mich an dieser Stelle auch sehr aufrichtig bei Dr. Dorothee Rüdiger und Dr. Jutta Mühlenberg für die unermüdliche Korrektur des Textes und die vielen stilistischen Vorschläge bedanken, die mir halfen, meine Schwierigkeiten mit der deutschen Sprache zu überwinden. Ebenso bedanke ich mich bei den Professoren

Cornelius Prittwitz, Carlos Fico, Dirk Fabricius, Flávia Püschel, Gessé Marques Jr, José Carlos M. Silva Filho, Kai Ambos und Nilo Batista für ihre wichtigen Kommentare und für ihre anregende Kritik.

War es der Mühe wert? "*Tudo vale a pena se a alma não é pequena*" (Alles ist der Mühe wert, wenn die Seele nicht kleinmütig ist) – schreibt Fernando Pessoa. "*Quem quer passar além do Bojador tem que passar além da dor. / Deus ao mar o perigo e o abismo deu, mas nele é que espelhou o céu.*" (Wer jenseits des Kap Boyadors gehen will [oder wer sich nicht nur treiben lässt], soll den Schmerz überwinden. / Gott hat dem Meer Gefahren und den Abgrund gegeben, aber hat in ihm auch den Himmel spiegeln lassen.) Bei all den Schmerzen der Überfahrt ist eine Eroberung sicher: die Lehre, die Reife. Es ist nicht nur die Lehre im beruflichen, sondern vor allem im persönlichen, im menschlichen Sinne. Es gilt zu lernen, was wir sind, zu lernen, was wir sein wollen. Das ist eine Reise, bei der es kein Zurück gibt. Sie endet auch nicht.

In diesem Sinne gilt mein besonderer Dank Prof. Dr. Dimitri Dimoulis, meinem ersten akademischen Lehrer, der mir die Landkarte gezeigt und mir seinen theoretischen Kompass geschenkt hat. Mein spezieller Dank geht an Prof. Dr. Dr. h.c. Ulfrid Neumann, der mich auf mir bis dahin unbekannten juristischen Meeren segeln ließ und sich als ein Beispiel von Lehrer und Betreuer darstellte, dem ich in meinem Leben folgen will. Ich bedanke mich auch bei meinen Schwiegereltern, Maria Helena und Rolf Eriks Vegners, meiner Schwester, Luana F. J. Swensson, und vor allem bei meinen Eltern, Luzia Ap. F. Swensson und Lauro J. Swensson, die mir immer den Heimathafen boten, wo ich die Ruhe und die Kraft fand, damit ich meine Reise wieder aufnehmen konnte. Ein herzlicher Dank an meine Ehefrau Erika V. Swensson, die mir in den schwierigsten Tagen die wirkliche Bedeutung der Liebe gezeigt hat.

„Tão certo é que a paisagem depende do ponto de vista,
e que o melhor modo de apreciar o chicote é ter-lhe o cabo na mão.“*
Machado de Assis, *Quincas Borba,* Cap. XVIII

* „Es ist sicher, dass die Landschaft vom Standpunkt aus gesehen wird, und auch, dass man auf die vortrefflichste Weise die Peitsche würdigt, indem man ihren Griff in der Hand hält“. Machado de Assis, *Quincas Borba,* Kapitel XVIII.

Inhaltsverzeichnis

Zweiter Teil
Zur Bestrafung der staatlichen Kriminalität in Brasilien

Abkürzungsverzeichnis

ABI	Associação Brasileira de Imprensa (Brasilianische Pressevereinigung)
AI	Ato Institucional (Regierungsakt)
ADPF	Arguição de Descumprimento de Preceito Fundamental (Übergangsbestimmungen der Bundesverfassung)
AGMR	Inter-Amerikanischer Gerichtshof für Menschenrechte
ALN	Ação Libertadora Nacional
AMRK	Amerikanischen Menschenrechtskonvention
ARENA	Aliança Renovadora Nacional
ASIs	Assessorias de Segurança e Informações (Beratungsstellen zur Sicherheit und Information)
BGHSt	Entscheidungen des Bundesgerichtshofs in Strafsachen (Amtliche Sammlung)
BVerGE	Entscheidungen des Bundesverfassungsgerichts (Amtliche Sammlung)
CC	Código Civil (Brasilianisches Bürgerliches Gesetzbuch)
CCC	Comando de Caça aos Comunistas (Kommando zur Jagd von Kommunisten)
CENIMAR	Centros de Informação da Marinha (Informationszentrum der Marine)
CF	Constituição Federal (Bundesverfassung)
CIE	Centros de Informação do Exército (Informationszentrum des Heeres)
CISA	Centros de Informação da Aeronáutica (Informationszentrum der Luftwaffe)
CNBB	Conferência Nacional dos Bispos do Brasil (Nationale Bischofskonferenz Brasiliens)
CODIs	Centros de Operações de Defesa Interna (Operationszentren zur Inneren Verteidigung)
CP	Código Penal (Strafgesetzbuch)
CPM	Código Penal Militar (Militärstrafgesetzbuch)
CPPM	Código de Processo Penal Militar (Gesetzbuch zum Militärischen Strafprozess)

Dec.	Decreto (Verordnung)
DJ	Diário da Justiça (Amtsblatt)
DJE	Diário da Justiça Eletrônico (Eletronisches Amtsblatt)
DJU	Diário da Justiça da União (Amtsblatt des Bundes)
DL	Decreto Legislativo (Verordnung des Gesetzgebers)
DOIs	Destacamentos de Operações de Informações (Sonderdezernate für Informationsoperationen)
DOPS	Departamento Estadual de Ordem Política e Social (Abteilungen zur politischen und sozialen Ordnung im bundesstaatlichen Innenministerium)
DSIs	Divisões de Segurança Interna (Interne Sicherheitsdivisionen)
EC	Emenda Constitucional (Verfassungsänderndes Gesetzes)
HC	Habeas Corpus
Jura	Juristische Ausbildung
JZ	Juristen-Zeitung
IAB	Instituto dos Advogados Brasileiros (Institut der Brasilianischen Anwälte)
ICTJ	International Center for Transitional Justice
ICTR	Internationaler Strafgerichtshof für Ruanda
ICTY	Internationaler Strafgerichtshof für das ehemalige Jugoslawien
IGMR	Interamerikanischen Gerichtshofs für Menschenrechte
IStGH	Internationaler Strafgerichtshof
KritV	Kritische Vierteljahresschrift für Gesetzgebung und Rechtswissenschaft
MAC	Movimento Anticomunista (Antikommunistische Bewegung)
MDB	Movimento Democrático Brasileiro (Demokratische Bewegung Brasiliens)
MP	Medida Provisória (Übergangsregelung)
MR-8	Movimento Revolucionário 8 de Outubro (Revolutionäre Bewegung 8. Oktober)
NJW	Neue Juristische Wochenschrift
NStZ	Neue Zeitschrift für Strafrecht

NWK	Nationale Wahrheitskommission
OAB	Ordem dos Advogados do Brasil (Anwaltskammer Brasiliens)
OAS	Organisation Amerikanischer Staaten
OBAN	Operação Bandeirantes
PCdoB	Partido Comunista do Brasil
PL	Projeto de Lei (Gesetzesprojekt)
RC	Recurso Criminal (Strafrechtlicher Rechtsbefehl)
RE	Recurso Extraordinário (Außerordentlicher Rechtsbefehl)
REsp	Recurso Especial (Besonderer Rechtsbefehl)
RHC	Recurso de Habeas Corpus (Habeas Corpus Rechtsbefehl)
SCSL	Sondergerichtshof für Sierra Leone
SNI	Serviço Nacional de Informações (Nationaler Informationsdienst)
STF	Supremo Tribunal Federal (Höchstes Bundesgericht)
STJ	Superior Tribunal de Justiça (Oberstes Bundesgericht)
STM	Superior Tribunal Militar (Oberstes Militärgericht)
StV	Strafverteidiger (Zeitschrift)
UNO	Vereinte Nationen (United Nations Organization)
ZStW	Zeitschrift für die gesamte Strafrechtswissenschaft

Einleitung

„Zu jeder Zeit gibt es einige Worte, in denen sich der objektive Geist einer Gesellschaft in höchster Verdichtung bündelt. Erkennbar wird dies nicht nur am häufigen Gebrauch dieser Worte in der Alltagskommunikation, sondern vor allem auch daran, dass dies keinen Widerspruch auslöst oder wenigstens die Frage, wer oder was denn damit gemeint sei. Gegenwärtig scheint der Begriff der ‚Verantwortung' diese Rolle innezuhaben" – stellte *Klaus Günther* fest.[1]

Während die Verantwortlichkeit heute ein Schlüsselbegriff ist, um auf die tiefgreifende Veränderung im Selbstverständnis und in der Befindlichkeit moderner Gesellschaften hinzuweisen, und das Strafrecht expandiert,[2] klopft die Straflosigkeit von grausamen Straftaten, die im Namen des Staates begangen wurden, wie offene Wunden, die nicht heilen wollen. So bestimmt die Straflosigkeit von Straftaten wie Folterungen, dem gewaltsamen Verschwinden von Personen und außergerichtlichen Hinrichtungen, die während der politischen Repression der brasilianischen Militärdiktatur zwischen 1964 und 1985 begangen wurden, die Geschichte Brasiliens. Eine Geschichte, die darauf besteht, nicht zu vergehen. Gegen niemanden wurde wegen solcher krimineller Handlungen strafrechtlich vorgegangen.

Nach dem Inkrafttreten des Amnestiegesetztes vom 28. August 1979 (Gesetzes Nr. 6683/79) wird diese Straflosigkeit mit den Hauptargumenten der bilateralen Amnestie und auch der späteren Verjährung gerechtfertigt, so wie sie das Gesetz vorschreibt. Angesichts der Extrapolation der Verjährungsfrist, des so ausgelegten Amnestiegesetzes und der Forderung, dass in einem demokratischen Rechtsstaat das positive Gesetz geachtet werden solle, war es jahrzehntelang gelungen, zu behaupten, dass es nicht mehr möglich sei, die Täter vergangener staatsverstärkter Kriminalität durch das Strafrecht für ihre Taten zur Verantwortung zu ziehen.

Doch, wie *Max Weber* schreibt, „Aber irgendwann wechselt die Farbe: die Bedeutung der unreflektiert verwerteten Gesichtspunkte wird unsicher, der Weg verliert sich in der Dämmerung. Das Licht der großen Kulturprobleme ist weiter gezogen. Dann rüstet sich auch die Wissenschaft, ihren Standort und ihren Begriffsapparat zu wechseln und aus der Höhe des Gedankens auf den Strom des Geschehens zu blicken. Sie zieht jenen Gestirnen nach, welche allein ihrer Arbeit Sinn und Richtung zu weisen vermögen: ... der neue Trieb erwacht, / Ich eile fort, ihr ew'ges Licht zu trinken, / Vor mir den Tag und hinter mir die Nacht / Den Himmel über mir und unter mir die Wellen".[3]

---

1 *K. Günther*, Strafrechtliche Verantwortlichkeit in der Zivilgesellschaft, in: Das Interesse der Vernunft, 2000, S. 465.

2 Vgl. *J. M. S. Sánchez*, Die Expansion des Strafrechts. Kriminalpolitik in postindustriellen Gesellschaften (1999), 2003.

3 *M. Weber*, Die „Objektivität" sozialwissenschaftlicher und sozialpolitischer Erkenntnis (1904), in: Gesammelte Aufsätze zur Wissenschaftslehre (1922), 1985, S. 214.

Erst nach dem die Ost-West-Konfrontation aufhörte, konnten die ideologisch zementierten Positionen, die jede Menschenrechtsverletzung nur danach beurteilten, welchem der beiden Machtblöcke sie nutzen oder schaden würde, aufgebrochen werden. Erst jetzt konnten die Verbrechen als das wahrgenommen werden, was sie waren: Schwerste und massenhaft begangene Menschenrechtsverletzungen. Vor allem in den eher peripheren Staaten dieser beiden Machtblöcke wurden auch von dem sich rechtsstaatlich und menschenrechtsfreundlich darstellenden Westen oftmals Militärdiktaturen begünstigt, gefördert und geschützt, die solche Menschenrechtsverletzungen begingen. Dies trifft insbesondere auf viele Länder Lateinamerikas zu.

Die Undenkbarkeit einer Bestrafung der vom brasilianischen Ausnahmeregime begangenen Straftaten, etwas, das in gewisser Weise sowohl von der Bevölkerung als auch von den Juristen schon angenommen worden war und auch in der Praxis der Rechtsprechung als festgeschrieben galt, wurde dann kurz nach der Jahrtausendwende in Frage gestellt. Die Tatsache, dass die schwierige Frage nach der Straflosigkeit der Folterer nicht beantwortet worden war und bis dato in der politischen und juristischen Agenda lediglich unterschwellig bestanden hatte, wurde jetzt offenbar. Sie kann nun im brasilianischen Alltag nicht mehr mit mangelndem Interesse, Vergesslichkeit oder Heuchelei behandelt werden. In der „Ära der Verantwortlichkeit" dieses beginnenden 21. Jahrhunderts wurde zusammen mit der *Transitional Justice* Bewegung die Frage diskutiert, ob Staatsbeamte, die Verbrechen und/oder gesetzliches Unrecht (im Zusammenhang mit der politischen Repression der Militärdiktatur) begangen haben, dafür strafrechtlich verantwortlich gemacht werden sollen. Außerdem wird debattiert, wie diese Verantwortlichkeit begründet werden könnte.

Problematisch ist dabei, dass, wenn den Forderungen nach einer Strafverfolgung der Straftäter in der Diktatur nachgegangen werden soll, die (liberalen) Garantien der Amnestie, der Verjährung und des Rückwirkungsverbots, die im geltenden brasilianischen Recht vorgesehen sind, um die Strafmacht des Staates gegen seine Bürger einzugrenzen, sowie die allgemeine Forderung nach dem Respekt gegenüber den (formell) gültigen Gesetzen aufgehoben werden müssen. Es stimmt, dass die durch den Staat verursachten Folterungen und Morde nicht straflos bleiben dürfen, nur weil sich der Staat das Recht gegeben hatte, zu foltern und zu töten. Wo ist jedoch die Grenze zwischen der Rechtssicherheit (Verbot der Rückwirkung) und der Gerechtigkeit im konkreten Fall zu ziehen? Dies ist eine Frage, die beträchtliche Schwierigkeiten aufwirft. Einerseits besteht eine Spannung zwischen der Garantie der Legalität und der institutionellen Gewalt, die in der Vergangenheit begangen wurde. Andererseits stellt sich u. a. die Frage, ob das im demokratischen Rechtsstaat der neuen brasilianischen Republik geltende Modell der strafrechtlichen Verantwortung für diejenigen Straftaten, die von der Diktatur begangen wurden, aufgehoben, ersetzt oder bestehen bleiben soll.

Kann das Recht gravierende Verstöße gegen Menschenrechte amnestieren und verjähren lassen? Kann das Recht ein Verhalten, das in der Vergangenheit gesetzlich erlaubt war, akzeptiert und praktiziert wurde, heute jedoch als moralisch verwerflich und politisch unakzeptabel angesehen wird, bestrafen? Kann ein Satz, der zwar nicht im Gesetz steht, aber von „den meisten als richtig“ betrachtet wird, ein *Rechts*satz sein? Bis zu welchem Punkt kann oder soll die (legale, normative) Selbstbegrenzung des Strafrechts gehen?

Diese Fragen zu beantworten, bedeutet nicht einfach einige Henker einzusperren, die im Namen der Gerechtigkeit den Opfern gegenüber wegen ihrer begangenen Strafhandlungen im Gefängnis sitzen sollten. Die Antwort auf die Frage nach der Strafgerechtigkeit gegenüber den Opfern (durch die Bestrafung der Tätern) beinhaltet hier auch die Frage, welchen Rechtsstaat wir für uns selber wollen: Soll es ein Staat und ein Recht sein, das auf dem Gesetz beruht, dessen Anwendung unabhängig von der Situation der betroffenen Adressaten ist? Oder soll es ein Staat und ein Recht sein, das in bestimmten Fällen, die als außergewöhnlich ungerecht betrachtet werden oder die bestimmte „Feinde“ betreffen, Ausnahmen vom Gesetzlichkeitsprinzip zulässt?

Damit ist der Schwerpunkt der vorliegenden Arbeit genannt: Die Bewegung der *Transitional Justice*, die heute in Brasilien als Reaktion auf die in der Vergangenheit begangene Staatskriminalität existiert, zu erörtern. Es wird die Frage nach der strafrechtlichen Verantwortung kritisch beleuchtet, die innerhalb der Debatte der brasilianischen *Transitional Justice* besteht, indem die Argumente, die für eine Bestrafung der Täter der Diktatur vorliegen, systematisiert und „dekonstruiert“ werden. Durch diese Vorgehensweise soll endlich eine Antwort auf die Frage gefunden werden, ob eine Bestrafung der Urheber der Staatskriminalität juristisch zu begründen ist oder nicht.

In der vorliegenden Arbeit geht es also um die strafrechtliche Vergangenheitsaufarbeitung nach dem Zusammenbruch der brasilianischen Diktatur (1964–1985). Das allgemeine Thema lautet „Vergangenheitsbewältigung durch Strafrecht“ bzw. *Criminal Transitional Justice*, worunter die zentrale Frage zu verstehen ist, ob Personen, die für die „systemkonformen“ Menschenrechtsverletzungen seinerzeit verantwortlich waren, in der heutigen Republik strafrechtlich belangt werden können.

Wie soll ein demokratischer Verfassungsstaat mit den Hinterlassenschaften einer Diktatur umzugehen? Wie wird auf die allgemeine Verletzung von Rechten reagiert, die, obwohl sie theoretisch durch das Rechtssystem geschützt waren, praktisch mit Zustimmung und unter der Toleranz des Staates verletzt wurden? Wie soll die Rechtsordnung, insbesondere die Strafrechtsordnung, auf staatsgestützte Kriminalität, die vor einem politischen Systemwechsel begangen wurde, reagieren? Kann die vergangene Staatskriminalität nachträglich noch verfolgt und sanktioniert werden, wenn diesem Bemühen schon bestimmte rechtsstaatliche Grundsätze und Rechtsinstitute entgegenstehen? Inwieweit kann und soll das Strafrecht als Instrumentarium zur Aufarbeitung vergangenen Systemunrechts beitragen?

Insbesondere geht es um das Problem der strafrechtliche Verantwortlichkeit von Taten, die sowohl durch gesetzliches Unrecht, als auch durch eine (in der Diktatur beschlossene) Amnestie (Gesetzes Nr. 6683/79, vorgesehen im Art. 107, II des Strafgesetzbuches) und der Extrapolation der Verjährungsfrist (Art. 107, IV und Art. 109 Strafgesetzbuch) gedeckt ist. Die Frage zu beantworten, ob und wenn ja, auf welche Weise es heute noch Sinn macht bzw. gegebenenfalls Sinn machen könnte, von einer strafrechtlichen Verantwortung bzw. Bestrafung zu sprechen, ist sicherlich eine der größten Herausforderungen für diejenigen, die sich mit dem Thema des *Transitional Justice* in Brasilien beschäftigen, und das Hauptziel der vorliegenden Arbeit.

Die Forschung ist begrenzt auf das Problem der strafrechtliche Verantwortlichkeit für Staatskriminalität, d. h. für Handlungen, die von Agenten des strafrechtlichen Subsystems DOPS-DOI/CODI begangen wurden, die unter anderem wegen Folter, Mord, Entführung und Verschleppung von Mitgliedern des bewaffneten Widerstandes gegen die Diktatur oder gegen einfache Regimegegner verantwortlich sind. Die Studie behandelt keine Straftaten, die von Gegnern des autoritären Regimes begangen wurden. Damit bezieht sie eine Position gegen die Forderung, die von einigen Teilen der Gesellschaft aufgestellt wurde, die nur unter der Bedingung mit der Diskussion einverstanden waren und sind, dass die Handlungen beider Seiten thematisiert werden („Theorie von den zwei Dämonen").

Die vorgenommene Eingrenzung ist aus zweierlei Gründen zu verteidigen: Ein Grund beruht auf methodisch-formalen Kriterien und dem Recht des Autors, innerhalb eines weitläufigen Universums den Ausschnitt und das Objekt seiner Studien selbst zu definieren. Der andere Grund ist materiell. Die Gewalt und die Kriminalität derjenige, die gegen die Diktatur gekämpft haben, mit der von denjenigen, durch die die Diktatur Bestand hatte, gleichzustellen, bedeutet: (a) Das Hauptaugenmerk der vorliegenden Arbeit, das auf der Bewältigung des Problems der Staatskriminalität (innerhalb der größeren Problematik der *Transitional Justice*) liegt, auf etwas anderes zu richten. (b) Die Schwere der Taten, seine Folgen und Implikationen herabzusetzen oder zu neutralisieren. (c) Eine solche Gleichstellung bezweckt direkt oder indirekt eine Rechtfertigung der schweren Menschenrechtsverletzungen und dies gilt es zu verhindern.[4] Obwohl die Aussage, dass während des Konflikts Exzesse und Verbrechen auf beiden Seiten begangen wurden, nicht falsch ist, so ist es doch falsch, die beiden Seiten so miteinander zu vergleichen, als ob es sich um „gleiche" oder „ähnliche" (mit der gleichen Macht, Organisation, Ressourcen usw.) gehandelt hätte. Außerdem ist die Bemerkung notwendig, dass die meisten Gegner der Diktatur für ihre „Verbrechen" schon „bestraft" wurden. Viele von ihnen wurden verhaftet, gefoltert und getötet. Eine große Anzahl wurde vor Gericht gestellt und für Verbrechen gegen die nationale Sicherheit verurteilt. Aber die Straftaten der Agenten und Kollaborateure der Diktatur wurden bis heute weder strafrechtlich verfolgt noch wurden die Täter zur strafrechtlichen Verantwortung gezogen. Die Staatskriminalität blieb unbestraft.

In der brasilianischen Debatte über die Strafbarkeit der Staatskriminalität haben sowohl die Befürworter als auch die Gegner der Bestrafung die Angewohnheit, ihre

---

4 Vgl. *A. Martins*, A legalidade e a proibição de retroatividade das leis no direito penal e no direito penal internacional e o tratamento dos crimes estatais praticados durante o regime militar no Brasil, in: Revista Anistia Política e Justiça de Transição, 2013, S. 204; *V. Safatle*, Vladimir. Do uso da violência contra o estado ilegal, in: O que resta da ditadura, 2010, S. 243.

Meinungen zu verteidigen und ihre Urteile auf Grund von moralischen und politischen Argumenten zu fällen, die i. d. R. emotional sehr aufgeladen sind und die in einem Rahmen hervorgebracht werden, der in der schlagwortartig Unterscheidung zwischen „Gut“ und „Böse“ besteht und durch keine Alternative zu „Versöhnung oder Bestrafung“ gekennzeichnet ist. Es ist nachvollziehbar, dass so gehandelt wird, vor allem da es sich um traumatische Erfahrungen handelt, die auf den in der Vergangenheit begangenen Gewalttaten beruhen. Nur, mit dem Recht verhält es sich anders:[5] „Die Argumentationsstrukturen, die es ermöglichen, partikuläre (oder auch: universelle) nicht-juristischen Normen in der Form von Rechtsbehauptung auszudrücken, bedürften einer eigenen Untersuchung“.[6]

Zu wissen, wie das Recht auf juristischem Weg, im Gegensatz zu anderen gesellschaftlichen Bewertungen, dieses Problem lösen kann und soll, ist ein Ziel der vorliegenden Arbeit. Dies hat zur Folge, dass, um zur Lösung des Problems beitragen zu können, definiert werden muss, was rechtlich oder nicht rechtlich ist; genauer gesagt, was das Recht von anderen normativen Systemen (wie der Moral, Politik, Wirtschaft, Religion, Wissenschaft) unterscheidet. Mehr noch, Ziel dieser Arbeit ist, eine Antwort darauf zu finden, wie ein Strafrecht, das in einer rechtsstaatlichen, deliberativen Demokratie entsteht, das Problem der strafrechtlichen Verantwortung für die während der Diktatur begangenen Straftaten lösen kann und soll, indem der Unterschied und die Identität zwischen einem „legalen“ oder „legaleren“ Strafrecht und anderen „weniger legalen“ Strafrechten, speziell denen von autoritären Regimen, eingegrenzt werden soll.

Die vorliegende Untersuchung hat deshalb einen doppelten Zweck: die *Transitional Justice* Bewegung mittels des Rechts (und des Strafrechts) und, auf der anderen Seite, das Recht (und das Strafrecht) mittels der *Transitional Justice* zu überdenken. Da die Regelhaftigkeit sowohl ein Derivat von Regeln als auch ein Produkt der Praxis ist, fördert das Thema der *Transitional Justice* auch einen speziellen Wunsch danach, das juristische Phänomen Brasiliens zu verstehen. Die Begriffe und Theorien (wie Amnestie, Verjährung, Rechtsgültigkeit, sogar der eigentliche Rechtsbegriff) sollen (und können hier) auf ihren Gebrauch in der aktuellen Praxis geprüft werden. Fallstudien über *Transitional Justice*, die die heutigen Gerichte und die wissenschaftliche Lehre diskutieren, sollen (und können hier) in die allgemeinen und abstrakten Analysen über das Recht einbezogen werden.

Die Arbeit gliedert sich in vier Teile. *Der erste Teil* befasst sich, mittels einer kritischen Analyse der Begriffe „Staatskriminalität“ und „Transitional Justice“, mit dem Phänomen eines staatlichen Unrechtssystems (Kap. I) und der „Transitional-Justice-Bewegung“, die als Reaktion auf die ganz überwiegend zu konstatierende Tendenz zur Straflosigkeit staatlicher Kriminalität, verstanden werden kann (Kap. II).

---

5 In diesem Sinne z. B. *K. Lüderssen*, Der Staat geht unter: das Unrecht bleibt?, 1992, S. 15; *N. Horn*, Einführung in die Rechtswissenschaft und Rechtsphilosophie, 2007, S. 132.

6 *U. Neumann*, Theorien der Rechtsgeltung (1985), 2008, S. 113.

Im *zweiten Teil* der Arbeit wird zunächst eine Rekonstruktion der politischen und rechtlichen „Wirklichkeit" unternommen. Damit versuche ich zu erläutern, dass die strafrechtliche Verantwortung staatlicher Kriminalität eine komplexe Konstruktion ist, die u.a. von dem jeweiligen Typ des politischen Regimes und dem jeweiligen Modell von *Transitional Justice* abhängig ist. Es handelt nicht um eine objektive Feststellung von Tatsachen, sondern um eine normativ imprägnierte Zuschreibung. Verantwortlichkeit wird von den Beteiligten gemäß den historischen und sozialen Situationen, in der sie jeweils leben, interpretiert. Wenn spezifisch die brasilianische *Transitional Justice* untersucht wird, ist es möglich, mindestens drei verschiedene Arten der Konstruktion von strafrechtlicher Verantwortung festzustellen, die eng mit den Perioden der Diktatur (Kap. I), der Neuen Republik (Kap. II) und der gegenwärtigen „Ära der Verantwortlichkeit" (Kap. III) verknüpft sind. In jeder Konstruktion kann man, im Augenblick der Zurechnung oder Nichtzurechnung von Verantwortung, den jeweiligen Vorrang der Kriterien entweder der formellen Rechtskraft der gültigen Rechtsnormen; oder der Handlungspraktiken der Machthaber mit ihren offiziellen oder inoffiziellen Regeln; oder der moralischen Werte desjenigen, der Verantwortung zurechnet, feststellen.

Im Fokus des *dritten Teils* der Arbeit steht die Argumentation, die in Brasilien von den Vertretern der „*Criminal Transitional Justice*" entwickelt wird, nach der es doch möglich sei, die Bestrafung der Straftäter der Diktatur zu begründen – und dies ohne gesetzliche Strafaufhebungsgründe der Amnestie und der Verjährung zu überspielen und das Rückwirkungsverbot zu verletzten („*diesseits des Gesetzes*"). Es werden hier sowohl das Argument der „richtigen Auslegung" des Amnestiegesetzes (Kap. I), der mangelnden demokratischen Legitimation und der Verfassungswidrigkeit des Amnestiegesetzes (Kap. II), als auch das Argument des Verbrechens gegen die Menschlichkeit und der Verletzung der Amerikanischen Menschenrechtskonvention (Kap. III) diskutiert.

Kapitel IV des dritten Teils ist dem Gerechtigkeitsargument gewidmet, nach dem die Existenz der gesetzlichen Hürden für die Bestrafung der Täter der Staatskriminalität Brasiliens anerkannt wird, diese aber, wegen der „Ungerechtigkeit" dieser Hürden, für ungültig erklärt werden (*jenseits des Gesetzes*). Es handelt sich hier nicht um den Versuch einer (Um-)Interpretation bestimmter Rechtsinstitute, wie der Amnestie und der Verjährung, damit sie, innerhalb einer internen Analyse der Rechtsordnung, nicht mehr als ein Hindernis für die strafrechtliche Verantwortlichkeit verstanden werden (*verdeckter Rechtsmoralismus*). Was das Gerechtigkeitsargument angeht, handelt es sich um die Infragestellung der Bedeutung der *Rechtsgültigkeit* und in gewisser Weise des eigentlichen *Rechtsbegriffs*, so dass die Äquivalenz von gesetztem und geltendem Recht bestritten wird und die Position, dass Rechtsregeln kraft inhaltlicher Qualitäten und unabhängig von ihrer Setzung gelten müssen, eingenommen wird (*offener Rechtsmoralismus*).

Im *vierten Teil* der Arbeit wird die Summe aus den vorgängigen Analysen gezogen. Das Dilemma des heutigen Staates, entweder gravierende Verstöße gegen Menschenrechte und rechtsstaatliche Prinzipien unbestraft zu lassen, oder aber selbst durch die Verletzung des strafrechtlichen Rückwirkungsverbots gegen ein elementares Prinzip der Rechtsstaatlichkeit zu verstoßen, wird noch einmal scharf modelliert. Es soll erläutert werden, wie und wieweit das Strafrecht eine Rolle bei der Bewältigung des Unrechtssystems spielen kann. Im Zentrum steht also die Frage, ob eine Durchbrechung des rechtsstaatlichen Rückwirkungsverbotes nicht gerade die rechtsstaatlichen Fundamentalnormen verletzt, die doch von der Transitional Justice-Bewegung gestärkt werden sollen (Kap. I). Ein kurzer Ausblick auf drei wichtige Aspekte der Rolle der Gerechtigkeit innerhalb der Problematik der brasilianischen *Transitional Justice* beschließt die Arbeit (Kap. II).

Erster Teil
Staatskriminalität und *Transitional Justice*

„Remota itaque iustitia quid sunt regna nisi magna latrocinia?
Quia et latrocinia quid sunt nisi parua regna?"

Augustinus, *De civitate Dei*, IV, 4

I. Der Staat als „Verbrecher“

1. Begeht der Staat Verbrechen?

a) Nein. Der Staat begeht keine Verbrechen

Die Entwicklung der modernen Großstaaten, deren Konstruktion auf der Auflösung der mittelalterlichen Gesellschaft basiert, ist der Zentralisierung der Gesetzesmacht und der Zwangsgewalt in den Händen des Staates (Staatszentrierung) zu verdanken. Der Staat monopolisiert die legitime Gewaltanwendung und wird als ein Machtkonzentrat vorgestellt, das alle übrigen weltlichen Mächte überwältigen kann. Auf diese Weise gibt es kein anderes Recht als dasjenige, das vom Staat (insbesondere in Gesetzesform) gesetzt wird. Der Richter, einst freies Organ der Gesellschaft, wird nun zum Staatsorgan, das heißt, zu einem richtigen und echten Beamten „des Königs“ und hat als solcher die Pflicht, ausschließlich dessen Gesetze anzuwenden. In diesem Sinne werden jetzt die Antworten auf die Rechtsverletzungen ausschließlich von den staatlichen Stellen gegeben, wobei sie die externen und institutionalisierten Sanktionen anwenden. Der Staat wird so zum obersten Garanten des von ihm geschaffenen Rechts, dessen Geltung von politisch sanktionierter Gewalt abhängig ist.[7]

Diese Zentralisierung der Macht zur Bestrafung, die von Seiten des Staates ausgeübt wird, ist *die Grundbedingung, auf die sich das Funktionieren des modernen Strafrechts gründet.* Dem Opfer wird das Recht zu strafen (*jus puniendi*) aus den Händen genommen, wobei es von der Strafverfolgung und -vollstreckung ferngehalten oder „ausgeschlossen“ wird und dem Staat die Rolle des aktiven Pols des Strafverhältnisses zufällt.[8] Der Staat monopolisiert alle Gewaltmittel und behält sich selbst die Rolle des einzig Verantwortlichen zur Vergeltung oder „Rache“ der praktizierten Ungerechtigkeiten vor, indem er die Straftat im eigenen Namen (staatlicher oder öffentlicher Strafanspruch) ahndet.[9] Der Staat straft von da an im eigenen Namen, weil jede Straftat immer auch den Staat angreift. Die Merkmale des Verbrechens selbst (oder „das nachhaltig wirksame Stereotyp des Verbrechens“[10]) werden weitgehend von der staatlichen Reaktion und Sanktion bestimmt: Verbrechen ist „Straftat“, ist

---

7 *N. Bobbio*, O positivismo jurídico: lições de filosofia do direito, 1999, S. 26–29; *J. Gillisen*, Introdução histórica ao direito (1979), 1986, S. 291 ff.; *L. J. Swensson Jr.*, Anistia Penal: problemas de validade da lei de anistia brasileira, 2007, S. 29 f.; *T. Vesting*, Rechtstheorie, 2007, S. 79 ff.

8 „Strafe ist ein Eingriff des Staates in die Rechte der Bürgerinnen und Bürger (Freiheit und/oder Eigentum). Strafe ist der schwerste Eingriff.“ *W. Hassemer*, Einführung in die Grundlagen des Strafrechts, 1990, S. 70.

9 Vgl. *K. Günther*, Kritik der Strafe I, in: WestEnd (2004), S. 120.

10 *H. Jäger*, Makrokriminalität: Studien zur Kriminologie kollektiver Gewalt, 1989, S. 21.

„strafbares Verhalten“, das vom Staat durch strafrechtliche Normen[11] und dem tatsächlich Strafverfolgung auslösenden Verhalten wahrgenommen und definiert wird („primäre“ und „sekundäre“ Kriminalisierung).[12]

Der Strafanspruch liegt beim Staat, nicht beim Opfer. Es ist nur der Staat, der im Strafverfahren den Bürger zur Verantwortung ziehen darf. Und diese Tatsache zieht zwei Folgen nach sich:[13]

a) Aus moralischer und politischer Sicht, begeht der Staat keine Straftaten und infolgedessen unterliegt er nicht der Strafverfolgung (*delinquere non potest*). Er wird immer als die Recht garantierende Instanz betrachtet, sonst hätte er keine Legitimität dazu, andere zu bestrafen.

b) Vom juristischen Standpunkt aus gesehen, kann der Staat auch keine kriminellen Handlungen vollziehen, da sonst eine Pflicht zur Selbstbestrafung, die logisch und praktisch unbegründbar ist, bestünde.

Zusammenfassend lässt sich sagen, dass der Staat keine Verbrechen begeht. Auf der einen Seite kann es im Kriminalitätsverständnis des (deutschen oder brasilianischen) Strafrechts prinzipiell nur um Kriminalität von *Individuen* gehen. Anders formuliert: Nach dem traditionellen Modell des Strafrechts ist das Individuum der Träger der Verantwortung, d. h. eine Person, die, insbesondere nach der von *Kant* geprägter Doktrin, über die Freiheit eines vernünftigen Wesens unter moralischen Gesetzen verfügt und deren Handlungen daher einer Zurechnung fähig sind,[14] obwohl dies aktuellen Tendenzen zu einer Ausweitung der Verantwortungssubjekte nicht entspricht, da ein solches individualistisches Konzept wegen der zunehmenden Differenzierung und Komplexität der Gesellschaft an seine Grenzen stößt.[15]

Auf der anderen Seite gibt es in der Tat keinen gewalttätigen *Macroanthropos* mit Namen „Staat“, der fähig ist, Handlungen vorzunehmen, der Funktionen ausführen

---

11 Vgl. etwa *C. Roxin*, Strafrecht AT, 2006, S. 1 ff.

12 Juristischer bzw. legalistischer Verbrechensbegriff: „Kriminalität“ sei all das, was ein spezifischer Strafgesetzgeber als Straftat bezeichnet; dies steht im Widerspruch zu der traditionsreichen Idee „natürlicher Verbrechen“ oder „materieller Verbrechen“.

13 *A. L. Sabadell/D. Dimoulis*, Tribunal penal internacional e direitos fundamentais: problemas de constitucionalidade, in: Cadernos de Direito (2003), S. 243 f.; *A. L. Sabadell/D. Dimoulis*, O Tribunal Penal Internacional em face da Constituição brasileira e a questão da ineficácia social dos direitos fundamentais, in: Revista Brasileira de Estudos Constitucionais (2009), S. 41 f.

14 *I. Kant*, Die Metaphysik der Sitten (1797/98), 1977.

15 S. z. B. die Problematik der strafrechtliche Verantwortung auf juristische Personen; einer (insb. von Hans Jonas vertretenen) Vorstellung einer Verantwortlichkeit der Menschheit („Ethik für die technologische Zivilisation“). Dazu *U. Neumann*, Zur Veränderung von Verantwortungsstrukturen unter den Bedingungen des wissenschaftlich-technischen Fortschritts, in: Rechtstheorie (2005), S. 435 ff.; sowie in: Recht als Struktur und Argumentation, 2008, S. 192 f.

und daher Straftaten begehen kann, wie beispielsweise die Metaphern des hobesianischen Leviathan von Wenzerlau Hollar und Abraham Bosse suggerieren könnten. Die Idee des Staats als „Person", oder, besser gesagt, als „juristische Person", die sich dem Individuum und auch dem Recht entgegenstellt, ist ein Gedankengebäude, eine Fiktion oder Metapher, die unter anderem geschaffen wurde, um das Verständnis seiner komplexen Wirklichkeit zu vereinfachen, seine juristisch relevanten Eigenschaften zu beschreiben und die staatlichen Handlungen (oder den Staat selbst) durch das Recht zu legitimieren. Den Staat als Individuum oder „natürliche" Person gibt es nicht. Dafür gibt es Individuen, die im Namen des Staates handeln.[16]

Demzufolge kommt es darauf an, wie, aus welchem Grund und unter welchen Voraussetzungen ein Individuum Vertreter bzw. Repräsentant des Staates werden kann. Diese Frage bereitet aus der inneren Perspektive des Rechts allerdings keine großen Schwierigkeiten, soweit das positive Rechtssystem definiert, dass eine Handlung nur dann dem Staat zugerechnet werden kann, wenn sie den Rechtsnormen entspricht, die sie vorsehen und von Individuen ausgeführt wird, die nach dem Prinzip der Arbeitsteilung vorgehen und die zu den Handlungen auf der Basis eines Prozesses, der von der Rechtsordnung getragen wird, beauftragt wurden.[17] So sind z. B. in Brasilien im Sinne des Strafrechts Beamte, deren Handlungen und Funktionen dem Staat selbst zugerechnet werden, diejenigen, die öffentliche Ämter, Anstellungen und Funktionen auch wenn nur vorübergehend oder ohne Vergütung bekleiden, indem sie nach den vom Staat erstellten Regeln zur Ausübung der entsprechenden Handlungen vorgehen (Art. 327 des Strafgesetzbuches).[18] Ein Staatsdiener, der in Ausübung seiner Funktion gegen das Gesetz handelt, tut dies nicht im Namen des Staates, als Beamter oder Angestellter im öffentlichen Dienst, sondern im eigenen Namen, als Staatsbürger (als Subjekt, das Rechte und Pflichten

---

16 Von diesem Standpunkt aus gibt es keine strafrechtliche Haftung des Staates als juristische Person, sondern nur die Haftung der Individuen, die durch die Fiktion oder Metapher der juristischen Person vermittelt wird. Es existieren jedoch im brasilianischen Recht sowohl Vorschriften bezüglich der strafrechtlichen Haftung von juristischen Personen in bestimmten Fällen (Brasilianische Bundesverfassung – *Constituição Federal* – CF, Art. 173, § 5 und Art. 225, § 3; Gesetz Nr. 9.605/98) als auch Theorien über diese Haftung, die die juristische Person nicht nur als Fiktion oder eine bloße juristisch-sprachliche Denkbrücke, sondern als selbstständig bestehende, von den Individuen gesonderte Wirklichkeit anerkennen. Zum Begriff des Staates als juristische Person vgl. etwa *H. Kelsen*, Reine Rechtslehre (1960), 2000, S. 293 ff.; *R. Zippelius*, Allgemeine Staatslehre, 2010, S. 80 ff. Zur juristischen Person als Fiktion oder Hilfsbegriff der Rechtswissenschaft, vgl. *H. Kelsen*, Reine Rechtslehre (1960), 2000, S. 193 f. Zur ideologischen Funktion, die von der Idee des Staats als juristische Person ausgeht, vgl. *Kelsen*, a. a. O., S. 288.

17 A. a. O., S. 295 f.; *R. Zippelius*, Allgemeine Staatslehre, 2010, S. 86 ff.

18 *Código Penal* – CP (Brasilianisches Strafgesetzbuch), Art. 327: Im strafrechtlichen Sinne wird diejenige Person als Beamter angesehen, die, wenn auch nur vorübergehend oder ohne Entgelt, ein öffentliche Amt, eine öffentliche Stelle oder eine öffentliche Funktion bekleidet.

hat) und ist persönlich vor dem Recht (und vor dem Staat) für seine Handlungen verantwortlich.

So kann ein Beamter, oder jemand, der ihm gleichgestellt ist,[19] wenn er strikt innerhalb der Erfüllung seiner gesetzlich bestimmten Kompetenzen handelt, egal in welcher Stellung, nie Strafhandlungen begehen. Wenn sich seine Handlungen im Einklang mit den Normen des Rechtssystems befinden, wird im objektiven Sinn die Handlung als rechtskonform betrachtet, selbst wenn diese Handlung sich tatsächlich durch nichts von einer kriminellen oder ungesetzlichen Handlung unterscheidet. Mord und Todesstrafe z. B. unterscheiden sich nicht durch den Ablauf des Geschehens, sondern durch ihre unterschiedliche Deutung. Die Tötung eines Menschen durch den Henker (be-)deutet nicht einen Mord (im subjektiven Sinn), sondern die Vollstreckung eines Todesurteils (im objektiven Sinn).[20]

Von der normativen Sicht aus gesehen, kann der Staat nicht gleichzeitig das Recht wollen (schützen, garantieren, anwenden) und nicht wollen. So begeht also der Staat durch seine Beamten und Angestellten niemals Straftaten: sei es, dass die von den Staatsbediensteten ausgeführten Handlungen immer notwendigerweise von und durch die Rechtsnormen erlaubt sind, sei es, weil der Staat, im formellen Sinn, das Recht im eigentlichen Sinne ist.[21]

b) Ja. Der Staat begeht Verbrechen

Was geschieht aber, wenn ein Psychopath „König" wird? Und was, wenn die Inhaber der Staatsmacht eigenmächtig handeln, Gesetze erlassen, Rechtsnormen interpretieren und anwenden, indem sie den ganzen Staatsapparat dazu benutzen, um Teile des Volkes zu unterdrücken und um eigene Interessen zu begünstigen? Und

---

19 CP, Art. 327, § 1: Dem Beamten wird gleichgestellt, wer ein Amt, eine Stelle oder eine Funktion bei einer halbstaatlichen Körperschaft bekleidet und wer bei einem Unternehmen arbeitet, das dazu beauftragt oder unter Vertrag genommen worden ist, damit es für die öffentliche Verwaltung typische Dienste leistet.

20 *H. Kelsen*, Reine Rechtslehre (1960), 2000, S. 46 f. Der objektive Sinn der Norm ist, laut *Kelsens* Theorie, also durch Referenz oder Identifikation mit: (a) dem Akt der Tötung *als* Vollziehung einer Gerichtsentscheidung; (b) dem Akt des Gerichtes *als* Vollziehung eines Gesetz; (c) dem Gesetzgebungsakt als die Vollziehung der Verfassung; (d) dem als Verfassungsgebung zu deutendem Akt (als ein objektiv gültige Normen setzender Akt) als Vollziehung der Grundnorm einer staatlichen Rechtsordnung (hypothetische Geltungsgrund der Rechtsordnung) gegeben.

21 A. a. O., S. 289 ff. Vom normativen Gesichtspunkt aus gibt es hinsichtlich des Staates nur Rechtsnormen, die bestimmte Kompetenzen und sogenannte staatliche Funktionen erstellen, die von Individuen ausgeführt werden, die Agenten oder Staatsorgane genannt werden. Auf die gleiche Weise, wie gesagt wird, dass der Staat das Recht schafft, ist es das Recht, das den Staat schafft. Es ist das Recht, das eine gewisse Realität als staatliche Realität definiert. Nach *Kelsen* wird die widersprüchliche Trennung von Staat und Recht genau deshalb vorgenommen, damit der Staat durch das Recht legitimiert werden kann.

wenn die Hüter des Gesetzes gegen die gesetzlichen Vorschriften handeln, im Allgemeinen und systematisch Straftaten begehen und so den Staatsapparat selbst mit Kriminalität identifizieren? Was geschähe, wenn der Staat bei der Ausübung seiner Ämter Gräueltaten beginge und sich wirklich wie ein Gewalttäter verhielte?

Lange bevor die Moderne den Begriff vom liberalen Staat kannte, stellte *Aurelius Augustinus* (354–430 n. Chr.) in seinem Werk „De civitate Dei" (IV, 4), die berühmte und auch heute noch aktuelle Frage: Was unterscheidet eine Staats- und Rechtsordnung von einer Räuberbande oder einem Verbrechenssyndikat? Anders gesagt: Warum ist der Staat (*qua* Königreich: *regna*) keine Räuberbande? *Augustinus* verdeutlicht diese Frage mit der anekdotischen Antwort, die ein ertappter Seeräuber Alexander dem Großen gab, als er gefragt wurde, was ihm denn einfalle, dass er das Meer unsicher mache: „Und was fällt dir ein, dass du den Erdkreis unsicher machst? Aber freilich, weil ich es mit einem armseligen Fahrzeug tue, nennt man mich einen Räuber, und dich nennt man Gebieter, weil du es mit einer großen Flotte tust".[22] Reiche und Räuberbanden sind aus einer Vielzahl von Menschen gebildet und durch einen Art von Gesellschaftsvertrag verbunden (*pactum societatis*). Beide sind hierarchisch organisiert und ihre Mitglieder stehen unter Befehl eines Anführers. Für beide gilt die Regel, nach der man das gemeinsam erworbene Gut teilt, und deren Gehorsam durch Gewaltandrohung (Sanktion) erzwungen wird. Was ist dann das Unterscheidungsmerkmal?

Am Anfang des zitierten Kapitels scheint *Augustinus* jedoch auf die rhetorische Frage schon die Lösung bereitzulegen: Der Unterschied liegt in den materiellen Kriterien der Gerechtigkeit. „Was sind überhaupt Reiche, in denen die Gerechtigkeit fehlt, anderes als große Räuberbanden? Sind doch auch Räuberbanden nichts anderes als kleine Reiche?".[23] Ohne Gerechtigkeit sähen die Staaten nur wie große Räuberbanden aus. Von daher gäbe es kein Recht, wo keine Gerechtigkeit ist.[24] Das Recht wäre also eine gerechte Zwangsordnung und unterscheide sich somit durch die Gerechtigkeit seines Inhalts von der Zwangsordnung einer Räuberbande.

---

22 *A. Augustinus*, De civitate Dei, in: Des heiligen Kirchenvaters Aurelius Augustinus zweiundzwanzig Bücher über den Gottesstaat, 1911, IV, 4, S. 191 f.; *ders.*, De civitate Dei, in: Corpus Christianorum, Bd. 47, 1955, IV, 4, S. 101 f.: „Quod tibi, inquit, ut orbem terrarum; sed quia ›id‹ ego exiguo nauigio facio, latro uocor; quia tu magna classe, imperator". Vgl. schon *Cicero*, De re publica, 1964, III, 14, S. 92: „Nam cum quaereretur ex eo, quo scelere inpulsus mare haberet infestum uno myoparone, ‚eodem' inquit ‚quo tu orbem terrae'."

23 *A. Augustinus*, De civitate Dei, in: Des heiligen Kirchenvaters Aurelius Augustinus zweiundzwanzig Bücher über den Gottesstaat, 1911, IV, 4, S. 101; *ders.*, De civitate Dei, in: Corpus Christianorum, Bd. 47, 1955, IV, 4, S. 101: „Remota itaque iustitia quid sunt regna nisi magna latrocinia? Quia et latrocinia quid sunt nisi parua regna?".

24 *A. Augustinus* De civitate Dei, in: Des heiligen Kirchenvaters Aurelius Augustinus zweiundzwanzig Bücher über den Gottesstaat, 1916, XIX, 21, S. 244; *ders.*, De civitate Dei, in: Corpus Christianorum, Bd. 48, 1955, XIX, 21, S. 688: „Non est autem ius, ubi nulla iustitia est".

Viele umstrittene Fragen tauchen bei der Interpretation der These von *Augustinus* auf. Vor allem fragt man sich, ob seine *Remotaformel* entweder ein staatsdefinierendes bzw. staatskonstituierendes Kriterium ist, bei dem die Gerechtigkeit als *conditio sine qua non* von Staatlichkeit gilt (*Kelsen* und *Hart*),[25] oder ob ausgehend von ihr eine reine staatsnormierende und staatspragmatische Bedeutung zu erwarten ist, bei der die Gerechtigkeit bei der reinen Staatlichkeit fehlen darf, was dagegen im moralisch legitimen und pragmatisch erhaltenden Staat nicht sein soll (*Höffe*).[26] Andererseits bleibt offen, ob die Definition, die Legitimation und/oder die Erhaltung des Staates aus materiellen (Gerechtigkeit) oder aus formellen Kriterien (Deutungsmustern) besteht. Die Frage nach diesen formellen und materiellen Kriterien ist ebenfalls ungeklärt. Wie löst man einerseits das Problem der Heterogenität der Wertungsstandards und andererseits das Problem der Definition des Deutungsmusters, wenn verschiedene Gruppen um die Anerkennung als legitime Staatsmacht konkurrieren? Die Frage, warum man die Anordnungen des „Staates" als legitime Anordnungen und damit als Normsetzungen deuten sollte, ist also noch weitgehend ungeklärt. Die Diskussion dauert mit unterschiedlichen Begründungen und vielfältigen Varianten bis heute an.

Neben all diesen Fragen, die noch offen sind, ist es wichtig, auf den ideologiekritischen Unterton in der Passage bei *Augustinus* hinzuweisen. Seine Absicht ist u. a. die hochtönenden Ausdrücke „Völker, Königreiche, Provinzen" ihres Klanges zu entkleiden und auf die durch sie bezeichnete Realität einen von leerem Gerede ungetrübten Blick zu werfen.[27] Damit kann man von einer/der Innenperspektive des Rechts/Staats ausgehen und das Recht und den Staat von einer Außenperspektive beobachten, wodurch es möglich ist, die Gesamtheit seiner rechtfertigenden Diskurse zu entlarven, zu entzaubern und zu kritisieren.

Es bietet sich somit die Gelegenheit, die Handlungen des Staates von einer äußerlichen Perspektive aus zu beobachten und mit anderen Deutungsmustern auszulegen, nach denen der Staat in bestimmten Situationen sich in nichts von einer Räuberbande unterscheidet, der Staatsbeamte wie ein Krimineller handelt und der Henker nichts anderes als ein Mörder ist. Das gilt in besonderem Maße dann, wenn es darum geht, systematische Menschenrechtsverletzungen eines diktatorischen Regimes nach dessen Ende rechtlich aufzuarbeiten. Die Staatstaten können (oder müssen) hier nicht nur an den Maßstäben von dem innerlichen staatlichen Rechtssystem gemessen werden, sondern an den äußeren Kriterien der Menschenrechte.

Obwohl die (oben zitiert) Identitätslehre von Recht und Staat eine rein definitorisch-analytische Bedeutung hat, entbehrt sie jeglichen rechtsphilosophisch-politischen Gehalts. Neben ihrem Rechtsbegriff gibt es noch einen Wirklichkeitsbegriff

25 *H. Kelsen*, Reine Rechtslehre (1960), 2000, S. 46; *H. Hart*, The Concept of Law (1961), 1994, S. 152.

26 *O. Höffe*, Positivismus plus Moralismus: zu Augustinus' eschatologischer Staatstheorie, in: Augustinus, 1997, S. 261 ff.

27 A. a. O., S. 267.

vom Staat.[28] Und in diesem Bereich kann gesagt werden, dass sich viele Staaten während des 20. Jahrhunderts als Räuberbanden bzw. Verbrechenssyndikate zeigten, indem sie Wehrlose mit der in ihrer Staatsorganisation konzentrierten Macht unterdrückten. In einem Jahrhundert, das dadurch gekennzeichnet ist, dass auf Grund von menschlichen Entscheidungen mehr Menschen getötet oder dem Tod überlassen oder ermordet wurden, als je zuvor von der Geschichtsschreibung registriert wurde,[29] können die Folterungen und Morde der Staaten als normale Handlungen der öffentlichen Sicherheit und die Gräueltaten, die während der unzähligen um die Welt geführten Kriege (bei denen es nicht nur um das Unfähigmachen des Feindes, sondern um die Zerstörung der Wirtschaft und der Infrastruktur der Länder und den Mord an ihrer Zivilbevölkerung ging) begangen wurden oder auch die menschlichen Katastrophen, von der größten Hungersnot aller Zeiten bis hin zur Massenausrottung durch systematische Genozide, nicht geleugnet werden.[30]

Die oben angeführten Überlegungen ergeben also, dass der Staat Delikte begeht. Von einer Außenperspektive des Rechts (oder durch eine Beobachtung zweiter Ordnung) aus kann daher gesagt werden, dass der Staat in diesen (und anderen bestimmten) Fällen als ein „Verbrechenssyndikat“ (*Augustinus*) oder ein „organisiertes Verbrechen“ (*Charles Tilly*) auftritt.[31] Sei es dadurch, dass seine Beamten systematisch und immer gegen das Gesetz handeln, indem sie Tatbestände erfüllen, rechtswidrig und schuldig handeln, sei es, weil die Rechtsnormen (die Gesetzestexte und ihre Auslegung), die den Staat dazu ermächtigen, seine Feinde zu verfolgen und zu unterdrücken, so ungerecht und unbegründet sind, dass sie *ab initio* nicht als Recht, sondern als gesetzliches Unrecht angesehen werden und die auf ihrem Rechtsgrund praktizierten Handlungen als Delikte qualifiziert werden müssen.

2. Die Gewalt des „Rechts-Staates“

Eine der heute noch geläufigen Varianten der Rechtsphilosophie ist die, die sich als *Rechts- und Staatsphilosophie* versteht. Bei ihr handelt es sich um das Verständnis, dass es eine notwendig Kopplung zwischen Recht und Nationalstaat gibt, deren

---

28 *G. Radbruch*, Rechtsphilosophie (1932), 2003, S. 170. S. z. B. die Staatsbegriffe von *Birgit Suaer* (Staat, in: Politische Theorie, 2011, S. 339 ff.) und *Dalmo Dallari* (Elementos de Teoria Geral do Estado, 2013, S. 122).

29 „Die jüngste Schätzung des *Großen Totes* des Jahrhunderts erwähnt 187 Millionen (Brzezinski, 1993), was einem Zehntel der Weltbevölkerung von 1900 entspricht.“ *E. Hobsbawm*, Era dos extremos. O breve século XX: 1914–1991 (1994), 2003, S. 21.

30 A. a. O., S. 21–23; *H. Jäger*, Makrokriminalität: Studien zur Kriminologie kollektiver Gewalt, 1989, S. 14.

31 *C. Tilly*, War Making and State Making as Organized Crime, in: Bringing the State Back in, 1985, S. 169 ff. Zur Problematik des Rechts im Unrechtsstaat, vgl. etwa *W. Nauke*, Die strafjuristische Privilegierung staatsverstärkter Kriminalität, 1996, S. 46; *G. Radbruch*, Gesetzliches Unrecht und übergesetzliches Recht (1946), 2002.

Einheit sich im Konstitutionalismus des modernen Staates bzw. im Verfassungsstaat befindet.[32] In dieser Tradition der Rechtsphilosophie als Rechts- und Staatsphilosophie, der zufolge Recht als staatliches Recht verstanden wird, gibt es eine grundlegende und immanente Verknüpfung von Recht und *Gewalt* in der doppelten Bedeutung, die das Wort „Gewalt" auf Deutsch annimmt, die aber nicht in anderen Sprachen, wie z. B. im Portugiesischen oder Englischen besteht: die Bedeutung einer politischen und legitimen *Macht*, einer gerechtfertigten Autorität (die Amtsgewalt, die öffentliche, staatliche Gewalt)[33] und die der Gewalt(-tätigkeit/-samkeit), dem Zufügen oder Androhen von Nachteilen [*violência, violence*].

Macht ist, laut der bekannten Definition von *Max Weber*, die Chance, innerhalb einer sozialen Beziehung den eigenen Willen gegenüber einem anderen gegen dessen Widerstand durchzusetzen.[34] *Gewalt* (*violence*) seinerseits kann als das *Mittel*, womit die Macht verwirklicht und ausgeübt wird, verstanden werden.[35] Hierbei handelt es sich um die versuchte oder tatsächliche Unterwerfung des Subjekts durch körperliche Kraft oder psychische Einschüchterung, um es dazu zu bringen, sich gegen seinen Willen zu verhalten oder zu äußern.[36]

Jedes Recht wird durch die Gewalt gesetzt und erhalten, oder, nach dem Ansatz von *Walter Benjamin*, alle Gewalt ist als Mittel entweder rechtsetzend oder rechtserhaltend.[37] Es gibt keinen Weg, eine neue Rechtsordnung mit einer neuen Verfassung zu gründen, ohne die vergangene Rechtsordnung durch einen Gewaltakt zu brechen. Auf diese Weise kann das Recht sich nicht halten, ohne von vorneherein *„enforced"* zu sein, d. h., mit oder auf Grund von Gewalt angewendet zu werden. Diese Gewalt kann unmittelbare Gewalt sein oder nicht, sie kann physische oder symbolische, äußere oder innere, zwingende oder regulative Gewalt sein, sie kann brutal oder auf subtile Weise diskursiv und hermeneutisch agieren, usw.[38] Das Recht beruht auf einer

---

32 *T. Vesting*, Rechtstheorie, 2007, S. 14. Exemplarisch *H. Kelsen*, Reine Rechtslehre (1960), 2000; *D. Dimoulis*, O positivismo jurídico: introdução a uma teoria do direito e defesa do pragmatismo jurídico-político, 2006.

33 Gemäß *T. Vesting*, Rechtstheorie, 2007, S. 14 f.: „Diese Verknüpfung von Gewalt und Recht ist durch den Einfluss von Hobbes und Austin auch in der angloamerikanischen Rechtstheorie bekannt [vgl. *H. Hart*, The Concept of Law (1961), 1994, S. 20 ff.: *„Law as coercive orders"*], aber nur in der deutschen Tradition ist daraus – unter dem Einfluss der hegelschen Vergöttlichung des preußischen Staates (Staat als ‚Wirklichkeit der sittlichen Idee') – eine eigene Rechts- und Staatsphilosophie geworden." [vgl. *G. W. F. Hegel*, Grundlinien der Philosophie des Rechts (1821), Werkausgabe Bd. 7, 1970, § 257].

34 *M. Weber*, Wirtschaft und Gesellschaft (1922), 1985, I. Teil, Kap. I § 16, Kap. III § 1.

35 *T. Raiser*, Das lebende Recht: Rechtssoziologie in Deutschland, 1999, S. 283.

36 *L. J. Swensson Jr.*, Violência, in: Dicionário brasileiro de direito constitucional, 2012, S. 421 ff.

37 *W. Benjamin*, Zur Kritik der Gewalt und andere Aufsätze, 1978, S. 45.

38 *J. Derrida*, Gesetzeskraft. Der „mystische Grund der Autorität" (1991), 2013, S. 12. Es wäre dabei zu erwägen, ob die Sprache selbst, ob es sich nun um juristische Fachsprache oder Umgangssprache handelt, eine Art von Gewalt ist. Das bedeutet

politischen Abstützung, die in der Form der Gewalt oder sozusagen des „legitimen staatlichen Zwangsmittels" liegt.[39] So kann also der „Rechts-Staat" als das Resultat politischer Entscheidungen verstanden werden, die sich durch Androhung und tatsächliche Ausübung von Gewalt durchsetzen können (*enforceability*), dessen Monopol (der legalen und legitimen Gewalt) der Staat innehat oder innehaben sollte.[40]

Natürlich gibt es Gesetze, die nicht angewendet werden. Aber sicherlich gibt es kein Gesetz ohne Anwendbarkeit und keine Anwendbarkeit des Gesetzes ohne Gewalt, die beispielsweise auf die Existenz eines staatlichen Vollstreckungsapparats, der die Durchsetzung eines streitigen Zahlungsanspruchs zwischen zwei Privatparteien garantiert, gestützt ist. Es stellt eine Besonderheit der Gewalt des Rechts dar, dass sie sich immer als eine autorisierte und gerechtfertigte Gewalt zeigt. Es geht um eine Gewalt, die sich durch ihre Anwendung rechtfertigt oder die von ihrer Anwendung rechtfertigt wird, selbst wenn diese Rechtfertigung ihrerseits – von einem anderen Standpunkt oder Gesichtspunkt aus – ungerecht ist oder sich nicht rechtfertigen lässt.[41] Recht „legitimiert" die Gewalt und versucht das Bewusstsein von seiner latenten Anwesenheit hinter dem (auf sich selbst beziehenden) „legalen Legitimationsdiskurs" zu verstecken.[42]

Neben der staatlichen strafenden Gewaltanwendung, die selektiv bestimmte Individuen oder soziale Gruppen unterdrückt und damit ausdrücklich die Macht des Staates bezeugt, waltet eine präventive, implizite, unsichtbare und stille Gewalt.

---

natürlich nicht, dass die Sprache, als eine Art von Gewalt, willkürlich ist. *M. Neves*, Zwischen Themis und Leviathan: Eine schwierige Beziehung, 2000, S. 156, Anm. 210.

39 *T. Raiser*, Das lebende Recht: Rechtssoziologie in Deutschland, 1999, S. 288; *T. Vesting*, Rechtstheorie, 2007, S. 14.

40 *H. Kelsen*, Reine Rechtslehre (1960), 2000, S. 25 ff.; *D. Dimoulis*, O positivismo jurídico: introdução a uma teoria do direito e defesa do pragmatismo jurídico-político, 2006. S. 161.

41 *J. Derrida*, Gesetzeskraft. Der „mystische Grund der Autorität" (1991), 2013, S. 12.

42 Legitimität, die dem positiven Recht durch seine systemische Rationalität innewohnt (Weber). Wenn z. B. ein staatlicher Agent im Namen des Staates politische Gegner eines sich gerade an der Macht befindlichen Regimes verfolgt, indem er strikt nach der sich in Kraft befindlichen Strafordnung handelt, welche diejenigen Gesetze einschließen, die vom Regime erlassen wurden, liegt eine Art von impliziter Ermächtigung oder Rechtfertigung zu seinen Handlungen vor, die aus der Gesetzmäßigkeit dieser Handlungen hervorgehen, obwohl die Verfolgung mit Ausdruck von denjenigen verurteilt und zurückgewiesen wird, die sich politisch und ideologisch gegen diese Unterdrückungsmaßnahme stellen. Die staatlichen Aktionen sind also stark durch ihren leicht erwerbbaren Schein von Legitimität charakterisiert. Gemäß *T. Raiser*, Das lebende Recht: Rechtssoziologie in Deutschland, 1999, S. 288: „Recht *legitimiert* die Macht auch. Herrschaft im Sinn der Begriffsbestimmung von *Max Weber* ist rechtmäßig anerkannte Macht. Im Fall der legalen Herrschaft beruht die Legitimität auf der Geltung des Gesetzes als des Ingriffs (essencia) von Recht." Kritisch dazu *W. Benjamin*, Zur Kritik der Gewalt und andere Aufsätze, 1978, S. 46; *J. Habermas*, Faktizität und Geltung (1992), 1998, S. 541 ff.

Der Staat tut gut daran, vorsichtig zu sein, damit dieses zweite Gesicht der Gewalt nicht offensichtlich wird. Die Gegenwart der die rechtlich-soziale Ordnung begründenden und erhaltenden Gewalt als eine allgegenwärtige ist wie der Schatten eines Gespenstes, das in der Gesellschaft lebt und das jeden Augenblick aufleben und sie erschrecken kann.

Jenseits aller Legitimationsdiskurse des Rechts bleibt allerdings die unweigerliche und permanente Gefahr des Machtmissbrauchs von Seiten der Sanktionsinstanz des Staates, die sich in ihr verbirgt.[43] Wie die Geschichte vielmals zeigte und worauf die Soziologen hinwiesen (insbesondere die marxistische Rechts- und Staatstheorie von *Karl Marx*, der zufolge die Herrschaftsstruktur der Gesellschaft als Überbau der ökonomischen Verhältnisse und als Ergebnis des Klassenkampfs verstanden wird, und *Max Webers* klassische Unterscheidung von Macht und Herrschaft, dessen Legitimitätsbegriff sowie dessen Typologie der legitimen Herrschaftsformen),[44] beinhaltet der Staat von vornherein eine gezielten Unterdrückungsfunktion mit der möglichen Gefährdung von Interessen und Rechten der Bürger durch die Staatsmacht (bzw. Staatsgewalt). Auf all diesen Tatsachen, die belegen, dass die Rechte, Interessen und die Freiheit der Personen durch organisierte staatliche Macht überwältigt werden, beruht das Phänomen der *Staatskriminalität* als Gegenstand *der* und möglicher sinnvoller Begriff *für die* Kriminalwissenschaften.[45]

3. Staatskriminalität

a) Begriff

Staatskriminalität wird hier einerseits im Sinne von Straftaten (tatbestandsmäßige, rechtswidrige, schuldhafte und etwaige sonstige Strafbarkeitsvoraussetzungen erfüllende Handlungen, gemäß den im Moment geltenden Normen des Strafrechts) verstanden.[46] Andererseits beinhaltet der Begriff auch diejenigen sogenannten „*wrongdoings*“ bzw. „gesetzlichen Unrechte“ (Verhalten, das gesetzlich zulässig ist, aber als moralisch ungerecht angesehen wird), die von Staaten nicht bekämpft, sondern, ganz im Gegenteil, verursacht werden. Es geht um Erscheinungsformen der sogenannten „Kriminalität“, für die charakteristisch ist, dass sie von Kollaborateuren, Repräsentanten (Diktatoren, Hauptanhängern) und/oder Funktionären des Staates angeordnet, ausgelöst, gefördert oder systematisch verschleiert werden.[47]

---

43 *T. Raiser*, Das lebende Recht: Rechtssoziologie in Deutschland, 1999, S. 289.

44 Die kritische Vorstellung des Rechts als Instrument der Macht (M. Weber) und des Marktes (K. Marx). Eine knappe Übersicht des sozialistisches Strafrecht bei *J. A. S. Cantero*, La ciencia del derecho penal y su evolución, 1970, S. 102–106.

45 *C. Prittwitz*, „Regierungskriminalität“ und „Kriminalität der Mächtigen“, in: Kriminalität der Mächtigen, 2008, S. 199.

46 *C. Roxin*, Strafrecht AT, 2006, S. 195 f.

47 Die Konzeption des Staates, die sich auf den Begriff der Staatskriminalität beziehen, wird hier nicht als eine Maschine, ein Organismus oder eine juristische Person, die

Die *Täterschaft des Staats* kann als durch Staatsbedienstete und -vertreter begangene unerlaubte Handlungen oder auch als Unterlassungen verstanden werden, die mit dem Auftrag praktiziert worden sind, Brüche der Rechtsordnung zu vermeiden.[48] Auf der anderen Seite können *Opfer* dieser Kriminalität sowohl Bürger anderer Staaten, was im Kriegsfall zwischen zwei oder mehreren Ländern der Fall ist (externe Staatskriminalität), als auch die eigenen Staatsbürger sein (interne Staatskriminalität). In der vorliegenden Arbeit wird sich darauf beschränkt, die interne Staatskriminalität zu behandeln. Zudem stellt *Silva Filho* fest, dass die interne Staatskriminalität als eine „inzestuöse" Art der Kriminalität beschrieben werden kann, da sie vom Staat (Vater) gegen seine eigenen Bürger (Kinder), die er eigentlich beschützen sollte, begangen wird.[49] Kennzeichnendes Beispiel ist die Unterdrückung ganzer Oppositionsgruppen und Minderheiten durch die Staatsmacht, die Verfolgung und Liquidierung politischer Gegner durch und jenseits des Strafrechts.

Trotz des gängigen Gebrauchs des Ausdrucks „Staatskriminalität" ist gegen diesen kritisch einzuwenden, dass er durch die Zusammensetzung der Begriffe Staat und Kriminalität, die diesen Ausdruck schaffen, problematisch ist. Erstens geht es, wie bereits erwähnt, eigentlich nicht um die Kriminalität von Staaten (oder Regierungen), sondern allenfalls um die Kriminalität von Individuen, nämlich die von Beamten und/oder Repräsentanten von Staaten.[50] Zweitens bezieht sich die „Kriminalität" der Staatskriminalität normalerweise auf Kriminalität im doppelten Sinn, als ein „ordnender Begriff",[51] der sowohl den juristischen oder legalistischen Verbrechensbegriff (Kriminalität sei all das, was ein spezifischer Strafgesetzgeber als Straftat bezeichnet) als auch einen vom Strafrecht emanzipierten Kriminalitätsbegriff einbezieht, d. h., „eine soziologische Annährung an die Phänomene über den Begriff des ‚Abweichenden Verhaltens', ein Anknüpfen an die traditionsreiche Idee der ‚natürlichen Verbrechen' oder ‚materiellen Verbrechen'."[52] Dieser emanzipierte

außerhalb der Gesellschaft und vor dem Recht situiert ist, sondern nach Günther Frankenberg (Staatstechnik: Perspektiven auf Rechtsstaat und Ausnahmezustand, 2010, S. 19) „als ein Set von Institutionen, als ein institutionelles Arrangement zur Entscheidungsproduktion und eine darauf bezogene Praxis verstanden und offen gehalten wird für konflikthafte Prozesse der Interaktion und Kommunikation".

48 Nach der Konstruktion der liberalen Strafrechtler, insbesondere Feuerbach, hat der Staat die (moralische) Pflicht für seine eigenen Bürger zu sorgen und zu garantieren, dass der Bruch seiner (positiven) rechtlichen Ordnung vermieden wird.

49 *J. C. M. Silva Filho,* O poder menos transparente da República, in: Revista IHU online # 383.

50 *C. Prittwitz,* „Regierungskriminalität" und „Kriminalität der Mächtigen", in: Kriminalität der Mächtigen, 2008, S. 191; *K. Lüderssen,* Der Staat geht unter: das Unrecht bleibt?, 1992, S. 17.

51 Im Gegensatz zu dem „rechtstaatlichen Begriff", den man strafrechtlich folgenreich subsumieren kann und muss.

52 *C. Prittwitz,* „Regierungskriminalität" und „Kriminalität der Mächtigen", in: Kriminalität der Mächtigen, 2008, S. 192.

Kriminalitätsbegriff ist seinerseits problematisch, insofern nur die positivistischen Kriminalitätsbegriffe klare oder befriedigende, begriffsbestimmende Antworten auf die Frage, was ein Verbrechen ist, geben können. Obwohl der materielle Verbrechensbegriff eine wichtige Rolle spielt, um die Gesetze zu kritisieren, ist es jedoch problematisch oder „juristisch“ nicht akzeptabel, ausgehend von einem solchen Begriff jemanden zu bestrafen.

Trotz dieser Einwände wird hier der Begriff „Staatskriminalität“ im Vergleich zu den konkurrierenden oder mit ihm in Bezug stehenden Begriffen bevorzugt. Staatskriminalität ist präziser als „Kriminalität der Mächtigen“ (*Prittwitz* u. a.), „Makrokriminalität“ (*Jäger*) und „Herrschaftskriminalität“ (*Merkel*), weil es hierbei um Kriminalität geht, die aus einer (staatlich) *politischen* und nicht anders begründeten Machtposition oder anderen Art von kollektiver Gewalt heraus begangen wird, z. B. Wirtschaftskriminalität, geschlechtsbezogene Kriminalität usw. Zunächst passt der Begriff „Staat“ als Bezugspunkt besser als der der „Regierung“, weil es sich nicht ausschließlich um die Betrachtung der Kriminalität der staatlichen Verwaltungsmacht, sondern auch um die der Gesetzgebungsmacht und der Rechtsprechung handelt. „Regierungs- und Parteikriminalität“ (*Grünwald*) sind nur Beispiele für Staatskriminalität.[53] Ferner können die Begriffe „Systemkriminalität, Systemunrecht“[54] ins Gedächtnis rufen, dass die ganze Rechtsordnung eines autoritären Regimes ungerecht und „straffällig“ ist. Allerdings ist dies nicht wahr. In modernen Diktaturen sind das Privatleben und alle Handlungen, die nicht strikt politisch sind, nicht notwendigerweise betroffen. Nur bestimmte Gruppen, die von dem Regime als Feinde bestimmt wurden, werden „systematisch“ verfolgt und unterdrückt. Schließlich legt der von *Wolfgang Naucke* benutzte Begriff der „staatsverstärkten Kriminalität“[55] nahe, dass der Staat zuerst und allenfalls die Gehilfen- nicht aber die Täterrolle einnimmt, was jedoch nicht der Fall ist.

Ein anderer Ausdruck, der dazu benutzt wird, das Phänomen zu beschreiben, ist der des „Staatsterrorismus“.[56] Die Bedeutung des Wortes Terrorismus (heutzutage

---

53 *C. Prittwitz et al.* (Hrsg.), Kriminalität der Mächtigen, 2008; *H. Jäger*, Makrokriminalität: Studien zur Kriminologie kollektiver Gewalt, 1989; *ders.*, Menschheitsverbrechen und die Grenzen des Kriminalitätskonzepts, in: KritV (1993), S. 259 ff.; *R. Merkel*, Politik und Kriminalität, in: Politik ohne Projekt?, 1993, S. 298 ff.; *G. Grünwald*, Die strafrechtliche Bewertung in der DDR begangener Handlungen, in: StV (1991), S. 31 ff.

54 *A. L. Sabadell/D. Dimoulis*, Tribunal penal internacional e direitos fundamentais: problemas de constitucionalidade, in: Cadernos de Direito (2003), S. 24; *A. L. Sabadell/ D. Dimoulis*, O Tribunal Penal Internacional em face da Constituição brasileira e a questão da ineficácia social dos direitos fundamentais, in: Revista Brasileira de Estudos Constitucionais (2009), S. 4; *A. Eser/J. Arnold/H. Kreicker*, Strafrecht in Reaktion auf Systemunrecht (2001), 2002.

55 *W. Nauke*, Die strafjuristische Privilegierung staatsverstärkter Kriminalität, 1996.

56 *T. C. Wright*, State Terrorism in Latin America: Chile, Argentina and International Human Rights, 2007; *R. E. Rojo*, La justice pour exorciser les démons et conjurer les peurs des Argentins, 2004; *R. H. Quinalha*, Justiça de Transição: contornos do

sehr in Mode gekommen, vor allem nach dem 11. September 2001) wird dazu ausgeliehen, um bestimmten staatlichen Handlungen, die, obwohl sie rechtens sind, die Legitimation abzusprechen. So kann man als „Terrorakte" jene Reihe von Gewalttaten bezeichnen, die vom Staat auf unsichtbare Art und Weise begangen werden und die von einer bestimmten (politischen) Ideologie getragen werden und darauf ausgerichtet sind, Individuen psychologisch unter anderem durch allgegenwärtige und fortdauernde Angst und Terror zu beeinflussen.[57]

Die Verbindung zwischen Terror und Staat ist alt. Schon im Mittelalter lag sie vor, als z. B. *territio verbalis* und die *territio realis* Brauch waren, bei denen man vor der körperlichen Qual den Angeklagten die Folterinstrumente zeigte, um mit ihnen psychischen Terror zu erzeugen;[58] sie wird auch in der geschichtlichen Periode erfahren, die man *la Terreur* der Französischen Revolution (von Anfang Juni 1793 bis Ende Juli 1794) nennt und mit dem Gesetz *Loi des suspects* vom 17. September 1793 begründet wurde; zu denken ist ebenfalls an den Roten Terror der kommunistischen Bolschewiki nach der Oktoberrevolution 1917 in Russland;[59] oder an den Terror in Hitlers und Stalins totalitären Staaten, mit ihren Konzentrations- und Vernichtungslagern als Paradebeispiele von Institutionen, deren Regime im Kern organisatorische Gewalt beinhalteten. Wie *Hannah Arendt* erläutert, geschieht im politischen Körper dieser totalitären Staaten die Verdrängung des Gesetzes durch den Terror, der zum Zweck haben soll, das Bewegungsgesetz der Geschichte (*Marx*) oder der Natur (*Darwin*) Wirklichkeit werden zu lassen. Das „Gesetz der Geschichte" des Bolschewismus bestand darin, eine klassenlose Gesellschaft zu schaffen. Dies beinhaltet die Beseitigung aller sogenannten „sterbenden Klassen". Das „Gesetz der Natur" des Nationalsozialismus bestand seinerseits darin, eine Herrenrasse zu schaffen, was die „Ausrottung" aller Rassen, die als ungeeignet für das Leben erklärt wurden, impliziert.[60] Im modernen Strafrecht hat der Terror seinen Platz

---

conceito, 2012, S. 84; *P. Abrão/T. Genro*, Por uma nova síntese em torno dos direitos humanos e a retomada do protagonismo da política, in: Os direitos da transição e a democracia no Brasil, 2012, S. 21 ff.

57 Vgl. *S. Scheerer*, Nachteil und Nutzen kritischer Kriminologie in Zeiten des Terrorismus, in: Kriminologisches Journal (2002), S. 39 f.

58 Zur Geschichte der gerichtlichen Folter zwischen dem 16. und 18. Jahrhundert in Katalonien und Kastilien s. *A. L. Sabadell*, Folter und Strafverfahren auf der iberischen Halbinsel, 2002.

59 *L. Trotsky*, Terrorism & Communism: A Reply to Karl Kautsky, 2007.

60 „Es ist in der Tat die monströse, aber sehr schwer zurückweisbare Behauptung der totalitären Machthaber, daß sie nicht nur nicht gesetzlos und willkürlich handelten, sondern im Gegenteil zu den Quellen der Autorität zurückkehrten, von denen alles positive Recht sich speist und seine Legitimität erst erhält. Damit wird zwar der Unterschied zwischen Schuld und Unschuld, der immer nur an positivem Recht zu messen ist, abgeschafft – und damit alle Beurteilung, Aburteilung und Bestrafung unmöglich gemacht –, gleichzeitig aber angeblich eine höhere Form von Gesetzestreue erzeugt, die es sich leisten könne, mit dem kleinlichen Buchstaben positiv erlassener Gesetze nach Belieben umzugehen, weil ihr ein Handeln entspringt,

im Begriff der Generalprävention (Abschreckung) und der staatliche Terrorismus kann noch nicht einmal als Prototyp des Feindstrafrechts betrachtet werden.[61]

Obwohl es möglich ist, den Ausdruck Staatsterrorismus zu gebrauchen und er tatsächlich auch oft benutzt wird, vermeide ich „Kriminalität" durch „Terrorismus" zu ersetzen, weil Staatsterrorismus und die Bedeutung des Terrorismus mir als zu umstritten (was seine Bedeutung betrifft), ideologisch aufgeladen und nicht sachlich genug scheint. Statt des Begreifens von Terrorismus als einer „Methode" oder eines Instruments, das dem Staat zur Verfügung steht, um seine Ziele zu erreichen, wird in dem gegenwärtig vorherrschenden Diskurs über Terrorismus versucht, „etwas Eigenes" zu machen: eine Ideologie (vergleichbar mit dem Anarchismus oder Kommunismus), eine „Kraft des Bösen" usw., so dass der Ausdruck abwertend verwendet wird, um die Handlungen der politischen Gegner oder Feinde zu delegitimieren.[62]

b) Zeichen

Unter den Zeichen der Staatskriminalität, können folgende hervorgehoben werden:

a) Die „Kriminellen" der Staatskriminalität sind diejenigen Täter, die schon vor der Straftat über die in der Staatsorganisation konzentrierte Macht verfügen.[63] Zu beachten ist die Tatsache, dass es sich nicht nur um die Macht als die Möglichkeit, durch staatliche Sanktionen Schaden anzurichten, handelt, sondern auch, wie schon *Augustinus*[64] aufzeigen wollte und wie es auch in anderen zahlreichen

---

das eine direkte und unvermittelte Ausführung von Befehlen sei, die Geschichte oder Natur selbst gegeben haben. Im Gegensatz zu dem legalen Handeln, das durch positives Recht ermöglicht wird und das immer durch einen Mangel gerade an Gerechtigkeit gekennzeichnet ist, weil das allgemeine Gesetz auf bestimmte Fälle angewandt wird, die es nie in ihrer Besonderheit voraussehen konnte und auf die es daher nie wirklich zugeschnitten ist, im Gegensatz zu dieser immer auch ungerechten Legalität behauptet die totalitäre Herrschaft, eine Welt herstellen zu können, die von sich aus, unabhängig vom Handeln der Mensch in ihr, gesetzmäßig ist, in Überstimmung mit den die Welt eigentlich durchwaltenden Gesetzen funktioniert – wobei es gleichgültig ist, ob dieses Gesetz als das in der Natur geltende Recht oder ein dem geschichtlichen Ablauf immanentes Gesetz hingestellt wird." *H. Arendt* Elemente und Ursprünge totaler Herrschaft (1949), 2000, S. 948.

61 Vgl. etwa *G. Jakobs*, Bürgerstrafrecht und Feindstrafrecht, in: HRR (2004), S. 88 ff.; *G. Jakobs/M. C. Meliá*, Derecho penal del enemigo, 2006; *G. Jakobs*, Zur Theorie des Feindstrafrechts, in: Straftheorie und Strafgerechtigkeit, 2010, S. 167 ff.

62 *S. Scheerer*, Nachteil und Nutzen kritischer Kriminologie in Zeiten des Terrorismus, in: Kriminologisches Journal (2002), S. 35–40.

63 *C. Prittwitz*, „Regierungskriminalität" und „Kriminalität der Mächtigen", in: Kriminalität der Mächtigen, 2008, S. 190.

64 *A. Augustinus*, De civitate Dei, in: Des heiligen Kirchenvaters Aurelius Augustinus zweiundzwanzig Bücher über den Gottesstaat, 1911, IV, 4, S. 191 f.; *ders.*, De civitate Dei, in: Corpus Christianorum, Bd. 47, 1955, IV, 4, S. 101 f.

literarischen Hinweisen zu finden ist,[65] um die Macht, ihr schädigendes Verhalten als rechtsgemäß (und richtig) zu bestimmen (Definitionsmacht). Es ist der Staat, insbesondere mittels seiner gesetzgebenden und rechtsprechenden Gewalten, der zuerst definieren kann, was Recht oder Unrecht sein soll.

b) Wenn es sich um eine Art der von *Herbert Jägers* so genannte „Makrokriminalität" handelt, geht es nicht um Formen individuell abweichenden Verhaltens (Mikrokriminalität), sondern um *konformes* Verhalten, das als Teil eines kollektiven Aktionszusammenhangs innerhalb großer Kollektive und staatlicher Systeme denkbar ist. Anders formuliert: Die Begründung für die spezifische Gefährlichkeit des Einzelnen besteht gerade aus seiner (rechtlichen und faktischen) Konformität und nicht aus seiner Abweichung.[66] Die Idee des „Systemunrechts" z. B. verweist nicht auf das Unrecht *im* System, sondern auf das konstitutive Unrecht *des* Systems.[67]

Im Fall der brasilianischen Militärdiktatur z. B. betrifft die Staatskriminalität nicht das abweichende Verhalten von einigen Agenten, die mit der politischen Unterdrückung zu tun hatten. In anderen Worten: Die Staatskriminalität beinhaltet nicht die Straftaten, die von einigen Untergeordneten isoliert gegen die Anordnungen ihrer Befehlshaber, über die diese keine Kontrolle hatten (die sogenannten „Tiger", „*tigrada*"), begangen wurden. Es handelt sich auch nicht um ein örtliches Korruptionssystem, in dem bestimmte staatliche Agenten ihren Status missbrauchen, um bestimmte illegale Vorteile zu erreichen. Diese Argumente sind von den Militärs selbst in Umlauf gebrachte Entschuldigungen, die zum Zweck haben, sich der Verantwortung für diese Tatsachen zu entziehen, und die keinerlei Bezug zur Realität

---

65 Zum Beispiel *Bertold Brechts* Frage: „Was ist ein Dietrich gegen eine Aktie? Was ist ein Einbruch in eine Bank gegen die Gründung einer Bank? Was ist die Ermordung eines Mannes gegen die Anstellung eines Mannes? (Dreigroschenoper [1928], 2001, Buch 3, Szene 9, S. 145). Oder die Aussage von *Erich Kästner*, „die Menschen sind unheimliche Leute. Wer seine Schwiegermutter totschlägt, wird geköpft. Das ist ein uralter verständlicher Brauch. Wer aber Hunderttausende umbringt, erhält ein Denkmal." Zitiert bei *C. Prittwitz*, „Regierungskriminalität" und „Kriminalität der Mächtigen", in: Kriminalität der Mächtigen, 2008, S. 191, Anm. 18. *H. Jäger*, Makrokriminalität: Studien zur Kriminologie kollektiver Gewalt, 1989, S. 57 f.: „So traf der wegen vielfachen Mordes in dem vietnamesischen Dorf May Lai angeklagte amerikanische Leutnant Calley wohl den neuralgischen Punkt, als er seinen Richtern die Frage stellte, was eigentlich ein Massaker sein: ‚Eine Atombombe auf Hiroshima ist kein Massaker, aber hundert Leinte sind eins?'."

66 *H. Jäger*, Makrokriminalität: Studien zur Kriminologie kollektiver Gewalt, 1989, S. 12; *K. Ambos*, Impunidade por violação dos direitos humanos e o direito penal internacional, in: Revista Brasileira de Ciências Criminais (2004), S. 71 f.

67 *U. Neumann*. Die Rolle von Recht, Gesellschaft und Politik bei der Verarbeitung von „Unrechtssystemen", in: Transitional Justice, 2013, S. 39.

haben.[68] Im Gegensatz zu dieser bisherigen, offiziellen Antwort des brasilianischen Staates bezieht sich die Kriminalität der Militärdiktatur auf einen umfassenden Repressionsapparat, der aufgebaut, organisiert und vom Staat unterhalten wurde, der immer wieder und systematisch kriminelle Praktiken benutzte, um die politischen Gegner des autoritären Regimes zu bedrohen, zu verfolgen und zu bestrafen.[69]

c) In Bezug auf die Opfer der Staatskriminalität ist die Feststellung bzw. Definition kennzeichnend, die sich schlagwortartig durch die Alternative „Freund oder Feind" aufbauen lässt. Zum „Feind" zählen fremde Minderheitengruppen, die aus verschiedenen (politischen, ethnischen, rassischen, religiösen usw.) Gründen nicht von der Gesellschaft und vom Staat anerkannt werden. Als Beispiele sollen hier die Individuen dienen, die in Stalins Sowjetunion oder Hitlers Deutschland als Hindernisse für die Verwirklichung der Gesetze der Geschichte oder der Natur verstanden wurden. In der brasilianischen Geschichte gehören dazu die brutal und dauerhaft ausgebeuteten Indianer und afrikanische Sklaven sowie die von der Militärdiktatur obsessiv und unerbittlich unterdrückten sogenannten „Subversiven", „Kommunisten" und „Terroristen".

d) Ein weiterer zentraler Aspekt ist, dass diese Form kollektiver Gewalt, im Vergleich zu dem Handeln einzelner Straftäter, sich durch *gravierende, gefährliche und destruktive Wirkungen seiner Handlungen* auszeichnet, insofern der Staat mächtiger als die einzelnen Individuen und viele anderen sozialen Gruppen und Institutionen ist. Normalerweise fordern Verbrechen, die durch den Staat selbst begangen oder organisiert werden, ungleich mehr Opfer als die „normale" Kriminalität. Als Beispiele sollen hier die geschätzten 25 % der Bevölkerung in Kambodscha, die unter der Herrschaft *Pol Pots* ihr Leben verloren, die rund 800.000 Ruander, die 1994 während des Völkermords getötet wurden, oder die lebendige Erinnerung an die Ermordung der europäischen Juden dienen.

Es ist wahr, dass der Staat heutzutage, in Zeiten der Globalisierung (und auch der Regionalisierung und Transnationalisierung), nicht mehr eine so wichtige Rolle wie früher spielt. Die traditionelle Gestalt, Funktion und Idee des Staates ist heute ernsten Wandlungen unterworfen,[70] wie z. B. der Fragmentierung und Dekonstruktion staatlicher Souveränität in supranationalen Mehr-Ebene-Systemen oder transnationalen Rechtsregimen ohne Staat (*lex mercatoria, lex financiaria, lex digitalis, lex sportiva* usw.).[71] Trotzdem ist die Figur oder die Gegenwart des Staates (wenn

---

68 Vgl. *C. Fico*, Versões e controvérsias sobre 1964 e a ditadura militar, in: Revista Brasileira de História (2004), S. 34.

69 *L. J. Swensson Jr.*, Anistia Penal: problemas de validade da lei de anistia brasileira, 2007, S. 67.

70 *G. Frankenberg*, Staatstechnik: Perspektiven auf Rechtsstaat und Ausnahmezustand, 2010, S. 61–69; *M. Neves*, Zwischen Themis und Leviathan: Eine schwierige Beziehung, 2000, S. 159.

71 *C. Teubner* (Hrsg.), Global Law without a State, 1997.

auch von seiner traditionellen Form verschieden) noch nicht verschwunden[72] und an ihr kann die Staatskriminalität als einer ihrer gewichtigsten Schäden genau erkannt werden.

Aus diesem Grund hebt *Naucke* zu Recht hervor, dass die Nutzung staatlicher Macht, um eine Straftat zu begehen, prinzipiell eine *feige* Begehungsweise ist.[73] In Bezug auf die Kriminalität der brasilianische Diktatur (1964–1985) kommt *Silva Filho* zu dem Schluss, dass die repressiven Verbrechen staatlicher Akteure viel schlimmer sind als die gemeiner Krimineller, die jemanden verschleppen und foltern, weil

> „dem Verschleppten bleibt die Hoffnung, dass es eine Polizei gibt, die ihn retten und beschützen kann, dass er, wenn er fliehen kann, an der nächsten Ecke einen Polizisten findet, einen Beamten, der für die Sicherheit und das Wohlsein der Bürger zuständig ist und ihn retten kann. Aber, was tun, wenn der Verbrecher der Staat ist? Was tun, wenn derjenige, der ihn beschützen sollte, in Wirklichkeit sein größter Häscher ist? An wen wendet er sich? Wer wird an Sie glauben, wenn die Polizei und der Staat sagen, dass sie gefoltert werden müssen, dass Sie getötet werden sollen, dass Sie kein Recht auf eine minimale Achtung und eine Respektierung ihrer Menschlichkeit haben?"[74]

e) Diese Art von Kriminalität – also die *interne* staatliche Kriminalität – kommt in erster Linie (aber nicht nur) *in Ländern, in denen autoritäre Regime regierten oder noch immer regieren*, zum Vorschein.[75] Es geht nicht nur um totalitären Staaten

---

72 „Grenzüberschreitende Probleme, wie insbesondere militärische Sicherheit, Umweltverschmutzung, Klimapolitik, ‚Organisierte Kriminalität' und Terrorismus, tun ein Übriges, um die staatliche Souveränität, gewiss ihr überkommendes Verständnis, zu Grabe zu tragen." *G. Frankenberg*, Staatstechnik: Perspektiven auf Rechtsstaat und Ausnahmezustand, 2010, S. 63.

73 *W. Nauke*, Die strafjuristische Privilegierung staatsverstärkter Kriminalität, 1996, S. 22.

74 S. *J. C. M. Silva Filho*, O Julgamento da ADPF 153 pelo Supremo Tribunal Federal e a Inacabada Transição Democrática Brasileira, 2010, S. 36 (Übersetzung *L. J. S.*), der nach eigener Aussage Wortführer des Antrags auf Amnestie 2002.01.09770 ist. Der Antrag wurde im Namen von Izabel Marques Tavares da Cunhavor aus der Amnestiekommission des Justizministeriums (Comissão de Anistia do Ministério da Justiça) formuliert und der Karawane zur Amnestie beim Weltsozialforum in Belem 2009 unterbreitet. Eine frühere Fassung des Aufsatzes findet sich in *J. C. M. Silva Filho*, O Julgamento da ADPF 153 pelo Supremo Tribunal Federal e a Inacabada Transição Democrática Brasileira, in: Direito ao Desenvolvimento, 2010, S. 515 ff.

75 Der Regimebegriff wird hier und im Folgenden nicht nur zur Kennzeichnung der spezifischen und grundlegenden Merkmale einer Form politischer Herrschaft (z. B. autoritäre oder demokratische Regime) verwendet, sondern er umfasst auch jenes Ensembles von Normen, Prinzipien, Entscheidungsprozeduren und Praktiken, die Institutionen für bestimmte Politikfelder konstituieren (z. B. Menschenrechtsregime). S. dazu *G. Frankenberg*, Staatstechnik: Perspektiven auf Rechtsstaat und Ausnahmezustand, 2010, S. 15, Anm. 14.

wie Stalins Sowjetunion und Hitlers Deutschland, sondern auch um die vielen anderen Staaten, wo Minderheiten in der Bevölkerung von despotischen, tyrannischen oder diktatorischen Regierungen aus verschiedenen Gründe und mit verschiedenen Methoden, durch organisierte staatliche Macht überwältigt und unterdrückt wurden (und werden). Zu nennen sind z. B. die Militärdiktaturen in Lateinamerika in der zweiten Hälfte des 20. Jahrhunderts.

f) Obwohl die Staatskriminalität primär in autoritären Regimen ausgeübt wird, findet sie auch in demokratische Rechtsstaaten statt. In Ländern, in denen autoritäre Regime regierten oder noch immer regieren, ist es nicht schwer, die Situation der Staatskriminalität zu identifizieren. Schwieriger ist die Analyse von Staatskriminalität, die gegen bestimmte Minderheitengruppen oder in bestimmten Ausnahmensituationen begangen wird, obwohl der Staat als ein die Grundrechte schonender und demokratischer Staat anerkannt ist. Zum Beispiel sind damit die Menschenrechtsverletzungen durch die Terrorismusbekämpfung bzw. den „Krieg gegen den Terror" nach den Terroranschlägen vom 11. September 2001 in den USA, und das Gefangenenlager in Guantanamo als das paradigmatische Symbol für dieses Szenario gemeint.[76] In diesen „dualen Staaten" gilt für die sogenannten „normalen" bzw. „gewöhnlichen" Verbrechen das strafrechtliche Verantwortungsmodell, das im Prinzip die Garantien des demokratischen Rechtsstaats respektieren soll, während für die „anormale" bzw. „außergewöhnliche" Situationen ein anderes Modell gilt, das eventuelle Verletzungen der Garantien des demokratischen Rechtsstaats aus politischen oder „moralischen" Gründe akzeptiert.

g) Darüber hinaus ist noch zu bedenken, ob die Staatskriminalität *zeitlich und räumlich ubiquitär* ist.[77] Sie dürfte in der Geschichte nicht als ein isoliertes, geringfügiges, vorübergehendes Phänomen die Ausnahme sein, sondern eine Regel. Da die Staatskriminalität ubiquitär ist, muss sie im Kern praktische und wissenschaftliche Bemühungen unternommen werden.

In Brasilien steht es außer Frage, dass seit Anfang der Kolonialisierung bis heute viele Indiovölker Opfer des Völkermordes wurden und weiterhin von erzwungener Akkulturation betroffen sind. Über fast vier Jahrhunderte, bis zum Jahr 1888, wurden durch die afrikanische Sklaverei Millionen von Menschen geschändet und getötet, so dass die Sitten und die Mentalität der Bevölkerung verformt wurden.[78] Häufig wird jedoch dabei vergessen zu erwähnen, oder es ist oft nicht bewusst, dass diese Episoden, die heute als die zwei schwersten und gewalttätigsten in der

---

76 *P. Abrão/T. Genro*, Por uma nova síntese em torno dos direitos humanos e a retomada do protagonismo da política, in: Os direitos da transição e a democracia no Brasil, 2012, S. 21 ff. Vgl. *E. Fraenkel*, The Dual State: a Contribution to the Theory of Dictatorship (1941), 2010.

77 *W. Nauke*, Die strafjuristische Privilegierung staatsverstärkter Kriminalität, 1996, S. 23–25.

78 *F. K. Comparato*, Crimes sem castigo, in: Folha de S. Paulo, 2008. Vgl. dazu *C. Moura*, Dicionário da escravidão negra no Brasil, 2004.

brasilianischen Geschichte angesehen werden, vollkommenen staatlichen und sogar rechtlichen Schutz genossen. Sie waren durch das staatliche Recht gestützt und gerechtfertigt, sei es, weil das damalige Rechtssystem das Vorgehen nicht verbot, sei es, weil dieses sogar ausdrücklich vorgeschrieben war.

Die Sklaverei von Afrikanern in Brasilien kann als Beispiel dienen: 380 Jahre lang – gerechnet von Zeitpunkt der „Entdeckung" Brasiliens durch die bewaffnete Armada von *Pedro Álvares Cabral* am 22. April 1500 – wurden die Sklaven für „*instrumentum vocale*", gehalten, d. h. mit den Tieren gleichgestellt und allen möglichen Schikanen ausgeliefert, die stillschweigend oder ausdrücklich vom Staat, auch vom Gesetz, wie aus dem Strafrecht der Kaiserzeit zu ersehen ist, ermächtigt wurden.[79] Die brasilianische Geschichtsschreibung registriert ein Dokument des Stadtrats von Mariana, Minas Gerais, mit Datum Mai 1755 (also zu der Zeit, als Brasilien noch portugiesische Kolonie war), demzufolge man die offizielle Ermächtigung des portugiesischen Königs beantragte, die Strafe des „chirurgischen Stichs" („*picada cirúrgica*") zu erlauben, die oft von den Herren der Sklaven praktiziert wurde. Die Strafe bestand darin, dass man dem Sklaven einen der Nerven des Fußes (normalerweise den Achillesnerv) durchtrennte, um ihn auf diese Weise zu lähmen, sodass er nicht mehr fliehen konnte, aber vollständig arbeitsfähig blieb. Obwohl man weiß, dass der Antrag mit amtlichem Schreiben vom 10. August 1756 von *D. Marcos de Noronha* nicht befürwortet wurde, als dieser die Bittschrift nach Portugal weiterleitete, und nicht bekannt ist, welche Entscheidung vom König gefällt wurde, ist Tatsache, dass die „*picada cirúrgica*" in der Region gang und gäbe war und dass der Staat nichts dazu beigetragen hat, um diesen Brauch zu unterbinden.[80]

---

79 Das „Reichskriminalgesetzbuch von Brasilien" vom 16. Dezember 1830 sah als ein „zu rechtfertigendes Verbrechen" („*crime justificável*"), ohne die Möglichkeit der Bestrafung, vor, „wenn der Schaden aus einer leichten Züchtigung besteht, welche von den Eltern gegenüber ihren Kindern, den Herren gegenüber ihren Sklaven und den Meistern gegenüber ihren Schülern begangen wird; oder wenn er Folge dieser Züchtigung ist, sofern ihre Natur nicht gegen die bestehenden Gesetze verstößt" (Art. 14, Absatz 60). Außerdem wurde durch das Reichskriminalgesetzbuch die Entlaufene auf Grund des Verbrechens des Aufstands bestraft (Art. 113) und die Auspeitschung mit bis zu 50 Hieben pro Tag, wenn der Angeklagte Sklave war, als Strafe festgelegt (Art. 60). Das Gesetz Nr. 4 vom 10. Juni 1835 setzte in seinem Art. 1 die Todesstrafe „für die Sklaven und Sklavinnen, die auf irgendeine Weise jemand töten, sei es durch Vergiften, durch schwere Verletzung des Körpers oder jeden anderen körperlichen Angriff auf den Herrn, seine Frau, Abkömmlinge oder Vorfahren, die in seiner Begleitung sich befinden, auf den Verwalter, Aufseher und ihre Frauen, die mit ihnen leben, fest. Wenn die Verletzungen oder die Angriffe auf den Körper leicht sind, so soll die Strafe der Auspeitschung verhältnismäßig zu den mehr oder weniger schweren Umständen sein" (Übersetzung *L. J. S.*).

80 *C. Moura*, Dicionário da escravidão negra no Brasil, 2004, Eintritt: „chirurgischer Stich" (*picada cirúrgica*), S. 314.

h) Zuletzt wäre noch zu bedenken, ob der Staat, indem er sich in die Rolle des Opfers einer inneren oder äußeren Gefahr begibt, nicht in der Tat selbst zum *„the judge of his own course"* (*„nemo iudex in causa sua"*) bzw. zum Gesetzgeber, Richter und Vollzieher eigener (parteiischen) Interessen gegenüber der Situation wird, die er für bedrohend hält und gegen die Individuen, die er zu Feinden erklärt. In diesem Fall gäbe es keine gesetzlichen und normativen Anhaltspunkte, die hinreichend frei von den tatsächlichen Handlungsmaximen wären, um die „juristischen" Entscheidungsprozesse zu leiten. Die Geltung der Normen, die die Staatsrepression rechtfertigen, würde aus der „Kraft des Faktischen" hervorgehen – das heißt, aus der Dringlichkeit der tatsächlichen Situation, die aufgelöst werden müsste (Verschmelzung von Faktizität und Geltung). Es würde damit auch keine Figur des Richters als unabhängigem, unparteiischem und neutralem Dritten existieren.

Im diesem Zusammenhang kann die These gewagt werden, dass die Konflikte ohne die Mitwirkung eines Dritten konkret durch „Selbsthilfe" und „Vergeltung" gelöst würden. Die Strafe stellt hier nicht eine Antwort auf ein Verhalten dar, das dem Individuum zugerechnet wird, sondern eine Art und Weise, die Allgemeinheit von einer Gefahr oder einer Bedrohung zu befreien.[81] Wird das Ganze jedoch aus einem anderen (weiteren) Blickwinkel betrachtet, so könnte gefragt werden, ob es für die Staatsfeinde vielleicht Garantien gäbe, die fähig wären, diese vor dem Staat zu schützen oder ob es schließlich auch für sie ein „Recht" gäbe.

4. Zur Legitimation und Limitation des Staates: der Grundrechte schonende, bürgerlich-demokratische Rechtsstaat

a) Der Staat schützt die Bürger. Aber wer schützt die Bürger vor dem Staat?

Die Feststellung der Gefahr des Machtmissbrauchs von Seiten der Sanktionsinstanz des Staates (staatliche Willkürherrschaft) und des Begehens von Staatskriminalität ist nicht neu. Seit Anfang der modernen Lehren vom Staat, mit *Thomas Hobbes* (1588–1679) und seinem unbestritten einflussreichstes Werk, dem „Leviathan",[82] in dem er den Staat mit der biblischen Figur des Seengeheuers „Leviathan", einem „sterblichen Gott", vergleicht, für den es auf Erden keine Macht gibt, die ihm vergleichbar wäre

81 Vgl. *M. Neves*, Zwischen Themis und Leviathan: Eine schwierige Beziehung, 2000, S. 49 ff., im Einklang mit *J. Habermas*, Faktizität und Geltung (1992), 1998, S. 39–41, über die Stufen der Rechtsevolution und insbesondere das „offenbarte Recht".

82 *T. Hobbes*, Leviathan (1651), 1997.

(*„non est potestas Super Terram quae Comparetur ei*"), gibt es diese Befürchtung, die das neuzeitliche Staatsdenken in der Staats- und Rechtsphilosophie durchläuft.

Gegen die bis dahin das staatsphilosophische Denken dominierende Tradition des Absolutismus, mit einer herrschenden religiös-theologischen Begründung des Staates,[83] gründet *Hobbes* „die Macht des Souveräns auf der Basis eines Netzwerks reziproker Verträge zugunsten eines nicht gebundenen Dritten. Diesen Dritten, den Inhaber souveräner Autorität, bindet Hobbes im *Leviathan* an das nach seiner Auffassung zentrale politische Ziel: den Schutz des Lebens zur Sicherung der friedlichen Koexistenz."[84] Der Staat wurde also als eine Friedensmaschine konzipiert und „über Rechtsverletzungen", die der Souverän begeht oder die ihm zuzurechnen sind, kann sich niemand beschweren, da er umfassend autorisiert wurde (*volenti non fit iniuria*).

Trotz diesem von *Hobbes* gebundenen politischen Ziel der souveränen Autorität führt sein vertragstheoretischer und damit in seiner Konstruktion liberaler Ansatz im Ergebnis zu einem absolutistischen System und damit zu einer Bedrohung der Freiheit durch die potenziell willkürlich-despotische Staatsgewalt. Werden alle Konsequenzen dieser Entwicklung bedacht, lässt sich die Dialektik der Schutzfunktion des Staates verdeutlichen: Der Staat, der den Bürger schützt, wird gleichzeitig zur Bedrohung der Freiheiten dieses Bürgers.

Obwohl im Laufe der Jahre der Fortschritt eine Staatstheorie jenseits des hobbesianischen Modells weiterentwickelt hat, bleibt in der abendländischen Überlieferung das Bild des Leviathan – selbst wenn es nicht notwendigerweise an die Hermeneutik des Werks von *Hobbes* gebunden ist – als Metapher staatlicher Macht oder als Symbol der expansiven Macht des Staates bestehen.[85] Damit bleibt auch eine ständige Sorge um die Legitimation und Limitation der expansiven Staatsgewalt: Der Staat schützt die Bürger. Aber wer schützt die Bürger vor dem Staat? *„Quis custodiet custodes ipsos?*"[86]

Daraus folgt das Bemühen, diese Gefährdung einzudämmen. Auf der einen Seite stehen dabei Versuche einer neuen Rechtfertigung bzw. Legitimität des Staates. Auf der anderen Seite Versuche der Limitation staatlicher (politischer) Herrschaft durch die Konstruktion einer neuen „Staatstechnik" oder Staatsarchitektur. In diesem Zusammenhang lassen sich mindestens vier wichtige Ansätze auf einen Nenner bringen: die liberale Vertragslehre und ihre Konzepte des Staatsbürgers, die Demokratie, der Rechtsstaat und die Grundrechte.

---

83 Nämlich die Idee, dass der Staat kraft göttlicher Stiftung oder göttlicher Fügung da ist, daher jeder nach göttlichem Gebot verpflichtet ist, ihn anzuerkennen und sich seiner Ordnung zu unterwerfen. *G. Jellinek*, Allgemeine Staatslehre (1900), 1959, S. 186.

84 *G. Frankenberg*, Staatstechnik: Perspektiven auf Rechtsstaat und Ausnahmezustand, 2010, S. 23.

85 *M. Neves*, Zwischen Themis und Leviathan: Eine schwierige Beziehung, 2000, S. 9 f., insb. Anm. 1.

86 *Juvenalis*, Saturarum, 1895, VI 347, 348, S. 325.

b) Die Legitimationsmodelle der liberalen Vertragstheorie

Insbesondere wegen der Glaubensspaltung der Reformation und der neuen Ideen der Aufklärung hält sich die im Mittelalter herrschende religiös-theologische Begründung des Staates nicht mehr, d. h., die Idee, dass der Staat kraft göttlicher Stiftung oder göttlicher Fügung da ist, und von daher jeder nach göttlichem Gebot verpflichtet ist, ihn anzuerkennen und sich seiner Ordnung zu unterwerfen.[87] An Stelle dieser Begründung wird es in der Neuzeit notwendig, einen neuen Legitimationsgrund zu entwerfen: die Legitimation der Staatsgewalt durch den Willen der Bürger und durch den Gedanken der Selbstverpflichtung.

Die Idee einer vertraglichen Legitimation spielt bei seinen liberalen Protagonisten eine zentrale Rolle: für *Thomas Hobbes* und sein Modell des absolutistisches Staat mit liberalen Absichten,[88] für *John Locke* und sein Konzept des liberalen Minimalstaates,[89] für *Jean-Jacques Rousseau* und seine radikale Demokratie,[90] für *Charles-Louis de Secondat, Baron de Montesquieu* und sein Modell der Gewaltenteilung[91] und für *Immanuel Kant* und seinen vernunftrechtlichen Kontraktualismus.[92] Aus der Stellungnahme des Liberalismus gegen die absolute Monarchie und die feudalen Strukturen folgt, dass die staatliche Ordnung als gerechtfertigt gilt, weil „sie die Mängel des Naturzustandes im Interesse aller behebt und auf einer freiwilligen Selbstverpflichtung der Bürger beruht".[93] Nach liberaler Auffassung ist also der rechtfertigende Grund bzw. der Existenzgrund des Staates die Gewährleistung von der Sicherheit für die gleichen Rechte aller Bürgern auf Freiheit (und Leib, Leben, Eigentum).

Das Individuum bekommt nun den Status des Bürgers eines Staates, der nach Maßnahme der subjektiven Rechte bestimmt wird. Subjektive Rechte werden hier als negative Rechte, „die einen Optionsspielraum gewähren, innerhalb dessen die Rechtspersonen von äußeren Zwängen freigesetzt sind",[94] verstanden. Als Träger

---

87 *G. Jellinek*, Allgemeine Staatslehre (1900), 1959, S. 186.

88 *T. Hobbes*, Leviathan (1651), 1997.

89 *J. Locke*, Two Treaties of Government (1689), 2000.

90 *J. J. Rousseau*, Du Contract Social; ou Principes du Droit Politique (1762), 2010.

91 *Montesquieu*, De L'Esprit des Loix (1748), 2010.

92 *I. Kant*, Die Metaphysik der Sitten (1797/98), 1977, § 46; *Ulfrid Neumann* bemerkte in seiner Vorlesung, die Ambivalenz sei grundlegend bei Kant. „Einerseits: Die gesetzgebende Gewalt kann nur dem vereinigten Willen des Volkes zukommen" (§ 46). Andererseits heißt es einige Seiten später: „Der Ursprung der obersten Gewalt ist für das Volk, das unter derselben steht, in praktischer Absicht unerforschlich, d.i. der Untertan soll nicht über diesen Ursprung [...] vernünfteln."

93 *A. Engländer*, Die Lehren vom Gesellschaftsvertrag, in: Jura (2002), S. 382. Trotz seiner Wichtigkeit weist die Begründung dieser Vertragstheorie allerdings Probleme auf, „die es zweifelhaft erscheinen lassen, ob sie die angestrebte Rechtfertigungsleistung tatsächlich erbringen können". Vgl. dazu die Kritik von David Hume an den liberalen Gesellschaftsvertragslehren (*Of the Original Contract*, 1748).

94 *J. Habermas*, Drei normative Modelle der Demokratie, in: ders., Einbeziehung des Anderen, 1996, S. 279.

der subjektiven Rechte, die alle Bürger gegenüber dem Staat und anderen Bürgern haben, genießen die Bürger den Schutz des Staates, solange sie ihre privaten Interessen innerhalb der durch die Gesetze gezogenen Grenzen verfolgen. Der Genuss des Staatsschutzes bezieht sich auch gegen die eigentlichen staatlichen Interventionen, die über den gesetzlichen Eingriffsvorbehalt hinausgehen.[95]

c) Demokratie

Weil der Staat die Freiheiten seiner Bürger begrenzt und ihnen zahlreiche Verhaltenspflichten auferlegt, ist die staatliche Ordnung rechtfertigungs*bedürftig*.[96] Die Frage, woher der Staat die Befugnis nimmt, von seinen Bürgern Gehorsam zu fordern, wird neben den Legitimationsmodellen der Vertragstheorie[97] grundsätzlich durch zwei andere einnehmende Standpunkte aufgearbeitet. Entweder wird sie durch die Position des *Anarchismus* zurückgewiesen: Der Staat hat keine Befugnis, von seinen Bürgern Gehorsam zu fordern und die Beziehungen zwischen den Menschen müssen horizontal (bzw. durch Vertrag) geregelt werden, nicht vertikal, durch (staatliche) Anordnungen.[98] Oder sie wird durch die Position der *demokratischen Legitimation* beantwortet: Der Staat erhält diese Befugnis von den Bürgern selbst (Selbstregierung),[99] durch den Willen der Mehrheit (Mehrheitsprinzip)[100] mittels der gewählten Repräsentanten des Volkes (Modell der repräsentativen Demokratie).[101]

Hierbei handelt es sich um Volksherrschaft, bei der verlangt wird, dass die wichtigsten politischen Entscheidungen des Landes direkt vom Volk oder von seinen Vertretern gefällt werden, und der daraus folgenden Kontrolle der Regierung durch die Möglichkeit der demokratischen Abwahl.[102] Es ist allerdings umstritten, welche

---

95 A. a. O., S. 278 f.

96 *A. Engländer*, Die Lehren vom Gesellschaftsvertrag, in: Jura (2002), S. 382.

97 S. z. B. die Arbeiten von *R. Nozick* (Anarchy, State and Utopia, 1974), *J. Buchanan* (The Limits of Liberty, 1975) und *J. Rawls* (A Theory of Justice, 1971 [1999]) als Vertretern der modernen Variante der Vertragstheorie.

98 Dazu *O. Höffe*, Politische Gerechtigkeit: Grundlegung einer kritischen Philosophie von Recht und Staat, 1989, Kap. 7.: Repräsentanten: Proudhon, Bakunin, Kropotkin, Klug usw.

99 Art. 1 *caput* CF.

100 Vgl. Art. 1, V; 14 *caput*; 60, § 4 II; 17 CF.

101 In Brasilien herrscht das Modell der „gemischt Demokratie" (*democracia mista*), wodurch die Volkssouveränität nicht nur durch gewählte Repräsentanten (repräsentative Demokratie), sondern auch direkt durch Volksabstimmung, Referendum und Volksinitiative (Art. 14, I, II, III CF) ausgeübt wird (direkte Demokratie)., S. dazu *P. J. L. Alarcón*, Democracia, in: Dicionário brasileiro de direito constitucional, 2012, S. 125 ff.

102 *R. Zippelius*, Allgemeine Staatslehre, 2010, S. 105 ff. (Die demokratische Rechtfertigung des Staates); *D. Dimoulis*, Direitos fundamentais e democracia. Da tese da complementaridade à tese do conflito, in: Revista Brasileira de Estudos

Gegenmodelle besser zu dieser „Volksherrschaft" passen. Insbesondere besteht in der heutigen Diskussion der Streit zwischen den liberalen, republikanischen und „deliberativen" Demokratiemodellen.[103] Obwohl die entscheidende Differenzen in den verschieden Modellen über das Verständnis der Rolle des demokratischen Prozesses, insbesondere im Bezug auf das Konzept des Staatsbürgers, die Natur des politischen Willensbildungsprozesses und den Rechtsbegriff selbst bestehen, ist hervorzuheben, dass die Demokratie nicht nur daraus besteht, dass politische Entscheidungen von den Staatsbürgern in Ausübung subjektiver Rechte als negative Freiheiten (liberale Auffassung) gefällt werden. Sie besteht auch aus der Beteiligung an einer gemeinsamen Praxis, aus einem einbeziehenden, pluralistischen und toleranten Meinungs- und Willensbildungsprozess durch die Ausübung politischer Teilnahme- und Kommunikationsrechte als positive Freiheiten (republikanische und deliberative Auffassung).[104]

Die Demokratie hängt daher mit dem Relativismus zusammen. Ihr System beruht nicht auf Wahrheitsansprüchen (wie beispielsweise der Kommunismus oder der Katholizismus). Es geht vielmehr um eine richtige Art und Weise, den Prozess der freien Beteiligung am Diskurs, mit dem Ziel, Institutionen zu schaffen, die fähig sind, neue Diskussionen anzuregen. Die Legitimation politischer Entscheidungen (auch verfassungsgebende Entscheidungen) und der Rechtsnormen (auch Verfassungsnormen) beruht letztlich auf einer subjektlosen, diskursiv konstruierten Volkssouveränität.[105]

d) Rechtsstaat

Weiterhin wurde unter dem nicht zu leugnenden Einfluss der zitierten liberalen Vertragstheorien ein neues institutionelles Design des Staates als *rule of law* bzw. *Rechtsstaat* (*qua* bürgerlichem Rechtsstaat im Sinne des gesetzgebenden Staates) entworfen, wobei das Recht an die Stelle der zentralen Autorität gestellt wurde.[106] Aus diesem institutionellen Design wird sowohl die Begründung legitimer Herrschaft als auch die Begrenzung der Herrschaftsbefugnisse und der Staatsaufgaben hergeleitet.

Constitucionais (2007); *J. Habermas*, Drei normative Modelle der Demokratie, in: ders., Einbeziehung des Anderen, 1996, S. 277 ff.

103 Ebd.

104 A. a. O., S. 279 ff.

105 *M. Neves*, Zwischen Themis und Leviathan: Eine schwierige Beziehung, 2000, S. 128.

106 *T. Raiser*, Das lebende Recht: Rechtssoziologie in Deutschland, 1999, S. 282 ff. S. *Thomas Vesting*, Rechtstheorie, 2007, S. 79: „Der bürgerliche *Rechts*staat, wie ihn schon Kant gefordert hatte, mutierte zum *Gesetz*gebungsstaat." Laut *Marcelo Neves* (Zwischen Themis und Leviathan: Eine schwierige Beziehung, 2000, S. 10, Anm. 4) ist der Begriff des Rechtsstaates, der in der kontinentaleuropäischen Tradition verankert ist, semantisch enger als das Konzept „Rule of Law", mit angloamerikanischer Ursprung, dessen „Geltungsanspruch über die Bindung an staatliche Gesetze und Verfassungen hinausgeht und die also außerstaatliche Rechtsformen mit einbezieht."

Die rechtsstaatliche Begründung legitimer Herrschaft besteht aus der Institutionalisierung der Macht, welche die rational-legale Herrschaft durch die Konstruktion eines berechenbaren und verlässlichen Rechtsmodells (oder „Rechts-Staats"-Modells) innerhalb des im Rahmen der Gesetzmäßigkeit der Verwaltung, des Vorrangs des Gesetzes und des Gesetzesvorbehalts zur Folge hat.[107] Das bedeutet, dass die Verwaltung durch Gesetze „programmiert" wird; dass das Gesetz Vorrang vor den Normen einer Rechtsverordnung, einer Satzung oder Verwaltungsanweisung hat; und besonders, dass wichtige Staatsentscheidungen (z. B. Eingriffe in Freiheit und Eigentum) dem Parlamentsvorbehalt unterliegen.[108] Anders formuliert: Es geht um die *„Herrschaft des Gesetzes"*, d. h., die Entpersönlichung bzw. Vergesetzlichung der Staatsmacht, wie sie von *John Adams* durch die Formel *„government of laws and not of men"*, im Artikel XXX der *Constitution of the Commonwealth of Massachussets* 1780 niedergeschrieben wurde. Damit ist der Gesetzgeber selbst an sein Gesetz gebunden. Seine Befugnis zur Gesetzgebung soll nie zum Mittel einer Willkürherrschaft werden.

So ist der Rechtsstaat ohne den Legalitätssatz und die entsprechende gerichtliche Kontrolle nicht zu fassen. Dies steht schon ausdrücklich in der *Déclaration des droits de l'homme et du citoyen de 1789*, in den Artikeln 4 und 6: Die Grenzen (für die Ausübung der natürlichen Rechte) können nur durch das Gesetz als Ausdruck des allgemeinen Willens bestimmt werden. Wie in fast allen modernen Verfassungen vorgesehen ist, z. B. im Grundgesetz der Bundesrepublik Deutschlands (Art. 19 I GG, Art. 5 II GG, Art. 20 III GG) und im Artikel 1, einziger Absatz und Artikel 5, II der Verfassung der Bundesrepublik Brasiliens (*Constituição Federal* – CF).[109]

Die rechtsstaatliche Begrenzung der Herrschaftsbefugnisse und Aufgaben beruht auf der Idee eines *„limited government"* durch ein System der Gewaltenteilung, Gewaltenverschränkung (*checks and balances*) und Gesetzesbindung. Neben den an das Recht gebundenen Befugnissen der Machtträger (Eingriffe durch Standardmaßnahmen) liegen sowohl begrenzte Aufgaben (Schutzpflichten der Freiheit, Eigentum, Sicherheit usw.) als auch negative Kompetenzen (Bestimmtheit, Rückwirkungsverbot, Verhältnismäßigkeit, usw.) vor.[110]

---

107 A. a. O., S. 122.

108 *K. Doehring*, Allgemeine Staatslehre, 2004, S. 172 ff.

109 Vgl. etwa *J. C. Francisco*, Legalidade, in: Dicionário brasileiro de direito constitucional, 2012, S. 230 ff. Vgl. auch *Lei Complementar* Nr. 35, von 1979 („Lei Orgânica da Magistratura Nacional"), Art. 35, I.

110 *Thomas Raiser* stellte fest, dass es eine Reihe von herausgehobenen sozialen und rechtlichen Vorkehrungen gibt, die vornehmlich mit dem Begriff des Rechtsstaates verbunden würden, um die potenziell willkürlich-despotische Staatsgewalt einzudämmen. Nämlich: „[…] Grundrechte, Gewaltenteilung, Bindung des Herrschers bzw. Der Staatsgewalt an das *allgemeine* Gesetz, Gleichheit vor dem Gesetz, zeitliche Beschränkung der Macht durch Amtsperioden, Wahl der Machtträger, Garantie rechtsstaatlicher Entscheidungs- und Kontrollverfahren, konditionale Entscheidungsprogramme, Meinungs- und Versammlungsfreiheit, welche

In diesem Modell wird also das Recht nicht mehr nur als ein Mechanismus der Machtrechtfertigung oder als Herrschaftsinstrument verstanden, sondern auch als Machtbeschränkung und -kontrolle. Im Rechtsstaat gibt es eine synallagmatische Beziehung zwischen der Politik und dem Rechtssystem und zwischen dem Staat (als Rechtsperson) und den Bürgern. Obwohl das Recht hauptsächlich durch politische Entscheidungen gesetzt wird, wird das Recht seinerseits relevant für die politischen Entscheidungen, insbesondere für die der obersten Staatsorgane und für die entsprechenden Wahlverfahren (die Einführung des Präferenzcodes Recht/Unrecht als Zweitcode der Macht). Obwohl die Rechtsordnung dem Staat oder den Regierenden einerseits und den Bürgern und Organisationen andererseits Befugnisse, Rechte und Vorrechte erteilt, legt sie ihnen gleichzeitig gegenseitige Pflichten und Verantwortlichkeiten auf.[111]

e) Grundrechte

Auch die Anerkennung von *Menschen- und Bürgerrechten* spielt bei der Festlegung des Rechtsstaatsbegriffs eine grundlegende Rolle, insoweit sie die Funktion hat, die Bürger und insbesondere die Minderheiten gegen den Zugriff der Exekutive und parlamentarischer Mehrheiten zu schützen. Einerseits ist das Argument der demokratischen Legitimität ohne Bezug auf andere Begründungen (d. h. normativen Rechtfertigung unter anderen Gesichtspunkten) gefährlich oder riskant, da es mit dem Argument des Willens der Mehrheit Situationen rechtfertigen kann, die rational oft nicht zu rechtfertigen sind. Wenn man z. B. in Brasilien eventuelle Strafrechtsreformen einer Volksabstimmung unterwerfen würde, so wären möglicherweise die Änderungen, die von der Mehrheit der Bevölkerung oft unter dem Einfluss der auf Sensationalismus heischenden Medien gefordert würden, im Sinne von Erhöhung von Strafen, Flexibilisierung der Garantien im Strafprozesses, Schaffung von drakonischen Gesetzen zur Kontrolle der Kriminalität und von der Todesstrafe usw.[112]

Andererseits, auf Grund der Erkenntnis, dass die Macht nicht nur von einer tyrannischen Regierung, sondern auch durch Mehrheitsentscheidung des Gesetzgebers ausgeübt wird, wird es nötig, Minderheiten gegen den „Absolutismus“ der jeweiligen

---

die öffentliche Kritik an den Machtträgern gewährleisten, sowie Kontrolle der Machtausübung durch den allgemeinen öffentlichen Diskurs und durch die Medien.“ *T. Raiser*, Das lebende Recht: Rechtssoziologie in Deutschland, 1999, S. 289. S. dazu *G. Frankenberg*, Staatstechnik: Perspektiven auf Rechtsstaat und Ausnahmezustand, 2010, S. 27 f.

111 In diesem Sinne, schreibt *Neves*, ist es aus der systemtheoretischen Perspektive möglich, „den Rechtsstaat als Bereich horizontaler Überschneidung von zwei symbolisch generalisierten Kommunikationsmedien, nämlich Macht und Recht, zu charakterisieren.“ *M. Neves*, Zwischen Themis und Leviathan: Eine schwierige Beziehung, 2000, S. 77.

112 *S. Adorno*, O monopólio estatal da violência na sociedade brasileira contemporânea, in: O que ler na ciência social brasileira: 1970–2002, 2002, S. 301.

politischen Mehrheit bzw. gegenüber der „totalitären Gefahr der hyperdemokratischen Staatskonzeptionen“[113] mittels der *Grundrechte* und der dementsprechenden gerichtlichen Kontrolle der Verfassungsmäßigkeit der Parlaments- und Regierungsakte zu schützen.[114] In diesen und anderen Fällen funktionieren die Grundrechte als Vorbedingungen der Legitimation durch Verfahren im demokratischen Rechtsstaat.[115]

f) Strafrecht

Auf dieser Grundströmung des bürgerlichen Rechtsstaats beruht auch das „moderne“ Strafrecht. Obwohl die Strafe der schwerste erlaubte und prinzipiell legitimierte Eingriff des Staates in die Rechte der Bürger (Leben, Leib, Freiheit, Eigentum) ist, wird das Strafrecht auch als ein Mittel oder Instrument verstanden, um den strafenden Staat zu bändigen und zu disziplinieren. Dieses Verständnis über das Strafrecht, das sich insbesondere im Zusammenhang mit der Kodifikationsbewegung des 19. Jahrhunderts entwickelt hat,[116] beruht auf der Idee, dass das Strafrecht primär der Freiheitssicherung dienen soll.

---

113 *M. Neves*, Zwischen Themis und Leviathan: Eine schwierige Beziehung, 2000, S. 177.

114 *K. Doehring*, Allgemeine Staatslehre, 2004, S. 176 f. S. z. B. die Kruzifix-Entscheidung des BVerfG (BVerfGE 93,1), in der der Minderheitenschutz durch das Grundrecht der negativen Religionsfreiheit von dem BVerfG betont wurde, gegen den Anspruch der Bayerischen Staatsregierung, die argumentierte, dass eine überwältigende Mehrheit in Bayern das Kruzifix in der Schule akzeptiere. S. auch die Diskussion darüber, ob der Gesetzgeber fähig ist, bilaterale Amnestien oder „Selbstamnestien“ zu erstellen, aufgrund u. a. eines Verstoßes gegen das Rechtsprinzip, dass niemand Richter in eigener Sache sein dürfe bzw. *„nemo iudex in causa sua“*. S. dazu *L. J. Swensson Jr.*, Anistia Penal: problemas de validade da lei de anistia brasileira, 2007, S. 170–174. Zu der gerichtlichen Kontrolle der Verfassungsmäßigkeit der Parlaments- und Regierungsakte, vgl. *D. Dimoulis*, Onze teses sobre o controle de constitucionalidade, in: Revista Brasileira de Estudos Constitucionais (2007), S. 155 ff.; *R. Dworkin*, The Forum of Principle, in: New York University Law Review (1981), S. 469 ff.; *A. R. Tavares*, Controle de constitucionalidade (espécies), in: Dicionário brasileiro de direito constitucional, 2012, S. 105 ff.

115 *M. Neves*, Zwischen Themis und Leviathan: Eine schwierige Beziehung, 2000, S. 120.

116 Vgl. *J. A. S. Cantero*, La ciencia del derecho penal y su evolución, 1970, S. 60: „1767 ordnete Katarina II von Russland die Ausarbeitung eines Strafgesetzbuchs an, Josef II von Österreich veröffentlicht im Jahre 1787 ein allgemeines Gesetz über die Bestrafung von Delikten. In Frankreich erscheinen die revolutionären Gesetzbücher aus den Jahren 1791 und 1795; einige Jahre später, 1810, wird das Gesetzbuch von Napoleon erscheinen. In ganz Europa wird innerhalb von kurzer Zeit die Kodifizierung unter den Vorlagen der Deutschen, Italiener und Franzosen folgen“. (Übersetzung *L. J. S.*) Es folgten z. B. Romagnosi (Italien), Klein (Preußen), Kleinschrod, Feuerbach (Bayern), Gross (Sachsen), Lardizába (Spanien), Servan, Jean Paul Marat (Frankreich) usw.

Das Ziel des Strafrechts ist, die Freiheit der Bürger nicht nur vor Verletzungen durch Dritte, sondern auch vor willkürlicher Bestrafung zu schützen. Nur unter den gesetzlich bestimmten Voraussetzungen, d. h. bei Vorliegen von Vorschriften über die Strafverfolgung (Strafverfahrensrecht), als auch von Anordnungen über die Rechtsstellung der Gefangenen und darüber, wie die Freiheitsstrafe zu vollziehen ist (Strafvollzugsrecht), ist der Staat befugt zu strafen. Der Staat muss grundsätzlich alle Prinzipien, die für das rechtsstaatliche Strafrecht konstitutiv sind, anwenden, um den – wirklichen oder mutmaßlichen – Tätern zu verfolgen und zu bestrafen. Es geht hier vor allem um das Schuldprinzip, um die Unschuldsvermutung und um das Recht auf ein faires Verfahren.

In diesem Sinne dient das Strafrecht in einem Rechtstaat nicht nur dem Schutz des (potentiellen) Opfers, sondern auch dem Schutz des Täters. Das Strafrecht ist im Kern ein „Abwehrrecht". Es wird im Zusammenhang mit den Prinzipien des Rechtsstaates als eine „Magna Charta" des Bürgers sowie des Verbrechers (*Franz v. Liszt*)[117] gegen den strafenden Staat konzipiert. Indem es die Voraussetzungen festlegt, unter denen der Täter zu bestrafen ist, bestimmt es zugleich, dass jenseits dieser Voraussetzungen eine Bestrafung nicht in Betracht kommt. Die Bürger sollen durch das Strafrecht in die Lage versetzt werden, vorherzusehen und zu berechnen, wann und wie sie staatliche Strafen treffen können. Strafrecht ist im Sinne des Rechtsstaats ein „Verbrechensbekämpfungsbegrenzungsrecht" (*Naucke*).[118]

Die Garantiefunktion des Strafgesetzes wird wiederum verfassungsrechtlich insbesondere durch Art. 5, XXXIX CF und Art. 1 des brasilianischen Strafgesetzbuch (*Código Penal* – CP) festgeschrieben (*nullum crimen, nulla poena sine lege*),[119] wobei im Einzelnen verboten wird: (a) der Rückgriff auf strafbarkeitsbegründendes Gewohnheitsrecht (*nullum crimen, nulla poena sine lege scripta*); (b) die analoge Anwendung eines Strafgesetzes zu Lasten des Täters (*nullum crimen, nulla poena sine lege stricta*); (c) der Erlass nicht hinreichend bestimmter Strafgesetze (*nullum crimen, nulla poena sine lege certa*); (d) der Erlass rückwirkender Strafgesetze und

117 „So paradox es klingen mag, das Strafgesetzbuch [ist] die Magna Charta des Verbrechers [...]. Das Strafrecht ist die unübersteigbare Schranke der Kriminalpolitik". *F. v. Liszt*, Strafrechtliche Vorträge und Aufsätze (1905), 1970, S. 80.

118 Vgl. etwa *W. Naucke*, Die Kriminalpolitik des Marburger Programms, 1882, in: ZStW (1982), S. 525 ff.; *ders.*, Strafrecht: eine Einführung, 2002, § 2, S. 61 ff.

119 Art. 5°, XXXIX CF (~ Art. 1° CP): "Não há crime sem lei anterior que o defina, nem pena sem prévia cominação legal." Dieses Prinzip ist in allen Bundesverfassungen und allen früheren brasilianischen Strafgesetzbüchern gefunden worden. Vgl. etwa *N. Hungria/H. C. Fragoso*, Comentários ao Código Penal, 1977, S. 147 ff.; *H. C. Fragoso*, Lições de Direito Penal, 1985, S. 91 ff.; *A. Martins*, A legalidade e a proibição de retroatividade das leis no direito penal e no direito penal internacional e o tratamento dos crimes estatais praticados durante o regime militar no Brasil, in: Revista Anistia Política e Justiça de Transição, 2013, S. 202 ff.; *J. C. Santos*, Direito Penal: parte geral, 2006, S. 19 ff.; *E. R. Zaffaroni et al.*, Direito Penal Brasileiro, Bd. 1, 2003, S. 202.

die rückwirkende Anwendung von Strafgesetzen (Rückwirkungsverbot) sowie die rückwirkende Erhöhung des Strafrahmens (*nullum crimen, nulla poena sine lege praevia*).[120]

Das Gesetzlichkeitsprinzip fügt sich daher in einen politischen Kontext der Abgrenzung des Handlungsspielraums des Individuums vor dem Staat und umgekehrt, des Staats vor dem Individuum, ein. Außerdem verbindet sich dieses Prinzip mit dem Schutz der grundlegenden Garantien der Individuen, der im Rahmen eines historischen Prozesses der Humanisierung, Rationalisierung und Einschränkung der staatlichen Aktivität stattfindet. In Bezug auf das Strafrecht entspricht es der Humanisierung, Rationalisierung und Einschränkung der punitiven Praxis des *Ancien Régime* mit ihren barbarischen und übermäßigen, zufälligen und unverhältnismäßigen Strafen.

Obwohl die klassische Formulierung des Gesetzlichkeitsprinzips als Teil der Logik der psychologischen Zwangstheorie bei *P. J. Anselm von Feuerbach* auf der Idee der negativen Generalprävention basierte,[121] fand sie später eine grundlegende Bedeutung in der „Rechtssicherheit" (*von Lizt*),[122] die als der Bedarf an verlässlichen, normativ bestimmten Verhaltensstrukturen verstand werden kann (Orientierungssicherheit und Realisierungssicherheit).[123] Der Respekt für das Gesetzlichkeitsprinzip in allen ihren verschiedenen Erscheinungsformen (*nullum crimen, nulla poena sine lege scripta, stricta, certa, praevia*) bedeutet daher nicht nur die Verteidigung der Garantiefunktion des Strafrechts sowohl für das Opfer als auch für die Täter, sondern auch den Schutz der Rechtssicherheit und des Rechtsstaats.

g) Einwand („*progressive history*")

Es ist wichtig zu beachten, dass hier kein finalistischer, teleologischer oder progressiver Geschichtsbegriff („*progressive history*") angenommen wird, der beinhaltet, die Geschichte als eine lineare Entwicklung eines Elements zu betrachten, dessen Verlauf sich auf ein Ziel, auf einen *telos*, hinbewegt. Eine solche Art von Erzählung kann keine zufriedenstellende Einsicht in die Geschehnisse oder eine hinreichend exakte Idee der Geschichte der gesellschaftlichen Konflikte bieten und seit der Gründung

---

120 Art. 5°, XL CF und Art. 2 CP.

121 Um den Täter zu bedrohen und ihn davon überzeugen, Delikte nicht zu begehen, muss das Gesetz vor der Tat vorhanden sein. *P. J. A. v. Feuerbach*, Lehrbuch des gemeinen in Deutschland gültigen peinlichen Rechts (1847), 1986, § 29, insb. § 16. S. dazu *W. Naucke*, Paul Johann Anselm von Feuerbach, in: Über die Zerbrechlichkeit des rechtsstaatlichen Strafrechts, 2000, S. 159 ff.; *C. Roxin*, Strafrecht AT, 2006, S. 147 ff.; *R. M. R. Queiroz*, A teoria penal de P. J. A. Feuerbach e os juristas brasileiros do século XIX: a construção do direito penal contemporâneo na obra de P. J. A. Feuerbach e sua consolidação entre os penalistas do Brasil, 2009.

122 Dazu *G. Grünwald*, Bedeutung und Begründung des Satzes ‚nulla poena sine lege', in: ZStW (1964), S. 1 ff.

123 *R. Zippelius*, Rechtsphilosophie, 2007, S. 122 ff.

des einflussreichen *École des Annales* im 1929 im Frankreicht kaum vertretbar ist.[124] Es gibt übrigens Stimmen, die behaupten, Geschichte sei nur eine Art von Literatur und die ihr den Platz unter den Wissenschaften abstreiten.[125] Wenn Überlegungen zur Entwicklung der Ideen von Demokratie, Rechtsstaat und Grundrechte zur Legitimation und Limitation des Staates und zur Bejahung der Menschenrechte angestellt werden, dann ist festzustellen, dass diese Entwicklung und diese Bejahung nicht überall durch eine stetige Kontinuität oder eine ununterbrochene positive Entwicklung, sondern durch tiefgreifende Widersprüche gekennzeichnet ist.

In der „Ära der Extreme" des kurzen 20. Jahrhunderts (1914–1991)[126] sind z. B. einerseits Zeichen der Verallgemeinerung des französischen Revolutionsideals von 1789 zu sehen, das besagt, dass jeder Mensch ein Rechtssubjekt ist, das vor und über jeglicher staatlicher Organisation steht. Andererseits wurde die Welt durch den Aufstieg der totalitären Staaten mit der planmäßigen und systematischen Vernichtung von Menschen, wie sie noch nie zuvor in der Geschichte festzustellen war, und durch die von da an im In- und Ausland an unzähligen Opfern praktizierten Staatskriminalität überrascht. Der Sozialstaat (*Welfare State*), in dem sich in der ersten Hälfte des 20. Jahrhunderts durch staatliche Eingriffe in die Wirtschaft das sozialistische Ideal der grundsätzlichen Gleichheit der Lebensbedingungen verwirklichen sollte, wurde am Ende des Jahrhunderts von der neoliberalen Tendenz bedroht,

---

124 *L. Oliveira*, Não fale do Código de Hamurabi, in: Sua excelência o comissário: e outros ensaios de Sociologia Jurídica, 2004, S. 137–167; *A. L. Sabadell*, Reflexões sobre a metodologia na história do direito, in: Cadernos de Direito, 2003, S. 25–39; *L. J. Swensson Jr.*, A afirmação histórica dos direitos humanos em Norberto Bobbio, in: Cadernos de Direito, 2003, S. 210.

125 *J. R. Santos*, Assim foi (se me parece): livros, polêmicas e alguma memória, 2008, S. 107 f.: „Immer wenn die Geschichte von sich behauptete, sie sei Wissenschaft – mit dem Anspruch, objektiv das soziale Leben zu erklären, den Generationen beibringen zu wollen, nicht die Fehler der vorherigen Generationen zu begehen, die zukünftige Gesellschaft vorauszusehen – ist sie gescheitert; immer, wenn sie nur *vergnügen* wollte, war sie unabdingbar. Vergnügen im Sinne von *seducere*, vom rechten Weg abbringen, uns auf den Standpunkt des anderen zu versetzen, um wie der andere das Leben zu leben, das wir *faktisch* nicht leben können, weil wir nicht der andere sind. Aus diesem Vergnügen heraus kann Verständnis entstehen, nicht Erklärung." (Übersetzung *L. J. S.*).

126 *E. Hobsbawm*, Era dos extremos. O breve século XX: 1914–1991 (1994), 2003. „Das kurze 20. Jahrhundert" ist ein vom Historiker Eric Hobsbawm geprägter Begriff, wobei für die Periodisierungen nicht die kalendarischen Einteilungen, sondern die Festlegung von Zäsuren auf politische, soziale oder kulturelle Aspekte genutzt wird. Im Vergleich mit dem „langen 19. Jahrhundert", das bis zum Ausbruch des Ersten Weltkriegs (1914) dauerte, wird das 20. Jahrhundert als „kurz" bezeichnet, das eben vom 1914 bis zum Ende der Sowjetunion und ihres Machtbereichs (1991) dauerte. Grundlage für die Periodisierung kann u.a. die Herausbildung und das Ende der Herrschaft totalitärer Ideologien wie Faschismus und Kommunismus, sowie der Ost-West-Konflikt sein.

individualistische Ideale in den Mittelpunkt zu stellen und dies zeigt, auf welche schwachen Füßen das Prinzip der gesellschaftlichen Solidarität steht.[127]

Es handelt sich also um eine „progressive Illusion" oder eine reine „juristische Utopie", wenn man glaubt, dass die Entwicklung eines Rechtsstaatsmodells schon das Problem der Gewalt und der Befriedung von gesellschaftlichen Unterschieden zu lösen imstande wäre, oder dass diese Lösung auf Grund eines Fortschritts in einem homogenen Bereich, dem Bereich der Menschenrechte, mögliche wäre.[128] *Norberto Bobbio* sagt von sich, dass er daran glaube, dass „die dunkle Seite der Geschichte der Menschheit (und, aus größerem Grund der Natur) sehr viel größer ist als die klare Seite".[129] Nach *Celso Lafer* ist eine der intellektuellen Grundzüge der zweiten Hälfte des 20. Jahrhunderts nicht die Idee der kontinuierlichen Entwicklung, wie sie von *Hannah Arendt* als Bruch zwischen der Vergangenheit und der Zukunft als Ursache der Perplexität der Gegenwart thematisiert wurde. Der Geschichtsbegriff von *Hegel* und *Marx*, der bis zum Erscheinen der autoritären Regime einer der wichtigsten Grundlagen der Metaphysik und der Politik darstellte, fällt durch diese Idee der fehlenden Kontinuität, die von der Geschichte im 20. Jahrhundert selbst gelebt wird, in sich zusammen. Aufgrund dieser Implosion erscheint die Geschichte nicht mehr als Richtung, dessen Tendenz der menschliche Fortschritt ist, sondern als *Geheimnis*.

> „Deshalb erscheint sie (die Geschichte) als zwiespältig für denjenigen, der sich das Problem stellt, ihr einen Sinn geben zu wollen: Gut und Böse stehen sich gegenüber und zeichnen ein Bild von Schatten und Licht, in dem es immer möglich ist, den Schatten oder dem Licht mehr oder weniger Bedeutung beizumessen. Das ist die vieldeutige Dimension, die die Geschichte annimmt."[130]

Der bürgerliche, die Grundrechte schonende, demokratische Rechtsstaat lässt sich nicht als eine geschichtlich erreichte Entwicklung oder als ein vollendeter geschichtlicher Prozess betrachten. Er ist nur als eine Herausforderung darzustellen, die durch die Vervollkommnung dieser alten, vor allem liberalen Formeln, aber auch durch das Erfinden von etwas Neuem erreicht werden kann.[131] Es handelt sich hierbei um die Herausforderung, effiziente Macht und legitimierendes Recht miteinander in Einklang zu bringen.[132] Es geht nicht einfach um eine Form von „Zähmung" bzw. „Bändigung" des Leviathans. Vielmehr liegt das Problem in der Herausbildung

---

127 *F. K. Comparato*, Fundamento dos direitos humanos, in: Cultura dos direitos humanos, 1998, S. 53.

128 *A. Gavriilidis*, Os direitos humanos como regra e exceção, in: Cadernos de Direito (2003), S. 205.

129 *N. Bobbio*, A era dos direitos (1989), 1992, S. 54.

130 *C. Lafer*, A reconstrução dos direitos humanos: um diálogo com o pensamento de Hannah Arendt, 1991, S. 33 f. (Übersetzung *L. J. S.*).

131 *A. Gavriilidis*, Os direitos humanos como regra e exceção, in: Cadernos de Direito (2003), S. 205.

132 *M. Neves*, Zwischen Themis und Leviathan: Eine schwierige Beziehung, 2000, S. 9.

einer konstruktiver Beziehungen zwischen dem Ideal der abstrakte Gerechtigkeit (*Themis* oder die Göttinnen *Diké* und *Justitia*) und der expansive Gewalt des Staates (*Leviathan*), wie sie im Titel von *Marcelo Neves* Studie „Zwischen Themis und Leviathan: Eine schwierige Beziehung“ als Metapher verwendet wird, „so dass das Recht nicht eine bloße Abstraktion bleibt und die politische Macht nicht aus Hypertrophie bzw. mangelhaftem Legitimationsbezug ohnmächtig wird“.[133]

Macht und Recht sind aus soziologischer Sicht keine Gegensätze, sondern aufeinander bezogene soziale Tatbestände, die in einem dialektischen Verhältnis zueinander stehen. Daraus ergibt sich, dass das Recht vorwiegend als die Regelung der in einer Gesellschaft bestehenden Macht- bzw. Herrschaftsverhältnisse unter dem Gesichtspunkt ihrer Legitimität verstand werden kann.[134] Hinsichtlich des Staatstypus des demokratischen Rechtsstaates, fasst *Neves* zusammen,

> „wird Themis zu einem konkreten Realitätsbezug für die Betätigungsorientierung von Leviathan, ist sie nicht mehr nur ein abstraktes Symbol der Gerechtigkeit. Leviathan bildet sich seinerseits um, um seine mit der Systemkomplexität und dem Interessen-, Wert- und Diskurspluralismus der modernen Gesellschaft unvereinbare Tendenz zur Expansion zu überwinden.“[135]

---

133 A. a. O., S. 10.

134 *T. Raiser*, Das lebende Recht: Rechtssoziologie in Deutschland, 1999, S. 288.

135 *M. Neves*, Zwischen Themis und Leviathan: Eine schwierige Beziehung, 2000, S. 10.

II. Die Fahndung nach Verantwortlichkeit: die *Transitional Justice* Bewegung

1. Die Tendenz zur Straflosigkeit staatlicher Kriminalität

Obwohl die Liberalen den Streit mit den Konservativen um die Unterwerfung aller, ohne Ausnahme, unter die Macht des Rechtsstaats gewonnen haben, wurde die Verteidigung von bestimmten Sonderstellungen für die Inhaber staatlicher Macht, vor allem der Exekutive, beibehalten. Zu diesen Sonderstellungen gehört insbesondere die Tendenz, für praktizierte Straftaten nicht zur Verantwortung gezogen zu werden. Wie *Augustinus* schrieb, wird eine Bande von Kriminellen, die Macht über eine bestimmte Region und Bevölkerung erlangt, Reich genannt, und zwar nicht deswegen, weil sie ihren Ehrgeiz, ihren Willen oder ihre Interessen geändert hat, sondern weil sie es geschafft hat, die *Straflosigkeit* ihrer Taten zu garantieren:

> „Wenn eine solche schlimme Gesellschaft durch den Beitritt verworfener Menschen so ins Große wächst, dass sie Gebiete besetzt, Niederlassungen gründet, Staaten erobert und Völker unterwirft, so kann sie mit Fug und Recht den Namen ‚Reich' annehmen, den ihr nunmehr die Öffentlichkeit beilegt, nicht als wäre die Habgier erloschen, sondern weil dafür Straflosigkeit eingetreten ist (*impunitas*)."[136]

In den Fällen von Staatskriminalität ist dieses Privileg der Straflosigkeit bis heute noch gegeben. In Bezug auf die strafrechtliche Verfolgung von Verbrechen wie Völkermord, Verbrechen gegen die Menschlichkeit und Kriegsverbrechen stellt ein Bericht der Vereinten Nationen (UNO) fest, dass *„impunity has been the norm for serious violations of national and international law, while successful prosecutions are the exception"*.[137] Zu Recht hebt *Jäger* hervor, „nur in äußerst seltenen Ausnahmefällen, die zumeist den Zusammenbruch des jeweiligen politischen Systems oder schwerwiegende innenpolitische Konflikte zur Voraussetzung haben, kommt es zu

---

136 *A. Augustinus*, De civitate Dei, in: Des heiligen Kirchenvaters Aurelius Augustinus zweiundzwanzig Bücher über den Gottesstaat, 1911, IV, 4 S. 191 f. (Übersetzung *A. Schröder*); *ders.*, De civitate Dei, in: Corpus Christianorum, Bd. 47, 1955, IV, 4, S. 101.: „Hoc malum si in tantum perditorum hominum accessibus crescit, ut et loca teneat sedes constituat, ciuitates occupet populos subiuget, euidentius regni nomen adsumit, quod ei iam in manifesto confert non dempta cupiditas, sed addita inpunitas".

137 *United Nations*, HR/PUB/06/4, 2006, S. 1. Umstände und Gründe von der strafjuristischen Privilegierung der Staatskriminalität werden z. B. mit der Arbeit von *W. Nauke*, Die strafjuristische Privilegierung staatsverstärkter Kriminalität, 1996, verdeutlicht.

strafrechtlichen Verfolgungsaktivitäten und in ihrem Gefolge zu einer gründlicheren Aufklärung der kriminologisch relevanten Tatsachen".[138]

Beispielsweise ist das Projekt „Strafrecht in Reaktion auf Systemunrecht: Vergleichende Einblicke in Transitionsprozesse", das vom Max-Planck-Institut für ausländisches und internationales Strafrecht in Freiburg entwickelt wurde, zu nennen.[139] In diesem Projekt wurde eine rechtsvergleichende Untersuchung in über 20 Ländern in Europa, Lateinamerika, Afrika und Asien durchgeführt. Es wurde untersucht, auf welche Weise unterschiedliche Rechtsordnungen in der zweiten Hälfte des 20. Jahrhundert bei ihrem Übergang von diktatorischen bzw. autoritären zu demokratisch verfassten Regimen auf „staatgesteuertes Unrecht" reagiert hatten. Was die strafrechtsbezogene Vergangenheitspolitik beim Übergang anbelangt, so lässt sich aus dem Projekts eine vertikale Einteilung in vier Sparten vornehmen: (a) die normbezogene Reaktion (z. B. neue Strafgesetzgebung, Abschaffung von Gesetzen), (b) die opferbezogene Reaktion (z. B. Rehabilitierung, Wiedergutmachung, Entschädigung), (c) die institutionsbezogene Reaktion (z. B. Einsetzung von Aufklärungsbehörden, Abschaffung der Geheimpolizei), und (d) die täterbezogene strafrechtliche Reaktion (z. B. Strafverfolgung, Strafverzicht). Diese vierte und letzte Sparte wurde seinerseits weiter unterteilt in die Modelle (i) „umfassender Strafverzicht", (ii) „bedingter Strafverzicht", (iii) „eingeschränkte Strafverfolgung" bzw. „eingeschränkter Strafverzicht", sowie (iv) „umfassende Strafverfolgung".

Die Untersuchungen zur vierten Sparte, der Frage, ob und wenn ja, wie die Täter strafrechtlich zur Verantwortung gezogen worden waren, führte zu dem Ergebnis, dass zum Modell des umfassenden Strafverzichts, ohne eine strafrechtliche Verfolgung, die Länder Brasilien, Chile, Georgien, Ghana, Russland, Spanien, Uruguay und Weißrussland gehören. Zum Modell des Strafverzichts unter der Bedingung des Geständnisses zählt allein Südafrika. Strafverfolgungen oder -verzicht (mit Einschränkung z. B. je nach den Personen, Tatbeständen, Zeiträumen oder auf Grund von Verjährung, Amnestie, Begnadigung und anderer Straffreistellung) wurden in Argentinien, Bulgarien Estland, Griechenland, Guatemala, Korea, Litauen, Mali, Polen, Portugal, Tschechien und Ungarn durchgeführt. Eine gemessen an der Anzahl der eingeleiteten Strafverfahren umfassende Strafverfolgung fand nur in Deutschland statt.

Dem Strafverfolgungsmodell wurden also Länder zugeordnet, die sich eine umfassende strafrechtliche Ahndung früheren Systemunrechts zum Ziel gesetzt hatten. Es muss unterstrichen werden, dass dies offenbar nur in Deutschland der Fall war.[140] Dies führt zu der Frage, ob die Vergangenheitsbewältigung in strafrechtlicher

---

138 *H. Jäger*, Makrokriminalität: Studien zur Kriminologie kollektiver Gewalt, 1989, S. 18.

139 *A. Eser/J. Arnold/H. Kreicker*, Strafrecht in Reaktion auf Systemunrecht (2001), 2002.

140 A. a. O., S. 6.

Hinsicht ein Privileg der Deutschen sei.[141] Möglicherweise liegt es daran, dass nach 1945 der verlorene Krieg eine Zensur gegen den Nazismus verhängte und nach 1989 eine Abrechnung der DDR mit einem anderen Staat, die Bundesrepublik Deutschland, erfolgen musste.

Obwohl Deutschland hinsichtlich der strafrechtlichen Verfolgung den ersten Platz einnimmt,[142] wird oft kritisiert, dass die Strafverurteilungen durch die deutschen Gerichte auf Grund der verübten Straftaten während der nationalsozialistischen Gewaltherrschaft und dem DDR-Regime im Verhältnis der Schwere der praktizierten Straftaten außergewöhnlich und gnädig gewesen seien. Die Urteile hätten mehr einen symbolischen Effekt.[143]

Es kann daran gezweifelt werden, dass die Prozesse gegen die NS-Täter, die von 1949 bis 1960 in der Bundesrepublik geführt wurden, im Nachhinein als befriedigend angesehen werden und die gerichtliche Aufarbeitung von nationalsozialistischen Gewaltverbrechen bis zum Ulmer-Einsatzgruppenprozess 1958 und der daraus resultierenden Einrichtung einer Zentralen Stelle der Landesjustizverwaltungen in Ludwigsburg als eine erfolgreiche Geschichte des Strafverfolgungsmodells erscheinen kann. Was die wegen nationalsozialistischer Straftaten Verurteilten anbelangt, so wurde im Jahr 1948 mit der Zahl von 1890 rechtskräftigen Urteilen ein Höhepunkt erreicht. Nach der Gründung der Bundesrepublik verminderte sich die Zahl der Verfahren deutlich: von 1523 im Jahr 1949 auf nur noch 21 im Jahr 1955.[144]

Es ist auch kritisch einzuwenden, dass die angewandten Strafen an die Anzahl und die Schwere der Delikte angeglichen wurden. *Hannah Arendt* weist z. B. darauf hin, dass

> „Zum erstenmal seit Kriegsende waren die deutschen Zeitungen voll von Berichten über Prozesse gegen Naziverbrecher, das heißt ausschließlich gegen Massenmörder, denn seit dem Mai 1960, dem Monat von Eichmanns Gefangennahme, sind alle anderen Vergehen wegen Verjährung nicht mehr justiziabel, und auch Mord wird ab 1965 unter die Verjährung fallen. Die alte Abneigung der Gerichte, Naziverbrechen zu verfolgen, und der starke Widerwille gegen diese Prozesse in der Bevölkerung, der sich in dem chronischen Gedächtnisschwund der deutschen Zeugen kundgibt, offenbaren

141 *E. Jesse*, „Entnazifizierung" und „Entstasifizierung" als politisches Problem, in: Vergangenheitsbewältigung durch Recht, 1992, S. 13.

142 *A. Eser/J. Arnold/H. Kreicker*, Strafrecht in Reaktion auf Systemunrecht (2001), 2002, S. 11.

143 „So hat die Aufhebung der Verjährungsfrist für (Nazi-) Mord durch das 16. Strafrechtsänderungsgesetz vom 16.7.1979 (§ 78 II StGB) und die strafrechtliche Sanktionierung des Genozids seit 1954 (§ 220a StGB) ihren kriminalpolitischen Sinn nicht in der instrumentellen Realisierung des Gesetzeswortlauts, sondern in der Verarbeitung der Nazi-Zeit unter innen-, aber vor allem auch unter außenpolitischer Rücksicht". *W. Hassemer*, Symbolisches Strafrecht und Rechtsgüterschutz, in: NStZ (1989), S. 554.

144 *D. Schröder*, „Prozesse gegen NS-Täter", in: Lexikon der „Vergangenheitsbewältigung" in Deutschland, 2007, S. 61 f.

> sich seither vorwiegend in den oft phantastisch milden Urteilen für die Angeklagten in der ersten Instanz. (So erhielt einer der führenden Mitglieder der SS-Einsatzgruppen, Dr. Otto Bradfisch, für die nachgewiesene Beteiligung an der Ermordung von 15.000 Juden und für Beihilfe an der Ermordung von 22.000 als Bürgermeister von Lodz insgesamt 13 Jahre Zuchthaus. Eichmanns Rechtsberater, Dr. Otto Hunsche, der jetzt wieder zusammen mit einem Kollegen aus dem Eichmann-Kommando, Hermann Krumey, vor Gericht steht wegen der Ermordung von ungarischen Juden, war ursprünglich im Juli 1962 vom Frankfurter Schwurgericht wegen Beihilfe zum Mord an etwa 600 Juden zu fünf Jahren Zuchthaus *ohne Ehrverlust* verurteilt und sofort wieder auf freien Fuß gesetzt worden. Und für die Liquidierung der jüdischen Einwohner in zwei russischen Städten wurde ein gewisser Josef Lechthaler zu drei Jahren und sechs Monaten verurteilt."[145]

Im Bezug auf die Verbrechen des DDR-Regimes, insbesondere auf die Todesschüsse an der Grenze der DDR zur Bundesrepublik Deutschland, auf die Rechtsbeugungen durch Richter und Staatsanwälte, auf das Unrecht im Bereich des Ministeriums für Staatssicherheit, ferner auf die Spionage sowie auf bestimmte Wirtschaftsstraftaten durch Staats- und Parteifunktionäre der DDR, wird bestätigt, dass die mehr als 65.000 bearbeiteten Ermittlungsverfahren (mit Stand vom Sommer 1998) in nur ca. 1 % der Fälle zu Anklagen und in nur ca. 0,5 % der Fälle zu rechtskräftigen Verurteilungen führten. Über 100 der insgesamt etwa 700 Anklagen wurden freigesprochen.[146]

Es gibt viele und komplizierte Gründe für diese Straflosigkeit.[147] Gemäß einer kritisch kriminologischen Auffassung[148] ist Straflosigkeit vor allem das Resultat, weil eine primäre (d. h. der Schaffung von Tatbeständen eines bestimmten Verhaltens als Straftat durch den Gesetzgeber, die mit der Androhung der Anwendung einer

---

145 *H. Arendt*, Eichmann in Jerusalem (1963), 1992, S. 39, 40.

146 *A. Eser/J. Arnold/H. Kreicker*, Strafrecht in Reaktion auf Systemunrecht (2001), 2002, S. 7 f.

147 *K. Sikkink*, The Justice Cascade, 2011, S. 14: "The impunity model relied on a doctrine wherein the state itself and officials of the state should remain indefinitely immune from prosecution, both in domestic courts and, particularly, in foreign courts. The intellectual history of the doctrine of sovereign immunity traces it to various sources. Some say it stems from the ancient English principle that the monarch can do no wrong, others from the inherent power of the state to prevent prosecution. Some give functionalist explanations for immunity: governments need to be protected from frivolous lawsuits so that they can concentrate on governing and not be distracted from the tasks of office. Whatever the explanation for the doctrine of immunity, prior to WWII it was taken for granted that state officials should be free from prosecution for human rights violations, both in their own domestic courts and in foreign courts or international tribunals." Vgl. auch *K. Sikkink*, The Age of Accountability, in: Amnesty in the Age of Human Rights Accountability, 2012, S. 23.

148 Vgl. etwa *A. Baratta*, Criminologia crítica e crítica do direito penal (1982), 2002.

Strafe gekoppelt wird) und sekundäre Kriminalisierung (d. h. das Handeln staatlicher Organe, die bestimmten Personen die „Marke" bzw. das „Label" des Straftäters unter verschiedenen Sicherheitsgraden, vom Strafverdacht bis zur endgültigen Verurteilung) fehlt. In diesem Sinne wird Staatskriminalität regelmäßig nicht bestraft, entweder, weil es kein Gesetz gab oder gibt (es fehlt die primäre Kriminalisierung) oder, weil die Täter sich darauf verlassen können, dass die bestehenden Gesetze nicht angewandt werden (es fehlt die sekundäre Kriminalisierung).[149] Obwohl bestimmtes, bei der staatlichen Unterdrückung praktiziertes Verhalten gegen das Strafrecht verstieß, gab es zur Zeit ihrer Begehung keine wirkliche Verfolgung der Täter dieser Strafhandlungen (keine Strafverfolgungsprozesse, keine Anzeigen, keine Gerichtsverfahren).

Auf der einen Seite kann man normative Hindernisse für die strafrechtliche Verantwortlichkeit, d. h. Schwierigkeiten im Bereich des juristischen „Sollens" bzw. der kontrafaktische Geltung, identifizieren. Ohne dass man auf die juristischen Debatten, die bei den Gerichten über die normativ-rechtlichen Schranken des Strafrechts und insbesondere des Strafprozessrechts stattfinden sollten und bei denen Argumente zur Verteidigung staatlicher Agenten fallen, eingeht,[150] lassen sich hauptsächlich zwei normative Gründe angeben, die die Straflosigkeit gewährleisten: Erstens wurden die Handlungen in Übereinstimmung mit den Gesetzen der autoritären Regime begangen, die mit der spezifischen Absicht geschaffen worden waren, um Feinde zu verdrängen bzw. zu bekämpfen (Gewalt und Macht des Gesetzes). Viele Gräueltaten der Staatsrepression sollten und sollen nicht bestraft werden, weil sie durch „Gesetze" bzw. „gesetzliches Unrecht" gedeckt waren. Zweitens wurde das bekämpfte Verhalten damals als Verbrechen angesehen, d. h., Taten, die gegen die Gesetze der jeweiligen Diktatur verstießen und die vom Staat bestraft werden sollten (staatsverstärkende Kriminalität im engeren Sinne). Die damaligen Verbrechen sollen auf Grund von anderen Gesetzen innerhalb der gegenwärtigen der Rechtsordnung nicht mehr bestraft werden, z. B., weil sie durch *„causas de extinção de punibilidade"* bzw. Strafaufhebungsgründe (Amnestiegesetze, Verjährung des Anspruches usw.) gedeckt sind.

Auf der anderen Seite gibt es faktische Widerstände (gegen die strafrechtliche Verantwortlichkeit), d. h. Schwierigkeiten in der Sphäre des „Seins" bzw. der faktische Geltung, die die Straflosigkeit für die Täter der staatlichen Kriminalität sicherstellen. Anders formuliert: Die Wege des Umgangs mit Staatskriminalität hängen auch von politischen Vorbedingungen aus personeller, politischer, ökonomischer,

149 *W. Nauke*, Die strafjuristische Privilegierung staatsverstärkter Kriminalität, 1996, S. 47.

150 Zum Beispiel die Schwierigkeiten, die Rechtswidrigkeit und die Schuld von tatbeständigen Handlungen zu bestimmen, aufgrund einer großzügigen Zuerkennung eines unvermeidbaren Verbotirrtums (Art. 21 CP), eines „Befehlsnotstands" (Exkulpation in bestimmten Fällen des Handelns „auf Befehl"); Art. 22 CP und Art. 38 CPM) usw. Zu Brasilien siehe *L. J. Swensson Jr.*, Anistia Penal: problemas de validade da lei de anistia brasileira, 2007, S. 104–117.

religiöser, soziokultureller sowie transnationaler Natur ab. Das ist beispielsweise an den Faktoren zu sehen: (a) die Staatsform und die Dauer des alten Regimes; (b) die Anzahl und die Schwere der Grundrechtsversetzungen in der Vergangenheit; (c) die Art des politischen Übergangs, durch den der Staat redemokratisiert wurde (Geschichte); (d) der Zeitraum, in dem die Verletzungen begangen wurden bis zu dem Zeitpunkt, an dem sie gerichtlich verurteilt wurden; (e) der Grad der Anteilnahme der Gesellschaft an den Grundrechtsverletzungen; (f) die Kultur des Landes und die Mentalität bzw. die Weltanschauung der Bevölkerung hinsichtlich eines größeren oder niedrigeren Gerechtigkeitsgefühls oder -anspruchs der Bevölkerung demzufolge eine Bestrafung gefordert wird; (g) die Stabilität des neuen Systems; (h) der Elitewechsel bzw. die Stellung der Inhaber politischer Macht während und nach dem Fall des autoritären Regimes; (i) wirtschaftliche Ressourcen; (j) Einbindung in internationale Beziehungen usw.[151]

Betrachtet man das Ganze jedoch aus einem anderen Blickwinkel, so lässt sich diese regelmäßige Straflosigkeit bzw. der Strafverzicht bei Staatskriminalität als eine einseitige Beziehung der Unterordnung des Rechts unter die Politik deuten. In diesem Fall ist das Recht für die Macht nur partiell relevant und diese Relevanz ist ihrerseits auf Grund der bestehenden politischen Hierarchie bestimmt. Das Verhältnis des Rechts zum Machthaber bzw. Souverän und zu den Untertanen ist also nicht gleich. Dem ersten werden vor allem Rechte, Befugnisse und Vorrechte zuerkannt, während den letzteren im Gegenteil nur Verpflichtung, Belastungen und Haftungen zugeteilt werden.[152]

Dabei wurde festgestellt, dass diese Überlegenheit der Macht gegenüber dem Recht in gewisser Hinsicht als ausdrückliche oder verhüllte Anwendung der Sätze *princips legibus solutus est*[153] und/oder *par in parem non habet imperium*[154] (bzw. im angloamerikanischen Rechtskreis *act of state doctrine*) angesehen werden kann, der zufolge ein Staatsfunktionär an die Gesetze nicht gebunden ist und ein Staat das Staatshandeln eines anderen Staates strafrechtlich nicht beurteilen darf.[155] In

151 *A. Eser/J. Arnold/H. Kreicker*, Strafrecht in Reaktion auf Systemunrecht (2001), 2002, S. 10; *G. Mezarobba*, Um acerto de contas com o futuro, 2003, S. 150; *C. S. Nino*, Radical Evil on Trial, 1996, S. 107–134; *L. J. Swensson Jr.*, Anistia Penal: problemas de validade da lei de anistia brasileira, 2007, S. 118–124, *R. Teitel*, Transitional Justice Genealogy, 2003, S. 76.

152 *M. Neves*, Zwischen Themis und Leviathan: Eine schwierige Beziehung, 2000, S. 76.

153 Digesten, 1.3.31 (*Ulpian*).

154 „Ein Gleicher hat über einen Gleichen keine Macht." Cf. Digesten 36, 1, 13 § 4 (*Ulpian*); Digesten 4, 8, 3 (*Ulpian*) und 4, 8, 4 (*Paulus*). Später wurden diese Aufsätze auf das Völkerrecht zur Bestimmung des Verhältnisses souveräner Mächte zueinander übertragen. Vgl. z. B. Art. 2, Nr. 1 der UN-Charta: „The Organization is based on the principle of the sovereign equality of all its Members."

155 *W. Nauke*, Die strafjuristische Privilegierung staatsverstärkter Kriminalität, 1996, S. 12 f.: „In der Tat, diese beiden Sätze sind der wirksamste Schutz für einen

gewisser Hinsicht kann gesagt werden, dass diese Sätze nicht offen von Juristen anerkannt sind, jedoch unzweifelhaft politische Kraft besitzen. Sie werden häufig in unverdächtigen dogmatischen Figuren angewandt, bei denen das Recht zum Instrument wird, um Machthaber zu befreien bzw. Staatsfunktionären kriminelle Handlungen nur zögernd zuzurechnen.[156] Jedenfalls weist beispielsweise der explizite bzw. verschleierte Leitsatz *princips legibus solutus est*, der in den vormodernen Herrschaftsformen und im frühneuzeitlichen Absolutismus sowie in den zeitgenössischen Autokratien eine besondere Rolle spielte, darauf hin, dass die Beziehung von Souverän und Untertan bzw. von Staatsfunktionären und Bürgern asymmetrisch ist, obwohl in der politischen Praxis die Machthaber nicht ganz von den rechtlichen Konditionierungen entbunden waren.[157]

2. Die Gegentendenz des *Transitional Justice* zur Verantwortung staatlicher Kriminalität

a) Vergangenheitsbewältigung und *Transitional Justice*

Dass der Staat von vornherein eine gezielte Unterdrückungsfunktion durch die Staatsmacht ausübt und die Täter nicht dafür verantwortlich gemacht werden, ist keine Neuigkeit. Es gab schon immer das Fehlverhalten politisch Mächtiger ohne Verantwortung und es mussten viele Menschen dies ohnmächtig schlicht ertragen. Staatskriminalität ist ferner Bestandteil unserer Alltagserfahrung. Was sich heute allerdings ändert, ist die Art und Weise, wie die Staatskriminalität wahrgenommen und wie sich ihr entgegengestellt wird. Neu ist die zunehmende Tendenz, dieses Verhalten als „Kriminalität" zu interpretieren und auf internationaler wie nationaler Ebene als solche auch zu verfolgen.[158] Zu den Begriffen *Vergangenheitsbewältigung* und *Transitional Justice* gehören diese Veränderungen bezüglich der Suche nach den Verantwortlichen von staatlicher Kriminalität.

Die beiden Begriffe machten in der zweiten Hälfte des 20. Jahrhunderts quasi Karriere, sodass sie heute einen wichtigen Argumentationsbeitrag leisten. Die

---

Staats-Machthaber gegen die Bestrafung zur Zeit der Ausübung von Herrschaft und danach." *S. Scheerer*, Nachteil und Nutzen kritischer Kriminologie in Zeiten des Terrorismus, in: Kriminologisches Journal (2002), S. 37; *F. M. A. Neubacher*, Strafzwecke und Völkerstrafrecht, in: NJW (2006), S. 966.

156 Das Rückwirkungsverbot, behauptet Naucke, kann z. B. „in neutraler professioneller Weise so zugeschärft werden, dass es juristisch die gleiche Wirkung hat wie die Summe aus dem princeps legibus solutus-Satz und dem Satz par in parem non habet imperium." *W. Nauke*, Die strafjuristische Privilegierung staatsverstärkter Kriminalität, 1996, S. 13.

157 *M. Neves*, Zwischen Themis und Leviathan: Eine schwierige Beziehung, 2000, S. 76.

158 *C. Prittwitz*, „Regierungskriminalität" und „Kriminalität der Mächtigen", in: Kriminalität der Mächtigen, 2008, S. 185; *S. Scheerer*, Nachteil und Nutzen kritischer Kriminologie in Zeiten des Terrorismus, in: Kriminologisches Journal (2002), S. 37.

Vergangenheitsbewältigung, ein der Psychoanalyse entlehnter Terminus, die hier eine gründliche Auseinandersetzung mit der Vergangenheit nach einem politischen Systemwechsel bezeichnet,[159] fand ihre Anwendung in den ersten Jahrzehnte nach dem Zweiten Weltkrieg in der Bundesrepublik Deutschland. Zuerst bezog sie sich auf die Aufarbeitung des „Dritten Reichs" und die Aufklärung nationalsozialistischer Verbrechen und gesetzlichen Unrechts.[160] Viele Jahre später wurde sie in Bezug auf die Hinterlassenschaften der DDR nach dem Zusammenbruch des Gesellschaftssystems des Staatssozialismus im Jahr 1989 verwandt.[161] Obwohl der Begriff auch im Ausland, teilweise im Original, gebraucht wurde, galt er in der Regel ausschließlich für Deutschland, um dessen doppelte Vergangenheitsbewältigung zu behandeln.[162] Gegen diesen Terminus ist kritisch anzumerken, dass das Wort „Bewältigung" nicht so sachlich und distanziert ist wie die Wörter „Umgang" und „Aufarbeitung", sowie auf die Tatsache hinzuweisen, dass die Vergangenheit nicht

159 *T. Fischer/M. N. Lorenz* (Hrsg.), Lexikon der „Vergangenheitsbewältigung" in Deutschland, 2007, S. 13.

160 Gemäß *Peter Dudek* wird der Begriff *Vergangenheitsbewältigung* vielfach auf den Historiker Hermann Heimpel zurückgeführt und Bundespräsidenten Theodor Heuss gebrauchte ihn in vielen Reden. Ein früher Beleg für die Benutzung des Wortes findet sich in der Einladung zu einer Tagung zum 20. Juli (Attentat vom 20. Juli: Operation Walküre), „Verbindlichkeit und Problematik unserer Geschichte", die von der Evangelischen Akademie Berlin 1955 organisiert wurde. Der damalige Akademieleiter Erich Müller-Gangloff sprach in der Einladung von dem „Schatten einer unbewältigten Vergangenheit", der auf die deutsche Geschichte falle. *P. Dudek*, Vergangenheitsbewältigung. Zur Problematik eines umstrittenen Begriffs, in: Aus Politik und Zeitgeschichte (1992), S. 44 ff.

161 Vor allem der berühmte Mauerschützenfall: BGH, NJW 1994, S. 2240; BGH, NJW 1995, S. 2730 ff.; BVerfGE, NJW 1997, 929, in: JuS 1997, S. 400 ff.

162 *E. Jesse*, „Entnazifizierung" und „Entstasifizierung" als politisches Problem, in: Vergangenheitsbewältigung durch Recht, 1992, S. 11. S. dazu *R. Alexy*, Mauerschützen: zum Verhältnis von Recht, Moral und Strafbarkeit, 1993; *R. Dreier*, Gesetzliches Unrecht im SED-Staat?, in: Strafgerechtigkeit, 1993, S. 57 ff.; *H. Dreier*, Gustav Radbruch und die Mauerschützen, in: JZ (1997), S. 421 ff.; *J. Isensee* (Hrsg.), Vergangenheitsbewältigung durch Recht: Drei Abhandlungen zu einem deutschen Problem, 1992; *K. Lüderssen*, Der Staat geht unter: das Unrecht bleibt?, 1992; *W. Nauke*, Die strafjuristische Privilegierung staatsverstärkter Kriminalität, 1996; *U. Neumann*, Strafrechtliche Verantwortlichkeit für die DDR-Spionage gegen die Bundesrepublik, in: Deutsche Wiedervereinigung, 1993, S. 161 ff.; *U. Neumann*, Zur Systemrelativität straftrechtsrelevanter sozialer Deutungsmuster, in: ZStW (1997), S. 1 ff.; *U. Neumann*, Rechtspositivismus, Rechtsrealismus und Rechtsmoralismus in der Diskussion um die strafrechtliche Bewältigung politischer Systemwechsel, in: Festschrift für Klaus Lüderssen, 2002, S. 109 ff.; *U. Neumann*. Die Rolle von Recht, Gesellschaft und Politik bei der Verarbeitung von „Unrechtssystemen", in: Transitional Justice, 2013, S. 39 ff.; *T. Fischer/M. N. Lorenz* (Hrsg.), Lexikon der „Vergangenheitsbewältigung" in Deutschland, 2007.

endgültig erledigt, also „bewältigt" werden kann.[163] Aus diesen Gründen wird in Deutschland manchmal der Begriff *Vergangenheitsaufarbeitung* oder *Aufarbeitung der Vergangenheit* bevorzugt.

Transitional Justice (zu Deutsch etwa „Übergangsjustiz") seinerseits hat einen großen internationalen Widerhall vor allem nach dem Erscheinen des dreibändigen Werks von *Neil Kritz*, „Transitional Justice: How Emerging Democracies Reckon with Former Regimes",[164] erfahren. Die Studie behandelt den politischen Übergang in den südamerikanischen und osteuropäischen Ländern in den 1980er- bzw. 1990er-Jahren. Die Anzahl der Publikationen, die sich ausdrücklich mit diesem Begriff beschäftigen, wächst seither stetig an, wobei die Arbeiten von *Ruti Teitel*[165] und *Jon Elster*[166] hervorgehoben werden müssen. Die Wirkung der genannten Studien beschränkt sich nicht auf angloamerikanische wissenschaftliche Arbeiten, sondern die Arbeiten werden von immer mehr Autoren in verschiedenen Ländern rezipiert.[167]

In Deutschland z. B. wird der Begriff *Transitional Justice* in der neueren Literatur im Original, ohne eine Übersetzung, verwandt.[168] In Brasilien wird von *justiça de transição* oder *justiça transicional* gesprochen. Obwohl die Rezeption des

---

163 *B. Pampel*, Was bedeutet „Aufarbeitung der Vergangenheit"?, 1995, S. 30.

164 *N. Kritz* (Hrsg.), Transitional Justice: How Emerging Democracies Reckon with Former Regimes, 1995. Zu einer „Genealogie" der *Transitional Justice* s. *R. Teitel*, Transitional Justice Genealogy, 2003.

165 *R. Teitel*, Transitional Justice, 2000.

166 *J. Elster*, Closing the Books: Transitional Justice in Historical Perspective, 2004.

167 Eine Angabe von vielen Quellen, vor allen Dingen auf Englisch, zum Thema der *Transitional Justice* kann auf der Webseite der University of Wisconsin gefunden werden: Transitional Justice Data Base Project: https://sites.google.com/site/transitionaljusticedatabase/, Zugriff: 28.4.2013.

168 *S. Buckley-Zistel*, Transitional Justice als Weg zu Frieden und Sicherheit, 2008; *S. Engert/A. von Arnauld/T. Debiel/V. Rittberger/C. Tomuschat* (Hrsg.), Transitional Justice, Die Friedens-Warte, 2011; *Ö. Ekinci*, Transitional Justice in Deutschland?, 2009; *S. Schuller*, Versöhnung durch strafrechtliche Aufarbeitung?, 2010; *S. Schulz*, Transitional Justice und hybride Gerichte, 2009. Gemäß Cornelius Prittwitz: „Im zweisprachigen portuguesich-deutschen Programm wird das Gerenalthema [der Tagung] als „Transitional Justice" bezeichnet. Das passt ohne Zweifel zu portugiesichen Formulierung des Gegenstandes dieser Tagung und knüpft an einen international inzwischen eingebürgerten Begriff an; ebenso offensichtlich handelt es sich aber nicht um ein in deutscher Sprache bezeichnetes Thema. Ob es nun Wiederstand gegen den Gegenstand oder seine Bezeichnung ist oder Überanpassung an die globalisierte – d.h. englischsprachige – Welt; fest steht, dass sich – anders als im Spanischen und im Portugiesichen – kein *deutscher* Begriff für „transitional justice" eingebürgert hat. „Vergangenkeitsbewältigung" jedenfalls ist [...] nicht nur keine wörtliche, sondern *keine* Übersetzung der justiça de transição". *C. Prittwitz*, Verantwortung als Schlüsselbegriff strafrechtlicher Vergangenheitsbewältigung, in: Transitional Justice, 2013, S. 255, 256.

Begriffs in Brasilien erst spät, in der Mitte der 2000er-Jahre einsetzte, oder, besser gesagt, ungefähr zwei Jahrzehnte nach der Demokratisierung des Staats im Jahre 1985, entwickelte er sich zu einem der hauptsächlichen Argumente in der heutigen politischen und juristischen Diskussion. Da in der vorliegenden Studie spezifisch der Fall Brasilien behandelt wird, wird auch der eingebürgerte Begriff *Transitional Justice* und nicht Vergangenheitsbewältigung benutzt, eben weil es sich um den Terminus handelt, der von der einheimischen und internationalen Literatur gebraucht wird, um das brasilianische Problem zu diskutieren.

Transitional Justice (und auch Vergangenheitsbewältigung) beruht in gewissem Sinne auf einem *politischen Projekt.*[169] Es wird damit versucht, die Vorstellung einer „richtigen" und „gerechten" Verarbeitung der Hinterlassenschaften eines vorhergehenden Regimes zu geben. Dies betrifft speziell die Gesellschaften, die massive traumatische, kollektive und individuelle Situationen durchlebten, z. B. Staaten in denen Gewaltverbrechen in Zusammenhang mit Kriegen und staatlicher Unterdrückung begangen wurden. Es geht also um ein Verständigungs- bzw. Deutungsmuster, das die Funktion hat, die Kommunikation und die Interpretation über Ereignisse der Vergangenheit zu steuern. Nach einem politischen Systemwechseln sehen sich die Gesellschaft und besonders die politischen Autoritäten, die die Staatsgewalt übernehmen, mit der schwierigen Aufgabe konfrontiert, ihre eigene jüngere oder jüngste Vergangenheit aufzuarbeiten und die hieraus entstandenen Folgen zu bewältigen, damit nicht nur wichtige politische, sondern auch juristische, ethische und kulturelle Umwandlungen vorgenommen werden können.[170]

In der Absicht, den Unterschied zwischen dem alten und dem neuen Regime hervorzuheben und das neue politisches System zu stabilisieren, müssen: (a) die Opfern definiert, rehabilitiert und entschädigt werden;[171] (b) die Täter festgenommen und zur Verantwortung gezogen werden; (c) Änderungen in der Gesetzgebung, in der Rechtsprechung und Reformen in bestimmten Institutionen (wie der Polizei, den Streitkräfte und die Justiz) gefördert werden; (d) eine andere „Wahrheit" über die Geschichte und eine neue Ideologie angeboten werden, die diejenige ersetzt, die die Handlungen der Diktatur rechtfertigte usw.

Lato sensu lässt sich *Transitional Justice* als eine Reihe von Urteilen, „Ermittlungen", Wiedergutmachungen (und Wandlungen) definieren, die generell nach dem Umbruch eines politischen Regimes vorgenommen werden, damit ein anderes, das vorhat, die Vergangenheit zu überwinden und eine neue Zukunft zu entwerfen,

---

169 *United Nations*, HR/PUB/06/4, 2006, S. VI.

170 Obwohl die *Transitional Justice* sich in der Regel auf die Aufarbeitung der jüngere bzw. jüngsten Vergangenheit bezieht, gibt es Situationen, in denen dieser Begriff verwendet wird, um sehr alte bzw. hundertjährige Menschenrechtsverletzungen zu benennen, ein Beispiel ist die aktuelle Aufarbeitung der Gewalt und Akkulturation durch den Staat gegen die Eingeborenen in Kanada.

171 Vgl. *United Nations*, A/RES/40/34, 1985; *Council of Europe*, Recommendation n° (84) 15, 1984. Vgl. auch *P. de Greiff*, Justice and Reparations, in: Handbook of Reparations, 2006, S. 1 ff.

dies auch verwirklichen kann.[172] Unter diesem Terminus versucht man die Faktoren Übergang (*Transitional*) und Gerechtigkeit (*Justice*) ausdrücklicher miteinander zu verbinden und damit als ein auffällig normatives Konzept zu bewerten.[173]

Obwohl der Begriff auf die (generellen und oft umstrittenen) Ideen von Frieden, Elitenaustausch, Stabilität, Sicherheit, Reinigung, Prävention (*Nunca mais*), Versöhnung, Aufklärung und Gerechtigkeit bezogen wird, sind in diesem Verständnis bestimmte Zwecke und Mittel der *Transitional Justice* nicht allgemeingültig vorgegeben. Sie sind eher kontingent, unvorhergesehen, eventuell. Ihre Bestimmung und Durchführung ist von den jeweiligen Bedingungen, den faktischen Umständen und der Kultur,[174] der Art der Krisis des politischen Systems und des Übergangs, die Art der verübten Gräueltaten und Verbrechen, dem Zeitverlauf usw. abhängig. Immer geht es jedoch um einen Blick in die Vergangenheit, damit die Probleme, die das alte Regime mit sich brachte, untersucht und diskutiert werden können, und damit später, in der Zukunft, Entscheidungen getroffen und Probleme gelöst werden können. Der neue Staat muss, um seine Zukunft planen zu können, zuerst die alten Wunden behandeln, die offen gelassen worden sind. Die Hauptidee, die hinter dem Begriff steht, ist also die vielgestaltige Debatten- und Diskursgeschichte der Vergangenheit, damit Prozesse, Methoden und Mechanismen festgelegt werden können, die imstande sind, zwischen dem alten und dem neuen Regime Grenzen zu ziehen und so eine eigenen Identität zu schaffen.

Neben dieser generellen und „neutralen" Begriffserklärung, bei der die Definition konkret vorgegebener Zwecke und Mittel, Ziele und Maßstäbe nicht festgelegt wird, besteht auch eine andere, engere und apologetische Konzeption der *Transitional Justice*, die sich auf die Vorstellungen von Menschenrechten und Demokratie bezieht.

---

172 *J. Elster*, Closing the Books: Transitional Justice in Historical Perspective, 2004, S. 1: "Transitional justice is made up of the processes of trials, purges, and reparations that take place after the transition from one political regime to another". In diesem Sinne *D. Dimoulis*, Justiça de transição e função anistiante no Brasil, 2010, S. 91 f.; *L. J. Swensson Jr.*, Anistia Penal: problemas de validade da lei de anistia brasileira, 2007, S. 77 f.; *R. Teitel*, Transitional Justice, 2000, S. 5. Nach *Jon Elster* (Closing the Books: Transitional Justice in Historical Perspective, 2004, S. 3–23) ist der Begriff der *Transitional Justice* in diesem Sinne so alt wie die Demokratie selbst und führt auf die demokratischen Restaurationen in Athen in den Jahren 411 und 403 v. Chr. zurück.

173 *R. Teitel*, Transitional Justice Genealogy, 2003, S. 69: "Transitional justice can be defined as the conception of justice associated with periods of political change, characterized by legal responses to confront the wrongdoings of repressive predecessor regimes."

174 *R. H. Quinalha*, Justiça de Transição: contornos do conceito, 2012, S. 84; *F. G. McArthur*, Justiça de Transição: o caso brasileiro, in: Revista Anistia Política e Justiça de Transição, 2013, S. 78 ff.; *T. O. Hansen*, Transitional Justice: Toward a Differentiated Theory, in: Oregon Review of International Law (2011), S. 1 ff.; *R. Teitel*, Transitional Justice, 2000, S. 6.

Die Jahre nach dem Zweiten Weltkrieg, die die Zeit des Beginns der *modern Transitional Justice* darstellt,[175] ist die neue und gefeierte Phase der „Historischen Zusicherung“[176] der Menschenrechte im „goldenen Zeitalter“[177] des 20. Jahrhunderts: dem „*L'età dei diritti*“.[178] Es handelt sich um den Prozess des Wiederaufbaus[179] in Europa und Nordamerika nach Ende des Zweiten Weltkriegs auf Basis der am Ende des 18. Jahrhunderts formulierten Wunschbilder der Menschenrechte. Die Allgemeine Menschenrechtserklärung, die am 10. Dezember 1948 von der Vollversammlung der UNO verabschiedet wurde, setzte das Zeichen einer Epoche, in der versucht wurde, eine Reihe von Naturrechten und damit allgemeinen Rechten auszuarbeiten und zu erklären, die wie eine *lingua franca* (Verkehrssprache) unter den Völkern der Welt funktionieren könnten und die den Respekt vor der Menschenwürde garantieren sollten, dass sich die Gräueltaten, die von den totalitären Regimen und vor allem in den Konzentrations- und in den Vernichtungslagern begangen worden waren, nicht mehr wiederholt könnten.

Es handelt sich, in anderen Worten, um die Bemühung der internationalen Gesellschaft durch die Erarbeitung von Konventionen und Staatsverträgen zu den Menschenrechten, durch die Einrichtung von internationalen Gerichtshöfen und Mechanismen der Überwachung und der Kontrolle eine Antwort auf den totalitären Versuch zu geben, menschliche Wesen überflüssig zu machen und wie Abfall zu behandeln. Auf diese Art und Weise wird der Standpunkt des Opfers (das subjektive natürliche Grundrechte besitzt) als Wegweiser in den Prozessen der *Transitional Justice* eingenommen (Viktimologie). *Transitional Justice* wird von daher als eine Antwort auf die *weitgehenden und systematischen Menschenrechtsverletzungen* verstanden. Der Hauptzweck besteht in der Konfrontation mit dem kollektiven und massenindividuellen Trauma (*undergone collective and massa individual trauma*), das vom vorhergehenden Regime verursacht wurde.

Weiterhin vollzieht sich ab der zweiten Hälfte des 20. Jahrhunderts in vielen Ländern die sogenannte „Demokratisierungswelle“, allgemein verstanden als das Auseinanderbrechen autoritärer Herrschaftsstrukturen in gesellschaftlichen Bereichen (in der Wirtschaft, Bildung, Kultur, Religion usw.) und insbesondere in der Politik (Demokratisierung im engeren Sinne). Diese demokratische Bewegung übte einen großen Einfluss auf die Herausbildung der *Transitional Justice* Idee aus. Dazu gehört insbesondere die dritte Demokratisierungswelle, die mit dem Ende der letzten Rechtsdiktaturen in Portugal, Griechenland und Spanien Mitte der

---

175 *R. Teitel*, Transitional Justice Genealogy, 2003, S. 70.

176 *F. K. Comparato*, A afirmação histórica dos direitos humanos, 1999.

177 *E. Hobsbawm*, Era dos extremos. O breve século XX: 1914–1991 (1994), 2003, S. 223 ff.

178 Das „Zeitalter der Rechte“, vgl. *N. Bobbio*, A era dos direitos (1989), 1992.

179 *C. Lafer*, A reconstrução dos direitos humanos: um diálogo com o pensamento de Hannah Arendt, 1991.

1970er-Jahre begann, sich in Lateinamerika in den 1980er-Jahren fortsetzte und auch die kommunistischen Regime in Osteuropa und der Sowjetunion erfasste.[180]

Obwohl die wirtschaftlichen, sozialen und politischen Ausgangssituationen der Transitionsprozesse in den genannten Fällen ganz unterschiedlich waren, besaßen die Systemwechseln eine beachtliche Uniformität in der Zielvorstellung der politischen Entwicklung: die Etablierung einer pluralistischen Demokratie.[181] Aus diesem Grund wird der Aufbau stabiler Demokratien zur fundamentalen bzw. inhärenten Absicht des Begriffs. *Transitional Justice* beschäftigt sich nicht mit den Prozessen, Untersuchungen und Wiedergutmachungen, die nach dem Regimewechsel realisiert werden, sondern mit den Wandlungen, die sich nach einem totalitären, autoritären oder „wenig demokratischen" Regime zu eine demokratischen oder demokratischeren Regime vollziehen. Innerhalb der internationalen Debatte[182] und

180 *S. P. Huntington*, The Third Wave: Democratization in the Late Twentieth Century, 1991.

181 *K. v. Beyme/D. Nohlen*, Systemwechsel, in: Wörterbuch Staat und Politik (1991), 1995, S. 765.

182 Der Begriff wird daher in der vorliegenden Arbeiten folgendermaßen gebraucht: Beim "Report of the Secretary-General on the rule of law and transitional justice in conflict and post-conflict societies" (*United Nations*, S/2004/616, 2004,): *Transitional Justice* "comprises the full range of processes and mechanisms associated with a society's attempts to come to terms with a legacy of large-scale past abuses, in order to ensure accountability, serve justice and achieve reconciliation. These may include both judicial and non-judicial mechanisms, with differing levels of international involvement (or none at all) and individual prosecutions, reparations, truth-seeking, institutional reform, vetting and dismissals, or a combination thereof." Beim *International Center for Transitional Justice* (ICTJ) heißt es: "Transitional justice is a response to systematic or widespread violations of *human rights*. It seeks recognition for victims and to promote possibilities for peace, reconciliation and democracy". (Hervorhebungen *L. J. S.*). Gemäß der *Encyclopedia of Genocide and Crimes against Humanity* lautet die Definition: "Transitional justice refers to a field of activity and inquiry focused on how societies address legacies of past *human rights abuses*, mass atrocity, or other forms of severe social trauma, including genocide or civil war, in order to build a more democratic, just, or peaceful future". (Hervorhebungen *L. J. S.*) *L. Bickford*, Transitional Justice, in: The Encyclopedia of Genocide and Crimes against Humanity, 2004, S. 1045. *Paul Van Zyl* definiert es folgendermaßen: "Transitional Justice embodies an attempt to build a sustainable peace after conflict, mass violence or systemic human rights abuse. Transitional justice involves prosecuting perpetrators, revealing the truth about past crimes, providing victims with reparations, reforming abusive institutions and promoting reconciliation. This requires a comprehensive set of strategies that must deal with the events of the past but also look to the future in order to prevent a recurrence of conflict and abuse. Because transitional justice strategies are often crafted in situations where peace is fragile or perpetrators retain real power, they must carefully balance the demands of justice with the realities of what can be achieved in the short, medium and long term." *Ders.*, Promoting Transitional

der jüngsten brasilianischen Diskussionen zur Überwindung des Erbes der Diktatur herrscht diejenige Meinung zur *Transitional Justice* vor, welche sie mit den Menschenrechten und der Demokratie in unmittelbaren Zusammenhang bringt.[183]

b) Kritik an dem Begriff

Obwohl sich die *Transitional Justice* gegenwärtig großer Popularität erfreut, indem sie ein Feld von neuen Überlegungen und eine weltweite Agenda von interdisziplinären Studien eröffnet, ist der Begriff selbst immer noch sehr umstritten. Es gibt viele verschiedene Auffassungen über denselben Begriff und verschiedene grundlegende Fragen hinsichtlich der mit ihm zusammenhängenden Methode und dem tatsächlichen Inhalt bleiben offen. Auf diese Weise ist die Leistungsfähigkeit des Konzepts problematisch. Auf zu viele Fragen gibt es keine Antworten: Was heißt eigentlich *Transitional Justice* (was)? Was sind ihre Ziele (wieso)? Welche ihre Gründe (warum)? Welches die Mittel, d. h. die anzuwendenden Prozesse, Methoden

---

Justice in Post-Conflict Societies, in: Security Governance in Post-Conflict Peacebuilding, 2005, S. 209. Nach *Kai Ambos* lautet es: *Transitional Justice* "comprises the full range of processes and mechanisms associated with a societies attempts to come to terms with a legacy of large-scale past abuses, in order to ensure accountability, serve justice and achieve reconciliation. While regime change is not at all a new phenomenon the concept of TJ is recent and innovative in that it recognizes the importance of 'justice' in processes of transition; in short, TJ deals with justice in transition". *Ders.*, The Legal Framework of Transitional Justice, in: Building a Future on Peace and Justice. 2008, S. 21. *Tricia Olsen*, *Leigh Payne* und *Andrew Reiter* definieren *Transitional Justice* so: „the array of processes designed to address past human rights violations following periods of political turmoil, state repression, or armed conflict". *Dies.*, Transitional Justice in balance: comparing processes, weighing efficacy, 2010, S. 11; *dies.*, Transitional justice in the world, 1970–2007, 2010, S. 805.

183 *P. Abrão/T. Genro*, Os direitos da transição no Brasil, in: Os direitos da transição e a democracia no Brasil, 2012, S. 33 ff.; *B. B. Borges*, Justiça de Transição: a transição inconclusa e suas consequências na democracia brasileira, 2012, S. 161 ff.; *M. T. R. A. Moura/M. Zilli/F. G. Monteconrado*, A Justiça de Transição no Brasil: um caminho ainda a percorrer, in: Anistia, justiça e impunidade, 2010, S. 158; *J. C. M. Silva Filho*, O Julgamento da ADPF 153 pelo Supremo Tribunal Federal e a Inacabada Transição Democrática Brasileira, 2010, S. 1 f.; *G. Mezarobba*, O que é justiça de transição?, in: Memória e verdade, 2009, S. 37 ff.; *I. V. P. Soares*, Justiça de Transição, in: Dicionário de Direitos Humanos; *M. D. Torelly*, Justiça Transicional e Estado Constitucional de Direito: perspectiva teórico-comparativa e análise do caso brasileiro, 2012, S. 101 ff.; *F. G. McArthur*, Justiça de Transição: o caso brasileiro, in: Revista Anistia Política e Justiça de Transição, 2013, S. 78 ff.; *A. R. Tavares/W. M. Agra*, Justiça Reparadora no Brasil, in: Memória e verdade, 2009, S. 69 ff. Zu einer vollständigen und kritischen Analyse des Begriffs s. *R. H. Quinalha*, Justiça de Transição: contornos do conceito, 2012.

und Mechanismen (wie)? Wer sind ihre Hauptakteure?[184] Wer entscheidet über Ziele, Gründe, Mittel? Unter welchen Kriterien? Welche sind ihre Herausforderungen? Welche ihre Chancen und Möglichkeiten?

Die Stellungnahmen über die Bedeutung sowohl der *Justice* als auch der *Transition* in der *Transitional Justice* beruhen auf einem ewigen Disput zwischen den Autoren. Einerseits gibt es einen Streit über den Begriff von *Justice*. Was bedeutet *Justice* innerhalb der *Transitional Justice*? "*An ideal of accountability and fairness in the protection and vindication of rights and the prevention and punishment of wrongs*"? (*Report of the UN Secretary-General*).[185] Die strafrechtliche Verantwortung der Täter von Staatskriminalität? Oder etwas anderes, jenseits der Strafgerechtigkeit? Ist es nötig, in den Fällen des politischen Übergangs, der Gerechtigkeit Beiwörter zuzuordnen und einen neuen normativen Begriff zu schaffen? Reicht der traditionelle Gerechtigkeitsbegriff alleine für die Situationen des Übergangs nicht aus? Welchen Unterschied gibt es zwischen der *Transitional Justice* und der normalen Gerechtigkeit? Warum und wofür erfolgt diese Unterscheidung?

Auf der anderen Seite gibt es Probleme mit der Bedeutung des Begriffs *Transitional*. Wenn *Transitional Justice* eine *justice in times of transition* bedeutet: wie wird *Transitional* dann zur Anwendung der *Transitional Justice*? *Glenda Mezarobba* z. B. versucht den Begriff der *Transitional Justice* zu definieren und sagt, dass die Transition „ein Übergang von einer Bedingung zur anderen; ein nie kurzes und oft prekäres Unterfangen“ sei.[186] Welche Bedingungen sind das? Wenn auch lang und prekär, wie wird das Unterfangen definiert? Handelt es sich um den zeitlichen Einschnitt eines politischen Sonderfalls? Oder auch um allgemeine Wandlungen, die nicht außerordentlich sind und die innerhalb politischer Regime vorkommen? Falls es sich um eine Periode des politischen Ausnahmezustands handelt: Wie wird sie definiert? Wie kann der Zeitabschnitt des Übergangs eingrenzt werden? Wo fängt er an? Wann kann sein Ende benannt werden? Wer entscheidet darüber? Nach welchen Kriterien? Wenn der Übergang sich auf die Entwicklung eines demokratischen Regimes bezieht: Können wir vom Übergang *zur* Demokratie oder *innerhalb* der Demokratie sprechen (d. h. von der Transition, die im demokratischen Regime stattfindet oder von der, die in beiden Fällen erfolgt)? Bezieht sich der Übergang auf

184 Z. B. bezüglich der strafrechtlichen Verantwortung: Wer sind die Täter der Gewalttaten und der Verbrechen? Wer die Opfer? Wer entscheidet darüber, wer die Täter und die Opfer sind?

185 *United Nations*, Report of the Secretary-General, The Rule of Law and Transitional Justice in Conflict and Post-Conflict Societies, S/2004/616, § 7.

186 *G. Mezarobba*, O que é justiça de transição?, in: Memória e verdade, 2009, S. 37 ff. Sie stellt noch in Bezug auf *Alexander Boraine* (Transitional Justice, in: Journal of International Affair 60 (2006) 1, S. 17 f.) fest, dass ein Land im Übergang ein Land ist, das aus einer bestimmten Ordnung fortgeht und das keine Gewissheit darüber hat, wie die Herausforderungen der neue Ordnung bewältigt oder wie auf sie reagiert werden soll. *G. Mezarobba*, O que é justiça de transição?, in: Memória e verdade, 2009, S. 38.

einen Liberalisierungsprozess, einen Demokratisierungsprozess, die Verfestigung der Demokratie, auf all das, oder nur auf einen Teil dieser Prozesse?[187]

Neben diesen Problemen, die mit den Begriffen der *Justice* und des *Transitional* zusammenhängen und die den Begriff *Transitional Justice* bilden, gibt es noch weitere Fragen, die aufgeworfen werden, wenn sich jemand mit dieser Thematik auseinandersetzen möchte, z. B.: Welche Kategorien sollen für die „Bewältigung" bzw. die „Aufarbeitung" der leidvollen Vergangenheit zugrunde gelegt werden?[188] Ist die *Transitional Justice* nur mit den Elementen der „Wahrheit", der Gerechtigkeit (generell ein Synonym der strafrechtlichen Verantwortung), Wiedergutmachung und Reformen (institutioneller und gesetzgeberischer Art) verknüpft, indem diese Elemente in der Fachliteratur eine „unfragliche Stellung des Einverständnisses einnehmen"?[189] Oder gäbe es noch andere Elemente, die ebenfalls einbezogen werden sollten? Ist es möglich, universell ein theoretisch-normatives Schema zu zeichnen, das in allen Ländern anzuwenden ist (*Transitional Justice* von oben)? Oder soll für jedes Land ein einzigartiges Modell geschaffen werden, das dessen spezifische Gegebenheiten berücksichtigt (*Transitional Justice* von unten)? Sind die in Europa und Nordamerika entwickelten politischen Projekte der *Transitional Justice* auch in ideengeschichtlich ganz anders geprägten Teilen der Welt – wie in China, Indien, Südamerika und Zentralafrika – verbindlich? Oder handelt es sich um eine spätkolonialistische

---

187 Vgl. *C. Prittwitz*, Verantwortung als Schlüsselbegriff strafrechtlicher Vergangenheitsbewältigung, in: Transitional Justice, 2013, S. 258. Nehmen wir das Beispiel Brasilien: Wann begann der Übergang des Regimes? Mit der langsamen, abgestuften und kontrollierten Öffnung (Entspannung), die von der Regierung *Ernesto Geisel* im Jahre 1974 unternommen wurde? Mit der Wahl des zivilen Bundespräsidenten *Tancredo Neves* im Jahre 1985? Mit dem verfassungsändernden Gesetz Nr. 26 vom 27. November 1985, durch das die Nationale Verfassungsgebende Versammlung einberufen wurde, um eine neue Magna Charta zu schreiben? Oder mit der Verkündung der neuen Verfassung am 12. Oktober 1988? Wann endet sie? Endet sie wirklich? Ist sie schon beendet?

188 *E. Jesse*, „Entnazifizierung" und „Entstasifizierung" als politisches Problem, in: Vergangenheitsbewältigung durch Recht, 1992, S. 13.

189 *R. H. Quinalha*, Justiça de Transição: contornos do conceito, 2012, S. 94. Für die vier „klassische" Elemente der Transitional Justice, *B. Brito*, Justiça Transicional e a Política da Memória: uma visão global, in: Revista Anistia Política e Justiça de Transição, 2009, S. 56 ff.; *M. D. Torelly*, Justiça Transicional e Estado Constitucional de Direito: perspectiva teórico-comparativa e análise do caso brasileiro, 2012, S. 114; *J. Elster*, Closing the Books: Transitional Justice in Historical Perspective, 2004; *P. Van Zyl*, Promoting Transitional Justice in Post-Conflict Societies, in: Security Governance in Post-Conflict Peacebuilding, 2005, S. 209 ff.; *R. Teitel*, Transitional Justice, 2000; *L. Bickford*, Transitional Justice, in: The Encyclopedia of Genocide and Crimes against Humanity, 2004; *G. Mezarobba*, O que é justiça de transição?, in: Memória e verdade, 2009, S. 37 ff.

Anmaßung des Westens, diesen Regionen die im Ursprung spezifisch westliche *Transitional Justice* aufzwingen zu wollen?[190]

Wie sollte mit den verschiedenen subjektiven (vergrößerten oder verkleinerten) Teilversionen des Themas gearbeitet werden? In welcher Hinsicht ist eine selektive Vergangenheitsbewältigung und damit eine Sichtweise, die die politische Position der Betroffenen beachtet, möglich? Andererseits: Wenn davon ausgegangen wird, dass die moderne Gesellschaft eine poly-kontextuelle ist,[191] in der nicht nur ein einziges objektives Ziel und eine einzige Rationalität existiert, an der sich alle gesellschaftlichen Sektoren orientieren, ist es dann möglich eine allumfassende Theorie der *Transitional Justice* zu verfassen, die alle Kenntnisse beinhaltet, die von den Systemen geliefert werden, die auf der Basis von eigenen Kriterien (Programmen und Codes) erstellt wurden und die unter sich verschieden sind? Inwiefern ist es möglich, die unterschiedlichen Aspekte aus so vielen verschiedenen (materiellen und methodischen) Blickwinkeln heraus mittels einer Theorie, der *Transitional Justice*, zu behandeln?

All diese (und weitere mögliche) Fragen können in dieser Arbeit nicht näher erörtert werden. Es muss sich mit der Feststellung begnügt werden, dass die *Transitional Justice* als eine *Bewegung für Verantwortlichkeit* staatlicher Kriminalität verstand werden kann. Im möglichen Bedeutungskern der *Transitional Justice* liegt die Idee der Rechenschaft, die über etwas abzulegen oder von jemandem zu verlangen ist (*settling accounts* oder *accountability*),[192] der für traumatische Situationen von Gewalt oder Menschenrechtsverletzungen, die im vorhergehenden Regime begangen wurden, verantwortlich ist, und zwar in der Weise, dass das Verantwortlichmachen – symbolisch oder faktisch; persönlich, kollektiv oder institutionell;

---

190 Dazu die schwierige Diskussion in der praktischen Philosophie um den „Universalismus“ gegenüber dem „Kommunitarismus“.

191 *G. Günther*, Life as Polycontexturality, in: Wirklichkeit und Reflexion, Festschrift für Walter Schulz, Pfullingen 1973, S. 187 ff.; *G. Teubner*, Constitutionalizing Polycontexturality, in: Social & Legal Studies, 2011, S. 209 ff.

192 Trotz der unmittelbaren Nähe, sind *responsibility*, *accountability* und *liability* nicht gleichbedeutend. “*Responsible* is an adjective that applies to anyone who is in charge of an endeavor or to whom a duty has been delegated, and who is subject to penalty or blame in case of default (responsible for getting everyone out of the building in the event of a fire). *Accountable* is more positive than *responsible* or *answerable*, suggesting that something has been entrusted to someone who will be called to account for how that trust has been carried out (a person is directly accountable to the department head for the funds that have been allocated to his or her group). *Liable* is more restricted in scope than any of the foregoing words; it refers exclusively to the assignment of blame or the payment of monetary damages in the event of a mishap (because a person was responsible for the accident, he or she is held liable for damages).” *New Oxford American Dictionary* (version 2.1.3, copyright 2005–2009 Apple inc.), „note to responsible“. Vgl. *F. G. McArthur*, Justiça de Transição: o caso brasileiro, in: Revista Anistia Política e Justiça de Transição, 2013.

moralisch, sozial (ethisch, historisch) oder juristisch; zivil, verwaltungstechnisch oder strafrechtlich – eine zentrale Rolle in diesem Prozess einnimmt.

3. *Transitional Justice* und die Fahndung nach Verantwortung staatlicher Kriminalität

Transitional Justice ist u. a. eine Bewegung für Verantwortlichkeit staatlicher Kriminalität. Der Prozess der Zurechnung von Verantwortung ist, seinerseits, ein Prozess der „Zuschreibung" von kommunikativem Sinn, der Entscheidungen beinhaltet, die im Zusammenhang mit der Struktur einer jeden Gesellschaft und einer jeglichen Art von Staat zusammenhängen: Eine (natürliche oder juristische) Person wird *von anderen* für etwas verantwortlich gemacht oder sie macht *sich selbst gegenüber anderen* verantwortlich.[193] Die Idee der *Verantwortlichkeit* (sowie der Zurechnung) steht in einem Zusammenhang nicht nur mit der Untersuchung des *Abweichens*, d. h. inwieweit Handlungen von bestimmten Normen abweichen und Handlungen oder Handlungsfolgen nach sich ziehen, die auf Grund einer Norm als negativ bewertet werden (weil sie etwa bestimmte Arten von Schäden verursachten), sondern ist auch mit der Untersuchung des kommunikativen Handelns verbunden: Verantwortung bedeutet „eine Antwort geben" (*respond to, dar uma resposta*), die der gesellschaftlichen Kommunikation zugeschrieben wird.

Das Zusprechen von Verantwortung (gegenüber z. B. einem Individuum, einer Gruppe, einer Institution oder dem Staat selbst) kann durch *staatliche* oder *reine gesellschaftliche Reaktionen* (Tribunalvorschläge, Aufklärungsforen usw.) geschehen. Die staatlichen Reaktionen können ihrerseits sowohl *nicht-strafrechtliche*, mit der bloßen Feststellung von Unrecht und Schuld, als auch *strafrechtliche*, mit der Festsetzung von Strafe, sein (nationales Strafrecht; Völkerstrafrecht oder Naturrecht).[194]

---

193 *F. P. Püschel/M. R. A. Machado*, Prefácio, in: Teoria da responsabilidade no Estado Democrático de Direito: textos de Klaus Günther, 2009, S. XV. Nach *Ruth Grant* und *Robert O. Keohane* heißt es: "Accountability, as we use the term, implies that some actors have the right to hold other actors to a set of standards, to judge whether they have fulfilled their responsibilities in light of these standards, and to impose sanctions if they determine that these responsibilities have not been met." *Dies.*, Accountability and Abuses of Power in World Politics, in: American Political Science Review (2005), S. 29. In diesem Sinne auch *K. Sikkink*, The Age of Accountability, in: Amnesty in the Age of Human Rights Accountability, 2012, S. 19.

194 Vgl. *K. Lüderssen*, Der Staat geht unter: das Unrecht bleibt?, 1992, S. 27. Von der Zurechnung von Verantwortung hängt vielmals das Auferlegen von Sanktionen ab, das als Antwort auf die Verletzung von (moralischen, sozialen oder rechtlichen) Normen verstanden wird, mit dem Ziel, sie wirksam zu machen. *J. C. Bayón*, Sanção, in: Dicionário enciclopédico de teoria e de sociologia do direito (1988), 1999, S. 702–707; *N. Bobbio*, Teoria da norma jurídica (1993), 2001, S. 152 ff.; *D. Dimoulis*, Manual de introdução ao estudo de direito, 2003, S. 71–74; *H. Kelsen*, Reine Rechtslehre

Obwohl verschiedene Kontexte verschiedene Bedeutungen von „Verantwortung" stiften, haben alle Verwendungsweisen eine bestimmte *formale Struktur* gemeinsam, nämlich die der Verantwortung einer Person für eine Handlung und Unterlassung oder Handlungsfolge gegenüber anderen Personen, und erfüllen eine bestimmte *soziale Funktion*, und zwar die Strukturierung des unendlichen Flusses des Geschehens, sodass bestimmte Ereignisse einer Person als Folge ihrer Handlung oder Unterlassung und nicht mehr als Folge der Umstände, der Situation, der Handlungen anderer Personen, der Gesellschaft oder einfach des Schicksals zugeordnet und zugeschrieben werden können.[195] Mit die „Verantwortung" sind Regeln und Institutionen verbunden, welche die Verteilung von Verantwortlichkeiten zwischen Staat und Gesellschaft sowie unter den Bürgern selbst festlegen und organisieren.[196]

(1960), 2000, S. 25–31. Zum Beispiel: Ein Staat, dem man die Verantwortung für bestimmte Fakten des vorhergehenden Regimes vorschreibt, kann (oder nicht) von sich oder von anderen aus dazu gezwungen sein, bestimmte gesetzliche und institutionelle Änderungen vorzunehmen, den Opfern finanziellen und moralischen Wiedergutmachung zu gewähren, offizielle Bitten um Entschuldigung auszusprechen, die in Staatskriminalität verwickelten öffentlichen Angestellten und Beamten vom Staatsdienst zu entfernen, Erziehungsaktionen zur Verhinderung einer Wiederholung zu organisieren usw. Ein zur Verantwortung gezogenes Individuum wird (oder nicht) mit einem Gefühl von Schuld oder Gewissensbissen umgehen müssen, die von der Einsicht und der Reue wegen der in der Vergangenheit begangenen Ungerechtigkeiten provoziert werden (*moralische Sanktion*); es wird mit der öffentlichen Verdammung, mit der Stigmatisierung und Diskriminierung und in gewisser Weise mit der Isolation und der Verurteilung von Seiten der öffentlichen Meinung (*soziale Sanktion*) oder auch mit Maßnahmen umgehen müssen, die zu Recht als Antwort auf die Verletzung der Rechtsnormen vorgesehen sind (*rechtliche Sanktion*). Es kann sich dabei um Normen des Zivilrechts (Wiedergutmachung oder Schadensersatz gegenüber den Opfern usw.), des Verwaltungsrechts (Verlust der Arbeitsstelle oder des öffentlichen Amtes usw.) oder des Strafrechts (Strafvollzug oder Vollzug von Sicherheitsmaßnahmen) handeln. Die Institution der Strafe bedeutet also, dass der Einzelne für ein Fehlverhalten zur Verantwortung gezogen wird. *U. Neumann*, Zur Veränderung von Verantwortungsstrukturen unter den Bedingungen des wissenschaftlich-technischen Fortschritts, in: Recht als Struktur und Argumentation, 2008, S. 188. Zu den Arten von moralischer, sozialer und juristischer Sanktion, vgl. *N. Bobbio*, Teoria da norma jurídica (1993), 2001, S. 154–162; *L. J. Swensson Jr.*, Anistia Penal: problemas de validade da lei de anistia brasileira, 2007, S. 80–86.

195 *K. Günther*, Strafrechtliche Verantwortlichkeit in der Zivilgesellschaft, in: Das Interesse der Vernunft, 2000, S. 465 ff.

196 A. a. O., S. 465 f. Bei *Ulfrid Neumann* (Zur Veränderung von Verantwortungsstrukturen unter den Bedingungen des wissenschaftlich-technischen Fortschritts, in: Recht als Struktur und Argumentation, 2008, S. 188) heißt es: „Wie tief der Gedanke der Verantwortung in der sozialen Praxis verwurzelt ist, zeigt seine Einbettung in die Strukturen der Alltagssprache".

Die Verantwortungszuschreibung hat die wichtige Funktion, muss unterstrichen werden, herauszustellen, dass es nicht nur die Systeme und Organisationen waren, die schwerste Menschenrechtsverletzungen in Gang gesetzt und verübt haben, sondern immer auch einzelne Akteure vor Ort. Einer hat geschossen, gefoltert, usw. Jede Praktik des Verantwortlich-Machens stützt sich nicht nur auf die Unterscheidung von Recht und Unrecht, sondern läuft am Ende darauf hinaus, eine Person in dem Sinne für ein Unrecht verantwortlich zu machen, dass sie etwas dafür oder zumindest das Unrecht vermeiden konnte. Sie endet mit einem individualisierten Vorwurf, der auf die Situation des Akteurs zum Zeitpunkt des Verbrechens Bezug nimmt. Damit ist nicht gesagt, dass jeder Akteur in gleichem Maße verantwortlich gemacht werden dürfte, noch – darauf wird es am Ende der Arbeit eingegangen – dass darauf eine Strafe folgen müsse.[197]

Gerade in diesem Sinne spielt die *Criminal Transitional Justice* prinzipiell eine wichtige Rolle. Im Zusammenhang mit den großen politischen Umwälzungen zwingt sie zur Verantwortung für die Staatskriminalität, die in der unmittelbaren Vergangenheit begangen wurde und eventuell dazu, Mittel für die Bestrafung der Täter zu finden. Es geht zentral darum, Personen für vergangene Menschenrechtsverletzungen zur Verantwortung zu ziehen und damit eine Botschaft zu senden. Somit hilft das Strafrecht dazu, Ideologien, die unter dem früheren Regime zur Legitimation systemkonformer Verbrechen eingesetzt wurden, zu zerstören.

Dies sind schwierige und widersprüchliche Aufgaben, die speziell von den neuen Machthabern übernommen werden müssen, da die Gesellschaft Rechenschaft verlangt, obwohl in der gleichen Gesellschaft noch viele überzeugte Anhänger oder Mitläufer des alten Regimes und Personen leben, die an der Macht teilhatten, die jetzt zur Rechenschaft gezogen werden sollen. So wird ein eminent politisches Problem (nämlich gleichzeitig den Unterschied zwischen dem alten und dem neuen Regime hervorzuhebenund die Stabilität des neuen Regimes zu garantieren) auch ein juristisches (wie wird richtig sanktioniert?) und ein philosophisches (wie wird die Verantwortung und die Strafe der ehemaligen Machthaber gerechtfertigt?).[198]

Schließlich, unter Einbezug der Rechtsnormen als kontrafaktischen Verhaltenserwartungen,[199] ergibt es sich, dass die Abweichung in der Regel mit Indifferenz behandelt oder selektiv zurückgewiesen wird. Das Recht ist nicht faktisch, sondern kontrafaktisch. Das Recht stimmt nicht allen Regeln der Gesellschaft zu (und rechtfertigt nicht alle), sondern dem Recht stehen eigene gesellschaftliche Normen und Gebräuche entgegen, wenn es die Regeln als rechtswidrig (und ungerecht) betrachtet. Um die Autorität zu erhalten und die eigenen Regeln aufzuzwingen, wird die Abweichung der Rechtsnormen mit Gleichgültigkeit, als ob sie nicht existierten,

---

197 S. Kap. II. 2 des vierten Teils.

198 *D. Dimoulis*, Justiça de transição e função anistiante no Brasil, 2010, S. 92.

199 *N. Luhmann*, Die soziologische Beobachtung des Rechts, 1986, S. 20–24; *D. Dimoulis*, Manual de introdução ao estudo de direito, 2003, S. 65 f.; *A. L. Sabadell*, Manual de sociologia juridical: introdução a uma leitura externa do direito, 2002, S. 93–109.

und mit der Androhung oder, in einigen Fällen, der Verhängung von Sanktionen behandelt.

Es ist jedoch möglich, dass die Wiederholung bzw. die Verbreitung des abweichenden Verhaltens neue normative Strukturen bildet, die als Bedingungen für die Kontinuität der Erneuerung dienen.[200] So kann auf Grund der Funktion, Verantwortlichkeit zuzurechnen, *strafrechtliche* Vergangenheitsbewältigung bzw. *Criminal Transitional Justice* als ein *Evolutionsmechanismus des Strafrechts* im spezifischen Sinn eines Versuchs verstanden werden, die Bestrafung von staatlichen Agenten und Führungskräften wegen der von ihnen begangenen staatlichen Kriminalität möglich zu machen.[201] Durch die *Transitional Justice* Bewegung werden bestimmte Ereignisse dieser Personen anders als vorher kommuniziert. Anders formuliert: Es geht um die *Kommunikation* unerwarteter normativer Erwartungen oder eine sogenannte unerwartete Kommunikation normativer Erwartungen. Das bedeutet, dass „das entsprechende Verhalten in den vorhandenen normativen Strukturen nicht vorgesehen ist und so herrschende kontrafaktische Erwartungen enttäuscht."[202] Die nächsten Kapitel sind dem gegenwärtigen Versuch in Brasilien gewidmet, die Kommunikation (unerwartete normative Erwartungen) über die strafrechtliche Verantwortung der Täter der Kriminalität der Diktatur zu ändern, und die Probleme, die daraus folgen, aufzuzeigen.[203]

---

200 *M. Neves*, Zwischen Themis und Leviathan: Eine schwierige Beziehung, 2000, S. 25.

201 Vgl. z. B. *S. Scheerer*, Nachteil und Nutzen kritischer Kriminologie in Zeiten des Terrorismus, in: Kriminologisches Journal (2002), S. 37 f.: „Waren Staatführungen bis vor kurzem kriminalrechtlich tabu (*princeps legibus solutus*), so sieht man heute immer häufiger die Mächtigen der Welt auf der Flucht vor Haftbefehlen, unter Hausarrest, von Auslieferung bedroht, in Untersuchungshaft oder als Angeklagt vor einem internationalen Strafgerichthof. […] Die Sinnprovinz der Kriminalität befindet sich in einem tiefgreifenden Umbruch. Es entsteht ein neuer, diesmal globaler Raum des Strafrechts und der strafrechtlichen Sozialkontrolle, vor dem die Souveräne von einst nun auch in die Rolle der Kriminellen geraten können. Dies zu ignorieren gibt es keinen sachlichen Grund."

202 *M. Neves*, Zwischen Themis und Leviathan: Eine schwierige Beziehung, 2000, S. 25, insb. Anm. 88: „Wenn die Variation die Elemente betrifft, kann sie nicht einfach als abweichende normative Erwartung, also auf der Ebene der Strukturen bezeichnet werden, sondern sie muss strenggenommen als *Kommunikation* (Element) unerwarteter normativer Erwartungen oder – genauer – als unerwartete *Kommunikation* normativer Erwartungen definiert werden."

203 Vgl. etwa *P. Arthur*, How „Transitions" Reshaped Human Rights: a Conceptual History of Transitional Justice (2009), 2011, S. 71: "The questions raised by the Argentine case were not only ones of justice: Whom to punish, by what authority, and on what grounds? What to do for victims and their loved ones? Rather, they were questions about justice and prudence: How to balance competing moral imperatives, reconcile legitimate claims for justice with equally legitimate claims for stability and social peace, and foster the relationship between justice for crimes of the past and a more just political order in the present."

4. Über die Konstruktionen der Verantwortlichkeit

a) Zur Systemrelativität der Verantwortlichkeit

Hinsichtlich der Frage nach der strafrechtlichen Verantwortung in Fällen von Staatskriminalität in der Zeit nach politischen Übergängen (*Criminal Transitional Justice*) ist festzustellen, dass die Möglichkeiten und Formen dieser Verantwortlichkeit auf das Engste sowohl mit den wirtschaftlichen, kulturellen und politischen Bedingungen an bestimmten Orten und zu bestimmten Zeiten als auch mit dem gewählten Modell der *Transitional Justice* verbunden sind.

Verantwortlichkeit ist eine Konstruktion. Die Umstände, nach denen jemand wegen des Begehens eines Verbrechens strafrechtlich als (un-)verantwortlich betrachtet wird, sind nicht von vorne herein vorgegeben. Jede Verantwortlichkeit hat einen gewissen rechtssetzenden Charakter, insofern die Zurechnung von Verantwortung nicht bedeutet, dass schon vorgegebene Normen zum analysierten/interpretierten Tatbestand „angewendet" werden und damit eine Art von „mathematischer Gleichung" gelöst wird, indem im Sinne des juristischen Syllogismus subsumiert wird, sondern dass vielmehr eine gewisse normative Realität nach den Umständen des zu analysierenden/interpretierenden Tatbestands geschaffen wird. Sowohl die zutreffende Feststellung des Sachverhalts als auch die zutreffende Subsumtion des Falls unter das einschlägige Gesetz und die korrekte Feststellung und Konkretisierung der Rechtsfolge in einem juristischen Syllogismus müssen einerseits durch die Interpretation „konstruiert" werden, weil sie nicht schon vorgegeben sind.

Andererseits ist die Konstruktion der Verantwortlichkeit von *wirtschaftlichen* (Produktivkräfte, Produktionsverhältnisse), *kulturellen* (Religion, Moral, Sitten, Gebräuche) und *politischen* Faktoren (Staatsform und politisches Regime) beeinflusst.[204] Obwohl das Recht mit seiner unzweifelhaften Wirkung auf die Gesellschaft kontrafaktisch ist, ist es auch wahr, dass nicht nur die Wirksamkeit des Rechts, sondern auch der Inhalt der Rechtsnormen weitgehend von der Gesellschaft beeinflusst ist. Es gibt eine soziologische Bedingtheit des Rechtsinhalts durch die ökonomische Basis (*Marx*), kulturelle bzw. „ideologische" Einflüsse (*Weber*),[205] eine Abhängigkeit von gesellschaftlichen Tatbeständen (*Ehrlich*), von Interessen (*Jehring*), biologische Vorgegebenheiten usw.[206] Die Bestimmung des Rechts durch gesellschaftlichen Faktoren, die sowohl materiell als auch ideell sind, nimmt nicht nur in Form der Gesetze selbst Einfluss, sondern auch durch die alltägliche Rechtspraxis, die sich außerhalb der „Grenzen" der Gesetze entwickeln kann.

---

204 Staat, Strafe und Straffähigkeit bilden miteinander verknüpfte dynamische Begriffe. *F. M. Conde/C. R. Bitencourt*, Teoria Geral do Delito, 2004, S. 305 f.

205 Vgl. *M. Weber*, Die protestantische Ethik und der Geist des Kapitalismus (1904–1905), München, 2010.

206 Zu der soziologischen Bedingheit des Rechtsinhalts *R. Zippelius*, Grundbegriffe der Rechts- und Staatssoziologie, 1991, S. 76 ff.

Daraus folgt, dass es nicht nur ein einziges Modell von strafrechtlicher Verantwortlichkeit gibt, sondern dass diese Modelle sich unter bestimmten geschichtlichen und örtlichen Rahmenbedingungen von wirtschaftlichen und kulturellen Faktoren geleitet entwickeln. Die Verantwortlichkeit ist also *relativ*, da sie von der Gesellschaft abhängig ist; ebenso wie das Recht von der Gesellschaft abhängig ist, was auch zu einer weitgehenden Relativität des Rechts führt.

b) Das Verantwortlich-Machen

Die Beschreibung und Zuschreibung von Verantwortung, das „*Verantwortlich-Machen*" einer Person, besteht aus einer sozialen Praxis mit eigenständiger Bedeutung und beinhaltet zwangsläufig sowohl ein dezisionistisches als auch ein konstitutives Moment. Verantwortlichkeit ist also kein natürliches oder kulturelles Wesen, wie etwa der Regen oder das Gefühl der Trauer.[207] Verantwortlichkeiten bestehen, ebenso wie Straftaten, aus „Realitäten", die von der Gesellschaft bedingt sind und konstruiert werden. Nach *Alessandro Baratta*: „Die Feststellung von Verantwortung ist eine Zuschreibung von Verantwortlichkeit und die Voraussetzung für diese Zuschreibung sind normative Kriterien, die juristisch aufgebaut sind und die nicht den Sachverhalten, sondern den Tatbeständen entsprechen."[208] *Ulfrid Neumann* zufolge ist die Kategorie der Verantwortlichkeit selbst kein selbstverständlicher Begriff. Sie muss sich mit der Gesellschaft und ihren Strukturen befassen.[209]

Zur Begründung dieser These kann unter anderen Argumenten angeführt werden, dass die Verantwortung als Beschreibungsprozess unweigerlich auf Sprache und Kommunikation, auf Verstehen und damit auf gemeinschaftliche „vorreflexive" Praktiken im Sinne Wittgensteins verweist und daher nicht in einem „reinen Sollen" lokalisiert werden kann.[210] Der Ausgangspunkt für das Verständnis der Verantwortung als Konstruktion ist nach dem „*linguistic turn*" der Sprachphilosophie die Anerkennung, dass Rechtsnormen und die Idee des Rechts selbst nicht einem

---

207 *D. Dimoulis*, Justiça de transição e função anistiante no Brasil, in: Justiça de transição no Brasil, 2010, S. 107.

208 *A. Baratta*, Das Theater des Rechts und die Dramaturgie des Lebens, in: Das Recht und die schönen Künste, 1998, S. 137. S. auch *D. Dimoulis*, Justiça de transição e função anistiante no Brasil, in: Justiça de transição no Brasil, 2010, S. 108–110. In Worten von Klaus Günther, in Bezug auf die Zurechnung, heißt es: „Zurechnung ist nicht mehr nur oder sogar überhaupt nicht als bloße Voraussetzung für Strafe zu verstehen, sondern das Zurechnen einer Handlung oder Handlungsfolge zur individuellen Verantwortung einer Person ist selbst eine soziale Handlung, ein performatives Akt". *Ders.*, Strafrechtliche Verantwortlichkeit in der Zivilgesellschaft, in: Das Interesse der Vernunft, 2000, S. 482.

209 *U. Neumann*, Zur Veränderung von Verantwortungsstrukturen unter den Bedingungen des wissenschaftlich-technischen Fortschritts (2005), in: Recht als Struktur und Argumentation, 2008, S. 188.

210 Vgl. *T. Vesting*, Rechtstheorie, 2007, S. 92.

Kosmos zeitentrückter Allgemeinheit angehören.[211] Sie müssen abhängig von der Praxis ihres Gebrauchs und der sich daraus ergebenden Anwendungsgeschichte gedacht werden (pragmatisches Regelverständnis). Von daher gibt es die Verantwortlichkeit und den Verantwortlichen, das Verbrechen und den Verbrecher nicht. Sie sind das, was die Leute an einem bestimmten Ort und zu einer bestimmten Zeit sagen, dass sie es sind. Der variierende objektive Sinn kann nur im jeweiligen spezifischen Gebrauchskontext konstruiert werden.[212]

Es ist allerdings zu berücksichtigen, dass mit diesen Überlegungen nicht gesagt werden soll, dass derjenige, der das Recht auslegt, spontan die Verantwortung des Einzelnen und seine Schuld, unabhängig von seinen begangenen Handlungen und der tatsächlichen Umstände seiner Straffähigkeit erschafft.[213] Dies würde auch gegen das juristische Prinzip von „Keine Strafe ohne Schuld", nach dem niemals jemand verurteilt werden darf, dessen Schuld zweifelhaft ist, verstoßen.[214] Was hier behauptet wird, ist, dass es – je nach den geschichtlichen, materiellen, politischen und kulturellen Umständen – möglich ist, bei gleichen tatsächlichen Umständen die juristische Verantwortung des Täters auf verschiedene Art und Weise zu umschreiben und (ihm diese Verantwortung) zuzurechnen.

Mehr noch, damit der Beschreibungsprozess der Verantwortung verständlich gemacht und also begründbar wird, ist es notwendig, dass die verschiedenen Variablen, die seine Zusprechung beeinflussen (kulturelle Vorbedingungen, moralische Vorstellungen, politische Interessen, gesellschaftlicher Druck je nach zeitlichen Umständen usw.), berücksichtigt werden. Das gilt speziell für die Variablen, die in die kriminologischen Überlegungen nicht einbezogen werden, weil sie eine ontologische oder „natürliche" Betrachtung der Kriminalität beinhalten. Dazu zählen die öffentlich anerkannten, juristischen oder gesellschaftlichen Zurechnungsregeln, die Handlungen offizieller Stellen, die gesellschaftliche Reaktion auf diese Handlungen

---

211 Für weitere Literaturhinweise s. *M. Neves*, Zwischen Themis und Leviathan: Eine schwierige Beziehung, 2000, S. 156, Anm. 211. Hierfür gilt die berühmte Behauptung von Ludwig Wittgenstein: „Die Bedeutung eines Wortes ist sein Gebrauch in der Sprache". *L. Wittgenstein,* Philosophische Untersuchungen, in: Schriften I, 1960, S. 311. In dieselbe Richtung argumentiert *Hans-Georg Gadamer*: Der Jurist als Interpret hat sich „den eingetretenen Wandel der Verhältnisse einzugestehen (reconhecer) und hat daher die normative Funktion des Gesetzes neu zu bestimmen", er hat es „den Bedürfnisse der Gegenwart" anzupassen, um „eine praktische Aufgabe" zu lösen. *Ders.*, Wahrheit und Methode: Grundzüge einer philosophischen Hermeneutik (1960), 1990 S. 332 ff. Vgl. dazu auch die Spruchformel des römischen Rechts, die bei *Thomas Vesting* zitiert wird (Rechtstheorie, 2007, S. 12): *Non ex regula ius sumatur, sed ex iure, quod est, regula fiat* (Digesten 50.17.1). Nicht aus einer Regel heraus soll das Recht genommen werden, sondern aus dem Recht, wie es ist, soll die Regel gemacht werden.

212 *M. Neves*, Zwischen Themis und Leviathan: Eine schwierige Beziehung, 2000, S. 156; *T. Vesting*, Rechtstheorie, 2007, S. 28–34.

213 Vgl. dazu *F. M. Conde/C. R. Bitencourt*, Teoria Geral do Delito, 2004, S. 309 f.

214 Ich bedanke mich bei Prof. Dirk Fabricius für diesen Hinweis.

und generell die institutionellen und gesellschaftlichen Mechanismen, durch die bestimmte Verhaltensweisen als „kriminell" qualifiziert werden.

Was „Verantwortung" ist, wer die „Verantwortlichen" sind, was die „Kriminalität" ausmacht und wer die „Verbrecher" sind, kann nicht bedacht werden, ohne dass der Einfluss von institutionellen und gesellschaftlichen Definitionsprozessen, ohne dass die Anwendung des Strafgesetzes durch die gerichtlichen Instanzen und zuletzt, ohne dass die nicht institutionellen Definitionen und Reaktionen in Betracht gezogen werden.[215] Um das Phänomen des Verantwortlichmachens zu verstehen, ist also zu untersuchen, *warum*, *wie* und *durch wen* ein bestimmtes Verhalten in den von den gesellschaftlichen Machtverhältnissen geprägten Interaktionsprozessen kriminalisiert wird und bestimmte Personen bestraft werden; warum der Gesetzgeber und die Strafverfolgungsbehörden auf bestimmte Art und Weise handeln, ihre Urteile im Laufe der Zeit ändern, sich unparteiisch oder selektiv erweisen usw.[216]

c) Verantwortung und *Transitional Justice*

Was oben gesagt wurde, wird insbesondere dann deutlich, wenn die Problematik der strafrechtlichen Verantwortung nach einem politischen Wechsel oder während großer politischer Umwälzungen behandelt wird. Die gegenwärtigen laufenden rechtsvergleichenden Studien zeigen, dass es nie eine fertige Formel dafür gab, wie das Problem der *Transitional Justice* zu allen Zeiten und an allen Orten gelöst, und auch nicht dafür, wie den Prozesse politischer, sozialer und rechtlicher Veränderungen in

---

215 *A. Baratta*, Criminologia crítica e crítica do direito penal: introdução à sociologia do direito penal (1982), 2002, S. 210.

216 *D. Dimoulis*, Justiça de transição e função anistiante no Brasil, in: Justiça de transição no Brasil, 2010, S. 108; *S. Scheerer*, Nachteil und Nutzen kritischer Kriminologie in Zeiten des Terrorismus, in: Kriminologisches Journal, 2002, S. 36; *H. Jäger*, Makrokriminalität: Studien zur Kriminologie kollektiver Gewalt, 1989, S. 59. Dabei ergibt sich auch die normative und entscheidende Frage, von wem (bzw. von welchem Personenbegriff) und wie die soziale Handlung bzw. der performative Akt der Verantwortung „konstruiert" werden soll. Ausgehend von der Diskurstheorie zum Beispiel lässt sich ein Personenbegriff einführen, der sowohl dem Staatsbürger, dem Teilnehmer an demokratischen Verfahren der Gesetzgebung, als auch der Rechtsperson als Adressat demokratisch gesetzter Normen gemeinsam zugrunde liegt. Außerdem muss der Inhalt der Normen zur strafrechtlichen Verantwortlichkeit Resultat eines demokratischen Vorgangs sein, der sich auf rationelle Argumente über diejenigen Umstände stützt, die Haftung erzeugen sollen (diese Argumente können natürlich auch wirtschaftlicher, moralischer oder ethischer Art sein) und dem sich die Staatsbürger als zukünftige Verantwortliche interpretieren, indem sie die Eigenschaften der Person definieren, die verantwortlich ist. So kann mit Klaus Günther gesagt werden, dass im demokratischen Rechtsstaat die Staatsbürger die Verantwortung für ihre Verantwortlichkeit übernehmen. *K. Günther*, Welchen Personenbegriff braucht die Diskurstheorie des Rechts?, in: Das Recht der Republik, 1999, S. 83 ff.

verschiedenen Ländern der Weg gewiesen werden könnte. Ebenso ist jede Gesellschaft – entgegen der *allgemeinen* Forderung nach *Strafverfolgung* der Täter von Staatskriminalität, die eines der Elemente einer *Comprehensive Transitional Justice Policy* darstellen würden –,[217] durch alle Regionen und Epochen hindurch von ihren eigenen Verantwortungsstrukturen durchzogen.[218]

Verallgemeinerungen gegenüber der *Transitional Justice* sollten von daher mit Vorsicht genossen werden. Auch sollte vermieden werden, auf leichtfertige Art und Weise daran zu glauben, dass für die Gegenwart Analogien im Rückblick auf das, was in der Vergangenheit funktionierte oder auch nicht funktioniert hat, konstruiert werden könnten und diese imstande wären, aus den Fehlern der Vergangenheit zu lernen, um sie in der Gegenwart nicht erneut zu begehen. Wie noch zu sehen sein wird, ist das, was diese verschiedenen Erfahrungen gemein haben, die Bewegung der *Neubewertung* oder – wenn man den Dekonstruktivismus von *Derrida* zitieren möchte – die *Dekonstruktion* der Vergangenheit in dem Sinne, dass mit ihr „gebrochen" wird.[219] Was vorher als rechtmäßig, als politisch notwendig, als lobenswert

---

217 Vgl. *International Center for Transitional Justice (ICTJ)*: ictj.org/gallery/no-accountability-no-dignity?utm_source=International+Center+for+Transitional+Justice+Newsletter&utm_campaign=5b773bd3ff-July_17_international_justice_day_2012&utm_medium=email. Zugriff: 29.4.2013.

218 Nach *Ruti Teitel*: "The deliberations over justice in transitions are best understood when situated in the actual political realities and in the transitional political context, which included the features of the predecessor regime as well as political, juridical, and social contingencies." *Dies.*, Transitional Justice Genealogy, in: Harvard Human Rights Journal (2003), S. 76. *Kai Ambos* zitiert verschiedene andere Autoren, die diese Behauptung stützen. *K. Ambos*, The Legal Framework of Transitional Justice, in: Building a Future on Peace and Justice, 2008, S. 26, Anm. 46. Natürlich heißt das nicht, dass es nicht notwendig oder nebensächlich sei, dass vergleichende Studien mit verschiedenen Erfahrungen angestellt werden. Nach Herbert Jäger: „Ohne eine vergleichende Betrachtung, die das Gesamtspektrum kollektiven Tötens ins Blickfeld rücket, ist nun aber das, was die Besonderheit des Völkermordes ausmacht, nicht zu erfassen und gerade auch die These seiner Singularität nicht wert." *H. Jäger*, Makrokriminalität: Studien zur Kriminologie kollektiver Gewalt, 1989, S. 41.

219 Die Dekonstruktion (in Bezug auf den Dekonstruktivismus von *Jacques Derrida*) wird hier als Methode zur Analyse gebraucht, die darauf zielt, die Bedeutung von Begriffen und Worten zu erklären, zu kritisieren, zu entdecken und zu entmystifizieren und nicht darauf, diese Begriffe abzulehnen, „abzubauen" oder zu „zerstören". So vermögen wir die ganze Komplexität des Untersuchungsobjekts zu umfassen und es weder zu verwerfen noch es nicht zu beachten. Siehe dazu etwa *N. C. Pedroso Jr*, Jacques Derrida e a descontrução: uma introdução, Revista Encontros de Vista, Bd. 5, 2010, S. 9 ff.

und auszeichnend galt, wird danach als gesellschaftlich verurteilungswürdig, gegen die Menschenrechte verstoßend und kriminell angesehen – und umgekehrt.[220]

Wenn Rechtswandlungen schon im Alltag der Rechtsprechung (oder des Rechts) festgestellt werden können,[221] so erscheinen sie in Zeiten von großen politischen Veränderungen und Systemwechsel als noch offensichtlicher. In diesen Zeiten ist der Streit um die rechtliche Bedeutung bestimmter Tatsachen für gewöhnlich schärfer. Tötungen in Kriegen, Epochen der Gewaltherrschaft und revolutionären Zeiten müssen „mit ganz anderen Augen" gesehen werden: „Als kriminell gelten sie nur, wenn Rechtfertigungsgründe fehlen", stellt *Lüderssen* dazu fest.[222]

Als Beispiel sollen hier die Diskussionen der Nachkriegsjahre in Deutschland dienen, in denen über die Frage gestritten wurde, ob es sich bei den Morden der Einsatzgruppen und denen, die in den Vernichtungslagern begangen wurden, um „Kriegsverbrechen" (als Tötungen gegen konkrete Individuen, die Teil des Kriegsgeschehens waren) oder um „Völkermord" (als extremste Form der Verfolgung ganzer Bevölkerungsgruppen) handelte. Der Völkermord folgt dabei einem vollständig anderen Prinzip im Vergleich zu Kriegsverbrechen: Er ist der Vollzug eines Urteils über eine andere Menschengruppe, über ein Volk, das nicht auf der Erde leben soll. Das heißt, es handelt sich um Verbrechen gegen die Menschlichkeit, gegen jeden Menschen und deswegen folgen beiden andere Bedingungen in der Zurechnung von strafrechtlicher Verantwortung.[223] Ein weiteres Beispiel ist der Streit in Brasilien, um festzustellen, ob die Strafhandlungen, die von staatlichen Agenten des alten Regimes begangen wurden, und die, die von denjenigen begangen wurden, die für den Sturz der Diktatur kämpften, einfache, politische oder Straftaten gegen die Menschheit (Verbrechen gegen die Menschlichkeit) waren. Eine Antwort darauf war entscheidend, damit die Täter amnestiert werden konnten oder nicht.

Aufgrund der dargestellten Situation ist zum folgenden Schluss zu kommen: Wenn spezifisch die brasilianische *Transitional Justice* untersucht wird, ist es

---

220 *D. Dimoulis*, Justiça de transição e função anistiante no Brasil, in: Justiça de transição no Brasil, 2010, S. 94.

221 *Gilles Deleuze* erläutert dies anhand von einem interessanten Beispiel, das er der französischen Rechtsprechung entnommen hat: Eines Tages wurde ein Taxifahrer von einem Gericht verurteilt, weil er einem seiner Passagier verboten hatte zu rauchen. Der Rechtsgrund des Urteils bestand darin, dass der Fahrgast als Mieter angesehen wurde, der das Recht hat, am gemieteten Ort zu rauchen. Das heißt, dass das Taxi wie ein „Haus auf Rädern" angesehen wurde, in dem der Fahrgast der Mieter war. Jahre später änderte sich diese Interpretation radikal: die Rolle des Taxifahrers wurde nun als Dienstleistung betrachtet und als öffentlicher Dienstleister hatte der Taxifahrer das Recht, das Rauchen zu verbieten. Zitiert nach *ders.*, Abecedário de Gilles Deleuze.

222 *K. Lüderssen*, Kriminologie, 1984, S. 83.

223 In ihrem Briefwechsel mit *Jaspers* spricht *Arendt* in diesem Zusammenhang vom „Überflüssigmachen von Menschen als Menschen". *H. Arendt/K. Jaspers*, Briefwechsel 1926–1969, 1985, S. 202.

möglich, mindestens drei verschiedene Arten der Konstruktion von strafrechtlicher Verantwortung festzustellen, die, unter anderem, mit dem jeweiligen *Typ des politischen Regimes* (demokratisch oder autoritär) und dem gegenwärtigen *Modell von Transitional Justice* zusammenhängen (*Transitional Justice* des Vergessens, der Wiedergutmachung, des Gedächtnisses und der Bestrafung). In jeder Konstruktion ist es möglich, den Augenblick der Zurechnung oder Nichtzurechnung von Verantwortung, den jeweiligen *Vorrang der Kriterien* entweder der formellen Rechtskraft der gültigen Rechtsnormen, der Handlungspraktiken der Machthaber mit ihren offiziellen oder inoffiziellen Regeln oder die moralischen Werte desjenigen, der verantwortlich gemacht werden soll, festzustellen.

Zweiter Teil
Zur Bestrafung der staatlichen Kriminalität in Brasilien

„En peu d'années de possession les lois fondamentales changent,
le droit à ses époques, l'entrée de Saturne au Lion nous marque
l'origine d'un tel crime.
Plaisante justice qu'une rivière borne.
Vérité au-deçà des Pyrénées, erreur au-delà."

Pascal, *Pensées*, 294

I. Diktatur

1. Die bleiernen Jahre

a) Militärdiktatur

Unter dem Vorwand der Existenz einer offenbar unlösbaren wirtschaftlichen und politischen Krise unter der damaligen Regierung von *João Goulart* (1961–1964), dem vorgeworfen wurde, dass er „offensichtlich dazu geneigt“ sei, das Land „zu bolschewisieren“,[224] realisierten führende Teile der Streitkräfte am 1. April 1964 einen *Putsch*, der von den Militärs „Revolution“ genannt wurde und errichteten in Brasilien eine *Diktatur*, die einundzwanzig Jahren dauerte (vom 1. April 1964 bis zum 15. März 1985).

Während dieser Jahre wurde Brasilien von fünf Militärpräsidenten regiert.[225] Es waren: *Castelo Branco* (15.4.1964–15.3.1967), *Arthur da Costa e Silva* (15.3.1967–31.8.1969), *Emílio Garrastazu Médici* (30.10.1969–15.3.1974), *Ernesto Geisel* (15.3.1974–10.3.1979) und *João Baptista Figueiredo* (15.3.1979–15.3.1985). Wenn zu diesen Jahren die der autoritäre Periode des *„Estado Novo“* von *Getúlio Vargas* (10.11.1937–29.10.1945) hinzugerechnet werden, dann umfassen die zwei Diktaturen ein Drittel der Geschichte Brasiliens im 20. Jahrhundert. Von daher wird dieser Zeitraum auch als „melancholischer nationaler Werdegang“ bezeichnet.[226]

1964 wurde die Macht im Staat von der Führungsgruppe des Militärkommandos, die das Amt des Präsidenten der Republik übernahmen, monopolisiert und ohne große Einschränkung ausgeübt. Die Folge war, dass sowohl die horizontale als auch die vertikal föderative Gewaltenteilung und Machtdiffusion beseitigt wurden. Zudem ist die Ersetzung des Rechtsstaates durch den Polizeistaat bzw. den *Estado de Segurança Nacional*[227] zu erwähnen. In ihm wurden die jeweiligen staatlichen Interessen mit Hilfe von Propaganda, Zensur, Überwachung (Spionage) und Unterdrückung durchgesetzt und die Möglichkeit einer Kontrolle der politischen Herrschaft ausgeschaltet. In Brasilien zeichnete sich der Autoritarismus durch das Errichten

224 Zitiert nach der Einleitung des Ato Institucional Nr. 1 vom 9. April 1964.

225 Nach dem Rücktritt des Präsidenten Costa e Silva aus gesundheitlichen Gründen wurde Brasilien zwischen dem 31. August 1969 und dem 30. Oktober 1969 von einer „Junta Provisória“ regiert, die aus den Oberbefehlshabern des Heeres (Aurélio de Lira Tavares), der Marine (Augusto Rademaker) und der Luftwaffe (Márcio Melo) gebildet wurde.

226 *F. Iglésias*, Melancólica trajetória nacional, in: Jornal do Brasil, 23. Mai 1994, Primeiro caderno, S. 11, zitiert bei *C. Fico*, Versões e controvérsias sobre 1964 e a ditadura militar, in: Revista Brasileira de História (2004), S. 31.

227 *M. C. D'Araújo/G. A. D. Soares/C. Castro*, Os Anos de Chumbo: a memória militar sobre a repressão, 1994, S. 7.

eines eingreifenden und planenden Staates aus, der durch eine Macht zentralisierende Regierung und den Vorrang der Exekutive gekennzeichnet war.

Die Errichtung der brasilianischen Militärdiktatur, die zum Modell für die Nachbarländer in Südamerika wurde,[228] steht im Zusammenhang mit dem *Kalten Krieg*, dem Konflikt zwischen den Westmächten unter Führung der USA und dem Ostblock unter Führung der Sowjetunion, dessen „theatrale Dramatik“ vor allem nach dem Erfolg der kubanischen Revolution 1959 in Lateinamerika an Kraft gewann. Zur Eindämmung oder zum Zurückdrängen des Einflusses des jeweils anderen Lagers wurden dabei jahrzehntelang auf westlicher und östlicher Seite politische, ökonomische, technische und militärische Anstrengungen unternommen. Das Phänomen der Diktaturen in Südamerika muss daher in diesem Kontext verstanden werden. Sein Bestehen lässt sich unter anderem durch die Aufrechterhaltung des sozialökonomischen *Status quo* oder der herrschenden gesellschaftlichen Kräfte gegen die angebliche Bedrohung des „Kommunismus“ oder des „Sozialismus“ erklären.

b) Politische Repression: die Struktur

Neben der Unterordnung des Rechts gegenüber der Politik ist die brasilianische Diktatur auch von einem hohen Maß an Gewalt und Grausamkeit, mit der die Regierungen ihre Macht stützte und den Widerspruch jeglicher politischer Opposition im Keim erstickte, gekennzeichnet.[229]

Auf der einen Seite zeigte sich diese Gewalt in den Ausschreitungen und Verbrechen von Beamten und Mitarbeitern, die vom diktatorischen Regime toleriert oder sogar genehmigt wurden. Auf der anderen Seite erfolgten diese Gewalttaten auch in Übereinstimmung mit den Gesetzen, die von den Machthabern in der Diktatur zur (juristischen) Rechtfertigung ihrer Handlungen erlassen wurden. In diktatorischen Regimen werden häufig Gesetze erlassen und, je nach der entsprechenden Ideologie, durch Propaganda, Zensur und dergleichen der Justiz eine neue zwingende Rechtsanwendungspraxis auferlegt, welche die gegenüber den politischen Gegnern eingesetzte Gewalt juristisch rechtfertigt, womit eine augenscheinliche Legitimität der gewalttätigen Handlungen erreicht wird.

So wurden verschiedene *Gesetzesänderungen* vorgenommen, die zum Ziel hatten, das autoritäre Regime zu legalisieren, die von den Militärs getroffenen Entscheidun-

---

228 Argentinien (1966 und 1976), Uruguay (1973), Chile (1973). Die Diktatur von Alfredo Stroessner in Paraguay hat ihren Ursprung im vorherigen Jahrzehnt, 1954.

229 *M. T. R. A. Moura/M. Zilli/F. G. Monteconrado*, A justiça de transição no Brasil: um caminho ainda a se percorrer, in: Anistia, justiça e impunidade, 2010, S. 135; s. zum Begriff der Diktatur *R. Schultze*, Diktatur, in: Wörterbuch Staat und Politik (1991), 1995, S. 107 f.; *F. Neumann*, Diktatur, in: Gesellschaft und Staat, 1970, S. 102; *J. Miranda*, Teoria do Estado e da constituição, 2003, S. 298–300. Vgl. dazu auch *R. Zippelius*, Allgemeine Staatslehre, 2010, S. 225 ff. (§ 29, Grundtypen: Der totalitäre und der liberale Staat).

gen rechtlich zu stützen und infolgedessen eine intensivere staatliche Unterdrückung gegen die politischen Gegner zu gewährleisten. Unter ihnen sind folgende hervorzuheben:

a) Die 17 Regierungsakte (*Atos Institucionais*), die zwischen 1964 und 1969 von den Oberbefehlshabern des Heeres, der Marine und der Luftwaffe oder vom Präsidenten der Republik mit Unterstützung des Rats zur Nationalen Sicherheit erlassen wurden und die durch 104 Ergänzende Akte (*Atos Complementares*) erweitert wurden (siehe *Tabelle 1*). Nach dem Staatsstreich wurden die letzten *Atos Institucionais* zu rechtssetzenden Akten, die an die Spitze der Normenhierarchie der Rechtsordnung gesetzt wurden und damit sogar über den Verfassungsnormen standen. Von da an musste sich die Verfassung an den *Atos Institucionais* anpassen und nicht umgekehrt.[230]

b) Die neue Bundesverfassung (*Constituição Federal*) vom 24. Januar 1967, in die Normen der vorhergehenden Regierungsakte und Ergänzungsakte integriert wurden, und die der Exekutive privilegierte Befugnisse erteilte, wie z. B. die, Gesetzesverordnungen (*Decretos-Leis*) zu erlassen. Diese Art von rechtssetzender Verordnung – die schon in der Verfassung des *Estado Novo* des Diktators *Getúlio Vargas* von 1937 vorgesehen war und sich jetzt in der Verfassung von 1967 wiederfand – gab dem Präsidenten der Republik die Macht, zu Fragen der nationalen Sicherheit und des öffentlichen Etats in denjenigen Fällen, in denen ein dringendes Bedürfnis oder ein relevantes öffentliches Interesse bestand, Gesetze zu erlassen. Die Verordnung sollte umgehend nach der Ausarbeitung in Kraft treten. Es bestand zwar die Möglichkeit, dass sie vom Kongress nicht angenommen wurde. Falls sie aber binnen 60 Tagen nicht vom Kongress verhandelt worden war, galt die Verordnung als stillschweigend angenommen (Art. 49, V und 58).[231]

c) Das verfassungsändernde Gesetz Nr. 1 (*Emenda Constitucional n. 1*) vom 17. Oktober 1969, das von der Militärjunta herausgegeben wurde, die nach dem Rücktritt von Präsident *Costa e Silva* die Macht übernahm, und das sich durch tiefgreifende Änderungen der vorhergehenden Charta auszeichnete. Dieses Gesetzeswerk wird sogar als eine eigentlich neue Verfassung bezeichnet. Durch dieses sogenannte

---

230 Vgl. *I. G. S. Martins Filho*, O Ordenamento Jurídico Brasileiro, in: Revista Jurídica Virtual, 1999. In der Einleitung des Ato Institucional Nr. 1 vom 9. April 1964 steht ausdrücklich: „Es soll damit klar sein, dass die Revolution sich nicht durch den Kongress legitimieren will. Dieser leitet seine Legitimität durch den vorliegenden Ato Institucional ab, der Ergebnis der verfassungsgebenden Gewalt ist, die alle Revolutionen ausmachen". (Übersetzung *L. J. S.*).

231 Vgl. Art. 46, V, e 55 da EC/69. Mit der Verfassung von 1988 wurde die *Decreto-Lei* (Gesetzesverordnung) durch die Figur der *Medida Provisória* (Übergangsregelung) ersetzt (Art. 62). Es handelt sich um einen Gesetzesakt der Exekutive, der in wichtigen und dringenden Situationen erlaubt ist und dem Nationalkongress zur nachherigen Zustimmung vorgelegt werden muss.

verfassungsänderndc Gesetz wurden ausdrücklich alle *Atos Institucionais* und *Atos Complementares*, die vom „Oberkommando der Revolution vom 31. März 1964" (*Comando Supremo da Revolução de 31 de março de 1964*) praktiziert und legitimiert worden waren, ausdrücklich jeder gerichtlichen Überprüfung entzogen (Art. 181).

d) Die neuen Gesetze zur Nationalen Sicherheit (*Leis de Segurança Nacional*): Gesetzesverordnung 314, vom 13. März 1967 (Dec.-Lei 314/67), nachträglich verändert durch die Gesetzesverordnung 510, vom 20. März 1969 (Dec.-Lei 510/69), und die Gesetzesverordnung 898, vom 29. September 1969 (Dec.-Lei 898/69); das neue Militärstrafgesetzbuch (*Código Penal Militar* – CPM), die Gesetzesverordnung 1001, vom 21.1 Oktober 1969 (Dec.-Lei 1001/6), das neue Gesetzbuch zum Militärischen Strafprozess (*Código de Processo Penal Militar*), die Gesetzesverordnung 1002, vom 21. Oktober 1969 (Dec.-Lei 1002/69) usw.

Der Regierungsakt Nr. 5 vom 13. Dezember 1968 (*Ato Institucional Nr. 5* – AI-5) sah z. B. – anders als die vorhergehenden Regierungsakte – keine Bestimmung über das Ende seiner Gesetzeskraft vor. Durch diesen Regierungsakt wurden ausdrücklich alle staatlichen Gewalten, sowohl vertikaler als auch horizontaler Natur, den Weisungen des Staatspräsidenten unterstellt. Somit hatte der Staatspräsident die Macht, den Ausnahmezustand in den in der Bundesverfassung vorgesehenen Fällen (Art. 7) und die Intervention des Bundes ohne die Einschränkungen der Verfassung (Art. 3) auszurufen; er konnte während und außerhalb des Ausnahmezustandes die Arbeit des Kongresses, der Länderparlamente und der Gemeinderäte aufheben, die nur dann ihre Handlungen wiederaufnehmen konnten, wenn sie dazu vom Präsidenten der Republik wieder aufgerufen wurden (Art. 2); alle Maßnahmen, die gemäß des AI-5 und seinen entsprechenden ergänzenden Akte ausgeführt werden sollten, wurden der gerichtlichen Überprüfung entzogen (Art. 11). Außerdem wurde dem Präsidenten der Republik, neben der Macht zu anderen Eingriffen, die Möglichkeit gegeben, „ohne die in der Verfassung vorgesehenen Schranken", die politische Rechte eines jeden Bürgers bis zu zehn Jahren lang aufzuheben (Art. 4); Einschränkungen oder Verbote im Bezug auf die Ausübung von jeglichen anderen öffentlichen und privaten Rechten festzusetzen (Art. 5, § 1); gewählte Bürger ihres Amtes zu entheben (Art. 4) usw.

Damit wurde Brasilien zu einem richtiggehenden Polizeistaat. Das Gesetz Nr. 5.250 vom 9. Februar 1967 (Pressegesetz) führte offiziell die Zensur ein; das *Ato Institucional* Nr. 5 setzte den *Habeas Corpus* in den Fällen von politischen Straftaten gegen die nationale Sicherheit, die öffentliche, soziale und volkswirtschaftlich Ordnung außer Kraft (Art. 10); das Dec.-Lei 898/67 (Gesetz zur Nationalen Sicherheit) gab den militärischen Befehlshabern die Macht, über eine lange Liste von „Straftaten, die gegen die nationale Sicherheit gerichtet sind", zu richten. Unter den Straftaten befanden sich z. B. Banküberfälle, egal aus welchem Motiv heraus sie begangen wurden (Art. 27). Die Gesetzesverordnung sah vor, dass im Fall dieser Straftaten jeder Bürger von den zur Strafverfolgung Beauftragten bis zu 50 Tagen festgesetzt werden konnte (Art. 59, §§ 1 und 2 Dec.-Lei 898/67; Art. 18 und Art. 20

des Gesetzbuch zum Militärischen Strafprozess von 1969, Dec.-Lei 1002/69), bis zu zehn Tage davon in Isolationshaft (Art. 59, § 1 Dec.-Lei 898/69)[232] usw.

Tabelle 1: Regierungsakte. Quelle: Brasil, Casa Civil da Presidência da República, Subchefia para Assuntos Jurídicos, Legislação[233]

Regierungsakt	**Zusammenfassung des Inhalts**
Regierungsakt Nr. 1 vom 9. April 1964	Ändert die Verfassung Brasiliens von 1946 bezüglich der Wahl, des Mandats und der Verfügungsgewalt des Präsidenten der Republik; gibt den Kommandeuren der Streitkräfte die Macht, politische Rechte aufzuheben und Abgeordnete der gesetzgebenden Versammlungen ihres Amtes zu entheben, wobei die gerichtliche Überprüfung dieser Maßnahmen ausgeschlossen wird und umfasst weitere Anordnungen.
Regierungsakt Nr. 2 vom 17. Oktober 1965	Ändert die Verfassung Brasiliens von 1946 bezüglich des Gesetzgebungsprozesses, der Wahlen, der Amtsgewalt des Präsidenten der Republik, der Organisation der drei Staatsgewalten; suspendiert die Garantie der Lebenslänglichkeit, Unversetzbarkeit, der Sicherheit des Arbeitsplatzes und die der Ausübung von zeitlich vorgegebenen Ämtern; schließt die richterliche Überprüfung der Akte aus, die auf seinem Rechtsgrund oder dem eines der Ergänzenden Akte praktiziert wurden, aus und umfasst weitere Anordnungen.
Regierungsakt Nr. 3 vom 5. Februar 1966	Trifft Anordnungen zu den indirekten Wahlen auf nationaler, bundesstaatlicher und kommunaler Ebene; erlaubt, dass Senatoren und Abgeordnete des Bundes und der Länder mit vorher erteilter Erlaubnis das Amt des Bürgermeisters einer der Landeshauptstädte bekleiden können; schließt die richterliche Überprüfung der Akte aus, die auf seinem Rechtsgrund oder dem eines der Ergänzenden Akte praktiziert wurden, aus.
Regierungsakt Nr. 4 vom 12. Dezember 1966	Beruft den Kongress zur Diskussion, Abstimmung und Verabschiedung des vom Präsidenten der Republik vorgeschlagenen Verfassungsprojekts und umfasst weitere Anordnungen.

232 Die Normen zur nationalen Sicherheit hatten Vorrang über das Gesetzbuch zum Militärischen Strafprozess (Art. 1), das in der Diskussion des zitierten Falls eine Isolationshaft von nur drei Tagen vorsah (Art. 17).

233 S. www4.planalto.gov.br/legislacao/legislacao-historica/atos-institucionais, Zugriff: 29.4.2013 (Übersetzung *L. J. S.*).

Regierungsakt	Zusammenfassung des Inhalts
Regierungsakt Nr. 5 vom 13. Dezember 1968	Hebt die Garantie des *Habeas Corpus* im Falle bestimmter Straftaten auf; trifft Anordnungen über die Macht des Präsidenten der Republik, in den in der Verfassung von 1967 vorgesehenen Fällen den Ausnahmezustand auszurufen; Erlaubnis der Bundesintervention ohne Begrenzung durch die Verfassung; Aufhebung von politischen Rechten und Eingrenzung der Ausübung jeglichen öffentlichen oder privaten Rechts; das Recht, Abgeordnete der gesetzgebenden Versammlungen ihres Amtes zu entheben; zeitweilige Schließung des Kongresses, der gesetzgebenden Versammlungen der Bundesstaaten und der Gemeinderäte; schließt die richterliche Überprüfung der Akte aus, die auf seinem Rechtsgrund oder dem eines der ergänzenden Akte praktiziert wurden, aus; umfasst weitere Anordnungen.
Regierungsakt Nr. 6 vom 1. Februar 1969	Gibt den Artikeln 113, 114 und 122 der Bundesverfassung von 1967 eine neue Fassung; ratifiziert die von Ergänzungsakten nach dem Regierungsakt Nr. 5 vorgenommenen Verfassungsänderungen; schließt die richterliche Überprüfung der Akte aus, die auf seinem Rechtsgrund oder dem eines der Ergänzenden Akte praktiziert wurden, aus; umfasst weitere Anordnungen.
Regierungsakt Nr. 7 vom 26. Februar 1969	Erlässt Normen zur Vergütung von Abgeordneten der Länderparlamente und Gemeinderäte; trifft Anordnungen in Fällen des Freiwerdens der Ämter des Bürgermeisters und des stellvertretenden Bürgermeisters; hebt jegliche besondere Wahl zur Begleitung von Ämtern der Exekutive oder der Legislative des Bundes, der Länder, der Territorien[234] und der Gemeinden auf; schließt die richterliche Überprüfung der Akte aus, die auf seinem Rechtsgrund oder dem eines der Ergänzenden Akte praktiziert wurden, aus; und umfasst weitere Anordnungen.
Regierungsakt Nr. 8 vom 2. April 1969	Gibt der Exekutive der Bundesstaaten, des Bundesdistrikts und der Gemeinden mit einer Bevölkerung über 200.000 Einwohnern Verfügungsmacht zur Verwirklichung der Verwaltungsreform; und umfasst weitere Anordnungen.
Regierungsakt Nr. 9 vom 25. April 1969	Reformuliert den Art. 157 der Bundesverfassung von 1967 zur Enteignung von ländlichen Immobilien und Territorien.

234 Bis zur neuen Bundesverfassung vom 5. Oktober 1988 war die Bundesrepublik Brasilien in Staaten und Territorien eingeteilt.

Regierungsakt	Zusammenfassung des Inhalts
Regierungsakt Nr. 10 vom 16. Mai 1969	Trifft Anordnungen über die Folgen der Aufhebung von politischen Rechten und Ämtern von Abgeordneten der gesetzgebenden Versammlungen des Bundes, der Länder und der Gemeinden; und umfasst weitere Anordnungen.
Regierungsakt Nr. 11 vom 14. August 1969	Trifft Anordnungen über die Amtszeit von Bürgermeistern, stellvertretenden Bürgermeistern und Gemeinderäten und über die Wahl zu diesen Ämtern am 30. November 1969; schafft die Friedensgerichte für Wahlen ab; schließt die richterliche Überprüfung der Akte aus, die auf seinem Rechtsgrund oder dem eines der Ergänzenden Akte praktiziert wurden, aus.
Regierungsakt Nr. 12 vom 1. September 1969	Erteilt den Ministern der Kriegsmarine, des Heers und der Luftwaffe die Funktionen, die der Präsident der Republik Marschall Arthur da Costa e Silva innehat, solange dessen Krankheit andauert; schließt die richterliche Überprüfung der Akte aus, die auf seinem Rechtsgrund oder dem eines der Ergänzenden Akte praktiziert wurden, aus; umfasst weitere Anordnungen.
Regierungsakt Nr. 13 vom 5. September 1969	Trifft Anordnungen zur Verbannung vom nationalen Staatsboden von unschicklichen, schädlichen oder der nationalen Sicherheit gefährlichen Brasilianern auf Grund des Vorschlags der Staatsminister der Justiz, der Kriegsmarine, des Heeres oder der Luftwaffe; schließt die richterliche Überprüfung der Akte aus, die auf seinem Rechtsgrund oder dem eines der Ergänzenden Akte praktiziert wurden, aus; umfasst weitere Anordnungen.
Regierungsakt Nr. 14 vom 5. September 1969	Gibt dem Art. 15, § 11 der Bundesverfassung von 1967 eine neue Fassung; garantiert die Gesetzeskraft der Regierungsakte, Ergänzungsakte, Gesetze, Gesetzesverfügungen, Verfügungen und Durchführungsverordnungen, die Anordnungen zur Konfiszierung von Gütern im Falle von unrechtmäßiger Bereicherung treffen; schließt die richterliche Überprüfung der Akte aus, die auf seinem Rechtsgrund oder dem eines der Ergänzenden Akte praktiziert wurden, aus; umfasst weitere Anordnungen.
Regierungsakt Nr. 15 vom 11. September 1969	Gibt dem Art. 1 des Regierungsakts Nr. 11 vom 14. August 1969, der Anordnungen zur Wahl von Bürgermeistern, stellvertretenden Bürgermeistern und Gemeinderäten betrifft, eine neue Fassung; schließt die richterliche Überprüfung der Akte aus, die auf seinem Rechtsgrund oder dem eines der ergänzenden Akte praktiziert wurden, aus; umfasst weitere Anordnungen.

Regierungsakt	Zusammenfassung des Inhalts
Regierungsakt Nr. 16 vom 14. Oktober 1969	Erklärt die Vakanz der Ämter des Präsidenten und des Vizepräsidenten der Republik; trifft Anordnungen zur Wahl und zur Amtsperiode für diese Ämter; erteilt die Führung der Exekutive den Militärministern, während der Vakanz der Ämter; schließt die richterliche Überprüfung der Akte aus, die auf seinem Rechtsgrund oder dem eines der Ergänzenden Akte praktiziert wurden, aus; umfasst weitere Anordnungen.
Regierungsakt Nr. 17 vom 14. Oktober 1969	Erteilt dem Präsidenten der Republik Verfügungsgewalt, um zeitlich begrenzt Militärs, die gegen die Einheit der Streitkräfte verstoßen haben oder verstoßen könnten, ohne Einschränkung ihrer zivilen Tätigkeiten und des Erhalts ihres Soldes und Vergütungen vom Dienst zu entheben; schließt die richterliche Überprüfung der Akte aus, die auf seinem Rechtsgrund oder dem eines der Ergänzenden Akte praktiziert wurden, aus; umfasst weitere Anordnungen.

Weiterhin wurden auf *Unterdrückung spezialisierte Staatsorgane* mit Spionage- und Polizeifunktionen eingerichtet. Die Struktur der Spionage bestand, erstens, aus dem „Nationalen Informationsdienst" (*Serviço Nacional de Informações – SNI*), ihrer zentralen Stelle. Zusammen mit ihren internen Sicherheitsdivisionen (*Divisões de Segurança Interna – DSIs*) in verschiedenen Ministerien und mit den „Beratungsstellen zur Sicherheit und Information" (*Assessorias de Segurança e Informações – ASIs*) in anderen staatlichen Stellen hatte der SNI seit 1964 die Funktion, den Präsidenten der Republik bei der Richtungsgebung und Koordination der Informationstätigkeiten zu beraten. In zweiter Linie bestand die Struktur aus den Informationszentren des Heeres (*Centros de Informação do Exército – CIE*), der Luftwaffe (*Centros de Informação da Aeronáutica – CISA*) und der Marine (*Centros de Informação da Marinha – CENIMAR*), die mit eigenen Personen und unabhängig von den Organen des SNI handelten. Ihre Funktion bestand darin, die jeweiligen Minister der Streitkräfte zu informieren.[235]

Neben diesen drei Spionageorganen, die auf der Bundesebene agierten (CIE, CISA und CENIMAR), und neben dem ehemaligen vertikalen Informationssystem (SNI, DSIs und ASIs) wurden 1970 die „Operationszentren zur inneren Verteidigung" (*Centros de Operações de Defesa Interna – CODIs*) und die „Sonderdezernate für Informationsoperationen" (*Destacamentos de Operações de Informações – DOIs*) eingerichtet.

235 *C. Fico*, Como eles agiam. Os subterrâneos da ditadura militar: espionagem e polícia política, 2001, S. 71 ff.; *E. Gaspari*, A ditadura envergonhada, 2002, S. 153–174; *M. C. D'Araújo/G. A. D. Soares/C. Castro*, Os Anos de Chumbo: a memória militar sobre a repressão, 1994, S. 14–17.

Die *Operação Bandeirantes* (OBAN)[236] diente für die Einrichtung des DOI-CODIs als Vorbild. Die Organe arbeiteten unter dem Kommando des Heeres aus der „inneren Verteidigungszone“ (*zonas de defesa interna*), worin sie sich befanden.

Während die CODIs die Planung und die Koordination der inneren Verteidigungshandlungen unternahmen, führten die DOIs die Operationen aus und übernahmen die eigentlichen Repressionsmaßnahmen auf den Straßen. Mit ihrer Funktion als politische Polizei hatten die DOI-CODIs zum Ziel, sowohl die bundesstaatlichen Innenministerien durch ihre Abteilungen zur politischen und sozialen Ordnung (*Departamentos de Ordem Política e Social – DOPS*) als auch die Bundespolizei in ihrem Kampf gegen die neuen „terroristischen“ Akte zu unterstützen.[237]

Der Gebrauch von repressiver Gewalt durch den Staat zur Bekämpfung von oppositionellen Zellen war keine Erfindung der Militärregierungen. Dieses Vorgehen war schon während der Diktatur von *Vargas* (1937–1945) verbreitet gewesen.[238] Die Erneuerung bestand in der Tatsache, dass die Streitkräfte so direkt in den politischen Repressionsapparat eingebunden waren, wie es auf diese Weise nie zuvor gewesen war. Wie aus dem Aufbau der Struktur des Repressionsapparates zu erkennen ist, war das Heer die entscheidende Gewalt, die die Aktionen um die innere Sicherheit koordinierte und kommandierte.[239]

Dies schließt jedoch nicht die Beteiligung von einer Reihe von anderen zivilen, meist heimlichen Organisationen, wie z. B. das Kommando zur Jagd von Kommunisten (*Comando de Caça aos Comunistas* – CCC) und die Antikommunistische Bewegung (*Movimento Anticomunista* – MAC), aus. Von diesen Organisationen wurden verschiedenen Attentate und Terroraktionen ausgeführt. Die Repression bekam also von anderen Stellen und freiwilligen Mitarbeitern, die sich vielerorts aus der Zivilgesellschaft rekrutierten, Hilfestellung, was deutlich macht, in welchem Ausmaß die antikommunistischen Ideologie mit einer kriegerischen Perspektive im Land verwurzelt war.[240]

---

236 Die OBAN wurde in São Paulo 1969 vom General *José Canavarro Pereira* aus dem 2. Heer gegründet. Leiter war der gefürchtete Polizeikommissar *Sérgio Paranhos Fleury*. Die OBAN wurde sowohl durch öffentliche Gelder als auch durch großzügige finanzielle Unterstützungen von Unternehmern getragen und hatte zum Ziel, bewaffnete oppositionelle Gruppen auszuhebeln und gefangen zu nehmen, wobei sie besonders gewalttätige Methoden benutzte.

237 *Arquidiocese de São Paulo*, Brasil: nunca mais (1985), 2003, S. 73 f.; *M. C. D'Araújo/G. A. D. Soares/C. Castro*, Os Anos de Chumbo: a memória militar sobre a repressão, 1994, S. 17–19; *C. Fico*, Como eles agiam. Os subterrâneos da ditadura militar: espionagem e polícia política, 2001, S. 111–148; *E. Gaspari*, A ditadura escancarada, 2002, S. 175–190; *T. Skidmore*, Brasil: de Castelo a Tancredo, 1964–1985, 2000, S. 249–269.

238 S. z. B. *G. Ramos*, Memórias do cárcere (1953), 2008.

239 *M. C. D'Araújo/G. A. D. Soares/C. Castro*, Os Anos de Chumbo: a memória militar sobre a repressão, 1994, S. 10 und 18.

240 A. a. O., S. 20.

Neben der legalen, institutionalisierten und juristisch „legitimierten" Unterdrückung bestand auch die *wiederholte und systematische Praxis von illegalen und kriminellen Handlungen*, Folterungen, erzwungenes Verschwinden und extralegale Hinrichtungen. Beispiele sind die Misshandlungen und Morde, die in den „Kellern der Diktatur" mit speziellen Techniken wie Handschlägen, Ertränkungen, Erfrierungen, Elektroschocks, „Papageienschaukeln" und „Drachenstühlen" realisiert wurden, sowie die systematische Ermordung der Guerillas auf dem Lande.[241] Die Folterpraxis der polizeilichen Stellen wird hier durch ein Beispiel vorgestellt, indem aus dem Interview, das *Marcelo Paixão de Araújo*, Leutnant des 12. Regiments der Infanterie des Heeres von Belo Horizonte zwischen 1968 und 1971, dem Journalisten *Alexandre Oltramari* am 9. Dezember 1998 gab, zitiert wird:

> „Zuerst wurde der Typ in die Mitte eines Raumes geworfen, dann wurde er ausgezogen und angeschrieen, damit er die Mitglieder der Gruppe verriet. Das war der erste Teil. Wenn er widerstand, gab es noch einen zweiten Teil. Der war, um es so zu sagen, mehr schlagfertiger Art. Einer gab einen Schlag ins Gesicht, ein anderer einen Faustschlag in die Magengrube. Ein Dritter gab einen Faustschlag in die Nieren. Alles nur, um zu sehen, ob der Typ was sagte. Wenn er nichts sagte, gab es da zwei Wege. Das hing von demjenigen ab, der die Folter ausführte. Ich selbst teilte gern Handschläge aus. Du sagst dem Typ, er soll die Hand aufmachen. Am schlimmsten ist, dass der schon so fertig ist, dass er sie wirklich aufmacht. Und dann schlägt man zehn, fünfzehn mal fest drauf. Die Hand wird blau. Er redet. Der nächste Schritt war das berühmte Telefon der Streitkräfte. Das ist eine Stromleitung mit niedrigem Widerstand und hoher Spannung. Es besteht keine Gefahr, dass man jemanden damit verletzt. Ich hab sie gern an zwei Fingerspitzen angesetzt. Man kann sie auch an eine Hand und an das Ohr setzen, aber immer an derselben Seite des Körpers. Der Typ ist damit fix und fertig. Es darf dir nicht passierten, dass du die Leitung übers Herz legst. Dann tötest du ihn. Die letzte Phase, an die ich schon mal kam, war die Papageienschaukel mit Schock. Das war für den ganz besonders harten Knochen, den Typen, der in den anderen Etappen den Mund nicht aufmachte. Die Papageienschaukel ist aber ein etwas kompliziertes Geschäft. [...] Die Papageienschaukel hat keine Vorteile. Zuerst, weil sie Spuren hinterlässt. Und dann, weil sie noch viel Arbeit macht. Man muss erst die ganze Struktur aufbauen. Und drittens muss man dann auch noch auf das Individuum aufpassen, weil es dem schlecht gehen könnte."[242]

Es ist wichtig zu erwähnen, dass das Phänomen der Folter und die anderen illegalen Handlungen der Unterdrückungsorgane sich auf weitere Bereiche des öffentlichen

---

241 Zu der Praxis der staatlichen Repression und der verwendeten Foltermethoden, vgl. *L. J. Swensson Jr*, Anistia Penal: problemas de validade da lei de anistia brasileira, 2007, S. 34–37; *Amnesty International*, Report on Allegations of Torture in Brazil, 1976, S. 22–33; *Arquidiocese de São Paulo*, Brasil: nunca mais (1985), 2003, S. 34–42.

242 *A. Oltramari*, Torturei uns trinta, in: Veja, 1998 (Übersetzung *L. J. S.*). Das Interview befindet sich auf veja.abril.com.br/091298/p_042.html, Zugriff: 29.4.2013.

Lebens ausdehnten. Es betrifft zum Beispiel die Gerichte, deren Komplizenschaft erforderlich wird, um Beschwerden zu verhindern und Geständnisse zu annullieren. Es betrifft auch, unter anderem, Leiter von Krankenhäusern, Ärzte und Gerichtsmediziner, deren Betrugshandlungen und Fälschungen der Gerichtsakten bei Strafprozessen und Autopsien grundlegend für die Durchführung der polizeilichen Repressionsmaßnahmen sind.

c) Politische Repression: die Ergebnisse

Durch einschneidende Gesetzesänderungen, durch die Einrichtung von speziellen Repressionsorganen und die heimliche „Institutionalisierung" von illegalen und kriminellen Praktiken, wie Folterungen, dem Verschwindenlassen und die standrechtliche Hinrichtung, etablierte sich in Brasilien eine *umfassende Repressionsstruktur*, die vom Staat organisiert und gefördert wurde, um alle zu bedrohen und zu bestrafen, die gegen das autoritäre Regime opponierten. Damit wurde die Vereinzelung und Isolierung politisch Andersdenkender erreicht und die Angst bzw. der „Terror" durch die nicht berechenbare Anwendung physischer Gewalt als permanenter Drohung gegen sie eingeführt. Diese Struktur ist der Ausdruck dafür, wie Staatsgewalt wiederaufgelegt und wieder erfunden werden kann: nicht mehr durch Sklavenhütten, Zwangsräumungen von Bruchbuden, in der Unterdrückung der Aufstände von *Canudos* und *Contestado* oder durch die Strafkolonien der alten Diktaturen,[243] sondern in den Kellern bzw. in den „*Wäldern der Männer ohne Seele*".[244]

So wurde – unterbrochen von Perioden der Fort- und Rückschritte in der Behandlung von politischen und staatssicherheitlichen Fragen oder, um es in den damaligen Worten auszudrücken, zwischen „Öffnungen" (*aberturas*) und „härterem Stil" (*endurecimentos*) – die Meinungsfreiheit unterdrückt, die Medien kontrolliert und zensiert, bürgerliche und politische Rechte aufgehoben, Volksvertreter ihrer Ämter enthoben, Beamte fristlos entlassen oder zwangsweise in den Ruhestand versetzt, Regimekritiker verfolgt, willkürlich und illegal verhaftet, des Lands verwiesen[245] oder dazu gezwungen, das Land zu verlassen, um dem Tod oder den Misshandlungen durch die Diktatur zu entgehen.

243 Nach den „Erinnerungen an die Haft" (*Memórias do Cárcere*) von *Graciliano Ramos*, Memórias do cárcere (1953), 2008.

244 So bezeichnete *Elio Gaspari* (A ditadura escancarada, 2002, S. 399–464) das Massaker an der Guerilla von Araguaia.

245 Die Verbannung, die innerhalb der Verfassungstradition Brasiliens als Strafform verboten war (CF/1891, Art. 72, §20; CF/1934, Art. 113, 29; CF/1946, Art. 141, §31 und CF/1967, Art. 150, §11, in der Fassung, die vom verfassungsändernden Gesetz Nr. 11/78 gegeben wurde; CF/1988, Art. 5°, XLVII, d), wurde, während der Diktatur, verfassungsmäßig „in den Fällen eines psychologisch feindlichen, revolutionären oder subversiven Krieges" anerkannt (CF/67, Art. 150, §11, in der Fassung, die vom Regierungsakt Nr. 15/69 bestimmt wurde).

Obwohl im Rahmen der Untersuchungen über die politischen Repressionen der brasilianischen Militärregierung nie eine juristisch-soziologische Studie zur Ermittlung der Dunkelziffer durchgeführt wurde, geht man heute davon aus, dass etwa 50.000 Menschen durch die „Keller der Diktatur“ gehen mussten und dass von diesen nicht weniger als 20.000 gefoltert wurden.[246] Es wird geschätzt, dass in den etwa 800 Verfahren wegen „Verstoßes gegen die Nationale Sicherheit“, die bei der Militärjustiz anhängig wurden, etwa 11.000 Menschen beschuldigt und 8.000 angeklagt wurden, was zu einigen tausend Verurteilungen führte. Andere Autoren schätzen, dass zwischen zwanzig- und vierzigtausend Oppositionelle zu Opfern des Regimes wurden, wobei vermutet wird, dass die Zahl der Ermordeten und Vermissten zwischen 300 und 400 Menschen beträgt.[247]

Im Fall der *Guerilla von Araguaia* z. B. gibt es dutzende von Klagen wegen der Übergriffe, die von den Militärs an der Bevölkerung der Gegend begangen wurden. Man schätzt, dass 10 Bauern und 46 Guerilleros ohne jedes polizeilich-militärisches Verfahren, ohne jede formelle Anzeige oder gerichtliches Urteil ermordet wurden. Die Besiegten wurden einfach hingerichtet. Zusammen mit den Massakern von *Canudos* und *Contestado* wird das Vorgehen gegen die *Guerilla von Araguaia* als

246 Zu diesen Angaben *J. Gorender*, Prefácio, in: Como eles agiam. Os subterrâneos da ditadura militar, 2001, S. 12 f.

247 *D. Dimoulis*, Justiça de transição e função anistiante no Brasil, in: Justiça de transição no Brasil, 2010, S. 97, *M. A. Weichert/E. A. G. Fávero*, A responsabilidade por crimes contra a humanidade cometidos durante a ditadura militar, in: Vinte anos da Constituição Federal de 1988, 2009, S. 512 f.; *A. R. Tavares/W. M. Agra*, Justiça Reparadora no Brasil, in: Memória e verdade, 2009, S. 77. Der Bericht von *Amnesty International* aus dem Jahr 1972, der 1976 aktualisiert und verbessert wurde, beinhaltet eine Liste von 1076 Personen, die durch die brasilianischen Staatsorgane der politischen Repression gefoltert und/oder ermordet wurden (*Amnesty International*, Report on Allegations of Torture in Brazil, 1976, S. 71–102). Die Zahl der Toten und der gewaltsam Verschwundenen, die im *Dossiê dos mortos e desaparecidos políticos* bis 1996 gezählt wurden, erreicht 360 Personen. Trotzdem besteht der Verdacht, dass die wirkliche Zahl viel höher ist. Grund für diese Annahme ist die große Menge von amtlichen Dokumenten, die noch nicht analysiert wurden, insbesondere die Dokumente bezüglich der *Guerrilha do Araguaia* und der Toten in ländlichen Gegenden (*Comissão de Familiares de Mortos e Desaparecidos Políticos et. al.*, Dossiê dos mortos e desaparecidos políticos a partir de 1964, 1996, S. 29). Die offizielle Anerkennung des brasilianischen Staates durch das Gesetz Nr. 9.140 vom 4. Dezember 1995 und durch den vom Staat gebildeten Sonderausschuss ergibt eine Zahl von 284 Tote unter den Vertretern der Staatsorgane (*Instituto Brasileiro de Ciências Criminais – IBCCRIM*, Elaboração jurídico-penal do passado após mudança do sistema político em diversos países: relatório Brasil, 2003, S. 87). Vgl. auch *Secretaria Especial dos Direitos Humanos et al.*, Direito à Memória e à Verdade, 2007, S. 30.

eine der wildesten und gewalttätigsten Anwendung der Gewalt des brasilianischen Staates gegen seine eigene Staatsbürgern beschrieben.[248]

Gegen den leugnenden Diskurs der Militärs und einiger Teile der Gesellschaft hinsichtlich dieser Unterdrückung und der dazugehörigen Zahlen ist es wichtig zu bemerken, dass die in dem Projekt „*Brasilien: nie mehr wieder*“ (*Brasil: nunca mais*) angeführten Zahlen (144 politische Morde, 125 Fälle von gewaltsamem Verschwinden und 1.843 Fälle von Folterungen) eindringlich zurückzuweisen sind. Das Projekt untersuchte die politische Repression an Hand von Dokumenten, die von öffentlichen Stellen produziert wurden. Das Projekt „*Brasil: nunca mais*“ wurde auf der Basis von Kopien von fast allen politischen Prozessen entwickelt (um es genauer zu sagen von 707 kompletten Prozessen und Dutzenden anderen, nicht kompletten Prozessen), die vor den Militärgerichten zwischen April 1964 und März 1979 anhängig waren, vor allem die, welche bis zum Obersten Militärgericht vordrangen. Die Aussagen der Opfer der Repression wurden alle vor Gerichten gemacht, von Zeugen bestätigt und von Gerichtsmedizinern registriert, was den Aussagen einen großen Wahrheitsgehalt gibt.[249] *Elio Gaspari* sagt dazu:

> „Die politische Gewalt durchzog einen Zyklus des brasilianischen Regimes. Sie hat neue Wörter eingeführt, wie zum Beispiel „*cassar*“ [jemanden seines Wahlamtes zu entheben]; hat beschönigende Wörter für das politische Vokabular erfunden, wie beispielsweise „*maus-tratos*“ [schlechte Behandlung], um schlicht und einfach Folter zu benennen; hat Abkürzungen im Verfassungsrecht wie *AI* [für *Ato Institucional*] benutzt, um siebzehn Regierungsakte zu bezeichnen, die in einem Gesetze produzierenden Chaos aufgezwungen wurden und die mit der im Vorspruch des AI-1 enthaltenen Idee entstanden, derzufolge ‚die Revolution sich selbst legitimiert‘. Die Krönung dieser semantischen Verwechslungen war, dass das Regime, indem es sich selbst bei seiner Geburt als ‚Revolution‘ bezeichnete (‚eine kleine südamerikanisches Revolution, wie Dutzende von anderen‘, wie Gilberto Amado über die von 1930 sagte), zu Grabe ging, indem es die Klassifikation als ‚autoritäres Regime‘ annahm, während man, um es zu kennen, seit zwei tausend Jahren kein besseres Wort als Diktatur finden kann.“[250]

2. Die autoritären Utopie der Diktatur zu Erziehung und Sanierung

a) Autoritäre Utopie

Um die autoritäre Periode in Brasilien besser verstehen zu können, hat die brasilianische Geschichtsschreibung die Existenz eines „ideologischen Amalgams“ identifiziert, das die verschiedenen Sparten (Orientierungen, Neigungen) der Mitglieder

248 Zum Fall der *Guerilla von Araguaia* s. Kap. III.7 des dritten Teils.
249 *Arquidiocese de São Paulo*, Brasil: nunca mais (1985), 2003, S. 22–24.
250 *E. Gaspari*, A ditadura envergonhada, 2002, S. 141 (Übersetzung *L. J. S.*).

der Streitkräfte damals verband. Dieses „Amalgam" wird von *Carlos Fico* als „autoritäre Utopie" bezeichnet.[251] Utopie wird hier nicht in dem Sinne gebraucht, um eine kollektive imaginäre Fantasie von Brasilien vorzustellen, in dem alles auf beste Weise organisiert ist, sondern sie bezeichnet ein nicht zu verwirklichendes Projekt. Dieses Projekt gründet sich auf die Idee, dass es möglich wäre, Brasilien in eine große Weltmacht zu verwandeln, sofern einige Widerstände (innerhalb des Landes) aus dem Weg geräumt seien und bestimmte Bedrohungen nicht mehr bestünden: insbesondere der Kommunismus, die Subversion, den linken Terrorismus und die Korruption.[252] Was schlussendlich eine Art von „dünner" Annahme der „Doktrin für nationale Sicherheit", oder, wenn man es kritisch betrachtet, eine „Ideologie der nationalen Sicherheit" bedeutete.

Diese Doktrin – die schon seit den 1950er-Jahren von der Höheren Offiziersschule, aufgrund von Kontakten des brasilianischen Militärs während des Zweiten Weltkriegs mit den nordamerikanischen Ideen zur nationalen Entwicklung und Verteidigung, erarbeitet wurde – zeigte sich als eine Reihe logischer und systematisierter Gedanken, die sich zur Aufgabe gestellt hatte, die Rolle Brasiliens bezüglich seiner internationalen Integration im Zusammenhang mit dem Kalten Krieg zu überdenken.[253] Es handelt sich, in anderen Worten, um das System, mit dem durch ein genaues Kalkül der Aufbau und das Funktionieren der Diktatur gewährleistet werden konnte.

Obwohl viel von der Doktrin der Nationalen Sicherheit in der Literatur gesprochen wird, muss unterstrichen werden, dass ihre Annahme „dünn" war, um es mit den Worten *Ficos* zu sagen. Das war deshalb der Fall, weil der vorgegebene systematische Charakter und das komplexe Konzept dieser Doktrin sehr wenig mit der täglichen Unterdrückungspraxis zu tun hatte. Der Verweis auf diese angebliche Doktrin oder Ideologie geschah mehr, um rationale Rechtfertigungen für repressive Praktiken zu konstruieren, um diese Wirklichkeit in ein „komplizierteres Portugiesisch zu fassen" und, auf diese Art und Weise, die (in vielen Fällen unerklärbare) politische Brutalität zu erklären. Es ist jedoch Tatsache, dass das Militärregime in den Fragen der Staatssicherheit nicht auf Grund einer gut durchdachten, systematisierten und

---

251 *C. Fico*, Versões e controvérsias sobre 1964 e a ditadura militar, in: Revista Brasileira de História (2004), S. 29 ff.

252 *Arquidiocese de São Paulo*, Brasil: nunca mais (1985), 2003, S. 69–76; *C. Fico*, Como eles agiam. Os subterrâneos da ditadura militar: espionagem e polícia política, 2001, S. 40–42; *O. E. Mavila*, Os direitos humanos na construção da democracia pós-regime militar, in: Cadernos de Direito (2003), S. 291 f.; *T. Skidmore*, Brasil: de Castelo a Tancredo, 1964–1985, 2000, S. 120 f.

253 *L. J. Swensson Jr*, Anistia Penal: problemas de validade da lei de anistia brasileira, 2007, S. 33 f.; *Arquidiocese de São Paulo*, Brasil: nunca mais (1985), 2003, S. 69–76; *C. Fico*, Como eles agiam. Os subterrâneos da ditadura militar: espionagem e polícia política, 2001, S. 40–42; *O. E. Mavila*, Os direitos humanos na construção da democracia pós-regime militar, in: Cadernos de Direito (2003), 2003; *T. Skidmore*, Brasil: de Castelo a Tancredo, 1964–1985, 2000, S. 120 f.

rationalen Doktrin, sondern auf der Basis von primitiven Praktiken von Polizisten oder denen, die sich dafür hielten, handelte.[254]

Diese von den Militärs des diktatorischen Regimes „dünn“ angenommene Utopie wurde mindesten unter zwei verschiedene Grundgedanken eingeführt: einem *pädagogischen* und einem *sanitären*.

b) Pädagogik

Der *pädagogische Grundgedanke* stützte sich auf die Idee, dass das brasilianische Volk von der Regierung erzogen werden sollte. Er bestand aus der Annahme, die auch heute noch von bestimmten Kreisen der brasilianischen Gesellschaft geteilt wird, dass die Bevölkerung im allgemeinen schlecht erzogen, der nationalen Realität entfremdet, ein leichtes Opfer für die Rede von Demagogen und unfähig ist, zu wählen, wobei ihr außerdem auch noch Grundkenntnisse von Hygiene, Verhaltensregeln und „Zivilität“ fehlen sollen.[255]

Die Pädagogik machte sich bemerkbar (a) an der *Zensur* der Medien, der Kunst und Kultur; (b) an der Überführung von Kultur zu *Propaganda* durch z. B. *nationalistische Kampagnen* (mit Slogans wie „Brasilien: liebe es oder verlasse es“, „Wer nicht dafür lebt, Brasilien zu dienen, verdient es nicht, in Brasilien zu leben“) und der Verbreitung einer *„Topik des Optimismus“* (mit Wahlsprüchen wie „Brasilien, große Staatsmacht“, „Brasilien: Ein Land der Zukunft“,[256] mit dem Glauben an einen „besonderen Zug des brasilianischen Volkes“, der sowohl aus einem Mythos von Sympathie, Pfiffigkeit und „Offenherzigkeit“ seiner Bevölkerung,[257] als auch aus dem der „Rassendemokratie“ als Grundzug der brasilianischen nationalen Identität

254 *E. Gaspari*, A ditadura envergonhada, 2002, S. 39 f.

255 *C. Fico*, Versões e controvérsias sobre 1964 e a ditadura militar, in: Revista Brasileira de História (2004), S. 39.

256 Vgl. *S. Zweig*, Brasilien: Ein Land der Zukunft (1941), 1997. Sein Buch wurde zur Propaganda des *Estado Novo* von *Getúlio Vargas* benutzt und seine Idee wurde in Brasilien durch die Militärs wieder eingeführt.

257 Der „herzliche höhere Charakter des brasilianischen Volkes“, seine angenommene (und zweifelhafte) Passivität als spezieller Zug bei der Behandlung der *Transitional Justice* wurde z. B. im Urteil ADPF/153 vom berichterstattenden Richter *Eros Grau* und vom Gerichtsvorsitzenden *Cezar Peluso* des Obersten Bundesgerichts zitiert, wobei der Begriff des „herzlichen Menschen“ von *Sérgio Buarque de Holanda* zitiert wurde. In der Literatur zum Thema befindet sich diese Argumentation beispielsweise in *G. Mezarobba*, Um acerto de contas com o futuro: A anistia e suas consequências, 2003, S. 158; *Arquidiocese de São Paulo*, Brasil: nunca mais (1985), 2003, S. 26. Kritisch dazu *L. V. Veríssimo*, Cordialidade, 2010; *L. J. Swensson Jr*, Anistia Penal: problemas de validade da lei de anistia brasileira, 2007, S. 122 f.; *T. Skidmore*, Brasil: de Castelo a Tancredo, 1964–1985, 2000, S. 516; *J. C. M. Silva Filho*, O Julgamento da ADPF 153 pelo Supremo Tribunal Federal e a Inacabada Transição Democrática Brasileira, 2010, S. 46 f.

bestand);[258] (c) an der Reform des Erziehungssystems, mit der Verfolgung von Lehrern mit von der „offiziellen" Ideologie abweichenden Auffassungen,[259] der Streichung von Fächer wie Philosophie und Soziologie aus dem Lehrplan der Schulen und die zwangsweise Ersetzung dieser Fächer durch das Fach „Moralische und Staatsbürgerliche Erziehung" usw.

Erziehung bedeutete hier, der Bevölkerung bestimmte Werte, Interessen, normative Erwartungen und ein dem militärischen Ethos entsprechendes Verhalten wie Disziplin und hierarchisches Denken aufzuzwingen. Es geht um eine ideologische „Gleichschaltung", in der es keinen Platz für gesellschaftlichen und politischen Pluralismus und offenkundigen Dissens, Elemente, die charakteristisch für eine demokratische Ordnung sind, gibt. Es handelte sich deshalb nicht um die Entwicklung von kritischem und unabhängigem Denken des Individuums, sondern um die stolze Aufzwingung eines „Konsenses", von „Gewissheiten" und einer „Moral", die aus Begriffen wie Staatsbürgertum, Patriotismus, Ordnung, „Moral und gute Sitten" bestand.[260] Die brasilianische Militärdiktatur ist von daher *fundamentalistisch, autoritär und gefährlich „moralistisch"*. Sie erklärt sich selbst ausdrücklich auch so: verantwortlich für den Wiederaufbau des „moralischen Werks Brasiliens" – so wie dies beispielsweise in der *Präambel des AI-5* benannt wird:

> „Im Anbetracht dessen, dass die brasilianische Revolution vom 31. März 1964, auf der Grundlage ihrer Regierungsakte, durch die sie institutionalisiert wurde, Grundlagen und Ziele hatte, die dem Land eine Ordnung geben sollten, die, unter der Beachtung der Voraussetzungen, die vom rechtlichen und politischen System gefordert werden, eine echte demokratische Ordnung gewährleisten sollte, die sich auf die Freiheit, auf den Respekt vor der Menschenwürde, auf die Bekämpfung der Subversion und der den Traditionen des Volkes fremden Ideologien, auf den Kampf gegen die Korruption gründet, indem sie, so „die *unabdingbaren Mittel zum Werk der* wirtschaftlichen, finanziellen, politischen und *moralischen Rekonstruktion Brasiliens* sucht, damit sie unmittelbar und sofort die dringenden Probleme angehen kann, welche von der Wiederherstellung der inneren Ordnung und dem internationalen Prestige unseres Vaterlandes abhängen." (Hervorhebungen *L. J. S.*)

---

258 Vgl. etwa *G. Freyre*, Casa Grande & Sensala (1933), 2006. In dieser Arbeit wurde die Idee zurückgewiesen, dass es in Brasilien eine niedrigere Rasse gäbe. Dies sei eine Konsequenz der Rassenmischung, die hier zwischen Portugiesen, Indianer und Schwarzen stattfand. Im Gegenteil gäbe es positive Elemente, welche die kulturelle Entwicklung Brasiliens aufgrund der Rassenmischung durchzögen.

259 S. z. B. die Gefangennahme und das Exil von *Paulo Freire* (1921–1997), einem in Theorie und Praxis einflussreichen brasilianischen Pädagogen und weltweit zitierten Schriftsteller.

260 *D. Rollemberg*, "Memórias no exílio, memórias do exílio", in: As Esquerdas no Brasil: Revolução e democracia, 2007. *Renan Quinalha* spricht von der Prädominanz einer Sicherheitsideologie, die auf den „nationalen" Werten und einer vorgegebenen „christlichen" Moral gegründet sei. *Ders.*, Justiça de Transição: contornos do conceito, 2012, S. 14.

c) Sanierung

Der *sanitäre* Grundgedanke bei der Verwirklichung der autoritären Utopie bestand aus der Realisierung einer großen „Reinigungsaktion" oder in der Notwendigkeit eines beständigen „revolutionären Krieges", um die Opposition abzuschaffen. Es ist das, was *Carlos Fico* eine „Zwangsverfolgung der Andersdenkenden", unter anderen Zwangshandlungen der Diktatur, nennt.[261]

Es wird behauptet, diese Reinigungsaktion, die auch „schmutziger Krieg" genannt wird, sei das Resultat der Notwendigkeit der Korporation, seine eigene Regierung gegen die Aktion von bewaffneten Gruppen zu schützen, die vorhatten, die Staatsmacht mittels eines gewalttätigen kommunistischen Staatsstreichs an sich zu reißen.[262] Es geht also um die *Reaktion* auf einen Angriff (und nicht ihr Gegenteil) und die dazugehörigen Verteidigungsmaßnahmen in der kollektiven Notwehrlage oder die Beseitigung der Gefahr in der bestehenden Notstandssituation. Daran ist das damalige Verständnis der Militärs zu erkennen, das sie von dem eingeführten Regierungssystem hatten: ein Regime der Ausnahme und des Notstandes, das deswegen den Rückgriff auf autoritäre Mittel erlaubte, die aus der „revolutionären Natur" legitimiert waren.[263]

„Not kennt kein Gebot". Diese Idee des „andauernden revolutionären Krieges" oder der „Reinigungsaktion" setzte voraus, dass manche Brasilianer für echte „Kriegsgegner" und „Feinde" des Regimes gehalten werden sollten, die unter allen Umständen wegen ihrer Kritik an der Regierung und ihres Widerstandes gegen die Diktatur bekämpft werden mussten. Auch wenn das private Leben und die nicht strikt politischen Aktivitäten nicht unmittelbar betroffen waren, musste die politische Repression gegen diese Feinde rücksichtslos sein. Als „Feinde" des Regimes galten die Mitglieder der Linksparteien, der Gewerkschafts-, Landarbeiter- und Studentenbewegungen, ein Teil des fortschrittlichen Klerus, einige Journalisten, Künstler und Intellektuelle, Dissidentengruppen, die bewaffneten Widerstand gegen die Regierung leisteten – z. B. die *Ação Libertadora Nacional* (ALN), die Partei *Partido Comunista Brasileiro Revolucionário* (PCBR), die Gruppe *Vanguarda Popular Revolucionária* (VPR), die Bewegung *Movimento Revolucionário 8 de Outubro* (MR-8) usw.[264]

Äußerungen in diesem Sinne sind z. B. der im Jahr 1969 abgegebenen Erklärung des Generals *Carlos de Meira Mattos* zu entnehmen, der damals der Kommandant der Militärakademie von *Agulhas Negras* war: „An keinem Ort der Welt werden Terroristen als kämpfende Soldaten anerkannt. [...] Die Kampfaktion kann man noch verstehen. Auf sie kann man noch eine andere Vorgehensweise anwenden. Auf den,

---

261 *C. Fico*, Versões e controvérsias sobre 1964 e a ditadura militar, in: Revista Brasileira de História (2004), S. 39.

262 *M. C. D'Araújo/G. A. D. Soares/C. Castro*, Os Anos de Chumbo: a memória militar sobre a repressão, 1994, S. 12.

263 A. a. O., S. 13.

264 Vgl. *Arquidiocese de São Paulo*, Brasil: nunca mais (1985), 2003, 89 ff.

der Feuer legt und Geisel nimmt nicht."[265] Man kann auch die Erklärung des Senators *Petrônio Portella* zitieren, die im November desselben Jahres zur Repression durch die Regierung abgegeben wurde, als er noch Parteichef der ARENA war.[266] Er wünschte dem Präsidenten *Medici* Erfolg bei der „Zerstörung, ein für alle Mal, der Nester von Subversiven, um so den Weg für die Zukunft Brasiliens zu öffnen." Der Senator sagte, dass die „Zerstörung" sich nur gegen diejenigen richte, „die sich am Rande des Gesetzes befinden", die „außergesetzliche Arzneimittel" zu erwarten hätten.[267] Ein weiteres Beispiel lautet: Im Februar 1970 kündigte *Medici* an, dass es keine Rechte für die „Pseudobrasilianer" gäbe und einen Monat später drohte er: „Ja, es wird die Unterdrückung geben – streng und schonungslos. Aber nur gegen die Straftaten und nur gegen die Straftäter."[268]

„Sanieren" hieß hier, die Mechanismen der Unterdrückung anzuwenden, die als „Ausnahme" oder „revolutionär" bezeichnet wurden und nicht von der Rechtsprechung überprüft werden konnten, da sie als notwendig zur Rettung des Landes vor den Kommunisten, Subversiven und Terroristen angesehen wurden. Mit diesen waren die Feinde bezeichnet, deren Rechte nicht beachtet werden mussten, die ihnen von der rechtlichen Staatsordnung aus zustanden. Es waren dies Feinde, die in diesem Krieg noch nicht einmal den Status von kämpfenden Soldaten hatten.

3. Die Straflosigkeit für die staatliche Kriminalität in der Diktatur: Usurpation und Bruch des bestehenden Rechts

Die bisherigen Überlegungen zeigen, dass während des autoritären Regimes in Brasilien eine *Usurpation des positiven Rechts* durch die Diktatoren stattfand, mit dem die staatlichen Unterdrückungsmaßnahmen gerechtfertigt werden konnten. Beispiele sind der Verlust von *Habeas-Corpus*-Rechten, des Rechts des *„Due process"*, der unabhängigen Gerichtsbarkeit usw. Das bestehende Recht, das hier als ein System von positivierten und vom Staat angewandten Gesetzen verstanden wird, ist für das Militärregime unabdingbar, nicht nur, um das Verhalten der Individuen zu regeln und über gesellschaftliche Konflikte zu entscheiden, sondern auch, um seine eigenen

---

265 Interview mit Raimundo Rodrigues Pereira, Veja, 01.10.1969, zitiert nach *E. Gaspari*, A ditadura escancarada, 2002, S. 18 f. (Übersetzung *L. J. S.*).

266 Die Militärdiktatur löste die vor dem Staatsstreich existierenden politischen Parteien auf und führte in Brasilien das Zweiparteiensystem ein, indem sie die *Aliança Renovadora Nacional* (ARENA) zur Situationspartei und die *Movimento Democrático Brasileiro* (MDB) zur Oppositionspartei ernannte.

267 *P. Portella*, Tempo de Congresso, 1973, S. 140, 144, zitiert bei *T. Skidmore*, Brasil: de Castelo a Tancredo, 1964–1985, 2000, S. 255 (Übersetzung *L. J. S.*).

268 *E. G. Médici*, Nova consciência do Brasil, 1973, S. 29 ff., zitiert bei *T. Skidmore*, Brasil: de Castelo a Tancredo, 1964–1985, 2000, S. 255 (Übersetzung *L. J. S.*).

„revolutionären" Handlungen, einschließlich der politischen Unterdrückung, vor der Gesellschaft zu rechtfertigen.

Das positive Recht wurde so in der brasilianischen Diktatur nicht gänzlich außer Kraft gesetzt oder unterschlagen, sondern langsam und stetig verändert, um den Interessen der „Revolution" zu dienen. Dies geschah z. B. mittels der verschiedenen Regierungsakte, die in der Rechtsordnung eine höhere Position als die Bundesverfassung einnahmen, mittels der neuen Gesetze zur Nationalen Sicherheit und durch alle anderen gesetzlichen Reformen. Der Aufrechterhaltung einer gewissen rechtlichen Struktur und der „Judizialisierung" der Repression ist es laut *Anthony Pereira* zu verdanken, dass es in Brasilien wesentlich weniger Tote und politisch Verschollene in einem Vergleich der Opferzahlen gibt, als in anderen Diktaturen, obwohl das Regime von längerer Dauer war.[269] Das soll allerdings nicht heißen, dass es sich um Prozesse handelte, die in irgendeiner Weise an das Ideal des demokratischen Rechtsstaates heranreichen. Die Gerichte verurteilten normalerweise die Personen auf Grund von Beweisen, die vor der Strafanzeige unter Folter erhalten worden waren.

Im Gegensatz zu der Situation in den Nachbarländern in Südamerika wurden während der brasilianischen Repression viele Verdächtige von „Straftaten gegen die nationale Sicherheit" formell angeklagt, die Prozesse von zivilen Richtern an den Militärgerichten entschieden und die Urteile von höheren rechtlichen Instanzen revisiert, was zu einer relativ hohen Zahl von Freisprüchen führte.[270] Während es in Brasilien ungefähr 7400 politische Prozesse gab, waren es in Argentinien z. B. nur 350. Andererseits, während es in Brasilien in den 21 Jahre des autoritären Regimes zwischen 300 und 400 Tote und politisch Vermisste gab, waren es in Argentinien

269 *A. Pereira*, Political (In)Justice: Authoritarianism and the Rule of Law in Brazil, Chile, and Argentina, 2005. Vgl. auch *R. L. Santos/V. Brega Filho*, Os Reflexos da "judicialização" da repressão política no Brasil no seu engajamento com os postulados da justiça de transição, in: Revista Anistia Política e Justiça de Transição, 2009, S. 153 ff.

270 Nach *Thomas Skidmore*: „Die verfügbaren Daten (die die Jahre zwischen 1964–73 betreffen, wenn auch die Mehrzahl der Fälle sich auf die Jahre zwischen 1969–73 bezieht) zeigen eine Freispruchquote von 45 % – erstaunlich hoch für ein repressives Militärregime. [...] dass 6.196 Angeklagte, zwischen Oktober 1965 bis November 1977 verurteilt wurden, wobei 68 % freigesprochen wurden und nur 32 % verurteilt wurden". Hierbei, unterstreicht der Autor, sei es wichtig, den Unterschied zwischen den Gerichten der ersten Instanzen und dem Obersten Militärgericht zu erwähnen: „Dieses Gericht war liberaler und in den Berufungsfällen war es nicht selten, dass es die Verurteilungen aufhob oder dessen strenge Strafen reduzierte"; *T. Skidmore*, Brasil: de Castelo a Tancredo, 1964–1985, 2000, S. 264. Diese Kommentare über die hohe Anzahl der Freisprechungen durch die Gerichte und den Unterschied zwischen den niedrigeren Instanzen und dem Obersten Militärgericht müssen allerdings mit Vorsicht behandelt werden. Zu bedenken ist, dass die Charakterisierungen dieser Instanzen von der Justiz im Zusammenhang mit der Repression der Diktatur stehen und im Verlauf der zwanzigjährigen Dauer der Diktatur sehr variieren. A. a. O., S. 262 f.

circa 30 000 in nur sieben Jahren (1976–1983) und in Chile circa 5000 innerhalb von 17 Jahren (1973–1990).[271]

Es muss betont werden, dass das positive Recht nicht ausgeschaltet werden konnte, weil tatsächlich keine Gleichheit im Verhältnis aller Sektoren der Gesellschaft mit dem Recht bestand. Das Problem ist, dass das Gesetz innerhalb eines autoritären Regimes „strengerer" bzw. „verbindlicher" für diejenigen ist, die sich am schwächeren Pol des Machtverhältnisses befinden. Die Entscheidungen, die von den Machtinhabern gefällt werden, unterliegen normalerweise nicht der Bewertung durch den Rechtscode, sondern werden von vorneherein als rechtmäßig und legitim angesehen.[272] Anders formuliert: Was hier geschieht ist, dass die Diktatur den Normen, die durch pure Gewalt und Willkür aufgezwungen werden, einen juristischen Charakter erteilt, um sie damit vor der Gesellschaft zu rechtfertigen.

Wenn auf der einen Seite – wie *Antony Pereira* mit Recht sagte – die Abstufung des Autoritarismus (oder sozusagen die „Härte") des Regimes sowie die Verrechtlichung der politischen Unterdrückung eine positive Seite hatte, da sie den Rechtsanwälten der Verteidigung einen institutionellen Raum gewährte, in dem sie das Leben und die Rechte ihrer Mandanten verteidigen konnten und damit eine größere Anzahl von Toten und politisch Vermissten verhinderten, war sie auf der anderen Seite sehr negativ, da sie so die Unterdrückung „normalisierte" und sie juristisch so als zulässig und „gerechtfertigt" erscheinen liess und, konsequenterweise, eine demokratische Reform der Rechtsprechung nach dem Ende des Militärregimes verhinderte.[273]

Trotz der Usurpation des positiven Rechts durch die „Verrechtlichung" (Gesetzesbildung und „Jurisdizierung") der politischen Repression muss hervorgehoben werden, dass die Bestrafung von Individuen, die als Feinde des Regimes bezeichnet wurden, und die Straflosigkeit der für die Exzesse und Straftaten der Repression Verantwortlichen, nicht nur auf der Basis von legalen, rechtlich positiven Kriterien geschah, sondern auch (und vor allem) durch *contra legem* Kriterien. Das heißt, durch Kriterien, die innerhalb des Apparates aufgestellt, in der Repressionspraxis angewandt und auf moralischen Grundlagen basierten, die als Rettung der „Revolution" bezeichnet wurden und Brasilien vor der inneren Gefahr, die angeblich von Kommunisten, Subversiven und Korrupten ausging, schützen sollte.[274]

---

271 Dazu *L. J. Swensson Jr*, Anistia Penal: problemas de validade da lei de anistia brasileira, 2007, S. 124; *C. S. Nino*, Radical evil on trial, 1996, S. 122; *E. Teles*, A anistia e os crimes contra a humanidade, in: Revista Brasileira de Ciências Criminais 55 (2005), S. 326; *T. Skidmore*, Brasil: de Castelo a Tancredo, 1964–1985, 2000, S. 516.

272 *M. Neves*, Zwischen Themis und Leviathan: Eine schwierige Beziehung, 2000, S. 156; Vgl. etw. *C. Schmitt*, Verfassungslehre (1928), 1993, S. 138 f.

273 *F. Maisonnave*, Via judicial da repressão evitou mortes, afirma brasilianista (Entrevista de Anthony Pereira), in: Folha de S. Paulo, 2004. Vgl. auch *R. L. Santos/V. Brega Filho*, Os Reflexos da "judicialização" da repressão política no Brasil no seu engajamento com os postulados da justiça de transição, in: Revista Anistia Política e Justiça de Transição, 2009, S. 159.

274 S. Kap. II.2.b des zweiten Teils.

Eine der möglichen Formen der Unterscheidung zwischen einem autoritären Regime und einem demokratischen beruht gerade im Vorliegen einer mehr oder weniger großen „Gleichwertigkeit“ zwischen Institutions- und gesetzeskonformem Verhalten. In einem „diktatorischen Unrechtsstaat“ ist die Gleichwertigkeit zwischen Institutions- und gesetzeskonformem Verhalten geringer als im Vergleich mit einem demokratischen Rechtsstaat. In anderen Worten, in einer Diktatur ist ein großer Teil des institutionellen und tatsächlich praktizierten Verhaltens gesetzlich verboten. Umgekehrt sind viele institutionell verbotenen Tätigkeiten gesetzlich erlaubt.[275]

Was den Fall Brasilien anbelangt, ist es wichtig zu unterstreichen, dass, wenn beispielsweise ein Polizeibeamter einen politisch unliebsame Bürger verhaftet, ihn zum Verhör führt und foltert, er gemäß der gesetzten Rechtsordnung des Militärregimes ein Verbrechen begeht und er aufgrund dieser Rechtsordnung strafrechtlich verantwortlich gemacht werden soll. Bis heute hat keine Rechtsnorm in Brasilien die extralegale Hinrichtung sowie die Folter je zugelassen.[276] Die Kriminalität der Militärdiktatur kann hier also als die Summe der von den Funktionären der politischen Repression begangen Taten, die gegen die zur Zeit des Geschehens gültigen Strafgesetze verstießen, verstanden werden.[277] Daraus folgt, dass nicht auf andere Rechtsordnungen (wie auf das Naturrecht, die Menschenrechte, das Völkergewohnheitsrecht usw.) zurückgegriffen werden muss, um die Urheber dieser Kriminalität durch das Strafrecht zur Verantwortung zu ziehen. Die Anrechnung der von ihnen praktizierten Handlungen an eine strafrechtliche Vorschrift gefolgt von einer dementsprechend ausgesprochenen Strafe kann auf der Basis des Strafgesetzbuches erfolgen, das während der Diktatur in Kraft war.

---

275 Vgl *D. Fabricius*, Warum Amnestie zu wenig und Strafe das Falsche ist – erweiterter Auftrag einer Wahrheits- und Versöhnungskommission (TRC)?, in: Transitional Justice, 2013, S. 156, mit einem ähnlichen, aber nicht gleichem Modell.

276 Dasselbe kann bezüglich der Delikte gesagt werden, die deswegen begangen wurden, um die Diktatur in Brasilien zu stürzen.

277 *L. J. Swensson Jr*, Anistia Penal: problemas de validade da lei de anistia brasileira, 2007, S. 39 ff.

Abb. 1: Konformitäten *im demokratischen Rechtsstatt und im diktatorischen Unrechtsstaat*

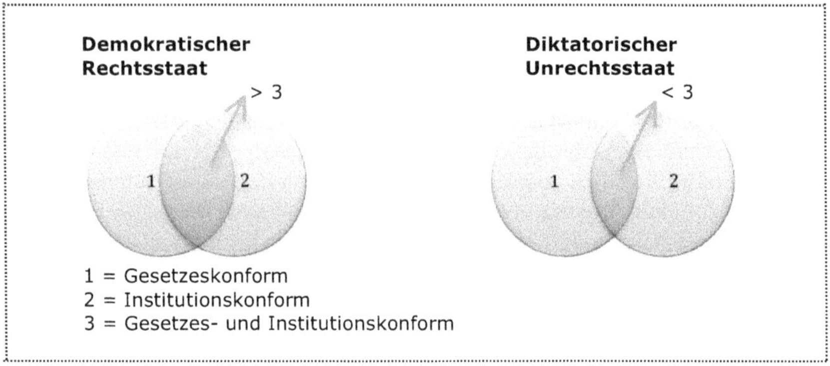

Beispiele von Delikten (nach dem Strafgesetzbuch von 1940, das sich in Brasilien noch in Kraft befindet), die im Zusammenhang mit der Ausübung der politischen Repression begangen wurden, sind: (a) Straftaten gegen das Leben und die körperliche Integrität: Totschlag (Art. 121), Körperverletzung (Art. 129), Misshandlung (Art. 136), unterlassene Hilfeleistung (Art. 135) usw.; (b) Straftaten gegen die individuelle Freiheit: Freiheitsberaubung durch Entführung oder private Einkerkerung (Art. 148), illegale Nötigung (Art. 146), Bedrohung (Art. 147), Hausfriedensbruch (Art. 150) usw.; (c) Straftaten gegen das Vermögen: Diebstahl (Art. 155), Sachbeschädigung (Art. 163), Unterschlagung (Art. 168) usw.; (d) Straftaten gegen das Andenken Toter: Verstecken von Leichen (Art. 211); (e) Straftaten gegen die sexuelle Freiheit: Vergewaltigung (Art. 213), Erregung öffentlichen Ärgernisses (Art. 214); (f) Fälschungsstraftaten: Fälschung öffentlicher Urkunde (Art. 297), falsches medizinisches Attest (Art. 302); (g) Straftaten gegen die öffentliche Verwaltung: Veruntreuung (Art. 316), eigenmächtige Gewalt (Art. 322), Amtsmissbrauch (Art. 350), kriminelle Duldung (Art. 320).[278]

278 Zur besseren Beschreibung dieser Straftaten, die durch die Militärdiktatur begangen wurden, s. *Instituto Brasileiro de Ciências Criminais – IBCCRIM*, Elaboração jurídico-penal do passado após mudança do sistema político em diversos países: relatório Brasil, 2003, S. 121–133. Die Aufzählung der Beispiele der vom Militärregime begangenen Straftaten ist nicht vollständig. Es gibt verschiedene andere Delikte, die weniger schwerwiegend sind und die im Allgemeinen von denen größeren Gewichts eingeschlossen werden. Von daher wurden sie nicht genannt. Außerdem steht nichts dem entgegen, dass während eventuellen Prozessen die Täterschaft von anderen Straftaten aufgedeckt werden könnte, die nicht aus den Quellen der Untersuchung benannt wurden.

Diese Tatbestände der vom Staat begangenen Straftaten sind auch in den Militärstrafgesetzbüchern von 1944 und 1971, die nacheinander während des Militärregimes in Kraft waren, vorgesehen. In Friedenszeiten waren alle Militärs und ihnen vergleichbare Personen dem Militärstrafgesetzbuch unterworfen (Art. 6 des Militärstrafgesetzbuchs von 1944 und Art. 9 des Militärstrafgesetzbuchs von 1969).[279] Die Tatbestandsbeschreibungen waren sich sehr ähnlich und in vielen Fällen waren sie sogar identisch mit denen des Strafgesetzbuchs von 1940, auch in Bezug auf die Strafbemessung.

Wenn es auf der einen Seite wirklich vorteilhaft war, die gesetzlich positivierten Maßstäbe aufrechtzuerhalten, durch die es möglich war, die Unrechtmäßigkeit der von den staatlichen Agenten praktizierten Handlungen zu bewerten und rechtliche Grundlagen für die strafrechtliche Verfolgung zu suchen, so beinhaltete auf der anderen Seite die routinemäßige und systematische Verletzung des positiven Rechts, die im Alltag bestätigt und die mit moralischen Argumenten gestützt wurde, sehr negative Aspekte, da sie den Rechtsverstoß als „normal" erscheinen ließ. Diese Handhabung ist nicht zuletzt dafür verantwortliche, dass auch heute noch unzählige Fälle von Straftaten, wie extralegale Hinrichtungen[280] und Folterungen,[281] die von den mit der öffentlichen Sicherheit betrauten Beamten im Dienst begangen werden, festzustellen sind.

Zurück zu der Frage der strafrechtlichen Verantwortung der Täter der politischen Repression während der Militärdiktatur oder, genauer gesagt, in der Periode zwischen dem Staatsstreich am 1. April 1964 und der Veröffentlichung des Gesetzes zur Amnestie am 28. August 1979: Abschließend kann die *Straflosigkeit* der Urheber der Repression festgestellt werden. Die Tendenz zur strafrechtlichen Privilegierung der für die begangene Staatskriminalität Verantwortlichen zeichnet sich vor allem auf Grund von zwei Motiven ab.

Erstens, weil viele Handlungen der politischen Repression formal zulässig bzw. „legal" waren, das heißt, sie waren durch die von der Diktatur erlassenen Gesetzen gestützt, die juristisch die Verfolgung und Unterdrückung von ihren Feinden ermöglichten (*Usurpation des Gesetzes*). Es können die Regierungsakte, die Gesetze zur Nationalen Sicherheit usw. zitiert werden.

---

279 Die Personen, die gesetzlich den Militärs gleichgestellt werden, sind die, welche einer militärischen Disziplin unterworfen sind, die im Gesetz vorgesehen ist (Art. 21 des Militärstrafgesetzbuches – *Código Penal Militar*, CPM). Zur Anwendung des Militärstrafgesetzbuches in Friedenszeiten Art. 6 des CPM von 1944 und Art. 9 des CPM von 1969.

280 Vgl. *United Nations*, Report of the Special Rapporteur on Extrajudicial, Summary or Arbitrary Executions, Philip Alston, Brazil, A/HRC/14/24/Add.4, 2010.

281 Vgl. *United Nations*, Report on the Visit of the Subcommittee on Prevention of Torture and other Cruel, Inhuman or Degrading Treatment or Punishment to Brazil, CAT/OP/BRA/1, 2012.

Zweitens, weil die Strafgesetze, die während des Militärregimes in Kraft waren und die bestimmte Repressionsmaßnahmen verboten, indem sie als strafbar bezeichneten, nicht beachtet oder angewandt wurden. Das heißt, was die politische Unterdrückung betrifft, waren diese Gesetze, obwohl formell in Kraft, doch vollständig unzulänglich (*Verletzung des Gesetzes*).[282]

---

282 Nach *Santos* und *Brega Filho*: „Der erste Versuch der Strafverfolgung der von der Militärdiktatur begangenen Verbrechen bezieht sich auf die zu beklagende Geschichte der Folterung und der Ermordung des Feldwebels *Manoel Raymundo Soares*, die als ‚der Fall der gebundenen Hände' bekannt wurde, da seine Leiche mit verbundenen Händen im *Rio Jacuí, Rio Grande do Sul*, treibend am 24. August 1966 aufgefunden wurde. Die Angeklagten wurden von der Schöffenkammer von *Porto Alegre* freigesprochen und das Berufungsurteil bestätigte am 1. Oktober 1975 den Freispruch, obwohl handfeste Beweise für die Schuld in den Prozessakten vorlagen." *R. L. Santos/V. Brega Filho*, Os Reflexos da "judicialização" da repressão política no Brasil no seu engajamento com os postulados da justiça de transição, in: Revista Anistia Política e Justiça de Transição, 2009, S. 166 (übersetzt v. *L. J. S.*).

II. Neue Republik

1. Der Rückzug in die Kasernen

a) Die Öffnung zu der „Neuen Republik“

Auf Grund einer Initiative, die von dem Militärpräsidenten *Ernesto Beckmann Geisel* (1974–1979) und seinem Nachfolger *João Batista de Oliveira Figueiredo* (1979–1985) ausging, wurde ein Projekt zur Liberalisierung und Redemokratisierung des Staates unternommen, das langsam, schrittweise und unter Kontrolle des Regimes vonstattengehen sollte, wobei die institutionellen Grundlagen des Regimes erweitert, die Rückkehr zu den demokratischen Freiheiten und die Möglichkeit der Übertragung der Staatsmacht an eine zivile Regierung gewährleistet werden mussten. Diese politische Entspannung gipfelte im Sieg des Kandidaten der Opposition *Tancredo de Almeida Neves* bei den indirekten Präsidentschaftswahlen vom 15. Januar 1985,[283] wobei das Amt jedoch vom stellvertretenden Staatspräsidenten *José Sarney de Araújo Costa* angetreten wurden, da *Tancredo Neves* am Vorabend der Amtsübernahme, am 14. März desselben Jahres in ein Krankenhaus eingeliefert wurde, in dem er am 23. April verstarb. Mit der Wahl von *Tancredo Neves* wurde das Ende des Militärregimes und der Anfang der brasilianischen „*Neuen Republik*“ ausgerufen, die die Werte des demokratischen Rechtsstaates schätzte und deren Präsidentenamt von folgenden zivilen Kandidaten bekleidet wurde: *José Sarney* (1985–1990), *Fernando Affonso Collor de Mello* (1990–1992),[284] *Itamar Augusto Cautiero Franco* (1992–1994), *Fernando Henrique Cardoso* (1995–2002), *Luiz Inácio Lula da Silva* (2003–2010) und *Dilma Vana Rousseff* (seit 2011).

Wenn das Projekt der Öffnung auch im ersten Augenblick „innerhalb des Regimes“ selbst und mit einer gewissen „Autonomie von oben“ begann, so verwandelte es sich in einen Prozess, dessen Richtung von verschiedenen Kräften bestimmt war. In anderen Worten, wenn es auch eine Liberalisierungsabsicht von Seiten der Regierung gab, so konnten doch der Inhalt und der Rhythmus der Öffnung sich nicht unter seiner vollen Kontrolle halten, wie die Beispiele der Bewegungen zur „*anistia ampla, geral e irrestrita*“ (weitreichenden, allgemeinen und unbegrenzten

---

283 Die Kommission von Wahlmännern wählte *Tancredo Neves*, den Kandidaten der Aliança Democrática zum Präsidenten mit 480 Stimmen von insgesamt 686. *Paulo Maluf*, der zivile Kandidat der Regierung, erhielt nur 180 Stimmen. Es wurden 17 Enthaltungen und neun Abwesenheiten registriert.

284 *Fernando Collor* hat das Präsidentenamt am 29. Dezember 1992 niedergelegt. Grund war ein Prozess zur Anfechtung seines Mandats (*impeachment*), der auf einer Anzeige wegen des Verdachts auf Korruption beruhte, die von seinem Bruder *Pedro Collor de Mello* erstattet worden war. Nach seinem Rücktritt trat der stellvertretenden Präsident Itamar Franco das Präsidentenamt an, der bis 1. Januar 1995 regierte.

Amnestie) der sich im Exil befindenden und der politischen Gefangenen sowie die Kampagne der „*Diretas já*", die direkte Wahlen zum Präsidentenamt forderte, zeigen.[285]

Es gibt verschiedene Erklärungen über die Gründe, die zur politischen Entspannung und der Rückkehr zu den politischen Freiheiten führten, die das politische Regime in Brasilien veränderten. Es handelt sich um Beweggründe, die sowohl aus wirtschaftlichen als auch aus gesellschaftlichen Faktoren bestehen, die in den unterschiedlichen Rollen liegen, die von der Elite, der Regierung, den Organisationen der Zivilgesellschaft usw. übernommen wurden. Jede Erklärung hat ihre theoretischen Schwächen, insbesondere was die Dynamik zwischen dem Staat und der Zivilgesellschaft betrifft. Mit entsprechenden Vorbehalten jedoch geben alle vorgestellten Erklärungen ein allgemeines Bild über die Gründe des Überganges, sofern sie im Ganzen betrachtet werden.

Erstens: Die Veränderungen durch das Regime können der Rolle zugeschrieben werden, die die Militärregierung spielte, als von *Geisel* und *Figueiredo* verschiedene neue Vorgänge in Gang gesetzt wurden. Ein grundlegender Beitrag des Präsidenten *Geisel* war, dass er, unter Fortschritten und Rückschritten seines Liberalisierungsprojekts, die Parteinehmer der „harten Linie" („*linha dura*") innerhalb der Regierung und der Streitkräfte (d. h., die Offiziere und Zivilisten der extremen Rechten, welche im Sinne einer Destabilisierung der Regierung und der Verhinderung der politischen Öffnung konspirierten) unter sein Kommando brachte.[286] Eines seiner Ziele war, die Macht den Viersternegenerälen zurückzugeben, die ihre Autorität im strafrechtlichen Untersystem DOI-CODI, im SNI und vor den aufständischen paramilitärischen Terroristengruppen der Rechten verloren hatten. Dazu musste er seine Autorität vor den Bedrohungen der Unterstützer der harten Linie garantieren, die die politische Repression stützten.[287] Die Unterwerfung geschah symbolischerweise mit der Entlassung des Ministers des Heeres, dem bekannten Vertreter der harten Linie, General *Sylvio Frota*, ohne dass das Hohe Kommando vorher befragt wurde. Mit seiner unerschrockenen Haltung zeigte *Geisel*, dass er mehr Macht auf sich konzentrierte als jeder seiner Vorgänger und so die politischen Bedingungen schuf, die notwendig waren, um die gewünschte politische Öffnung zu erreichen. Zum Beispiel indem das AI-5 am 31. Dezember 1978 außer Kraft gesetzt wurde.[288]

---

285 *M. C. D'Araújo/G. A. D. Soares/C. Castro*, A volta aos quartéis: a memória política sobre a ditadura, 1995, S. 39; *M. P. Araújo*, Amnestie in Brasilien: Geschichte und Gedächtnis, in: Transitional Justice, 2013, S. 61 ff.

286 Zur „harten Linie" s. *E. Gaspari*, A ditadura envergonhada, 2002, S. 135 f.

287 *T. Skidmore*, Brasil: de Castelo a Tancredo, 1964–1985, 2000, S. 238.

288 A. a. O., S. 388. Nach *Elio Gaspari*: „Seit 1968, als Brasilien mit dem Inkrafttreten des Ato Institucional Nr. 5 in die längste Periode einer Diktatur in seiner Geschichte eintrat, versprachen zwei Präsidenten die demokratischen Freiheiten wiederherzustellen. Geisel, der einzige, der dies nicht versprach hat, hörte mit der Diktatur auf. Zwischen 1974, als er sein Amt antrat, und 1979, al er es abgab, hat er das träge Präsidentenamt, das einem Kollegium von Superministern ausgeliefert war,

Zweitens: Der politische Übergang wird *wirtschaftlichen Faktoren* zugeschrieben, angesichts der Tatsache, dass normalerweise wirtschaftliche Krisen politische Umwälzungen beschleunigen. Es ist richtig, anzunehmen, dass die wirtschaftliche Situation eines Landes als eine Art „Katalysator“ für politische Änderungen funktioniert, obwohl sie nicht die Richtung – hin zu einem demokratischeren oder autoritäreren Regime – bestimmen kann. In diesem Sinn ist hervorzuheben, dass Brasilien in dieser geschichtlichen Periode eine tiefe Rezession erlitt, die in den prekären Bedingungen der Zahlungsbilanz, steigenden Kosten durch die Auslandsschulden und in einem immer größer werdenden Inflationsdruck ihre Gründe hatte. Dazu kamen noch verschiedene Vorkommnisse im Ausland, die auf die brasilianische Wirtschaft einen extrem ungünstigen Einfluss hatten, wie die Ölkrisen von 1974 und 1979, die steigenden Zinsen in Europa und den USA in schwindelerregende Höhen, die nachlassende Nachfrage im Export usw.[289] *Nilo Batista* kommentiert die Umstände der politischen Öffnung und insbesondere die Veröffentlichung des brasilianischen Amnestiegesetzes so:

> „Machen wir uns nichts vor: Grundlage dessen, was Nelson Werneck Sodré die ‚Agonie der Diktatur‘[290] nannte, war die Unzufriedenheit der nationalen Bourgeoisie mit dem Kollaps des ‚brasilianischen Wunders‘, das schnell der Unterwerfung unter die Weltwirtschaftskrise zum Opfer fiel. 1979 war nicht nur das Jahr des Gesetzes zur Amnestie: es war das Jahr der Streiks der Metallarbeiter von São Paulo (wie kann man den

---

in einer imperialen Regierung umgewandelt. Er hat die formlose Diktatur, die sich Perioden von militärischer Anarchie neigen musste, in ein Regime der persönlichen Macht verwandelt und als er diese Macht untermauerte – durch einen langen Prozess hindurch, der am 12. Oktober 1977 seinen Höhepunkt hatte [an dem Datum der Entlassung des Ministers des Heeres *Sylvio Frota* und der Entwaffnung eines durch diesen möglicherweise durchzuführenden Staatsstreiches] – hat er das Regime aufgelöst. Als er an die Macht kam, gab es eine Diktatur ohne Diktator. Am Ende seiner Regierung gab es einen Diktator ohne Diktatur. Am 31. Dezember 1978, 74 Tage vor Ende seines Mandats, wurde der Ato Institucional Nr. 5 abgeschafft, der ein pseudo-juristisches Instrument war, das zehn Jahre lang in Kraft war und mittels dessen der Präsident den Kongress schließen, Abgeordnete ihres Amtes entheben und an Hand von Dekreten über eine Gesellschaft regieren konnte, in der es kein *Habeas-Corpus*-Recht im Falle von Straftaten gab, die gegen die nationale Sicherheit begangen wurden. Zuvor hatte er die Pressezensur und die Folter von politischen Gefangenen abgeschafft, die die Eckpfeiler des Regimes von 1968 waren. […] Wer den Weg nach Motiven dafür, warum Geisel und Golbery die Diktatur auseinander genommen haben, abkürzen will, kann eine einfache Antwort erhalten: weil das Militärregime, das sich das Monopol zur Aufrechterhaltung der Ordnung gab, ein einziges großes Durcheinander war“. *Dies.*, A ditadura envergonhada, 2002, S. 35 ff. (Übersetzung *L. J. S.*).

289 *T. Skidmore*, Brasil: de Castelo a Tancredo, 1964–1985, 2000, S. 349–354, 417–422, 447–452, 458–465.

290 *N. W. Sodré*, Vida e morte da ditadura, 1984, S. 127 ff.

> Vorsitzenden der Metallarbeitergewerkschaft von São Bernardo vergessen?), der Lehrer, der Lastwagenfahrer und der Straßenkehrer von Rio, der Arbeiter im Baugewerbe in Belo Horizonte, der zivilen Beamten in Rio Grande do Sul (400 Streiks zwischen Januar und Oktober!); es war das Jahr der größten Inflation (77 %) seit 1964 – wer jedoch glaubte, man sei auf dem Tiefststand angelangt, irrte sich sehr –; es war das Jahr der Maximalentwertung um 30 % [...] Die Amnestie war Teil einer Strategie der konservativen zivilen und militärischen Kräfte, zwei bis drei Ringe von der Hand zu lassen, um die Finger zu behalten, vor allem die zur Denunzierung gebrauchten Zeigefinger."[291]

Ein *drittes* Motiv zur Öffnung waren die *politischen Artikulationen*, an denen ein wichtiger Teil der Bevölkerung – sei es durch die Bewegung der sogenannten „Eliten", mit ihren Vereinbarungen, Vereinigungen und „Streiten", sei es durch die Rolle, die die organisierte Zivilgesellschaft mit ihren Massenbewegungen spielten – teilnahm und damit ihren Wunsch nach einem Ende der Regierungswillkür und nach einer größeren Beteiligung und Einigung im öffentlichen Leben zum Ausdruck brachte. Der Wille des Volkes und die politische Kultur, in der er sich einfügt, bestimmen die Einrichtung und die Aufrechterhaltung eines mehr oder weniger autoritären oder demokratischen Regimes und seine Wandlung – wenn auch diese mehr oder weniger autoritäre oder demokratische politische Kultur nicht nur als Grund, sondern auch als Konsequenz angesehen werden muss, wie das Regime erlebt wird. In anderen Worten, politische Übergänge sind keine automatischen Prozesse, sondern hängen von den innerhalb einer Gesellschaft stattfindenden Wandlungen ab.

In Brasilien wurden diese Wandlungen bei den Parlamentswahlen im Jahre 1974, bei den Streiks 1979, bei den Demonstrationen gegen den im Jahr 1975 in Untersuchungshaft ermordeten *Vladimir Herzog*, einem bekannten Journalisten aus São Paulo, und dem Tod von *Manoel Fiel Filho*, Mitglied der Metallarbeitergewerkschaft, im Jahr 1976 während der gefeierten Kampagne zur Amnestie, bei den Direktwahlen für die Gouverneursämter 1982 und in den Reden für die Direktwahlen zum Amt des Staatspräsidenten in den Jahren 1983 und 1984 deutlich. Die Presse, die seit der Regierungsübernahme *Geisels* größere Freiheit genoss, ging dazu über, mehr über die Verletzung der Menschenrechte durch die Sicherheitsorgane sowie zu Kampagnen, wie z. B. die zur Amnestie und die für die *„Diretas já"*, die verschiedene gesellschaftliche Fraktionen, die mit dem Militärregime unzufrieden waren, zu einem gemeinsamen politischen Zweck vereinte, zu berichten.

Die „Revolution" der Militärs zählte nicht mehr auf eine breite Unterstützung durch die Gesellschaft. Die Stimmen der Zivilgesellschaft gegen die Diktatur wurden mit den Äußerungen der katholischen Kirche durch die Nationale Bischofskonferenz Brasiliens (*Conferência Nacional dos Bispos do Brasil* – CNBB), der Rechtsanwälte durch die Anwaltskammer Brasilien (*Ordem dos Advogados do Brasil* – OAB), der brasilianischen Pressevereinigung (*Agência Brasileira de Imprensa* – ABI), von Politikern der Opposition, von Künstlern, von Gewerkschaftern, von Teilen der Unternehmer

291 *N. Batista*, Nota Introdutória, in: Justiça de transição no Brasil: direito, responsabilização e verdade, 2010, S. 12 f. (Übersetzung *L. J. S.*).

usw laut.[292] Zusammengesetzt aus all diesen Stimmen formte sich allmählich eine Plattform zum Kampf für die demokratischen Freiheiten, in der man unter anderem das Ende des Unterdrückungsapparats und seiner Gesetze, der Zensur, der willkürlichen Verhaftungen und der Folter forderte. Weiterhin sollten direkte und freie Wahlen, das Streikrecht, das Recht zur freien Vereinigung und zur freien und politischen Meinungsäußerung eingeführt werden. Schließlich sollte eine Rückkehr zum Rechtsstaat mittels einer neuen Verfassung erfolgen.

b) Der Abbau der Diktatur: der Prozess der demokratischen Liberalisierung

Der Liberalisierungsprozess fand vor allem an zwei Fronten statt. Auf der einen Seite wurde versucht, eine bestimmte gesetzliche Usurpation aufzulösen, die durch die von den Militärpräsidenten ausgeübte willkürliche Gesetzesmacht aufgezwungen wurde. Insbesondere wurden die ausschreitenden und autoritären Gesetze widerrufen und die individuellen und kollektiven Garantien, die ihnen zuvor entnommen worden waren, wieder in die Rechtsordnung eingeführt. Auf der anderen Seit gab es den Versuch, einen größeren Respekt vor den sich in Kraft befindenden Gesetzen zu fordern und so der herrschenden Anarchie innerhalb der Sicherheitsorgane und des Militärmilieus ein Ende zu setzen.

Die *Liberalisierung* wird mit der Bewegung der *Demokratisierung* verbunden. Sie besteht aus der Forderung von der realen Möglichkeit, dass die Macht übertragen und die wichtigsten politischen Entscheidungen des Landes wieder unmittelbar vom Volk oder seinen direkt gewählten Stellvertretern getroffen werden. Das setzt die Möglichkeit zur freien Ausübung der und Entwicklung von Staatsbürgerschaft voraus, da die Demokratie nicht nur ein Stimmrecht, sondern auch die Garantie auf einen pluralistischen und toleranten Meinungs- und Willensbildungsprozess, mittels politischer Teilnahme- und Kommunikationsrechte (Pressefreiheit, Meinungsfreiheit, Petitionsfreiheit, Versammlungsfreiheit usw.), bedeutet. Zum Vorgang des „Abbaus“ der autoritären Struktur des Militärregimes und zum Aufbau der neuen Demokratie, lassen sich folgende Aspekte hervorheben:

a) Der Widerruf (noch unter der Regierung von *Geisel*) der Regierungs- und Ergänzungsakte durch das die Verfassung ändernde Gesetz Nr. 11 vom 13. Oktober 1978, das am 1. Januar 1979 in Kraft trat. Die wichtigste darin enthaltene Reform war die Abschaffung des AI-5. Damit wurden unter anderem die *Habeas-Corpus*-Rechte für Personen, die auf Grund von Straftaten gegen die nationale Sicherheit festgenommen wurden, wiederhergestellt. Außerdem wurde die der Möglichkeit des Präsidenten der Republik, den Kongress aufzulösen, die Parlamentarier ihres Amtes zu entheben und die Bürger ihrer politischen Rechte zu enthalten, abgeschafft. Sie bewahrte den Streitkräften jedoch noch große Möglichkeiten zur

292 Zu den „Stimmen der Zivilgesellschaft“ s. *T. Skidmore*, Brasil: de Castelo a Tancredo, 1964–1985, 2000, S. 354–369.

Machtausübung, indem sie ihnen z. B. die Kompetenz zugestand „Maßnahmen im Notstand", den „Ausnahmezustand" oder den „Notstand" bis zu 120 Tagen auszurufen, ohne dass sie dafür die Ermächtigung des Kongresses benötigten (Art. 155–158).[293]

b) Die Neuauflage der Gesetze zur Nationalen Sicherheit (Gesetz Nr. 6.620 vom 17. Dezember 1978 und das Gesetz Nr. 7.170 vom 14. Dezember 1983, das noch in Kraft ist), die die Anzahl der tatbestandlich umschriebenen Straftaten und ihre Strafzumessung reduzierten und so die Exzesse des Dec.-Lei 898/69 korrigierten.

c) Die Wiederherstellung des Mehrparteiensystems und der Direktwahlen. Dazu ist es wichtig zu erwähnen, dass sich schon während der Regierung von *Geisel*, der Wahlen von 1974, in der Bevölkerung klare Zeichen der Unzufriedenheit gegen das Militärregime bemerkbar machten. Die *Movimento Democrático Brasileiro* (MDB), die Oppositionspartei im damals herrschenden Zweiparteiensystem, konnte im Jahre 1974 59 % der Stimmen zum Senat, 48 % der Stimmen für das Repräsentantenhaus und die Bürgermeisterämter in der Mehrheit der Großstädte gewinnen. Zur Reaktion auf den überraschenden Sieg der Opposition und um die Mehrheit der Wahlen von 1978 der Regierungspartei *Aliança Renovadora Nacional* (ARENA) in den zwei Häusern des Kongresses zu garantieren, gab *Geisel* das sogenannte „Aprilpaket" (*„Pacote de Abril"*) heraus, das aus einem die Verfassung ändernden Gesetz[294] und sechs Gesetzesverordnungen bestand. Mit diesem Akt wurde unter anderem der Kongress geschlossen, ein Drittel der Senatoren wurde von staatlichen Wahlkollegien indirekt gewählt, die indirekten Wahlen für die Gouverneursposten wurden beibehalten. Mit dem Ziel, die politischen Kräfte der Opposition auf verschiedene Parteien aufzuteilen, hob *Geisel* 1979 das Zweiparteiensystem auf.

Trotz des demokratischen Rückschlags, der mit dem Aprilpaket und der skrupellosen Absicht bei der Wiedereinführung des Mehrparteiensystems zusammenhing, wurde der Demokratisierungsprozess nicht unterbrochen. Das Mehrparteiensystem ermöglichte eine größere Beteiligung der Staatsbürger am politischen Leben des Landes. Die Errichtung der demokratischen politischen Institutionen durch

---

293 Zur Erfüllung (eines Teils) seiner liberalisierenden Versprechen hob Geisel die Pressezensur auf und widerrief Ende 1979 die Verordnungen, die mehr als 120 Politiker ins Exil verbannten. Wie *Thomas Skidmore* unterstreicht: „Obwohl Geisel die AI-5 zurücknahm, die Grundlagen des *Habeas-Corpus*-Rechtes wiederherstellte, die Zensur aufhob und es möglich machte, dass viele politische Flüchtlinge wieder nach Brasilien zurückkehrten, verblieben noch wichtige Mittel zur Willkür, wie z. B. die Kontrolle der Exekutive über den Staatshaushalt, das neue Gesetz zur Nationalen Sicherheit und die Aufrechterhaltung des ganzen Sicherheitsapparates: der Spionagesektor in allen militärischen Einrichtungen, der DOI-CODI des Heeres, der SNI mit seinen Agenten in allen Ministerien." *Der.*, Brasil: de Castelo a Tancredo, 1964–1985, 2000, S. 407 f. (Übersetzung *L. J. S.*).

294 Das verfassungsändernde Gesetz Nr. 8 vom 14. April 1977.

die Wiedereinführung von unmittelbaren Wahlen zum Amt des Gouverneurs in den Bundesstaaten und für den gesamten Senat setzte sich der Regierung *Figueiredo* weiter fort, und nahm so teilweise *Geisels* Aprilpaket zurück. Während der Regierung *Sarney* wurden die direkten Wahlen zum Amt des Präsidenten der Republik und zu dem der Bürgermeister in allen Städten des Landes einschließlich derer, die sich in den sogenannten „Sicherheitszonen" befanden und deren Ämter durch offizielle Ernennung bekleidet wurden, wieder eingeführt. Ferner wurde dem Wahlrecht für die Analphabeten zugestimmt und alle politischen Parteien, die den Mindestanforderung des Parteiregisters entsprachen, wurden legalisiert.

d) Die Veröffentlichung des Amnestiegesetzes (Gesetz Nr. 6.683) vom 28. August 1979, das die Freiheit vieler politischen Gefangenen beschloss, die Rückkehr der sich im Exil befindlichen Brasilianer ermöglichte und Maßnahmen für die Wiedergutmachung der politisch Verfolgten festsetzte.
e) Die stetige Demontage der politischen Repressionsapparate, z. B. durch den Abbau der SNI, DSIs und DOI-CODIs, die Erleichterung der Zensur sowie das Ende der staatlichen Eingriffe in Gewerkschaften, Studentenbewegungen, Kirchen und andere gesellschaftliche Organisationen.
f) Auf der Basis des verfassungsändernden Gesetzes Nr. 26 vom 27. November 1985 erfolgte die Einberufung der nationalen verfassungsgebenden Versammlung zur Erarbeitung einer neuen Verfassungscharta, die am 5. Oktober 1988 veröffentlicht wurde. Mit ihr wurde die Verfassung von 1967, die ihrerseits tiefgreifende Änderungen durch das verfassungsändernde Gesetz Nr. 1 von 1969 erfahren hatte, außer Kraft gesetzt.
g) Die Gründung einer neuen Staatsanwaltschaft (*Ministério Público*), die die rechtliche Befugnis erhielt, die Rechtsordnung, das demokratische System und die unverfügbaren soziale und individuelle Interessen zu schützen; einer Volksanwaltschaft (*Defensoria Pública*), die Rechtshilfe für diejenige garantiert, die keinen Rechtsanwalt bezahlen können; ein Verteidigungsministerium (*Ministério da Defesa*), das das Militär unter seinem Kommando zusammenfasst; einem neuen Sekretariat (*Secretaria de Direitos Humanos da Presidência da República*), das für den Schutz und für die Förderung der Menschrechte zuständig ist usw.[295]

Trotz all dieser Fortschritte im Sinne der Liberalisierung und der Demokratisierung des Staates, muss unterstrichen werden, dass der Abbau der Diktatur nie vollständig durchgeführt wurde. Überreste aus den 21 Jahren Autoritarismus haben bis in die heutige Demokratie überlebt. Ein Beispiel ist das Pressegesetz (Gesetz Nr. 5.250 vom 9. Februar 1967), das von dem Militärregime geschaffen wurde, um die Ausübung der Gedankenfreiheit und Informationsfreiheit einzugrenzen und das erst am 30. April 2009 durch das Urteil des Höchsten Bundesgerichts im „Prozess bei Vorliegen der

295 *P. Abrão/T. Genro*, Os direitos da transição no Brasil, in: Os direitos da transição e a democracia no Brasil, 2012, S. 43.

Missachtung einer Grundnorm" Nr. 130 („*Arguição de Descumprimento de Preceito Fundamental*" – ADPF/130), d. i. eine Anklage der Nichtbeachtung einer Grundnorm, außer Kraft gesetzt wurde. Ein weiteres Beispiel ist das Gesetz zur Nationalen Sicherheit aus der Zeit der Diktatur (Gesetz Nr. 7.170 vom 14. Dezember 1983). Zusammenfassend ist festzuhalten, dass in Brasilien noch eine Studie fehlt, in der der Ersatz von autoritären durch demokratische Institutionen und Gesetze während des nebulösen und widersprüchlichen Überganges zur Demokratie vollständig dokumentiert ist. Mit dieser Studie könnte deutlich und objektiv gezeigt werden, in welcher Demokratie man in Brasilien lebt.

2. *Transitional Justice* des Vergessens und der Wiedergutmachung

Nach der stufenweisen (und vielmals verzögerten) Rückkehr zu den demokratischen Freiheiten – mit der Veröffentlichung des Amnestiegesetzes von 1979, dem sie der „Demokratischen Allianz" bei der Wahl von *Tencredo Neves* 1985 zum Präsidenten und der damit verbundenen Öffnung zur Neuen Republik, sowie mit dem Inkrafttreten der neuen Bundesverfassung, die offiziell den demokratischen Rechtsstaat in Brasilien wiederaufrichtete – blieb die schwierige und traumatische Frage nach der jüngsten nationalen Geschichte offen: die Frage nach den Handlungen der politischen Informations- und Repressionsorgane während des Militärregimes.

Was diese Frage betrifft, so kann die brasilianische *Transitional Justice*, vor allem nach der Veröffentlichung des Amnestiegesetzes und bis zur öffentlichen Anhörung zu dem Thema „Grenzen und Möglichkeiten der juristischen Haftung der die Menschenrechte verletzenden Agenten während des Ausnahmezustandes in Brasilien", die am 31. Juli 2008 vom Justizministerium veranstaltet wurde, als eine Periode beschrieben werden, die unter anderem folgendermaßen charakterisiert werden kann:

a) durch die *Rekonstruktion des Bildes und der Selbstdarstellung* sowohl von Seiten eines Teils der Gesellschaft im Zusammenhang mit ihrer Rolle während der Diktatur als auch von Seiten der gesellschaftlichen Akteure, die zuvor in die politischen Machtkämpfe verwickelt waren. Dazu zählen die Mitglieder der sozialistischen Organisationen, der sogenannten Linken, die für den Sturz des autoritären Regimes gekämpft haben; als auch die konservativen Militärs und Zivilisten, die Rechten, die sich der sogenannten harten Linie und der Aufrechterhaltung der Militärdiktatur verschrieben hatten.

b) durch die finanzielle und moralische *Wiedergutmachung* von Seiten des Staates, ausgehend von der offiziellen Anerkennung seiner Haftung für die innerhalb der Ausübung der politischen Unterdrückung praktizierten Handlungen, sowie von den Arbeiten, die von der Kommission zur Amnestie verwirklicht wurden.

c) durch das *Schweigen* über die Vergangenheit, vor allem was die Staatskriminalität und die Menschenrechtsverletzungen anbelangt, auf Grund einer angeblichen nationalen „Pazifizierung" und „Versöhnung".

a) Veränderung von Image

Hinsichtlich der Revolutionäre der Linken ist ein Prozess zur Rekonstruktion ihres Images in einem Sinne festzustellen, der sie in Demokraten verwandelt. Gleichzeitig werden die Offensiven der Revolutionäre im bewaffneten Kampf (auch von der Linken) als einfacher demokratischer Widerstand gegen das verhärtete Regime angesehen. Diese Verschiebung des Sinns geschieht bis zu dem Punkt, dass in den Vorstellungen der Menschen der Kampf dieser Revolutionäre gegen die Diktatur schon immer als ein Kampf für demokratische Werte und die Verteidigung der Menschenrechte gilt, was jedoch nicht der Wahrheit entspricht.[296]

Wie viele Mitglieder der ehemaligen Organisationen der Linken zugeben, hatten sie inhaltlich damals keinerlei Bindung an die Themen der Menschenrechte oder der Demokratie. Sie waren stattdessen mit dem Aufbau eines sozialistischen Regimes in Brasilien beschäftigt, z. B. nach dem Modell, das *Fidel Castro* in Kuba aufbaute. Nach der Historikerin *Denise Rollemberg*: „die Demokratie war kein Wert, im Gegenteil, sie war bourgeois, ihre Tage waren gezählt, wie die des Kapitalismus. Die Demokratie konnte für einen Teil der Linken ein Instrument sein, mit dem man den Sozialismus erreichen konnte".[297] Die Verpflichtung zur Demokratie und die Anerkennung der Menschenrechte kam erst später dazu, als innerhalb der brasilianischen Linken eine Selbstkritik stattfand. In Wirklichkeit erfolgte eine Selbstkritik des bewaffneten Kampfes und die Erarbeitung einer neuen politischen Taktik, die sich auf eine Plattform des Kampfes um demokratische Freiheiten verengte, sowie wichtige Beteiligungen und Handlungen ihrer Mitglieder beim Wiederaufbau des demokratischen Rechtsstaates in Brasilien nach der Rückkehr aus dem Exil einplante.[298]

Auch bei den Militärs und den Kollaborateure der Diktatur erfolgte eine Umkehrung ihrer Rollen durch den „symbolischen Sieg der Besiegten": Einst Sieger im „schmutzigen Krieg" wurden die Militärs und ihre Kollaborateure jetzt zu Besiegten. Im Laufe der Jahre verloren sie den „Imagekrieg" und den Kampf um das Andenken an die Epoche, indem sie sich gezwungen sahen, eine ethische Niederlage anzunehmen und eine gesellschaftliche Sanktion zu erleiden (Zurückweisung und

---

296 *D. N. Gonçalves*, Os múltiplos sentidos da anistia, in: Revista Anistia Política e Justiça de Transição, 2009, S. 188.

297 *D. Rollemberg*, "Memórias no exílio, memórias do exílio", in: As Esquerdas no Brasil: Revolução e democracia, 2007 (Übersetzung *L. J. S.*).

298 S. z. B. den Text „Notas sobre a questão da tática", in: Brasil Socialista (1975), Arquivo Tempo, IFCS/UFRJ. Oder auch das interne Dokument der MR-8 (Revolutionäre Bewegung 8. Oktober – *Movimento Revolucionário 8 de Outubro*, einer der wichtigsten Organisationen des bewaffneten Kampfes in Brasilien), das von ihrem Anführer *Daniel Terra* geschrieben wurde und den Titel „*Socialismo e liberdades democráticas*" (Sozialismus und demokratische Freiheiten) trägt, zitiert bei *M. P. Araújo*, Amnestie in Brasilien: Geschichte und Gedächtnis, in: Transitional Justice, 2013, S. 63 f.

öffentliche Schande, Isolierung und Verbannung des nationalen politischen Lebens usw.) vor allem wegen der Mittel, die sie benutzt hatten, um ihre Ziele zu erreichen, z. B. den Folterungen, Entführungen und die extralegalen Hinrichtungen.[299] Mehr als das. Wenn normalerweise die vergessene Geschichte die Besiegten betrifft, so ist in der Frage der politische Repression eine umgekehrte Besiegung bemerkbar: Die Besiegten wurden zum „Herren" der Geschichte und ihre unbekannte Version wurde zum Sieger.[300]

Keine Plätze, Straßen oder Alleen sind nach Namen von Folterern, wie dem des berüchtigten Kriminalkommissars *Sérgio Antônio Paranhos Fleury* oder dem sich im Ruhestand befindlichen Oberst des Heeres *Carlos Alberto Brilhante Ustra*, benannt. Es gibt auch keine Statue und kein Denkmal, das der militärischen „Revolution" mit der berühmten Inschrift „Zum Dank des Vaterlandes" gewidmet ist.[301] Stattdessen haben ehemalige politische Gefangene und Verfolgte einflussreiche berufliche Ämter im Kongress, im höchsten Bundesgericht oder im Präsidentenamt inne.[302] Die letzten drei brasilianischen Präsidenten der Republik, *Fernando Henrique Cardoso*, *Luis Inácio Lula da Silva* und *Dilma Rousseff*, waren von den Organen des autoritären Regime verbannt, verhaftet und, im Fall von Frau Präsidentin *Rousseff*, gefoltert worden. Der berichterstattende Bundesrichter im Prozess ADPF/153, *Eros Roberto Grau*, war Mitglied der Brasilianische Kommunistische Partei (*Partido Comunista Brasileiro*) und wurde deshalb von den Repressionsorganen verhaftet und gefoltert. Bei genauer Betrachtung ist festzustellen, dass langsam und sehr diskret viele unmittelbar in die politische Repression verwickelte Offiziere von ihren Positionen entfernt und bei Beförderungen nicht beachtet wurden.

Der Grund dieser Vertauschung der Rollen ist die Tatsache, dass die Gesellschaft zu jeder Zeit ihre Vergangenheit wieder von Neuem betrachten und sich ihr eigenes Urteil über die Geschehnisse bilden kann, wenn eine der (politischen, ideologischen und wirtschaftlichen) Gruppen aus der Bevölkerung sich beim Kampf gegen ihre Feinde (auf Grund der erlangten oder erhaltenen Macht) zum Sieger erklärt oder erklärt wird.[303] Wie *Zuenir Ventura* schreibt:

---

299 *L. Oliveira*, Ecos do Porão – A "guerra suja" mais de 30 anos depois, 5. August 2008; *L. J. Swensson Jr*, Punição para os crimes da ditadura mlitar: contornos do debate, in: Justiça de transição no Brasil: direito, responsabilização e verdade, 2010, S. 30 ff.; *L. J. Swensson Jr*, Anistia Penal: problemas de validade da lei de anistia brasileira, 2007, S. 81–83.

300 *M. C. D'Araújo/G. A. D. Soares/C. Castro*, Os Anos de Chumbo: a memória militar sobre a repressão, 1994, S. 13.

301 *L. Oliveira*, Ecos do Porão – A "guerra suja" mais de 30 anos depois, 5. August 2008.

302 *Z. Ventura*, 1968: o que fizemos de nós, 2008, s. insbesondere das Kapitel „Há um meia-oito em cada canto", S. 48 ff.

303 *K. Günther*, The Criminal Law of "Guilt" as Subject of a Politics of Remembrance in Democracies, in: Lethe's Law: Justice, Law and Ethics in Reconciliation, 2001, S. 7 ff.

> „Eine einfache Archäologie der Fakten kann den Eindruck erwecken, das diese [die Generation von 1968] ihre Ziele verfehlt hatte, da sie sich doch eine totale Revolution vorgenommen hatte und nicht mehr als eine kulturelle Revolution zustande brachte. Sie setzte ihr Leben für die Politik ein und wusste jedoch nicht, dass sie im historischen Sinne durch die Ethik gerettet wurde."[304]

Bei *Luciano Oliveira* heißt es:

> „Was in Brasilien geschah, zeigt, dass die Verlierer das letzte Wort haben, wenn die Sieger den Krieg durch Mittel gewonnen hatten, die diejenigen, die sie benutzten, mit Scham bedecken. Es gibt kein Ziel, auch wenn es noch so edel ist, dass nicht von der extremen Obszönität befleckt wird, die darin besteht, einem nackten, gefesselten und vor Angst und Schmerz zitternden Menschen Elektroschocks zu verabreichen. Es ist dies das einzige Kapitel dieser schmerzhaften Geschichte, das abgeschlossen ist."[305]

Es vollzieht sich, was die Gesellschaft als Ganzes anbetrifft, eine Wandlung in ihrer Selbstdarstellung und in dem Bild von ihrem Verhältnis zur Diktatur, vor allem nach der Bewegung zur Amnestie und der Kampagne für die Direktwahlen („*Diretas já*").[306] Auch wenn die Zustimmung der Bevölkerung für die Durchführung des Staatsstreichs von 1964 und die Aufrechterhaltung des autoritären Regimes über so lange Jahre notwendig war (es genügt in dieser Hinsicht an die Bewegung „Die Familienmärsche mit Gott und für die Freiheit" in den 1960er-Jahren, die Komplizenschaft von Seiten der Unternehmer mit der Diktatur in den 1970er-Jahren und den allgemeinen Konformismus der Bevölkerung während der verhärteten Phase des Regimes zu erinnern), so ging die Gesellschaft bei den Kampagnen für die demokratischen Freiheiten dazu über, sich als schon immer mit der demokratischen Sache verschrieben darzustellen. Sie läuterte sich und sprach sich selbst von jeglichen Handlungen frei, die von dem Militärregime ausgegangen waren – und damit übernahm sie ihren Anteil an der Verantwortung für die erlebten bleiernen Jahre nicht.

b) Wiedergutmachung

Ein anderes bezeichnendes Element in der Neuen Republik, das die Auseinandersetzung mit der Frage der Handlungen der Informations- und Repressionsorgane während der Militärdiktatur anbelangt, besteht sowohl aus der *offiziellen Anerkennung der Haftung des Staates* für die innerhalb der Ausübung der politischen Repression begangenen Verbrechen als auch in der *Wiedergutmachung*, die vom Staat gegenüber den sogenannten politisch Verfolgten verwirklicht wird. Dies bezieht sich auf die Staatsbürger, die in ihren öffentlichen Freiheiten und in ihrer körperlichen Integrität

304 *Z. Ventura*, 1968: o ano que não terminou, 2008, S. 19.

305 *L. Oliveira*, Ecos do Porão – A "guerra suja" mais de 30 anos depois, 5. August 2008 (Übersetzung *L. J. S.*).

306 *D. Rollemberg*, "Memórias no exílio, memórias do exílio", in: As Esquerdas no Brasil: Revolução e democracia, 2007.

verletzt wurden (politisch Verfolgte im klassischen Sinne) und auf diejenigen, die ihre Ämter und Arbeitsstellen während der Diktatur aus politischen Gründen oder deshalb verloren, weil sie an Streiks und Kundgebungen teilnahmen. Daraus lässt sich folgern, dass die Wiedergutmachung, die traditionell als einer der vier Eckpfeiler der Politik der *Transitional Justice* gilt (zusammen mit den Elementen der Wahrheitsfindung, der Rechtsfindung und der Reformen der Institutionen und der Gesetze), als die strukturierende und richtungsweisende Achse der brasilianischen Erfahrung betrachtet wird.[307]

Die Wiedergutmachung gegenüber den politisch Verfolgten war gesetzlich schon auf gewisse Art im Amnestiegesetz (Gesetz Nr. 6683 vom 28. August 1979) vorgesehen, das die Wiedererlangung der politischen Rechte und die Wiedereinstellung der Beamten vorsah, die zwischen dem 2. September 1961 und dem 15. August 1979 entlassen worden waren. Zehn Jahre nach der Redemokratisierung des Staates, unter der damaligen Regierung von *Fernando Henrique Cardoso*, wurde das Gesetz Nr. 9140 vom 4. Dezember 1995 veröffentlicht, dass: (a) mit Rechtwirkung diejenigen Personen als Tote anerkannte, die sich zwischen dem 2. September 1961 und dem 5. Oktober 1988 an politischen Handlungen beteiligten oder deswegen angeklagt wurden (Art. 1, geändert durch das Gesetz Nr. 10.536 vom 14. August 2002); (b) eine Spezialkommission über politisch Ermordete und Verschwundene (*Comissão Especial sobre Mortos e Desaparecidos Políticos*) bildete, die die Aufgabe hatte: (i) in einem Verfahren das erzwungene Verschwinden anzuerkennen, (ii) Anstrengungen in die Wege zu leiten, damit die sterblichen Überreste der Verschwundenen gefunden würden und (iii) Gutachten zu den Anträgen zum Schadensersatz zu erstellen (Art. 4, geändert durch das Gesetz Nr. 10.875 vom 1. Juni 2004).

Der Artikel 8 des Akts der Legislative zur Schaffung von Übergangsbestimmungen der Verfassung („*Ato das Disposições Constitucionais Transitórias*" – ADCT) der Bundesverfassung von 1988, welche die Wiedergutmachung an den politisch Verfolgten vorsah, wurde von der Übergangregelung (*Medida Provisóra* – MP) Nr. 2151-3 vom 24. August 2001, die durch die MP Nr. 65 vom 28. August 2002 erneuert und mit dem Gesetz Nr. 10559 vom 13. November 2002 endgültig verankert wurde, geregelt. Außerdem wurde damit die *Amnestiekommission* des Justizministeriums ins Leben gerufen, mit dem Ziel, das Recht auf Schadensersatz zu verwirklichen. Außer der Erweiterung des Zeitraums, der für die Wiedergutmachung vorgesehen war (18. September 1946 bis zum Datum des Inkrafttretens der Verfassung), wurde mit diesem Gesetz die Wiedergutmachung auf den privaten Sektor ausgedehnt und betraf damit auch alle Arbeitnehmer, die auf Grund ihrer Beteiligung an Streiks ihre Arbeitsstellen verloren hatten. Mit der Amnestiekomission wurde ein detailliertes Wiedergutmachungssystem aufgestellt (siehe Tabelle 2).[308]

---

307 *P. Abrão/M. Torelly*, The Reparations Program as the Lynchpin of Transitional Justice in Brazil, in: Transitional Justice: Handbook for Latin America, 2011, S. 443 ff.

308 *P. Abrão/S. Bellato/M. Torelly/R. V. Alvarenga*, Justiça de Transição: o papel da Comissão de Anistia do Ministério da Justiça, in: Revista Anistia Política e Justiça

Studien, die von der Nichtregierungsorganisation „Offene Rechnungen" („*Contas Abertas*") angestellt wurden, sagen, dass bis März 2010 der Gesamtwert der Wiedergutmachungszahlungen an politisch Verfolgte, die von zwei Kommissionen genehmigt wurden, rund 1,65 Milliarden US$ betrugen.[309] Damit handelt es sich um eines der größten Wiedergutmachungsprogramme nach dem Zweiten Weltkrieg und das aus Steuergeldern finanziert wird. Während für die einen dieser Betrag ein Grund zum Jubel ist, bietet er für Andere Anlass zu harter Kritik. Tadelswert ist, dass damit eine geldhungrige Industrie von Unterhändlern und Rechtsanwälten aufrechterhalten wird, die bis zu 30 % des Geldes behält, das sie für ihre Mandanten erstreitet. Vor allem aber kann der Staat keine vergleichbar große Summe in andere politische Projekte investieren, die für die Verbesserung der Lebensbedingungen der ärmsten und bedürftigsten Teile der brasilianischen Bevölkerung dringend notwendig wären.[310]

Es ist wichtig zu bemerken, dass es außer den klassischen Funktionen der Wiedergutmachung in Form von Wiederherstellung (Maßnahmen, die den *status quo ante* der Opfer durch die Zurückerstattung ihrer politischen Rechte, Freiheit, Arbeitsstelle, Begünstigungen, Vermögen usw. wiederherstellen), Schadensersatz (Maßnahmen, die dazu dienen, den erlittenen Schaden auszugleichen, wobei der Ersatz nicht nur wirtschaftlicher, sondern auch körperlicher und seelischer Art sein kann) und Rehabilitation (Maßnahmen, die dazu bestimmt sind, die ärztliche, psychologische, und juristische Versorgung der Opfer zu gewährleisten),[311] noch die Bemühung zur

---

de Transição, 2009, S. 12 ff.; *P. Abrão/M. Torelly*, The Reparations Program as the Lynchpin of Transitional Justice in Brazil, in: Transitional Justice: Handbook for Latin America, 2011, S. 443 ff. Zu einer genaueren und kritischen Analyse über den Schutz der Opfer vor den während des Militärregimes entstandenen Schäden s. auch *R. Longhi*, A proteção das vítimas no caso brasileiro: da reparação civil e outras medidas (Leis n. 9.140/95 e n. 10.559/2002), in: Revista Anistia Política e Justiça de Transição, 2013, S. 108 ff.

309 *P. Abrão/M. Torelly*, The Reparations Program as the Lynchpin of Transitional Justice in Brazil, in: Transitional Justice: Handbook for Latin America, 2011, S. 461 f.

310 *E. Gaspari*, O bolsa ditadura tornou-se uma indústria, in: O Globo, 28. Juni 2009.

311 Zu dieser Art von Schadensersatz, der durch die *Transitional Justice* angewendet werden sollte, s. *P. de Greiff*, Justice and Reparations, in: Handbook of Reparations, 2006, S. 1 ff.; *K. Ambos*, The Legal Framework of Transitional Justice, in: Building a Future on Peace and Justice, 2008, S. 37–39. Zur Wiederherstellung und zum Schadenersatz s. auch *J. M A. Varela*, Das obrigações em Geral, 2000, S. 878, insb. Anm. 3. Nach *Paulo Abrão* heißt es: „Die Wiedergutmachung beschränkt sich in Brasilien nicht nur auf die wirtschaftliche Dimension. Die Gesetze sehen unter anderem andere Rechte vor, wie: die Erklärung zum ‚politisch Amnestierten'; die Anrechnung der Zeit auf die Rente; die Möglichkeit zur Wiederaufnahme von Studien an öffentlichen Universitäten; die Anerkennung von Universitätsdiplomen, die im Ausland erworben wurden; das Aufsuchen von sterblichen Resten der aus politischen Gründen Verschollenen." *P. Abrão*, Direito à verdade e à justiça na transição política brasileira, in: Os direitos da transição e a democracia no Brasil, 2012, S. 61 (Übersetzung *L. J. S.*).

Realisierung von *symbolischen Reparationen*, d. i. nicht einfach wirtschaftlichen oder „moralischen" Wiedergutmachung,[312] gibt, die *De Greiff* „öffentliche Genugtuung und Garantie der Nichtwiederholung" nennt.[313]

Dabei handelt es sich um die öffentliche Anerkennung, dass an dem Opfer missbräuchliche und kriminelle Praktiken von Seiten der staatlichen politischen Repression ausgeübt wurden; um die Bitte zur staatlichen Entschuldigung; um erzieherische Handlungen zum Gedenken und zur „Wahrheitsfindung" (wie die Aktionen von den „Karawanen der Amnestie", dem „Mahnmal zur Amnestie" und das Projekt „Zeichen des Gedenkens") usw. Alle diese Initiativen haben u.a. die Absicht, den politisch Verfolgten eine Stimme zu geben, indem sie die Gelegenheit haben, ihre Version der Ereignisse zu erzählen und sich damit des langjährigen Stigmas zu entledigen, das ihnen von den Militärs auferlegt wurde, als sie zu Terroristen und Subversiven erklärt wurden.

---

312 *P. Abrão/M. Torelly*, The Reparations Program as the Lynchpin of Transitional Justice in Brazil, in: Transitional Justice: Handbook for Latin America, 2011, S. 461.

313 *P. de Greiff*, Justice and Reparations, in: Handbook of Reparations, 2006, S. 1 ff.

Tabelle 2: Gesetzliche Maßnahmen zur Wiedergutmachung in Brasilien, Regierungsakte. Quelle P. Abrão/M. Torelly, *The Reparations Program as the Lynchpin of Transitional Justice in Brazil, in: Transitional Justice: Handbook for Latin America, 2011, S. 453–457 (Übersetzung* L. J. S.*).*

Ausnahme- und Repressionsmaßnahmen	**Hauptsächlich verletzte Menschenrechte**	**Art der Wiedergutmachung**	**Vorgesehen Rechte**	**Gesetz Nr. 10.559/02**
Politisch Verfolgte und von den Akten *latu sensu* Betroffene	Allgemeine Grundrechte und -Freiheiten	Öffentliche Genugtuung und Garantie der Nicht-Wiederholung	Erklärung des Stands des politisch Amnestierten*	Art. 1, I
Erzwungenes Verschwinden	Recht auf Leben oder auf ein Lebensziel	Schadensersatz und	Einmalige Wiedergutmachungsz ahlung auf Grund des Verschwindens und	Art. 11**
	Öffentliche Freiheiten und politische Rechte	Schadensersatz und	Wiedergutmachungszahlung einmalig oder monatlich für die im Leben erduldete politische Verfolgung*** und	Art. 1, II i. V. m. Art. 9, Einzelpara-graph****
	Bürgerliche, kulturelle und religiöse Rechte	öffentliche Genugtuung und Garantie der Nicht-Wiederholung	Recht zum Auffinden, Identifizieren und zur Übergabe der sterblichen Reste	Art. 4, II
Tote	Recht auf Leben	Schadensersatz und	Einmalige Wiedergutmachungszahlung auf Grund des Todes und	Art. 11**
	Öffentliche Freiheiten und politische Rechte	Schadensersatz	Wiedergutmachungszahlung einmalig oder monatlich** für die im Leben erduldete politische Verfolgungen	Art. 1, II i. V. m. Art. 9, Einzelparagraph

Ausnahme- und Repressionsmaßnahmen	**Hauptsächlich verletzte Menschenrechte**	**Art der Wiedergutmachung**	**Vorgesehen Rechte**	**Gesetz Nr. 10.559/02**
Gefolterte	Recht auf körperliche und seelische Unversehrtheit	Schadensersatz	Einmalige Wiedergutmachungszahlung	Art. 1, II i. V. m. Art. 2, I
Willkürlich Verhaftete	Recht auf Freiheit und einen angemessenen Prozess	Schadenersatz und Wiederherstellung	Wiedergutmachungszahlung einmalig oder monatlich und Anrechnung der Zeit auf die gesetzliche Altersversorgung	Art. 1, II i. V. m. Art. 2, I Art. 1, III
Willkürlich oder zwangsweise vom öffentlichen Arbeitsverhältnis Entfernte, mit oder ohne politischen Grund, mit oder ohne Behinderung auch im zivilen Leben, eine bestimmte berufliche Tätigkeit auszuführen	Recht auf ein Lebensprojekt, auf berufliche Freiheit, auf Gedankenfreiheit, auf Koalitionsfreiheit	Wiederherstellung oder Schadensersatz und Wiederherstellung und Rehabilitation	Reintegrierung/ Garantie der Neueinstellung, Beförderung während der Untätigkeit oder finanzielle Wiedergutmachung mittels monatlicher Zahlungen Anrechnung der Zeit im Sinne des Sozialversicherungsrechts Indirekte Bezüge, die von der öffentlichen Verwaltung für ihre Angestellten oder Beamten vorgesehen werden (Versicherungen, ärztliche, zahnärztliche und klinische Versorgung, Baufinanzierungen)	Art. 1, II, V i. V. m. Art. 2, IV, V, IX, XI Art. 1, III Art. 14

Ausnahme- und Repressionsmaßnahmen	Hauptsächlich verletzte Menschenrechte	Art der Wiedergutmachung	Vorgesehen Rechte	Gesetz Nr. 10.559/02
Willkürlich oder zwangsweise vom privaten Arbeitsverhältnis Entfernte	Recht auf ein Lebensprojekt, auf berufliche Freiheit, auf Gedankenfreiheit, auf Koalitionsfreiheit	Schadensersatz und Wiederherstellung	Finanzielle Wiedergutmachung mittels monatlicher Zahlungen und Anrechung der Zeit im Sinne des Sozialversicherungsrechts	Art. 1, II, i. V. m. Art. 2, VI, XI Art. 1, III
An einen anderen Ort der Berufsführung Strafversetzte, die damit gezwungen wurden, ihren Wohnort zu ändern	Recht auf Sicherheit am Arbeitsplatz, auf berufliche Freiheit, auf Gleichbehandlung	Schadensersatz	Wiedergutmachungszahlung einmalig oder monatlich	Art. 1, II und Art. 2
Bestrafte mit Verlust der auf Grund ihrer Verwaltungskarriere im Arbeitsvertrag garantierten Einkommen oder Teile dessen	Recht auf Arbeitslohn und auf Gleichbehandlung	Schadensersatz und Wiederherstellung	Finanzielle Wiedergutmachung mittels monatlicher Zahlungen und Anrechung der Zeit im Sinne des Sozialversicherungsrechts	Art. 1, II und Art. 2 III, XII Art. 1, III
Diejenigen, denen es versagt war, ihr Amt nach der Auswahl durch eine öffentlichen Ausschreibung anzutreten	Politische Rechte	Schadensersatz und Wiederherstellung	Finanzielle Wiedergutmachung mittels monatlicher Zahlungen und Anrechung der Zeit im Sinne des Sozialversicherungrechts	Art. 1, II und Art. 2, XVII Art. 1, III

Ausnahme- und Repressionsmaßnahmen	Hauptsächlich verletzte Menschenrechte	Art der Wiedergutmachung	Vorgesehen Rechte	Gesetz Nr. 10.559/02
Zwangsweise in den Ruhestand versetzte öffentliche Angestellte und Beamte	Recht auf Gleichbehandlung	Schadensersatz	Finanzielle Wiedergutmachung mittels monatlicher Zahlungen	Art. 1, II und Art. 2, I, XII
Zum Untertauchen gezwungene	Recht auf Freiheit, auf Identität, auf ein Lebensprojekt	Schadensersatz und Wiederherstellung	Wiedergutmachungszahlung einmalig oder monatlich und Anrechung der Zeit im Sinne des Sozialversicherungsrechts	Art. 1, II und Art. 2, I, IV, VII
Verbannte	Recht auf Nationalität, auf Freiheit, auf ein Lebensprojekt, auf ein Zusammenleben mit der Familie	Schadensersatz und Wiederherstellung und Wiederherstellung	Wiedergutmachungszahlung einmalig oder monatlich und Anrechung der Zeit im Sinne des Sozialversicherungsrechts und Anerkennung der im Ausland erworbenen Diplome	Art. 1, II und Art. 2, I, VII Art. 1, III Art. 1, IV
Exilierte	Recht auf Freiheit, auf ein Lebensprojekt, auf ein Zusammenleben mit der Familie	Schadensersatz und Wiederherstellung und Wiederherstellung	Einmalige Wiedergutmachungszahlung Anrechung der Zeit im Sinne des Sozialversicherungsrechts	Art. 1, II und Art. 2, I, VII Art. 1, III Art. 1, IV

Ausnahme- und Repressionsmaßnahmen	**Hauptsächlich verletzte Menschenrechte**	**Art der Wiedergutmachung**	**Vorgesehen Rechte**	**Gesetz Nr. 10.559/02**
Politiker, deren Mandat zwangsweise aufgehoben wurde	Politische Rechte	Schadensersatz und Wiederherstellung	Einmalige Wiedergutmachungszahlung Anrechung der Zeit im Sinne des Sozialversicherungsrechts	Art. 1, II und Art. 2, VII, XIV Art. 1, IV
Politiker, deren Diäten auf Grund der Aufhebung ihres Mandats gestrichen wurden	Recht auf Gleichbehandlung und auf Arbeitslohn	Wiederherstellung	Anrechung der Zeit im Sinne des Sozialversicherungsrechts	Art. 2, XIII
Strafgerichtlich oder verwaltungsgerichtlich Verfolgte, mit oder ohne Disziplinarstrafen	Recht auf Freiheit, auf ein angemessenes Verfahren und auf Verteidigung	Schadensersatz	Einmalige Wiedergutmachungszahlung	Art. 1, II und Art. 2, I, VII
Exilierte, untergetauchte, gefangene, gefolterte oder von jedweden Ausnahmehandlungen betroffene Kinder und Enkel	Recht auf ein Lebensprojekt, auf Freiheit, auf ein Zusammenleben mit der Familie, auf körperliche und seelische Unversehrtheit	Schadensersatz und Wiederherstellung	Einmalige Wiedergutmachungszahlung Anrechung der Zeit im Sinne des Sozialversicherungsrechts	Art. 1, II i. V. m. Art. 2, I Art. 1, IV
Illegal Überwachte******	Recht auf Privatsphäre	Schadensersatz	Einmalige Wiedergutmachungszahlung	Art. 1, II i. V. m. Art. 2, I

Ausnahme- und Repressionsmaßnahmen	**Hauptsächlich verletzte Menschenrechte**	**Art der Wiedergutmachung**	**Vorgesehen Rechte**	**Gesetz Nr. 10.559/02**
Andere Ausnahmemaßnahmen im weitesten Sinne des Wortes	Allgemeine und politische Grundrechte	Schadensersatz	Einmalige Wiedergutmachungszahlung	Art. 1, I und II i. V. m. Art. 2, I
Studenten	Recht auf Bildung und ein Lebensprojekt	Wiederherstellung Rehabilitation	Recht auf Einschreibung auf einer öffentlichen Schule zwecks Schulabschluss	Art. 1, II

* Die Erklärung zum politisch Amnestierten ist ein Akt der Anerkennung der Opfer und ihrer Rechte auf Widerstand. Sie ist eine Bedingung für alle weiteren Wiedergutmachungen des Gesetzes 10.559/02. Das Opfer muss sie selbst beantragen oder sie muss von einem seiner Rechtsnachfolger oder Abhängigen beantragt werden (Art. 2, § 2 des Gesetzes Nr. 10.559/02)

** Der Schadensersatz, der in diesem Gesetz vorgesehen ist, wird an die folgenden Personen und in der folgenden Ordnung ausgezahlt: Ehepartner; Lebenspartner oder -partnerin; Nachkommen; Vorfahren; Verwandte eine Seitenlinie: bis zum 4. Grad (Art. 10 des Gesetzes Nr. 9.140/95)

*** Im Fall des Todes des politisch Amnestierten, fällt das Recht auf Schadensersatz seinen Erben zu. Im bewiesenen Fall des Verlustes des Arbeitsplatzes aufgrund der Verfolgung ist ein Schadensersatz auf der Basis von monatlichen Zahlungen vorgesehen. In den anderen Fällen gibt es eine einmalige Zahlung. Der im Gesetz Nr. 10.559/02 vorgesehene Schadensersatz (einmalig oder monatlich Wiedergutmachungszahlungen) sind nicht kumulativ. Der Schadensersatz kann neben den Wiederherstellungen und Rehabilitationen bestehen, ausgenommen, er wird durch eine monatliche Zahlung ersetzt, die nicht mit der Reintegrierung am Arbeitplatz zusammen geschehen kann. Der Schadensersatz des Gesetzes Nr. 10.559/02 kann zusammen mit denen des Gesetzes Nr. 9.140/95 bezahlt werden.

**** Alle finanziellen Wiedergutmachungen in Form von Schadensersatz nach dem Gesetz Nr. 10.559/02 haben das Recht auf Einkommenssteuerfreiheit.

***** Nach Auffassung der Amnestiekommission haben nur diejenigen ein Recht auf Schadensersatz, deren Überwachung zu konkreten Repressionsmaßnahmen führte.

c) Schweigen

Zwischen 1979 und 2008 herrschte ein *Diskurs für das Vergessens* über die Vergangenheit in der Diktaturzeit vor, der einem Modell von *Transitional Justice* der Amnestie oder der Vergesslichkeit entspricht.[314] Mit dem Inkrafttreten des Amnestiegesetzes wurde durch die Ausübung seiner „amnestierenden Funktion"[315] nicht nur die Strafverfolgung der staatlichen Agenten verhindert, die mit der politischen Unterdrückung betraut worden waren. Außerdem veränderte sich nicht nur das Selbstbild der Gesellschaft, der linken Revolutionäre, der Militanten sowie ihrer Mitarbeiter, auch das *Schweigen* und *Konformismus* verfestigten sich. Es wurde so getan, als ob das Land die Traumata überwunden und mit dem autoritären Legat gebrochen hätte.

Bis ungefähr zur Mitte des letzten Jahrzehnts herrschte das Denken vor, dass das Nicht-Verantwortlichmachen und das „Verzeihen" beider Seiten, die in den Streit um den Sturz oder die Aufrechterhaltung der Diktatur verwickelt waren, notwendigerweise auf „Befriedung" und „Versöhnung" in der Gesellschaft gerichtet sein sollte, da es sich um eine Gesellschaft handelte, die sich im Wandel hin zur Demokratie befand – wenn dies hier auch nicht vertieft wird, so ist es wichtig zu sagen, dass es unzählige Streitpunkte darüber gibt, was die Idee von nationaler Befriedung und Versöhnung betrifft.

In diesem Sinne sollte Brasilien keine Anstrengungen unternehmen, seine „Büchse der Pandora" zu öffnen, sondern seine Aufmerksamkeit auf den Aufbau einer friedlichen und versöhnlichen Zukunft, frei vom Revanchismus richten. Das neue Regime sollte die Unrechtmäßigkeit der Handlungen des vorhergehenden Regimes anerkennen und eine Art von Wiedergutmachung an seinen Opfern üben, unter der Bedingung jedoch, dass es von der Pflicht absähe, Haftung zuzurechnen und die Verantwortlichen zu sanktionieren bzw. zu bestrafen, um so Konflikte und Groll zu vermeiden. Man könnte über die Vergangenheit nachdenken, „jedoch auf selektive Art, indem sie über unangenehme, unsagbare Dinge schweigen und damit die Grauzone des Verständnisses annulieren".[316] Über bestimmte Vorfälle in der Zeit der Diktatur und ihre juristischen Konsequenzen zu reden war lange Zeit (und ist es vielleicht immer noch für viele Menschen) ein Tabu oder, höchstens, ein unterdrücktes geflüstertes Gerücht.[317]

---

314 *D. Dimoulis*, Justiça de transição e função anistiante no Brasil, in: Justiça de transição no Brasil, 2010, S. 94; *A. L. Sabadell/D. Dimoulis*, Anistia: a política além da justiça e da verdade, in: Acervo, 2011, S. 82. Zum „juristischen Diskurs des Vergessens" vgl. *R. Bergalli*, 1999, S. 5, zitiert bei *R. E. Rojo*, La justice pour exorciser les démons et conjurer les peurs des Argentins, 2004, S. 3.

315 *D. Dimoulis*, Die Begnadigung in vergleichender Perspektive: Rechtsphilosophische, verfassungs- und strafrechtliche Probleme, 1996, S. 154; *ders.*, Justiça de transição e função anistiante no Brasil, in: Justiça de transição no Brasil, 2010, S. 93.

316 *D. Rollemberg*, "Memórias no exílio, memórias do exílio", in: As Esquerdas no Brasil: Revolução e democracia, 2007.

317 *L. J. Swensson Jr*, Breves reflexões sobre a justiça de transição no Brasil, in: Revista Brasileira de Estudos Constitucionais, 2008, S. 130 f.

Es ist schwierig, die Gründe für dieses Schweigen und diesen Konformismus festzustellen. (a) Es handelte sich um eine langsame, sichere und schrittweise Öffnung – in der eine Abrechnung deshalb nicht möglich gewesen ist, weil die Militärs, welche die „Entspannung" kontrollierten, drohten. Später sei es auch nicht möglich gewesen, weil die zivilen konservativen Politiker früher mit der Diktatur paktiert hätten und deswegen eine Abrechnung verhinderten. (b) Es bestand die Furcht vor einem Rückfall in den Autoritarismus. (c) Es besteht eine angenommene (und zweifelhafte) Passivität in der Gesellschaft, die dem brasilianischen Volk als Eigenheit zugeschrieben wird – was ein Mythos ist, der von der optimistisch gefärbten Propaganda des Militärregimes verbreitet wurde. Danach entspringt das Desinteresse an einer Vergangenheitsbewältigung dem politischen Willen breiter Bevölkerungsschichten.

Von Seiten der Opfer und ihrer Familien ist einerseits ein gewisses Schweigen zu vernehmen, nicht nur auf Grund des Wunsches, die Vergangenheit hinter sich zu lassen und die Wunden nicht wieder aufzureißen, sondern auch aus Angst vor Repressalien und aufgrund der Drohungen, die von Teilen der alten Mitarbeiter des Regimes ausgehen. Andererseits sind Aussagen von einem Großteil der Linksorganisationen und verschiedener ehemaliger Guerrilleiros zu hören, die öffentlich ihre Handlungen und Handlungsgründe darlegen, indem sie auch, in einigen Fällen jedenfalls, Selbstkritik üben und ihre Haltungen reflektieren. Überdies wurde eine bestimmte Anzahl von Anklagen erhoben, die nicht nur in den Darlegungen einzelner Personen zu finden sind, sondern auch Gegenstand von wichtigen Forschungsarbeiten wurden, deren Autoren mit Nichtregierungsorganisationen aus Brasilien und dem Ausland zusammenarbeiteten.[318]

Von Seiten der Militärs herrscht bisher ein „Pakt des Schweigens" und die Verleugnung oder, in einigen Ausnahmefällen, sind polemische Äusserungen wie „Pflichterfüllung" oder „Heldentum" zu hören.[319] Diese Verleugnung kann z. B. an den Aus-

---

318 Unter ihnen befinden sich der Bericht von *Amnesty International, „Report on allegations of torture in Brazil"*, der 1972 veröffentlicht und bis 1976 immer wieder aktualisiert wurde; die Berichte des Projekts *„Brasilien: nie wieder"* (*„Brasil: nunca mais"*), das vom Erzbistum in São Paulo realisiert wurde; das von der Kommission von Angehörigen der aus politischen Gründen Ermordeten und Vermissten und von anderen Menschenrechtsorganisationen zusammengestellte *„Dossier über die seit 1964 aus politischen Gründen Ermordete und Vermisste"* (*„Dossiê dos mortos e desaparecidos políticos a partir de 1964"*); die Mitteilungen des „Brasilianischen Instituts für Kriminalwissenschaften" (*„Instituto Brasileiro de Ciências Criminais"* – IBCCRIM) an das deutsche Max-Planck-Institut über die strafrechtliche Behandlung der Vergangenheitsbewältigung nach dem Wechsel des politischen Systems in Brasilien, und weitere.

319 *R. L. Santos/V. Brega Filho,* Os Reflexos da "judicialização" da repressão política no Brasil no seu engajamento com os postulados da justiça de transição, in: Revista Anistia Política e Justiça de Transição, 2009, S. 160; *A. P. Scinocca*, Câmara tentará punir tenente que confessou tortura, in: O Estado de S. Paulo, 6. Dezember 2008; *L. Ferraz*, "Ele não se arrepende", diz mulher de Ustra, in: *Folha de S. Paulo*, 13. August 2008.

sagen der Militärs, von denen viele Schlüsselpositionen in den Informations- und politischen Repressionsorganen während des Militärregimes innehatten, abgelesen werden, die sich in dem Werk „*Os Anos de Chumbo: a memória militar sobre a repressão*“ wiederfindet.[320] Wenn sie über die Folterfrage spreche sollten, wurde berichtet:

> „Für einige hat sie nie existiert oder war eine ‚Erfindung‘ der Linken um ihrer eigenen Verräter zu rechtfertigen. Für andere gab es sie in den Anfängen und vereinzelt, sehr ‚leicht‘, im Vergleich Brasiliens mit anderen Ländern. Für eine dritte Gruppe haben Episoden bestanden und sie müssten auf zweierlei Arten verstanden werden: als Auswirkungen eines Krieges, die nicht zu kontrollieren waren und als Handlungen von Leuten mit gestörter Persönlichkeit. Niemals wurden sie als eine institutionalisierte Praxis verstanden. Es gibt auch noch diejenigen, die versuchen, die Folterungen zu relativieren und die argumentieren, dass die Art und Weise, wie die Verhöre durchgeführt wurden, von Seiten der Linken in ihren Aussagen maßlos übertrieben wurden.“[321]

Auch wenn es bequemer wäre, den Autoritarismus als außerhalb der Gesellschaft stehend anzusehen, ihn auf den Staat und seine manipulierenden Führer zu begrenzen, so ist es wichtig und notwendig zuzugeben, dass die brasilianische Diktatur nie ausschließlich militärisch, sondern auch zivil war.[322] Als gesellschaftliche Konstruktion hatte sie all diese Jahre hindurch gerade durch ihre Werte, ihre Bezüge und ihre politische Kultur Bestand, die in der Gesellschaft verbreitet waren (und immer noch verbreitet sind).[323]

Innerhalb der Linken besteht heute Einigkeit darüber, dass die Botschaft derjenigen, die die Diktatur entweder auf friedliche Weise durch Proteste oder durch den bewaffneten Kampf bekämpften, in der öffentlichen Meinung während der Diktatur wenig Widerhall fand und sie auch deshalb scheiterten.[324] Welche Gründe sprechen dafür? Die Zensur, die den Medien auferlegt wurde?[325] Das ist unwahrscheinlich. Auch wenn es die Zensur gab, so wurde doch Nachrichten über Kämpfe

---

320 *M. C. D'Araújo/G. A. D. Soares/C. Castro*, Os Anos de Chumbo: a memória militar sobre a repressão, 1994.

321 a. a. O., S. 26. (Übersetzung *L. J. S.*).

322 *Denise Rollemberg* (Memórias no exílio, memórias do exílio, in: As Esquerdas no Brasil: Revolução e democracia, 2007) spricht über eine „Zivil-Militär-Diktatur“ in Brasilien. Trotzdem ist es richtig zu behaupten, dass die Diktatur in Brasilien vor allem eine Militärdiktatur war, wenn man in Betracht zieht, dass alle Staatspräsidenten dieser Epoche dem Militär angehörten und alle Unterdrückungsmaßnahmen von den Militärs durchgeführt wurden.

323 Ebd.

324 Vgl. *S. Da-Rin* (Regisseur), "Hércules 56", Brasilien 2006 (Dokumentarfilm).

325 In diesem Sinne *M. T. R. A. Moura/M. Zilli/F. G. Monteconrado*, A justiça de transição no Brasil: um caminho ainda a se percorrer, in: Anistia, justiça e impunidade, 2010, S. 153.

zwischen dem Militärregime und seinen Gegnern veröffentlicht, z. B. über Aktionen der Guerrilla, Banküberfälle;[326] die Verhaftung von Studenten während heimlicher Versammlungen, wie beim Anlass des heimlichen Kongresses der Nationalen Studentenvereinigung in Ibiuna; die Entführung von Botschaftern zum Tausch von politischen Gefangenen, wie von der ALN oder MR-8 realisierte Entführung des nordamerikanischen Botschafters in Brasilien.[327] Wegen der „Subtilität des revolutionären Diskurses"?[328] Das ist noch unwahrscheinlicher. Was gibt es subtiles an bewaffneten Aktionen, unabhängig davon, ob diese in der Stadt oder auf dem Land durchgeführt werden? Wegen der ideologischen Manipulation durch die Propaganda (im negativen Sinn) und der „Erziehungsaktionen" des Militärregimes? Das bietet auch keine Antwort. Wenn man die Unterstützung des autoritären Regimes durch die Gesellschaft einfach auf die Propaganda oder die Erziehungsaktionen zurückführt, wird der These zugestimmt, dass der Wille der Personen nicht nur von diesen Aktionen beeinflusst, sondern sogar bestimmt wurde. Dies war nicht der Fall.

In der vorliegenden Arbeit wird die Auffasung vertreten, dass sich die öffentliche Meinung im Diskurs über die Diktatur auf die Tatsache gründet, dass sich die Zivilgesellschaft selbst im Allgemeinen nicht für die Diktatur interessierte und die Diskussionen nicht hören wollte, weil sie das Regime unterstützte und sich mit ihm mehr oder weniger identifizierte. Es war so, wie es das Sprichwort sagt, das *Victor Hugo* zugeschrieben wird: Zwischen einer Regierung, die Schlechtes tut und dem Volk, das damit einverstanden ist, gibt es eine gewisse beschämende Komplizenschaft.

3. Die Straflosigkeit der staatlichen Kriminalität in der Neue Republik: Amnestie, Verjährung und die Forderung nach der Achtung vor dem Gesetz

In einem demokratischen Rechtsstaat beruht das Modell der strafrechtlichen Verantwortlichkeit für die vergangene Staatskriminalität auf der *Achtung vor dem Gesetz*. Mit anderen Worten, die Entscheidung über die strafrechtliche Verantwortung (oder über die Straflosigkeit) wird auf der Basis von positiven gesetzlichen Kriterien gefällt, die, im Prinzip, in ihrer Mehrheit einem Verhalten entsprechen, das von den Institutionen erlaubt und unter moralischen Gesichtspunkten gerechtfertigt ist. Es geht hier, wie bereits erwähnt, um eine Entpersönlichung bzw. Vergesetzlichung der Staatsmacht, wobei die Gesetzmäßigkeit der Verwaltung, der Vorrang des Gesetzes und der Vorbehalt des Gesetzes überwiegen sollten. Anders als im diktatorischen

---

326 Vgl. *M. Magalhães*, Marighella: o guerrilheiro que incendiou o mundo, 2012, S. 452 ff.

327 Vgl. *F. Gabeira*, O que é isso, companheiro? (1979), 1996.

328 Vgl. *M. T. R. A. Moura/M. Zilli/F. G. Monteconrado*, A justiça de transição no Brasil: um caminho ainda a se percorrer, in: Anistia, justiça e impunidade, 2010, S. 153.

Unrechtsstaat ist der Unterschied zwischen einem Institutions- und einem rechtskonformen Verhalten in einem demokratischen Rechtsstaat geringer (oder sollte es wenigstens sein). Das durch gesellschaftliche Regeln von der Institution erlaubte/verbotene Verhalten hat die Tendenz, auch vom gesetzten Recht erlaubt/verboten zu sein.

Es ist richtig, dass der Richter nicht allein auf Grund des Gesetzes entscheidet. Er muss sich an Auslegungsmethoden, logischen Argumenten (Analogie, *ad contrarium, a fortiori* usw.), an andere Gesetze des Rechtssystems zur Einheit der Rechtsordnung (z. B. Kollisionsregeln), an Rechtsprinzipien in der Verfassung, an den Folgen der Entscheidung usw. orientieren. Zum geschriebenen Gesetz kommen noch alle die Aufgaben, die sich aus seiner Interpretation/Anwendung ergeben, hinzu. Trotzdem ist der Staat innerhalb eines demokratischen Rechtssystems nur unter den gesetzlich bestimmten Voraussetzungen zu strafen befugt, die sowohl aus den Vorschriften über die Strafverfolgung (Strafverfahrensrecht), als auch aus den Anordnungen über die Rechtsstellung der Gefangenen und darüber, wie die Freiheitsstrafe zu vollziehen ist (Strafvollzugsrecht), bestehen.

Nach dem Inkrafttreten des Amnestiegesetztes vom 28. August 1979 hat sich eine Wandlung der (juristischen) Rechtfertigung zur Straflosigkeit der Scharfrichter der Diktatur vollzogen. Von nun an sollte die Straflosigkeit für die staatliche Kriminalität in der Neuen Republik nicht aus dem Grund geschehen, weil sich die verschiedenen Unterdrückungshandlungen auf Gesetze stützten, die von der Diktatur erlassen worden waren (Gesetztesusurpation) oder weil die Strafgesetze, die eine strafrechtliche Verantwortung für die praktizierten unerlaubten Handlungen vorsahen, nicht respektiert wurden (Gesetzesbruch).[329] Das juristische Hauptargument, das benutzt wurde, um die Straflosigkeit zu gewähren, war jetzt die *Amnestie*, und, später auch die *Verjährung*, wie sie das Gesetz vorsieht.

Im brasilianischen Strafgesetzbuch sind zwei Gründe für die Aufhebung der Strafbarkeit zu finden, um die Bestrafung der Verbrechen der Diktatur prinzipiell zu verhindern. Erstens: Die Amnestie, die im Art. 107, II des Strafgesetzbuches vorgesehen ist. Zweitens: Das Ablaufen der Verjährungsfrist (Art. 107, IV und Art. 109 Strafgesetzbuch). Die Verjährungsfrist beträgt zwanzig Jahre bei Taten, die im Höchstmaß mit einer Freiheitsstrafe von mehr als zwölf Jahren geahndet werden.

---

329 Es gibt verschiedene Fälle von nicht Bestrafung, die sich auf die Zeit nach dem Amnestiegesetz beziehen und die noch nicht verjährt sind, wie z. B. der Fall „*Riocentro*". Wie Silva Filho berichtet: „Von 1977 bis 1981 [...] geschahen ungefähr 100 Attentate im ganzen Land, die ohne strafrechtliche Untersuchung der Verantwortung ihrer Urheber blieben. Die Vorfälle, die bekannt wurden, waren verantwortlich für die Bombe, der die Sekretärin der Anwaltskammer OAB, Lyda Monteiro da Silva, im August 1980 zum Opfer fiel und für die Bombe im Riocentro im April 1981. Während der Diktaturregierung von João Batista Figueiredo wurden Zeitungsstände angezündet, um sie daran zu hindern, Schriften der Linken zu verbreiten." *J. C. M. Silva Filho*, O Julgamento da ADPF 153 pelo Supremo Tribunal Federal e a Inacabada Transição Democrática Brasileira, 2010, S. 21 (Übersetzung *L. J. S.*).

Nach der herrschenden Lehre ist Amnestie der staatliche Akt, normalerweise der gesetzgebenden Gewalt, durch den der Staat auf die Auferlegung von Sanktionen verzichtet oder die schon ausgesprochenen löscht.[330] Was speziell die strafrechtliche Amnestie anbelangt (im Gegensatz zu steuerlichen und sozialversicherungsrechtlichen Amnestien),[331] so hat diese zur Folge: (a) die Bestrafung in den Fällen, in denen schon eine Verurteilung durch ein Strafgericht vorlag, zu vermeiden; (b) einen rechtsanhängigen Prozess zu löschen, in dem die gerichtlich zur Verantwortung gezogen Personen noch nicht verurteilt wurden; (c) zu verhindern, dass ein Prozess überhaupt angestrengt wird, in den Fällen, in denen die unter dem Verdacht von begangenen Straftaten stehenden Individuen noch nicht gerichtlich zur Verantwortung gezogen wurden.

Die Amnestie – die, wie „Amnesie", vom griechischen Wort *amnēstía* abstammt und „Vergessen" bedeutet – schafft eine juristische Fiktion, nach der die kriminellen Handlungen so angesehen werden, als ob sie nie praktiziert worden wären.[332] Es ist

---

330 S. dazu, mit weiteren Literaturhinweisen, *L. J. Swensson Jr*, Anistia Penal: problemas de validade da lei de anistia brasileira, 2007, S. 141 ff. Vgl. auch *D. Dimoulis*, Anistia, in: Dicionário brasileiro de direito constitucional, 2012, S. 38 f.

331 Bei der Steueramnestie und der Amnestie in Bezug auf die Sozialversicherung handelt es sich um die Amnestie, die Verstöße der Steuerzahler gegen Verwaltungsnormen, aber keine Straftaten oder Vergehen löscht (Art. 165, § 6 und Art. 195, § 11 der brasilianische Bundesverfassung; Art. 180 und 182 des Steuergesetzbuches). Sie hat zum Ziel, die Steuerlast der Unternehmen zu erleichtern und wird durch ein spezifisches Gesetz durch den Gesetzgeber (bundesweit, landesweit oder auf Gemeindeebene) erteilt, der die Steuer oder Abgabe verfügt hat (Art. 150, § 6 CF). Zur Amnestie von Abgaben an das Sozialversicherungssystem s. *T. S. Ferraz Jr*, Remissão e anistia fiscais, in: Revista Dialética de Direito Tributário, 2003, S. 67 ff.

332 S. dazu *Aníbal Bruno*: „Die Amnestie ist eigentlich nicht dazu da, jemanden zu begünstigen: was sie erreicht, ist, dass die Straftat *erlischt* und damit die Täter von der Strafe ausgeschlossen werden". *Ders.*, Direito Penal, 1967, S. 201. *Rui Barbosa* erklärt: „Indem sie [die Amnestie] auf das Delikt zurückführt, schafft sie dessen kriminellen Charakter ab und unterschlägt die Strafhandlung selbst. [...] außer der Löschung des eigentlichen Deliktes werden die Dinge so wieder in den Zustand versetzt, als ob die Strafhandlung nie geschehen wäre". *Ders.*, Comentários à Constituição Federal Brasileira, 1933, S. 442 f. *Pontes de Miranda* sagt, dass „der Zweck der Amnestie der gleiche des Strafgesetzes unter gewechselten Vorzeichen ist" und fügt hinzu: „man vergisst die Straftat mit dem Ergebnis, dass ihr keine Folgen im materiellen Recht oder im Prozessrecht zugerechnet werden können. Die Tat geschieht; jetzt, wenn man in die Vergangenheit zurückgeht, geschieht juristisch, dass die Tat *verschwindet, nicht mehr existiert, nicht ist.* Kann die Legislative das Amnestiegesetz widerrufen? [...] Ja und nein. Ja, denn es ist immer möglich, Gesetze zu widerrufen; nein, da ihre Folgen nicht widerrufbar sind [...]. Kurzum: die Amnestie kann widerrufen, aufgehoben werden: ihre verwirklichten Folgen jedoch nicht". *Ders.*, Comentários à Constituição de 1946, 1963, S. 343 f. *Pinto Ferreira* führt aus: „Die Amnestie oder das Vergessen der Vergangenheit, wie sie unter den Griechen genannt wurde, die *lex oblivionis* der Römer, ist eine Entscheidung der

jedoch wichtig hervorzuheben, dass das „Vergessen“, das von der Amnestie zugestanden wird – wenn wir es so sagen können, um den Sinn des Wortes Amnestie zu bewahren –, *sich nur auf die Strafe und nicht auf die kriminelle Handlung und deren Missbilligung bezieht.* Was also vergessen werden soll, ist nur die Bestrafung und deren Folgen, inklusive dem Wiederholungsfall, und nicht die Straftat als solche (im normativen Sinn) oder ihre Begehung (im deskriptiven Sinn). Dies ist so, weil die Amnestie nur die *Sanktionsnorm* unanwendbar lässt und nicht die *Verhaltensnorm,* und damit die Pflicht zum Schadensersatz für die Opfer und an Dritte, die dem Straftäter zufällt, sowie andere Arten von (nicht strafrechtlicher) Verantwortlichkeit (z. B. bei einem deklaratorischen Zivilprozess oder bei einem Prozess vor der Wahrheitskommission) bestehen bleiben.[333]

Obwohl die Sanktionsnorm durch die Amnestie „vergisst“ wird („*amnēstía*“), kann auch gesagt werden, dass die Verhaltensnorm dadurch „erinnert“ wird oder erinnert werden kann, in Bezug auf einer zweiten Bedeutung der Amnestie, die mit „*anamnesis*“ verknüpft ist. „*Mnemoséyne*“, z. B., bedeutet Reminiszenz, Erinnerung.

> „Das Wort *Amnestie*“ – schreibt *Heloísa Greco* – „enthält dialektisch zwei Pole – *Erinnerung und Vergessen* – die in ihm emblematisch überlagert sind: *Anamnesis* (Reminiszenz) und *Amnesie* (Vergessen, gänzlicher oder teilweiser Verlust der Erinnerung) kreuzen sich unter immerwährender Spannung. Wenn auf der einen Seite die Etymologie – des griechischen Wortes *amnēstía*, das aus dem Wort *amnētos*, ‚vergessen‘ stammt – auf einen zweiten Begriff des zusammengesetzten Wortes hinweist (Vergessen), so kann dieser Sinn durch seinen geschichtlich politischen Inhalt entweder bejaht oder verneint und überwunden werden und damit den ersten Begriff dieser Bipolarität hervorbringen […].“[334]

Werden die Bedeutungen von *amnēstía* (Vergessenheit) und *anamnesis* (Reminiszenz) verschiedenartig angewandt, um sich auf die Sanktions- und Verhaltensnorm zu beziehen, wird das Problem der Antinomie zwischen diesen beiden gegensätzlichen und sich ausschließenden Auffassungen der Amnestie gelöst. Damit kann

---

Staatsmacht, bestimmte kriminelle Straftaten in die Vergessenheit versinken zu lassen, indem nicht nur die entsprechenden Prozesse gelöscht werden, sondern auch deren Urteile keinerlei Straffolgen haben“. *Ders.*, Anistia, in: Enciclopédia Saraiva do Direito, 1978, S. 417 (alle Zitate übers. v. *L. J. S.*).

333 A. a. O., S. 419; *C. R. Bitencourt,* Tratado de direito penal: parte geral, 2003, S. 706; *J. G. Silva,* Anistia, in: Repertório enciclopédico do direito brasileiro, 1947, S. 282; *G. Zagrebelsky,* Amnistia, indulto e grazia: profili constitucional, 1974, S. 73; *L. J. Swensson Jr,* Anistia Penal: problemas de validade da lei de anistia brasileira, 2007, S. 147 ff.

334 *H. A. Greco,* Dimensões fundacionais da luta pela anistia, 2003, S. 359 (Übersetzung *L. J. S.*). Vgl. auch *J. A. Teles,* Os herdeiros da memória: a luta dos familiares de mortos e desaparecidos políticos no Brasil, 2005, S. 106; *P. R. Cunha,* Militares e anistia no Brasil: um dueto desarmônico, in: O que resta da ditadura: a exceção brasileira, 2010, S. 17 ff.

das Amnestiegesetze sowohl Vergessenheit, Frieden und Aussöhnung (*amnēstía* der Sanktionsnorm) als auch gleichzeitig die Rücknahme des Gedächtnisses, das Recht auf die „Wahrheit" und die historische Wiedergutmachung (*anamnesis* der Verhaltensnorm) bedeuten.

Auf der anderen Seite ist die *Verjährung* eine Garantie des Strafrechts, deren Ziel es nicht ist, die Straflosigkeit zu erreichen, sondern die Bürger vor der Langwierigkeit der Prozesse vor den Gerichten zu schützen. Die Idee ist, das gegen niemanden prozessiert werden soll oder niemand unter dem unbefristeten Risiko eines Prozesses (dem einer Strafverfolgung) leben soll und dadurch sein Leben „gelähmt" oder behindert und seine Ehre in Zweifel gezogen werden soll, ohne dass die Aussicht auf einen endgültigen Spruch der Justiz besteht. *Nilo Batista* erklärt:

> „Wenn eine Straftat nicht verjährt, worin Todorov die juristische Übersetzung der Ewigkeit sah,[335] verwandelt sie sich in eine Norm, die das Wahnsinnige Ansinnen hat, aus der menschlichen Erfahrung die zeitliche Dimension herauszulassen. Der Gesetzgeber, der die Nichtverjährung vorsieht, möchte die Rollen des kriminalisierten Konflikts unter einer Glashaube erstarren lassen, er versucht, die ständig ändernde Realität zu lähmen, indem er, wie ein schläfriger Zuschauer den Film, dem er zusieht, an einem bestimmten Bild anhält. Er ist in einem gewissen Maße ein Vorreiter der idiotischen Idee des Endes der Geschichte. Kein Philosoph konnte es mit der Eleganz von Camões sagen: ‚Die ganze Welt wird von Wandlungen bestimmt / Und erwirbt so neue Qualitäten' (*Todo o mundo é composto de mudança/Tomando sempre novas qualidades*). Sucht man den Täter eines Delikts ein Vierteljahrhundert später, so findet man ihn nicht mehr; in diesem Sinne ist jede späte Strafvollstreckung ein Justizfehler."[336]

Um es zusammenzufassen: Das Gesetz Nr. 6.683 vom 28. August 1979 wurde in der Praxis überwiegend so interpretiert, dass die Amnestie nicht nur den Gefangenen und Exilierten gewährt wurde, die politische Verbrechen gegen die Diktatur

---

335 *T. Todorov*, Memória do Mal, Tentação do Bem: indagações sobre o século XX, 2002, S. 249.

336 *N. Batista*, Nota Introdutória, in: Justiça de transição no Brasil: direito, responsabilização e verdade, 2010, S. 16 (Übersetzung *L. J. S.*).

begangen haben, sondern auch den Staatsbeamten, die für die Diktatur gehandelt haben. Angesichts des Ablaufens der Verjährungsfrist und des so ausgelegten Amnestiegesetzes wird es nicht mehr möglich, die Täter der in der Vergangenheit begangenen staatsverstärkten Kriminalität strafrechtlich für ihre Handlungen verantwortlich zu machen.[337]

---

337 So war es die Amnestie, die als juristisches Argument dazu benutzt wurde, um die Gegenstandslosigkeit in der ersten Strafanzeige gegen die Folterer zu begründen, die im Februar 1976 in einem Gefängnis von Aracaju den politischen Gefangenen Milton Coelho de Carvalho blendeten. Obwohl die Straftat und die Täterschaft in den Akten des Prozesses nachgewiesen war, der im April 1980 vor dem Höchsten Militärgericht stattfand, und das Urteil diese von Sachverständigen nachgewiesenen Tatsachen anerkannte, so war doch der Strafanzeige in der ersten Instanz vom Richter nicht stattgegeben worden. *G. Mezzarobba*, Um acerto de contas com o futuro. A anistia e suas consequências – um estudo do caso brasileiro, 2003, S. 157 f.; *O. José*, Os torturadores anistiados. Como está sendo aplicada a Lei de Anistia, in: Movimento, 1980; *J. A. Teles*, As disputas pela interpretação da Lei de Anistia de 1979, in: Idéias (2010), S. 82. 138. Ein anderes Beispiel bezieht sich auf den Fall von *Vladimir Herzog*, einem bekannten Journalisten aus São Paulo, der, nachdem er sich am Morgen dem DOI-CODI vorstellte, um Aussagen zu machen, am Nachmittag tot in seiner Zelle aufgefunden wurde. Die erste Untersuchung seines Todes wurde 1976 von dem für das Militär zuständigen Bundesgericht durchgeführt und wegen Fehlen von Beweismitteln, welche eine andere Version als die des Selbstmordes hätten beweisen könnten, eingestellt. Im Jahre 1992 beantragte die Staatsanwaltschaft von São Paulo eine neuerliche Untersuchung. Trotzdem wurde die Untersuchung der Kriminalpolizei (Nr. 704/92) vom Landgericht des Bundesstaates auf Grund des *Habeas Corpus* Nr. 131.798-3/8 eingestellt, mit dem Argument, dass, wegen der Amnestie auf der Basis des Gesetzes Nr. 6693/79, ein Grund für die Aufhebung der Strafbarkeit vorliegt. Gegen diese Entscheidung wurde 1993 ein spezieller Rechtsbehelf (*Recurso Especial*) eingelegt (Nr. 33782-7 – SP), der vom *Superior Tribunal de Justiça* (STJ) nicht angenommen wurde. Nach Marlon Weichert hat das STJ einstweilig anerkannt, dass der *Habeas Corpus* geeignet war, das Verfahren einzustellen, da kein Rechtsgrund mehr dafür bestand, insofern – nach dem Urteilsspruch des Richters *José Dantas* – „die Auslöschung der Strafbarkeit durch das Amnestiegesetz sich klar zeigt." *M. Weichert*, Responsabilidade internacional do Estado brasileiro na promoção da justiça transicional, in: Memória e verdade, 2009, S. 162, Anm. 19. S. dazu *Instituto Brasileiro de Ciências Criminais – IBCCRIM*, Elaboração jurídico-penal do passado após mudança do sistema político em diversos países: relatório Brasil, 2003, S. 167 f. Zur Aussage des Journalisten Rodolfo Osvaldo Konder, der Zeuge der an Wladimir Herzog begangenen Folterungen war, siehe *Arquidiocese de São Paulo*, Brasil: nunca mais (1985), 2003, S. 257–259; *R. L. Santos/V. Brega Filho*, Os Reflexos da "judicialização" da repressão política no Brasil no seu engajamento com os postulados da justiça de transição, in: Revista Anistia Política e Justiça de Transição, 2009, S. 166 f. (alle Zitate übers. v. *L. J. S.*).

III. Die Ära der Verantwortlichkeit

1. Staatskriminalität in der Ära der Verantwortlichkeit

a) Die *Criminal Transitional Justice* Bewegung

Die Krise der Wirksamkeit der Menschenrechte[338] führt zusammen mit der Krise der Legitimität der Strafe im Strafrecht[339] zu einer starken Tendenz in der heutigen Debatte über die *Transitional Justice*: einerseits die Menschenrechte durch die Strafe zu legitimieren und andererseits durch die Strafe die Wirksamkeit der Menschenrechte zu garantieren.[340] Auf diese Art und Weise wird die *criminal prosecution* und die strafrechtliche Verantwortung für die Täter von Staatskriminalität als Stütze der *Justice*[341] der *Transitional Justice* Betrachter und, darüber hinaus, erscheint vielmals als die große Lösung für den Systemswechsel, wobei andere Elemente zurückgestellt werden müssen (*qua:* institutionelle und gesetzliche Reformen, Wiederauflebung und Aufrechterhaltung des geschichtlichen Gedenkens, moralische und finanzielle Wiedergutmachung usw.). Diese Tendenz, die sich in der Idee einer „strafrechtlichen Vergangenheitsbewältigung" (*Criminal Transitional Justice, justiça de transição penal*) verkörpert, bezieht sich also auf einen schon erwähnten *Evolutionsmechanismus des Strafrechts*, im spezifischen Sinn auf einen Versuch, die Bestrafung von staatlichen Agenten und Führungskräften auf Grund der von ihnen begangenen staatlichen Kriminalität möglich zu machen.

Um es in eine historische Perspektive zu rücken: Die Fahndung nach Verantwortung für die staatliche Kriminalität in der modernen *Transitional Justice* nimmt keinen geraden Verlauf. Wenn sie einerseits mit dem Nürnberger Militärtribunal und der entsprechenden Herausbildung des Völkerstrafrechts, das auf eine strafrechtliche Aburteilung der Beschuldigten für Völkermord, Verbrechen gegen die Menschheit und Kriegsverbrechen jenseits des nationalen Rechtsordnungen drängte, entstand, so fand sie andererseits praktisch mit dem Anspruch auf die Allgemeinheit des Völkerstrafrechts in der zweiten Nachkriegsperiode, in den 1950er-Jahren,

---

338 Vgl. *K. Sikkink*, The Age of Accountability: the Global Rise of Individual Criminal Accountability, in: Amnesty in the Age of Human Rights Accountability, 2012, S. 19 ff.

339 Vgl. *K. Günther*, Kritik der Strafe I, in: WestEnd (2004), S. 117 ff; *ders.*, Kritik der Strafe II, in: WestEnd (2005), S. 131 ff.

340 *N. Batista*, Nota Introdutória, in: Justiça de transição no Brasil: direito, responsabilização e verdade, 2010, S. 13 f.

341 In diesem Sinne s. *International Center for Transitional Justice*, ictj.org/our-work/transitional-justice-issues/criminal-justice, Zugriff: 30.4.2013; *P. Van Zyl*, Promoting Transitional Justice in Post-Conflict Societies, in: Security Governance in Post-Conflict Peacebuilding, 2005, S. 209 ff.; *G. Mezarobba*, O que é justiça de transição?, in: Memória e verdade, 2009, S. 37 ff.

ihr Ende. Mit dem Kalten Krieg und dem entsprechenden bipolaren und stabilen Machtgleichgewicht vollzieht sich der Aufbau eines politischen *Equilibrium* und gleichzeitig geraten die Fragen der *Transitional Justice* in eine Sackgasse.[342]

Wenn einerseits das Modell der strafrechtlichen Verantwortung in den ab 1989 neuen Nationen und Demokratien – mit der historischen Wiederbelebung der *Transitional Justice* nach der Zersplitterung der UdSSR und den politischen Übergängen in Afrika, Osteuropa, und Zentralamerika – auf der staatlichem Strafverfolgung beruhte (d. h. auf der Strafverfolgung, die vom Staat begangen wurden, in dessen Land die Gewalttaten geschahen, und durch die Normen des internen Rechts eingeschränkt wurde), so wurde andererseits in diesem Augenblick des *fin de siècle* wieder die universelle Strafverfolgung gefordert. Begleitet war die durch folgende Handlungen: (a) der Einrichtung von internationalen *Ad-Hoc*-Gerichtshöfen (z. B. die Einrichtung der internationalen Strafgerichtshöfe für das ehemalige Jugoslawien und für Ruanda); (b) der „gemischten" oder hybriden Tribunale (wie z. B. diejenigen im Irak, in Kambodscha, dem Kosovo, im Libanon, in Ost-Timor und Sierra Leone); (c) der fest eingerichteten internationalen Gerichtshöfe (mit der Bildung des Internationalen Strafgerichtshofs durch das Statut von Rom); (d) der Strafverfolgung in einem anderen Staat, wo die Gewalttaten geschahen, durch die Anwendung der *Weltrechtsprinzip* (Fall *Pinochet*). Daraus lässt sich der Schluss ziehen, dass die *Transitional Justice „moves from the exception to the norm to become a paradigm of rule of law"*.[343] Womit sich die These durchsetzt, dass der Staat die Pflicht hat, Täter von *international core crimes* zu verfolgen, vor Gericht zu stellen und zu verurteilen.

Am Ende des 20. Jahrhunderts verbreitet und normalisiert sich der Diskurs der *Transitional Justice*, indem er sich nicht mehr nur auf außerordentliche Übergangssituationen oder außerordentliche Bedingungen nach Konflikten bezieht, sondern als eine bestimmte Menge von Regeln betrachtet wird, die in allen Fällen und als *„a reflection of ordinary times"* angewandt wird.[344] Die politischen globalen Bedingungen der Gegenwart, die oft von einem Mangel an Stabilität und Gewalt gekennzeichnet sind (Krieg in Friedenszeiten, politische Fragmentierung, schwache Staaten, „kleine" Kriege, permanente Konflikte usw.) charakterisieren diese Phase der *Transitional Justice*.[345]

---

342 *R. Teitel*, Transitional Justice Genealogy, in: Harvard Human Rights Journal (2003), S. 70.

343 A. a. O., S. 71.

344 A. a. O., S. 90; nach *Kai Ambos heißt es*: "It is necessary to develop a common basis in international norms and standards in order to judicialize the politics of TJ". *Ders.*, The Legal Framework of Transitional Justice, in: Building a Future on Peace and Justice, 2008, S. 28.

345 Wie die von *Ruti Teitel* vorschlagende Genealogie (*dies.*, Transitional Justice Genealogy, in: Harvard Human Rights Journal [2003]).

b) *Justice Cascade*

Die Entwicklung zu dieser letzten Phase der „Genealogie" der *Transitional Justice*, die durch die zunehmende Internationalisierung der (individuellen) Strafverfolgung schwerer Menschenrechtsverletzung charakterisiert ist, wird mit einer *Ellen Lutz* und *Kathryn Sikkink* zugerechneten Benennung als *„Kaskadenjustiz"* (*Justice Cascade*) bezeichnet,[346] in Anspielung auf der Arbeit von *Cass Sunstein*, der das Vorhandensein von „Kaskaden" bei gesellschaftlichen Normen aufzeigte.[347] Es geht um einen schnellen und dramatischen Wechsel der „Legitimität" (*legitimacy*) der Normen zur individuellen strafrechtlichen Verantwortung für Menschenrechtsverletzungen und um die Zunahme der gerichtlichen Prozesse im Namen dieser Normen.

Kaskadenjustiz beschäftigt sich also mit *„collections of norm-affirming events"*, deren Folgen sich im internationalen Recht, in nationalen und internationalen Institutionen und einem sogenannten „globalen Gewissen" wie die Erschütterungen eines Erdbebens ausbreiten (*„like the aftershok of an earthquake"*).[348] Mehr als die natürliche und selbstständige Propagierung von Veränderungen (im Recht, in den Institutionen und im Bewusstsein der Menschen), soll, nach *Lutz* und *Sikkink*, das Geschehen von *Kaskadenjustiz* eher auf der bewussten Aktivität der politischen Akteure dieser globalen und durch das Internet vernetzten „Weltzivilgesellschaft" beruhen, die sich der neuen internationalen juristischen Instrumente bedient, um den Schutz und die Anerkennung der Menschenrechte sicherzustellen. Um Beispiele zu nennen: Rechtsanwälte, die sich der Sache der Menschenrechte widmen, Politiker, Regierungen, Mitglieder der organisierten Zivilgesellschaft, der Vereine von Opfern und ihren Angehörigen, von internationalen Organisationen (OEA, ONU), nationale und internationale Nichtregierungsorganisationen usw.[349] Unter den Ereignissen, die zur *Kaskadenjustiz* beitrugen, sind aufzählen:

---

346 *E. Lutz/K. Sikkink*, The Justice Cascade: The Evolution and Impacto of Foreing Human Rights Trials in Latin America, in: Chicago Journal of International Law (2001), S. 1 ff.; *K. Sikkink*, The Age of Accountability: the Global Rise of Individual Criminal Accountability, in: Amnesty in the Age of Human Rights Accountability, 2012, S. 19 ff.

347 *C. Sunstein*, Free Markets and Social Justice, 1997.

348 *E. Lutz/K. Sikkink*, The Justice Cascade: The Evolution and Impacto of Foreing Human Rights Trials in Latin America, in: Chicago Journal of International Law (2001), S. 4. "These events are discursive – the are verbal or written statements asserting the norm. We are careful to define a norms cascade as something different from changes in actual behavior, because we are interested in exploring the impact that normas have on behavioral change." A. a. O., S. 4.

349 Zum „juristischen transnationalen Aktivismus" s. *C. M. Santos*, Ativismo jurídico transnacional e o Estado: reflexões sobre os casos apresentados contra o Brasil na Comissão Interamericana de Direitos Humanos, in: Sur, Revista Internacional de Direitos Humanos (2007), S. 26 ff.

a) Die in den USA angestrengten Gerichtsverfahren gegen den ehemaligen Polizeiinspektor *Americo Norberto Peña-Irala* aus Paraguay im Jahre 1979,[350] das gegen den ehemaligen Kommandanten des Ersten Heereskorps von Argentinien (*Primer Cuerpo del Ejército*) *Carlos Guillermo Suarez-Mason* zwischen 1987 und 1989,[351] und das gegen den ehemaligen Verteidigungsminister von Guatemala, *General Hector Gramajo*, im Jahre 1991.

b) Die Gerichtsverfahren, die während der 1990er-Jahre in Frankreich, in der Schweiz und in Spanien angestrengt wurden. Zu diesen zählen der gegen den Kapitän der Marine von Argentinien, *Alfredo Astiz*, sowie das Auslieferungsgesuch, das gegen den chilenischen Diktator *Augusto Pinochet* lief und das von dem spanischen Richter *Baltazar Garzón* an Großbritannien gestellt wurde, wo sich der Diktator unter Gewahrsam befand.[352]

c) Die Einrichtung eines internationalen *Ad-hoc*-Strafgerichtshofs für das ehemalige Jugoslawien durch die Resolution 827 des UNO-Sicherheitsrats vom 25. Mai 1993 sowie für Ruanda durch die Resolution 955 vom 8. November 1994; und die Einrichtung des Internationales Strafgerichtshof (IStGH), der nur über Einzelpersonen und nicht über Staaten zu Gericht sitzen kann, durch das Römische Statut vom 17. Juli 1998, das am 1. Juli 2002 in Kraft trat.

d) Die Rechtsprechung des Interamerikanischen Gerichtshofs für Menschenrechte (IGMR) bezüglich der Nichtigkeit von Gesetzen der Selbstamnestie, die sich auf die Fälle *Barrios Altos gegen Peru* vom 14. März 2001, *La Cantuta gegen Peru* vom 29. November 2006, *Almonacid Arellano et al. gegen Chile* vom 26. September 2006, *Massacre de la Rochela gegen Kolumbien* vom 11. Mai 2007 und, was Brasilien betrifft, auf den Fall *Gomes Lund gegen Brasilien (Guerrila do Araguaia)* vom 24. November 2010 gründet.

e) Die Prozesse gegen ehemalige Diktatoren und Agenten des repressiven Regimes in Argentinien, Chile, Peru, Uruguay usw., in denen die Amnestie und die Verjährung für die begangenen Straftaten als ungültig angesehen wurden.

Wenn also zwischen 1975 und 1990 die ersten Prozesse zur individuellen strafrechtlichen Verantwortung (seit der Prozesse nach dem Zweiten Weltkrieg auf Grund der Straftaten gegen die Menschheit und dem Prozess gegen Adolf Eichmann in Jerusalem auf Grund der Straftaten gegen das jüdische Volk), die vor den Gerichten von Griechenland, Portugal, Bolivien und Guatemala stattfanden, mit extremem Argwohn betrachtet und oft auch kritisiert wurden, so stellen sie heute eine nicht zu leugnende „aktive" und weniger kritisierte Realität dar. Wenn, bis

---

350 *Filartiga vs. Peña-Irala*, 630 F2d 875 (2d Cir 1980).

351 *Forti vs. Suarez-Mason*, 672 F Supp 1531 (N D Cal 1987); *Martinez Baca vs. Suarez-Mason*, No C-87-2057 (N D Cal April 22, 1988); *de Rapaport vs. Suarez-Mason*, No C-87-2266 (N D Cal April 11, 1989).

352 Dazu *H. Ahlbrecht/K. Ambos* (Hrsg.). Der Fall Pinochet(s): Auslieferung wegen staatsverstärkter Kriminalität?, 1999; *N. Roth-Arriaza*, The Pinochet Effect: Transnational Justice in the Age of Human Rights, 2005.

vor wenigen Jahren, die Verfolgung von Staatschefs strafrechtlich ein Tabu darstellte, so ist heute öfter festzustellen, dass die Machthaber in der Welt vor Verhaftungsbefehlen flüchten, unter Hausarrest gestellt, mit der Auslieferung bedroht, in Untersuchungshaft genommen oder vor ein internationales Strafgericht gestellt werden.[353]

c) Der Schlüsselbegriff der Verantwortlichkeit, das allgemeine und allgegenwärtig Strafbedürfnis und die Transformationen (oder Krisis) des modernes Strafrecht

Was die strafrechtliche Vergangenheitsbewältigung bzw. *the Criminal Transitional Justice* betrifft, müssen mindestens drei wichtige Aspekte, die mit ihr zusammenhängen, hervorgehoben werden. Erstens: *Verantwortlichkeit* ist heute *ein Schlüsselbegriff* im Sinne einer tiefgreifenden Veränderung im Selbstverständnis und der Befindlichkeit moderner Gesellschaften. Noch nie wurde die Idee eines „verantwortlichen Subjekts", das für seine Handlungen zur Verantwortung gezogen werden muss, so weitreichend und ohne Widerspruch akzeptiert wie heute in den westlichen Gesellschaften.[354] Es handelt sich nicht nur um eine erschreckende Verbreitung und Verzettelung des Gebrauchs des Begriffs Verantwortung.[355] Die Veränderung hat vermutlich insbesondere in einer neuen Strukturierung der gesellschaftliche Kommunikation ihre Gründe, die soziale Probleme (Konflikte, Risiken, Gefahren und Schäden) so behandelt, dass sie einzelnen Personen, also Individuen zugeschrieben werden und nicht überindividuellen Strukturen und Prozessen der Gesellschaft, der Natur oder des Schicksals.[356] Das Ereignis einer handelnden Person wird also heute tendenziell anders kommuniziert. Wie *Klaus Günther* sagt, könnte hier fast von einem neuen Existentialismus gesprochen werden.[357] Immer

---

353 *S. Scheerer*, Nachteil und Nutzen kritischer Kriminologie in Zeiten des Terrorismus, in: Kriminologisches Journal, 2002, S. 37.

354 „Zu jeder Zeit gibt es einige Worte, in denen sich der objektive Geist einer Gesellschaft in höchster Verdichtung bündelt. Erkennbar wird dies nicht nur am häufigen Gebrauch dieser Worte in der Alltagskommunikation, sondern vor allem auch daran, dass dies keinen Widerspruch auslöst oder wenigstens die Frage, wer oder was denn damit gemeint sei. Gegenwärtig scheint der Begriff der ‚Verantwortung' diese Rolle innezuhaben." *K. Günther*, Strafrechtliche Verantwortlichkeit in der Zivilgesellschaft, in: Das Interesse der Vernunft, 2000, S. 465.

355 *P. Ricoeur*, O justo: ou a essência da justiça (1995), 1997, S. 53.

356 *K. Günther*, Strafrechtliche Verantwortlichkeit in der Zivilgesellschaft, in: Das Interesse der Vernunft, 2000, S. 471.

357 Nach Klaus Günther (Strafrechtliche Verantwortlichkeit in der Zivilgesellschaft, in: Das Interesse der Vernunft, 2000, S. 475): „Nicht zufällig wurde das populärste Manifest des Existentialismus, Jean Paul Sartres Essay ‚Ist der Existentialismus ein Humanismus?', in einer der heutigen unter einem Aspekt vergleichbaren Situation geschrieben: im Jahre 1946, unter dem allerdings nicht lange anhaltenden

mehr wird das Ereignis der verantwortlichen Person selbst zugeschrieben und nicht den Umständen, der Situation, anderen Personen, der Gesellschaft oder einfach dem Schicksal.

Um diese Vermutung stichwortartig zu belegen, führt *Günther* ein paar Beispiele an[358]: (a) die vielen Phänomene, die unter dem Titel „Risikogesellschaf" zusammengefasst werden, (b) die weltweite Debatte um die Privatisierung von Staatsaufgabe und die Deregulierung eines Wirtschaftssystems, das sich global ausdifferenziert, (c) den öffentliche Diskurs über die Bekämpfung der Kriminalität beim innerstaatlichen Strafrecht und der Kriminalpolitik, (d) die aktivistische Zumutung der Bürger einer nationalen und/oder globalen Zivilgesellschaft. Wenn man diese richtiggehende Vermutung als wahrhaftig betrachtet, könnte auch gesagt werden, dass es möglich ist, die strafrechtliche Vergangenheitsbewältigung bzw. *Criminal Transitional Justice*, wie *Günther* die eigenen Beispiele kommentiert, zu diesem größeren Prozess zu zählen (dem der Individualisierung der Verantwortlichkeit), welcher die Bedeutung der Verantwortung als Schlüsselbegriff in verschieden Kontexten begründet.

Zweitens: Die *Criminal Transitional Justice* befindet sich, was die strafrechtliche Verantwortung angeht, innerhalb eines Kontextes des *allgemeinen und allgegenwärtigen Strafbedürfnisses*, das fast schon krankhaft zwangsmäßig mit dem Verlangen nach Sicherheit verbunden, von der Gesellschaft akzeptiert und oft von populistischen Politikern und von den sensationalistischen Massenmedien ausgenutzt wird. Es werden dabei Reden geschwungen, in denen gesagt wird, dass häufiger und härter gestraft werden solle, es wird behauptet, dass die Kriminalität drastisch zunehme und Staat und Gesellschaft zu wenig dagegen tun würden, dass das Kriminaljustizsystem sich zuviel um die Täter kümmere und dabei zu zimperlich mit ihnen umgehen würde, während es die Opfer mit ihrem bemitleidenswerten Schicksal allein lasse.[359] Werden diese Reden gehört, dann ist die kollektive Vorstellung von der Vergeltung als einem Mittel, das dazu dient, das Leiden der Opfer zu sühnen und die gesellschaftliche Ordnung wiederherzustellen und so „Gerechtigkeit" zu üben – kurz das, das *Dimoulis e Sabadell* den „Fetisch der Strafe" nennt –, zu bemerken.[360]

Besonders in Brasilien trifft die Bewegung zur *Criminal Transitional Justice* auf die Forderungen der Gesellschaft nach mehr und höheren Strafen als Antwort auf das Problem der inneren Sicherheit, auch wenn der Staat dadurch in bestimmte

Eindruck des Zusammenbruchs der großen ideologischen Erzählungen." „Der Mensch ist verurteilt, frei zu sein. Verurteilt, weil er sich selbst nicht erschaffen hat, anderweit aber dennoch frei, da er, einmal in die Welt geworfen, für alles verantwortlich ist, was er tut". *J. P. Sartre*, „Ist der Existentialismus ein Humanismus?", in: Drei Essays, 1985, S. 16.

358 *K. Günther*, Strafrechtliche Verantwortlichkeit in der Zivilgesellschaft, in: Das Interesse der Vernunft, 2000, S. 466–468.

359 *K. Günther*, Kritik der Strafe I, in: WestEnd (2004), S. 117.

360 *A. L. Sabadell/D. Dimoulis*, Anistia: a política além da justiça e da verdade, in: Acervo, 2011, S. 91 ff.

„gesetzliche Verlegenheit" gebracht wird. Sehr oft wird gesagt, dass die (allgemeine) Straflosigkeit eines der größten Übel in Brasilien sei, es sei für die Situation von Gewalt (inklusive der Polizeigewalt) und der Unsicherheit, in der sich das Land befinde, verantwortlich. Es wird auch gesagt, dass die Amnestie, indem sie vorsah, dass die staatlichen Agenten der Diktatur nicht strafrechtlich zur Verantwortung gezogen werden, dazu beitrug, dass diese Situation von Straflosigkeit weiterhin besteht, z. B. hinsichtlich der Fälle von Folterungen in den polizeilichen Institutionen und in den Strafanstalten.

Wie *Sérgio Adorno* anhand von Studien des *Núcleo de Estudos de Violência* (NEV) der Universität São Paulo zeigt, tragen die niedrige Leistungsfähigkeit der Kriminal- und Militärpolizei, der Staatsanwaltschaft und der Gerichte bei der Strafverfolgung von Delikten zusammen mit den traditionellen Hürden, welche die Bürger nehmen müssen, um Zugang zur Justiz zu bekommen, dazu bei, dass private Lösungen für das Problem der öffentlichen Sicherheit gesucht werden und dass sich eine kollektive Angst und das Gefühl der Unsicherheit verbreitet.[361] Widersinnigerweise – anstatt sich für mehr politische Projekte einzusetzen, die den Schutz der Menschenrechte und Garantien des demokratischen Rechtsstaates zum Gegenstand haben – reagiert ein Großteil der Brasilianer (vor allem diejenigen, die aus den eher konservativen Bevölkerungsteilen der Mittelschicht und Oberschicht und bestimmten Teilen der Arbeiterklasse stammen) auf diese Probleme mit der Forderung nach mehr und einer höheren Bestrafung, selbst wenn es, um diese zu garantieren, nötig ist, den Institutionen und den Agenten, die für die öffentliche Sicherheit zuständig sind, unabhängig von den gesetzlichen Grenzen einen größeren Handlungsspielraum zuzugestehen.

> „Nicht ohne Grund", sagt *Adorno* weiter, „haben wir [die Brasilianer] in den letzten zwei Jahrzehnten kollektive Demonstrationen des krankhaften Wunsches zu strafen beobachten können, die Bestrafung ohne Prozess, Todesstrafe, Gewalt innerhalb der Institutionen und drakonische Gesetze zur Bekämpfung der Gewalt und der Kriminalität befürworten. In anderen Worten, im Namen des Gesetzes und der Ordnung fordert man eine Kontrolle, die nichts mit Gesetzmäßigkeit zu tun hat."[362]

Drittens: Die strafrechtliche Vergangenheitsbewältigung befindet sich in einem Kontext der Wandlungen (oder der Krise) des modernen Strafrechts, innerhalb dessen traditionelle Garantien der Staatsbürger flexibilisiert werden, um z. B. den Forderungen nach einem neuen, auf der Idee des Risikos[363] und/oder des Feindes[364]

361 *S. Adorno*, O monopólio estatal da violência na sociedade brasileira contemporânea, in: O que ler na ciência social brasileira, 2002, S. 267 ff.

362 A. a. O., S. 301 (Übersetzung *L. J. S.*).

363 *C. Prittwitz*, Strafrecht und Risiko: Untersuchung zur Krise von Strafrecht und Kriminalpolitik in der Risikogesellschaft, 1993.

364 *G. Jakobs*, Bürgerstrafrecht und Feindstrafrecht, in: HRR (2004), S. 88 ff.; *G. Jakobs/ M. C. Meliá*, Derecho penal del enemigo, 2006; *G. Jakobs*, Zur Theorie des Feindstrafrechts, in: Straftheorie und Strafgerechtigkeit, 2010, S. 167 ff.

beruhenden Strafrecht nachzukommen. Das moderne Strafrecht dehnt seine Grenzen immer weiter aus. Zusammen mit der gesellschaftlichen Forderung nach mehr und höheren Strafen vollzieht sich auch eine fortwährende Vernebelung der Grenze zwischen der Strafverfolgung und der Prävention.

Einerseits gibt es einen Trend dazu, die Strafbarkeit schon bei der Gefährdung eines Gutes anzusetzen und nicht erst bei seiner Verletzung. Dies geschieht z. B. durch die Zunahme sowohl von kollektiven Rechtsgüter (z. B. die Funktionsfähigkeit des bargeldlosen Zahlungsverkehrs, der freie Wettbewerb) als auch der Gefährdungsstraftaten (z. B. Umweltdelikte).[365] Andererseits, mit der Erklärung eines „Krieges ohne Ende gegen den Terrorismus“ um die Menschenrechte zu garantieren – die häufig als „messianische Gewalt“, um einen Ausdruck von *Walter Benjamin* zu gebrauchen, präsentiert werden, als Gewalt also, die jeder Gewalt ein Ende setzt[366] –, wird die Verwirklichung eines Strafrechts festgestellt, das bestimmten Gruppen von Menschen (sogenannten Staats- bzw. Gesellschaftsfeinden) die Bürgerrecht versagt. In diesem „Feindstrafrecht“ sind alle (oder fast alle) zur Verfügung stehenden Mittel erlaubt.

2. *Transitional Justice* des Gedächtnis und der Bestrafung

a) Änderung eines Modells?

Ganz im Zuge der Strömungen der *Transitional Justice* in der Ära der Verantwortlichkeit entwickelte sich in Brasilien in den letzten Jahren eine späte,[367] aber lebhafte Debatte über das Vermächtnis der Militärdiktatur und über den Versuch, das Modell der *Transitional Justice* so zu ändern, wie es auch in manchen anderen Ländern Südamerikas geschieht, beispielsweise in Argentinien, Chile, Peru, Uruguay usw.

Wenn auch seit der Etablierung der Neuen Republik zusammen mit dem Modell der Wiedergutmachung das Modell der *Transitional Justice* des Vergessens vorherrschte (das sich auf der Vergebung und auf das Vergessen der Gewalttaten des vorhergehenden Regimes zum Zweck der Befriedung und Versöhnung der Gesellschaft gründete), so wird seit Mitte der 2000er-Jahre gefordert, dieses durch das *Modell der Aufklärung oder des Gedächtnisse* (das sich auf der Suche und der Bewahrung einer angeblichen „Wahrheit“ über die diktatorische Vergangenheit und auf einer kollektiven und symbolischen Verantwortung der Gesellschaft gründet) und

---

365 S. dazu *U. Neumann*, Zur Veränderung von Verantwortungsstrukturen unter den Bedingungen des wissenschaftlich-technischen Fortschritts (2005), in: Recht als Struktur und Argumentation, 2008, S. 188 ff.

366 *A. Gavriilidis*, Os direitos humanos como regra e exceção, in: Cadernos de Direito, 2003, S. 206.

367 Nach der Klassifizierung von Elster zu den Typen von *Transitional Justice*: "In *postponed transitional justice*, the *first* actions are undertaken (say) ten years or more after the transition." *J. Elster*, Closing the books: Transitional justice in historical perspective, 2004, S. 76.

das *Modell der Bestrafung* (das auf der individueller Verantwortung der Gewalttäter der Staatskriminalität basiert) zu ersetzen.[368]

Dank der Anstrengungen der Opfer der Repression und deren Angehörigen, die nicht über die Straflosigkeit, die den Tätern zugestanden wurde, und über das aufgezwungene Vergessenmüssen des praktizierten Unrechts schwiegen; dank einiger (weniger) Akademiker, die den Mut hatten, diese Tabuthema in den Hörsälen zu behandeln; dank bestimmter Abteilungen in der Bundesregierung, wie z. B. dem Justizministerium und dem Sekretariat für Menschenrechte des Präsidenten der Republik; dank der Arbeit der Amnestiekommission und anderer, bekam die Thematik der *Transitional Justice* Vorrang in den Medien, in den politischen Diskussionen und akademischen Debatten, bis zu dem Moment, in dem sie sich zu einem wichtigen Motto in der Suche nach Aufklärung über die von der Diktatur praktizierten Gewalttaten und über die individuelle Verantwortung seiner Akteure entwickelte.

Ein Beweis dafür ist z. B. die neue und wichtige Aufmerksamkeit, die der *Transitional Justice* von Seiten der brasilianischen Wissenschaft entgegengebracht wird. Bis zum Anfang des vergangenen Jahrzehnts wurde die *Transitional Justice* in Brasilien, vor allem unter Juristen, kaum studiert. Seitdem ist sie jedoch zum Hauptobjekt der Analyse von mehreren Autoren geworden, wobei die steigende Anzahl der Veröffentlichungen und der von Dissertationen und Masterarbeiten an den Universitäten Aufschluss darüber gibt. Ein weiteres Anzeichen ist die Veränderung der Bedeutung des Wortes „Amnestie“, die sich in den letzten Jahren, insbesondere aufgrund der von der brasilianischen Bundesregierung und der Amnestie-Kommission realisierten Arbeiten, ergeben hat. Galt die Amnestie nach der Redemokratisierung des Staates als ein Synonym für Vergessen und Straflosigkeit, so wird der Begriff heutzutage in Brasilien als ein Symbol bei der Suche nach Wiedergutmachung, Erinnerung („Recht auf Wahrheit“) und sogar nach „Gerechtigkeit“ (im Sinne der Bestrafung der Agenten der Staatskriminalität) gesehen.[369]

b) Gedächtnis

Was das Gedächtnismodell betrifft, so hat der Staat bis Dezember 1995, dem Datum des Inkrafttretens des Gesetzes Nr. 9.140 – das die Spezialkommission über politisch Ermordete und Verschwundene (*Comissão Especial sobre Mortos e Desaparecidos Políticos*) bildete –, die Praktiken seiner Agenten während der politischen Repression verneint. Nach der offiziellen Version waren die Exzesse Handlungen von einigen

368 *D. Dimoulis*, Justiça de transição e função anistiante no Brasil, in: Justiça de transição no Brasil, 2010, S. 94–99; *A. L. Sabadell, D. Dimoulis*, Anistia: a política além da justiça e da verdade, in: Acervo 24 (2011) 1, S. 79 ff. Dimoulis und Sabadell sprechen über ein „Modell der Wahrheit“ der Transitional Justice.

369 *P. Abrão/M. Torelly*, Mutações do conceito de anistia na justiça de transição brasileira: a terceira fase luta pela anistia, in: Revista Anistia Política e Justiça de Transição, 2013, S. 10 ff.

wenigen Agenten (den „Tigern", „*tigrada*"), die unabhängig und ohne das Wissen oder gegen den Befehl ihrer Vorgesetzten handelten. Daneben wurden die politisch Verfolgten jahrzehntelang vom Militär-, Polizei- und Justizapparat „etikettiert" und stigmatisiert, indem sie als „Subversive", „Terroristen", „Friedensbrecher", „Feinde des Vaterlandes" und somit als „Kriminelle" bezeichnet wurden, ohne die Möglichkeit zu erhalten, ihre Version der Geschehnisse, die Gründe für ihr Verhalten und etwas zu ihrer Verteidigung darzulegen. Hinzukommt noch der „Diskurs für das Vergessen der diktatorischen Vergangenheit" als Modell der *Transitional Justice*, das in Brasilien seit dem Inkrafttreten des Amnestiegesetzes im August 1979 galt.

Gegen diese allgemeine Verleugnung, das Schweigen um das Vergessen der dunklen Vergangenheit der Diktatur, mit den verletzenden Folgen nicht nur für die Opfer („*die Last des Schweigens*"),[370] sondern auch für die ganze Gesellschaft, stellt die Suche nach einem „Wissen" über die Vergangenheit und nach der „Wiedererlangung des Gedächtnisses" jetzt für viele gesellschaftliche Akteure und Politiker fast einen ethischen Imperativ oder eine Forderung der „nationalen Würde" dar.[371] Von jetzt an ist die geschichtliche Rekonstruktion dieser Zeiten wichtig, vor allem durch die Öffnung aller Akten über die Repression, die, wie *Georgete Medleg Rodrigues* schreibt, „das Zeichen des Gelebten, des Gelittenen, des Bezeugten setzt",[372] und die den Sinn hat, die durch das Vergessen existierende Bedrohung heraufzubeschwören und auszutreiben.

Es ist dies jedoch kein einfaches Unterfangen. Die Erinnerung – die einem ständigen Prozess der (Re-)Konstruktion der Vorstellungen über die Vergangenheit entspricht, um damit ein Modell für die Interpretation der Geschehnisse und die Legitimierung der Entscheidungen aufzustellen – bringt Diskussionen bzw. Auseinandersetzungen über die Vorstellungen der Vergangenheit und über diese Interpretationsmodelle mit sich, die von den sozialen Akteuren unterschiedlich betrachtet werden. Die Wiederbelebung der Vergangenheit birgt auch bestimmte Risiken, die verhindert werden sollten. Dazu zählen: Die Idee, dass es möglich ist, eine offizielle und wahrhaftige Erzählung über die Vergangenheit zu konstruieren, jenseits der parteiischen, ideologischen und pluralistischen Visionen; die Vereinfachung

370 *D. Fabricius*, Warum Amnestie zu wenig und Strafe das Falsche ist – erweiterter Auftrag einer Wahrheits- und Versöhnungskommission (TRC)?, in: Transitional Justice, 2013, S. 165.

371 Interview mit João Paulo Sepúlveda Pertence („PNDH 3 é fiel à Constituição, diz Sepúlveda Pertence"), Carta Maior, 18.1.2010, http://www.cartamaior.com.br/templates/materiaMostrar.cfm?materia_id=16339, Zugriff: 17.8.2013. In diesem Sinne, z. B., *L. L. Streck*, Die Irrtümer des *Supremo Tribunal Federal* bei der Auslegung des Amnestiegesetzes, in: Transitional Justice, 2013, S. 249 ff. Zu einer kritischen Auffasung zu der Frage ob eine moralische Pflicht zur Erinnerung begründbar ist, s. *J. M. Simon*, Verantwortung, Schuld und Pflicht zur Erinnerung – Ein Kommentar, in: Transitional Justice, 2013, S. 201–206.

372 *G. M. Rodrigues*, Arquivos, anistia política e justiça de transição no Brasil: onde os nexos? in: Revista Anistia Política e Justiça de Transição, 2009, S. 147.

der Wirklichkeit z. B. durch die Beschreibung der Gesellschaft als Opfer einiger weniger böser und manipulierender Anführer; die Tendenz, die Geschichte zu romantisieren usw.

Obwohl es eine schwierige, riskante und notwendige Aufgabe ist, wird die Aufklärung der Vergangenheit und die Wiederbelebung des Gedächtnisses durch die Öffnung der Archive schon seit einiger Zeit von den Historikern verwirklicht, vor allem durch die Analyse von Dokumenten, die einem geringeren Grad von Geheimnis (das sind die „vertraulichen" und „reservierten" Dokumente) unterliegen. Dadurch kann bereits eine „offizielle" Version der Diktatur über die Diktatur geschildert werden. Auch haben die zwei Wiedergutmachungskommissionen – die ehemalige *Comissão Especial sobre Mortos e Desaparecidos Políticos* (Lei 9.140/95) und die heutige *Comissão da Anistia* (Lei 10.559/2002) – ihrerseits schon unzählige Dokumente und Aussagen von denen, die Wiedergutmachung beantragten und deswegen ihre Stellung als politisch Amnestierte vorweisen mussten, gesammelt und damit neue und wertvolle Darstellungen der Opfer der staatlichen Repression dokumentiert. Daraus folgt, dass die derzeitige Herausforderung nicht nur in dem Wissen um diese dokumentierte und bezeugte Wirklichkeit liegt, sondern auch und vor allem in ihrer größeren Verbreitung und in einer öffentliche Debatte in der gesamten Gesellschaft.

Das Interesse ist also nicht nur historisch, ethisch oder moralisch, sondern vielmehr politisch,[373] im Sinne der immer wieder zitierten Aussage von *George Santayana*, aus seinem Werk *The Life of Reason*: "*Those who cannot remember the past are condemned to repeat it*".[374] Obwohl, wenn die Bemerkung erlaubt ist, helfen die Analogien, die aus einer Rückschau in die Vergangenheit entstehen, zwischen dem was funktioniert und dem, was nicht funktioniert hat, nicht notwendigerweise dabei, die Fallen, die uns die Gegenwart stellt, zu umgehen. Nach dem Kommentar von *Jerome Kohn* zum Denken von *Hannah Arendt* ist „*the spontaneity of political action is yoked to he contingency of ist specific conditions, which renders such analogies unavailing*".[375]

Außerdem muss notwendigerweise daran erinnert werden, dass das, was die Veröffentlichung bestimmter Dokumente über die Repression hinderte, nie die Amnestie, sondern vielmehr der Inhalt der alten Gesetze über den Zugang zu öffentlichen Informationen war (die Gesetze Nr. 8.159 vom 8. Januar 1991 und Gesetze Nr. 11.111 vom 5. Mai 2005), die unglücklicherweise bis zum 18. November 2011, als das heutige Gesetz Nr. 12.527 in Kraft trat, die darin enthaltenen Fakten mit Geheimnis umhüllten.

Mit dem Ziel, die dunkle Geschichte des Militärregimes (neu) zu erzählen, wurden deshalb bestimmte Maßnahmen erlassen. Dazu zählen:

---

373 Vgl. *R. Dudena,* A Comissão da Verdade do Sistema Político, in: Revista Anistia Política e Justiça de Transição, 2013, S. 316 ff.

374 *G. Santayana.* The Life of Reason or the Phases of Human Progress, 1906, S. 284.

375 *J. Kohn*, Introduction, in: Responsability and Judgment, 2003, S. *viii.*

a) die Öffnung der Archive der Repressionsorgane, die seit 1990 in den Bestand des Nationalarchivs übernommen wurden;[376]

b) die Veröffentlichung des Buches „Recht auf Erinnerung und Wahrheit" („*Direito à Memória e à Verdade*") im August 2007 als das Resultat der zwölfjährigen Forschung des Sekretariats für Menschenrechte und der „Spezialkommission über politisch Ermordete und Verschwundene", die durch das Gesetz Nr. 9.140/95 ins Leben berufen worden waren;[377]

c) die Organisation der „Karawanen der Amnestie" („*Caravanas da Anistia*"),[378] bei der seit 2007 die Annahme der Anträge auf Wiedergutmachung vor der Amnestiekommission in verschiedenen Städten des Landes öffentlich erfolgt, um u. a. die Aussagen der Opfer besser zugänglich zu machen und, seit 2008, um die Aufgaben der Kommission zu pädagogischen Projekten zur Demokratisierung, zu den Menschenrechten und zu politischen Aktionen der Bewahrung des Gedenkens einzugliedern;[379]

d) die Einrichtung des Projekts „Zeichen der Erinnerung" („*Marcas da Memória*") der Amnestiekommission im Jahr 2008, das darauf gerichtet ist, die mündliche Geschichte der politischen Amnestie in Brasilien mittels Sammlung von persönlichen Aussagen zu rekonstruieren, sowie Veröffentlichungen und kulturelle Initiativen (wie Ausstellungen, Dokumentarfilme, Theaterstücke usw.) zum Thema zu fördern;[380]

e) der Aufbau des Forschungszentrums über Politische Kämpfe in Brasilien im Jahr 2009: „Enthüllte Erinnerungen" („*Memórias Reveladas*"), mit dem Zweck, an einem Ort alle dokumentarischen Register über die politischen Kämpfe in den Jahrzehnten zwischen 1960 und 1980 zusammenzubringen, zu verwalten und der Öffentlichkeit zugänglich zu machen;[381]

f) die Herausgabe der Zeitschrift „*Anistia Política e Justiça de Transição*" des Justizministeriums[382] im Jahr 2009 sowie weitere Veröffentlichungen in Folge von

---

376 Dazu *G. M. Rodrigues*, Arquivos, anistia política e justiça de transição no Brasil: onde os nexos? in: Revista Anistia Política e Justiça de Transição, 2009, S. 143.

377 *Secretaria Especial dos Direitos Humanos et al.*, Direito à verdade e à memória, 2007.

378 *P. Abrão/F. Carlet/D. Frantz/K. M. M. Ferreira/V. D. F. Oliveira,* As Caravanas da Anistia: um mecanismo privilegiado da justiça de transição brasileira, 2010.

379 *P. Abrão/T. Genro,* Os direitos da transição no Brasil, in: Os direitos da transição e a democracia no Brasil, 2012, S. 42.

380 *Comissão da Anistia do Ministério da Justiça,* Marcas da Memória: um projeto de memória e reparação coletiva para o Brasil.

381 www.memoriasreveladas.arquivonacional.gov.br/cgi/cgilua.exe/sys/start.htm?tpl=home, Zugriff: 1.5.2013.

382 portal.mj.gov.br/main.asp?View={72590C4A-B0ED-4605-A9D8-5247054336A6}, Zugriff: 1.5.2013.

internationalen Kongressen, die von der Amnestiekommission im Ausland organisiert wurden;[383]

g) die Bildung von Forschungsgruppen an den Universitäten, wie die Gruppe über die „Internationalisierung des Rechts und *Transitional Justice*" („*Internacionalização do Direito e Justiça de Transição*" – IDEJUST) im Jahr 2009, die regelmäßig in Seminaren Forschungsarbeiten öffentlich vorstellt;[384]

h) die großen Pressekampagne im Jahr 2009 über dieses Thema durch das Sekretariat für Gesellschaftliche Kommunikation der Präsidentschaft der Republik, in der um Informationen zur Auffindung von sterblichen Resten von politisch Vermissten und um Dokumente für das Archiv zur Repression gebeten wurde, die dem Projekt „*Memórias Reveladas*" zugeführt werden konnten;

i) der Bau des „Mahnmals der Politischen Amnestie in Brasilien" (*Memorial da Anistia Política do Brasil*) in Belo Horizonte, das die Funktionen eines Museums, Forschungs-, Dokumentations- und Kulturzentrum in sich vereinigen soll.

Am 18. November 2011 erfolgten noch zwei weitere wichtige Schritte zur Erhaltung des Modells der Aufklärung oder des Gedächtnisse: das Inkrafttreten des neuen Gesetzes zum Zugang zu Informationen (Gesetz 12.527) und die Schaffung der Nationalen Wahrheitskommission (Gesetz 12.527).

Indem es den *Zugang zur Information* (der im Absatz XXXIII des Art. 5, im Absatz II des § 3 des Art. 37 und im § 2 des Art. 216 der Bundesverfassung vorgesehen ist) regelt, hat das Gesetz 12.527 vom 18. November 2011 unter anderem: (a) die Höchstfrist zur Verhüllung von ultrageheimen, geheimen und abgesonderten Dokumenten abgeändert (Art. 24); (b) die zwangsweise Geheimhaltung von Informationen über das Privatleben, die Ehre und das Selbstbild von Personen sowohl in den Fällen, in denen die Inhaber der Informationen in Unregelmäßigkeiten verwickelt waren, als auch in den Fällen, in denen die Informationen für die Wiedererlangung der „historisch höchst relevanten Fakten" notwendig sind, aufgehoben (Art. 23, §4); (c) die Behinderung des Zugangs zu notwendigen Informationen für den gerichtlichen oder administrativen Schutz von Grundrechten aufgehoben (Art. 21, *caput*) und (d) die Behinderung des Zugangs zu Informationen über „Verhalten, die Menschenrechtsverletzungen zur Folge haben und die von staatlichen Agenten oder auf öffentlichen Befehl hin ausgeführt wurden", verboten (Art. 21, Einzelparagraph).

Mit diesen und anderen Maßnahmen hat das neue Gesetz über den Zugang zur Information also zum Ziel, die öffentliche Transparenz als eine allgemeingültige Regel einzuführen und die Verhüllung von Fakten als Ausnahmesituation anzunehmen, als

---

383 Zum Beispiel *B. S. Santos/P. Abrão* et. al. (Hrsg.), Repressão e memória política no contexto ibero-brasileiro: estudos sobre Brasil, Guatemala, Moçambique, Peru e Portugal, 2010; *L. A. Payne/P. Abrão/M. Torelly* (Hrsg.), A anistia na era da responsabilização: o Brasil em perspectiva internacional e comparada, 2011; *C. Proner/P. Abrão/R. V. Fernández* (Hrsg.), Justiça de Transição – Reparação, Verdade e Justiça: Perspectivas comparadas Brasil-Espanha, 2013 und weitere.

384 idejust.wordpress.com/, Zugriff: 1.5.2013.

Gegenteil von dem, was unter autoritären Regimen geschieht. Eine Diktatur stützt sich auf eine Kultur des Geheimnisses. Ein großer Teil der Handlungen des brasilianischen Unterdrückungsapparates war z. B. durch geheime Anordnungen der Präsidentschaft geregelt. Im Gegenteil dazu muss ein demokratischer Rechtsstaat sich an der Kultur der Öffentlichkeit orientieren und im öffentlichen Interesse Informationen verbreiten. Zwar ist die Geheimhaltung von den Informationen, die für die Sicherheit der Gesellschaft oder des Staates als wichtig angesehen werden, notwendig und auch muss i. d. R. das Recht auf Privatsphäre respektiert werden. Aber die Erhellung von wichtigen Tatsachen zur Geschichte und zur Aufklärung von Menschenrechtsverletzungen darf nicht blockiert werden, die öffentliche Verwaltung muss transparent sein und der Zugang zu Informationen muss auf objektive, klare und verständliche Weise geschehen.

Was die *Nationale Wahrheitskommission* (NWK, *Comissão Nacional da Verdade*) anbelangt, so wurde diese, wie das Bespiel der Wahrheitskommissionen in anderen Ländern zeigt,[385] mit dem speziellen Zweck eingerichtet, „die in der Periode begangenen schweren Menschenrechtsverletzungen zu untersuchen und aufzuklären, [...] damit das Recht auf das geschichtliche Andenken und die historische Wahrheit gewahrt und die nationale Versöhnung gefördert wird" (Gesetz 12.528 vom 18. November 2011, Art. 1). Es betrifft den Zeitraum zwischen dem 18. September 1946 und dem 5. Oktober 1988, der der Frist entspricht, die im Art. 8 des Akts zu den Übergangsvorschriften der Verfassung für diejenigen vorgesehen sind, die auf Grund aus (ausschließlich) politischer Motivation von den Ausnahmemaßnahmen,

---

385 Die „*Comisión Nacional sobre la Desaparición de Personas*" wurde in Argentinien schon 1983, dem Jahr des Endes der Diktatur, durch den damaligen Präsidenten *Raúl Alfonsin* gegründet, um schwere, wiederholte und geplante Menschenrechtsverletzungen während der Diktatur zu untersuchen; die „*Comisión Nacional de Verdad y Reconciliación*" in Chile (auch als „*Comisión Rettig*" bekannt, da sie den Namen ihres Präsidenten, des Juristen und Politikers *Raúl Rettig Guissen* trug) wurde in dem Jahr gegründet, in dem die Diktatur von Augusto *Pinochet* zu Ende ging, also 1990, als der Präsident *Patricio Aylwin Azócar* gewählt wurde; die „*Truth and Reconciliation Commission*" wurde 1995 in Südafrika nach dem Ende des Apartheidregimes ins Leben gerufen. Nach der Definition von *Ruti Teitel* heißt es: "A truth commission is an official body, often created by a national government, to investigate, document, and report upon human rights abuses within a country over a specified period of time. While first used in Argentina, the investigatory model is now associated with the response adopted in post-apartheid South Africa in the 1990s. Truth and reconciliation commissions of various types have since been proposed or convened throughout the world and often garner significant international support." *Dies.*, Transitional Justice Genealogy, in: Harvard Human Rights Journal (2003), S. 78. Zu der brasilianischen „*Comissão Nacional da Verdade*" vgl. etwa Vgl. *R. Dudena,* A Comissão da Verdade do Sistema Político, in: Revista Anistia Política e Justiça de Transição, 2013, S. 316 ff.; *P. M. N. Cury,* Comissão da Verdade: análise do caso brasileiro, in: Revista Anistia Política e Justiça de Transição, 2013, S. 286 ff.

den Regierungsmaßnahmen oder den Ergänzungsmaßnahmen betroffen wurden. Wie das Gesetz jedoch ausdrücklich vorsieht, hat die Kommission keinerlei rechtssprechenden oder staatsverfolgenden Charakter (Art. 4, § 4).

Die Nationale Wahrheitskommission besteht aus sieben vom Präsidenten der Republik ernannten Mitgliedern und 14 Assessoren und hat unter anderem folgende Befugnisse: Personen zu Befragungen oder Zeugenaussagen zu berufen; Sachverständigengutachten in Auftrag zu geben; öffentliche Hearings zu veranstalten; jede Art von Informationen, Daten und Dokumente von staatlichen Stellen, unabhängig davon, ob vertraulicher Art oder nicht, einzuholen (Art. 4). Nach zweijähriger Arbeit hat die Kommission einen umfassenden Bericht vorzulegen, der die unternommenen Handlungen, die untersuchten Tatsachen, die daraus entstehenden Schlussfolgerungen und Empfehlungen enthalten soll (Art. 11).

Ohne hier auf die immensen Schwierigkeiten und Widersprüche eingehen zu wollen, die die Bedeutung der Ausdrücke „historische Wahrheit" und „nationale Versöhnung" mit sich bringen (Art. 1), ist es eine Tatsache, dass die Kommission eine Reihe von Fragen zur brasilianischen Vergangenheit zu beantworten hat, die bisher offen geblieben sind: Wie war die staatliche politische Repression strukturiert? Welches waren die schweren Menschenrechtsverletzungen, die in diesem Zeitraum geschahen? Unter welchen Umständen sind sie passiert? Wer waren die Täter, wer ihre Opfer? Wo, wann und wie sind sie geschehen? Wo sind die sterblichen Überreste der politisch Vermissten?

Man erhofft sich von der NWK, dass sie neben der Systematisierung von schon existierenden Informationen und der Erweiterung des Wissens über Tatsachen aus der Vergangenheit, die speziell durch den bisher noch nicht dagewesenen Zugang zu geheimen Dokumenten bewerkstelligt werden soll, verschiedene Mythen und Allgemeinplätze über die Diktatur zu überwinden hilft – z. B. den Mythos, dass die brasilianische Diktatur nicht so gewalttätig war; dass die Diktatur (*Ditadura*) nicht „hart" („*dura*"), sondern eher „leicht" („*branda*") war: eine „*Ditabranda*" („Leichtdiktatur") usw. – und dass sich ein Prozess der Einbeziehung dieser Themen in den Dialog der brasilianischen Gesellschaft vollzieht, die damit die Gelegenheit erhält, sich mit ihrer noch nicht gelösten Vergangenheit auseinanderzusetzen.

Daher wird in der vorliegenden Arbeit die Auffassung vertreten, dass die Wichtigkeit der Kommission nicht nur aus der (institutionellen und politischen) Antwort, die am Ende ihrer Arbeiten zu den Fragestellungen über die diktatorische Vergangenheit Brasiliens vorgelegt werden soll, besteht, sondern vor allen Dingen in der Möglichkeit, dass die Kommission Vorgehensweisen eröffnet, damit eine breite Diskussion über die Vergangenheit stattfindet. In anderen Worten, ihr Wert liegt in der „Konstruktion eines Vorgehens der Einbeziehung in den Dialog",[386] der – hypothetisch

386 Vgl. *R. Dudena,* A Comissão da Verdade do Sistema Político, in: Revista Anistia Política e Justiça de Transição, 2013, S. 328. Der Autor spricht hier von einer „transsubjektiver Konstruktion" über die untersuchten historischen Fakten. A. a. O., S. 324.

gesehen – pluralistisch, inklusiv, und unabhängig von der Parteilichkeit oder Nicht-Neutralität der in ihn verstrickten Personen sein sollte.

c) Bestrafung

Was die praktizierten Straftaten anbelangt, ist es wahr, dass viele Agenten der Diktatur und ihre Mitarbeitern heute eine „ethische Niederlage" erleiden und von der Bevölkerung schlecht angesehen oder sogar öffentlich verurteilt werden, eine gewisse Isolierung aus dem öffentlichen Leben hinnehmen müssen, vor allem, weil sie verurteilenswerte Mittel benutzten, um ihre Zwecke zu erreichen, also Folterungen, Verschleppung und standgerichtlich vollstreckte Todesurteile. Wenn auch bestimmte Folterer und Mörder heute ihre vergangenen Taten bereuen mögen oder sogar von einer Unruhe ihres Gewissens gefangen gehalten werden, obwohl um sie lange Zeit ein Pakt des Schweigens und des Nichtwahrnehmens herrschte, so brauchten sie jedenfalls nie als Angeklagte auf der Bank sitzen, um sich strafrechtlich für ihre Taten zu verantworten.

Gegen diese Situation der Straflosigkeit begann innerhalb der brasilianischen *Transitional Justice* Debatte eine brisante Diskussion über die Grenzen und Möglichkeiten der strafrechtlichen Verantwortung dieser Täter, innerhalb der u. a. gefragt wurde, wie das Amnestiegesetz von 1979 und das Vorliegen der Verjährung von Folterstraftaten interpretiert werden müsse. Das öffentliche Hearing, das vom Justizministerium am 31. Juli 2008 veranstaltet wurde und einen enormen Widerhall in der Presse fand, kann als Zeichen dieses Versuchs zur Änderung des Modells der *Transitional Justice* betrachtet werden.

Bei dieser Gelegenheit hat der damalige Justizminister, *Tarso Genro*, und der Minister der Spezialsekretariat für Menschenrechte, *Paulo Vanucchi*, öffentlich die strafrechtliche Verantwortung der Folterer verteidigt, weil sie annahmen, dass Folterungen nicht als politisches Delikt angesehen werden können und von daher nicht vom Gesetz zur Amnestie betroffen werden. Es war das erste Mal nach so vielen Jahren, dass Vertreter hoher demokratischer Regierungsstellen dieses Tabuthema ansprachen. Die Befürwortung der strafrechtlichen Verfolgung der Folterer des Militärregimes ist nicht nur bei den Streitkräften auf Missbilligung gestoßen, sondern auch unter Vertretern des Planaltopalastes (Regierungssitz) – wie die Gegenrede des damaligen Verteidigungsministers *Nelson Jobim* zeigte – und hat außerdem Stellungsnahmen von bestimmten Richtern des Höchsten Bundesgerichtes provoziert, die glaubten, dass es nicht lange dauern würde, bis die Frage vor diesem Tribunal verhandelt werden müsse, was auch wirklich so geschah.[387]

---

387 Zum Beispiel die Reportagen der Zeitschriften *O Globo* (*L. Lins/F. Éboli/C. Jungblut*, Jobim contesta Tarso sobre punição a torturador, in: O Globo, 1. August 2008) und *Istoé* (*A. Rodrigues/O. Costa*, Tortura não é crime politico, in: Istoé, 11. August 2008).

Von da an wurden von den Gerichten verschiedene Initiativen ergriffen, um Agenten des straflichen Untersystems DOPS-DOI/CODI (zivil- und strafrechtlich) zur Verantwortung zu ziehen. Unter diesen Versuchen sind folgende hervorheben:

a) Die von den Angehörigen der Opfer angestrengten Prozesse, wie z. B.: (a) der gegen den Bund angestrengte Prozess zur Öffnung der Archive, zur Ermittlung und Überführung der sterblichen Überreste der in der Guerilla von Araguaia aus politischen Gründen Ermordeten und Vermissten;[388] (b) die Zivilprozesse (*Ações Civis Declaratórias*), die von den Familien *Teles* und *Merlino* angestrengt wurden und deren Ziel es war, den Oberst im Ruhestand *Carlos Alberto Brilhante Ustra*, der den DOI-CODI von São Paulo zwischen September 1970 und Januar 1974 kommandierte, gerichtlich zum Folterer zu erklären;[389] (c) der Antrag auf Schmerzensgeld gegen *Ustra*, wegen des Todes des Journalisten *Luiz Eduardo da Rocha Merlino* in Folge der Misshandlungen und Folterungen, die entweder unter seinem Kommando geschahen oder auch direkt von ihm praktiziert wurden.[390]

b) Der von der Staatsanwaltschaft angestrengte Prozess (*Ação Civil Pública*), der unter aderem zum Gegenstand hatte, dass zwei ehemalige Kommandanten des DOI-CODI von São Paulo, *Carlos Alberto Brilhante Ustra* und *Audir Santos Maciel*, dazu verurteilt würden, Regresszahlungen an die Staatskasse auf Grund der Schadensersatzzahlungen des Staates an die Familien von 64 Opfern der Repression zu entrichten, die kollektiven Schmerzensgelder zu bezahlen, ihrer öffentlichen Ämter abzugeben, die sie eventuell noch ausübten, und keine andere öffentlichen Ämter mehr ausüben zu können.[391]

c) Der Prozess zur Nichtbeachtung eines Grundsatzes Nr. 153 (*Arguição de Descumprimento de Preceito Fundamental* – ADPF/153),[392] der am 21. Oktober 2010

---

388 Prozess Nr. 82.00.24682-5, der 1. Kammer des Gerichts für Bundessachen (*Justiça Federal*) im Distrito Federal. Seit 2003 ist der Bund gegen gerichtliche Entscheidungen vorgegangen, die die Öffnung der staatlichen Archive über die *Guerrilla von Araguaia* forderten, bis er im Dezember 2007 die Berufung vor dem Obersten Bundesgericht verlor (*R. Valente*, Governo perde recurso e deve abrir arquivos do Araguaia, in: Folha de S. Paulo, 8. Januar 2008). Im März jenes Jahres informierte ein Bericht einer interministeriellen Kommission darüber, dass alle Dokumente des Geheimdienstes der Streitkräfte für den Zeitraum zwischen 1964 und 1985 zerstört worden waren, was Empörung und Proteste hervorrief.

389 Prozess Nr. 05.202853-5 und 583.00.2007.241711-7, der 23. und 42. Zivilkammer von São Paulo.

390 Prozess Nr. 583.00.2010.175507-9, der 8. Kammer des Gerichts für Bundessachen in São Paulo. Dieses Verfahren wurde am 12. November 2008 ausgesetzt, um das Urteil des Obersten Bundesgerichtshofes im Prozess ADPF/153 abzuwarten. Am 5. Mai 2010 wurden die Anträge abgelehnt.

391 Prozess Nr. 2008.61.00.011414-5, der 8. Kammer des Gerichts für Bundessachen in São Paulo.

392 Nach der Definition von *André Ramos Tavares* besteht die ADPF aus einem „in Brasilien spezifischen Rechtsmittel, das vor der einmaligen Instanz des Obersten

vom Bundesvorstand der Anwaltskammer Brasiliens vor dem Höchsten Bundesgericht (*Supremo Tribunal Federal* – STF) angestrengt wurde. Von dem Gericht wurde verlangt, dass es sich zur Erfassung der von der Amnestie Betroffenen Personen des Gesetzes Nr. 6.683/79 äußere.[393] Mit diesem Prozess wurde die Vereinbarkeit des Amnestiegesetzes mit der Bundesverfassung von 1988 in Frage gestellt.

d) Die Klage, die im Jahr 2009 vor dem Interamerikanischen Gerichtshof für Menschenrechte eingereicht wurde (der Fall Gomes Lund und andere [Guerilla von Araguaia] gegen Brasilien). In dem Prozess wurden die Gültigkeit der Amnestie, die die Agenten der politischen Repression begünstigte, sowie der Verlust des *jus puniendi* des Staates auf Grund der Verjährung in Frage gestellt.

e) Die jüngsten Anklageschriften, die von der Bundesstaatsanwaltschaft eingereicht wurden, wie z. B.: (a) die Strafanzeige der Staatsanwaltschaft von São Paulo gegen *Carlos Alberto Brilhante Ustra* und den Polizeikommissar *Dirceu Gravina*, da sie auf illegaler Weise den Gewerkschafter *Aluízio Palhano Pedreira Ferreira* durch Entführung der Freiheit beraubten, mit dem Erschwernis, dass das Opfer illegal festgenommen und schweren Misshandlungen ausgesetzt wurde (Art. 148 § 2 StGB);[394] (b) die Anklage durch die Staatsanwaltschaft in der Gemeinde Marabá gegen *Sebastião Curió Rodrigues de Moura* – der zwischen 1972 und 1974 die Truppen befehligte, die dazu eingeteilt waren, die Mitglieder der PCdoB in der Episode der sogenannten Guerilla von Araguaia zu bekämpfen –, und gegen *Lício Augusto Maciel*, einen der Kommandanten der Truppen, die in die Wälder vorstießen, um politische Dissidenten zu suchen. *Curió* wird vorgeworfen, dass er durch Entführung *Maria Célia Corrêa*, *Hélio Luiz Navarro de Magalhães*, *Daniel Ribeiro Callado*, *Antonio do Pádua* und *Telma Regima Cordeira Corrêa* im Jahr 1974 die Freiheit geraubt habe. *Maciel* wird vorgeworfen, dass er *Divino Ferreira de Sousa* am 14. Oktober 1973 in São Domingos do Araguaia entführt habe.[395]

Es gab also seit Ende des Militärregimes Fortschritte, hinsichtlich der institutionellen und gesetzgeberischen Initiativen zur demokratischen Liberalisierung,

---

Bundesgerichts verhandelt wird und das die abstrakte Kontrolle eines Teils der staatlichen Akte ausschließlich hinsichtlich ihrer Vereinbarkeit (Nicht-Verletzung) mit den Vorschriften der Verfassung zu den Grundrechten vorsieht. *A. R. Tavares*, Arguição de Descumprimento de Preceito Fundamental, in: Dicionário brasileiro de direito constitucional, 2012, S. 42 ff.

393 Das Urteil befindet sich unter: www.stf.jus.br/portal/inteiroTeor/obterInteiroTeor.asp?id=612960, Zugriff: 1.5.2013.

394 Anklageschrift Nr. 31.107/2012.

395 Die Anklagen gegen *Curió* und *Maciel* wurden von der Richterin *Nair Cristina C. P. de Castro*, der 2. Kammer des Gerichtshofes für Bundessachen im Gerichtsbezirk von Marabá, am 29. August 2012 angenommen. Prozesse Nr. 1162-79.2012.4.01.3901 und Nr. 4334-29.2012.4.01.3901.

der Anerkennung der praktizierten Gewalttaten und der Einrichtung von Wiedergutmachungsmaßnahmen, und der Aufklärung der dunklen Vergangenheit der Diktatur durch die Öffnung der Archive und die Gründung der Nationalen Wahrheitskommission. Auch was den Versuch anbelangt, das Modell der *Transitional Justice* des Vergessens durch das der Bestrafung zu ersetzen, sind wichtige Fortschritte wahrzunehmen, wie die Beispiele der Verurteilung von *Ustra* im deklaratorischen Zivilprozess, der von der Familie *Teles* angestrengt wurde, die Verurteilung zur Zahlung von Schmerzensgeld an die Familie *Merlino*, das Urteil des Interamerikanischen Gerichtshofs für Menschenrechte im Fall der Guerilla von Araguaia, der Versuch der Bundesstaatsanwaltschaft, die Entführer vor Gericht zu stellen, zeigen.

Trotz all dieser Anstrengungen wurde bis jetzt jedoch kein staatlicher Agent oder Mitarbeiter der Militärdiktatur wegen seiner kriminellen Handlungen bestraft. Wie *The Human Rights Committee of the United Nations* anzeigt: "§ 18. *While noting that the State party has created a right to compensation for victims of human rights violations by Brazil's military dictatorship, there has been no official inquiry into or direct accountability for the grave human rights violations of the dictatorship*".[396]

3. Die Bestrafung staatlicher Kriminalität: ein juristisches Problem

In dieser Situation der Straflosigkeit zeigt sich in der Gegenwart, in der Ära der Verantwortlichkeit, ein Verlangen nach Bestrafung der Täter von Staatskriminalität. Worüber heute diskutiert wird und was jetzt erreicht werden soll ist nicht so sehr die Reue der Täter für diese Delikte (moralische Sanktion), die gesellschaftliche Schmähung der begangenen Taten (soziale Sanktion), die historische Verantwortung der Täter,[397] die Anerkennung durch den Staat der begangenen Kriminalität mittels z. B. der Zahlung von Schadensersatz an die Opfer der Repression oder ihre Familien, oder auch die Verurteilung des Staates durch aufeinander folgende Empfehlungen eines internationalen Gerichtshofs; sondern, um es in volkstümlicher Sprache auszudrücken: man will, dass die Verantwortlichen für ihre Straftaten „bezahlen". Man will, dass ihr möglich kriminelles Verhalten untersucht, angeklagt, verurteilt und, falls die Verurteilten eine Strafe erteilt bekommen, dass sie auch vollstreckt wird.

---

396 *United Nations*, Human Rights Committee, Eighty-fifth Session, 1. Dezember 2005, www.unhchr.ch/tbs/doc.nsf/898586b1dc7b4043c1256a450044f331/13b32e118dfc49d8c12570ae00393223/$FILE/G0545344.pdf, Zugriff: 1.5.2013.

397 Zur Unterscheidung zwischen juristischer und historischer Verantwortung s. *K. Günther*, The Criminal Law of "Guilt" as Subject of a Politics of Remembrance in Democracies, in: Lethe's Law: Justice, Law and Ethics in Reconciliation, 2001, S. 5 f.; auch *B. Schäfer*, "Sometimes you must be kind to be cruel": Amnesty between *publicae laetitiae* and *domnatio memoriae*, in: Lethe's Law: Justice, Law and Ethics in Reconciliation, 2001, S. 31.

Es bleibt allerdings offen, ob dies juristisch auch möglich ist. Um dieser Forderung nach strafrechtlicher Verantwortung der kriminellen Täter der Diktatur nachzukommen (*Criminal Transitional Justice*), müssen sowohl die gesetzlichen Hindernisse der Amnestie und der Verjährung, die das Verantwortlichmachen verhindern, als auch der Anspruch der Achtung des positiven Rechts, der innerhalb des demokratischen Rechtstaates besteht, überwunden werden. Das bedeutet, dass das genannte Modell der strafrechtlichen Verantwortung für die Straftaten, die im Zusammenhang mit der politischen Repression begangen wurden, im demokratischen Rechtsstaat der Neuen Republik durch ein anderes Modell ausgetauscht werden soll.

Die vorliegende Arbeit behandelt weder das Problem der gesellschaftlichen Leistungsfähigkeit des Strafrechts bei der Bewältigung von Systemunrecht (beispielsweise bei der Ermittlung der historischen Wahrheit durch den Strafprozess), noch die Frage über seiner „intrinsischen" Rechtfertigung. Ziel ist es vielmehr, das Problem der *rechtstaatlichen Grenzen* einer Bestrafung von Personen, die an dem Systemunrecht des vergangenen Regimes beteiligt waren, zu behandeln.

Es gibt verschiedene Möglichkeiten, wie dieses Problem bewältigt werden kann. Zum Beispiel: Die (juristische) Möglichkeit betrachtet die Notwendigkeit und Rechtlichkeit der Bestrafung ausgehend von der Idee der Gerechtigkeit, sowie von bestimmten Zwecken und Zweckmäßigkeiten, wie die Aufrechterhaltung der Demokratie, des sozialen Friedens, der nationalen Versöhnung usw. Die Ausgangspunkt der vorliegenden Arbeit ist jedoch das *Gesetzlichkeitsprinzip*, das zum demokratischen Rechtsstaat gehört und das die Juristen dazu zwingt, gesellschaftlichen Probleme auf der Basis des Gesetzes, gemäß des Gesetzes und über das Gesetz hinaus gehend, aber nie gegen das Gesetz zu handeln.

Für das Recht ist die Regelorientierung konstitutiv. Recht besteht notwendigerweise aus Regeln, in erster Linie aus Gesetzen. Daraus folgt, dass, obwohl ein juristisches Urteil auch durch nicht gesetzbezogene Argumente (bzw. Gerechtigkeit der Entscheidung, positive Bewertung ihrer Folgen usw.) gerechtfertigt werden kann, das (ausgelegt) Gesetz der zentrale Bezugspunkt für die Entscheidungsbegründung ist. Von daher untersucht die vorliegenden Arbeit das Gesetzlichkeitsprinzip, d. h., es betrachtet die Hürden, die vom positiven Recht der gewünschten strafrechtlichen Verantwortung gesetzt werden und die Versuche ihre Überwindung.

Obwohl das Recht (und das Strafrecht) notwendig aus Regeln (oder in erster Linie aus Gesetzen) besteht, stimmt es auch, dass nicht nur das Gesetz das Phänomen des Rechts erstellt. Wie eine markante Spruchformel des römischen Rechts besagt: „*Non ex regula ius sumatur, sed ex iure, quod est, regula fiat*" („Nicht aus einer Regel heraus soll das Recht gemacht werden, sondern aus dem Recht, wie es ist, soll die Regel gemacht werden").[398] Anders formuliert: Die Elemente der Rechtsidee werden nicht nur von der *Rechtsicherheit*, die die Positivität des Rechts fordert,

---

398 Digesten 50. 17. 1; dazu *P. Stein*, Regulae iuris, 1966, zitiert bei *T. Vesting*, Rechtstheorie, 2007, S. 12.

sondern auch von der *Gerechtigkeit*, die uns anweist, Gleiche gleich, Ungleiche ungleich zu behandeln, und die *Zweckmäßigkeit* gebildet (*Radbruch*). Mit der Regelorientierung (Gesetzesbindung, Rechtssicherheit) können Erfordernisse sowohl der Zweckmäßigkeit, als auch der Einzelfallgerechtigkeit kollidieren.[399]

Daran knüpfen beispielsweise die Fragen an, ob die Bindung des Richters an das Gesetz mit dem Recht vereinbar ist; ob es moralisch gerechtfertigt sein kann, das Recht in dieser Weise zu biegen oder sogar zu beugen; ob der Richter nicht für die Folgen seiner (gesetzmäßigen) Entscheidung verantwortlich ist, sondern (nur) für die Gesetzmäßigkeit seiner Entscheidung haftet usw. Was das speziell das Strafrecht betrifft, stellen sich die Fragen, ob die Grenzen des Strafrechts wichtig sind; ob ein begrenztes Strafrecht nicht zu schwach ist; ob das Strafrecht die Täter mehr als die Opfern schützt; ob das positivistische Strafrecht (staatstheoretisch und straftheoretisch) nur die Grenze hat, die die Strafrechtler wollen usw.

Es entsteht also eine Spannung zwischen der Garantie der Legalität und dem Gefühl der Unrechts und der Unzulänglichkeit, die aus ihm folgt. Das Faszinierende an der Erforschung der *Transitional Justic*e ist, dass sie einen privilegierten Gesichtspunkt bietet, von dem aus der lebendige Widerspruch zwischen den antinomischen Elementen der Rechtsidee (zwischen Gerechtigkeit, Zweckmäßigkeit und Sicherheit des Rechts) und der Verwandlung des Rechts, die aus diesem Widerspruch folgt, beobachtet werden kann. Wie zu zeigen sein wird, ist die brasilianische *Transitional Justice* mit einem Anspruch nach Veränderungen in der bis dahin in der juristischen Praxis herrschenden Regelorientierung verbunden. Die normative Relevanz der bestehenden Gesetze, der Gesetzesbindung und der Rechtssicherheit wird oft in Frage gestellt, indem die Anwendung von moralischen Normen (oder der Gerechtigkeit) und die Befriedigung bestimmter Zielvorstellungen gefordert werden (Folgenorientierung).

Mit der *Criminal Transitional Justice* Bewegung zur Verantwortlichkeit staatlicher Kriminalität in Brasilien stellt sich also der Rechtswissenschaft und der strafrechtlichen Praxis die Problematik, ob die Normen, die aus den (korrekt interpretierten) Gesetzestexten und den Gerichtsentscheidungen hervorgehen, aber als extrem ungerecht und politisch ungewünscht betrachtet werden (da sie den mutmaßlichen Folterern, Vergewaltigern und Mördern die Straflosigkeit garantieren), von den Bürgern geachtet und von den Gerichten angewandt werden müssen. Rechtsdogmatisch stellt sich also die Frage, ob die Amnestie und die Verjährungsfrist in den Fällen von Staatskriminalität außer Acht gelassen werden können. Rechtsphilosophisch

---

399 *G. Radbruch*, Rechtsphilosophie (1932), 2003, S. 73–77. Diese Spannweite des Rechtsverständnisses und des Rechtserlebnisses kann anhand der bei *Rudolf Wiethölter* (Rechtswissenschaft [1968], 1986, S. 12 ff.) zitierten Fälle des ungenannten Kindes aus Salomos Urteil (Könige 1, 3, 16–28) und des Michel Abaschwili des *Bertold Brecht* (Der Kaukasische Kreidekreis, 1955) näher erläutert werden. Salomos und Azdaks Urteile sind beides Symbole für falsche Maßstäbe im Recht. Denn beide Richter – sowohl Salomo als auch Azdak – haben ungerecht geurteilt und gehörten ihrerseits vor den Richter.

kommt es u. a. zu der Frage, ob auf der Grundlage einer rechtsmoralistischen (naturrechtlichen) Position bestimmten Rechtsnormen einer vergangenen staatlichen Ordnung „rückwirkend" die Geltung abgesprochen werden kann.

4. „Verdeckter" und „offener" Rechtsmoralismus

Recht besteht notwendigerweise aus Regeln, in erster Linie aus Gesetzen. Es sind die Gesetze, welche die Kriterien für die Gleich- und Ungleichbehandlungen festlegen und welche erhebliche Spielräume für die Berücksichtigung der Umstände des Einzelfalles lassen. Speziell in Hinsicht auf das Strafrecht spielt das Gesetzlichkeitsprinzip (Art. 5, XXXIX CF, Art. 1 CP) eine große Rolle. Es handelt sich um eine spezifische Äußerung des Rechtsstaatsprinzips (Art. 1, *caput* CF), dessen Begründung sich im aufklärerischen Ideal der Legitimation von staatlicher Macht im Interesse individueller Freiheit befindet. Auf der einen Seite ermächtigt und „legitimiert" das Gesetzlichkeitsprinzip den schwersten Eingriff des Staates in die Rechte der Bürger. Auf der anderen Seite bändigt und diszipliniert es die Staatsgewalt zugunsten der Bürger.

Wenn jedoch die Anwendung des Gesetzes zu Ergebnissen führt, die als ungerecht angesehen oder wenn die gewünschten Ziele verfehlt werden (wie die Straflosigkeit, die den Tätern staatlicher Kriminalität zugestanden wird), kommt es öfter vor, dass eine *Bewegung zur Relativierung und Überwindung des bestehenden Gesetzes* entsteht. Dies kann am Beispiel der massiven Kritik hinsichtlich der Straflosigkeit, die den ehemaligen Folterern und Diktatoren durch das Amnestiegesetz und die Verjährung gewährt wird, aufgezeigt werden. Die betreffenden Gesetze stehen mit bestimmten politischen Zielen auf Kollisionskurs. Ein Beispiel dafür beruht in dem Wunsch, dass die Gewalttaten nicht länger praktiziert werden sollen. Eine weitere Diskrepanz besteht darin, dass das Gefühl der Gerechtigkeit unter den Opfern verletzt wird, weil die Täter strafrechtlich nicht zur Verantwortung gezogen werden.

Obwohl Gerechtigkeit, Zweckmäßigkeit und Sicherheit das Recht gemeinsam beherrschen, können sie zueinander in scharfen Widerspruch treten.[400] Wenn ein Widerspruch zwischen diesen drei antinomischen Elementen der Rechtsidee vorliegt, dann entwickeln sich (juristische) Narrative, die zu einer Lockerung der Pflicht zum Befolgen gesetzten Rechts und der Einschränkung der Rechtssicherheit zugunsten der Gerechtigkeit oder der Zweckmäßigkeit führen. Dabei handelt es sich um den Versuch, den Spielraum des parlamentarischen Gesetzgebers zugunsten anderer Instanzen (z. B. der Justiz) zu begrenzen. Es geht also um einen gewissen einschränkenden Vorbehalt zu Ungunsten des Gesetzgebers durch Entschuldigungs- (*excuses*) und Rechtfertigungsgründe (*justifications*).[401] Als Beispiel

400 *G. Radbruch*, Rechtsphilosophie (1932), 2003, S. 77.

401 Nach Klaus Günther: "In the argument that it is necessary to violate certain human rights to enable 'true' or 'higher' human rights in the future, we are dealing with a justification. In the argument that a specific emergency 'regrettably' prevents us

lassen sich die Zulässigkeit gewohnheitsrechtlicher Bildungen und Konstruktionen eines „begrifflich notwendigen" und demnach auch für den Gesetzgeber zwingenden, Inhalts usw. zitieren.[402] Diejenigen Konstruktionen oder Narrative, welche die Absicht haben, die gesetzgeberische Macht zu begrenzen und die gesetzten Rechtsregeln zu überwinden, bezeichnet das Wort *Rechtsmoralismus*.

Im Rechtsmoralismus geht es um eine der möglichen, geschichtlich vorliegenden und zeitgenössisch vertretenen Rechtstheorien. Indem diese Theorie eine dem Jusnaturalismus ähnliche Position einnimmt, besteht der Rechtsmoralismus aus einer das Rechtsphänomen erklärenden Theorie, die die Anerkennung der Geltung der Rechtsnormen und ihre Interpretation/Anwendung von moralischen Geboten abhängig macht. Unter moralischen Geboten sind hier die Gebote zu verstehen, für deren Verletzung interne Sanktionen (autonome Moral) oder äußere und nicht institutionalisierte Sanktionen (heteronome Moral) vorliegen.[403] Im ersten Fall geht es um die individuelle Moral, insbesondere die Selbstgesetzgebung durch die menschliche Vernunft (*Kant*). Im zweiten Fall geht es um die gesellschaftliche Moral, welche die Weisheit der Sitten, des allgemeinen Glaubens und der historisch gezeichneten Institutionen mit sich bringt.[404] Dem Rechtsmoralismus zufolge besteht das Recht nicht nur aus den vom Staat positivierten Gesetzen, sondern auch aus der (autonomen und/oder heteronomen) Moralität seines Inhalts (*These der Verbindung zwischen Recht und Moral*).[405]

Was aber begründet die Verbindlichkeit von Rechtsnormen? Wie soll derjenige, der das Recht anwendet (z. B. ein Richter), entscheiden, wenn das positive Recht in einen unversöhnlichen Widerspruch zur Moral tritt? Im Gegensatz zu einer rechtspositivistische Position geben Jusmoralisten vor, dass geltendes Recht *nicht* nur

from respecting human rights for the time being, we are dealing with an excuse." *K. Günther*, The Criminal Law of "Guilt" as Subject of a Politics of Remembrance in Democracies, in: Lethe's Law: Justice, Law and Ethics in Reconciliation, 2001, S. 12.

402 *C. Schmitt*, Legalität und Legitimität (1932), 1998, S. 19 f.

403 Vgl. *M. Chaui, Marilena*: Convite à Filosofia, 2001, S. 335 ff.; *M. L. A. Aranha; M. H. P. Martins*, Filosofando: introdução à filosofia, 1999, S. 276 ff. Nach Norberto Bobbio ist es – in Bezug auf Kant's Doktrin – die Äußerlichkeit der Sanktion, die das Recht von der Moral unterscheidet. *N. Bobbio*, Teoria da norma jurídica (1993), 2001, S. 145 ff.

404 *P. Ricoeur*, O justo: ou a essência da justiça (1995), 1997, S. 59. Neben der autonomen und der heteronomen Moral gäbe es noch, nach einigen Autoren, eine dritte Kategorie: die kritische Moral (*moral criticism*), die sich aus einer theoretischen Reflexion ergibt, wodurch herrschende Prinzipien der Moral in Frage gestellt werden. S. dazu: *D. Dimoulis*, O positivismo jurídico: introdução a uma teoria do direito e defesa do pragmatismo jurídico-político, 2006, S. 168.

405 S. dazu: *D. Dimoulis*, O positivismo jurídico: introdução a uma teoria do direito e defesa do pragmatismo jurídico-político, 2006; *ders.*, Moralismo, positivismo e pragmatismo na interpretação o direito constitucional, in: Revista dos Tribunais (1999) 769, S. 11 ff.

gesetztes Recht und dass *nicht* alles gesetztes Recht sei. Rechtsnormen gelten kraft inhaltlicher Qualitäten und nicht lediglich aufgrund ihrer Setzung. Das bedeutet, dass das positive Recht durch den Interpreten/Anwender im Sinne der Angleichung seines Inhalts an die Anforderungen der Moral *korrigiert* werden kann und muss. Der Interpret/Anwender muss den Fall immer *moralisch* bzw. *gerecht* entscheiden, auch gegen das positive Recht.[406]

Es stimmt, dass die moderne (liberale) Gesellschaft dem alteuropäischen Naturrecht und der mit ihm zusammenhängenden Gerechtigkeitsphilosophie sämtliche Grundlagen entzogen hat. Im modernen strafjuristischen Glaubensbekenntnis ist heute allgemein anerkannt, dass es kein Naturrecht oder überpositives Recht gibt. „Niemand käme heute auf die Idee, bei Natur an Perfektion zu denken, an einen Naturbegriff, in der Stoff (gr. *hyle*) – wie bei Aristoteles – in einer teleologischen Bewegung nach seinem Zielbild (gr. *eidos*) strebt, um seinen vorgegeben Zwecke zu erfüllen."[407] Aufgrund der Vielzahl von Autoren und Bewegungen – *Cicero*, *Thomas von Aquin*, Sophisten, Stoikern usw. – ist es schwierig, verallgemeinerbare Aussagen über das alteuropäische Naturrecht zu machen.[408] Deshalb wird in der vorliegenden Arbeit auch der Begriff „Rechtsmoralismus" dem Begriff „Jusnaturalismus" vorgezogen.[409]

Doch, obwohl fast niemand mehr vom Jusnaturalismus oder vom Naturrecht spricht, glaubt in der juristischen Praxis ein Großteil der Juristinnen und Juristen immer noch an die Existenz von moralischen Prinzipien oder an die Gerechtigkeit, die den Gesetzgeber und den Rechtsinterpreten oder -anwender leiten sollten. Die heutigen Befürworter des Rechtsmoralismus können zwar den Begriff Naturrecht fallengelassen haben, aber sie haben sich damit noch lange nicht von seinen Voraussetzungen entfernt. Noch immer bedienen sich z. B. Rechtsinterpreten und -anwender einer rechtsmoralischen Position, um Lücken des Menschenrechtsschutzes im positiven Recht zu schließen, obwohl Menschenrechtsregeln auf nationaler

406 Es ist notwendig zu bedenken, dass der Gebrauch des Begriffs *„Moralismus"* hier im Sinne von Rechtsmoralismus gebraucht wird. Im angelsächsischen Recht wird er hingegen dazu verwandt, den Zweck und die Begründung der Strafe zu behandeln. *„Legal Moralism"* bezieht sich auf die Theorie der Zwecke der Strafe, die besagt, dass bestimmte Handlungen kriminalisiert werden müssen, weil sie der herrschenden Moral einer bestimmten Gesellschaft nicht entsprechen, unabhängig davon, welcher (körperlicher oder psychischer) Schaden (jemand anderem oder dem Täter selbst) entstanden sind. Ein Beispiel ist die Kriminalisierung des Sexualakts zwischen Erwachsenen, s.: *P. Devlin*, The Enforcement of Morals, 1965.

407 *T. Vesting*, Rechtstheorie, 2007, S. 82 f.

408 *U. Neumann*, Rechtsphilosophie in Deutschland seit 1945 (1994), in: *ders.*, Recht als Struktur und Argumentation: Beiträge zur Theorie des Rechts und zur Wissenschaftstheorie der Rechtswissenschaft, 2008, S. 257 ff.; *T. Vesting*, Rechtstheorie, 2007, S. 82.

409 Vgl. z. B. *C. Horn*, Einführung in die politische Philosophie, 2012, S. 17.

(Grundrechte des CF) sowie auf internationaler Ebene (Allgemeine Erklärung der Menschenrechte von 1948, Europäische Menschenrechtskonvention von 1950, Internationaler Pakt über wirtschaftliche, soziale und kulturelle Rechte von 1966, Amerikanische Menschenrechtskonvention von 1969 usw.) positiviert wurden. Noch immer wirkt der Rechtsmoralismus dort als „Auslöser Rechtsgeltung in der Ethik bzw. in einem moralphilosophischen Gerechtigkeitsdiskurs zu suchen und zu fragen, ob das geltende Recht einer normativen Begründung bedarf bzw. ob Gerechtigkeit (im Sinne von arithmetischer Gleichheit) eine unabdingbare Komponente positiver Rechtsgeltung sei."[410]

So wurde der Glaube aufrechterhalten, dass das geltende Recht an bestimmte inhaltliche Prinzipien gebunden sei, vor allem an Gerechtigkeit und Gleichheit – aller Schwierigkeiten und Irrwege zum Trotz, die aus dieser Definition und aus der Verwirklichung des normativen Inhalts entstehen können. In der Rechtswissenschaft wird das Programm zu einer umfassenden Verwirklichung einer gerechten Gesellschaft durch richtiges Rechts aufrechterhalten, so dass auch heute noch die Unterscheidung von Rechtsmoralismus und Rechtspositivismus eine große Anziehungskraft ausübt.[411] Anders gesagt, es gibt eine ständige, lebendige und wirksame Spannung zwischen dem Wunsch nach moralischen (bzw. billigen) Entscheidungen einerseits und dem Bedürfnis nach Rechtssicherheit und folglich nach generellen und beständigen Normen andererseits. Beweise dafür sind vor allem die Narrative, die von einem Problem der strafrechtlichen Verantwortung für die unter der brasilianischen Militärdiktatur begangenen Straftaten ausgehen, wie später zu sehen sein wird.

Die hier vertretene Grundannahme lautet, dass die Strömung der *Criminal Transitional Justice* in Brasilien eine zweifache Bewegung zur Veränderung des Rechts bedeutet, die sowohl dessen *Elemente* als auch seine *Struktur* betrifft. Im ersten Fall wird eine (Re-)Interpretation bestimmter Rechtsinstitute gefordert, wie die der Amnestie und der Verjährung, in dem Sinne, dass sie nicht mehr als Hemmnis für eine strafrechtliche Verfolgung der Täter von vergangenen Straftaten betrachtet werden (*verdeckter Rechtsmoralismus*). Im zweiten Fall wird am Sinn der rechtlichen Geltung des Rechtsstaats und sogar des Rechtsbegriffs gezweifelt, was zur Folge hat, dass die bereits zitierten gesetzlichen Hürden als ungültig oder als der Rechtsordnung fremd angesehen werden (*offener Rechtsmoralismus*).

Im Falle des *verdeckten Rechtsmoralismus* ist der Versuch festzustellen, das positive Recht zu korrigieren und seinen Inhalt verändern zu wollen, um es an bestimmte

410 *T. Vesting*, Rechtstheorie, 2007, S. 85.

411 *U. Neumann*, Rechtsphilosophie in Deutschland seit 1945 (1994), in: *ders.*, Recht als Struktur und Argumentation, 2008, S. 289 ff.; *D. Dimoulis*, Manual de introdução ao estudo do direito, 2003, S. 137 f.; *W. Naucke*, Die strafjuristische Privilegierung staatsverstärkter Kriminalität, 1996, S. 26 f.; *R. Zippelius*, Rechtsphilosophie, 2007, S. 130 f. Zum „verdeckten Naturrecht", das im 19. Jahrhundert entwickelt wurde, und zur Renaissance des Naturrechts im 20. Jahrhundert vgl. z. B. *A. Ross*, Direito e Justiça, 2003, S. 291–299.

Ziele oder an die Gerechtigkeit anzugleichen, ohne dass jedoch offen seine rechtsmoralistische Position anerkannt wird. Es wird ein Narrativ der Verantwortung entwickelt, das begründet, dass eine Bestrafung der Straftäter der Diktatur möglich sei, ohne dass damit die Regeln der (positiven) staatlichen Rechtsordnung verletzt würden. Die vertretene These lautet, dass das Rechtssystem die Bestrafung der Agenten der Repression ermöglicht oder sogar vorschreibt, bzw. verlangt (*diesseits des Gesetzes*).

Es handelt sich um einen verdeckten Rechtsmoralismus, da innerhalb seiner Argumentation die Unterordnung oder die Korrektur des Rechts durch die Moral nicht offen vertreten wird. Die Voraussetzungen und die Folgerungen dieser angenommenen theoretischen (moralischen) Alternative werden lediglich durch Ausflüchte verhüllt. Es wird, in anderen Worten, die positivistische These, dass die Rechtsregeln kraft ihrer Setzung gelten müssen, nicht verleugnet, sondern aufrechterhalten. Was in Frage stehen würde, sagen die Anhänger, wäre ein Konflikt zwischen den Normen des positiven Rechts, die jeweils einen unterschiedlichen Rang hätten, wie es z. B. zwischen der Verfassung und dem einfachen Gesetz der Fall ist. Was außerdem in Frage steht, ist die richtige Deutung der gesetzten Regeln.[412]

Der *offene Rechtsmoralismus* hingegen nimmt die klare und offene Position ein, dass Rechtsregeln kraft inhaltlicher Qualitäten gelten, unabhängig von ihrer Setzung. Die Äquivalenz von gesetztem und geltendem Recht wird also bestritten. Was die Situation in Brasilien anbelangt, so werden die gesetzlichen (positivierten) Hemmnisse anerkannt, die dazu führen, dass die Strafverfolgung der Täter nicht erreicht wird, da Amnestie und Verjährung vorliegen. Aber sie werden hier unter Berufung auf ein „übergesetzliches Recht" für ungültig erklärt. Die Lösung des Problems stellt sich also nicht aufgrund der Frage nach dem Inhalt des positiven Rechts ein (*quid sit iuris*), sondern aufgrund der Frage, die sich logischerweise zuvor stellt, nämlich die des eigentlichen Rechtsbegriffs (*quid sit ius*).[413] Was hier bezweckt wird, ist, dass der Grundsatz „ein ungerechtes Recht ist kein Recht" angewandt wird. Dieser beruht auf der naturrechtlichen Tradition (insbesondere der scholastischen Theorien)[414] und fand in Deutschland seine „Auferstehung", vor

412 Exemplarisch: *M. O. G. Correia*, Anistia para quem? in: Memória e verdade, 2009, S. 141 ff.

413 Vgl. *U. Neumann*, Rechtspositivismus, Rechtsrealismus und Rechtsmoralismus in der Diskussion um die strafrechtliche Bewältigung politischer Systemwechsel, 2002, S. 110; *G. Radbruch*, Grundzüge der Rechtsphilosophie (1914), in: Gesamtausgabe, Bd. 2, 1993, S. 46.

414 „Nam lex mihi esse non videtur, quae iusta non fuerit." – *A. Augustinus*, De Libero Arbitrio, Buch I, 5, S. 12. „Sicut Augst. Dicit in justitia, intantum habet de vritute legis: in rebus autem humanis dicitur esse aliquod justum ex eo quod est rectum secundum regulam rationis: rationis autem prima regula est lex naturae [...]; unde omnis lex humanitus posita untantum habet de ratione legis, inquantum a lege naturae derivatur: si vero in aliquo a lege naturali discordet, jam non erit lex,

allen Dingen durch den Gebrauch der *Radbruchschen Formel* nach dem Zweiten Weltkrieg (*jenseits des Gesetzes*).

Im Folgenden wird die Argumentation des *versteckten Rechtsmoralismus* diskutiert. Dieser hat sich in Brasilien etabliert, um Probleme mit der Haftung für Straftaten der Militärdiktatur zu lösen. Es wird der Frage nachgegangen, ob unter Beachtung alle Forderungen der gesetzlichen Vorschriften der brasilianischen Rechtsordnung eine Verurteilung der Verantwortlichen der Kriminalität der Diktatur durch inländische Gerichte möglich ist oder nicht. Im letzten Kapitel des dritten Teils der Arbeit wird dann die offene rechtsmoralistische Argumentation behandelt, der zur Folge gesetzliche Schranken keine Geltung dafür haben, die Agenten der Diktatur zu einer strafrechtlichen Verantwortung zu ziehen, weil sie ungerecht sind.

Die Hauptargumente des versteckten Rechtsmoralismus, die zugunsten der strafrechtlichen Verantwortung angeführt werden, sind: (a) Das Gesetz 6.683/79 amnestierte die Täter der Straftaten der Militärdiktatur nie (Argument der „richtigen Auslegung" des Amnestiegesetzes). (b) Die Amnestie, welche die Agenten der Diktatur betrifft, ist rechtlich ungültig, weil sie von einem nichtdemokratischen Regime verfasst wurde (Argument des Mangels an demokratischer Rechtfertigung des Amnestiegesetzes). (c) Das Amnestiegesetz ist auch deshalb ungültig, weil es den Grundlagen der neuen Bundesverfassung von 1988 entgegensteht (Argument der nicht Verfassungsmäßigkeit des Amnestiegesetzes). (d) Die verübten Delikte sind Verbrechen gegen die Menschheit, wodurch sie unverjährbar sind und sich nicht vom Amnestiegesetz erfassen lassen (Argument der Nichtgeltung der Amnestie und der Verjährung für Verbrechen gegen die Menschlichkeit). Im Folgenden werden diese Argumente diskutiert.

---

sed legis corruptio". *Thomas von Aquin*, Summa Theologica, Bd. 2, 1926, Frage 95, Art. 2, S. 441.

Dritter Teil
Diesseits und Jenseits des Gesetzes

„Die Positivität des Rechts wird damit in höchst merkwürdiger Weise selbst zur Voraussetzung seiner Richtigkeit: es gehört ebenso sehr zum Begriffe des richtigen Rechts, positiv zu sein, wie es Aufgabe des positiven Rechts ist, inhaltlich richtig zu sein."

Radbruch, *Rechtsphilosophie*, § 9

„Numquid sociabitur tibi sedes iniquitatis,
quae fingit molestiam contra praeceptum?"

Psalms 94:20

I. Diesseits des Gesetzes (1): Das Argument der richtigen Auslegung des Amnestiegesetzes

1. Voluntas legis

Nach Ansicht anerkannter brasilianischer Juristen wie *Fábio Konder Comparato, Dalmo Dallari, Hélio Bicudo* usw. ist die Revision des Textes des Gesetzes Nr. 6.683 nicht notwendig, damit die Justiz über die Staatsbeamten des vorherigen Regimes urteilen kann, obwohl das Gesetz über Jahrzehnte hinweg zur Begründung ihrer Straflosigkeit angewendet wurde. Sie argumentieren, dass eine aufmerksame und buchstäbliche Lektüre des Gesetzestextes zu der Einsicht führe, dass diese Beamten nie durch dieses Gesetz amnestiert wurden. Was bisher geschehen sei, sei eine fälschliche Interpretation des Gesetzes gewesen, ein Missverständnis, das berichtigt werden müsse.[415]

Streitobjekt ist die korrekte Interpretation des § 1 des Artikels 1 des Gesetzes Nr. 6683. Auch wenn es in der brasilianischen Debatte Verweise auf den Artikel 4 des verfassungsändernden Gesetzes Nr. 26 aus dem Jahre 1985 (EC 26/85)[416] und den Artikel 8 der Übergangsbestimmungen der Bundesverfassung von 1988 (ADCT-CF/88)[417] gibt, so betreffen sie doch allenfalls die vom Militärregime Verfolgten als

415 *D. Dallari*, Crimes sem anistia, in: Mortos e desaparecidos políticos: reparação ou impunidade?, 2000, S. 31 ff.; *F. K. Comparato*, A responsabilidade do estado brasileiro na questão dos desaparecidos políticos durante o regime militar, in: 2000, S. 55 ff.; *F. K. Comparato*, Que fizeste de teu irmão?, in: Mortos e desaparecidos políticos: reparação ou impunidade?, 2001, S. 65 ff.; *F. K. Comparato*, Questão de decência, in: Mortos e desaparecidos políticos: reparação ou impunidade?, 2001, S. 77 ff.; *H. Bicudo*, Anistia desvirtuada, in: Revista Brasileira de Ciências Criminais 13 (März–April 2005) 53, S. 88–97; *M. A. Weichert*, Responsabilidade internacional do Estado brasileiro na promoção da justiça transicional, in: Memória e verdade, 2009, S. 162.

416 EC 26, Art. 4 – Es wird den zivilen Staatsdienern der direkten und indirekten Verwaltung und den Militärs, die aufgrund Ausnahmehandlungen, Regierungsakten oder ihrer Zusatzbestimmungen bestraft wurden, Amnestie gewährt. § 1° – Es wird auch den Täter von politischen Straftaten oder denen, die mit diesen zusammenhängen, den Studenten- und Gewerkschaftsführern und -vertretern, sowie den zivilen Staatsdienern oder den Arbeitnehmern, die mittels anderer Rechtsakte aus rein politischen Gründen entlassen wurden, Amnestie gewährt. § 2° – Die Amnestie umfasst diejenige, die im Zeitraum zwischen dem 2. September 1961 und dem 15. August 1979, durch Rechtsakte, die im „caput" dieses Artikel vorgesehen sind, bestraft oder verklagt wurden (Übersetzung *L. J. S.*).

417 CF/88, ADCT, Art. 8° – Es wird denjenigen, die im Zeitraum zwischen dem 18. September 1946 und dem Datum der Verkündigung dieser Verfassung aufgrund

Zielgruppe, da hier nicht der § 1 des Artikel 1 des Gesetzes Nr. 6683 wiederholt wird, der „im Sinne dieses Artikels" die Verbindung zwischen den politischen Verbrechen definiert, durch welche die Bilateralität der Amnestie abgeleitet wird.

Der Wortlaut des Artikel 1, §§ 1 und 2 des Amnestiegesetzes und sein wortwörtlicher Text in der Verordnung Nr. 84.143 vom 31. Oktober 1979 (Dec. 84.143/79) lautet:

> „Art. 1. Es wird denjenigen, die im Zeitraum zwischen dem 02.09.1961 und dem 15.08.1979 politische Straftaten oder mit diesen zusammenhängende Straftaten oder Straftaten gegen das Wahlrecht begangen haben, denjenigen, deren politische Rechte aufgehoben wurden, und den Staatsdienern der direkten und indirekten Verwaltung und von Stiftungen, die mit der öffentlichen Hand in Verbindung stehen, den Beamten und Angestellten der Legislative, der Rechtsprechung, den Militärs und den Gewerkschaftsführern und -vertretern, die auf Grund der Regierungsakte (*Atos Institucionais*) und ihrer Zusatzbestimmungen bestraft wurden, Amnestie gewährt.
>
> § 1. Im Sinne des vorliegenden Artikels sind zusammenhängende Straftaten solche, die in irgendeiner Weise mit politischen Straftaten zusammenhängen oder aus politischen Motiven begangen wurden.
>
> § 2. Ausnahmen zur Begünstigung durch Amnestie sind diejenigen, die wegen der Verbrechen Terrorismus, Raubüberfälle, Entführung und Attentat gegen die Person (*atentado pessoal*) verurteilt wurden."[418]

Ausnahmehandlungen, Regierungsakten oder ihrer Zusatzbestimmungen oder aus rein politischen Gründen betroffen sind sowie denjenigen, die durch das *Decreto Legislativo* Nr. 18 von 15. Dezember 1961 dazuzählen, und denjenigen, die durch das *Decreto-Lei* Nr. 864 von 12. September 1969 betroffen sind, Amnestie gewährt. Es werden die Beförderungen, die die Begünstigten der Amnestie während der Ausfallzeit, hinsichtlich des Amtes, der Beschäftigung, der Stelle oder der Graduierung erhalten hätten, wenn sie im aktiven Dienst geblieben wären, in Übereinstimmung mit der Zeit des Aufenthalts der Aktivität, die in Gesetzen und Verordnungen festgelegt werden, unter Beachtung der Merkmale und Besonderheiten der Karriere der Beamten und der Militärs und der jeweiligen rechtlichen Regelungen, gewährleistet (Übersetzung *L. J. S.*).

418 Lei 6.683/79, Art. 1°. É concedida anistia a todos quantos, no período compreendido entre 02.09.1961 e 15.08.1979, cometeram crimes políticos ou conexos com estes, crimes eleitorais, aos que tiveram seus direitos políticos suspensos e aos servidores da Administração Direta e Indireta, de Fundações vinculadas ao Poder Público, aos servidores dos Poderes Legislativo e Judiciário, aos militares e aos dirigentes e representantes sindicais, punidos com fundamento em Atos Institucionais e Complementares.
§ 1°. Consideram-se conexos, para efeito deste artigo, os crimes de qualquer natureza relacionados com crimes políticos ou praticados por motivação política.
§ 2°. Excetuam-se dos benefícios da anistia os que foram condenados pela prática de crimes de terrorismo, assalto, sequestro e atentado pessoal.

Das Argument der richtigen Auslegung des Amnestiegesetzes, das die genannten Juristen vertreten, kann mit folgenden Begründungen zusammengefasst werden:

- Obersatz: Gemäß dem Wortlaut des Gesetzes Nr. 6.683 wird die Amnestie den Tätern und Mittätern von gemeinen Straftaten (*delicta communia*) nicht gewährt, sondern sie wird ausschließlich nur beim Vorliegen von politischen Straftaten oder den damit zusammenhängenden Straftaten sowie bei Wahlverbrechen angewandt.
- Untersatz: Die von Funktionären und Kollaborateure des Ausnahmeregimes begangenen Straftaten sind weder politische Straftaten, noch damit zusammenhängende Straftaten (oder Wahlverbrechen). Es handelt sich um gemeine Straftaten.
- Schlussfolgerung: Die Staatsfunktionäre und Kollaborateure der Diktatur wurden vom Gesetz Nr. 6.683 nicht amnestiert.

Vorzugeben, dass die Täter der staatlichen Repression nicht im Sinne des Gesetzes amnestiert wurden, weil sie keine politischen Straftaten oder mit diesen zusammenhängende Straftaten, sondern gemeine Straftaten begangen hätten, ist jedoch ein Sophismus, der bei der buchstäblichen Interpretation des Wortlauts des Gesetzes festgestellt werden kann. Trotz der Richtigkeit der ersten Prämisse des Syllogismus bestehen Kontroversen über die Aussage der zweiten Prämisse, das heißt, über die Behauptung, dass die von den Staatsbeamten und Mitwirkenden der Diktatur begangenen Delikte keine politischen Straftaten, weder damit zusammenhängende Straftaten noch politisch motivierte Verbrechen, sondern gemeine Straftaten sind.

2. Politische Straftaten

Der ursprüngliche Zweck, das politische Verbrechen zu kategorisieren, ist, all diejenigen, die ein Delikt im Namen ihres Kampfes um politische Ansichten begangen haben, von „gewöhnliche" Kriminellen zu unterscheiden und ihnen damit bestimmte Privilegien zuzusprechen, wie z. B. die Begünstigung durch die Amnestie oder die Nichtgewährung eines Antrags auf Auslieferung.[419] Obwohl bestimmte Ausdrücke, die politische Verbrechen betreffen, in der brasilianischen Rechtsordnung stehen (z. B.: Art. 5, LII; 102, II, b und 109, IV CF/88), gibt es allerdings keine Übereinstimmung über ihre Bedeutung. Es existiert keine gesetzliche Definition. Ebenso wenig besteht in der brasilianischen Rechtslehre oder in der Rechtsprechung Einigkeit über einen anerkannten Begriff von politischer Kriminalität.[420]

---

419 S. dagegen ADPF/153, *Gilmar Mendes*, S. 239.

420 Vgl. *A. C. Ramos*, Crimes Políticos, in: Dicionário brasileiro de direito constitucional, 2012, S. 118; STF, Auslieferung Nr. 1.008/Republik Kolumbien, Berichterstatter Minister *Gilmar Mendes*, Entscheidung vom 21.3.2007. S. dazu auch *L. Mallinder*, Exploring the Practice of States in Introducing Amnesties, in: Building a Future

So ist es z. B. strittig, ob politische Straftaten per Definition nur ein objektives oder ein subjektives Element oder beide Elemente beinhalten sollten; ob ihnen nur pure, absolute politische Straftaten oder ob ihnen auch gemischte und relative politische Straftaten entsprechen. Wie der Richter des STF, *Celso de Mello*, im Fall der Auslieferung Nr. 1.008 sagte:

> „Der Begriff der politischen Kriminalität ist weit gefasst. Die Autoren analysieren ihn mittels Stellungnahmen der Doktrin, welche die Theorie des politischen Verbrechens auf einen begrifflichen Dualismus reduzierten. Auf der einen Seite absolute oder pure politische Straftaten (das sind politische Straftaten im eigentlichen Sinn) und auf der anderen Seite relative oder gemischte politische Straftaten (das ist das Delikt im uneigentlichen Sinne). Jenes Delikt übersetzt Aktionen, welche die Persönlichkeit des Staates treffen, indem sie ihn verändern wollen oder die politische und soziale Ordnung betreffen [...], dieses – das politische Verbrechen im uneigentlichen Sinne – zeigt sich, obwohl es eine konkrete politisch-soziale Motivation seines Täters ausdrückt, mittels Verhalten, die zu den Rechtsverletzungen der gemeinen Art zählen."[421]

Infolgedessen ist es nicht möglich, sich eindeutig darauf festzulegen, dass sich das Amnestiegesetz ausschließlich auf die „reinen politischen Straftaten" (Handlungen, die den Staat bzw. die Staatspersönlichkeit betreffen, oder die das Ziel haben, die politische und soziale Ordnung zu verändern oder zu beeinflussen) oder auf die „nicht reinen politischen Straftaten" (Rechtsverletzung gewöhnlicher Art, jedoch mit politischer Motivation) bezieht. Jede Aussage in diesem Sinne hängt von der Interpretation des Begriffs des politischen Verbrechens ab und dies kann vehement diskutiert werden. Da der Begriff der politischen Straftaten nicht durch eine verbindliche Definition festgelegt ist, ist seine Eingrenzung zwangsläufig auf der Rechtsprechung aufgebaut.

Wie aber noch zu sehen sein wird, liegt das Problem hier nicht in der Suche nach einem theoretischen Begriff der politischen Straftaten, sondern im Charakter des Amnestieaktes des Gesetzes Nr. 6.683 selbst,[422] oder, anders ausgedrückt, in der Definition, die das Amnestiegesetz der politischen Kriminalität und seiner damit zusammenhängenden Verbrechen in seiner Anwendung zuschreibt. Selbst wenn einer bestimmten Definition gemäß zugeben würde, dass die Verbrechen der Diktatur keine politische Straftaten gewesen sind, dann müsste immer noch die Frage beantwortet werden, ob diese Verbrechen als *politisch motiviert* (oder nicht)

---

on Peace and Justice: Studies on Transitional Justice, Peace and Development, 2008, S. 127 ff. Die Autorin bemerkt eine *"elastic' definition of political crimes"*.

421 STF, Auslieferung Nr. 1.008/Republik Kolumbien, Berichterstatter Minister *Gilmar Mendes*, Entscheidung vom 21.3.2007 (Übersetzung *L. J. S.*). Während dem Urteil des Falles *Cesare Battisti* (Auslieferung Nr. 1.085, Berichterstatter Minister *Cezar Peluso*, DJ 16.4.2010) wurde im STF über die theoretischen und praktischen Schwierigkeiten, die Kategorie der politischen Verbrechen zu definieren und die politische Verbrechen von gemeine Straftaten zu unterscheiden, diskutiert.

422 ADPF/153, *Gilmar Mendes*, S. 234.

laut Absatz 1, des Artikels 1 des Amnestiegesetzes behandelt werden sollten: „Im Sinne des vorliegenden Artikels sind zusammenhängende Straftaten solche, die in irgendeiner Weise mit politischen Straftaten zusammenhängen *oder aus politischen Motiven begangen wurden.*“[423] (Hervorhebungen *L. J. S.*)

3. Mit politischen Straftaten im Zusammenhang stehende Verbrechen

Damit beginnt nun die Diskussion des verbrecherischen Zusammenhangs. Die Erwähnung von „mit politischen Straftaten zusammenhänge Verbrechen“ („*crimes conexos aos crimes políticos*“) zur Gewährung von Amnestie wurde nicht zum ersten Mal durch das Gesetz Nr. 6.683/79 vollzogen, sondern war bereits in verschiedenen anderen, vorigen Gesetzestexten zu finden: Verordnung (*Decreto* – Dec.) Nr. 3.102 vom 13. Januar 1916; Dec. Nr. 3.163 vom 27. September 1916; Dec. Nr. 19.395 vom 6. November 1930; Dec. Nr. 24.297 vom 28. Mai 1934; Dec. Nr. 7.474 vom 18. April 1945. Die Bezeichnung „weitläufige und unbegrenzte Amnestie“ soll zum ersten Mal im Artikel 1 der Verordnung des Gesetzgebers (*Decreto Legislativo* – DL) Nr. 22 vom 23. Mai 1956 erschienen sein.[424]

Der Verweis auf den Zusammenhang von Verbrechen im Gesetz Nr. 6.683/79 hat nicht zum Zweck, verschiedene Straftaten, die vom selben Täter oder von verschiedenen Tätern begangen wurden, auf ein Gericht zu konzentrieren, um so der Forderung nach Einsparung, Vereinfachung und Kohärenz des Prozesses und seiner Urteilsfindung nachzukommen (Verbindung von Verbrechen unter prozessrechtlichen Gesichtspunkten). Wenn in dem Gesetz Nr. 6.683/79 mit politischen Straftaten im Zusammenhang stehende Verbrechen erwähnt werden, bezieht es sich auf eine materielle Verbindung von Verbrechen. Ziel ist es, die Gewährung von Amnestie eben gerade auf nicht politische bzw. gemeine Verbrechen auszuweiten, die in irgendeiner Weise in Bezug (z. B. durch Unterordnung oder Mittel oder Ziel) zu den begangenen politischen Verbrechen stehen.[425]

Es wird die Meinung vertreten, dass es unmöglich sei, eine kriminelle Verbindung zwischen den Straftaten zu finden, die von denen begangen wurden, die das geltende politische Regime verteidigten und denen, die es bekämpften, da nie gemeinsame Ziele und Vorstellungen zwischen den Tätern (oder jede andere Verbindung

---

423 Dem steht die Position *Ricardo Lewandowski* gegenüber, der sagt, dass eine Definition über den politischen Charakter von begangenen Straftaten nur von Fall zu Fall, durch ein „*case by case approach*“, und unter Berücksichtigung der politischen Motivation und einer Entscheidung über die Grausamkeit der Mittel entschieden werden könne; ADPF/153, *Ricardo Lewandowski*, S. 126 f., 130.

424 ADPF/153, *Eros Grau*, S. 34 f.

425 *N. Batista*, Aspectos jurídico-penais da anistia. Revista de Direito Penal, n. 26, Juli–Dezember 1979, S. 39; *L. J. Swensson Jr*, Anistia Penal: problemas de validade da lei de anistia brasileira, 2007, S. 189 f.

zwischen ihnen) bestanden hätten, wie es jede Verbindung von Verbrechen fordern oder voraussetzen würde.[426] Vom juristisch technischen Gesichtspunkt aus gesehen läge keine materielle Verbindung zwischen den von den Staatsbediensteten begangenen Straftaten und denen ihrer Gegner vor und eine solche wäre auch nie vorhanden gewesen, da keinerlei teleologische, folgernde oder den Umständen entsprechende Verbindung bestand hätte, die von der Doktrin zu deren Charakterisierung verlangt werde.[427]

Auch wenn, theoretisch, dieser Einwand richtig ist, so steht dem nichts entgegen, was das Gesetz definiert und was bei seiner Anwendung unter einer kriminellen Verbindung verstanden werden soll, so wie es beim Amnestiegesetz der Fall war. Der § 1 des Artikels 1 des Gesetzes Nr. 6.683 *definiert*, was mit politischen Straftaten zusammenhängende Straftaten im Sinne des Artikels sind, auch wenn diese Definition untechnisch und unzulänglich im technisch juristischen Sinne ist. Wie die Richter des STF im Urteil zum Prozess zur Nichtbeachtung des Grundsatzes Nr. 153 (*Arguição de Descumprimento de Preceito Fundamental Nr. 153* – ADPF/153) unterstreichen, handelt es sich um einen *sui generis* Zusammenhang (*Eros Grau*),[428] der erweitert und heterodox (*Marco Aurélio*),[429] gesondert, operationell und im „metjuristischen Sinne" (*Cezar Peluzo*)[430] ist.

Die Ausarbeitung dieses *sui generis* Zusammenhangs gibt dem Amnestiegesetz eine „authentische Auslegung" (*Celso de Mello*),[431] die sich von den allgemeinen Fällen des verbrecherischen Zusammenhanges unterscheidet, um eine eigene Tatbestandsmäßigkeit und Anwendung herzustellen. Dabei werden als *mit politischen Straftaten zusammenhängende Verbrechen* die Straftaten aller Art (d. h. alle anderen Straftaten, die keine politischen sind) bezeichnet, die jedoch: (a) mit politischen Straftaten in Verbindung stehen oder (b) aus politischen Motiven begangen werden.[432] Es geht daher bei der Definition der Adressaten der Amnestie durch das Gesetz Nr. 6.683 zentral um die Frage, ob die Staatsbeamten entweder aus politischen Gründe (z. B. um das Land vor Kommunisten, Terroristen und Subversiven zu bewahren) oder aus persönlichen Gründen Delikte begangen haben.[433]

---

426 *F. K. Comparato*, A Balança e a Espada, 2010.

427 ADPF/153, *Ricardo Lewandowski*, S. 113; *Cezar Peluso*, S. 205.

428 ADPF/153, *Eros Grau*, S. 25, 26.

429 ADPF/153, *Marco Aurélio*, S. 156.

430 ADPF/153, *Cezar Peluso*, S. 204 f.

431 ADPF/153, *Celso de Mello*, S. 169, 173 f.

432 ADPF/153, *Eros Grau*, S. 33–35. Vgl. die Stimmen von Minister *Decio Miranda* im *Recurso de Habeas Corpus* (RHC) Nr. 59.835 und von Minister *Julio de Sá Bierrenbach* im *Recurso Criminal* (RC) Nr. 5.367. Vgl. auch ADPF/153, *Marco Aurélio*, S. 156; ADPF/153, *Cesar Peluso*, S. 204.

433 Zum Beispiel wenn behauptet wird, dass das Gesetz Nr. 6.683/79 nie alle politisch motivierten Verbrechen amnestiert habe, sondern nur diejenigen, die mit den rein politischen Verbrechen zusammengehangen hätten. Das betrifft die gezielten Vorsatzdelikte gegen die Staatssicherheit, vgl. *Ministério Público Federal*. Procuradoria

4. Straftaten, die aus politischen Gründen begangen wurden

Was die vorliegende Frage betrifft, so dürfen politische Verbrechen nicht mit politisch motivierten Verbrechen verwechselt werden. Einerseits gibt es die Behauptung, dass die Folter keine politische Straftat ist.[434] Andererseits kann gesagt werden, dass sie nicht aus politischer Motivation begangen werden kann. Es geht hier um verschiedene Fragen und verschiede Probleme.[435] So muss, um die durch das Gesetz vorgesehene Erweiterung auf die zusammenhängenden Straftaten zu verstehen, eine politisch nicht korrekte, jedoch juristisch unabdingbare Frage gestellt werden: Haben die Agenten des strafrechtlichen Untersystems DOPS-DOI/CODI aus *persönlichen Gründen* (Sadismus, Feindschaft usw.) gehandelt oder aus *politischen Gründen* – z. B. um das Land vor Kommunisten zu retten?

Die Diskurse der Zurechnung oder Nichtzurechnung von Haftung hängen weniger davon ab, zu wissen, ob etwas „ist", sondern davon „wie" und „durch wen" dieses Etwas durch die Interaktionsprozesse in den gesellschaftlichen Machtverhältnissen definiert wird.[436] Das gilt vor allen in Situationen mit großen politischen Kämpfen und einer Makrokriminalität, wie bei den Kämpfen zwischen denen, die das Militärregime stürzen und denen, die es aufrechterhalten wollten. In solchen Fällen nehmen die Parteien im Kampf verschiedene Auffassungen zu ihren eigenen Taten, ihren Gründen und Motiven und auch zu denen ihrer Gegner an.

Von daher kann es sein, dass die Agenten der Diktatur nicht nur annahmen, dass die politische Unterdrückung, in der Art wie sie gehandhabt wurde, rechtskonform

---

Regional da República da 3ª Região, Caso Vladimir Herzog, Fundamentos da Representação, São Paulo, 3.12.2007, S. 40.

434 *Ayres Britto* schreibt: „[...] weil der Folterer kein Ideologe ist. Er erarbeitet in Gedanken keine politische Theorie oder politische Philosophie. Er begeht kein Verbrechen wegen eines Mangels an Feingefühl bei der Meinungsäußerung. Er begeht keine politischen Straftaten, da politische Straftaten [...] einen illegalen Kampf gegen die Rechtsstruktur des Staates sowie gegen die soziale Ordnung, die sich unter der Rechtsstruktur des Staates befindet, voraussetzten und deshalb sind sie ein Verbrechen mit politischem und sozialem Gesichtszug. Der Folterer begeht keine politischen Straftaten, keine Meinungsdelikte, dies wiederhole ich." ADPF/153, *Ayres Britto*, S. 139 f. (Übersetzung *L. J. S.*). Vgl. auch die frühere Meinung von *Nilo Batista*, die sagte: „Die Folterung und der Mord sind weder politische Straftaten, noch mit politischen Straftaten im Zusammenhang stehende Verbrechen. Sie sind gemeine Straftaten." *N. Batista*, Aspectos jurídico-penais da anistia. Revista de Direito Penal, n. 26, Juli–Dezember 1979, S. 33–42. (Übersetzung *L. J. S.*).

435 *L. J. Swensson Jr.*, Punição para os crimes da ditadura militar: contornos do debate, in: Justiça de transição no Brasil: direito, responsabilização e verdade, 2010, S. 23 ff.; *N. Batista*, Nota Introdutória, in: Justiça de transição no Brasil, 2010, S. 7 ff.

436 *S. Scheerer*, Nachteil und Nutzen Kritischer Kriminologie in Zeiten des Terrorismus, in: Kriminologisches Journal, H. 1, S. 36 ff.

war, sondern dass sie außerdem glaubten, dass sie der Gesellschaft einen Gefallen taten, indem sie so handelten und sich so innerhalb des Rahmens der Moral und der Gerechtigkeit befanden.[437] Dies kann den Aussagen der Militärs entnommen werden, die damals am politischen Leben teilnahmen.[438] Hinsichtlich der argentinischen Diktatur führt z. B. *Carlos Santiago Nino* aus, dass *„perpetrators of human rights violations convinced themselves in a quite secluded setting that they were acting justly"*.[439] Oder, wie *Jon Elster* über das nationalsozialistische Regime in Deutschland sagt: *„After 1945, many former Nazis believed passionately that since they acted in the interest of the nation by defending it against 'Bolshevism', they should be rewarded rather than punished"*.[440]

Tatsache ist, dass zwischen denjenigen, die kämpften, um die Diktatur zu stürzen, und denjenigen, die kämpften, um sie zu verteidigten, jeder versucht, den „noblen" politischen Charakter der Verbrechen des Gegners zu leugnen. Von beiden Seiten wird behauptet, dass die jeweils andere Seite nicht das eigentliche politische Regime, sondern das Leben, die Integrität und das Vermögen der Bürger bedroht habe.[441] Ein Beispiel dafür ist der Begriff Terrorist, der jemanden bezeichnet, der Verbrechen gegen die Menschlichkeit begeht. Dieser wird sowohl angewandt, um den Agenten der Diktatur die Amnestie und die Verjährung zu verwehren, als auch um zu rechtfertigen, dass das Amnestiegesetz diejenigen Gegner der Diktatur nicht betrifft, die wegen „Bluttaten" (wie Terrorismus, Raubüberfälle, Entführung und Delikte gegen die Person, deren Tatbestände im ehemaligen Gesetz zur Nationalen Sicherheit, Dec.-Lei 898/69, vorgesehen waren) verurteilt wurden (Art. 1, § 2 des Gesetzes 6.683/79).[442]

---

437 *L. J. Swensson Jr*, Anistia Penal: problemas de validade da lei de anistia brasileira, 2007, S. 109 f.

438 *M. C. D'Araújo/G. A. D. Soares/C. Castro*, Os Anos de Chumbo: a memória militar sobre a repressão, 1994; *A. N. Augusto*, A grande mentira, 2001; *A. M. Motta* (Hrsg.), 1964 – 31 de março: o movimento revolucionário e a sua história, Tomo I–X, 2003; *C. A. B. Ustra*, A verdade sufocada: a história que a esquerda não quer que o Brasil conheça, 2006.

439 *C. S. Nino*, Radical Evil on Trial, 1996, S. 132.

440 *J. Elster*, Closing the Books: Transitional Justice in Historical Perspective, 2004, S. 83 f.

441 *D. Dimoulis*, Prefácio, in: Swensson Jr, Anistia Penal: problemas de validade da lei de anistia brasileira, 2007, S. 16.

442 Dieser Teil des 2. Paragraphen wurde später von der militärischen Justiz entfernt. S. dazu die Botschaft des Präsident *João B. Figueiredo* an den Kongress vom 27. Juni 1979, über das Gesetzesprojekt der Amnestie, das zur Abstimmung eingereicht wurde: „Es [das Projekt] gilt rückwirkend für den Zeitraum vor 1964 und betrachtet diejenigen, die durch ein Gerichtsurteil oder durch einen revolutionären Akt [der Regierung] in ihren politischen Aktivitäten behindert wurden. [...] Es sind diejenigen, die von der Justiz wegen nicht rein politischer Verbrechen verurteilt wurde, nicht eingeschlossen: und zwar der Terrorist, weil er sich nicht gegen die Regierung oder gegen den Staat wendet. Seine Handlung

Den diktatorischen Staat zu schützen, bedeutete also, auch politisch motiviert zu handeln. So verwerflich die politischen Richtungen und die Handlung der beteiligten Gruppen im Kampf um die Macht sein mögen, ihre Handlung ist immer auch politisch. Es besteht von daher kein ausreichender bzw. zwingender Grund für die Argumentation, dass das brasilianische Amnestiegesetz nicht *alle* verwerflichen politischen Motivationsarten mit einbeziehe. In diesem Sinne, falls keine persönliche, sondern eine politische Motivation für die von den Tätern der Staatsrepression begangenen Verbrechen festgestellt werden kann, ist es gemäß einer wörtlichen Auslegung des Artikels 1 Absatz 1 des Gesetzes Nr. 6.683 vertretbar, dass sie doch amnestiert wurden.

5. Straftaten ohne politisches Motiv

Darüber hinaus ist es jedoch wichtig zu erläutern, dass, wenn eine objektive (Wille des Gesetzes) und keine subjektive Interpretation (Wille des Gesetzgebers) erfolgt, das politische Motiv des Agenten nicht bedeuten darf – so wie es in der Tat der Fall war –, dass die gesamte Kriminalität, die von der politischen Unterdrückung der Diktatur ausging, automatisch straflos bleiben soll. Das politische Motiv soll als ein Kriterium verstanden werden, um die Nutznießer der Amnestie von Fall zu Fall durch den Interpreten des Rechts zu bestimmen.

Bei z. B. einer aus *Feindschaft* motivierten Straftat (wie im fiktiven Fall der „neidischen Denunzianten", die *Lon L. Fuller* in seinem Werk „*The Morality of Law*" einführt) oder im Fall von *Sadismus* (wie im realen Fall des einflussreichen dänischen Unternehmers und eingebürgerten brasilianischen Staatsbürgers *Hennig Albert Boilesen*, Vorsitzender der Unternehmensgruppe *Ultra*, dem vorgeworfen wird, dass er die *Operação Bandeirante* finanzierte, um dafür bei den Folterungen von politischen Häftlingen zuschauen zu dürfen)[443] wurden die Täter nicht vom

verstößt gegen die Menschlichkeit und, aus diesem Grund, wird er von der universellen Gemeinschaft ausgeschlossen. Die universelle Gemeinschaft verkündet unerlässlich repressive Gesetze, die aus den Ländern, die über die höchste demokratische Meinungsbildung verfügen, bedient werden. Die Amnestie hat den Sinn, die Bürger wieder in der politischen Militanz zu integrieren, und der Terrorist war und ist kein Politiker, es sei denn, dass Begriffe in Namen eines falschen Liberalismus untergraben werden." *Figueiredo, João Baptista:* Mensagem n. 59, in: Anistia, 2 Bde., Brasilia, Centro Gráfico, 1982 (Übersetzung *L. J. S.*). S. dazu *D. N. Gonçalves*, Os múltiplos sentidos da anistia, in: Revista Anistia Política e Justiça de Transição, Bd. 1, 2009, S. 278; *J. C. M. Silva Filho*, O Julgamento da ADPF 153 pelo Supremo Tribunal Federal e a Inacabada Transição Democrática Brasileira, 2010, S. 26, Fn. 63.

443 Vgl. *C. Litewski* (Regisseur), „Cidadão Boilesen", Brasil 2009 (Dokumentarfilm). *Hennig Albert Boilesen* war nicht nur Geldgeber und *Voyeur* bei Folterungen, sondern dem dänischen Unternehmer wird zudem ein neues Folterinstrument zugewiesen: das sogenannte „Pianola Boilesen". Es handelt sich um ein Elektroschockgerät, das

Amnestiegesetz begünstigt. Auch ist es schwieriger das Verbrechen der Vergewaltigung, das bei der Folterung von Frauen üblich war, mit einem politischen Motiv, im Sinne des Gesetzes 6.683/79, zu rechtfertigen. In Vergewaltigungen artikuliert sich Gewalt und Herrschaft durch eine sexualisierte Form der Machtausübung. Sie sind nie *nur* politisch motiviert – obwohl es bei Vergewaltigungen häufig als politisch motiviert angesehen werden kann, da es immer auch um Macht und Machtverhältnisse geht.

Kurzum, in den Fällen von Verbrechen, die aus persönlichen Motiven (Sadismus, Feindschaft usw.) begangen wurden, wurden deren Täter gemäß des Wortlauts des Gesetzes nicht amnestiert. Die Annahme, dass alle von staatlichen Agenten begangene Delikte unter der politischen Unterdrückung auch politische Motive hatten und dass sie so automatisch amnestiert wurden – die Interpretation, die tatsächlich überwiegt – beruht nicht auf einer wörtlichen Auslegung des Gesetzes, sondern auf der Exegese, die aus verschiedenen Interpretationsmethoden hervorgegangen ist und die wörtliche Interpretation ergänzt. Heute wäre es jedoch unmöglich, die Täter der Kriminalität der Diktatur strafrechtlich zu verfolgen, da diese Straftaten bereits verjährt sind (Art. 107, IV und Art. 109 CF).

6. Dauerdelikte

Andere Delikte, die während der politischen Unterdrückung von Beamten des Militärregimes begangen wurden und die weder amnestierbar noch der Verjährung unterworfen sind, sind die *Dauerdelikte* (*crimes permanentes*). Dabei handelt es sich um eine Argumentation, die heute von der Bundesstaatsanwaltschaft vertreten wird, wenn sie bestimmte staatliche Agenten der Diktatur wegen der Begehung von *Entführungen* anklagt.[444]

„Dauerdelikte sind Taten, bei denen das Delikt mit der Verwirklichung des Tatbestandes nicht abgeschlossen ist, sondern durch den fortdauernden deliktischen Willen des Täters so lange aufrechterhalten wird, wie der von ihm geschaffenen

durch eine Tastatur aktiviert wird, wodurch die Intensität der elektrischen Entladungen genauer abgemessen werden konnte. *Boilesen* wurde am 15. April 1971 in São Paulo von Mitgliedern der *Movimento Revolucionário Tiradentes* (MRT) und *Ação Libertadora Nacional* (ALN) getötet. Vgl. auch *D. Ventura*, A interpretação judicial da Lei de Anistia brasileira e o direito Internacional, in: A anistia na era da responsabilização, 2011, S. 308 ff.

444 Vgl. z. B. Prozess Nr. 0011580-69.2012.403.6181, der Bundessachen im São Paulo; Prozess Nr. 0006231-92.2012.4.01.3901 – der 2. Kammer des Gerichts für Bundessachen in Marabá. Vgl. auch die Rechtsprechung des Interamerikanischen Gerichtshofs für Menschenrechte (CIDH) hinsichtlich der „zwangsweise Verschwindenlassen“ in Fällen *Velázquez Rodríguez vs. Honduras*, Judgment 29, Juli 1988 (Series C, No. 4, § 155–158) und *Goiburú und andere vs. Paraguai*, Judgment 19. September (Series C, No. 153, §83).

rechtswidrige Zustand bestehen bleibt."[445] Das Dauerdelikt ist zwar bereits durch das Herbeiführen des rechtswidrigen Zustands vollendet, die Tat selbst ist jedoch noch nicht beendet. Da die Entführung eine Straftat ist, deren Tatbestand die Aufrechterhaltung eines rechtswidrigen Zustandes umfasst (Art. 148 CP), wäre dieses Delikt nicht vom Amnestiegesetz betroffen, weil das Gesetz Nr. 6.683/79 auf diejenigen Delikte angewendet wird, die „im Zeitraum zwischen dem 2. September 1961 und dem 15. August 1979" begangen wurden (Art. 1 *caput*). Auch wäre das Delikt nicht verjährt, da die Verjährungsfrist gemäß Artikel. 111, III CP[446] erst dann beginnt, wenn die Tat beendet ist.

Das Verschwinden von Opfern der politischen Repression nach der Bewachung durch die Polizei und die Militärs als Entführung zu bezeichnen, ist jedoch fragwürdig. Was vorliegt oder, um es besser zu sagen, was durch die Prozessakten bewiesen werden kann, ist eine Situation von einem „zwangsweise Verschwindenlassen" („*desaparecimento forçado*", „*enforced disappearance*") nach dem Tatbestand, der im Artikel 2 der „Interamerikanischen Konvention über das gewaltsam verursachte Verschwinden von Personen" („*Convenção Interamericana sobre Desaparecimento Forçado de Pessoas*")[447] und im Artikel 7, § 2 des Römischen Statuts des Internationalen Strafgerichtshofs beschrieben wird.[448] Nach der Feststellung der Verhaftung und den an den Opfern begangenen Übeltaten ist nichts Weiteres über ihren Aufenthalt bekannt, auch nicht darüber, wo sich ihre sterblichen Reste befinden, fall sie tot sein sollten.

Brasilien hat die Interamerikanische Konvention über das gewaltsam verursachte Verschwinden von Personen zwar am 9. Juni 1994 in Belém unterzeichnet, aber noch nicht ratifiziert.[449] Der Nationalkongress hat am 8. April 2011 die Konvention genehmigt (DL 127/2011), aber sie wurde noch nicht mit der Verordnung

445 *C. Roxin*, Strafrecht AT, 2006, S. 330.

446 In der Fassung des Gesetzes Nr. 7.209, 11.7.1984.

447 Article II: For the purposes of this Convention, forced disappearance is considered to be the act of depriving a person or persons of his or their freedom, in whatever way, perpetrated by agents of the state or by persons or groups of persons acting with the authorization, support, or acquiescence of the state, followed by an absence of information or a refusal to acknowledge that deprivation of freedom or to give information on the whereabouts of that person, thereby impeding his or her recourse to the applicable legal remedies and procedural guarantees.

448 Article 7, § 2, (i): "Enforced disappearance of persons" means the arrest, detention or abduction of persons by, or with the authorization, support or acquiescence of, a State or a political organization, followed by a refusal to acknowledge that deprivation of freedom or to give information on the fate or whereabouts of those persons, with the intention of removing them from the protection of the law for a prolonged period of time.

449 http://www.cidh.oas.org/Basicos/Portugues/l.Desaparecimento.Rati..htm, Zugriff: 1.7.2013.

des Präsidenten der Republik umgesetzt.[450] Ein Projekt der Legislative (*Projeto de Lei* [PL] 245/2011), das vorsieht, den Artikel 149-A (Tatbestand des „zwangsweise Verschwindenlassens von Personen") in das Strafgesetzbuch einzuführen, durchläuft gegenwärtig den Nationalkongress, aber bisher wurde noch nicht darüber abgestimmt.[451] Das Römische Statut zum Internationalen Strafgerichtshof seinerseits trat nur am 1. September 2002 in Kraft, das vom Nationalkongress am 6. Juni 2002 angenommen (DL 112/2002) und vom Präsidenten der Republik am 25. September 2002 veröffentlicht wurde (Dec. 4.388/2002). Aber laut dem Rückwirkungsverbot (Art. 5, XL CF), das die Wirkung von Gesetzen für einen vor ihrer Verkündung liegenden Zeitraum nicht zulässt, soll das Römische Statut nur in den Fällen angewandt werden, die nach seinem Inkrafttreten, das heißt, nach dem 1. September 2002 begangen worden sind.

Um die These zu verteidigen, dass bestimmte staatliche Agenten der Diktatur wegen der Begehung von *Entführungen* strafrechtlich verfolgt werden sollen, erfolgt die Argumentation der Bundesstaatsanwaltschaft dahingehend,[452] dass in Fällen des zwangsweise Verschwindenlassens der Tod der Opfer nicht unterstellt werden könne. Es gebe keine (direkten) Beweisstücke, keine identifizierten sterblichen Überreste und auch keinen Beweis des Todes durch andere Mittel, die genügten, um die Umstände der Tat aufdecken zu können (indirektes Beweisstück). Auch wenn das Gesetz Nr. 9.140/95 bestimmte politische Dissidenten als tot oder verschollen anerkenne, so hinge doch die Anerkennung des Todes von Vermutungen gemäß des Einzelparagraphen des Artikel 7 des brasilianischen Bürgerlichen Gesetzbuches (*Código Civil* – CC)[453] und dem Artikel 3 des Gesetzes Nr. 9.140/95[454] sowie von einer richterlichen Entscheidung ab, die den Zeitpunkt

450 http://www.ibccrim.org.br/novo/noticia/13798-Convencao-Interamericana-sobre-o-Desaparecimento-Forcado-de-Pessoas, Zugriff: 1.7.2013.

451 http://www.senado.gov.br/atividade/materia/detalhes.asp?p_cod_mate=100177, Zugriff: 1.7.2013.

452 Exemplarisch: Strafeanzeige Nr. 31.107/2012, von der Staatsanwaltschaft in São Paulo.

453 Lei 10.406/2002, Art. 7º: Es kann ohne den Erlass der Abwesenheit für tot erklärt werden: I – Wenn der Tod desjenigen, der sich in Lebensgefahr befand, extrem wahrscheinlich ist; II – wenn jemand, der innerhalb einer Kampagne verschollen war oder gefangen genommen wurde, nicht innerhalb von zwei Jahren nach Kriegsende wieder aufgefunden wurde. Einzelparagraph. Die Todeserklärung kann in diesem Fall nur dann beantragt werden, wenn alle Suchaktionen und Feststellungen erschöpft sind, wobei das Urteil das mutmaßliche Sterbedatum festlegen soll (Übersetzung *L. J. S.*).

454 Lei n. 9.140/1995. Art. 3º: Der Ehepartner, der Lebenspartner oder die Lebenspartnerin, Abkömmling, Vorfahre oder Verwandte bis zum vierten Grad derjenigen Personen, die in der Liste, auf die sich der Art. 1 bezieht, genannt werden, können, falls sie ihre Voraussetzungen beweisen können, beim Standesamt der natürlichen Personen an ihrem Wohnsitz ein Sterberegister beantragen, indem sie dem Antrag das Original oder eine Kopie der Veröffentlichung des vorliegenden

des möglichen Todes feststelle, „nachdem alle Möglichkeiten der Suche und der Feststellungen erschöpft sind". Dies ist bis heute noch nicht geschehen.[455] Diese Meinung wurde auch vom *Supremo Tribunal Federal* im Fall der Auslieferungen Nr. 974[456] und Nr. 1150[457] angenommen, die im August 2009 und Mai 2011 vom argentinischen Staat beantragt wurden.

Im Gegensatz zu dem, was die Staatsanwaltschaft vorgibt, ist es eine Tatsache, dass es, ebenso wie es unmöglich ist, den Tod der Opfer anzunehmen, es auch unmöglich ist, zu behaupten, dass sie bis heute noch entführt seien oder dass sie, wie es in der Anklageschrift Nr. 31.107/2012 des Staatsanwaltschaft von São Paulo heißt, noch „illegal unter der Macht und Verantwortung staatlicher Agenten stehen, die sie unter Gewahrsam hatten, in der Situation also, in der sie sich befanden, als sie zum letzten mal gesehen wurden, ihrer Freiheit beraubt wurden".[458] Es liegt kein Anhaltspunkt vor, der zu dieser Schlussfolgerung führen könnte. Warum sollten, nach dem Inkrafttreten des Amnestiegesetzes 1979 und der Errichtung der Neuen Republik 1985, die politisch Verfolgten noch immer entführt sein? Wenn für das Recht die Vermutung des Todes eben nur eine Vermutung ist, so gilt dies noch mehr in dem Fall, wenn es sich um die Vermutung einer Entführung handelt.

So ist die entscheidende Frage die, ob es zu strafrechtlichen Zwecken möglich ist, die Situation des Verschwindenlassens aus politischen Gründen mit der Entführung zu vergleichen, um so eine strafrechtliche Verfolgung der staatlichen Täter zu veranlassen. In diesem Fall fällt die Antwort negativ aus. Die brasilianische Verfassung, insbesondere der Artikel 5 XXXIX CF (Art. 1 CP), schreibt die Garantiefunktionen des Strafgesetzes fest (*nulla poena sine lege*). In diesem Sinne ist im Einzelnen die analoge Anwendung eines Strafgesetzes zu Lasten des Täters verfassungsrechtlich verboten (Analogieverbot). Weil die Analogie gerade hergestellt wird, um die Amnestie und die Verjährung aufzuheben oder, in anderen Worten,

---

Gesetzes und seines Anhangs beilegen. Einzelparagraph. In Zweifelsfällen ist eine gerichtliche Begründung zugelassen (Übersetzung *L. J. S.*).

455 Dazu *E. R. Vasconcelos*, A responsabilização penal dos autores de crimes contra a humanidade e o desaparecimento forçado na guerrilha do Araguaia, in: Revista Anistia Política e Justiça de Transição, Bd. 7, 2013, S. 170 ff.

456 STF, Auslieferung Nr. 974, Berichterstatter Minister *Ricardo Lewandowski*, Entscheidung vom 6.8.2009 (DJE 4.12.2009). Nach dem Berichterstatter, Minister *Ricardo Lewandowski*: „Obwohl über achtunddreißig Jahre vergangen waren, seitdem sich der Sachverhalt [das erzwungene Verschwinden der argentinischen politischen Gefangenen, *L. J. S.*] zu der ausgelieferten Person zugetragen hatte, erschienen die Opfer immer noch nicht, auch nicht ihre Körper, und deshalb ist es zurzeit nicht möglich, an dem Mord zu denken." A. a. O., S. 21 (Übersetzung *L. J. S.*).

457 STF, Auslieferung Nr. 1.150, Berichterstatter Minister *Carmen Lúcia*, Entscheidung vom 19.5.2011 (DJE 17.06.11).

458 *Staatsanwaltschaft von São Paulo*, Strafanzeige Nr. 31.107/2012, S. 27.

weil die Analogie der Situation der Verschollenen mit der der Entführten *in malam partem* geschieht, ist sie *de lege lata* verboten.

Wenn es einerseits nicht möglich ist, die Fälle vom zwangsweise Verschwindenlassen von Personen als Entführung anzurechnen, da ansonsten eine Analogie im Strafrecht *in malam partem* bewirkt würde, muss andererseits gefragt werden, ob es dennoch möglich ist, die Ermittlungen oder Strafverfolgungsmaßnahmen wegen des Verbergens einer Leiche, gemäß Artikel 211 CP (*ocultação de cadáver*), einzuleiten. Es ist also zu fragen, ob es angesichts der Indizien, dass die Leichen der aus politischen Gründen Verschollenen verborgen wurden – wie in dem Fall der Gebeine, die in einem Massengrab in Perus gefunden wurden –, es möglich wäre, Ermittlungen anzustellen, da es sich um ein Dauerdelikt handelt, das weder verjährt noch begnadigt wurde.[459] Die strafbare Tat des Verbergens von Leichen ist erst dann beendet, wenn die sterblichen Reste der Menschen gefunden werden.

459 STJ, Recurso Especial (REsp.) Nr. 900.509-PR, Berichterstatter Minister *Felix Fischer*, Entscheidung vom 26.6.2007 (DJU 27.8.2007, S. 287).

II. Diesseits des Gesetzes (2): Das Argument der mangelnden demokratischen Legitimation und der Verfassungswidrigkeit des Amnestiegesetzes

1. Mangel an demokratischer Legitimation

Ein zweites Argument, das angeführt wird, um die Unwirksamkeit des Amnestiegesetzes zu bestimmen, besteht aus der mangelnden demokratischen Legitimation des Gesetzes Nr. 6.683/79. Begründet wird dies damit, dass dem herausgebenden Kongress die vom Volk ausgehende Repräsentativität gefehlt habe. Da das Amnestiegesetz innerhalb eines autoritären Regimes (das heißt, von einem Kongress, der nicht den freien Willen des brasilianischen Volkes vertreten habe) erlassen worden sei, gebe es einen Fehler bei dem Beschluss dieses Gesetzes und von daher sei es ungültig.[460]

Tatsächlich wurde das Amnestiegesetz innerhalb eines politischen Regimes geschaffen, in dem die freie Beteiligung der Bevölkerung an politischen Entscheidungen über ihre gewählten Vertreter verzerrt war. In der Zeit als das Gesetz Nr. 6.683 geschaffen wurde, befand sich das Parlament in einer prekären Lage und musste sich den Entscheidungen der Exekutive unterordnen, vor allem nach der Veröffentlichung des sogenannten „Aprilpakets“ (*Pacote de Abril*), das im Jahre 1977 von *Geisel* erlassen wurde. Damals waren Abgeordnete des Kongresses abgesetzt worden, ein Drittel de Senatoren wurde indirekt von den bundesstaatlichen Wahlkommissionen bestimmt (*senadores biônicos*), die Anzahl von Repräsentanten der bevölkerungsreichsten Bundesstaaten im Parlament wurde reduziert usw. All diese Bestimmungen dienten dazu, dass die Regierungspartei die Mehrheit über die zwei Häuser des Kongresses behielt.

460 *S. M. Matos,* Anistia Democrática? Sobre a (i)legitimidade da lei de anistia brasileira, in: Revista Anistia Política e Justiça de Transição, Bd. 7, 2013, S. 136 ff.; *A. Martins,* A legalidade e a proibição de retroatividade das leis no direito penal e no direito penal internacional e o tratamento dos crimes estatais praticados durante o regime militar no Brasil, in: Revista Anistia Política e Justiça de Transição, Bd. 7, 2013, S. 202 ff.; *J. C. M. Silva Filho,* O Julgamento da ADPF 153 pelo Supremo Tribunal Federal e a Inacabada Transição Democrática Brasileira, 2010, S. 515 ff.; *M. Weichert,* Strafrechtlicher Schutz von Menschenrechten, in: Transitional Justice, Frankfurt am Main, 2013, S. 113 ff. Vgl. auch *Ordem dos Advogados do Brasil, Conselho Federal,* APDF/153, Petição Inicial, 21.10.2008, S. 22–24, in Bezug auf die Verfassungsmäßigkeit des Amnestiegesetz wegen der Verstöße gegen die demokratischen und republikanischen Prinzipien.

An der mangelnden demokratischen Legitimation des Amnestiegesetzes besteht kein Zweifel. Man lebte in einer Diktatur. Die wichtigsten politischen Entscheidungen des Landes wurden nicht direkt vom Volk oder von dessen Vertretern gefällt. Das Problem ist jedoch ein anderes. Es bezieht sich auf die Frage, *wie man in einem demokratischen Rechtsstaat mit Gesetzen umgeht, die von einem autoritären Regime ohne demokratische Legitimation erlassen wurden.* Ist es also möglich, ein Amnestiegesetz zu annullieren, weil es von einem undemokratischen Regime erlassen wurde?

Die Antwort lautet nein. Es ist nicht möglich, das Argument anzuführen, dass das Amnestiegesetz von einer Diktatur geschaffen wurde, um damit seine Nichtigkeit zu erklären. Die logische Begründung für diese Antwort lautet: Falls die Brasilianer das Kriterium der demokratischen Legitimität anwenden würden, um die Rechtsgültigkeit von Normen zu bestimmen, so wäre nicht nur das Gesetz Nr. 6.583/79, sondern *alle* während des autoritären Regimes geschaffenen Gesetze *ab initio* ungültig. Zum Beispiel auch die vom Gesetz Nr. 6683 erteilte Amnestie der politischen Dissidenten, die dafür gekämpft haben, die Diktatur zu stürzen. Alle während des autoritären Regimes geschaffenen Gesetze beruhen auf demselben Fehler und deshalb müssten wenn alle aufgehoben werden.[461]

Wenn also die Absicht besteht, die Amnestie nur hinsichtlich der Agenten und der Mitarbeiter der Diktatur und nicht hinsichtlich der politischen Opposition des Militärregimes außer Kraft zu setzen, muss ein anderes Kriterium herangezogen werden, um das Amnestiegesetz innerhalb des Rahmens des demokratischen Rechtsstaates für ungültig zu erklären. Welches Kriterium kann das sein? Wer darf es anwenden?

---

461 *Cezar Peluzo*, S. 210. Nach *Ayres Britto*, S. 139, heißt es: „Was haben die Streitkräfte gemacht? Sie haben eine Rechtsordnung auf der Basis von Regierungsakten und Ergänzungsakten gegründet. Klar handelte es sich um eine autoritäre und nicht um eine demokratische Rechtsordnung. Aber es war eine Rechtsordnung"; *Carmen Lúcia*, S. 80, formuliert es folgendermaßen: „Selbst bei der Ausformulierung der Verfassung von 1988 gab es noch Kongressabgeordnete in dieser Stellung und man kann jetzt, fast zwanzig Jahre nach ihrem Inkrafttreten nicht mehr die Legitimität der Zusammenstellung des Kongresses in Zweifel ziehen. Wenn wir das zuließen, könnte man die eigentliche Verfassung von 1988 in Frage stellen, was nicht im mindestens zweckmäßig wäre". *Gabriel Machado* spricht von einer „formellen Unvereinbarkeit des Amnestiegesetzes von 1979 mit der neuen Verfassung von 1988", im Bezug auf die Verfassungswidrigkeit wegen mangelnder demokratischer Legitimation. Er sagt auch, in unserem Sinne, das dieses Kriterium nicht greift: „wenn dies der Fall wäre, so wären alle Gesetze, die in der Zeit der Militärdiktatur geschaffen wurden, verfassungswidrig." *G. D. L. Machado:* O julgamento da Lei de Anistia (lei 6.683/79) pelo STF: dos problemas metodológicos ao problema substancial, 2013, S. 240 (Übersetzung *L. J. S.*).

2. Gesetzesänderung

Eine erste Möglichkeit besteht darin, die Amnestie für die Agenten der staatlichen Unterdrückung durch die Veröffentlichung eines neuen Gesetzes, welches das Gesetz Nr. 6.6683 aufhebt, abzuschaffen (*lex posterior derrogat legi priori*). Das Parlament selbst, als Vertreter des souveränen Willens des Volkes, könnte das Problem so lösen (Parlamentsvorbehalt), wie dies z. B. bei dem Gesetzesprojekt Nr. 573/2011 geschah. Da das brasilianische Amnestiegesetz nicht demokratisch geschaffen wurde, schließt die formale Geltung dieses Gesetzes dessen Revision in der neuen demokratischen Ordnung i. d. R. nicht aus. Es kommt auf den demokratischen Gesetzgeber an, über die Möglichkeit einer strafrechtlichen Bewältigung der Vergangenheit zu entscheiden.[462]

Diese Hypothese stellt jedoch einen Verstoß gegen das Rückwirkungsverbot (Art. 5°, XL, CF) dar. Nach den brasilianischen Gesetzen ist die Amnestie *unwiderruflich.* Sie ist ein materielles Rechtsinstitut, das die Strafbarkeit des rechtswidrigen Verhaltens ausschließt (Art. 107, II StGB). Das heißt, da die Amnestie im Strafrecht teilweise das vorherige Gesetz, das bestimmte Verhalten bestrafte (Sanktionsnorm), für ungültig erklärte, wird sie damit unwiderrufbar, da eine Widerrufung der Amnestie einer rückwirkenden Erteilung von Strafen gleichkäme.[463]

3. Prüfung der Verfassungsmäßigkeit

Eine zweite Möglichkeit, die Amnestie nicht auf die Agenten von staatlicher Repression anzuwenden, könnte dadurch gegeben sein, dass die *Verfassungsmäßigkeit* des Gesetzes Nr. 6.693 von 1979 anhand der Kriterien, die von der neuen Verfassung vom 5. Oktober 1988 errichtet wurden, geprüft würde, wie es z. B. mit den *Ordem dos Advogados do Brasil* (OAB) im *Arguição de Descumprimento de Preceito Fundamental* Nr. 153 (ADPF/153) beantragt wurde. Das Kriterium zur Bestimmung der Rechtsgeltung wäre die neue Charta Magna von 1988 und darüber entscheiden würde die Justiz mittels einer abstrakten oder konkreten Normenkontrolle (*controle de constitucionalidade difuso e concentrado*).

Die Tatsache, dass das brasilianische Amnestiegesetz unter einer vorhergehenden Verfassungsordnung als der 1988 etablierten Verfassung geschaffen wurde, schließt die formale Geltung dieses Gesetzes und dessen Revision in der neuen demokratischen Ordnung nicht aus. Es käme auf die Gerichte (abstrakte Verfassungsmäßigkeitskontrolle) und das *Supremo Tribunal Federal* (konkrete Verfassungsmäßigkeitskontrolle) an, auf deren Funktion als „negative Gesetzgeber“, um über die Möglichkeit einer strafrechtlichen Bewältigung der Vergangenheit

---

462 In diesem Sinne z. B. *A. Martins,* A legalidade e a proibição de retroatividade das leis no direito penal e no direito penal internacional e o tratamento dos crimes estatais praticados durante o regime militar no Brasil, in: Revista Anistia Política e Justiça de Transição, Bd. 7, 2013; ADPF/153, *Carmen Lúcia*, S. 94.

463 Vgl. dazu ADPF/153, *Cezar Peluso*, S. 213.

entscheiden zu können. Aber auch in diesem Fall wäre eine Nichtigerklärung der Normen des Amnestiegesetzes nicht möglich. Das Gesetz Nr. 6.683 ist hinsichtlich der Amnestie der Agenten der politischen staatlichen Repression aus folgenden Gründen verfassungsmäßig:

a) Formelle Verfassungsmäßigkeit

Das Amnestiegesetz ist erstens formell verfassungsmäßig, weil es innerhalb der formellen Schranken, die von der damaligen Verfassung zur Kompetenz und zum Verfahren der gesetzgeberischen Tätigkeit umschrieben waren, geschaffen wurde (formale Gültigkeit des Gesetzes). Es ging aus *zuständigen* Organen des Staates hervor: Es wurde vom Bundeskongress erstellt und vom Präsidenten der Republik sanktioniert (Art. 8, XVI und Art. 43, VIII CF/1967, die durch das EC 1 aus dem Jahre 1969 abgeändert wurden). Auch wurde das Amnestiegesetz nach den *Verfahrensregeln,* die in den Verfassungsnormen zu diesem Zweck vorgesehen waren, erarbeitet.[464]

In der *Einführungsphase* wurde ein Projekt zur Amnestie durch den damaligen Präsidenten der Republik, *João Baptista Figueiredo,* unterzeichnet und dem Bundeskongress am 27. Juni 1979 zugeleitet. Es war der Präsident der Republik, der die ausschließliche Zuständigkeit für die Gesetzesinitiative zur Amnestie hatte, nach der Anhörung des Rates zur Nationalen Sicherheit (Art. 57, VI CF/67, unter Berücksichtigung seiner Änderung durch das EC 1/69).[465] An der Ausarbeitung des Projekts beteiligten sich der Senator *Petrônio Portella,* der Präsidialamtsminister, *Golbery do Couto e Silva,* der Chef des SNI, *Octávio Aguiar de Medeiros,* der Chef des Militärkabinetts, *Danilo Venturini,* und der Privatsekretär des Präsidenten, *Heitor Ferreira.*

In der *Phase der Ausschüsse* wurde am 2. August 1979 eine gemischte Kommission gegründet, die aus Vertretern des Bundessenats und des Abgeordnetenhauses bestand und zur Aufgabe hatte, die Vorschläge des Gesetzesentwurfs zu diskutieren und aufeinander abzustimmen, um sie dann dem Plenum zur Entscheidung vorzulegen. Während der Aktivitäten dieses gemischten Ausschusses wurden 306 Änderungsvorschläge und 9 Ersatzvorschläge zu diesem Regierungsprojekt sowohl von Parlamentariern der Regierung als auch von denen der Opposition gemacht,

---

464 Insbesondere das Kapitel VI, Abschnitt V des CF/67, unter Berücksichtigung seiner Änderung durch das EC 1/69. Zum brasilianischen Gesetzgebungsverfahren, vgl. *A. R. Tavares,* Curso de direito constitucional, 2003, S. 907–947. Zum Gesetzgebungsverfahren des Gesetzes 6.683/79, vgl. *L. J. Swensson Jr,* Anistia Penal: problemas de validade da lei de anistia brasileira, 2007, S. 180 ff.; *C. Fico,* A negociação parlamentar da anistia de 1979 e o chamado "perdão aos torturadores", in: Revista Anistia Política e Justiça de Transição, Bd. 4, 2011, S. 318 ff.

465 *G. Mezarobba,* Um acerto de contas com o futuro. A anistia e suas consequências – um estudo do caso brasileiro, 2003, S. 28 f. Vgl. auch *H. A. Greco,* Dimensões fundacionais da luta pela anistia, 2003, S. 231 f.

in denen der einschränkende und unvollständige Charakter des Gesetzentwurfs kritisiert wurde. Die Kritik bezog sich vor allen Dingen auf die Tatsache, dass, auf der einen Seite, das Projekt diejenigen als Begünstigte ausschloss, die wegen Verbrechen wie Terrorismus, Raubüberfälle, Entführung oder Attentat gegen die Person – deren Tatbestände durch das alte Gesetz zur Nationalen Sicherheit (Dec.-Lei 898/69) festgelegt worden waren – verurteilt wurden (Art. 1, § 2 Gesetzt 6.683/79). Auf der anderen Seite wurde das Projekt kritisiert, weil es auch Täter von Staatskriminalität erfasste und amnestierte.[466]

Während der *Vollversammlungsphase* wurden am 21. und 22. August 1979 *gemeinsame Sitzungen* des Kongresses (nach Art. 51, § 2 CF/67, unter der Berücksichtigung der Veränderungen der EC 1/69) abgehalten, um in einem einzigen Wahlgang das Gesetzesprojekt 14/79 der Regierung, das Gegenprojekt 78 der Oppositionspartei MDB und die jeweiligen Änderungsvorschläge zu diskutieren und abzustimmen. Am ersten Tag der Vollversammlung erschienen 65 Senatoren und 416 Abgeordnete; am zweiten Tag waren es 67 Senatoren und 411 Abgeordnete. Das Amnestieprojekt der MDB wurde durch ein knappes Abstimmungsergebnis abgelehnt: es gab 194 Stimmen dafür und 209 Stimmen dagegen. Trotz des angespannten Klimas und der erzürnten Stellungsnahmen einiger Mitglieder des Kongresses nahm dieser mit 206 gegen 201 Stimmen das von der Exekutive vorgeschlagenen Projekt (*Substituto*), so wie es von der gemischten Kommission vorgeschlagen worden war, an.[467] Es gab keine *Revisionsphase*, in der der Gesetzesentwurf, der von dem Haus des Kongresses angenommen, vom anderen Haus noch einmal besehen wurde (nach Art. 58 der CF/67, mit Änderung durch die EC 1/69), da die Diskussion und die Abstimmung in Sitzungen der Vollversammlung von Senat und Abgeordnetenhaus vollzogen worden war.

Schließlich wurde in der *Ausführungsphase* (nach Art. 59 der CF/67, mit Änderung durch die EC 1/69) das Gegenprojekt (*Substituto*), das vom Kongress angenommen worden war, vom *Präsidenten João Figueiredo* sanktioniert und erhielt die Nummer 6.683. Das Gesetz erhielt ein partielles Veto im Artikel 1, aus dem der Ausdruck „und andere gesetzliche Bestimmungen" gestrichen wurde.[468] Am 28. August 1979 wurde das Gesetz Nr. 6.683 veröffentlicht und in Kraft gesetzt (nach Art. 14 des Gesetzes Nr. 6.683). Nach dem Inkrafttreten des Amnestiegesetzes wurde die Verordnung 84.143 vom 31. Oktober 1979 (Dec. 84.143/79) verkündet, die das Gesetz Nr. 6.683/79 so ausführt, wie es in ihrem Artikel 13 bestimmt worden war. Außerdem wurde am 20. November desselben Jahres von Präsident *Figueiredo*

---

466 Zum Beispiel die Demonstrationen des Senators *Humberto Lucena* (MDB-PB), des Abgeordneten *Pacheco Chaves* (MDB-SP) und der Sektion der Anwaltskammer von São Paulo, die Änderungen hinsichtlich des Gesetzesprojektes in diesem Sinn vorschlugen.

467 *Câmara dos Deputados*, Registro das Sessões, Anistia. Vgl. *D. N. Gonçalves*, Os múltiplos sentidos da anistia, in: Revista Anistia Política e Justiça de Transição, Bd. 1, 2009, S. 281.

468 *J. B. Figueiredo*, Mensagem 267, 28.8.1979.

die Verordnung 84.223 erlassen (Dec. 84.223/79), die Begnadigung gewährte und die Strafen der mit Freiheitsstrafen bestraften Gefangenen minderte. Das hatte zur Folge, das viele politische Gefangenen, die nicht begnadigt worden waren, in Freiheit gelangten.

Wie zu sehen ist, gab es keinerlei Fehler, was die Kompetenz und das Verfahren der gesetzgeberischen Tätigkeit betrifft, die das Amnestiegesetz verabschiedet hat, so dass das Gesetz als *formell gültig* angesehen werden kann.[469] Es ist wichtig, hervorzuheben, dass bei der Zusammenstellung der Akten des Prozesses ADPF/153 vom damaligen Präsidenten der Abgeordnetenkammer *Arlindo Chinaglia* am 7. November 2008 auch ein Dokument übermittelt wurde, das alle Handlungen der Legislative bis zur Verkündung des Gesetzes 6683 dokumentiert. Damit erfolgte auch die offizielle Information, dass „das Gesetz Nr. 6683/79 in der Form eines Gesetzesprojekts durch den Nationalkongress abgestimmt wurde, wie das anliegende Dokument zeigt, und dass es damals alle Verfahren durchlief, die von der damaligen Verfassung für diese Art von Gesetzen vorgeschrieben waren."[470]

b) Materielle Verfassungsmäßigkeit

Zweitens ist das Gesetz Nr. 6683, was die Amnestie der Urheber der staatlichen politischen Repression betrifft, verfassungsmäßig, weil es weder gegen Grundrechte noch gegen sonstiges Verfassungsrecht (z. B. Rückwirkungsverbot, Bestimmtheitsgrundsatz usw.) verstößt, das in der heute gültigen Bundesverfassung von 1988 vorgesehen ist (materielle Gültigkeit des Gesetzes).

Vom rechtlichen Standpunkt aus betrachtet ist *die Definition der Begünstigten der Amnestie politisch und unbedingt.* Es gibt im brasilianischen positiven Recht keine Einschränkungen des Ermessensspielraums der zuständigen Stellen, um Amnestie zu gewähren oder nicht, und noch weniger, um zu sagen, wer die von der Amnestie Begünstigten sein sollen. Auch wenn die Amnestie normalerweise politische Verbrechen und Änderungen des Regimes betrifft, so gibt die heute gültige Bundesverfassung (CF/88) – so wie alle vorhergehenden Verfassungen der Republik Brasiliens – keine Motive zur Gewährung von Amnestie an und die Verfassung stellt auch keine Beschränkungen hinsichtlich des Typus der Straftat oder der Identität seines Täters auf.

Ausgenommen davon ist nur das aktuelle Verbot der Amnestie von Folter, Drogenhandel und Handel mit ähnlichen Rauschmitteln, Terrorismus und abscheulichen Verbrechen (*crimes hediondos*), das durch den Artikel 5, XLIII der CF/88 vorgesehen ist. Dieses Verbot findet aber keine Anwendung auf Verbrechen, die vor dem Zeitpunkt der Verkündung der Verfassung begangen wurden, aufgrund

469 Zur formelle Rechtsgeltung: *D. Dimoulis,* O positivismo jurídico: introdução a uma teoria do direito e defesa do pragmatismo jurídico-político, 2006, S. 113–115; *H. Kelsen,* Reine Rechtslehre (1960), 2000, S. 239 ff.; *M. Reale,* Lições Preliminares do Direito, 1998, S. 105–112.

470 ADPF/153, Petição 157407/2008, Câmara dos Deputados (Übersetzung *L. J. S.*).

des strafrechtlichen Prinzips des Rückwirkungsverbots zum Nachteil des Beschuldigten oder des Angeklagten, wie ebenfalls in Artikel 5, XL CF/88 vorgesehen.

Die strafrechtliche Amnestie ist ein mit politischem Charakter versehener Akt, dessen Reichweite auf politische Art und Weise bestimmt ist.[471] Jede neue Einschränkung der Macht der für die Gewährung der Amnestie zuständigen Behörde, wie z. B. das Verbot der Autoamnestie, das Verbot der Amnestie von Verbrechen gegen die Menschlichkeit usw., kann nur durch ein gesetzänderndes Projekt geschehen, das nur für die Fälle in der Zukunft nach seinem Inkrafttreten bestimmt ist. Auf andere Weise ist diese Beschränkung *de lege lata* nicht möglich.[472]

In diesem Sinne ist es noch wichtig hervorzuheben, dass die Amnestie *a priori* nicht als ein verurteilbares Rechtsinstitut angesehen werden sollte, mit dem Argument, dass sie die Straflosigkeit bestimmter Personen, die es nicht „verdienen" straffrei herumzulaufen, bedingt. Amnestie ist aber auch einer der allgemein verbreiteten Mechanismen in Übergangsprozessen[473] und kann, in bestimmten Fällen, eine wichtige Rolle in diesen Prozessen spielen, hinsichtlich der Befriedung und der Versöhnung der Gesellschaft und der Berichtigung des Rechts.

Historisch als ein Akt des Wohlwollens betrachtet, sozusagen als ein „Geschenk", das von einem „König-Gott" in seiner Güte umsonst an seine Untertanen erteilt wurde,[474] ist die Existenz des Rechtsinstituts Amnestie heute dadurch gerechtfertigt, dass sie als Instrument zur Berichtigung des Rechts dient. In anderen

471 *T. S. Ferraz Jr.*, A Lei de Anistia impede a punição dos que praticaram tortura durante o regime militar? Sim, in: Folha de S. Paulo, 16. Juli 2008; ADPF/153, *Gilmar Mendes*, S. 234 f.; *D. Dimoulis*, Anistia, in: Dicionário brasileiro de direito constitucional, 2012, S. 38 f. S. dem widersprechend: *K. Ambos*, The Legal Framework of Transitional Justice: A Systematic Study with a Special Focus on the Role of the ICC, in: Building a Future on Peace and Justice: Studies on Transitional Justice, Peace and Development, 2008, S. 54 ff.: "Blanket amnesties are generally inadmissible"; *F. K. Comparato*, A Balança e a Espada, 2010.

472 Als Ergebnis einer Untersuchung, die von 2003 bis 2006 vom „Max-Planck-Institut für ausländisches und internationales Strafrecht" in Freiburg im Breisgau durchgeführt wurde, an der sich 33 Länder beteiligten, wurde festgestellt, dass sich nur in der Verfassung von Venezuela ein ausdrückliches Verbot der Amnestie völkerrechtlicher Verbrechen befindet. *H. Kreicker*, Völkerstrafrecht im Ländervergleich, in: Nationale Strafverfolgung völkerrechtlicher Verbrechen, Bd. 7, 2006, S. 306 f. Vgl. auch *K. Ambos*, The Legal Framework of Transitional Justice, in: Building a Future on Peace and Justice, 2008, S. 58 f.

473 Marcelo Torelly führt aus: „Seit dem Zweiten Weltkrieg erfolgte die Einführung von mehr als 90 Amnestien in Amerika, ungefähr 80 in Asien, mehr als 120 in Europa, fast 60 im Mittleren Osten und Nordafrika und noch etwas mehr als 140 Amnestien in Subsahara-Afrika." *M. D. Torelly*, Justiça Transicional e Estado Constitucional de Direito: perspectiva teórico-comparativa e análise do caso brasileiro, 2012, S. 184 (Übersetzung *L. J. S.*).

474 *K. D. Moore*, Pardons: Justice, Mercy, and Public Interest, 1989, S. 8 f. In diesem Sinne z. B. ADPF/153, *Cezar Peluso*, S. 208.

Worten, die Amnestie existiert zu dem Zweck, die Mängel des Rechtssystems zu beseitigen, die sowohl aus der Anwendung ungerecht angesehener Rechtsnormen als auch aus der nicht rechtmäßigen Anwendung gerecht angesehener Normen folgen.[475] Darüber hinaus wird von der Amnestie die Förderung der Versöhnung und die Herstellung eines sozialen Friedens nach Zeiten großer Volksaufstände, Revolutionen und Staatsstreiche erwartet,[476] auch wenn die „Befriedung" und die „Versöhnung" der Gesellschaft, was auch immer diese Begriffe im Einzelnen bedeuten mögen, auch von vielen verschiedenen anderen Faktoren abhängen und nicht nur von der Amnestie.[477]

Was Brasilien anbelangt, so liegen 32 Begnadigungsakte vor, die in verschiedenen Augenblicken der unruhigen Zeiten der republikanischen Geschichte (1891–1985) ausgesprochen wurden.[478] Außerdem gibt es eine lange Tradition der

---

475 *K. D. Moore*, Pardons: Justice, Mercy, and Public Interest, 1989, S. 131; *G. Zagrebelsky*, Amnistia, indulto e grazia: profili constituzionali, 1974, S. 102; *J. Swensson Jr*, Anistia Penal: problemas de validade da lei de anistia brasileira, 2007, S. 158 f. Nach *Nilo Batista*: Eines der Ziele der brasilianischen Amnestiegesetz vom 1979 war es, die Folgen der Gesetze zur Nationalen Sicherheit, die während der Militärdiktatur in Kraft waren, zu korrigieren. *N. Batista*, Aspectos jurídico-penais da anistia, 1979, S. 34.

476 A. a. O., S. 35; *P. Ferreira*, Anistia, in: Enciclopédia Saraiva do Direito, 1978, S. 431; *J. G. Silva*, Anistia, in: Repertório enciclopédico do direito brasileiro, 1947, S. 278.

477 *B. Schäfer*, "Sometimes You must be Kind to be Cruel": Amnesty between *publicae laetitiae* and *domnatio memoriae*, in: Lethe's Law: Justice, Law and Ethics in Reconciliation, 2001, S. 30.

478 ADPF/153, *Eros Grau*, S. 46 f. Zu diesen zählen: Verordnung Dec. 8/1891 (Opposition gegen die Regierung von Marschall Deodoro da Fonseca in Pará); Dec. 83/1892 (revolutionären Bewegungen in Mato Grosso und Rio Grande do Sul); Dec. 174/1893 (politische Ereignisse in Santa Catarina und Pernambuco); Dec. 175/1893 (die Bewegungen vom 2. März 1893 in Maranhão); Dec. 176/1893 (Bewegung in Catalão, Goiás); Dec. 305/1895 (revolutionäre Bewegungen); Dec. 406/1896 (Bewegung vom 4. September 1896 in Sergipe); Lei 533/1898 (erweitert die Amnestie des Dec. 310/1895); Dec. 1599/1906 (revolutionäre Bewegungen in Sergipe und Mato Grosso); Dec. 2280/1910 (*Revolta da Chibata*); Dec. 2687/1912 (erweitert die Amnestie der *Revolta da Chibata*); Dec. 2740/1913 (Revolte in Acre und Mato Grosso); Dec. 3102/1916 (Revolution in Ceará und politische Straftaten im Land); Dec. 3163/1916 (politische Straftaten in Espírito Santo, aufgrund der Nachfolge im Präsidentenamt); Dec. 3178/1916 (Erweiterung der Amnestien von 1895 und 1898); Dec. 3492/1916 (Ereignisse in Amazonas und *Guerra do Contestado* in Paraná und Santa Caratina); Dec. 19395/1930 (Revolution von 1930); Dec. 20249/1931 (aufrührerische Bewegungen vom 28. April 1931 in São Paulo); Dec. 20265/1931 (aufrührerisch Bewegungen vom 20. Mai 1931 in Pernambuco); Dec. 24297/1934 (*Revolução Constitucionalista* von 1932); Gesetzesverordnung Dec.-Lei 7474/1945 (*Intentona Comunista* von 1935); Dec.-Lei 7769/1945 (Mitglieder des *Força Expedicionária Brasileira*); Dec.-Lei 7943/1945 (Beleidigungsverbrechen gegen die öffentliche Gewalt und politische Straftaten);

Rechtsprechung des STF, die Amnestie so weit wie möglich und so auszulegen, dass möglichst viele Empfänger von ihr profitieren können, wie es bei verschiedenen Urteilen zur Erteilung des *habeas corpus*, zur Revision des *habeas corpus* und bei Berufungsanträgen der Fall war.[479]

4. Klageschrift des Prozesses ADPF/153

Im betreffenden Fall des Gesetzes Nr. 6.683 wurde am 21. Oktober 2008 vom Bundesrat der Anwaltskammer Brasiliens (OAB) auf der Basis der Artikel 102, § 1 und 103, VII CF und dem Artikel 1, Einzelparagraph, I und Artikel 2, I des Gesetzes Nr. 9.882/99 ein Antrag wegen der Nichtbeachtung eines Grundsatzes der Verfassung, nämlich ein *Arguição de Descumprimento de Preceito Fundamental* angestrengt, der unter der Nummer 153 angenommen wurde (ADPF/153). Die Klageschrift der ADPF/153 gab angebliche Verletzungen der Grundrechte auf Gleichstellung (Art. 5 *caput* CF), auf Transparenz oder „die Wahrheit nicht zu verheimlichen" (Art. 5, XXXIII CF), auf Menschenwürde (Art. 1, III CF) sowie die Verletzung des Demokratieprinzips und des republikanischen Prinzips (wegen der mangelnden demokratischen Legitimation des Gesetzes) vor, um zu beantragen, dass die Amnestie sich nicht auf Verbrechen, die von den Agenten der Repression begangen wurden, beziehen sollte und dass, auf diese Art und Weise, die juristische Hürde, welche die Strafverfolgung der Täter unmöglich machte, beseitigt

Verordnung des Gesetzgebers Nr. 18/1951 – DL 18/1951 (Streikverbrechen); Lei 1346/1951 (Wahlverbrechen von aufgehobenen Gesetze); DL 63/1951 (crime de injúria ao Poder Público); DL 70/1955 (Konflikt in der Zeitung „*Tribuna Popular*", Rio de Janeiro); DL 16/1956 (Presseverbrechen); DL 22/1956 (revolutionäre Bewegungen von 1955 und 1956); DL 27/1956 (Streikverbrechen, Presseverbrechen und Ungehorsam in der Streitkräfte); DL 18/1961 (politische Straftaten, Streik, Militärs und Presse); Lei 6683/1979 (politische Straftaten und mit politischen Straftaten im Zusammenhang stehende Verbrechen zwischen 1961 und 1979); Lei 7417/1985 (Mütter, die zu bis zu fünf Jahren Freiheitsentzug verurteilt waren).

479 Zum allgemeinen Charakter der Amnestie, vgl. *Habeas Corpus* (HC) Nr. 1.386 vom 4.7.1900, Berichterstatter Minister *Piza e Almeida*; *Recurso de Habeas Corpus* (RHC) Nr. 28.294/1942, Berichterstatter Minister *Philadelpho de Azevedo*; HC Nr. 34.866/1957, Berichterstatter Minister *Ary Franco*; *Recurso Criminal* (RC) Nr. 1.025/1958, Berichterstatter Minister *Hahnemann Guimarães*; RHC Nr. 59.834/1982, Berichterstatter Minister *Cordeiro Guerra*. Zur umfassenden Interpretation der Amnestie vom *Supremo Tribunal Federal*, vgl. RC Nr. 1.396/1979, Berichterstatter Minister *Xavier de Albuquerque*; RC Nr. 1.400/1979, Berichterstatter Minister *Leitão de Abreu*; RC Nr. 1.410/1979, Berichterstatter Minister *Decio Miranda*; RC Nr. 1.401/1979, Berichterstatter Minister *Cordeiro Guerra*; *Recurso Extraordinário* (RE) Nr. 165.438/2004, Berichterstatter Minister *Carlos Velloso*.

werde.[480] Jedoch sind die angeführten Argumente nicht schlüssig. Sie wurden von der Mehrheit der Richter des STF nicht angenommen.

a) „Gleichstellung in Sicherheitsfragen“ (Art. 5 *caput* CF)

Mit dem Argument der *Gleichstellung in Sicherheitsfragen* (Art. 5 *caput* CF) hat die OAB bekräftigt, dass das Gesetz Nr. 6.683/79 verfassungswidrig sei, weil der Text des Gesetzes die Amnestie auf Arten von Verbrechen ausdehne, „die absolut undefiniert sind“ und auf diese Art und Weise das Gleichheitsprinzip der Verfassung verletzt werde.[481] Der allgemeine Verweis jedoch, sich auf eine bestimmte Kategorien von Ereignissen und nicht auf Personen im individuellen Sinn zu beziehen, beruht auf einer Forderung der Verfassung selbst hinsichtlich des Gleichheitsprinzips sowie einer Anforderung der *Strafgerechtigkeit.*[482]

Es ist so, dass jede Amnestie eine gewisse Ungleichheit zwischen Begnadigten und nicht Begnadigten schafft, zwischen denen, die von ihr begünstigt werden und denen, die von ihr nicht begünstigt werden. Jede Amnestie verstößt damit gegen das Prinzip der Gleichbehandlung, indem es nur bestimmte Kategorien von Strafverfolgten, Angeklagten oder Verurteilten vom Vollzug der Strafe befreit und nicht unterschiedslos alle Personen. Wenn man dieses Argument bis zu seinen letzten Schlussfolgerungen durchdenkt, dann bedeutet dies, dass jede Amnestie immer ungerecht und verfassungswidrig ist. Was die Gerechtigkeit und Verfassungsmäßigkeit im Sinne des Verfassungsgrundsatzes der Gleichbehandlung gewährleistet, ist der *objektive Charakter des Gesetzes.*[483] Ein Amnestiegesetz darf nicht bestimmte

---

480 *Ordem dos Advogados do Brasil, Conselho Federal,* APDF/153, Petição Inicial, 21.10.2008, S. 16 ff.

481 A. a. O., S. 18.

482 Vgl. dazu *R. Dubischar,* Die „logifizierte“ Rechtsnorm, in: Vorstudium zur Rechtswissenschaft: ein Einführung in die juristische Theorie und Methode anhand von Texten, 1974, S. 64 ff.: „Die Merkmale ‚allgemein‘ und ‚abstrakt‘ beziehen sich darauf, dass Rechtsnormen für eine unbestimmte Vielzahl von Personen und Fällen gelten. [...] In den Rechtsverfassungen der Neuzeit verkörpert sich das Recht vorzugsweise in Gesetzesform. Das Postulat der Allgemeinheit und Abstraktheit der Gesetzesnormen erklärt sich historisch-politisch als Reaktion gegen Formen der Sonderbehandlung von Gruppen oder Individuen und als Vorsorge gegen willkürliche Einzelmaßnahmen der Staatsgewalt. Diesen neuzeitlich-rechtsstaatlichen Gesetzesbegriff hat Rousseau [Der Gesellschaft Vertrag, 2. Buch, Kapitel 6, 16; *L. J. S.*] im Ansatz klassisch dahin charakterisiert: Wenn ich sage, dass der Gegenstand der Gesetze immer allgemein ist, so meine ich, dass das Gesetz die Untertanen als Körperschaft berücksichtigt und die Handlung an sich, niemals einen Menschen als Individuum oder eine individuelle Handlung. So kann das Gesetz wohl entscheiden, dass es Vorrechte geben soll, aber es kann sie niemandem namentlich zuweisen“.

483 Nach José Paulo Sepúlveda Pertence befindet sich, per Definition, die Größe der Amnestie „in der objektiven Allgemeinheit der Bestimmung von seinem Um-

konkrete Personen begnadigen (Hans, Maria, Peter usw.), sondern Gruppen von Personen abstrakt gesehen mittels objektiver Kriterien (z. B. die Täter politischer Verbrechen oder von Verbrechen, die aus politischen Gründen begangen wurden).[484]

b) „Verheimlichung der Wahrheit" (Art. 5, XXXIII CF)

Mit dem Argument der *Verheimlichung der Wahrheit* (Art. 5, XXXIII CF) oder, besser gesagt, mit dem des „Rechts von den staatlichen Stellen Informationen zum Privatinteresse oder zum kollektiven oder allgemeinen Interesse zu erlangen", hat die OAB vorgegeben, dass das Amnestiegesetz verfassungswidrig sei, weil „indem es unbestimmten Personen Amnestie gewährte, deren Identität unter dem unklaren Begriff von ‚Verbrechen, die mit politischen Verbrechen im Zusammenhang stehen' verborgen wurde, die Identifizierung der Henker verhindert worden sei, die in der Regel in den Gefängnissen unter Decknamen handelten."[485]

Wie bereits im vorherigen Kapitel gesagt, ist das, was die Erkennung der „Wahrheit" über die Episoden der staatlichen Repression verhinderte und noch verhindert, nicht die Amnestie, sondern vielmehr sind es die veralteten Gesetze des Zugangs zu öffentlichen Informationen (Gesetze Nr. 8.159/91 und 11.111/05), welche die Dokumente zu dem, was in der Zeit der politischen Unterdrückung geschehen ist, bis zur Verkündung des Gesetzes Nr. 12.527/11 mit einem Mantel des Schweigens umhüllten.[486] Außerdem ist es die späte Einrichtung der Wahrheitskommissionen; die Zerstörung von vielen Beweisstücken; es sind die tatsächlichen Schwierigkeiten des Zugangs zu den Beweisstücken, da die Dokumente über verschiedene öffentliche Archive verstreut und durch eine technisierte Sprache, die der militärischen Repression eigen war, getarnt sind[487] usw. Aus genau diesen Gründen ist es z. B. möglich, dass die Untersuchungen der nationalen Wahrheitskommission zur Täterschaft und zu den Umständen der vom repressiven Regime praktizierten Delikte parallel neben der Gültigkeit des Amnestiegesetzes bestehen.

---

fang" (§ 5, S. 3.). „Mehr als die Gesetzesform (die sich aus seiner Essenz ergibt, aber nicht mit ihr zu verwechseln ist) ist seine Objektivität, was die Amnestie charakterisiert." (§ 4, S. 2). *Ordem dos Advogados do Brasil, Conselho Federal,* Parecer sobre o Projeto de Lei de Anistia em tramitação no Congresso Nacional, 24.7.1979.

484 *D. Dimoulis,* Anistia, in: Dicionário brasileiro de direito constitucional, 2012, S. 38, 39; *L. J. Swensson Jr,* Anistia Penal: problemas de validade da lei de anistia brasileira, 2007, S. 146.

485 *Ordem dos Advogados do Brasil, Conselho Federal,* APDF/153, Petição Inicial, 21.10.2008, S. 20 f. (Übersetzung *L. J. S.*).

486 Vgl. ADPF/153, *Eros Grau,* S. 45; *Carmen Lúcia,* S. 79; *Ellen Gracie,* S. 152; *Cezar Peluso,* S. 209.

487 *F. G. McArthur,* Justiça de Transição: o caso brasileiro, in: Revista Anistia Política e Justiça de Transição, Bd. 7, 2013, S. 27, *Secretaria Especial dos Direitos Humanos, et al.,* Direito à verdade e à memória, 2007, S. 41.

c) „Menschenwürde“ (Art. 1, III CF)

Mit dem Argument der *Menschenwürde* – das nach der Lehre *Kants* besagt, dass der Mensch als Zweck an sich und nie nur Mittel zum Zweck sein darf –[488] hat die OAB begründet, dass die Amnestie, die den Agenten der Repression gewährt wurde, verfassungswidrig sei, weil die Folter „allgemein als eine unmenschliche Handlung angesehen wird“ und bestraft werden müsse.[489] Es gäbe einen „radikalen ethisch-juristischen Konflikt zwischen der Folter und dem obersten Grundsatz der Achtung vor der Menschenwürde, die das ganze System der allgemeinen Menschenrechte und das brasilianische Verfassungssystem, das 1988 eingeführt wurde, stützt“.[490] So wären politische Einigungen in diesem Sinne sowie die (verfassungsrechtliche) Übernahme eines vor ihrem Inkrafttreten geschaffenen Gesetzes oder auch die Ausarbeitung eines neuen Gesetzesaktes, der die Straflosigkeit der Täter dieses Deliktes ermöglichte, absolut unannehmbar.

Folter ist eine absolut verurteilungswürdige Tat und unvereinbar mit dem ethischen und juristischen Prinzip der Menschenwürde. Die Bundesrichterin *Carmen Lúcia* erklärte in ihrem Urteilsspruch: „Die Folter ist Barbarei, sie ist die Unmenschlichkeit eines Wesens, das eher Tier als Mensch ist, sie ist mehr die Verneinung der Menschlichkeit als die Verneinung der Würde, von der derjenige, der sie praktiziert, nicht im mindestens weiß, was sie zu bedeuten hat.“[491] *Hélio Pellegrino* sagte:

> „Das Projekt der Folter hat eine totale – und totalitäre – Verneinung der Person aus Fleisch und Blut zur Folge. Das Zentrum des Menschen ist seine Freiheit. Diese, ihrerseits, ist eine Erfindung, die das Menschenwesen über sich selbst durch die Worte, die es ausdrückt, macht. Bei der Folter wird der Diskurs, welchen der Folterer dem Gefolterten entringen will, die absolute Verneinung seines Zustands als freiem Subjekt. Die Folter ist auf das Ende der Freiheit gerichtet. Das Geständnis, das der Folterer sucht, indem er Einschüchterung und Gewalt anwendet, ist das erniedrigte Wort eines Subjektes, das unter den Händen des Folterers sich in ein Objekt verwandelt. Indem

---

488 *I. Kant*, Grundlegung zur Metaphysik der Sitten (1785), in: Immanuel Kant's Sämmtliche Werke, 1867, S. 276. „Die Wesen, deren Dasein zwar nicht auf unserem Willen, sondern der Natur beruht, haben dennoch, wenn sie vernunftlose Wesen sind, nur einen relativen Werth, als Mittel, und heißen daher Sachen, dagegen vernünftige Wesen Personen genannt werden, weil ihre Natur sie schon als Zwecke an sich selbst, d. i. als etwas, das nicht bloß als Mittel gebraucht werden darf, auszeichnet, mithin so fern alle Willkür einschränkt (und ein Gegenstand der Achtung ist).“

489 *Ordem dos Advogados do Brasil, Conselho Federal*, APDF/153, Petição Inicial, 21.10.2008, S. 26. Zur Menschenwürde im brasilianischen Verfassungsrecht: *G. A. C. Silva*, Dignidade da pessoa humana, in: Dicionário brasileiro de direito constitucional, 2012, S. 134 ff.

490 *Ordem dos Advogados do Brasil, Conselho Federal*, APDF/153, Petição Inicial, 21.10.2008, S. 26 (Übersetzung *L. J. S.*).

491 ADPF/153, *Carmen Lúcia*, S. 97 (Übersetzung *L. J. S.*).

er aufgrund der Folter zusammenbricht, vollendet – und akzeptiert – der Gefolterte eine Teilung, die ihn des Gebrauchs und des friedlichen Genusses seines Körpers beraubt. Das Nicht-Mehr-Leiden, das er mit dem Preis des Geständnisses, das aus ihm herausgepresst wurde, bezahlt, kostet ihn die Bitternis, sich als Verräter zu fühlen, der von seinem eigenen Körper verraten wurde. Sein beschwichtigtes Fleisch ist Zeuge und Anklage seiner eigenen Verneinung als Person. Die Folter, falls sie siegt, arbeitet mit dem Ziel, ihr Opfer in einen entwürdigten Zuschauer seines eigenen Ruins zu verwandeln."[492]

Zur Erinnerung an die Wirkungen, die Folter hervorruft, sind hier einige Sätze von *Jean Améry*, der während der nationalsozialistischen Gewaltherrschaft selbst gefoltert wurde und die Konzentrationslager Auschwitz, Buchenwald und Bergen-Belsen überlebte, zitiert:

> Schon „die simplen Schläge, die ja inkommensurabel sind mit der eigentlichen Tortur", sind für den, „der sie erleidet, tief markierende Erlebnisse, Ungeheuerlichkeiten. Der erste Schlag bringt dem Inhaftierten zum Bewusstsein, dass er *hilflos* ist – und damit enthält er alles Spätere schon im Keime. [...] Ich weiß nicht, ob die Menschenwürde verliert, wer von Polizeileuten geprügelt wird. Doch bin ich sicher, dass er schon mit dem ersten Schlag, der auf ihn niedergeht, etwas einbüßt, was wir vielleicht vorläufig das *Weltvertrauen* nennen wollen: die Gewissheit, dass der andere aufgrund von geschriebenen oder ungeschriebenen Sozialkontrakten mich schont, genauer gesagt, dass er meinen physischen und damit auch metaphysischen Bestand respektiert. [...] Mit dem ersten Schlag aber bricht dieses Weltvertrauen zusammen. Der andere, *gegen* den ich physisch in der Welt bin und *mit* dem ich nur solange sein kann, wie er meine Hautoberfläche als Grenze nicht tangiert, zwingt mir mit dem Schlag seine eigene Körperlichkeit auf. Er ist an mir und vernichtet mich damit."[493]

Im Gegensatz zum Verständnis, das jüngst über die sogenannte Rettungsfolter zur Debatte stand,[494] dass der Staat ausnahmsweise foltern dürfe (z. B. aus Gründen der

---

492 *H. Pellegrino*, "A Tortura Política", in: Jornal do Brasil, Caderno B, 18.4.1985, zitiert nach ADPF/153, *Celso de Mello*, S. 164. *Pellegrino* erklärt auch: „[...] die politische Folter ist in keinem Fall ein rein technischer Vorgang, eine dringend Anspannung in einem Wettlauf gegen die Zeit... Als der unheimliche Ausdruck der Pathologie eines ganzen sozialen und politischen Systems sucht sie die Zerstörung des menschlichen Subjekts, in der Essenz von seiner konkretesten Fleischlichkeit. Der Folterer beansprucht in seinem abscheulichen Unternehmen, in dem Nerven, Fleisch, Blut, Knochen und Anspannungen eingesetzt werden, eine Ergebenheit des Subjekts. Dem Folterer ist das Subjekt ausweglos ausgeliefert." *H. Pellegrino,* A burrice do demônio, 1989, S. 19, zitiert nach ADPF/153, *Carmen Lucia,* S. 98 (Übersetzung *L. J. S.*).

493 *J. Améry,* Jenseits von Schuld und Sühne. Bewältigungsversuche eines Überwältigten, 1966, S. 50 ff.

494 S. exemplarisch dazu *W. Brugger*, Darf der Staat ausnahmsweise foltern? Der Staat, 1996, S. 67–97.

Sicherheit, der *raison d'Etat* usw.), wird hier die Meinung vertreten, dass das Verbot der Folter weiterhin bestehen bleiben soll. Es spielt dabei keine Rolle, wie wichtig das Rechtsgut ist, das es durch die Folter zu schützen gilt. Auch geht es nicht darum, welche wirklichen Folgen durch ihre Anwendung vermieden werden könnten. Die Folter muss immer verboten werden, weil sie die freie Willensäußerung des Gefolterten *in totum* nicht beachtet und damit seine Würde verletzt, die in der staatlichen Rechtsordnung als Grundsatz besteht. Es geht also um ein Verbot, das unabhängig von den zu erwartenden Folgen, die gut oder schlecht sein können, grundsätzlich eingehalten werden muss.

Aber die Frage ist hierbei nicht, zu wissen, ob die Folter ein absolut zu verurteilendes Verhalten, unvereinbar mit dem Grundsatz der Achtung der Menschenwürde und kategorisch verboten, ist oder nicht. Ich bin der Meinung, dass kein Mensch, unter keinerlei Umständen, der Folter unterworfen werden sollte, insbesondere dann nicht, wenn sie vom Staat angewendet wird. Das hier vorliegende Problem ist jedoch ein anderes. *Es handelt sich um die Antwort auf die Frage, ob die Entscheidung des Staates, diejenigen, welche die Folter praktizierten, nicht mehr strafrechtlich zu verfolgen, aufgrund des Prinzips der Menschenwürde verboten ist oder nicht.* Gibt es ein grundlegendes, allgemeines und absolutes Recht auf die Bestrafung von Folterern, das sich auf den Grundsatz der Menschenwürde gründet?

In diesem Fall ist die Antwort negativ. Auch wenn das Prinzip der Achtung vor der Menschenwürde die Folter verbietet, so wird das *jus puniendi* des Staates in einem Demokratischen Rechtsstaat definiert (bedingt, eingegrenzt) durch *(Straf-)Gesetze* und nicht direkt durch rechtliche Grundsätze oder spezifisch durch das Prinzip der Menschenwürde. Aufgrund des strafrechtlichen Gesetzlichkeitsprinzip (Art. 5, XXXIX CF, Art. 1 CP) ist es allein dem Gesetzgeber überlassen (Vorbehalt des Gesetzes), die Strafbarkeit eines Verhaltens – Tun oder Unterlassen – zu bestimmen. In anderen Worten, es ist nur durch *scripta, stricta, certa* und *praevia* Strafgesetze (die dem souveränen Willen des Volkes durch seine Stellvertreter und unter der Beachtung der Grundrechte unterliegen) so, dass die Voraussetzungen festlegt werden, unter denen der Täter zu bestrafen ist, und dass zugleich bestimmt wird, dass jenseits dieser Voraussetzungen eine Bestrafung nicht in Betracht kommt.

So erstreckt sich das *absolute Verbot* des Verbrechens der Folter (welches eine Forderung in der Rechtsordnung wegen des Prinzips der Achtung vor der Menschenwürde bleibt) *nicht* automatisch auf eine absolute Pflicht des Staates, ihre Täter strafrechtlich jenseits des Gesetzes zur Verantwortung zu ziehen. Wenn das rechtsgültige Gesetz feststellt, dass bestimmte Verbrechen, unter bestimmten Umständen nicht mehr verfolgt werden dürfen (z. B. nach Ablaufen der Verjährungsfrist oder mit der Verkündung eines Amnestiegesetzes) ist diese Aussetzung der Bestrafung juristisch annehmbar, erlaubt und, von daher, verfassungsmäßig.

d) „Tyrannei der Werte“

An dieser Stelle müssen drei wichtige Beobachtungen vorgestellt werden: Erstens ist es wichtig zu betonen, dass der Amnestie zuzustimmen, nicht bedeutet, der ausgeübten Gewalt, die amnestiert wurde, ebenfalls zuzustimmen. Sich für die Gültigkeit des Amnestiegesetzes zu entscheiden bedeutet nicht, mit den Gräueltaten, die vom Militärregime verübt wurden, zu paktieren und auch nicht, mit ihnen einverstanden zu sein. Umso weniger bedeutet es, zu verleugnen, dass Folter als ein Akt der äußersten Barbarei und Unmenschlichkeit anzusehen ist. So betont der Berichterstattende Richter *Eros Grau*, der selbst den Qualen in den Folterkellern der Diktatur ausgesetzt war: „Es muss schließlich mit Nachdruck gesagt werden, dass die Entscheidung, dass die vorliegende Klage keinen Rechtsgrund hat, nicht die Ablehnung aller möglichen Arten von Foltern, die von gestern und heute, die zivilen und militärischen, die polizeilichen oder kriminellen ausschließt."[495]

Zweitens muss klar gestellt werden, dass die juristischen Argumente, die von der OAB in ihrer Klageschrift der ADPF/153 vorgelegt wurden, nicht versuchen, die Verfassungsgrundsätze (von Gleichheit, vom Zugang zu Informationen, von Achtung der Menschenwürde) „anzuwenden", um damit den Individuen mehr Rechte und Garantien zu gewähren, so z. B., um sie besser vor staatlicher oder gesellschaftlicher Gewalt zu schützen. Im Gegenteil ist der Zweck der Argumentation der OAB, individuelle Rechte und Garantien, die in der positiven Rechtsordnung verankert sind, um damit die staatliche Gewalt gegen jemanden, die legal nicht erlaubt ist, *nicht zu gewähren*. Dieses Argument bedeutet, in anderen Worten, die edlen „ethisch-rechtlichen Prinzipien, welche die brasilianische Gesellschaft leiten sollten"[496] hervorzurufen, um die Einschränkung der Freiheit von Bürgern durch die Freiheitsstrafe (die *ultima ratio* des Strafrechts) zu fordern, selbst wenn weder das Gesetz noch die vorherrschende Strafrechtslehre und Rechtsprechung diese Bestrafung nicht mehr erlauben.

Dies verweist auf den dritten Beobachtungspunkt: die Gefahr einer Instrumentalisierung des Grundsatzes der Menschenwürde, um damit, also mit einer „Tyrannei der Menschenwürde", Situationen oder Aktionen zu rechtfertigen, die juristisch nicht zu rechtfertigen sind. Wie der Berichterstattende Richter *Eros Grau* sagte:

> „Der Beweisführer hat Recht, wenn er sagt, dass die Würde keinen Preis hat. Dinge haben einen Preis, Personen haben Würde. Die Würde hat keinen Preis, sie gilt für alle, die an der Menschheit teilhaben. Wir sind jedoch in Gefahr, wenn jemand sich das Recht gibt, das zu nehmen, was der Menschenwürde zusteht, und es als seinen Wert ausgibt (Wert für den, der dies an sich zieht). Das heißt, dass der Wert des Menschen seine Form in der Substanz und in dem Maß dadurch annimmt, dass jemand ihn ausspricht und ihn mit der Qualität und Quantität aufzwingt, an der er ihn misst. Damit ist der Wert der Menschenwürde nicht mehr ein menschlicher Wert, einer, welcher der Menschheit gehört, sondern ein Wert von dem, der ihn nach seinen privaten Kriterien ausspricht. Wir sind damit in Gefahr, der *Tyrannei der Werte* unterworfen zu sein. Denn, wie *Hartmann* sagt, wenn ein bestimmter Wert seine Macht über eine bestimmte Person entfaltet, hat er die Tendenz, sich zu einem Tyrannen eines ganzen

495 ADPF/153, *Eros Grau*, S. 45 (Übersetzung *L. J. S.*).
496 A. a. O., S. 7.

humanen *Ethos* auf Kosten von anderen Werten, selbst von denen, die ihm, vom materiellen Standpunkt aus gesehen, nicht genau gegenteilig sind, aufzuschwingen."[497]

5. Rückwirkungsverbot (Art. 5, XL CF)

a) Rückwirkende Interpretation

Auch wenn man damit einverstanden wäre, dass das Amnestiegesetz bestimmte Grundrechte, die in der Verfassung vorgesehen sind, verletzte und damit verfassungswidrig sei, müsse diese Ansicht noch mit der Frage nach dem Rückwirkungsverbot (Art. 5, XL CF) konfrontiert werden.

Es herrschte und herrscht bis heute in der brasilianischen gerichtlichen Praxis die Auslegung vor, dass die Amnestie der Agenten der Unterdrückung verfassungsmäßig und rechtsgültig ist. Was die *abstrakte* Verfassungskontrolle betrifft, so wurde das Amnestiegesetz nie von den Gerichten abgewiesen. Es hat nie ein Urteil eines Gerichts gegeben, das die Amnestie den staatlichen Agenten verwehrt hätte. Die bilaterale Amnestie wurde bis heute als gültig angesehen und zeigte sich absolut wirksam, da die Gerichte mit der Zeit keine Strafanzeigen erhielten, über keine Strafeprozessen entscheiden und Strafurteile vollstrecken mussten, die beide Gruppen betrafen, die in den Streit gegen oder für die Diktatur verwickelt waren.

Was die *konkrete* Kontrolle der Verfassungsmäßigkeit anbelangt, hat das STF am 29. April 2010 im Urteil zum Prozess ADPF/153 die Auffassung geäußert, dass die Gewährung der Amnestie durch das Gesetz Nr. 6683 mit Kriterien *sui generis* aus politischen Motiven geschah, unabhängig von der Identität des Angreifers oder des betroffenen Rechtsguts. Sie umfasste also sowohl diejenigen, die dafür kämpften, um die Diktatur zu stürzen, als auch diejenigen, die kämpften, um sie zu erhalten. Außerdem hat das Urteil des STF zur Kontrolle der Verfassungsmäßigkeit bindende und *erga omnes* Wirkung (Art. 10, § 3 des Gesetzes Nr. 9.882/99), was innerhalb des brasilianischen Rechts die bilaterale Amnestie endgültig macht (Art. 12 des Gesetzes Nr. 9.882/99).

Angesichts dieser Situation gibt es Probleme mit möglichen Verstößen gegen das Rückwirkungsverbots (Art. 5, XL, CF), nicht nur im Fall *de lege ferenda*, bei dem die Amnestie durch ein späteres Gesetz zurückgenommen werden könnte (*lex posterior derrogat priori*), sondern auch in dem Fall des Vorschlags einer *restriktiven Anwendung des Amnestiegesetzes* (*interpretatio posterior derrogat priori*). Angesichts des Antrages der Juristen auf eine neue und/oder restriktivere Gesetzesauslegung (wie z. B. im Fall des Antrags auf teilweise Verfassungswidrigkeitserklärung ohne die

---

497 ADPF/153, *Eros Grau*, S. 23 ff. (Übersetzung *L. J. S.*). Vgl. *N. Hartman*, Ethik, 1949, S. 576: „Jeder Wert hat – wenn er einmal Macht gewonnen hat über eine Person – die Tendenz, sich zum alleinigen Tyrannen des ganzen menschlichen Ethos aufzuwerfen, und zwar auf Kosten anderer Werte, auch solcher, die ihm nicht material entgegengesetzt sind".

Reduktion des Textes, wie er in der Klageschrift der ADPF/153 formuliert wurde), muss noch überprüft werden, ob das Rückwirkungsverbot nicht verletzt wird.

Kann die verfestigte Interpretationslinie eines Gesetzes noch nach drei Jahrzehnten geändert werden? Ich glaube, ja. Jedoch ist dies nur möglich, wenn sich die Anwendung der Norm noch nicht erschöpft hat oder wenn die vorgeschlagenen Änderung nicht zum Schaden des Beschuldigten, des Angeklagten oder des Verurteilten geschieht.[498] Wenn einmal die strafrechtliche konkrete Situation im Sinne des Amnestiegesetzes besteht, in der der Staat auf das Recht verzichtet, bestimmte Verbrechen, die vom Gesetz bestimmt werden, zu verfolgen und zu bestrafen, so hat diese Situation einen „rechtlichen Wert", der durch den Grundsatz des Rückwirkungsverbots im Strafrecht geschützt wird. Eine neue Interpretation des Amnestiegesetzes, auch anhand von zurzeit geltenden Grundsätzen des Rechtsstaates oder der Menschenrechte, würde eine Rückwirkung bedeuten, die neue Rechtsfolgen *in malam partem* auf einen abgeschlossenen Tatbestand mit sich brächte. Es handelt sich damit um eine verschleierte Rückwirkung, um eine „schräge Verletzung des Gesetzlichkeitsprinzip",[499] die, laut *Robert Alexy*, noch schlechter ist als die ausdrückliche strafrechtliche Rückwirkung.[500]

b) Amnestie und Aufhebung des Strafgesetzes

Es ist wichtig zu beachten, dass die den Agenten der Diktatur gewährte Amnestie (sei es *de lege ferenda*, sei es durch eine neue Interpretation) nicht deswegen nicht widerrufen werden kann, weil das amnestierte Verbrechen nicht mehr existiert, wie es fälschlicherweise *Aníbal Bruno* behauptet: „weil das eigentliche Verbrechen nicht mehr existiert und nichts vom strafrechtlichen Standpunkt aus zugelassen werden kann, so soll an es erinnert werden."[501] Die Amnestie ist unwiderruflich, da die *Strafbarkeit* der strafbaren Handlung ausgelöscht wurde. Die Amnestie bedeutet nicht *die Aufhebung des Strafgesetzes*, auch wenn bestimmte Autoren, unter ihnen die der Klageschrift der ADPF/153, das Gegenteil behaupten.

So heißt es z. B. im Text der Klageschrift der ADPF/153, dass „im Gegensatz zur Gnade und der Begnadigung sie [die Amnestie] nicht nur die Strafbarkeit – wie der Artikel 107, II des Strafgesetzbuchs unvollkommener Weise aussagt – löscht,

498 ADPF/153, *Carmen Lucia*, S. 89.

499 *E. R. Zaffaroni et al.*, Direito Penal Brasileiro, Bd. 1, 2003, S. 224.

500 *R. Alexy*, Mauerschützen: zum Verhältnis von Recht, Moral und Strafbarkeit, 1993, S. 10, 30; *ders.*, Derecho injusto, retroactividad y principio de legalidad penal. La doctrina del Tribunal Constitucional Federal alemán sobre los homicidios cometidos por los centinelas del Muro de Berlin, in: DOXA 23 (2000), S. 202; *N. Batista*, Nota Introdutória, in: Justiça de transição no Brasil: direito, responsabilização e verdade, 2010, S. 8; *E. R. Zaffaroni et al.*, Direito Penal Brasileiro, Bd. 1, 2003, S. 224.

501 *A. Bruno*, Direito Penal, Tomo III, 1967, S. 203 f., zitiert nach ADPF/153, *Gilmar Mendes*, S. 250.

sondern sie entkriminalisiert auch das kriminelle Verhalten. Das Gesetz sieht rückwirkend vor, dass bestimmte Verbrechen nicht mehr als solche betrachtet werden".[502] *Aníbal Bruno* formuliert es so: „sie [die Amnestie] beschränkt sich nicht nur darauf, die Strafe auszusetzen, sie schafft das eigentliche Verbrechen ab und damit alle seine strafrechtlichen Wirkungen. [...] Kurz, die Amnestie richtet sich nicht darauf, spezifisch jemanden zu begünstigen; was sie bewirkt ist, das Verbrechen auszulöschen und folglich werden alle die von der Bestrafung befreit, die es begangen haben".[503]

Diese Auffassung verwechselt jedoch die Amnestie mit dem Widerruf oder der Aufhebung *des Strafgesetzes* und verletzt buchstäblich das, was das Gesetz vorschreibt (Art. 107, II CP) und auch das, was ein Großteil der juristischen Lehre vorsieht: dass die Amnestie ein Grund für die Aufhebung (nur) *der Strafbarkeit* ist (*causa de extinção de punibilidade*), die nur die Sanktionsnorm unanwendbar macht, aber nicht das Verhalten betrifft.[504] Sie löscht das Verbrechen nicht aus, sondern beschränkt sich darauf, die Strafe und ihre Wirkungen unanwendbar werden zu lassen. Gerade dadurch, dass die Amnestie die Verhaltensnorm nicht aufhebt, wird die zivilrechtliche Haftung des Amnestierten (aufgrund der Verletzung dieser Norm) nicht betroffen und die Pflicht zu einer Wiedergutmachung (Wiederherstellung, Schadensersatz, Rehabilitation und sonstige symbolischen Reparationen) der am Opfer und an Dritten verursachten Rechtsverletzungen besteht weiter.[505]

c) Amnestie und Maßnahmegesetz

Darüber hinaus darf die Amnestie für die Agenten der Diktatur nicht widerrufen werden. Die Begründung dafür lautet aber nicht, wie es wie fälschlicherweise der Berichterstattende Richter *Eros Grau* in seinem Richtspruch vertrat, weil es sich um ein Maßnahmegesetz handelt, das seine Rechtswirkungen hergestellt und ausgeschöpft hat. Die Amnestie wirkt bis in die Gegenwart und auch in die Zukunft, nämlich durch die Forderung, die an den Staat gerichtet ist, dass dieser in den Fällen der Amnestierten auf strafrechtliche Sanktionen verzichtet und auch durch das Gebot, die Sanktionen, die eventuell ausgesprochen wurden und werden, aufzuheben. Sie ist unwiderruflich, weil die *Strafbarkeit* des strafbaren Verhaltens ausgelöscht wurde und jeglicher Versuch des Widerrufs würde gegen den Grundsatz

---

502 *Ordem dos Advogados do Brasil, Conselho Federal,* APDF/153, Petição Inicial, 21.10.2008, S. 17.

503 *A. Bruno,* Direito Penal, Tomo III, 1967, S. 202 f. (Übersetzung *L. J. S.*).

504 Vgl. die bibliographischen Hinweise in *L. J. Swensson Jr.*, Anistia Penal: problemas de validade da lei de anistia brasileira, 2007, S. 147 ff.; insb. *G. Zagrebelsky*, Amnistia, indulto e grazia, 1974, S. 69 ff.

505 *C. R. Bitencourt*, Tratado de direito penal, 2003, S. 706; *P. Ferreira*, Anistia, in: Enciclopédia saraiva do direito, 1978, S. 419; *J. G. da Silva*, Anistia, in: Repertório enciclopédico do direito brasileiro, 1947, S. 282; *G. Zagrebelsky*, Amnistia, indulto e grazia, 1974, S. 73; *L. J. Swensson Jr*, Anistia Penal: problemas de validade da lei de anistia brasileira, 2007, S. 147 ff.

des Rückwirkungsverbots des Strafgesetzes gegen den Angeklagten oder Beschuldigten verstoßen (Art. 5, XL, CF).

Im Gerichtsverfahren der ADPF/153 erklärte *Eros Grau*, dass Amnestiegesetze, wie Maßnahmegesetze, nur im formellen, nicht aber im materiellen Sinne Gesetze seien. Es gehe um Normen, die in Gesetzesform niedergelegt seien. Aber ihr Inhalt entspräche dem der Verwaltungsnormen, die sofortige und unwiderrufliche Wirkungen hätten. Aus der Natur des Akts der Legislative zur Amnestie würde die Unmöglichkeit entstehen, diesen Akt zu widerrufen oder restriktiv zu interpretieren.[506] Der Gedankengang, der von *Eros Grau* entwickelt wurde, kann folgendermaßen rekonstruiert werden:

- Da das Amnestiegesetz ein Maßnahmegesetz ist, erschöpft sich jede Anwendung und Wirkung im Augenblick der Verkündung der Amnestie.
- Da sich jede Amnestie im Augenblick ihrer Verkündung erschöpft, ist die einzige Auslegungsmethode, die zur Anwendung bleibt, die historische Methode. Anders formuliert: Hinsichtlich des Amnestiegesetzes muss (im Zusammenhang mit dem Gesetzestext) nicht die vorliegenden Wirklichkeit interpretiert werden, sondern die Wirklichkeit, die im geschichtlichen Augenblick vorlag, als es geschaffen wurde.
- Wenn sich an Hand der historischen Auslegungsmethode herausstellt, dass die Amnestie, die vom Gesetzgeber im Jahre 1979 herausgegeben wurde, bilateral war, so hat dies zur Folge, dass auch die Agenten der Diktatur von ihr amnestiert wurden. Also muss dieser Interpretation Vorzug gegeben werden.[507]

Aber in Brasilien – sowie in den meisten der Länder der Welt – ist die Amnestie kein Maßnahmegesetz, sondern ein *Gesetz*, sowohl im formellen, als auch im materiellen Sinne. Eine Amnestie ist eine Rechtsnorm, die von einem geschriebenen Gesetzestext ausgeht, einen bestimmten Grad an Allgemeinheit besitzt und von den zuständigen staatlichen Stellen unter der Beachtung von Verfahrensnormen, die in höher gestellten Normen vorgesehen sind, geschaffen wurde. Es handelt sich

---

506 „Das Maßnahmegesetz stellt einen konkreten Befehl in Form einer allgemeinen Regel dar, aber es bringt ein in sich selbst beabsichtigtes Ergebnis mit, auf das es ausgerichtet ist; das Maßnahmegesetz ist nur im *formalen Sinne*, nicht aber im *materiellen Sinne* ein Gesetz; es ist ein *Nicht-Norm*-Gesetz." ADPF/153, *Eros Grau*, S. 70 (Übersetzung *L. J. S.*), vgl. auch S. 44. Nach *Cezar Peluso* (ADPF/153, S. 212) heißt es: „Die Amnestie erzeugte Rechtswirkungen. Sie vollzog und erschöpfte im Verlauf der vorherigen Verfassung alle ihre Wirksamkeit über den Fakten. Jetzt gibt es keine rechtliche Wirkung mehr, die noch erklärt oder verhandelt werden müsste." (Übersetzung *L. J. S.*).

507 „Das Gesetz Nr. 6683 ist ein Maßnahmegesetz, es ist nicht eine Regel für die Zukunft, mit Abstraktion und Allgemeinheit begabt. Es soll von der Realität, ab dem Moment, in dem sie erobert wurde, interpretiert werden." (Übersetzung *L. J. S.*). ADPF/153, *Eros Grau*, S. 43, 45. Kritisch dazu: *F. K. Comparato*, A Balança e a Espada, 2010.

also um Regeln für die Zukunft, die mit Abstraktion und Allgemeinheit versehen sind und die fordern, dass die Gerichte es zukünftig unterlassen gegen diejenigen, die von der Amnestie betroffen sind, Ermittlungen durchzuführen, Prozesse anzustrengen und Urteile auszusprechen.[508] Wie im Folgenden zu sehen sein wird, ist diese Forderung, die auf der Maßgeblichkeit des damals gültigen Rechts beruht, nicht Folge der Charakterisierung des Amnestiegesetzes als Maßnahmegesetz, sondern eine Konsequenz des eigentlichen Rückwirkungsverbots.

6. „Voluntas legislatoris"

a) Maßgeblichkeit des seinerzeitigen Rechts als Konsequenz des Rückwirkungsverbots

Das Recht operiert stets in einer punktualisierten Gegenwart. Die (juristische) Auslegung – sowie die Aufarbeitung der Vergangenheit durch die *Transitional Justice Bewegung* – ist immer eine gegenwärtige Operation: Alles, was man interpretiert, wird gleichzeitig, das heißt jetzt, in diesem (oder im nächsten Augenblick) interpretiert. Es ist die Gegenwart, in welcher der Sinn aller Dinge bestimmt und (neu) bekräftigt wird und die Möglichkeiten des Sinns, die im Augenblick ihrer Verwirklichung schon wieder verschwinden, aktualisiert werden.[509] „Auch Vergangenheit und Zukunft sind stets, und nur, gleichzeitig relevant, sind Zeithorizonte jeweils gegenwärtiger Operationen und können als solche nur in der Gegenwart unterschieden werden. Ihre rekursive Verknüpfung wird in der jeweils aktuellen Operationen hergestellt".[510]

Obwohl die Interpretation/Anwendung des Rechts immer gegenwärtig ist, ist es jedoch nötig, zu definieren, *welcher Augenblick der Realität vom Interpreten in Betracht gezogen werden soll.* Wenn wir eine Interpretation in der Gegenwart nach

508 *L. J. Swensson Jr*, Anistia Penal: problemas de validade da lei de anistia brasileira, 2007, S. 145.

509 *T. Vesting*, Rechtstheorie, 2007, S. 61 f.; ADPF/153, *Eros Grau*, S. 15 f., 112. „Die Interpretation/Anwendung (des Rechts) geht vom Allgemeinen zum Besonderen, vom Transzendent zum Kontingent; sie verläuft vom Einsetzen der Gesetze (= des Rechts) zu der Welt des Seins (= Lebenswelt). Da die Interpretation/Anwendung innerhalb einer gegebenen Situation passiert, stellt sie eine semantische Darlegung des Textes in dem gegenwärtigen historischen Kontext vor, nicht im historischen Kontext des Schreibens des Textes." (Übersetzung L. J. S.). Vgl. *E. R. Grau*, Ensaio e discurso sobre a interpretação/aplicação o direito, 2009.

510 *N. Luhmann*, Das Recht der Gesellschaft, 1993, S. 45, zitiert nach *T. Vesting*, Rechtstheorie, 2007, S. 61 f. Bei Thomas Vesting heißt es: „Zeit ist für das System der Systemtheorie zuallererst eine Dimension der Bestimmung von Sinn; sie besteht aus ‚Aktualisierungen sinnhafter Möglichkeiten, die im Augenblick ihrer Realisation schon wieder verschwinden'. [...] Setzt man so an, operiert das Recht stets in einer punktualisierten Gegenwart." A. a. O., S. 61.

den Grundsätzen des demokratischen Rechtsstaates und gemäß der heutigen Verfassung Brasiliens vollziehen, so stellt sich die folgende Frage: Welches Strafrecht ist anzuwenden, um die Agenten der politischen Repression zur Verantwortung zu ziehen? Das gegenwärtige Strafrecht (des Rechtsstaates) oder das vorige Strafrecht (des Ausnahmeregimes)? Im Fall der Auslegung des Gesetzes Nr. 6.683/79 heißt das: Soll derjenige, der das Recht interpretiert, die heute geltenden Auslegungsregeln und das heutige Rechtsverständnis anwenden, was die geltenden Verfassungsgrundsätze (CF/1988) einbezieht und sich von dem Verständnis lösen, dass in der Zeit ihrer Entstehung vorherrschte? Oder sollte, im Gegenteil, diejenigen Auslegungsregeln und das Rechtsverständnis angewendet werden, die in der Zeit der Schaffung des Amnestiegesetzes galten, indem derjenige, der das Recht interpretiert, sowohl die geschichtlichen Fakten als auch die Zwecke, die man seinerzeit damit erreichen wollte, in Betracht zieht?[511]

Da es sich um das Strafrecht handelt, fordert das Prinzip des Rückwirkungsverbots, dass das damalige Strafrecht (richtig interpretiert) angewendet wird; oder dass das der Straftat nachfolgende Strafrecht angewendet wird, wenn es den Beschuldigten oder Angeklagten begünstigt. Eine Rückwirkung des Strafrechts auf in der Diktatur ausgeführte Handlungen *de lege lata* kann nicht begründet werden.[512] Anders gesagt, es sind die heute geltenden Auslegungsregeln und das heutige Rechtsverständnis, die die geltenden Verfassungsgrundsätze (CF/1988) einbeziehen und die Anwendung des Rechtsverständnisses der im ehemaligen militärischen Regime begründeten Auslegungsregeln fordern. Daraus folgt, dass, im Fall der Auslegung des Gesetzes Nr. 6.683/79, der Wille des historischen Gesetzgebers (historische Auslegung) und die Entstehungsgeschichte des Gesetzes (genetisches Argument) zur Auslegung herangezogen werden sollen.[513] Nach *Ulfrid Neumann* ist das nicht nur ein Gebot des Grundsatzes *nullum crimen, nulla poena sine lege praevia* oder der Fairness, sondern auch eine Konsequenz der Einsicht, dass „Recht sich nicht im Wortlaut von Gesetzen erschöpft, sondern auch die jeweilige ‚interpretative Praxis' umfasst".[514] So gerät die Frage nach der Interpretation eines Gesetzestextes innerhalb der Umstände seiner Verkündung ins Zentrum des Interesses.

b) Zur historischen Auslegung des Amnestiegesetzes

Sich zur Amnestie Gedanken zu machen, bedeutet widersprüchliche Standpunkte in Betracht zu ziehen. Über Amnestie – ihren Umfang oder ihre Reichweite, ihre

---

511 ADPF/153, *Eros Grau*, S. 17; ADPF/153, *Carmen Lúcia*, S. 88.

512 Vgl. *U. Neumann*, Rechtspositivismus, Rechtsrealismus und Rechtsmoralismus in der Diskussion, 2002, S. 111.

513 In diesem Sinne s. ADPF/153, *Carmen Lúcia*, S. 96; ADPF/153, *Marco Aurélio*, S. 155. S. dagegen: ADPF/153, *Lewandowski*, S. 110; ADPF/153, *Ayres Britto*, S. 137, 140 f.

514 *U. Neumann*, Rechtspositivismus, Rechtsrealismus und Rechtsmoralismus in der Diskussion, 2002, S. 121. S. auch: ADPF/153, *Eros Grau*, S. 15 f.

Bedeutung und ihre Folgen – gab es noch nie Einigkeit. Sie bewegte immer verschiedene Vorstellungen und Erwartungen, vor allem, weil sie ganz unterschiedliche Gruppen betraf. „Von Anfang an war man sich über die Amnestie nicht einig. Im Gegenteil wurden ihr von den ersten Diskussionen bis zur späteren Annahme des Gesetzes verschiedene Sinne und Zwecke zugesprochen, so dass sie noch heute, ab und zu, zur Bühne von intensiven Auseinandersetzungen wird.“[515]

Die ausgesprochen große Nummer von Änderungsanträgen, das knappe Endergebnis und das angespannte Klima im Nationalkongress zeigten schon das Fehlen einer Einigung und die umfangreichen Auseinandersetzungen um das Projekt Amnestiegesetz. Auch heute noch wird die Amnestie widersprüchlich wahrgenommen, auch von „den Linken“. Wenn für die einen die Verkündung des Amnestiegesetzes einen Sieg der Opposition über die Regierung bedeutete, der mit seltener Einheit errungen wurde, so wurde sie von anderen als eine Niederlage vor den konservativen Kräften der zivilen und militärischen Gesellschaft angesehen. Wenn die Amnestie für die einen Hoffnung und Freude bedeutete, da sie die Möglichkeit eröffnete, dass die sich im Exil befindenden Personen nach Brasilien zurückkehren konnten und dass man mit dem Wiederaufbau der Demokratie voranschreiten konnte, so bedeutete sie für die anderen Enttäuschung und Trauer, da sie die Straflosigkeit der Täter von schrecklichen Delikten gewährleistete. Wenn die Amnestie für die einen Fortschritt bedeutete, indem sie angeblich die Gesellschaft befriedete und versöhnte sowie die Rückkehr zur Demokratie ermöglichte, so begründete sie für die anderen einen regelrechten Rückschritt, da sie zum Vergessen der Vergangenheit zwang und damit einlud, die Gewalttaten zu wiederholen.

Was hier jedoch interessiert, ist die Frage nach der Bilateralität der Amnestie. Es geht also um die Frage, ob das Verständnis, das in der entsprechenden Zeit vorherrschend war, die Amnestie der Agenten der Militärdiktatur einbezog oder nicht. Wie wurde das Amnestiegesetz zum Zeitpunkt seiner Verkündung ausgelegt? Bei Betrachtung der Diskussionen um die Erinnerungen gelangt man zu dem Schluss, dass die Amnestie bilateral war und von daher auch die Agenten und Kollaborateure der Diktatur einbezog.

Neben die Fachliteratur über die brasilianische Amnestie können die zwei Gutachten, die vom Bundesrat des *Ordem dos Advogados do Brasil* (OAB) und vom *Instituto dos Advogados Brasileiros* (IAB) angenommen wurden, zitiert werden, um zu zeigen, dass das damals vorliegende Verständnis des Amnestiegesetzes im Sinne einer Bilateralität bestand. Beide Institutionen hatten damals eine gewisse Unabhängigkeit von der Regierung und eine (relativ) kritische Position gegen die Diktatur.

---

515 *D. N. Gonçalves*, Os múltiplos sentidos da anistia, in: Revista Anistia Política e Justiça de Transição, Bd. 1, 2009, S. 285 (Übersetzung *L. J. S.*). Vgl. auch *G. M. Rodrigues*, Arquivos, anistia política e justiça de transição no Brasil: onde os nexos? in: Revista Anistia Política e Justiça de Transição, Bd. 1, 2009, S. 140.

Das Gesetzesprojekt zum Amnestiegesetz wurde vor seiner Abstimmung dem OAB zur Stellungnahme gegeben, an der sich später die Abstimmung durch die Oppositionspartei MDB orientieren sollte. Es wurde dann vom damaligen Mitglied des OAB *João Paulo Sepúlveda Pertence* ein detailliertes Gutachten vorgelegt, das vom Bundesrat durch die Vollversammlung vom 24. Juli 1979 angenommen wurde und als eines der wichtigsten Dokumente für das Verständnis des Gesetzes in jener Zeit begriffen werden kann. In dem Gutachten war der Berichterstatter kurz und bündig: „noch nicht einmal die Abscheu, die die Folter in uns erregt, kann uns davon abhalten, anzuerkennen, dass die gesamte Spannweite, die dem strafrechtlichen Vergessen dieser finstern Zeit unserer Geschichte zukommt, uns daran hindern kann, uns allgemein zu entwaffnen, damit wir einen entscheidenden Schritt in Richtung Demokratie umsetzen können."[516]

Wie *Pertence*, Jahrzehnte später, in einem Interview mit der Zeitschrift *Carta Maior* am 18. Januar 2010 erinnerte, bestand zu jenem geschichtlich wichtigen Zeitpunkt die Absicht, eine „umfangreiche, allgemeine und uneingeschränkte" Amnestie zu verteidigen, um damit den § 2 des Artikels 1 des Regierungsprojekts abzuschmettern, der die Amnestie für diejenigen, die schon für Gewalttaten gegen das autoritäre Regime verurteilt worden waren, auszuschließen (Art. 1, § 2 Gesetz Nr. 6683). Die Begründung dafür lag in der Anerkennung, dass der § 1 des Artikels 1 des Projekts ein nicht zu verhandelnder Punkt für die Regierung war, der „indem er mit heterodoxer Spannweite das definierte, was als mit politischen Verbrechen zusammenhängende Verbrechen genannt würden, ohne Verschleierung den Sinn hatte, das mit den Verbrechen jeglicher Natur diejenigen Verbrechen gemeint waren, die in den ‚Kellen des Regimes' geschahen – wie damals gesagt wurde – und von den zivilen und militärischen Agenten der Repression begangen wurden." Meine Meinung ist – sagte *Pertence* weiter –, „dass dies ganz klar die Bedeutung dieser Norm war."[517]

Am selben Tag, an dem der damalige Präsident des Bundesrats der OAB *Eduardo Seabra Fagundes* das Gutachten von *Pertence* an den Senator *Luiz Viana Filho*

---

516 *Ordem dos Advogados do Brasil, Conselho Federal,* APDF/153, Petição Inicial, 21.10.2008, (Übersetzung *L. J. S.*).

517 A. a. O. (Übersetzung *L. J. S.*). Diejenigen, die wegen „Bluttaten" (wie „Terrorismus", „Raubüberfälle", „Entführung" und „Delikte gegen die Person", deren Tatbestände im ehemaligen *Lei de Segurança Nacional* [Dec.-Lei 898/69] vorgesehen waren) verurteilt wurden, wurden nur durch die Entscheidung des Obersten Militärgerichts (*Superior Tribunal Militar*), das die jeweilige Strafen reduzierte, und durch Begnadigungen vom Präsidenten *João Batista Figueiredo,* freigegeben. Es ist jedoch wichtig zu beachten, dass trotz der Entscheidung des Obersten Militärgerichts, das die Entlassung der Verurteilte ermöglichte, die Verurteilten in der ersten Hälfte der 1980er-Jahre auf Bewährung blieben. Vgl. dazu *J. C. M. Silva Filho,* O Julgamento da ADPF 153 pelo Supremo Tribunal Federal e a Inacabada Transição Democrática Brasileira, 2010, S. 14, Fn. 28; *G. Mezarobba,* Um acerto de contas com o futuro, 2003, S. 52.

weiterleitete, also am 15. August 1979, leitete *Reginaldo de Souza Aguiar* dem IAB auch ein anderes Gutachten weiter, das von *Sérgio Tostes* angefertigt worden war. Dieses Gutachten wurde einstimmig von der Vollversammlung der IAB am 30. Mai 1979 angenommen und besagt in der Zusammenfassung seiner Schlussfolgerungen folgendes:

> „Da die Amnestie eine Versöhnung der Nation mit sich selbst darstellt, muss sie umfangreich, allgemein und uneingeschränkt sein. Sie soll all diejenige umfassen, die auf irgendeine Art und Weise politische Taten gegen die damals vorwiegende Auffassung begangen haben. Sie soll keine Grenzen haben, da die Eigenschaften der politischen Tat von Fall zu Fall einen gleichen motivierenden Faktor hatten. Indem sie ein Akt der Versöhnung der Nation mit sich selbst ist, darf man keine Graduierung oder Betrachtung im politischen Sinne anstellen. Das heißt, dass die Vergangenheit vergessen und die Gegenwart im Hinblick auf die Zukunft gelebt werden soll."[518]

Diese zwei Gutachten sowie bestimmte Diskurse und Aussagen von politischen und juristischen Persönlichkeiten jener Zeitsagen mit einer bestimmten Genauigkeit aus, dass die Amnestie des Gesetzes Nr. 6683/79 nach dem Willen des Gesetzgebers umfassend war.[519] Der bilaterale Umfangsreichtum wird nicht nur unter Annahme der Mitläufer des Militärregimes, sondern auch unter Annahme der Kritiker der Diktatur anerkannt. Ob man damit einverstanden war oder nicht, ist eine andere Frage. Aber es war bekannt, dass das Gesetz Nr. 6683/79 auch die staatlichen Agenten betraf.

---

518 Zitiert bei Minister *Gilmar Mendes* in ADPF/153, S. 245 f. (Übersetzung L. J. S.).

519 S. z. B. die am 17. März 1981 im Senat gehaltenen Rede vom Senator *Paulo Brossard*: „Ich akzeptiere die These von dem [verbrecherischen] Zusammenhang, ich gebe den bilateralen Charakter der Amnestie zu, den der Minister für die Luftfahrt angesprochen hat, ich nehme das Verständnis von General *Newton Cruz* auf, nach dem (ist es wichtig wiederholt zu werden): ‚wenn das Amnestiegesetz über die [mit politischen Straftaten] im Zusammenhang stehenden Verbrechen spricht, machte das Gesetz deutlich, dass die Exzesse der Sicherheitsbehörden, die im Kampf gegen die Subversion begangen wurden, in gleicher Weise vergessen werden sollten'." *P. Brossard*, Anistia e torturas, 1981, zitiert bei *Celso de Mello*, ADPF/153, S. 178 ff. Ein weiteres Beispiel ist die Aussage des Juristen *Dalmo Dallari*, einem Opfer der politischen Repression und ein öffentlich hervorgetretener Kritiker der Militärdiktatur. Dieser sagte für die „Perseu Abramo Stiftung": „Wir wussten, dass es unvermeidlich war, Einschränkungen zu akzeptieren und die Tatsache zuzugeben, dass die Kriminellen, die Teilnehmer der Regierung gewesen waren oder von ihr geschützt wurden, der Bestrafung, die sie aufgrund der Gerechtigkeit verdienten, entkommen würden. Aber wir halten es für angemessen, diese Entstellung zu akzeptieren, da der Nutzen, den die Verfolgten und ihre Familien erhielten, und die Aussicht, dass wir wieder auf unserer Seite Mitstreiter mit demokratischer Berufung und Erfahrungen hätten, überwog." *D. Dallari*, Anistia: esquecimento legal, memória de fato, zitiert nach ADPF/153, *Ellen Gracie*, S. 153; (Übersetzungen *L. J. S.*); ADPF/153, *Eros Grau*, S. 28–30.

Warum also wurde seinerzeit die Bilateralität des Amnestiegesetzes angenommen? Weil geglaubt wurde, dass es nur möglich sei, mithilfe einer „Kooperation" der Militärs zu einem offenen demokratischen Regime zu gelangen.[520] Der damalige Kampf war nicht darauf ausgerichtet, die Agenten der Diktatur von der Amnestie auszuschließen, sondern, im Gegenteil, den größten Teil der politisch Verfolgten zu umfassen.[521] Natürlich war das Gesetz Nr. 6.683 nicht das Amnestiegesetz, das alle wollten. Aber es war das Amnestiegesetz, dass in jenem Augenblick möglich war.[522]

c) Das vorgeschobene Argument des „Abkommens"

Innerhalb der Debatte zur brasilianischen *Transitional Justice* gibt es einen immer wiederkehrenden Bezug auf das *Abkommen* oder den *nationalen Pakt* zur Gewährung einer beidseitigen Amnestie durch das Gesetz Nr. 6683. Dieses Abkommen wäre, so wird gesagt, zwischen der Regierung und der Gesellschaft geschlossen und von denjenigen Anteilen der Bevölkerung, die für eine weitreichende, allgemeine und uneingeschränkte Amnestie gekämpft hätten, und von den sogenannten „Eliten" Brasiliens verkörpert worden.[523]

Warum wird ein solcher Wert auf das Argument des „Abkommens" gelegt? Weil mit diesem Abkommen die Verbindlichkeit des Amnestiegesetzes begründet wurde. Jedes Abkommen hat, ausdrücklich oder implizit, einen normativen Charakter, welcher die Verbindlichkeit seines Autors mit dem vom Abkommen dargestellten Objekt herstellt. Aus der institutionellen Tatsache des Abkommens (*sein*) fließt so eine Pflicht (*sollen*). Wenn gesagt wird, es gebe ein „Abkommen", so wird unterstellt, dass die Parteien, die mit ihm zu tun hatten, die Pflicht haben, den Wortlaut des Abkommens zu respektieren oder zu erfüllen. Es ist dies, was mehr oder weniger in einem ähnlichen Sinn unter dem Gebrauch des Prinzips *pacta sunt servanda* („Verträge sind einzuhalten") verstanden wird, welches die Basis der Vertragstreue im öffentlichen und privaten Recht darstellt, oder unter den Lehren vom Gesellschaftsvertrag zur Legitimierung des Rechts nach der „Entzauberung" der Welt in der Moderne.

---

520 *T. Skidmore*, Brasil: de Castelo a Tancredo 1964–1985, 2000, S. 426. Bei *Eros Grau* (ADPF/153, S. 37) heißt es: „Es war entweder nachzugeben und zu überleben oder nicht nachzugeben und weiter in Angst zu leben (in einigen Fällen, nicht einmal zu leben)", (Übersetzungen *L. J. S.*).

521 Es sollte nicht vergessen werden, dass die Militärs und die Regierung es nicht mochten, die „Bluttaten" zu amnestieren (Art. 1, § 2 des Gesetzes Nr. 6.683).

522 Vgl. ADPF/153, *Carmen Lucia*, S. 93.

523 S. dazu *C. Fico*, A negociação parlamentar da anistia de 1979 e o chamado "perdão aos torturadores", in: Revista Anistia Política e Justiça de Transição, Bd. 4, 2011, S. 318 ff. Im ADPF/153 sind Argumente des „Abkommens" in den Stimmen von *Eros Grau*, S. 21–23; *Carmen Lúcia*, S. 81 f.; *Ellen Gracie*, S. 152 f.; *Cezar Pelluso*, S. 209 f.; *Gilmar Mendes*, S. 241 f.

Daraus folgt, dass die Existenz oder die Nichtexistenz dieses Abkommens und seines Wortlauts, in dem es formuliert wurde, in Frage gestellt werden müsste – sei es, dass die Verbindlichkeit der Parteien in Bezug auf die vereinbarte Amnestie verteidigt oder sei es, dass sie kritisiert würde. Aus dieser Fragestellung heraus entstehen allerdings mehr neue Fragen als Antworten: Wer waren die Parteien, die an diesem Abkommen teilnahmen? Bestand eine Notwendigkeit der Gleichheit unter den Parteien des Abkommens, damit ein „richtiges" Abkommen entstand?[524] Was ist mit denen, die die in dem Abkommen aufgestellten Recht und Pflichten betreffen? Können die Verpflichtungen des Abkommens auch diejenigen, die die Vereinbarung nicht geschlossen haben, umfassen? Wie lautete der genaue Wortlaut des Abkommens? Was gab es für Bedingungen für dieses Abkommen?

Für das Recht ist dies nicht das eigentliche Problem. Juristisch gesehen hat der Beweis, ob das Abkommen in diesem oder jenem Sinne, mit diesen oder jenen Personen geschlossen wurde, nicht viel Bedeutung. Was interessiert ist vielmehr die rechtliche Gültigkeit des Gesetzes, das das Abkommen aussprach. Was die Umsetzung und Verbindlichkeit der Amnestie bedingte, ist die Rechtsgültigkeit des Gesetzes, das die Amnestie gewährte und nicht das politische Abkommen, das zur Entstehung führte. Ein Amnestiegesetz (so wie alle Gesetze) gilt in modernen Gesellschaften grundsätzlich aufgrund seiner Setzung, nicht aufgrund des Abkommens, das zu seinem Entstehen beitrug.

Zu diesem Punkt müssen hier noch drei kurze Kommentare ergänzt werden. Erstens: Wie es bei allen gesetzgebenden Verfahren der Fall ist, ist das Gesetz eher das Resultat von Kämpfen, von politischen „Machtkämpfen", als das von Abkommen. Der Hinweis auf ein „Abkommen" ist eine verschönernde (und vielleicht falsche) Art und Weise, diese Machtkämpfe zu beschreiben. Wenn das Gesetz verkündet ist, hört der politische Machtkampf auf, das Gesetz gewinnt einen rechtlichen Charakter (die rechtliche Gültigkeit) und hat damit eine zwingende Wirkung. Zweitens: Die Kritiker, unter ihnen die Parlamentarier, die im Gesetzgebungsverfahren besiegt wurden, können möglicherweise immer noch mit dem Gesetz, über das abgestimmt und das angenommen wurde, *nicht einverstanden* sein, obwohl es einer Mehrheit zur Entscheidung vorgelegt wurde.

Drittens: Wenn ungeachtet all dieser Einwände die politische Entscheidung der Verkündung des Gesetzes immer noch als ein Abkommen bezeichnet werden soll, dann bedeutete dies, dass jedes Gesetz – und nicht nur die Amnestie – das Resultat eines Abkommens wäre. Wenn jedes Gesetz, also nicht nur das Amnestiegesetz, das Ergebnis eines Abkommens wäre, dann müssten notwendigerweise andere Argumente vorgebracht werden, um die Rechtsgeltung der Amnestie zu beteuern oder zu verneinen. Sich nur auf die These des Abkommens zu stützen, ist unzulänglich.

524 *J. C. M. Silva Filho*, O Julgamento da ADPF 153 pelo Supremo Tribunal Federal e a Inacabada Transição Democrática Brasileira, 2010, S. 16.

esseits des Gesetzes (3): Das Argument s Verbrechens gegen die Menschlichkeit nd der Verletzung der Amerikanischen Menschenrechtskonvention

1. Verbrechen gegen die Menschlichkeit

Ein weiteres Argument, die Möglichkeit der Strafverfolgung der Agenten des Militärregimes zu begründen, bezieht sich auf das internationale Strafrecht, das sich mit der individuellen strafrechtlichen Verantwortlichkeit von Einzelpersonen im Interesse sowohl der betroffenen Völker (internationale Verbrechen) als auch der Menschheit als solche (Menschenrechtsverletzung) beschäftigt.[525] Es besagt, dass die von den Tätern der Staatsrepression begangenen Untaten *Verbrechen gegen die Menschlichkeit* sind. Aus diesem Grund sind sie unverjährbar und dürfen nicht amnestiert werden.[526]

Hierbei wird angenommen, dass das traditionelle, nationale Strafrecht und seine Dogmatik im Prinzip ungeeignet sind, das Problem der Makrokriminalität (und spezifisch der Staatskriminalität) angemessen zu erörtern, da es sich um eine

---

525 Die Beschäftigung des internationalen Strafrechts im Interesse der Menschheit als solche ergibt sich aus dem Faktum, dass die Menschenrechtsverletzungen auf die vollständige Beseitigung eines Teils der menschlichen Vielfalt und Pluralität abzielen. *J. C. M. Silva Filho*, O Julgamento da ADPF 153 pelo Supremo Tribunal Federal e a Inacabada Transição Democrática Brasileira, 2010, S. 35 f.

526 S. z. B.: *International Center for Transitional Justice* (*J. Méndez/G. T. R. Covelli*), Parecer técnico sobre a natureza dos crimes de lesa-humanidade, a imprescritibilidade de alguns delitos e a proibição de anistias, 2008, S. 17; *L. E. A. F. Bastos*, Anistia: as leis internacionais e o caso brasileiro, 2009; *F. K. Comparato*, A Balança e a Espada, 2010; *C. A. B. de Mello*, Imprescritibilidade dos crimes de torturam, in: Memória e verdade, 2009, S. 135–140; *M. O. G. Correia*, Anistia para quem?, in: Memória e verdade, 2009, S. 141–152; *M. A. Weichert*, Responsabilidade internacional do Estado brasileiro na promoção da justiça transicional, in: Memória e verdade, 2009, S. 153–168; *P. Abrão/T. Genro*, Os direitos da transição no Brasil, in: Os Direitos da Transição e a Democracia no Brasil, 2012, S. 33 ff.; *D. Ventura*, A interpretação judicial da Lei de Anistia brasileira e o direito Internacional, 2011; *J. C. M. Silva Filho*, O Julgamento da ADPF 153 pelo Supremo Tribunal Federal e a Inacabada Transição Democrática Brasileira, 2010; *E. R. Vasconcelos*, A responsabilização penal dos autores de crimes contra a humanidade e o desaparecimento forçado na guerrilha do Araguaia, in: Revista Anistia Política e Justiça de Transição, Bd. 7, 2013, S. 170 ff.; *P. R. da Cunha*, Militares e anistia no Brasil: um dueto desarmônico, in: O que resta da ditadura: a exceção brasileira, 2010, S. 40.

spezielle Art der Kriminalität handelt, die aus *konformen* Verhalten besteht, das Teil eines kollektiven Aktionszusammenhangs innerhalb großer Kollektive und staatlicher Systeme ist.[527] Der Rückgriff auf das internationale Strafrecht, das in der Rechtsprechung des Nürnberger Prozesses gegen die Hauptkriegsverbrecher seinen Ursprung hat, zeigt sich als eine wichtige Argumentationsstrategie, durch die die Botschaft, dass ein bestimmtes Verhalten, das innerhalb eines Staates als konform angesehen wird, gleichzeitig als nicht-konformes Delikt wahrgenommen und gegen das vor der internationalen Gemeinschaft ermitteln werden kann.

Der Straftatbestand der „Verbrechen gegen die Menschlichkeit" wurde zum ersten Mal am 8. August 1945 im *Londoner Statut* (auch: „Londoner Charta" oder „Nürnberger Charta") für den Nürnberger Prozess gegen die Hauptkriegsverbrechen des NS-Regimes geschaffen und durch den Internationalen Militärgerichtshofs vertraglich festgelegt:

> „*Artikel 6, c.* Crimes against humanity: *namely, murder, extermination, enslavement, deportation, and other inhumane acts committed against any civilian population, before or during the war, or persecutions on political, racial or religious grounds in execution of or in connection with any crime within the jurisdiction of the Tribunal, whether or not in violation of the domestic law of the country where perpetrated.*"[528]

Er wurde danach von der UNO durch die Resolution Nr. 95 (1) vom 11. Dezember 1946 in „*the principles of international law recognized in the Charter of the Nurnberg Tribunal and in the judgment of the Tribunal*" aufgenommen.

Die endgültige Ausformulierung des Textes wurde von der Kommission des Internationalen Rechts während ihrer zweiten Sitzung vom 29. Juli 1950 angenommen und der Generalversammlung am 31. Dezember 1950 unterbreitet. Der Artikel 6 c, der letztlich von der Generalversammlung angenommen wurde, erhielt einen neuen Wortlaut:

> „*Crimes against humanity: Murder, extermination, enslavement, deportation and other inhuman acts done against any civilian population, or persecutions on political, racial or religious grounds, when such acts are done or such persecutions are carried on in execution of or in connection with any crime against peace or any war crime.*"[529]

---

527 Nach Meinung von Naucke heißt es: „Die aktuelle Strafrechtsdogmatik ist Friedensdogmatik, ist Dogmatik der privaten A-B-Kriminalität. Wendet man diese Dogmatik auf den Täter an, der eine Staatsorganisation für die Tatbegehung einsetzen kann, oder der diese Organisation hinter sich weiß, stellt man diesen Täter besser als er juristisch stehen sollte." *W. Naucke*, Die strafjuristische Privilegierung staatsverstärkter Kriminalität, 1996, S. 23.

528 *United Nations*, Charter of the International Military Tribunal – Annex to the Agreement for the Prosecution and Punishment of the Major War Criminals of the European Axis („London Agreement"), 8. August 1945.

529 *United Nations*, International Law Commission. Principles of International Law Recognized in the Charter of the Nürnberg Tribunal and in the Judgment of the

Seitdem wurde dieser Straftatbestand fortlaufend in andere gerichtliche Statuten und Entscheidungen aufgenommen, beispielsweise: (a) das Statut (Art. 5)[530] und das Urteil zum *Fall Dusko Tadic* (§ 627–660)[531] des Internationalen Strafgerichtshofs für das ehemalige Jugoslawien; (b) das Statut (Art. 3)[532] und das Urteil im *Fall Akayesu* (§ 578)[533] des Internationalen Strafgerichtshofs für Ruanda; (c) das Statut (Art. 2)[534] und das Urteil im *Fall Alex Tamba Brima, Brima Bazzy Kamara, Santigie Borbor Kanu* (§ 214–223)[535] des Sondergerichtshofs für Sierra Leone; (d) das Römische Statut des Internationalen Strafgerichtshofs (Art. 7.1); (e) das Urteil im *Fall Almonacid Arellano und andere* (insb. § 96 und 99)[536] und im *Fall La Cantuta* des Interamerikanischen Gerichtshofs für Menschenrechte (§ 95)[537] usw.

Nach den Definitionen, die von den Statuten und Urteilen der zitierten Internationalen Gerichtshöfe aufgestellt wurden, können als „Verbrechen gegen die Menschlichkeit" diejenigen Verbrechen angenommen werden, die (a) eine unmenschliche „Natur" oder einen unmenschlichen „Charakter" haben („unmenschliche Handlungen"), weil sie bei den Opfern große Leiden verursachen oder weil sie großen Schaden an deren körperlicher Unversehrtheit und/oder körperlichen/psychischen Gesundheit bewirken, (b) Teil eines *ausgedehnten* oder *systematischen* Angriffs waren, (c) durch die (nicht notwendigerweise formell angenommenen) Politik eines Staates begangen wurden und (d) gegen eine beliebige Zivilbevölkerung gerichtet waren.[538]

Da in Brasilien Folter, erzwungenes Verschwinden und extralegale Hinrichtung und andere schwere Verbrechen im Kontext des weit verbreiteten und systematischen Angriffs des Staates gegen die Diktaturgegner begangen wurden, ist zu dem Schluss zu gelangen, dass diese Verbrechen unter der Perspektive des Völkerrechts als „Verbrechen gegen die Menschlichkeit" zu charakterisieren sind.

Tribunal, 1950. Der Bericht der International Law Comission mit Kommentaren befindet sich im *Yearbook of the International Law Commission,* Bd. 2, 1950, § 97.

530 *United Nations,* Updated Statute of the International Criminal Tribunal for the Former Yugoslavia, February 2006.

531 ICTY, *Prosecutor vs. Dusko Tadic,* Opinion and Judgment, 7. Mai 1997 (Cas No. IT-94-1-T).

532 *United Nations,* Basic Documents, Statute of the International Criminal Tribunal for Rwanda, 2007.

533 ICTR, *Prosecutor vs. Jean-Paul Akayesu,* Judgment, 2. September 1998 (Case N. ICTR-96-4-T).

534 Agreement between the United Nations and the Government of Sierra Leone pursuant to Security Council resolution 1315 (2000) for 14. August 2000.

535 SCSL, *Prosecutor vs. Alex Tamba Brima, Brima Bazzy Kamara, Santigie Borbor Kanu,* Judgment, 20. Juni 2007.

536 CIDH, *Almonacid Arellano und andere vs. Chile,* Judgment 26. September 2006.

537 CIDH, *La Cantuta vs. Peru,* Jugment 29. November 2006 (Series C, No. 162).

538 *International Center for Transitional Justice (J. Méndez/G. T. R. Covelli),* Parecer técnico sobre a natureza dos crimes de lesa-humanidade, a imprescritibilidade de alguns delitos e a proibição de anistias, 2008, S. 6–8; *K. Ambos,* Internationales Strafrecht, 2008, S. 222 ff.

2. Unverjährbarkeit und Verbot der Amnestie

Da es um Verbrechen gegen die Menschlichkeit geht, würden diese Verbrechen aufgrund der zwingenden Vorschrift der internationalen Gewohnheitsnorm mit der Kraft des *ius cogens* nie verjähren. Dies kann verschiedenen UN-Resolutionen entnommen werden[539] und ist ausdrücklich in der „UN-Konvention über die Nichtanwendbarkeit der Verjährungsfrist auf Kriegsverbrechen und Verbrechen gegen die Menschlichkeit" vom 26. November 1968 (Art. 1, b),[540] in der „Europäische Konvention über die Nichtanwendbarkeit von Verjährungsvorschriften auf Kriegsverbrechen und Verbrechen gegen die Menschlichkeit" vom 25. Januar 1974, und im Römischen Statut des Internationalen Strafgerichtshofs vom 17. Juli 1998 (Art. 29)[541] vorgesehen.

Außerdem könnten diese Verbrechen nicht durch die interne Gesetzgebung der Staaten oder Blankett- *bzw.* Selbstamnestiegesetze amnestiert werden, wie z. B. der Präambel der „UN-Konvention über die Nichtanwendbarkeit der Verjährungsfrist auf Kriegsverbrechen und Verbrechen gegen die Menschlichkeit"[542] und der

539 *United Nations*, General Assembly. Resolution 2338 (XXII), Question of the Punishment of War Criminals and of Persons who have Committed Crimes against Humanity 18. Dezember 1967; *United Nations*, Commission on Human Rights. Report of Diane Orentlicher, Independent Expert to Update the Set of Principles to Combat Impunity – Updated Set of Principles for the Protection and Promotion of Human Rights through Action to Combat impunity, 18. März 2005, E/CN.4/2005/51/Add.1; *United Nations*, General Assembly. Resolution 60/47, Basic Principles and Guidelines on the Right to a Remedy and Reparation for Victims of Gross Violations of International Human Rights Law and Serious Violations of International Humanitarian Law, 16. Dezember 2005, A/RES/60/147, Prinzip 6.

540 Article 1. No statutory limitation shall apply to the following crimes, irrespective of the date of their commission: (b) Crimes against humanity whether committed in time of war or in time of peace as they are defined in the Charter of the International Military Tribunal, Nürnberg, of 8 August 1945 and confirmed by resolutions 3 (I) of 13 February 1946 and 95 (I) of 11 December 1946 of the General Assembly of the United Nations, eviction by armed attack or occupation and inhuman acts resulting from the policy of *apartheid*, and the crime of genocide as defined in the 1948 Convention on the Prevention and Punishment of the Crime of Genocide, even if such acts do not constitute a violation of the domestic law of the country in which they were committed.

541 Artikel 29. Die der Gerichtsbarkeit des Gerichtshofs unterliegenden Verbrechen verjähren nicht.

542 UN-Konvention über die Nichtanwendbarkeit der Verjährungsfrist auf Kriegsverbrechen und Verbrechen gegen die Menschlichkeit, Präambel: „Noting that the application to war crimes and crimes against humanity of the rules of municipal law relating to the period of limitation for ordinary crimes is a matter of serious concern to world public opinion, since it prevents the prosecution and punishment of persons responsible for those crimes."

konsolidierten Rechtsprechung folgender Gerichtshöfe zu entnehmen ist:[543] (a) des Interamerikanischen Gerichtshofes für Menschenrechte in Fällen: *Barrios Altos vs. Perú* (14. März 2001), *La Cantuta vs. Perú* (29. November 2006), *Almonacid Arellano et. al. vs. Chile* (26. September 2006) und *Massacre de la Rochela vs. Colômbia* (11. Mai 2007) usw.;[544] (b) des Internationalen Strafgerichtshofs für das ehemalige Jugoslawien im Fall *Prosecutor vs. Furundzija* (10. Dezember 1998); (c) des Sondergerichtshofs für Sierra Leone in den Fällen *Prosecutor vs. Kallon and Kamara* (13. März 2004) und *Prosecutor vs. Kondewa* (25. Mai 2004); (d) des Europäischen Gerichtshofs für Menschenrechte im Fall *Abdülsamet Yaman vs. Turquia* (2. November 2004). Wenn ein Staat durch ein Blankett- bzw. Selbstamnestiegesetz Verbrechen gegen die Menschlichkeit amnestiert, wäre diese Amnestie nicht gültig.

Es ist wichtig zu unterstreichen, dass innerhalb der hier verfolgten Argumentationslinie die Positivierung in diesen UN-Resolutionen und in den internationalen Staatsverträgen, Verträgen und Konventionen keine Unverjährbarkeit des Verbrechen gegen die Menschlichkeit und auch kein Verbot eines Blankett- bzw. Selbstamnestiegesetz schafft. Sie würden auf gewöhnlichen Normen beruhen, die die Qualität des *ius cogens* hätten und die *erga omnes* Wirkung enthalten würden. Die Tatsache, dass sie in internationalen Gesetzen vorgesehen sind, bekräftigt allenfalls Rechte, die schon bestehen, damit diese durch ihren Schutz gefestigt werden.[545]

3. Strafrechtliches Paradox („*Paradoxe penal*")

Es geht hier nicht um die Frage, ob der nationale Staat eine Pflicht hat, Täter von Verbrechen gegen die Menschlichkeit zu verfolgen und zu bestrafen. In der vorliegenden Arbeit besteht das Problem also nicht darin, diese Pflicht des Staates sowohl aus der Sicht des Völkerrechts (Internationales Recht der Menschenrechte, Völkerstrafrecht) als auch aus einer internen Rechtsordnung heraus anzuerkennen. Die Frage lautet vielmehr, ob eine Straflosigkeit, die durch die Amnestie und die Verjährung gewährleistet wird, eine Verletzung dieser staatlichen Pflicht darstellt.

Die Annahme, dass eine internationale Pflicht der nationalen Staaten besteht, Verbrechen gegen die Menschlichkeit nicht nur gegenüber den Staaten, die das Römische Statut oder die internationalen Staatsverträgen (wie die Konvention

543 S. dazu insbesondere *K. Ambos,* The Legal Framework of Transitional Justice, in: Building a Future on Peace and Justice, 2008, S. 54–67. Der Autor führt aus (S. 61): "The vast literature on amnesties overwhelmingly adopts the position described in the preceding para. 25–28: 'international law quite unequivocally prohibits the blanket amnesties' and normally refers to the same normative sources."

544 Vgl. auch *A. A. C. Trindade,* O fim das "leis" de auto-anistia, in: Correio Brasiliense, 13. Juni 2006.

545 *International Center for Transitional Justice* (*J. Méndez/G. T. R. Covelli*), Parecer técnico sobre a natureza dos crimes de lesa-humanidade, a imprescritibilidade de alguns delitos e a proibição de anistias, 2008, S. 18.

über die Verhütung und Bestrafung des Völkermordes, die Anti-Folter Konvention, die Genfer Konventionen usw.) ratifiziert haben, zu verfolgen, sondern dass diese Pflicht sich sowohl aus den *„principles of international law recognized in the Charter of the Nürnberg Tribunal and in the judgment of the Tribunal"*, die von der Generalversammlung der UNO am 31. Dezember 1950 angenommen wurden und die alle ihre Mitgliedstaaten betreffen (auch Brasilien), als auch aus dem sich entwickelnden rechtsethischen Prinzip heraus ergeben, das von der internationalen Gemeinschaft angenommen wird.[546]

Wird ferner angenommen, dass die vom brasilianischen Staat während des autoritären Regimes an seinen politischen Gegnern begangenen Verbrechen (wie Folter, erzwungenes Verschwinden und extralegale Hinrichtung) als unmenschliche Handlungen und als Teil eines ausgedehnten und systematischen Angriff des Staates (gemäß seiner zuvor etablierten Politik, die gegen eine beliebige Zivilbevölkerung gerichtet ist) betrachtet werden können, dass diese Verbrechen also als „Verbrechen gegen die Menschlichkeit" angesehen werden können, dann hat der brasilianische Staat die Pflicht, gegen ihre Täter zu ermitteln, sie anzuklagen, vor Gericht zu bringen und zu verurteilen.

Selbst dann, wenn diese zwei Annahmen dies erlaubten, bestünde immer noch die Frage, ob diese Pflicht des Staats auch das Verbot der Amnestie und der Verjährung mit sich bringe. Es geht also darum, zu prüfen, ob es möglich ist, direkt auf diese Pflicht zurückzugreifen, um die zwei Gründe zur Aufhebung der Strafbarkeit, die sich in der brasilianischen Strafrechtsordnung befinden, nicht anzuwenden: nämlich die Amnestie (Art. 107, II CP) und die Extrapolation der Verjährungsfrist (Art. 107, IV und Art. 109 CP).

Besteht aus der Pflicht des Staates, die Täter von schweren Verbrechen gegen die Menschlichkeit zu verfolgen und zu bestrafen, *per se* die Unverjährbarkeit und das Verbot der Amnestie gegen diese Art von Verbrechen? Welches Recht hat im Falle eines Rechtskonflikts (antinomia) zwischen dem nationalen Strafrecht (das die Amnestie und die Verjährung vorsieht) und dem Völkerstrafrecht (das die Amnestie und die Verjährung verbietet) Vorrang? Kann ein Individuum direkt durch das internationale Recht zu den Menschenrechten zur Verantwortung gezogen werden, das heißt, indem die Tatbestände des internationalen Rechts direkt/unmittelbar angewendet werden, ohne dass die Erfordernisse des staatlichen (Straf-)rechts in Erwägung gezogen werden?

Antworten auf diese Fragen sind schwierig und umstritten. Es gibt Befürworter des Vorrangs des Völkerrechts, aber auch des Vorrangs des internen Strafrechts innerhalb dessen, was *Deisy Ventura* nach einem von *Mireille Delmas-Marty* geprägten Begriff das „strafrechtliche Paradox" (*paradoxe penal*) nennt.[547] Die Schwierigkeit

546 Ebenda; dem entgegengesetzt: *A. Gil Gil*, La justicia de transición en España. De la amnistía a la memoria histórica, 2009, S. 101 f.

547 *M. Delmas-Marty*, Le paradoxe penal, in: Libertés et droits fondamentaux, 1996, S. 368. Die Normen, die sich mit diesen Verbrechen beschäftigen, befinden sich

besteht vor allem deswegen, weil die Lösungen für das Problem, die sowohl von den Befürwortern des internationalen Strafrecht als auch des nationalen Strafrechts gegeben werden, als richtig gelten können, da beide von verschiedenen Ausgangspunkten ausgehen. Hinsichtlich ihrer jeweils eigenen Prämissen sind beide Schlussfolgerungen im Prinzip richtig.

Gegen das Argument der Unverjährbarkeit und des Verbots der Amnestie für Verbrechen gegen die Menschlichkeit und gegen das Argument für die „Vorherrschaft“ des internationalen Rechts vor dem nationalen Recht ist es jedoch möglich, folgende Gegenargumente anzuführen:

4. Das Nichtvorhandensein von Normen im internen Recht zu dem Zeitpunkt der Geschehnisse, die ausdrücklich die Unverjährbarkeit und das Verbot von Amnestiegesetzen für Verbrechen gegen die Menschlichkeit festlegen

Eine erste Frage, die gestellt werden muss, bezieht sich auf das Problem, ob in dem Augenblick, in dem die hier behandelten Verbrechen begangen wurden, das Verbot der Amnestie und der Verjährung, die im internationalen Recht bestehen, von der brasilianischen Rechtsordnung aufgenommen worden waren oder nicht. Nach Aussage des Außenministeriums von Brasilien waren folgende multilaterale Rechtsakte zwischen 1964 und 1985 in Brasilien in Kraft:[548]

an der Kreuzung zwischen dem Internationalen Recht der Menschenrechte und dem Strafrecht und hängen von einer Dialektik zwischen diesen beiden Disziplinen ab. Es geht um Dialoge zwischen sehr unterschiedlichen Institutionen und Rechtsprechungen, um Interferenzen und Verschiebungen zwischen nationalen und internationalen Räumen, mit verflochten Hierarchien, wodurch ein „wirklich einzigartiges System“ gebildet wird. Im Zentrum dieses Dialogs entsteht das klassische *strafrechtliche Paradox*, das im Strafrecht manchmal das Schild ist, das die Menschenrechte schützt, während es in anderen Situationen das Schwert ist, das die Menschenrechte verletzt.“ (Übersetzung *L. J. S.*). S. *D. Ventura*, A interpretação judicial da Lei de Anistia brasileira e o direito Internacional, 2011.

548 Brasil, Ministério das Relações Exteriores, Divisão de Atos Internacionais; online unter: http://www2.mre.gov.br/dai/dhumanos.htm, Zugriff: 20.4.2011.

Tabelle 3: Multilaterale Abkommen, die zwischen 1964 und 1985 in Brasilien im Bereich der Menschenrechte in Kraft waren

Titel	Unterzeichnungsdatum	Verkündung	
		VerordnungsNr.	**Datum**
Konvention zur Sklaverei	25/09/1926	66	14/07/1965
Konvention des Interamerikanischen Instituts zu Fragen der Indios	24/02/1940	36098	19/08/1954
Abkommen zur Gewährung von Reisedokumenten für Flüchtlinge, die unter der Rechtsprechung des zwischenstaatlichen Kommitees für Flüchtlinge stehen	15/10/1946	38018	07/10/1955
Interamerikanische Konvention zur Erteilung von Zivilrechten der Frau	02/05/1948	31643	23/10/1952
Interamerikanische Konvention zur Erteilung von politischen Rechten der Frau	02/05/1948	28011	19/04/1950
Konvention zur Vorbeugung des Verbrechens des Völkermordes	09/12/1948	30822	06/05/1952
Allgemeine Menschenrechtserklärung	10/12/1948		
Konvention zur Verbesserung des Schicksals der Verwundeten und Kranken von Streitkräften im Einsatz (I)	12/08/1949	42121	21/08/1957

Titel	Unterzeichnungsdatum	Verkündung	
		VerordnungsNr.	Datum
Konvention zur Verbesserung des Schicksals der Verwundeten, Kranken und Schiffsbrüchigen der Marine auf See (II)	12/08/1949	42121	21/08/1957
Konvention zur Behandlung von Kriegsgefangenen (III)	12/08/1949	42121	21/08/1957
Konvention zum Schutz der Zivilbevölkerung in Kriegszeiten (IV)	12/08/1949	42121	21/08/1957
Konvention bezüglich der Flüchtlinge	02/07/1951	50215	28/01/1961
Konvention zu den politischen Rechten der Frau	31/03/1953	52476	12/09/1963
Konvention zur Sklaverei, die am 25. September 1926 in Genf unterzeichnet wurde und dessen Änderung zur Unterzeichnung oder Annahme eines freien Protokolls am Sitz der Vereinten Nationen vorliegt	07/12/1953	58563	01/06/1966
Ergänzungskonvention zur Abschaffung von Sklaverei, Sklavenhandel und der Sklaverei analogen Institutionen und Praktiken	07/09/1956	58563	01/06/1966
Internationale Konvention zur Eliminierung aller Formen von Rassendiskriminierung	07/03/1966	65810	08/12/1969
Unverbindliches Protokoll zum Abkommen über zivile und politische Rechte	16/12/1966		

Wie zu sehen ist, waren die Amnestie und die Verjährung in der brasilianischen Rechtsordnung zu der Zeit, in der die Staatskriminalität oder die Menschenrechtsverletzungen begangen wurden, die hier untersucht werden, nicht vorgesehen. Außerdem ist hervorzuheben, dass sich Brasilien der „UN-Konvention über die Nichtanwendbarkeit der Verjährungsfrist auf Kriegsverbrechen und Verbrechen gegen die Menschlichkeit" nicht angeschlossen hat (welche innerhalb ihres Textes, im Artikel VI, die Ratifikation zur Entfaltung ihrer Rechtswirkung fordert),[549] so wie es auch keinen anderen internationalen Akt, der ausdrücklich die Unverjährbarkeit und das Verbot von Amnestiegesetzen für Menschlichkeitsverbrechen festlegt, ratifiziert hat.

Außerdem wurden internationale Konventionen und Staatsverträge, die in der Diskussion über die strafrechtliche Haftung der brasilianischen Militärdiktatur oft zitiert werden – wie der Internationale Pakt über bürgerliche und politische Rechte, die Amerikanische Menschenrechtskonvention, das Übereinkommen gegen Folter und andere grausame, unmenschliche oder erniedrigende Behandlung oder Strafe usw. –, erst ab 1985, also nach der Redemokratisierung des Staates, unterzeichnet und würden damit, wegen des Rückwirkungsverbots, nur für diejenigen Taten gelten, die nach dem Datum ihres Inkrafttretens begangen wurden.[550]

5. Prozess der Internalisierung

Angesichts der dargestellten Situation muss nun die Frage gestellt werden, ob die in den internationalen normativen Instrumenten vorgesehenen Rechte unbedingt internalisiert sein müssen, damit sie Gültigkeit haben und Anwendung finden können. Gegen die These, dass die Normen des internationales Rechts, insbesondere diejenige, die sich auf die Menschenrechte beziehen, automatischen anerkannt werden sollen, wird das Argument angeführt, dass diese Normen nur nach der Unterschrift und der Ratifizierung vom Staat sowie nach deren Verankerung in der nationalen Verfassung als der staatlichen Rechtsordnung angehörend betrachtet werden können.

Es stimmt, dass die Diskussionen und Kämpfe um Gerechtigkeit nicht länger als interne Kämpfe in den Staaten angesehen werden oder angesehen werden sollen. Das heißt, die Kämpfe um Gerechtigkeit werden nicht mehr als Streitkämpfe

---

549 Article VI. This Convention is subject to ratification. Instruments of ratification shall be deposited with the Secretary-General of the United Nations.

550 In Brasilien wurde das Übereinkommen gegen Folter und andere grausame, unmenschliche oder erniedrigende Behandlung oder Strafe vom 10. Dezember 1984 nur am 23. Mai 1989 durch das DL 4 ratifiziert (vgl. Dec. 40 vom 15. Februar 1991). Der „Internationale Pakt über bürgerliche und politische Rechte" vom 16. Dezember 1966 und die „Amerikanischen Menschenrechtskonvention" wurden am 12. Dezember 1991 durch das DL 226 (vgl. Dec. 592 vom 6. Juni 1992) und am 25. September 1992 (vgl. Dec. 678 vom 6. November 1992) ratifiziert.

angesehen, deren Debatten und Folgen sich auf den modernen territorialen Staat beschränken, also den, der von *Nancy Fraser* als *Keynesian-Westphalian frame* benannt wird. Nach Aussage der Autorin bestehe seit dem Ende des Zweiten Weltkrieges das Axiom, dass der moderne Territorialstaat die angemessene Einheit sei, um mit Fragen der Gerechtigkeit umzugehen, und dass die Staatsbürger die Rechtssubjekte seien, auf die Bezug genommen werde, um Rechtsproblemen zu lösen. Trotzdem werde dieses Axiom seit den siebziger Jahren in Frage gestellt (*post-Keynesian-Westphalian frame*).[551]

Trotz des Wandels dieses Paradigmas oder der Tendenz zum Wandel bin ich der Meinung, dass es zu früh ist, festzustellen, dass die Welt politisch nicht mehr in nationalen Einheiten organisiert ist, dass es eine Weltgesetzgebung und eine Weltverfassung gibt, sodass die Gesetze, welche die Basis der Gesellschaft bilden, nicht mehr den in den jeweiligen Staaten gültigen Gesetzen entsprechen.[552] Im internationalen Recht gibt es noch keine einheitlichen Rechtsquelle, wie diejenige, die von der gesetzgebenden Gewalt der Staaten im nationalen Recht ausgeübt wird, und es herrscht noch der Vertragscharakter der vom Staat erworbenen Verpflichtungen vor. Es besteht immer noch die Ratifizierung der völkerrechtlichen Konventionen und Verträge und die ausdrücklich Annahme der Kompetenz der entsprechenden internationalen Kontrollorgane, die den tatsächlichen Willen des Staates, seine Souveränität zu begrenzen, bestimmen. Außerdem, wenn die Ratifizierung die vorausgehende Zustimmung des nationalen Parlaments fordert, so wie es in Brasilien der Fall ist, ist damit gezeigt, dass den ratifizierten internationalen Instrumenten ein bestimmter Grad an demokratischer Legitimität zukommt.[553]

Nach brasilianischem Recht sollen die normativen Instrumente des Völkerrechts, wie die Resolutionen der Generalversammlung der Vereinten Nationen (UNO), die völkerrechtlichen Konventionen und Verträge usw., erst dann in die Rechtsordnung eingeführt und rechtsverbindlich anerkannt werden, wenn sie vorher der Unterschrift und Ratifizierung unterworfen wurden. Diese Forderung befindet sich sowohl in der Bundesverfassung von 1967 (Art. 44, I, und 81, X) als auch in der Bundesverfassung von 1988 (Art. 49, I, und 84, VIII).

551 *N. Fraser*, Reframing Justice in a Globalizing World, in: New Left Review (2005) 36, 2005.

552 *E. Malarino*, Activismo judicial, punitivización y nacionalización. Tendencias antidemocraticas y antiliberales de la Corte Interamericana de Derechos Humanos, in: Sistema interamericano de protección de los derechos humanos y derecho penal internacional, 2011, S. 53. Nach Aussage des Autors geht es um eine latente Manifestation des Selbstbestimmungsrechts der Völker, die sich im Völkerrecht befindet.

553 Vgl. *E. Malarino*, Activismo judicial, punitivización y nacionalización, in: Sistema interamericano de protección de los derechos humanos y derecho penal internacional, 2011, insb. S. 39, Fn. 34.

Außerdem ist es wichtig zu bemerken, dass in einem neueren Forschungsprojekt des Max-Planck-Instituts Freiburg/Breisgau, das den Titel „Nationale Strafverfolgung von internationalen Straftaten aus einer internationalen vergleichenden Perspektive“ trägt und an dem sich mehr als 35 Ländern beteiligten, zu dem Schluss gekommen wurde, dass die Möglichkeit, im internen Bereich direkt auf die Strafrechtsfiguren des Völkerrechts zurückzugreifen, um das Defizit von Gesetzen zur Materie auszugleichen – so wie es z. B. in den internationalen Konventionen beschrieben ist –, von den lateinamerikanischen Rechtsordnungen aufgrund des Vorliegens des Prinzips *nullum crimen, nulla poena sine lege* ausgeschlossen wird.[554]

Ferner ist auch zu berücksichtigen, dass selbst das Menschenrechtskomitee der UNO – in den Fällen, in denen die Rechtmäßigkeit der argentinischen Amnestie des Gesetzes 23.492 (*Ley del Punto Final*) gegenüber dem was im Artikel 2.3 des „Internationalen Pakts über bürgerliche und politische Rechte“[555] steht, in Frage stellte – erklärte, dass keine Verletzung des Pakts vorläge, falls die Menschenrechtsverletzungen *vor* seinem Inkrafttreten geschehen wären.[556] Das Komitee hat das Rückwirkungsverbot auch für die Fälle von Folter[557] sowie vom Verschwindenlassen, in denen das Opfer immer noch vermisst wird, erklärt.[558]

6. Internationale Gewohnheit

Gegen das Argument der Notwendigkeit der Rezeption von Seiten der brasilianischen Rechtsordnung, des Verbots der Amnestie und der Verjährung bei Vorliegen von Verbrechen gegen die Menschlichkeit durch die Unterzeichnung und Ratifizierung

---

554 *K. Ambos/E. Malarino*, Persecução penal internacional na América Latina e Espanha, 2003, S. 87, 166. Diese Möglichkeit wurde im Bericht von Argentinien analysiert und abgelehnt. In diese Richtung erfolgte auch die Schlussfolgerung der Berichte aus Mexiko, Brasilien und Chile. Einer direkten Anwendung der internationalen Übereinkommen stimmte nur der Bericht Venezuelas zu.

555 Article 2.3. Each State Party to the present Covenant undertakes: (a) To ensure that any person whose rights or freedoms as herein recognized are violated shall have an effective remedy, notwithstanding that the violation has been committed by persons acting in an official capacity; (b) To ensure that any person claiming such a remedy shall have his right thereto determined by competent judicial, administrative or legislative authorities, or by any other competent authority provided for by the legal system of the State, and to develop the possibilities of judicial remedy; (c) To ensure that the competent authorities shall enforce such remedies when granted.

556 *A. Gil Gil*, La justicia de transición en España, 2009, S. 103–105.

557 Kommunikation Nr. 1/1988, 2/1988 und 3/1988, § 7.5, zitiert bei *K. Ambos*, Impunidad y Derecho Penal Internacional, 1999, S. 136.

558 *Véase Y.S.E vs. Argentina* (Kommunikation Nr. 275/1988: Argentina. 04.4.1990. CCPR/C/38/275/1988 CCPR/C/38/D/275/1988, 4.4.1990) und *RAVN et. al. vs. Argentina* (Kommunikation Nr. 343, 344 und 345/1988: Argentina 05/4/1990. CCPR/C/38/D/343/1988 CCPR/C/38/D/343/1988, 5.4.1990.

der internationalen Instrumente könnten die Befürworter der *Criminal Transitional Justice* darauf bestehen, dass diese Verbote *internationale Gewohnheit* seien, dessen Normen die Qualität des *ius cogens* hätten und die *erga omnes* Wirkung entfalteten. Das Problem der Rückwirkungsverbot – da die Verbote der Amnestie und der Verjährung zu der Zeit, in der die Menschenrechtsverletzungen begangen wurden, in der Rechtsordnung nicht vorgesehen waren – wäre damit durch die Existenz dieses internationalen Gewohnheitsrechts gelöst, da es zur damaligen Zeit schon wirksam war. Die Annahme dieser Argumentation erschweren jedoch mehrere Probleme.

Ein zentraler Aspekt beruht auf dem strafrechtlichen Gesetzlichkeitsprinzip, das vorsieht, dass die internationale Gewohnheit nicht die Quelle des Strafrechts sein kann. Lediglich ein (im engeren Sinn) geschriebenes Gesetz darf das *jus puniende* des Staates regeln (*nullum crimen, nulla poena sine lege scripta*).[559] Das Verbot strafbegründenden und strafschärfenden Gewohnheitsrechts befindet sich in der brasilianischer Rechtsordnung im Artikel 5, XXXIX des *Constituição Federal* von 1998 und im Artikel 1 des *Código Penal* von 1940.

Zwar könnte gemäß des Artikels 15, Absatz 2, des Internationalen Pakts über bürgerliche und politische Rechte,[560] des Artikels 11, Absatz 2, der Allgemeinen Erklärung der Menschenrechte[561] und Artikel 7, Absatz 2, der Europäische Menschenrechtskonvention[562] festgestellt werden, dass ein Verhalten bestraft werden kann, wenn es „nach den von der Völkergemeinschaft anerkannten allgemeinen Rechtsgrundsätzen strafbar war."[563] In dieser Argumentation liegt eine „Entformalisierung" bzw. „normative Aufladung" des Nullum-Crimen-Grundsatzes, die ihn, mehr oder weniger buchstäblich, zu einem Grundsatz materieller Gerechtigkeit machen würde.[564] Aber zugleich darf nicht vergessen werden, dass (gleichzeitig) das Verbot strafbegründenden und strafschärfenden Gewohnheitsrechts, das aus

559 Vgl. z. B. *C. Roxin*, Strafrecht AT, 2006, S. 142 ff. Und zwar: *lei ordinária* (gemeines Gesetzt), *lei complementar* (ergänzendes Gesetz) und *emenda à Constituição* (verfassungsänderndes Gesetz).

560 Art. 15, (2). Dieser Artikel schließt die Verurteilung oder Bestrafung einer Person wegen einer Handlung oder Unterlassung nicht aus, die im Zeitpunkt ihrer Begehung nach den von der Völkergemeinschaft anerkannten allgemeinen Rechtsgrundsätzen strafbar war.

561 Art. 11, (2). Niemand darf wegen einer Handlung oder Unterlassung verurteilt werden, die zur Zeit ihrer Begehung nach innerstaatlichem oder internationalem Recht nicht strafbar war. Ebenso darf keine schwerere Strafe als die zum Zeitpunkt der Begehung der strafbaren Handlung angedrohte Strafe verhängt werden.

562 Art. 7, (2). Dieser Artikel schließt nicht aus, dass jemand wegen einer Handlung oder Unterlassung verurteilt oder bestraft wird, die zur Zeit ihrer Begehung nach den von den zivilisierten Völkern anerkannten allgemeinen Rechtsgrundsätzen strafbar war.

563 *K. Ambos*, The Legal Framework of Transitional Justice, in: Building a Future on Peace and Justice, 2008, S. 85.

564 Ebenda.

dem Gesetzlichkeitsprinzip entspringt, ein fundamentaler Grundsatz des modernen Strafrechts ist und das es derzeit sowohl in fast allen demokratischen Verfassungen als auch im Römischen Statut des Internationalen Strafgerichtshofs (Art. 22–24) verankert ist. Das jüngste von der Internationalen Gemeinschaft angewandte Strafrecht besteht daher durch das Römische Statut, der Achtung des Nullum-Crimen-Grundsatzes als „starkem" Prinzip und lässt das internationale Gewohnheitsrecht in den Hintergrund treten.[565]

Dasselbe gilt für die unmittelbar Anwendung der allgemeinen Rechtsgrundsätze, um die Unverjährbarkeit und das Verbot der Amnestie zu begründen. Dazu zählen z. B. die Thesen, dass das Amnestiegesetz aufgrund des Verstoßes gegen das Rechtsprinzips für die Handelnden der Diktatur keine Geltung habe und dass niemand durch bilateral Amnestien oder „Selbstamnestien" Richter in eigener Sache sein dürfe bzw. *nemo iudex in causa sua.*[566] Darin liegt wiederum eine „Entformalisierung" bzw. „normative Aufladung" des Nullum-Crimen-Grundsatzes. Sowohl das Völkergewohnheitsrecht als auch die allgemeinen Rechtsgrundsätze, die uns – nach *Alicia Gil Gil* – wegen ihrer niedrigen „normativen Dichte" auf das Feld des Ätherischen und des Unaufzeigbaren führen,[567] können jedoch aufgrund des strafrechtlichen Gesetzlichkeitsprinzip nicht die Quelle des Strafrechts sein. Da die Unverjährbarkeit oder das Amnestieverbot Garantien des materiellen Rechts betreffen, deren Nichtbeachtung wieder die Möglichkeit der Strafverfolgung und

---

565 Zu dem Nullum-Crimen-Grundsatz des Römischen Statuts des Internationalen Strafgerichtshofs s. *W. A. Schabas*, Princípios gerais do direito penal, in: Tribunal Penal Internacional, 2000, S. 158–163. Vgl. auch *E. Malarino*, La cara represiva de la reciente jurisprudencia argentina sobre graves violaciones de los derechos humanos. Una crítica de la sentencia de la Corte Suprema de Justicia de la Nación de 14 de junio de 2005 en el caso Simón", in: El Dial, 14.9.2009, Punkt XXI.

566 Die Bedeutung von *Selbstamnestie* ist allerdings problematisch und erfordert, dass bestimmte Vorkehrungen getroffen werden, wenn dieser Begriff benutzt wird. Auf den ersten Blick bezieht sich die Selbstamnestie auf eine Amnestie, die von einem verbrecherischen Staat für sich selbst gewährt wird, um die Straflosigkeit für die Staatskriminalität festzuschreiben. Es wird also angenommen, dass der Staat Delikte begeht und sich selbst anschließend eine Amnestie gewährt. Aber, wie im ersten Kapitel des ersten Teil der Arbeit ausgeführt wurde, der Staat kann keine Verbrechen begehen, weil der Staat, aus rechtlicher Sicht, das Recht ist. Die Staatsbeamten, die für die politische Repression zuständig waren und Straftaten begingen, da sie gegen die Strafgesetze verstießen, handelten nicht im Auftrag des Staates, sondern in ihrem eigenen Namen. Darüber hinaus wird von der Prämisse ausgegangen, dass in Brasilien nur der Kongress dafür zuständig war, eine Amnestie zu erlassen und dass das Gesetz 6.683/79 vom Kongress gewährt wurde, dann müsste man zu dem unsinnigen Schluss gelangen, dass im Falle einer Selbstamnestie die Mitglieder des Parlaments die Täter der Staatskriminalität und die Empfänger der Amnestie waren. S. dazu *L. J. Swensson Jr*, Anistia Penal: problemas de validade da lei de anistia brasileira, 2007, S. 170 ff.

567 *A. Gil Gil*, La justicia de transición en España, 2009, S. 109 f.

die Bestrafung für die Bezichtigten zur Folge hätten, dürfen diese Garantien nur auf der Basis eines schriftlichen Gesetzes abgeschafft werden und dürfen nur für zukünftige Handlungen gelten.

Darüber hinaus stellt sich die Frage, ob die zur Entstehung von diesem Völkergewohnheitsrecht der Strafverfolgung der Verbrechen gegen die Menschlichkeit, neben einer allgemeinen Rechtsüberzeugung (*opinion iuris*) eine notwendige Staatenpraxis (*repetition facti*) begründbar ist.[568]

Was die *opinio juris* anbelangt, die das subjektive Element im internationalen Gewohnheitsrecht ist, gibt es keinen „internationalen gesellschaftlichen Konsens" zur Notwendigkeit und/oder zur Gerechtigkeit der Bestrafung der Agenten der brasilianischen Militärdiktatur, nachdem so viele Jahrzehnte ins Land gegangen sind. Noch weniger existiert ein Konsens über die Möglichkeit, gesetzliche Vorschriften zu brechen, welche die Strafverfolgung von Seiten des Staates regeln, um damit den Forderungen nach Gerechtigkeit oder andere Interessen nachzukommen. Die hier analysierte Diskussion zur strafrechtlichen Verantwortung hinsichtlich der Verbrechen der Militärdiktatur in Brasilien bezeugt diesen fehlenden Konsens.

Was die *repetitivo facti* anbelangt, die das objektive Element des internationalen Gewohnheitsrechts ist, kann gesagt werden, dass es keine einheitliche Praxis der Staaten gibt, Diktatoren und staatliche Agenten, die Verbrechen gegen die Menschlichkeit begangen haben, strafrechtlich zu verfolgen, indem die Hürde der Amnestie und der Verjährung abgeschafft werden. Wenn es einen Brauch zur Makrokriminalität oder zur Staatskriminalität gibt, so ist es die Straflosigkeit.[569] Vielleicht ist es auch der Brauch, „internationale Verbrecher" aus ärmeren, weniger machtvollen oder aus den Ländern, die in bewaffneten Konflikten besiegt worden sind (Siegerjustiz), zu bestrafen.[570]

---

568 Vgl. *K. Ambos,* The Legal Framework of Transitional Justice, in: Building a Future on Peace and Justice, 2008, S. 86.

569 S. Kap. II.1 des ersten Teil.

570 S. dazu *A. L. Sabadell/D. Dimoulis,* Tribunal penal internacional e direitos fundamentais: problemas de constitucionalidade, in: Cadernos de Direito, Piracicaba, Bd. 3 (2003) 5, S. 254; *D. Dimoulis,* O art. 5°, §4° da CF: dois retrocessos politicos e um fracasso normativo, in: Reforma do judiciário analisada e comentada, 2005, S. 107 ff. Das internationale Strafrecht, das von den Nürnberger Prozessen und den Prozessen von Tokio begründet wurde, war von Anfang an durch die Straflosigkeit der Gräueltaten, die von den Siegermächten des Zweiten Weltkriegs begangen wurden, belastet. Zum Beispiel sind die Straflosigkeit angesichts der Atombombenabwürfe auf Hiroshima und Nagasaki vom 6. und 9. August 1945 oder die Vergewaltigungen, die von sowjetischen Truppen in Deutschland begangen wurden, zu nennen (vgl. *R. Neves,* Os heróis também erram, in: Folha de S. Paulo, 8. Juni 2012). Wenn einerseits die Schaffung des Internationalen Strafgerichtshofes als die Erfüllung eines „Traums" bezeichnet wird (*L. F. Gomes,* Tribunal penal internacional: mais um sonho do século XXI), so bleibt auf der anderen Seite der Zweifel, ob seine internationale Rolle auf neutrale Weise gespielt werden kann, indem er

7. Der Fall Gomes Lund vs. Brasilien („Guerrilha des Araguaia")

Schließlich ist die Verurteilung Brasiliens durch den Interamerikanischer Gerichtshof für Menschenrechte (AGMR) im *Fall Gomes Lund et. al. vs. Brasilien* zu erwähnen.[571] Es wird hier die These aufgestellt, dass die Amnestie, die Verjährung und weitere juristischen Hürden zur Strafverfolgung und zur Bestrafung der Tätern von Staatskriminalität nicht als gültig betrachtet werden dürfen, da sie die rechtliche Garantien, die in der Amerikanischen Menschenrechtskonvention (AMRK bzw. *Pacto de São José da Costa Rica*) vorgesehen sind, verletzen. Diese Auffassung ist nicht nur im Urteil des Gerichtshofes festgeschrieben – der den brasilianischen Staat verurteilte und die Annullierung der Amnestie und der Verjährung für die von der Militärdiktatur begangenen Verbrechen forderte –, sondern befindet sich auch weitläufig in der Rechtsprechung des Gerichtshofes in den Fällen *Barrios Altos vs. Peru* (14. März 2001), *La Cantuta vs. Peru* (29. November 2006), *Almonacid Arellano et. al. vs. Chile* (26. September 2006) und *Massacre de la Rochela vs. Kolumbien* (11. Mai 2007).

Der Fall *Gomes Lund vs. Brasilien* bezieht sich auf das Massaker an der Guerilla des Araguaia. Zwei Jahre nach dem Militärputsch begannen militante Parteimitglieder der *PCdoB* in die Wälder des *Bico do Papagaio* (das Grenzland zwischen den Bundsländern *Pará*, *Maranhão* und dem heutigen *Tocantins*) einzudringen, um eine Guerrilla auf dem Land zu organisieren, die es ermöglichen sollte, die Militärdiktatur zu stürzen und ein kommunistisches Projekt zu verwirklichen – ähnlich, wie dies in China oder auf Kuba der Fall war. Bis zum ersten Semester 1972 waren es schon 59 Männer und 14 Frauen, in der Mehrzahl Studenten, die ihre Familien und ihre Bücher verliessen und bereit waren, für ihre Ideale zu sterben. Während sie lernten, im Urwald zu überleben, versuchten die „*Paulistas*", wie sie genannt wurden, die Sympathie der Bewohner der Region zu gewinnen. Sie sollten der Funke eines „Volkskrieges" sein.

Zwischen April und Oktober 1971 mobilisierte die Regierung abwechselnd ungefähr 3200 Militärs der drei Streitkräfte, um diese Guerrilla zu bekämpfen, was nur zu 13 Toten und sieben Verhaftungen aus den Reihen der *PCdoB* führte. Mit

---

sich nicht den Weisungen der Großmächte unterwirft. Wie *Akis Gavriilidis* sagt: „Es ist kein Zufall, dass das Land, das den Kreuzzug gegen das Unrecht und die Verletzung des Völkerrechts begann, zugleich *die Ausnahme* seiner eigenen Staatsbürger und Militärs von der Gerichtsbarkeit des Internationalen Strafgerichtshofs fordert und erlangt". *A. Gavriilidis*, Os direitos humanos como regra e exceção, in: Cadernos de Direito, Piracicaba 3 (2003) 5, S. 206; (Übersetzungen *L. J. S.*).

571 Fall 11.552, Julia Gomes Lund e outros (Guerrilha do Araguaia) contra a República Federativa do Brasil, 26. März 2009, online unter: http://s.conjur.com.br/dl/denuncia-guerrilha-a.pdf, Zugriff: 2.6.2013. Das Urteil des CIDH vom 24. November 2010 (Série C, Nr. 219) befindet sich unter www.corteidh.or.cr/docs/casos/articulos/seriec_219_por.pdf, Zugriff: 2.6.2013.

dieser relativen Niederlage der Operation kehrte die Truppe des Militärs im Oktober 1973 mit ungefähr 750 Soldaten in die Region zurück. Diesmal handelte es sich nicht um Rekruten, sondern um Berufssoldaten. Außerdem galt der Befehl, keine Gefangenen zu machen. In vier Monaten war die Guerrilla besiegt. Ohne polizeiliche und militärische Untersuchungen, formelle Anzeigen oder Gerichtsurteile wurden zehn Bewohner der Region und 46 Gerrilleros getötet. Die meisten von ihnen hatten sich im Urwald versteckt. Sobald sie aufgespürt wurden, wurden sie hingerichtet. Neben den Massakern von *Canudos* und *Contestado* betrachtet die brasilianische Geschichtsschreibung diese Aktion als eine der gewaltätigsten Übungen des Staates gegen seine eigenen Staatsbürger. Trotzalledem wurde über das, was in der Region des Araguaia geschah, nicht gesprochen und die begangenen Strafhandlungen blieben straffrei.

Gegen diese Situation der Straflosigkeit und gegen die Langwierigkeit, mit der die Gerichte den Antrag auf Öffnung der Archive und das Auffinden der sterblichen Reste der aus politischen Gründen Ermordeten und Verschollenen behandelte,[572] reichte das *Centro de Estudos para a Justiça e o Direito Internacional* und die *Human Rights Watch/Amerika* im August 1995 im Namen einer Gruppe von Angehörigen eine Petition bei der Interamerikanische Menschenrechtskommission ein, welche das „Verschwinden" der Mitglieder der Guerilla anzeigte. Am 31. Oktober 2008 legte die Interamerikanische Menschenrechtskommission den Bericht Nr. 91/08 vor, indem sie den brasilianischen Staat mehrfach ermahnte. Am 26. Mai 2009 unterbreitete sie den Fall dem Interamerikanischen Gerichtshof für Menschenrechte (AGMR) und es wurde die Klärung der Verantwortung des brasilianischen Staates zu den Menschenrechtsverletzungen im Fall Araguaia beantragt.

In seiner Entscheidung zum Fall Gomes Lund et. al. vs. Brasilien am 24. November 2010 hat das AGMR die Amnestie und die Verjährung betreffend der Täter von Staatskriminalität für ungültig und ohne Rechtswirkung erklärt. Diese Erklärung hat sich nicht nur auf die Menschenrechtsverletzungen bezogen, die im Fall der Guerilla des Araguaia praktiziert wurden, sondern hat sich ausdrücklich auf alle Situationen bezogen, in denen Menschenrechtsverletzungen von der Diktatur begangen wurden.[573]

---

572 Prozess Nr. 82.00.24682-5, der 1. Kammer des Gerichts für Bundessachen im Distrito Federal.

573 „Die Bestimmungen des brasilianischen Amnestiegesetz, das die Untersuchung und die Sanktion von schweren Menschenrechtsverletzungen verhindert, sind unvereinbar mit der amerikanischen Konvention, mangeln an Rechtswirkungen, können nicht weiterhin ein Hindernis für die Untersuchung der Tatsachen dieses Falles sein oder die Identifizierung und Bestrafung der Verantwortlichen behindern und sie dürfen auch nicht gleiche oder ähnliche Auswirkungen haben hinsichtlich anderer in Brasilien vorkommenden schweren Menschenrechtsverletzungen, die in der amerikanischen Konvention verankert sind." CIDH, *Gomes Lund und andere („Guerrilha von Araguaia") vs. Brasilien*, Entscheidung vom 24.11.2010 (Série C, Nr. 219), S. 114 (Übersetzung *L. J. S.*).

Im Urteil des AGMR wurde außerdem festgelegt, dass Brasilien sowohl die Strafuntersuchung der Tatbestände des vorliegenden Falles vollziehen solle, damit sie klargestellt würden, als auch die strafrechtliche Verantwortung festlegen und die gesetzlich vorgesehenen Sanktionen effektiv anwenden solle (§ 256, caput). Mehr noch, es wurde unterstrichen, dass der brasilianische Staat weder das Amnestiegesetz zur Begünstigung der Täter, noch „andere analoge Normen, Verjährung, strafrechtlichem Rückwirkungsverbot, *Res Judicata* [coisa julgada], *ne bis in idem*, oder andere ähnliche strafhindernde Rechtsfiguren anwenden soll, um sich dieser Pflicht im Sinne der Paragraphen 171 bis 179 des vorliegenden Urteils zu entledigen" (§ 256, b). Durch diese Feststellung ergeben sich jedoch mehrere Probleme.

8. Zur Kompetenz des Interamerikanischen Gerichtshofs für Menschenrechte

Erstens: Auch wenn die Rechtsprechung des AGMR die von den lateinamerikanischen Diktaturen begangenen Menschlichkeitsverbrechen als unverjährbar erklärt und die von ihren Regierungen verabschiedeten Amnestiegesetze für ungültig hält, hat dieser Gerichtshof nicht die *Kompetenz*, um über die während der brasilianischen Militärdiktatur stattgefundenen Taten zu urteilen, ebenso wenig wie die rechtliche Gültigkeit des Gesetzes Nr. 6.683/79 aufzuheben.

Auf der einen Seite besagt der Artikel 61, Abs. 3, der Amerikanischen Menschenrechtskonvention (AMRK): „*The jurisdiction of the Court shall comprise all cases concerning the interpretation and application of the provisions of this Convention that are submitted to it,* ***provided that the States Parties to the case recognize or have recognized such jurisdiction****, whether by special declaration pursuant to the preceding paragraphs, or by a special agreement*" (Hervorhebungen *L. J. S.*). Auf der anderen Seite ist Brasilien erst am 6. November 1992 durch das Dekret Nr. 678 der Amerikanischen Menschenrechtskonvention beigetreten. Dies geschah jedoch unter dem Vorbehalt der Fakultativklausel des Artikels 45, 1 (der die Kompetenz der Interamerikanischen Kommission für Menschenrechte behandelt, zur Überprüfung von Beschwerden, die von anderen Staaten vorgetragen wurden, über die Nichterfüllung der von der Konvention auferlegten Verpflichtungen) sowie der Fakultativklausel des Artikels 62, 1 über die verpflichtende Gerichtsbarkeit des AGMR. Erst am 8. November 2002, gemäß dem Dekret Nr. 4.463, wurde die Kompetenz des AGMR als verbindlich anerkannt, allerdings „nur für Taten, die nach dem 10. Dezember 1998 geschahen".

Zweitens: Indem der AGMR die Amnestie oder jegliche anderen analoge Maßnahmen verbietet, welche die strafrechtliche Verantwortung der Täter von Staatskriminalität unabhängig vom Datum der Geschehnisse der Menschenrechtsverletzungen unterbindet, überschreitet der Gerichtshof auch deshalb seine Kompetenzen, da er in diesem Fall entscheidet, ohne den Regeln, die in der Konvention enthalten sind, zu folgen. Im Gegensatz zu anderen Rechtssystemen öffnet das Interamerikanische System zum Schutz der Menschenrechte seine Regeln oder seine „Systeme von normativen Quellen“ nicht dem internationalen Recht.[574] Daraus folgt, dass der AGMR weder neue Regeln noch neue Menschenrechte schaffen oder die existierenden verändern darf. Auch darf er nicht die Rechtskraft seiner Fallentscheidungen über den konkreten Fall hinaus auf andere Fälle erstrecken, ohne dass die Konvention dem Gerichtshof ausdrücklich diese Macht erteilt.

Wie beschrieben, beinhaltet die Entscheidung des AGMR, dass der brasilianische Staat „andere analoge Normen, Verjährung, strafrechtlichem Rückwirkungsverbot, *Res Judicata [coisa julgada]*, *ne bis in idem,* oder andere ähnliche strafhindernde Rechtsfiguren anwenden soll, um sich dieser Pflicht im Sinne der Paragraphen 171 bis 179 des vorliegenden Urteils zu entledigen“ (§ 256, b). Wo ist im Text des Pakts von São José da Costa Rica die Regel zu finden, welche die Amnestie, die Verjährung, das Rückwirkungsverbot, *Res Judicata* und *ne bis in idem* verbietet?

Die einzige Erwähnung im Text der AMRK zur Amnestie findet sich im Artikel 4 (Recht auf Leben), Absatz 6, der vorschreibt, dass *„Every person condemned to death shall have the right to apply for amnesty, pardon, or commutation of sentence, which may be granted in all cases. Capital punishment shall not be imposed while such a petition is pending decision by the competent authority.“* Es gibt keinerlei Verweis auf die Ungültigkeit der Verjährung oder des *Res Judicata.* Es gibt einen Verweis auf das *ne bis in idem* (Art. 8, Abs. 4)[575] und auf das Gesetzlichkeitsprinzip und die Rückwirkung (Art. 9), jedoch im Sinne seines Vorranges.[576] Mehr noch besagt der Artikel 27, der die Aufhebung von Garantien betrifft, in seinem Absatz 2, dass *„The foregoing provision does not authorize any suspension of the following articles: (...) Article 9 (Freedom from Ex Post Facto Laws), (...) or of the judicial guarantees essential for the protection of such rights.“*

Wenn der AGMR den Wert seiner Rechtsprechung intensiv ausgestaltet und maßlos erweitert, was er als „Verletzung der rechtlichen Garantien und des Rechtsschutzes“ (*„violação às garantias judiciais e à proteção judicial“*) ansieht, oder das, was er den Staaten als „Wiedergutmachung“ einer Verletzung der Konvention befiehlt, so handelt er ohne Respekt vor der AMRK. Daraus kann die Schlussfolgerung gezogen werden, dass der AGMR, mit dem Urteil zum Fall *Gomes Lund vs. Brasilien,* die AMRK verletzt, da er ein Recht anwendet (und zwar: das Recht, die Amnestie, die Verjährung und andere Hürden zur strafrechtlichen Verantwortung

---

574 *E. Malarino,* Activismo judicial, punitivización y nacionalización, in: Sistema interamericano de protección de los derechos humanos y derecho penal internacional, 2011, S. 29.

575 AMRK, Art. 8, Abs. 4. An accused person acquitted by a non-appealable judgment shall not be subjected to a new trial for the same cause.

576 AMRK, Art. 9. No one shall be convicted of any act or omission that did not constitute a criminal offense, under the applicable law, at the time it was committed. A heavier penalty shall not be imposed than the one that was applicable at the time the criminal offense was committed. If subsequent to the commission of the offense the law provides for the imposition of a lighter punishment, the guilty person shall benefit therefrom.

nicht anzuwenden), was nicht im interamerikanischen Recht, das zwischen den Staaten paktiert wurde, vorgesehen ist.

Nach einem provokativen Vorschlag von *Ezequiel Malarino* in seiner detaillierten Studie zur jüngsten Rechtsprechung des AGMR könnte man sogar an eine hypothetische Anklage Brasiliens gegen den Gerichtshof („Brasilien vs. Inter-Amerikanischer Gerichtshof für Menschenrechte") denken, in der Brasilien folgende Argumente vorbringen könnte:

a) Der AGMR respektiert die Normen nicht, die seine Kompetenz innerhalb des Systems betreffen.
b) Der AGMR respektiert die Normen nicht, die seine Kompetenz zur Schaffung und Veränderung von Normen des Systems betreffen.
c) Der AGMR versteht einen wichtigen Gesichtspunkt des interamerikanischen Systems nicht, und zwar, dass das interamerikanische Recht den Konsens der Teilnehmerstaaten über die Ebene, auf der sie im Prinzip bereit sind, ihre Souveränität einzuschränken, äußert, und dass deshalb jede Veränderung der Beschränkung seiner Souveränität einen neuen ausdrücklichen Konsens der Staaten fordert.
d) Ich, Brasilien, habe mich dazu verpflichtet, das interamerikanische Recht zu respektieren und mich dem Urteil des AGMR zu unterwerfen, insofern dies die Erfüllung von Pflichten darstellt, die aus diesem Recht und dessen Grenzen hervorgehen. Ich habe mich jedoch nicht zu mehr verpflichtet. Ich möchte, dass die Vereinbarungen (höchstes Niveau von Schutz), aber nichts anderes als die Vereinbarungen (minimales Niveau von Schutz), erfüllt werden.
e) Wir, die Teilnehmerstaaten, wissen nicht, unter was wir uns unterwerfen. Der AGMR nimmt Recht auf, dass nicht vereinbart wurde, modifiziert vereinbartes Recht und verändert auch fortwährend den Inhalt der Regeln, die von seiner Rechtsprechung ausgebildet wurden. Um zu wissen, welche Standards oder Muster des Schutzes der Menschenrechte wir befolgen müssen, müssen wir voraussehen, was der Gerichtshof in einem zukünftigen Urteil sagen wird.[577]

9. Die Menschenrechte schützen die Bürger – wer schützt die Bürger vor den Menschenrechten?

Der berühmte Satz von *Charles Evans Hughes* „*We are under a Constitution, but the Constitution is what the Supreme Court says it is*",[578] der als Leitwort des nordamerikanische Rechtsrealismus dient, scheint passend für das zu sein, was die Richter

577 *E. Malarino*, Activismo judicial, punitivización y nacionalización, in: Sistema interamericano de protección de los derechos humanos y derecho penal internacional, 2011, S. 35 ff.

578 *C. E. Hughes*, Adresses and Papers of Charles Evans Hughes, Governor of New York (1906–1908), 1908, S. 139 („Speech before the Chamber of Commerce").

des AGMR über ihre Funktion und über das Recht denken: Die Amerikanische Menschenrechtskonvention ist nichts anderes als das, was der Interamerikanische Gerichthof sagt, das sie es ist. Dem ist so, da zwischen dem Recht, das *de facto* vom Interamerikanischen Gerichtshof angewendet wird und dem, das im Text der Amerikanischen Konvention steht, ein immer größer werdender Unterschied herrscht, der die erträglichen Grenzen dessen überschreitet, was als *„progressive interpretation“* oder als Idee einer *„living Convention“*[579] erlaubt werden kann.[580]

Ohne etwas zu der weitläufigen Diskussion über die Grenzen und die Legitimität des richterlichen Aktivismus beisteuern zu wollen, genügt es hier, daran zu erinnern, welche negative Konsequenzen dieser Aktivismus haben kann – wie die fehlende demokratische Legitimität der getroffenen Entscheidungen, der Verlust der Rechtssicherheit und die Gefahr der Tyrannei der Richter usw. Problematisch scheint mir vor allem die sich aufzeigende *strafende* Tendenz der Menschenrechte zu sein, die im Diskurs der *Criminal Transitional Justice* und in der Rechtsprechung des AGMR buchstäblich erscheint.

Meine Besorgnis besteht nicht so sehr aus der Tatsache, das der AGMR sich in wichtige Bereiche der nationalen Souveränität einmischt und dadurch versucht, ein „oberster“ Gesetzgeber, Richter und Verwalter der amerikanischen Staaten zu werden. Auch äußere ich hier nicht die Sorge darum, dass auf ein generelles und universelles System des internationalen Rechts zurückgegriffen wird, indem nichtpositivistische Rechtsquellen (wie die Bräuche, allgemeine Rechtsprinzipien usw.) angewendet werden. Ich bin der Meinung, dass, hinsichtlich der Menschenrechte, sowohl die Einmischung des AGMR als auch die direkte Anwendung von nicht im Völkerrecht positivierten Quellen zugelassen werden könnten. Aber dies nur um Rechte (Freiheiten und Garantien) hinzuzufügen und nicht, um sie zu unterschlagen.

Das Problem lässt sich am besten verdeutlichen, wenn von dem unter anderen Gesichtspunkten umstrittenen Begriff der Menschenrechte ausgegangen wird. Was ist unter Menschenrechten zu verstehen und was soll unter Menschenrechten verstanden werden? Besteht ein Menschenrecht auf Strafe, auf Strafverfolgung, das auch die Verletzung von „Grundrechten“ oder „anderen Menschenrechten“ rechtfertigt? Ich glaube, nein. Der Rückgriff auf die Menschenrechte als *lingua franca* unter verschiedenen juristischen Erzählungen kann nur dann akzeptiert werden, wenn es darum geht, durch ihre kämpferische Verteidigung eine größere Anerkennung von bestimmten subjektiven Rechten (die jedem Menschenwesen eigen sind, unabhängig von Geschlecht, Volk, Gesellschaftsklasse, religiöser Gruppe oder Nation) zu erlangen und nicht darum, anerkannte Rechte wegzunehmen.

579 In Anlehnung an die amerikanische Verfassungstheorie der *„living Constitution“*.

580 *E. Malarino*, Activismo judicial, punitivización y nacionalización, in: Sistema interamericano de protección de los derechos humanos y derecho penal internacional, 2011, S. 34 f.: „Nennt man die Interpretation eines Textes einen intellektuellen Vorgang, der entweder den Text ignoriert oder den Text so zitiert, dass die Schlussfolgerung in keiner Weise semantisch unterstützt werden kann, dann handelt es sich um einen Etikettenschwindel (*frande de etiquetas*).“ (Übersetzung *L. J. S.*).

Die hier erörterte Frage besteht darin, dass die Menschenrechte nicht dazu benutzt werden, um Rechte, Freiheiten und Garantien für die Individuen hinzuzufügen, sondern um die schon anerkannten zu annullieren, damit bestraft werden kann. Es handelt sich also um die Wegnahme von bestimmten anerkannten „Grundrechten", die zum Schutz des Individuums gegenüber dem *jus puniendi* der Staaten bestehen, und auch darum, ein gewisses „Ausnahmestrafrecht" zu begründen, also eine Art Rückkehr des alten Grundsatzes *in atrocissima licet iudici iura transgredi.*[581] Im Zusammenhang mit der Verteidigung des Rechts des Opfers (von schweren Menschenrechtsverletzungen) auf die Strafgerechtigkeit, das heißt auf der Bestrafung des Henkers, und im Zusammenhang mit der entsprechenden Pflicht des Staates, die Täter von schweren Menschenrechtsverletzungen zu verfolgen, ist man dabei, eine richtiggehende (ungeschriebene) *Bill of Rights des Opfers* zu schaffen, welche die (geschriebene und positivierte) *Bill of Rights des Täters* (oder des Angeklagten) ersetzt.[582] Jenseits der detailierten juristisch-dogmatischen Kritik, ist es möglich hier die Gefahr zu sehen, dass sich in der Rechtsprechung ein „Menschenrecht der Opfer auf die Bestrafung der Täter" etablieren könnte, das elementare Grundrechte der Täter letztlich zur Bedeutungslosigkeit verurteilen könnte.[583]

Bedenkt man alle Konsequenzen dieser Entwicklung, dann ergibt sich wieder die folgende Frage: „Wer soll die Wächter selbst bewachen"? *Sed quis custodiet ipsos custodes?*[584] Die Menschenrechte schützen die Bürger. Aber wer schütz die Bürger vor den Menschenrechten? Meines Erachtens kann die Antwort nicht anders lauten: *das Gesetz.* Es ist das Gesetz, das die Wächter selbst bewacht, um

---

581 *E. Malarino,* La cara represiva de la reciente jurisprudencia argentina sobre graves violaciones de los derechos humanos, in: El Dial, 14.9.2009, Punkt XXII.

582 Unter Berufung auf den ersten Grundsatz der „Nürnberg Prinzipien" vertritt z. B. das *International Center for Transitional Justice* (in seinem technischen Gutachten über die Natur der Verbrechen gegen die Menschlichkeit), dass wer Handlungen, die nach dem Völkerrecht Straftaten sind, begeht, verantwortlich sein soll und daher eine Strafe anzuwenden sein soll (*International Center for Transitional Justice* (*J. Méndez/G. T. R. Covelli*), Parecer técnico sobre a natureza dos crimes de lesa-humanidade, a imprescritibilidade de alguns delitos e a proibição de anistias, 2008, S. 18). Das heißt, das Internationale Recht könnte Einzelpersonen unmittelbar Pflichten aufzwingen, einschließlich Haftungen und Bestrafungen, ohne die Vermittlung des internen Rechts (A. a. O., S. 18; *United Nations,* Yearbook of the International Law Commission, Bd. 2, 1950, § 99, S. 374). In diesem Sinne stellt der zweite Grundsatz der „Nürnberg Prinzipien" fest, dass „*the fact that internal law does not impose a penalty for an act which constitutes a crime under international law does not relieve the person who committed the act from responsibility under international law.*"

583 Man wird diese Kritik angesichts auch nationaler Tendenzen zum vermeintlichen strafrechtlichen „Schutz" der Menschenwürde (beispielsweise die Diskussion zur Bestrafung der „Freier" von Prostituierten) nur unterstreichen können.

584 *Juvenalis,* Saturarum, 1895, VI 347, 348, S. 325.

Menschenrechtsverletzungen im Name der Menschenrechte zu verhindern. Wenn das Gesetz eindeutig genug ist und eine hohe „normative Dichte" („*densidade normativa*") hat,[585] so stellt es sich als eine nicht zu überwindende Grenze der Rechtsprechung dar. Das ist auch dann der Fall, wenn der Interpret/Anwender meint, dass das Gesetz kein gute (oder die beste) Lösung für den konkreten Fall bedeutet. Selbst dann muss er sich dem Wortlaut des Gesetzes beugen und es dem Gesetzgeber überlassen, der die demokratische Legitimität besitzt, die Gesetzesänderungen vorzunehmen.

Zwar muss das Gesetz einen Zusammenhang mit den Prinzipien des Rechtsstaates und der bürgerlichen Freiheit behalten, wenn der Rechtsstaat bestehen bleiben soll. Es ist auch wahr, dass der Richter nicht allein mit dem Gesetz ist. Wie schon gesagt wurde, der Richter muss sich mit seinen Auslegungsmethoden wegen der Einheit der Rechtsordnung (z. B. Kollisionsregeln) an logischen Argumenten (*Analogie, a contrarium, a fortiori* usw.), anderen Gesetzten des Rechtssystem, Rechtsprinzipien in der Verfassung, Folgen seiner Entscheidung usw. orientieren.[586] Es ist heute auch umstritten, dass die absolute Unterwerfung des Richters unter das Gesetz, so wie sie von den Denkern der Aufklärung gefordert und im berühmten Satz von *Montesquieu „les juges sont la bouche de la loi"* zusammengefasst wurde, nicht möglich ist, weil einerseits dem Gesetzgeber menschliche Grenzen gesetzt sind (das heißt, weil er nicht allen Aspekte des gesellschaftlichen Lebens in Regeln fassen kann, da diese sich in einem konstantem Wandel befinden, der immer komplexer wird) oder weil andererseits die Sprache und die offene Beschaffenheit der Normen dies nicht zulassen.[587]

Obwohl der Richter nicht allein mit dem Gesetz ist und seine absolute Unterwerfung unter das Gesetz nicht möglich ist, soll er allerdings dem Gesetz unterworfen werden, als ob dies ein Ideal oder ein Ziel wäre, das bestmöglich erreicht werden solle. In einem Rechtsstaat ist es unter anderem das Gesetz, das die rechtsprechende Tätigkeit legitimiert und die Bürger vor willkürlichen Bestrafungen

---

585 Unter „normativer Dichte" wird das quantitative Kriterium verstanden, wodurch die juristischen Normen nach dem Grad ihrer Konkretheit (Porosität, Eröffnung) eingestuft werden können. Je größer die Anzahl der verschiedenen Auslegungen, die für einen bestimmten normativen Text vertreten werden können, desto geringer ist seine „Dichte" und umgekehrt. S. dazu *D. Dimoulis*, O positivismo jurídico: introdução a uma teoria do direito e defesa do pragmatismo jurídico-político, 2006, S. 275.

586 S. Kap. II.3 des zweiten Teils.

587 S. z. B. die Bemerkungen von *Herbert Hart* über das *„Open Texture"* der Sprache, *ders.*, Positivism and the Separation of Law and Morals, in: Harvard Law Review 71 (1958), S. 606 ff.; *ders.*, The Concept of Law (1961), 1994, S. 124 ff. S. dazu auch *P. Adamy*, Vagueza normativa e transições políticas, in: Revista Anistia Política e Justiça de Transição, Bd. 7, 2013, S. 260 ff.

verteidigt.[588] Wie *John Rawls* sagte: „*if the precept of no crime without a law is violated, say by statutes, being vague and imprecise, what we are at liberty to do is likewise vague and imprecise. The boundaries of our liberty are uncertain. And to the extent that this is so, liberty is restricted by a reasonable fear of its exercise*".[589] Ferner ist auch Folgendes Tatsache: „Die Rechtsgeschichte kann einige mahnende Hinweise liefern für die verderblichen Folgen, zu denen ein nicht an das Gesetz gebundener Richter, die Missachtung des Gesetzlichkeitsgrundsatzes und die Schwächung der grundlegenden Garantieregeln wegen der Schwere der Verbrechen geführt haben".[590]

---

588 *E. Malarino*, Activismo judicial, punitivización y nacionalización, in: Sistema interamericano de protección de los derechos humanos y derecho penal internacional, 2011, S. 44.

589 *J. Rawls*, A Theory of Justice, 1999, S. 210.

590 *E. Malarino/P. Eiroa*. Kurze Geschichte des argentinischen Strafrechts, 2012, S. 83; *E. Malarino*, La cara represiva de la reciente jurisprudencia argentina sobre graves violaciones de los derechos humanos, in: El Dial, 14.9.2009, Punkt XXII (Übersetzung *L. J. S.*).

IV. Jenseits des Gesetzes: das Gerechtigkeitsargument

1. Die Erweiterung der Debatte

Es wird also mit unterschiedlichen Argumenten versucht, die Hürden des Amnestiegesetzes und der Verjährung zu überwinden und damit die Täter der Staatskriminalität des Militärregimes strafrechtlich zu verantworten. Aber gleichgültig welche Argumentationslinie angenommen wird, es sind immer wieder (juristische) Gegenargumente zu finden, die der beabsichtigten Verantwortlichkeit entgegenstehen. Die Straflosigkeit erscheint somit als der Preis, den jeder zahlen muss, der in einem Rechtsstaat leben will, dessen Rechtsnormen immer und unterschiedslos von allen respektiert werden sollen.[591] Nach der Redemokratisierung des brasilianischen Staates erwarteten viele aus der Bevölkerung, vor allem die Angehörigen der politisch Verfolgten, dass Gerechtigkeit gewährt werde. Die Situation, die sich bietet, ist jedoch die, die in diesem Rechtsstaat besteht und so ist die Straflosigkeit konsequenterweise die einzig mögliche rechtsstaatliche Alternative. Aber ist das genug?

Wie soll man den Opfern der Repression erklären, dass der Staatsdiener, der ihn festgenommen und ihn tage- oder monatelang gefoltert hat, nicht mehr identifiziert und bestraft werden kann? Wie sind die Angehörigen von erzwungen Verschwundenen davon zu überzeugen, dass man „die Seite der nationalen Geschichte umblättern“ und die Gräueltaten der Vergangenheit vergeben und vergessen soll, da es ein Amnestiegesetz gibt? Wäre es nicht notwendig, die jüngeren Generationen zu lehren, dass in Brasilien die Straflosigkeit nicht der Grundstein der Nation ist und dass diejenigen, welche die Macht haben und hatten und sie missbrauch(t)en immer für ihre Taten im strafrechtlichen Sinne geradestehen müssen? Wie ist das zu machen? Müssen wir uns damit abfinden, dass unabhängig der Beweise, dass schwere Straftaten begangen wurden, innerhalb des brasilianischen Rechts nichts mehr getan werden kann?

Vielleicht ist das brasilianische Strafrecht nicht darauf vorbereitet, ein so komplexes Problem zu behandeln. Vielleicht ist die Dogmatik prinzipiell nicht mehr geeignet, das Problem der Staatskriminalität angemessen zu erörtern. Vielleicht kann das Fehlen einer Berufsethik[592] und/oder einer tieferen kritischen Überlegung, die die Grenzen einer Rechtstechnik überschreitet, nicht länger unbemerkt bleiben. Wer weiß, vielleicht ist das, was in der Vorstellung der Allgemeinheit mit „Anstand“ bezeichnet wird, schon eine Notwendigkeit. In diesem Sinne schließt

591 Vgl. zum Rechtsstaatsbegriff *K. Doehring*, Allgemeine Staatslehre, 2004, S. 172 ff.

592 *W. Naucke*, Die strafjuristische Privilegierung staatsverstärkter Kriminalität, 1996, S. 16 f.

Fábio Konder Comparato, einer der Autoren des Antrags der ADPF/153, in seinem Plädoyer vor dem *Supremo Tribunal Federal*:

> „Ist es rechtmäßig und ehrlich, dass Regierende und ihre Untergebenen, die jahrelang Straftaten von außerordentlicher Gewalttätigkeit angeordnet und vollzogen haben, wenn sie sich von der Macht zurückziehen, ihre Straflosigkeit durch ein Gesetz garantieren können, das von einem unterworfenen Parlament abgestimmt worden ist und das eine Selbstamnestie bedeutet? Ist es im Sinne des Rechts und der Ethik, dass Mitglieder der Streitkräfte, welche die traditionelle militärische Tugend des offenen Kampfes gegen die Feinde des Vaterlandes verlassen haben, indem sie sich in Häscher verwandelten, die ihre Gegner, egal ob bewaffnet oder nicht, ohne Prozess töteten und ihre Leichen verbargen, oder sich als Schergen verkleideten, um feige die Gefangenen, das heißt Personen, die sich schon nicht mehr im Kampf befanden, zu foltern? [...] Was das brasilianische Volk von diesem Obersten Gerichtshof erwartet, ist weder Gnade noch Strafe: Es ist die gute, einfache und schlagende Gerechtigkeit."[593]

Ebenso argumentiert auch *Juarez Guimarães*:

> „Warum sollte ein Gesetz, das noch im Militärregime angenommen worden ist, eine Ewigkeitsklause für das brasilianische Volk in Freiheit bedeuten? Was war unser jüngster demokratischer Prozess, wenn nicht eine permanente Reform und sogar Abschaffung von jahrhundertealten Institutionen, Gesetzen und Privilegien, die Macht und Geld konzentrieren und die Mehrheiten, die Armen, die Werktätigen, die armen Landwirte, die Neger, die Frauen und die Indios unterdrücken? Warum sollen nicht die gesetzlichen Schranken der Amnestie und der Verjährung überschritten werden, obwohl man die formelle Gültigkeit dieser Gesetze (das heißt, die Tatsache, dass sie innerhalb der verfassungsrechtlichen Regeln seinerzeit geschaffen worden sind) anerkennt und dann die Verantwortlichen für barbarische Straftaten (Staatskriminalität) zur Verantwortung ziehen und damit die Gerechtigkeitsforderung und das Gerechtigkeitsgefühl (der Opfer) befriedigen und eine (positive und negative) symbolische Generalpräventionsfunktion in der Gesellschaft ausüben?"[594]

Wer sich nicht mit den rechtsstaatlichen Argumenten begnügt, die einer gegenwärtigen Strafverfolgung der Täter von Staatskriminalität entgegenstehen, für den gibt es eine andere Möglichkeit, die ab und zu in den Diskursen zur strafrechtlichen *Transitional Justice* genannt wird. Diese lautet, die Existenz der gesetzlichen Hürden anzuerkennen, ihnen jedoch die rechtliche Gültigkeit wegen ihrer

593 Es wird sich auf den ehemaligen Richter des Gerichtshofes *Evandro Lins e Silva* bezogen (1963–1969, als er auf der Basis des AI-6 zwangsweise in den Ruhestand versetzt wurde). Das Plädoyer ist in einer Videoaufzeichnung vorhanden, unter: http://www.youtube.com/watch?v=hfV2eThn_0E, Zugriff: 15.8.2013 (Übersetzung *L. J. S.*).

594 *J. Guimarães*, A justiça de transição e os três mitos da transição conservadora, in: Os Direitos da Transição e a Democracia no Brasil, 2012, S. 12 (Übersetzung *L. J. S.*).

„Ungerechtigkeit" zu versagen (Argument der Gerechtigkeit). Es geht also um die Gedanken, dass dem Opfer durch die Bestrafung des Täters Gerechtigkeit geschehe und geschehen müsse und aus diesem Grund die Amnestie (Art. 107, II CP), die Extrapolation der Verjährungsfrist (Art. 107, IV und Art. 109 CP), das Rückwirkungsverbot (Art. 5, XL CF) und sonstige juristische Hindernisse für die Bestrafung der Täter der Staatskriminalität unter Berufung auf die Gerechtigkeit für ungültig erklärt werden müssen. Wie *Ulfrid Neumann* erklärt, hat diese Vorstellung ohne Zweifel tiefe psychologische Wurzeln. „Jedenfalls bei schweren, die persönliche Integrität verletzenden Straftaten erleben die *Opfer* die Bestrafung des Täters als einen Akt der Gerechtigkeit. Das gilt in besonderem Maße im Bereich schweren staatlichen Unrechts, also bei gravierenden Menschenrechtsverletzungen".[595]

Woraus besteht schlussendlich dieses Gerechtigkeitsargument? Wie kann dieser Akt der Gerechtigkeit, der nicht mit einem bloßen Racheverlangen vergleichbar sein soll, vernünftig erklärt werden?[596] Was bedeutet dieses Wort, das seit Jahrtausenden die Diskussionen unter den Menschen beherrscht und das immer noch immense Fragestellungen und Kontroversen provoziert? Wie *Arthur Kaufmann* sagte, ist die Gerechtigkeit, als ein Höchstwert der Rechtsidee, „ein nicht abschließend definierbarer Grundbegriff der Ethik, der Rechts- und Sozialphilosophie sowie des politischen, sozialen, religiösen und juristischen Lebens. Gerechtigkeit wird im philosophisch-theologischen Verständnis neben Klugheit, Tapferkeit und Maßhaltung als eine der vier Kardinaltugenden bestimmt".[597]

---

595 *U. Neumann*, Die Rolle von Recht, Gesellschaft und Politik bei der Verarbeitung von „Unrechtssystemen", in: Transitional Justice, 2013, S. 45.

596 Bei *Neumann* heißt es: „Natürlich kann man hier von einem bloßen *Racheverlangen* sprechen. Aber damit würde das Bedürfnis des Opfers nach Minderung des ihm zugefügten Leids mit einer negativen Wertung versehen, die angesichts der offenkundigen Universalität dieses Bedürfnisses schwer zu rechtfertigen sein dürfte. Die Staatengemeinschaft erkennt dieses Bedürfnis als legitimes Interesse an. Die Einrichtung eines Internationalen Strafgerichtshofs (ICC), die Institutionalisierung anderer internationaler Strafgerichte dient auch dem Ziel, den Opfern und ihren Angehörigen Gehör und Genugtuung zu verschaffen." A. a. O., S. 45.

597 *A. Kaufmann*, Über Gerechtigkeit: dreißig Kapitel praxisorientierter Rechtsphilosophie, 1993, S. 27. Zum Beispiel: Unter den unterschiedlichen Definitionen der *Gerechtigkeit* gibt es die Möglichkeit, die Gerechtigkeit als *Unterteilung der Moral auf dem Feld des Rechts* (und ähnlicher Regeln, wie den Regeln des Handels) zu verstehen. Denn alles, was als (un-)gerecht betrachtet wird, kann auch als (un-)moralisch qualifiziert werden. Es können aber nicht alle als (un-)moralisch betrachteten Situationen als (un-)gerecht betrachtet werden – um ein Beispiel zu nennen, so ist der Nudismus für einige unmoralisch, aber nicht schon deswegen ungerecht. Es ist auch möglich, die Gerechtigkeit als ein höchste Prinzip zur Rechtfertigung normativer Ordnungen (Recht, Staat, Wirtschaft, Familie) im Sinne einer „gerechten" Spezifizierung von Rechten und Pflichten innerhalb der Institutionen, welche die Basis der Gesellschaft bilden, und der sinnvollen Definition von Vorteilen und Belastungen der gesellschaftlichen Zusammenarbeit

Es ist jedenfalls möglich, hinsichtlich des spezifischen Falls der *Criminal Transitional Justice*, die Wiederbelebung eines *absolutistischen Verständnisses von Gerechtigkeit* festzustellen, demzufolge der eigentlichen Idee von Gerechtigkeit die Motivation, die Orientierung und die Legitimationsquelle der Maßnahmen zugeschrieben wird, die nach dem politischen Übergang angenommen werden sollten.[598] Dies kann z. B. dem „öffentlichen Manifest der Juristen für eine nationale öffentliche Debatte zur Reichweite des Amnestiegesetzes" entnommen werden, das mit den folgenden Worten schließt: „Schließlich erklären wir unsere Solidarität mit allen politisch Verfolgten, die seit mehr als drei Jahrzehnten für eine einzige Sache kämpfen, die der eigentliche Grund des Rechts ist: *Es möge Gerechtigkeit geschehen*".[599]

Dieses absolutistische Verständnis von Gerechtigkeit kann z. B. auch in der zugeschriebenen Bedeutung des *jus puniendi* des Staates gefunden werden. Was die Folterungen und andere Gräueltaten der staatlichen Repression anbelangt, wird das *jus puniendi* des Staates hier nicht nur als einen Kompetenz oder als eine Zuständigkeit beschrieben, die den Beamten aufgrund von Rechtsnormen zugeschrieben wird, damit sie die Täter von Straftaten untersuchen, prozessieren und bestrafen können.[600] Nach einer wörtlichen Interpretation und in der Tradition von

---

(*objektive Gerechtigkeit*), oder im Sinne einer Tugend (wie z. B. die klassische Definition von *Cicero* [Digesten I, 1, 10 Präambel]: Gerechtigkeit ist der feste und beständige Wille, jedem das Seine zu gewähren [*subjektive Gerechtigkeit*], „Justitia est constans et perpetua volutas jus suum unicuique tribuens") anzusehen. Zur objektiven Gerechtigkeit vgl. z. B. *J. Rawls*, A Theory of Justice, 1999; *H. L. A. Hart*, The Concept of Law (1961), 1994, S. 182. Zur subjektiven Gerechtigkeit vgl. *A. Kaufmann*, Über Gerechtigkeit, 1993, S. 27.

598 *L. J. Swensson Jr*, "Ao julgar a justiça, te enganas". Apontamentos sobre a *justiça* da justiça de transição brasileira, in: Revista Anistia Política e Justiça de Transição, Bd. 4, 2011, S. 78 ff. Wir behandeln hier nicht die Frage, ob die Werte, die sich normalerweise auf die Idee der *Transitional Justice* beziehen, gerechtfertigt sind oder nicht. Weniger noch geht es darum, ob einige der Werte der *Trasitional Justice* absolut oder relativ sind, ob sie weitere Überlegungen unter anderen Wertgesichtspunkten zu ihrer Anwendung überflüssig machen oder sie geradezu fordern. Im Gegenteil beziehen wir uns auf die Verwendung der Idee der Gerechtigkeit selbst, die in den Diskursen zur *Transitional Justice* eingebunden ist, um die Entscheidung zum Gebrauch von bestimmten Mitteln zu rechtfertigen. Ich bedanke mich bei Prof. Flavia P. Püschel für diesen Hinweis.

599 Manifesto público dos juristas em prol do debate público nacional sobre o alcance da lei de anistia, 2008. Das Manifest, das am 29. August 2008 an der Juristischen Fakultät des Largo de São Francisco herausgegeben wurde, wurde von 270 renommierten brasilianischen Rechtswissenschaftlern unterzeichnet.

600 Für *Sabadell* und *Dimoulis* ist die Bezeichungn *jus puniendi* unpassend, da es sich nicht um ein subjektives Recht, sondern eine Kompetenz handelt, die der öffentlichen Hand vom Gesetz erteilt wird. *A. L. Sabadell/D. Dimoulis*, Tribunal penal internacional e direitos fundamentais: problemas de constitucionalidade, in: Cadernos de Direito 3 (2003) 5, S. 243.

Kant und *Hegels* absoluten Straftheorien bezieht sich der Ausdruck *jus puniendi* vielmehr auf die „*Gerechtigkeit*", die der Staat durch die Strafe verwirklicht: Es ist gerecht, Folterer zu bestrafen; es ist ungerecht, sie ungestraft zu lassen. Dahin weisen auch die Appelle von Antigone:[601] Falls Hindernisse zur Verwirklichung dieser Gerechtigkeit bestehen, dann müssen sie überwunden werden; auch wenn das Hindernis ein Gesetz ist.

2. Gegen das Gesetz: der „gekreuzigte" Rechtspositivismus

Ein klassisches und in der brasilianischen Debatte wiederholt angeführtes Beispiel, das als Paradigma der Überwindung des gesetzlichen Unrechts mittels eines übergesetzlichen und gerechten Rechts angewendet wird, ist die Rechtsprechung des Nürnberger Tribunals, die als der Ursprung des Völkerstrafrechts angesehen wird. Diese Rechtsprechung versagte *ab initio* die Rechtsgültigkeit aller Normen des „Dritten Reiches", welche die Gräueltaten, die von den Nazis begangen wurden, erlaubten und rechtfertigten. Damit wurde zugleich die Legende vom *Rechtspositivismus als Geburtshelfer des NS-Regimes gewoben* und *das Naturrecht ins Gedächtnis gerufen*, um die Probleme sowohl der rechtlichen Bewältigung von staatlichen Willkürakten in der Zeit des Nationalsozialismus als auch der Stabilisierung der Rechtsordnung der neu entstehenden bzw. entstandenen Staatlichkeit zu lösen.

Es ist jedoch bekannt, dass die sogenannte „Renaissance" des Naturrechts nach 1945 nur durch bestimmte zeitgeschichtliche Umstände auflebte. Wie schon gesagt wurde, endete die rechtsmoralische und universelle Vorgabe des Völkerstrafrechts praktisch mit der Nachkriegszeit am Anfang der 1950er-Jahre mit dem Einbruch des Kalten Krieges und seinem entsprechenden bipolaren Ausgleich der Mächte.[602] In seiner Rekonstruktion der Rechtsphilosophie in Deutschland seit 1945 weist *Ulfrid Neumann* darauf hin, dass die viel beschworene Renaissance der Naturrechts nach dem Zweiten Weltkrieg weder eine *Renaissance* des Naturrechts noch eine Renaissance *des* Naturrechts war: „Sie war keine Renaissance, weil sie der ideengeschichtlichen Vermittlung entbehrte. Sie war keine Renaissance *des* Naturrechts, weil sie einseitig dem konfessionellen, insbesondere dem thomistischen Naturrecht verpflichtet war. Die Tradition des Vernunftrechts wurde nur von wenigen, von Coing und Radbruch, in sozialkritischer Färbung von E. Bloch, wieder aufgenommen".[603]

Dem muss hinzugefügt werden, dass diejenigen, die in Brasilien das Recht anwenden, intuitiv seit langem als Positivisten handeln. Obwohl es keine empirischen

601 *Sophokles*, Édipo Rei – Antígona, 2004.

602 *R. Teitel*, Transitional Justice Genealogy, in: Harvard Human Rights Journal 16 (2003), S. 70.

603 *U. Neumann*, Rechtsphilosophie in Deutschland seit 1945 (1994), in: Recht als Struktur und Argumentation: Beiträge zur Theorie des Rechts und zur Wissenschaftstheorie der Rechtswissenschaft, 2008, S. 264.

Untersuchungen dazu gibt, ist diese Vermutung sehr plausibel. Im gerichtlichen Alltag ist es möglich zu bemerken, dass, wenn Richter und Rechtsanwälte die konkreten Fälle lösen, sie sich regelmäßig an den buchstäblichen Wortlaut der normativen Texte halten und sie keine größeren Flexibilisierungen oder Relativierungen der sich in Kraft befindlichen Regeln in Anbetracht von Prinzipien, ethischen Verpflichtungen oder unter Betrachtung der und Orientierung an den Folgen (positivistische Intuitiv- oder Laientendenz) anstellen.[604]

Trotzdem überlebten das Erbe von Nürnberg und der Appell an das Naturrecht die Zeiten. Sie bestehen als eine Möglichkeit, selbst wenn ihre Wirksamkeit sich in der Vergangenheit erschöpft hat. Neben diesem Vorherrschen des Intuitiv- oder Laienpositivismus ist zugleich eine große *antipositivistische Tendenz* in der brasilianischen juristischen Literatur und in einigen Gerichtsurteilen festzustellen. In denen werden Bezeichnungen wie „Neokonstitutionalismus", „Nachpositivismus", „Moralisierung", „zurück zu den Werten" oder „Konstitutionalisierung des Rechts" oft gepriesen, um die Anführerrolle der Mitglieder der Rechtsprechung als Mittel zur Verwirklichung von „Gerechtigkeit" jenseits des Gesetzes zu rechtfertigen.[605]

Die Hauptargumente dieser Kritik lauten: Da der Rechtspositivismus nur das Gesetz sieht, das heißt die Geltung der Rechtsnormen nur zum Produkt politischer Gesetzgebung erklärt und alle anderen sozialen und moralischen Zusammenhänge rechtlicher Normbildung übergeht, ist er angesichts ungerechter oder unsittlicher Gesetze machtlos und gegenüber jeder Pervertierung des Rechts durch die politische Macht ohnmächtig. Die Argumentation bezieht sich also auf die „Gefahr des Machtmissbrauchs von Seiten der Sanktionsinstanz selbst".[606] Nicht selten begleitet dieses Argument die (sehr widersprüchliche) Anklage, dass der Rechtspositivismus dem barbarischen deutschen nationalsozialistischen Regime seine unbedingte Unterstützung bot und seine Verwirklichung erlaubte (das sogenannte Argument der „*reductio ad Hitlerum*").[607] So wurde nach der Niederlage des Nationalsozialismus auch die Niederlage des Rechtspositivismus erklärt.

---

604 *D. Dimoulis*, A relevância prática do positivismo jurídico, in: Revista Brasileira de Estudos Políticos 102 (2011), S. 217.

605 A. a. O., S. 219. Vgl. etwa *P. R. Schier*, Novos desafios da filtragem constitucional no momento do neoconstitucionalismo, in: A constitucionalização do direito, 2007, S. 253; *G. Cittadino*, Judicialização da política, constitucionalismo democrático e separação de poderes, in: A democracia e os três poderes no Brasil, 2002, S. 27.

606 *T. Raiser*, Das lebende Recht: Rechtssoziologie in Deutschland, 1999, S. 288 f.; *A. Kaufmann*, Rechtsphilosophie, Rechtstheorie, Rechtsdogmatik, in: Einführung in Rechtsphilosophie und Rechtstheorie der Gegenwart, 2004, S. 15; *ders.*, Problemgeschichte der Rechtsphilosophie, in: Einführung in Rechtsphilosophie und Rechtstheorie der Gegenwart, 2004, S. 78; *T. Vesting*, Rechtstheorie, 2007, S. 90.

607 *N. Bobbio*, O positivismo jurídico: lições de filosofia do direito, 1999, S. 225; *D. Dimoulis*, O positivismo jurídico: introdução a uma teoria do direito e defesa do pragmatismo jurídico-político, 2006, S. 257 ff., mit Literaturhinweisen von brasilianischen Autoren, die mit dieser *reductio ad Hitlerum* einverstanden sind. „Wenn

In diesem Sinn (der Verurteilung des Rechtspositivismus) hat z. B. der damalige Richter *ad hoc* des AGMR, *Roberto de Figueiredo Caldas*, seinen Richterspruch innerhalb des Urteils des Gerichtshofs im Fall Gomes Lund und andere („Guerilla des Araguaia") vs. Brasilien begründet:[608]

> „Endlich ist es klug daran zu erinnern, dass die internationale Rechtsprechung, die internationale Gewohnheit und die internationale Lehre sich darüber einig sind, dass kein Gesetz oder keine Rechtsnorm des internen Rechts, wie z. B. die Bestimmungen zur Amnestie, die Normen zur Verjährung und zu anderen Gründe für die Aufhebung der Strafbarkeit, den Staat daran hindern soll, dass er seiner unabdingbaren Pflicht nachkommt, die Straftaten gegen die Menschlichkeit zu bestrafen, da diese nicht innerhalb der Existenz des angegriffenen Individuums, in der Erinnerungen seiner sozialen Kreise und in der Übertragung von Generation zu Generation der ganzen Menschheit überwunden werden können. *Es ist nötig, den übertriebenen Rechtspositivismus zu überwinden, denn nur so kann man eine neue Epoche der Achtung vor den Rechten der Person betreten und so dazu beitragen, das der Zyklus der Straflosigkeit in Brasilien endet.* Es muss gezeigt werden, dass die Justiz alle gleich behandelt, wenn es darum geht, schwere Straftaten gegen die Menschlichkeit zu bestrafen, damit der Vorrang des Rechts und der Gerechtigkeit dazu beitragen, um zu zeigen, das so grausame und unmenschliche Praktiken nie wieder geschehen sollen, nie vergessen werden und das sie jederzeit bestraft werden." (Hervorhebungen *L. J. S.*)

Noch sinnbildlicher erfolgte die Argumentation des Generalaufsehers der Justiz von São Paulo, *José Renato Nalini*, um die *causa mortis* im Totenschein von *Vladimir Herzog* zu berichtigen:[609]

---

man eine Theorie oder eine politische Sichtweise verwerfen will, sagt man, dass sie vom Naziregime angenommen wurde oder, dass sie wenigstens der Naziideologie entspricht. Das erlaubt es, unmittelbar diese Theorie oder politische Sichtweise zu verwerfen, da ja niemand heutzutage es akzeptieren mag, das Nazigedankengut zu verteidigen. Wir haben es hier mit einem rhetorischen Kunstgriff zu tun, der es zum Ziel hat, die Gegner ohne Analyse der Substanz zu disqualifizieren. Bei unserem Thema gibt man vor, dass die Positivisten die Vorgehensweise Hitlers billigten. Und da Hitler die schlimmste aller Diktaturen des 20. Jahrhunderts anführte, verdient der Rechtspositivismus, der sich mit dem Nazismus identifiziert, aufs tiefste verurteilt zu werden!" A. a. O., S. 260 (Übersetzung *L. J. S.*).

608 *R. F. Caldas*, Begründender Richterspruch (des *ad hoc* Richters) zum Urteil des Interamerikanischen Gerichtshofes für Menschenrechte zum Fall Lund und andere („Guerrilha von Araguaia") vs. Brasilien vom 24. November 2010 (Übersetzung *L. J. S.*).

609 Processo Nr. 2012/137854 – São Paulo – Ministério Público do Estado De São Paulo – Parte: Comissão Nacional da Verdade. Decisão 7. Januar 2013, online unter http://registrocivil.wordpress.com/2013/01/07/retificacao-de-causa-mortis-vladimir-herzog-verdade-real-a-ser-prestigiada-inclusao-possivel-de-lesoes-e-maus-tratos/, Zugriff: 15.7.2013.

„Das Kompromiss der öffentlichen Register [*Registros Públicos*] ist mit der realen Wahrheit. Der Anachronismus der juristischen Kultur hat sich noch nicht ganz mit der heutigen Realität in Brasilien angefreundet, die Folge einer Wahl der verfassungsgebenden Versammlung ist, die Rechtsordnung der Verfassung zu unterwerfen. Nach den Worten von Manuel Atienza hat der Positivismus seinen geschichtlichen Zyklus beendet. So wie Bloch schrieb, dass *»die historische Schule das Naturrecht an das Kreuz der Geschichte geschlagen hat«*, so ist es heute keine Ketzerei zu behaupten, dass *»der Konstitutionalismus den Rechtspositivismus an das Kreuz der Verfassung geschlagen hat«* [*M. Atienza*, El Derecho como argumentación, 2006, S. 44]. Die staatsbürgerliche Ordnung geht dem Fetisch des Gesetzes vor. Das bedeutet, dass die Interpretation der Gesetze in Übereinstimmung mit der Verfassung geschehen muss. Das heißt: *»unter allen möglichen Interpretationen eines Gesetzes muss der Richter diejenigen ausschließen, die die Verfassung verletzen (oder mit ihr nicht im Einklang stehen)«* [*J. A. Regla*, Do "Império da Lei" ao "Estado Constitucional". Dois paradigmas jurídicos em poucas palavras, in: Argumentação e Estado Constitucional, 2012, S. 103]. [...] Die Entscheidung ist nicht nur formell, sondern emblematisch, so wie es die mutige und furchtlose richterliche Rolle war, die von Márcio José de Moraes gespielt wurde, als er den Bund wegen des Mordes am Journalisten Vladimir Herzog verurteilte. Denn *für den Richter, »gehorcht die Wahl zwischen einer rechtsgültigen und einer anderen nicht gültigen Norm Kriterien, die sich* ***jenseits der Normen befinden*** [*R. Dworkin*, Taking Rights Seriously, 1977, S. 27]*: der* ***Ethik*** *zuzugestehen, dass das Recht eine Verpflichtung vertritt, die auf den Respekt vor den anderen und vor dessen Projekt eines Lebens in Gemeinschaft gegründet ist; von der* ***Politik*** *anzunehmen, dass diese teilweise an vorgegebene institutionelle Formen gebunden ist, die den Zielen einer Gemeinschaft unterstellt sind, die selbst daran interessiert ist, die Spuren von Gewalt, die von der Macht ausgeht, auszulöschen«* [*R. Dworkin*, Law's Empire, 1986, S. 206 ff. Die beiden Bücher von Dworkin wurden bei *C. Queiroz*, Interpretação Constitucional e Poder Judicial. Sobre a Epistemologia da Construção Constitucional, 2000, S. 85, zitiert]. Und darum geht es genau hier. Die verfassungsgebende Versammlung von 1988 verabscheut die Gewalt und wollte sie aus der brasilianischen Wirklichkeit verbannen. Deshalb kann man das Recht metajuristischer Prinzipien nicht gering schätzen, die sich jenseits der Normen befinden und die auf dem unvermeidlichen Schluss aufgebaut sind, dass die Menschen moralische Rechte gegenüber dem Staat haben."

Zu dieser „Kreuzigung" des Rechtspositivismus in Brasilien sind drei kurze Kommentare notwendig. *Erstens* brauchen sich die Brasilianer keine besondere Mühe machen, um das Argument der *reductio ad Hitlerum*, das von brasilianischen Autoren oft gebraucht wird, zu widerlegen. Es braucht nur daran erinnert zu werden, dass einer der Staaten, der das strafrechtliche Gesetzlichkeitsprinzip abschaffte, gerade Hitlerdeutschland war, und dass die Konsequenzen dieser Entscheidung ausreichend bekannt sind.[610] Außerdem war die Rechtstheorie, die das nationalsozialistische

---

610 S. dazu z. B. *C. Roxin*, Strafrecht AT, 2006, S. 114; *G. Agamben*, Ausnahmezustand, 2004, S. 8.

Regime begründete und legitimierte nicht die von *Hans Kelsen* oder die von anderen zeitgenössischen Rechtspositivisten, sondern die antipositivistischer Theorien von Autoren wie *Carl Schmidt* und *Otto Koellreutter*, welche die Illegalität der Regierung und die Neuinterpretierung des sich in Kraft befindenden Rechts im Sinne von „Werten" und „Bedürfnissen" des deutschen Volkes vertraten.[611]

Zweitens geht es hier nicht um die Gerechtigkeit gegenüber dem Opfer und darum, ob der Staat möglicherweise zur Bestrafung der Täter *verpflichtet* ist, weil diese Bestrafung eine Forderung der Gerechtigkeit *gegenüber dem Opfer* darstellt. Auch geht es nicht um die *Ungerechtigkeit* der strafjuristischen Privilegierung staatsverstärkter Kriminalität. Es ist doch zuzugeben, dass die Bestrafung begangenen Unrechts als Gebot der Gerechtigkeit *prima facie* besteht[612] und dass die strafjuristische Privilegierung staatsverstärkter Kriminalität, wie sie sich in der Praxis darstellt, ungerecht ist.[613] Die entscheidende und offene Frage bezieht sich allerdings auf die Strafgerechtigkeit gegenüber dem Täter. Es geht um die Frage, ob gegenüber dem – wirklichen oder mutmaßlichen – Täter grundsätzlich alle Prinzipien, die für das rechtsstaatliche Strafrecht konstitutiv sind, zur Anwendung kommen oder nicht zur Anwendung kommen müssen.

Drittens ist es nicht gestattet, in die Diskussion einzugreifen, ob der Positivismus eine formelle Theorie ist, die die Rechtfertigung des positiven Rechts beabsichtigt. Das heißt, ob der Positivismus das positive Recht auf Begründungen stützen will oder nicht.[614] Jedenfalls wird es nicht für plausibel gehalten, dass der Anhänger des Rechtpositivismus das Recht nicht autonom und kritisch betrachten kann, indem seine Ungerechtigkeiten und „Unwahrheiten" angezeigt und angefochten werden.[615] Da es in der positivistischen Theorie keinen Platz für kritische Erwägungen und für eine eventuelle Ablehnung des positiven Rechts gibt, falls man seine Legitimität anerkennt, sollte nie als ein Axiom betrachtet werden oder als eine vereinfachte Folge der Legitimität derjenigen, welche die Macht innehaben.[616] Um das Argument der Gerechtigkeit zu behandeln, ist es wichtig, hier ihre Rolle

---

611 S. dazu etwa *G. Frankenberg*, Staatstechnik: Perspektiven auf Rechtsstaat und Ausnahmezustand, 2009, S. 24–26; *D. Dimoulis*, O positivismo jurídico: introdução a uma teoria do direito e defesa do pragmatismo jurídico-político, 2006, S. 257 ff.

612 Vgl. *U. Neumann*, Die Rolle von Recht, Gesellschaft und Politik bei der Verarbeitung von „Unrechtssystemen", in: Transitional Justice, 2013, S. 46.

613 *W. Naucke*, Die strafjuristische Privilegierung staatsverstärkter Kriminalität, 1996.

614 S. dazu *D. Dimoulis*, O positivismo jurídico: introdução a uma teoria do direito e defesa do pragmatismo jurídico-político, 2006, S. 257 ff.

615 *L. J. Swensson Jr*, O positivismo jurídico como modo de se criticar o direito, in: Anais do IV Encontro "Positivismo jurídico e teoria crítica", 2005.

616 *D. Dimoulis*, O positivismo jurídico: introdução a uma teoria do direito e defesa do pragmatismo jurídico-político, 2006, S. 201.

als negatives Kriterium der Bewertung und als Kriterium der Rechtsgültigkeit der Norm zu diskutieren.

3. Gerechtigkeit als negatives Kriterium der Bewertung

a) Die Aporie der Gerechtigkeit

Wenn davon ausgegangen wird, das es nicht mehr möglich ist, sich mit dem Argument der Autorität (*sic volo, sic jubeo*) zu weigern, die Entscheidungen, die Urteile, die Meinungen zu begründen – vor allem mit einer juristischen Argumentation, die rechtsstaatlich sein will –,[617] so ist derjenige, der sagt, dass ein bestimmtes Verhalten gerecht oder ungerecht ist, dazu verpflichtet, die Gründe seiner Vorgaben darzulegen. Das Problem ist, dass dies, in Bezug auf die Gerechtigkeit, in gewisser Weise nicht möglich ist.[618]

Obwohl die *Gerechtigkeit* in allen Debatten präsent ist, vor allen Dingen in denen der *Transitional Justice* (in der das Wort „Gerechtigkeit/*Justice*" bereits einen Teil des Begriffes bildet), ist es einerseits nicht möglich, über ihren Inhalt, über ihre Kriterien und ihre Gründe einig zu sein. Der Konsens über die Fragen, „was ist Gerechtigkeit" und „was sind Kriterien der Gerechtigkeit" ist also negativ: Niemand zweifelt daran, dass ihre Definition und ihre Kriterien Gegenstand interessanter Kontroversen und Diskussionen sind.

Nehmen wir z. B. das Gleichheitsprinzip. Als ein zentraler Aspekt der Gerechtigkeit gilt das Gleichheitsprinzip im Allgemeinen als absolut. Wen wir aber speziellere und konkreter Betrachtungen anstellen, gilt es auf der anderen Seite nur relativ. Was die Gleichheit angeht, so besagt das Gleichheitsprinzip, dass Gleiches gleich und Ungleiches entsprechend verschieden zu behandeln ist. Aber: Wann greift die Gleichbehandlung? Wann die Differenzierung? Nach Leistung, Status oder Bedürfnis? Auch wenn versucht wird, durch die aristotelische Differenzierung zwischen geometrischer[619] und arithmetische[620] Proportionalität diese Frage zu beantworten, bleiben jedoch einige Zweifel: Wann soll das Prinzip der Gleichheit und wann das der Differenzierung gelten? Welche Kriterien für „gerechte"

617 *U. Neumann*, Wahrheit statt Autorität. Möglichkeit und Grenzen einer Legitimation durch Begründung im Recht (2005), in: Recht als Struktur und Argumentation, 2008, S. 76–78.

618 S. dazu *L. J. Swensson Jr*, "Ao julgar a justiça, te enganas". Apontamentos sobre a *justiça* da justiça de transição brasileira, in: Revista Anistia Política e Justiça de Transição, Bd. 4, 2011.

619 Austeilende Gerechtigkeit bzw. *Iustitia distributiva*, die grundsätzlich im Verhältnis Staat/Bürger gilt.

620 Ausgleichende Gerechtigkeit bzw. *Iustitia commutativa*, die grundsätzlich im Verhältnis der Bürger zueinander gilt.

Differenzierungen sind relevant? Wie kann verhindert werden, dass Gerechtigkeitsvorstellungen durch eigene Interessen beeinflusst werden?[621]

Ein weiteres Beispiel lautet: Wenn einerseits bestimmte inhaltlichen Gerechtigkeitsprinzipien angenommen werden, um das, *was* gerecht ist, zu bestimmen – z. B. das Prinzip des *suum cuique tribuere* (*Aristoteles, Cicero*),[622] die *Goldene Regel* (Bergpredigt), der kategorische Imperativ (*Kant*), das Fairnessprinzip (*Rawls*), das Prinzip Verantwortung (*Hans Jonas*) usw. –, kommt man andererseits zu dem Schluss, dass, je konkreter man diese Prinzipien fasst, sie umso kontingenter sind. Als Beispiel soll das Prinzip „Jedem das Seine" dienen: Nach welchem Maßstab soll „Jedem das Seine" gegeben werden? Jedem nach seiner Leistung (Wirtschaftsliberalismus)? Jedem nach seinen gesetzlichen Rechten (sagt man im Rechtsstaat)? Jedem nach seinen Verdiensten oder seinem Status (Aristokratie)? Jedem nach seinen Bedürfnissen (Sozialismus)?[623] Die materielle „Zweckmäßigkeit" bzw. „soziale Gerechtigkeit"[624] gilt also nur relativ. Die gerechten Rechtsinhalte können nicht eindeutig erkannt werden. Nur ein Schattenspiel der Gerechtigkeit kann in diesem Sinne undeutlich gesehen werden.

Darüber hinaus ist es wichtig zu bemerken, dass die Argumentation der Gerechtigkeit sich in sich selbst einschließt: Sie wird vorweg als wahrhaftig vorgestellt, als ob sie sich *per se* offenkundig zeigt und keine weiteren Erläuterungen bräuchte, um angenommen zu werden. Während dieser Forschungen ist die Tatsache ins Auge gesprungen, das sich die Befürworter der strafrechtlichen *Transitional Justice* in keinem Augenblick die Mühe gegeben hätten, klarer, objektiver oder detaillierter auszudrücken, was sie unter „Gerechtigkeit" verstehen oder aufzuzeigen, worin die Gerechtigkeit besteht, wenn die Garantien der Verjährung, der Amnestie und des Rückwirkungsverbots gegenüber dem Täter der Staatskriminalität außer Acht gelassen werden. Es genügte, die „offensichtliche" Situation der Ungerechtigkeit

---

621 Auch wenn es unter bestimmten allgemeinen und abstrakten Umständen einen Konsens über das Gerechte gibt, so kann doch vielfach die Gerechtigkeit nicht die Probleme lösen, die aus spezifischeren und konkreteren Sachlagen hervorgehen. Die Gerechtigkeit kann schwer die exakten Umstände, unter denen ein Verhalten verboten ist und auch nicht die Sanktion andeuten, die bei der Verletzung dieses Verbotes angemessen ist. Sie wird z. B. nicht anzeigen, welche steuerlichen Verpflichtungen ein jeder hat, welches der Steuersatz ist und welche Zahlungsfrist einer jeden Steuer entspricht. S. dazu *D. Dimoulis*, O positivismo jurídico: introdução a uma teoria do direito e defesa do pragmatismo jurídico-político, 2006, S. 204.

622 *Aristoteles*, Nikomachische Ethik, 5. Buch, Kap. 5–7, S. 128 ff.; *Cicero*, Digesten I, 1, 10 Präambel. S. dazu *M. Villey/A. J. Arnaud/H. Petzold Pernia*, Justiça, in: Dicionário enciclopédico de teoria e de sociologia do direito, 1999, S. 443–447; *T. Vesting*, Rechtstheorie, 2007, S. 84 f.; *J. Rawls*, A Theory of Justice, 1999, S. 10.

623 Vgl. *O. Höffe*, Politische Gerechtigkeit: Grundlegung einer kritischen Philosophie von Recht und Staat, 1989, S. 27.

624 *A. Kaufmann*, Über Gerechtigkeit, 1993, S. 32.

aufzuzeigen. Es handelt sich, nach *Dimoulis*, um eine Situation der *Hypostasiation*, da eine abstrakte und widersprüchliche Ideenwelt vorgeführt wird, als ob sie Konsistenz und Kohärenz hätte, das heißt, weil etwas Zweifelhaftes und Unklares als mit Wirklichkeit behaftet vorgestellt wird.[625]

Kurzum, die Tatsache, dass nicht mehr über die Gerechtigkeit diskutiert wird oder nicht mehr darüber diskutiert werden kann, ist nicht eine Folge der fehlenden Fähigkeit der Rechtsinterpreten, sondern sie scheint im Gegenteil darauf zu beruhen, dass die Frage selbst nicht erreichbar ist. Sie, die Gerechtigkeit, existiert als eine *Aporie*, als etwas, was undurchdringbar, unerschöpfbar und unerkennbar ist. Wie *Derrida* sagte:

> „Eine Erfahrung ist eine Reise, ein Durchqueren – das Wort ‚Erfahrung' (*expérience*) zeigt dies an –; die Erfahrung bahnt sich einen Weg quer hindurch, sie reist zu einem Ziel und findet zu diesem Zweck den Weg, die Bahn, den Durchgang. Sie findet einen Durchgang, einen Zugang, sie schafft es, sich einen Weg zu bahnen, es ist möglich, eine Erfahrung zu machen: die Erfahrung ist möglich. Deshalb kann es keine wahre, volle Erfahrung der Aporie geben; die Aporie versperrt den Durch- oder Zugang. Eine *aporia* ist das, was kein Weg ist. *Aus solcher Sicht wäre die Gerechtigkeit die Erfahrung dessen, wovon wir keine Erfahrung machen können.*"[626] (Hervorhebungen *L. J. S.*)

b) Die Erfahrung der (Aporie-)Gerechtigkeit

Auch wenn die Gerechtigkeit eine Aporie ist, so bedeutet dies nicht, dass sie eine bloße Chimäre ist. Die Tatsache, dass wir nicht wissen können, was Gerechtigkeit ist, dass wir sie nicht erreichen, nicht kennen lernen können, heißt nicht notwendigerweise, dass die Gerechtigkeit nicht existiert, noch weniger heißt es, dass über Gerechtigkeit überhaupt keine sinnvolle Diskussion möglich ist.

Zumindest über Ungerechtigkeit und damit mittelbar auch über Gerechtigkeit können Aussagen gemacht werden.[627] Es geht hier um eine Relativierung des Relativismus. Die Gerechtigkeit ist also keine Phantasie oder ein Produkt der Vorstellung, ohne jede Möglichkeit in die Wirklichkeit umgesetzt zu werden oder

---

625 *D. Dimoulis*, Justiça de transição e função anistiante no Brasil. Hipostasiações indevidas e caminhos de responsabilização, in: Justiça de transição no Brasil: direito, responsabilização e verdade, 2010, S. 99.

626 *J. Derrida*, Gesetzeskraft. Der „mystische Grund der Autorität" (1991), 2013, S. 33. „[...] dass man nicht *unmittelbar, auf direkte Weise* von der Gerechtigkeit sprechen kann: man kann die Gerechtigkeit nicht thematisieren oder objektivieren, man kann nicht sagen ‚dies ist gerecht' und noch weniger ‚ich bin gerecht', ohne bereits die Gerechtigkeit, ja das Recht zu verraten." A. a. O., S. 21.

627 S. z. B. *G. E. M. Anscombe*, Modern Moral Philosophy, in: Philosophy 33 (1958) 124, S. 4: "'justice' I have no idea how to define, expect that its sphere is that of actions which relate to someone else, but 'injustice', its defect, can for the moment be offered as a generic name covering various species".

schwerwiegende praktische Folgen hervorzubringen. In anderen Worten, „die Interpretation der Gerechtigkeitsdiskussion als Streit um die zutreffende Erkenntnis vorgegebener Normen oder Werte ließ eine zeitgemäße, d.h.: von metaphysischen Voraussetzungen abgelöste Erörterung der Frage nach den Kriterien gerechter sozialer Normen und Institutionen nicht zu“.[628]

Wenn man einerseits nicht sagen kann, was Gerechtigkeit ist, so kann man andererseits sagen, was nicht gerecht ist. Es ist ein Unding, nicht die Möglichkeit zuzulassen, dass Bewertungen und Aussagen über die *Ungerechtigkeit* in bestimmten Situationen und über bestimmte Verhaltensweisen angestellt werden können, dass die Gerechtigkeit doch als ein wichtiges *negatives Kriterium der Bewertung* funktioniert. Wer könnte angesichts der Situation eines Missbrauchs, in Gesetzesform, der Freiheit, Würde und auch Gleichheit der Bürger von Seiten der Machthaber, die damit ihre Privatzwecke erreichen wollten, nicht sagen, dass es sich hier um eine offenkundige Situation von Ungerechtigkeit handelte und dass die betreffenden Gesetze ungerecht seien?[629] Wer wagte es heute, zu sagen, dass im Anbetracht einer Situation von Folterungen der Folterknecht nicht verantwortlich gemacht werden solle? Wer, mit gutem Gewissen, würde die Gerechtigkeit der Morde, die in den Konzentrations- und Vernichtungslagern der Nazis geschahen (oder die Unmöglichkeit, über deren Ungerechtigkeit zu sprechen) verteidigen?

Es ist wahr, dass, wenn wir genauer erklären wollten, warum bestimmte Situationen, die ungerecht sind, für uns so offensichtlich ungerecht sind, es aufgrund der Aporie kein einfaches Unterfangen wäre. Es handelt sich um dieselbe Art von Schwierigkeit, welcher *Augustinus* begegnete, um Zeit zu definieren: Was ist also die Zeit? Wenn mich niemand fragt, weiß ich es; wenn ich aber demjenigen, der mich fragt, sie erklären will, so kann ich es nicht.[630] Aber die Tatsache, dass wir vielmals nicht unsere eigene Meinung darüber äußern können, was Gerechtigkeit ist, oder aussagen können, was in bestimmten Lagen ungerecht ist, führt nicht zu dem Schluss, dass dies, was wir unter Gerechtigkeit verstehen, uns nicht beeinflussen kann und praktische Folgen haben kann. Mehr noch: Auch wenn die Rechtsprinzipien (der soziale Gerechtigkeit) kontingent sind, so ist es auch wahr, dass sie zugleich Richtlinien und Orientierungspunkte abgeben.[631] Die Gerechtigkeit als negatives Kriterium der Bewertung behält eine wichtige Funktion bei der Bewertung und Eingrenzung des positiven Rechts, indem sie die Ungerechtigkeit seiner Regeln anprangert (Rechtspositivismus) oder sogar die Unwirksamkeit derjenigen Normen ausruft, die als ungerecht angesehen werden (Rechtsmoralismus).

---

628 *U. Neumann*, Rechtsphilosophie in Deutschland seit 1945 (1994), in: ders, Recht als Struktur und Argumentation: Beiträge zur Theorie des Rechts und zur Wissenschaftstheorie der Rechtswissenschaft, 2008, S. 291.

629 Vgl. *W. Naucke*, Die strafjuristische Privilegierung staatsverstärkter Kriminalität, 1996, S. 46.

630 *Augustinus*, Confessiones, XIV, 17.

631 *A. Kaufmann*, Über Gerechtigkeit, 1993, S. 33.

Es ist also nicht möglich, die tatsächliche Relevanz der Gerechtigkeit als Motivation und Richtungsweisung einer ganzen Reihe menschlicher Handlungen, vor allem derjenigen, welche die Rechtsanwendung betreffen, zu leugnen. „Alles wäre viel einfacher, wenn der Unterschied zwischen Gerechtigkeit und Recht ein wahrer Unterschied wäre, ein Gegensatz, dessen Wirken sich logisch regeln und beherrschen ließe. Das Recht enthält aber den Anspruch einer Ausübung, die im Namen der Gerechtigkeit geschieht; die Gerechtigkeit wiederum erfordert, daß sie in einem Recht sich einrichtet, das ‚enforced' werden muß".[632] Die Suche nach Gerechtigkeit, auch wenn diese nicht erreicht werden kann, ist die Triebkraft für die nicht endende (Wiederer-)Schaffung und Veränderung des Rechts. Sie ist ihre Kraft, ihre Bewegung, ihre Motivation. Und darin liegt schließlich all ihr Wert.

Darin liegt also das *Paradox der Gerechtigkeit*: In demselben Augenblick, in dem die Gerechtigkeit ruft und anzieht, erlaubt sie doch kein Eintreten. Sie ist der Eintritt dessen, was nicht eintreten kann. Sie ist die Dekonstruktion dessen, was nicht „dekonstruiert" werden kann. Sie ist von daher als Erfahrung des Unmöglichen möglich. Dies bedeutet einerseits, zu leugnen, dass es die Möglichkeit, den Inhalt und das Kriterium der Gerechtigkeit rational, intuitiv oder durch Offenbarung zu erkennen, gibt – wie es die Anhänger des Naturrechts behaupteten und die Anhänger des Rechtsmoralismus und der traditionellen Lehre der Gerechtigkeit immer noch behaupten –; andererseits bedeutet es, die Idee zu leugnen, dass die Gerechtigkeit nicht existiert oder keine Bedeutung hat, da ihr Inhalt und ihre Kriterien nicht erkannt werden könnten – wie einige skeptischen Rechtspositivisten, unter ihnen *Hans Kelsen*, anführen. Vielleicht ist es genau innerhalb des wesentlichen und schwierigen semantischen Verhältnisses zwischen der Bedeutung von *jus* (als das, was von der Moral als gerecht betrachtet wird) und *rectum* (als eine Untersuchung des Geradestehens der Waage),[633] von diesem Widersinn als einer *Erfahrung der Aporie Gerechtigkeit* aus, dass das Recht deutlicher erklärt werden kann. Es ist eine Forderung des *jus*, was die Erfahrung des *directum* ausmacht. Eine Erfahrung, die gerade darum existiert, damit die Gerechtigkeit durch eine immerwährende und ewige Suche erreicht wird, da sie selbst unerreichbar bleibt.

In anderen Worten: Das Problem des „*Justice*" in der *Transitional Justice* anzugehen, bedeutet nicht, sich in metaphysische Streitgespräche zu verwickeln und ein bestimmtes ideales Wesen, das „gerechte *Transitional Justice*" genannt wird, zu identifizieren. Sondern auf dem Feld der praktischen Philosophie zu verteidigen, welches Modell von *Transitional Justice* (Strategie, Ziel, Mechanismus usw.) das Beste ist, das im konkreten Fall unter verschiedenen vorhandenen Alternativen

---

632 *J. Derrida*, Gesetzeskraft. Der „mystische Grund der Autorität" (1991), 2013, S. 46.

633 Vgl. *T. S. Ferraz Jr*, Introdução ao estudo de direito: técnica, decisão, dominação, 2003, S. 31 ff. Vgl. auch *A. Pintore*, Definição em direito, in: Dicionário enciclopédico de teoria e de sociologia do direito, 1999, S. 236–238.

angewendet werden soll.[634] Das Problem bezieht sich also auf die normative Frage „was *soll* eine gerechte *Transitional Justice* sein" und nicht auf die kognitive Frage „was *ist* die gerechte *Transitional Justice*". Ihre Gerechtigkeit fließt nicht aus einer gefundenen und offenbarten Wahrheit und wird deshalb nicht von einer Amtsgewalt aufgezwängt, die mutmaßlich diese Offenbarung erhält. Sie kommt aus einer Wahrheitskonstruktion aufgrund von Argumenten, auf der Suche nach dieser Offenbarung, bei der es keine richtigen oder falschen Antworten und noch weniger Gewissheiten gibt. Was existiert sind Vorschläge, Alternativen, Beurteilungen, die mehr oder weniger unter größerer oder kleinerer faktischer Anerkennung vertretbar sind und die unter anderem von der Qualität ihrer Begründungen abhängen.[635]

4. Gerechtigkeit als Kriterium von Rechtsgültigkeit?

a) Offener Rechtsmoralismus

Die Beantwortung der Frage nach der Widerlegung des Gerechtigkeitsarguments in der Debatte der brasilianischen *Criminal Transitional Justice* – da die Gerechtigkeit unerreichbar ist und deswegen die mit ihr zusammenhängenden Erwägungen relativ sind –, bereitet keine großen Schwierigkeiten. Die bisherigen Überlegungen haben ergeben, dass es das Argument der Gerechtigkeit als ein wichtiges negatives Kriterium der Bewertung gibt (und geben soll), damit die fehlende Legitimität des positiven Rechts denunziert und Änderungen und Wandlungen gefordert werden können. Es muss von daher nicht das relativistische Argument akzeptiert werden, dass, nur weil man nicht genau weiß, was Gerechtigkeit ist und welches das Kriterium für das Gerechte sein soll, es nicht möglich ist, eine angemessene und konsequente Debatte über die Gerechtigkeit zu führen. Es muss auch nicht akzeptiert werden, dass die Gerechtigkeit keine normative Relevanz über das positive Rechts habe, oder, anders gesagt, die Normsetzungsakte des Gesetzgebers nicht inhaltlich geprüft (als vernünftig, moralisch, „richtig" oder „gerecht") werden können.

Schwieriger ist jedoch die Frage zu beantworten, wenn es um die Gültigkeit der Rechtsnormen geht und nicht um die Prüfung der Legitimität des Rechts und des positiven Gesetzes. Bei dem Streit um die Rechtsgeltung geht es um die Frage, was die Verbindlichkeit von Rechtsnormen begründet. Wenn der Richter einerseits dem positiven Recht unterworfen ist und er andererseits auch der Gerechtigkeit gegenüber verpflichtet ist: Wie soll er entscheiden, wenn das positive Recht in

634 Vgl. *A. Kaufmann*, Rechtsphilosophie, Rechtstheorie, Rechtsdogmatik, in: Einführung in Rechtsphilosophie und Rechtstheorie der Gegenwart, 2004, S. 12–17.

635 *N. Horn*, Einführung in die Rechtswissenschaft und Rechtsphilosophie, 2007, S. 130 ff., *U. Neumann*, Rechtspositivismus, Rechtsrealismus und Rechtsmoralismus in der Diskussion um die strafrechtliche Bewältigung politischer Systemwechsel, in: Festschrift für Klaus Lüderssen, 2002, S. 109 ff.; *ders.*, Wahrheit statt Autorität. Möglichkeit und Grenzen einer Legitimation durch Begründung im Recht (2005), in: Recht als Struktur und Argumentation, 2008, S. 75 ff.

unversöhnlichen Widerspruch zur Gerechtigkeit tritt? *Numquid sociabitur tibi sedes iniquitatis, quae fingit molestiam contra praeceptum*? (Psalm 94:20). Können ungerechte Gesetze als *ab initio* ungültig Gesetze betrachtet werden? Kann die Gerechtigkeit, als negatives Kriterium der Bewertung, auch ein Kriterium der Rechtsgültigkeit der Norm sein?[636]

Es handelt sich hier nicht um den Versuch einer (Re-)Interpretation bestimmter Rechtsinstitute, wie der Amnestie und der Verjährung, damit sie, innerhalb einer internen Analyse der Rechtsordnung, nicht mehr als ein Hindernis für die strafrechtliche Verantwortlichkeit der Täter von Staatskriminalität verstanden werden könne (*verdeckter Rechtsmoralismus*). Was die Gerechtigkeitsargumente angeht, geht es um die Infragestellung der Bedeutung der *Rechtsgültigkeit* und in gewisser Weise um den eigentlichen *Rechtsbegriff*, damit die gesetzlichen Hürden zur Verantwortung der Täter als ungültig erklärt werden, da sie als ungerecht betrachtet werden (*offener Rechtsmoralismus*).

Hier besteht der hauptsächliche Streitpunkt nicht im Inhalt der einschlägigen Gesetzestexte, der Praxis der (Nicht-)Bestrafung oder selbst der moralischen Bewertung des Diktaturregimes. All dies ist auf gewisse Weise bekannt. Gestritten wird nicht über Daten und Wertungen, sondern über deren Relevanz für die Entscheidung über die Rechtslage. Der Streitpunkt ist der *Begriff des Rechts* und der der *Rechtsgeltung*.[637] Wenn die Existenz von Gerechtigkeitsdiskursen die (gesetzliche) Rechtsordnung vor Probleme stellt und möglicherweise zu Reaktionen zwingt, die eine Beschränkung auf partikuläre Normen oder Normenkomplexe beinhalten, muss entschieden werden, *ob* die Gerechtigkeit Vorrang über das positive Gesetz haben soll. Die Argumentation des offenen Rechtsmoralismus kann so zusammengefasst werden:

a) Die juristische Lösung für das Problem der strafrechtlichen Verantwortlichkeit in der Debatte der *Transitional Justice* hängt unter anderem von der Entscheidung über die anwendbare Rechtsnorm ab (Definition der ersten Prämisse des juristischen Syllogismus).

b) Diese Entscheidung über die anwendbare Rechtsnorm ihrerseits benötigt wiederum die Einführung einer Theorie über die Rechtsgeltung (der Norm). Rechtsnormen – im Unterschied zu sonstigen gesellschaftlichen Regelbeständen und Konventionen – gelten nicht schon dann, wenn sie praktisch so und nicht anders gehandhabt werden, sondern erst dann, wenn sie als „geltend" qualifiziert werden. Das heißt, sie müssen auf juristisch anerkannte Entstehungsgründe

636 Vgl. zu dieser Problematik etwa *H. Coing*, Grundzüge der Rechtsphilosophie, 1993, S. 231 ff.

637 *U. Neumann*, Rechtspositivismus, Rechtsrealismus und Rechtsmoralismus in der Diskussion um die strafrechtliche Bewältigung politischer Systemwechsel, 2002, S. 112.

zurückgeführt werden, die von einem Deutungsmuster (einer Theorie) definiert (vorgesehen) sind.[638]

c) Die Antwort auf die Frage, wann eine Rechtsnorm gilt, hängt davon ab, wie man generell den Gegenstand des Rechts begreift oder definiert. Wenn man davon ausgeht, dass es ungerechte Normen gibt,[639] muss man von einer bestimmten Rechtstheorie ausgehend das Gewicht der Gerechtigkeit über die Positivität und die Faktizität des Rechts feststellen, indem man hierbei seine *Tridimensionalität* einschließt.[640]

b) Gesetzespositivismus, Rechtsrealismus, Rechtsmoralismus

Es gibt verschiedene Arten, um festzulegen, wann eine Norm rechtlich gültig ist. Und es ist im Rahmen der vorliegenden Arbeit nicht möglich, die unterschiedlichen Theorien der Rechtsgeltung systematisch darzustellen.[641] Zu den hier geforderten Zwecken genügt es, zu sagen, dass die Bestimmtheit der geltenden (anwendbaren) Rechtsnorm nach der jeweiligen Kombination zwischen den Elementen von Positivität, Faktizität und der Moralität des Rechts, die die Anhänger einer bestimmten Rechtstheorie annehmen, um eine Rechtsnorm als gültig betrachten zu können, variieren kann. Mit anderen Worten hängt die Rechtsgültigkeit (der Norm) davon ab, wie die Momente der Positivität, der Faktizität und der Moralität im Begriff des geltenden Rechts gegeneinander abzuwägen sind.[642]

---

638 Vgl. *T. Vesting*, Rechtstheorie, 2007, S. 77.

639 Nach *John Rawls* gibt es in der Praxis keine Regeln des politischen Vorgehens, die es zu bewerkstelligen vermögen, dass ein ungerechtes Gesetz nicht erlassen werden kann. *Ders.*, A Theory of Justice, 1999, S. 214.

640 Diese drei Elemente entsprechen dem, was wir formelle, soziale und axiologische Rechtsgeltung nennen (*L. J. Swensson Jr.*, Anistia Penal: problemas de validade da lei de anistia brasileira, 2007, S. 157 ff.). Es handelt sich um eine unter brasilianische Juristen traditionsgemäß akzeptierte Abhandlung, vor allem durch das auch heute noch einflussreiche Werk von *Miguel Reale*. Nach ihm „kann die gesamte Kompensierung des Rechts nur durch das einheitliche und dynamische Verhältnis aller drei angezeigten Dimensionen der juristischen Erfahrung (Tatsache, Wert, Norm) erreicht werden, die sich mit der Geschichte der Menschheit auf der ewigen Suche danach verquickt, das, was *ist*, mit dem, was *sein soll*, zu harmonisieren." *M. Reale*, Lições preliminares de direito, 1998, S. 68. Zur rechtlichen Tridimensionalität vgl. etwa a. a. O., S. 58–68, 105–117; *N. Bobbio*, Teoria da norma jurídica (1993), 2001, S. 45–69; *D. Dimoulis*, Manual de introdução ao estudo de direito, 2003, S. 50–60; *F. Ost*, Validade, in: Dicionário enciclopédico de teoria e de sociologia do direito, 1999, S. 812 ff.; *A. L. Sabadell*, Manual de sociologia juridical: introdução a uma leitura externa do direito, 2002, S. 61–63.

641 Wie es z. B. *María José Falcón y Tella*, in ihrer Doktorarbeit versucht: Concepto y Fundamento de la validez del derecho, 1994.

642 *U. Neumann*, Rechtspositivismus, Rechtsrealismus und Rechtsmoralismus in der Diskussion um die strafrechtliche Bewältigung politischer Systemwechsel, 2002, S. 110.

Ulfrid Neumann zufolge kann man in Bezug auf die Theorie von *Robert Alexy* (in seinem Werk „Begriff und Geltung des Rechts") folgendes sagen: Ob eine bestimmte Norm Bestandteil eines bestimmten Rechtssystems ist, lässt sich prinzipiell nach drei verschiedenen Kriterien beurteilen. Abgestellt werden kann auf (a) Gesetzestexte, (b) die Praxis der Gerichte, (c) die moralische Qualität der fraglichen Normen. Je nachdem, welches Kriterium für maßgeblich erklärt wird, können drei Positionen unterschieden werden: (a') *Gesetzespositivismus*, (b') *Rechtsrealismus* und (c') *Rechtsmoralismus*. „Den begrifflichen Gegensatz zum Rechtsrealismus bildet dabei der Rechtsnormativismus, demzufolge das Recht eine Existenz jenseits der konkreten Handlungen des Rechtsstabes hat. Gesetzespositivismus und Rechtsmoralismus sind insoweit Spielarten des Rechtsnormativismus".[643]

Die praktische Relevanz der Kontroversen zwischen Positivisten, Realisten und Moralisten liegt in der Tatsache, dass jede theoretische Voraussetzung ihren Anwender zu einer möglichen unterschiedlichen Antwort für dasselbe Problem führt. Je nach angewandter These zur Bestimmung der gültigen Rechtsnorm kann das Problem der strafrechtlichen Verantwortung mindestens auf drei verschiedenen Linien gelöst werden.

a) Laut dem *Gesetzespositivismus* entspricht das anzuwendende Strafrecht den während des autoritären Regimes, im Augenblick der Begehung der Straftat, geltenden positiven Strafgesetzen, ohne nachträgliche Zusätze oder Kürzungen, die auf moralische Beurteilungen zurückzuführen sind und die den Angeklagten benachteiligen. Maßgeblich ist der korrekt ausgelegte Wortlaut der brasilianischen Strafgesetze. Obwohl die Verstöße bestimmter Strafgesetze damals moralisch akzeptiert oder politisch (durch die damalige juristische Praxis) gedeckt waren, blieben und bleiben solche Normverstöße des Strafrechts strafbar, wenn auch nur potenziell (als Sollen).[644] Folglich ist es doch möglich (alle und ausschließlich), die von den Staatsbediensteten verübte übermäßige Repression zu bestrafen, die nicht vom Gesetz gedeckt war. Auf die gleiche Art und Weise kann gesagt werden, dass, sofern ein Amnestiegesetz oder gesetzliche Regeln über die Verjährung vorliegen, die auf die illegalen Handlungen anwendbar sind, diese als rechtsgültig betrachtet werden und im Prinzip die Straflosigkeit der Täter garantieren.

b) Laut dem *Rechtsrealismus* entspricht das anzuwendende Strafrecht den während der Diktatur *faktisch* geltenden Normen, ungeachtet gesetzlicher Erwartung und moralischer Qualität. Was sich als Regel zur Bestrafung oder Nichtbestrafung in der Diktatur *tatsächlich durchgesetzt hatte* war das Recht. Daraus folgt, dass, wenn die juristische Praxis während eines bestimmten historischen Zeitraums die einer totalen Straflosigkeit (oder harter Bestrafung) der Täter der Kriminalität der Diktatur war, so war auch das Recht der Zeit im Sinne der Straflosigkeit (oder der harten Bestrafung). Als Beispiel sollen hier die („gesetzlichen" bzw. „formellen")

643 A. a. O., S. 112.

644 Vgl. *K. Lüderssen*, Der Staat geht unter – das Unrecht bleibt? Regierungskriminalität in der ehemaligen DDR, 1992.

Straftaten, die zwischen 1964 und 1979, also vor ihrer Verjährung oder Amnestie, von den Staatsbeamten gegen die politischen Gegner der Diktatur begangen wurden, genannt werden. Da die juristische Praxis eine totalen Straflosigkeit war, ist es nach dem Rechtsrealismus nicht möglich, die verübten Taten der Staatsrepression zu bestrafen, gleichgültig, ob sie mit der Strafgesetzgebung und mit dem Gerechtigkeitsempfinden im Einklang standen oder nicht.[645]

c) Laut dem *Rechtsmoralismus* entspricht das anzuwendende Strafrecht den während der Diktatur geltenden Strafgesetzen, mit Ausnahme der ungerechten Gesetze, die beispielsweise der strafrechtlichen Verantwortlichkeit der Täter der politischen Repression entgegenstanden. Da der Rechtsmoralismus die Durchsetzung der materiellen Gerechtigkeit verlangt, besteht das Strafrecht der Diktatur aus den Strafgesetzen, „verringert um gesetzliches Unrecht, wobei der Umfang des gesetzlichen Unrechts nach Möglichkeit wieder durch positive Regeln abgesteckt wird".[646] Wenn gesetzlich Rechtsfertigungsgründe, wie Amnestie und Verjährung, vorgesehen sind, welche die Straflosigkeit der Täter von Staatkriminalität vorsehen, so werden diese als ungerecht betrachtet und *ab initio* als ungültig erklärt. Folglich ist es doch möglich, alle verübten Ungerechtigkeiten und Grausamkeiten der Diktatur gegen ihre politischen Gegner zu bestrafen, auch wenn diese Taten seinerzeit von den Gesetzen und von der juristischen Praxis erlaubt waren, oder *de lege lata* amnestiert oder verjährt sind.[647]

5. Vier Kommentare zur Rechtsgeltung

a) Geltung der Rechtsnorm vs. Geltung der Rechtsordnung

Zu dem Disput zwischen diesen drei konkurrierenden Deutungsmustern sind vier (vorhergehende) Erklärungen nötig, damit mögliche Irrtümer vermieden werden können. *Erstens*: Wir beschäftigen uns hier vor allem mit der Geltung der Norm und nicht mit der Geltung der Rechtsordnung als solcher. Obwohl es sich um ähnliche Dinge handelt, sind sie doch verschieden.

---

645 In diesem Sinne *G. Jakobs*, Vergangenheitsbewältigung durch Strafrecht? Zur Leistungsfähigkeit des Strafrechts nach einem politischen Umbruch, in: Vergangenheitsbewältigung durch Recht: Drei Abhandlungen zu einem deutschen Problem, 1992, S. 37 ff.; *G. Jakobs*, Crímenes del Estado – ilegalidad en El Estado. ¿Penas para los homicidios en la frontera de la ex República Democrática Alemana?, in: DOXA (1995) 17–18, S. 445 ff.

646 *W. Naucke*, Die strafjuristische Privilegierung staatsverstärkter Kriminalität, 1996, S. 40.

647 Vgl. *R. Alexy*, Mauerschützen: zum Verhältnis von Recht, Moral und Strafbarkeit, 1993; *R. Dreier*, Gesetzliches Unrecht im SED-Staat? Am Beispiel des DDR-Grenzgesetzes, in: Strafgerechtigkeit. Festschrift für Arthur Kaufmann zum 70. Geburtstag, 1993; *W. Naucke*, Die strafjuristische Privilegierung staatsverstärkter Kriminalität, 1996.

Die Geltung der *Rechtsordnung* ist die Eigenschaft eines Ensembles von Normen, die das Ziel hat, menschliches Verhalten zu regeln, und die, in einem bestimmten Raum und innerhalb einer bestimmten Zeit, gesellschaftliche Folgen hat und sich als verbindlich durchsetzt, mittels eines Machtaktes, der in der gesellschaftlichen Praxis vorrangig ist. Dieses Ensemble von Normen erlangt deshalb Geltung, selbst gegen den Willen der Individuen oder der Gruppen. Die Rechtsordnung verhindert also die Anwendung der ihr selbst widersprechenden Normen, die aus anderen Normsystemen hervorgegangen sind.[648]

Auch wenn über die Frage der Geltung einer Rechtsordnung in der Lehre eine große Debatte geführt wird (z. B. die theoretischen Diskussionen zur Grundnorm als Voraussetzung für die Geltung und Einheit einer stufig aufgebauten Rechtsordnung; oder das praktische Problem darum, zu wissen, welches Recht in Kraft ist, wenn mehr als eine Rechtsordnung besteht, z. B. während einer politischen Revolution oder eines Bürgerkriegs), so verlangt man normalerweise als notwendige Bedingung zu ihrer Geltung die Knüpfung der Rechtsgeltung an ein Mindestmaß sozialer Geltung (positive Wirksamkeit bzw. Verhaltensgeltung), die ihrerseits von einer bestimmten Anerkennung der Rechtsordnung durch das Staatsvolk abhängt, sowie eine unbegrenzte Kompensation fehlender Verhaltensgeltung durch die Sanktionsgeltung (negative Wirksamkeit bzw. Sanktionsgeltung).[649]

Andererseits betrifft die Geltung der *Rechtsnorm* die Qualität der Norm, die an der Rechtsordnung zu einem bestimmten Zeitpunkt teilnimmt. Das Problem der Geltung einer Norm ist deshalb ein Problem, da sich daran die Frage anschließt, ob diese Norm zu der in Kraft befindlichen Rechtsordnung gehört.[650] Sobald sie der Rechtsordnung angehört und sich somit von den anderen gesellschaftlichen Regelbeständen und Konventionen unterscheidet, erlangt die Norm rechtsverbindliche Kraft (das heißt, sie wird vom Staat garantiert) und die Antwort auf ihren Bruch

---

648 *D. Dimoulis*, O positivismo jurídico: introdução a uma teoria do direito e defesa do pragmatismo jurídico-político, 2006, S. 116.

649 Vgl. *H. Kelsen*, Reine Rechtslehre (1960), 2000, S. 45–51, 196–228; *R. Alexy*, Begriff und Geltung des Rechts (1992), 2005, S. 90–122; *N. Bobbio*, Teoria do ordenamento jurídico, 1997, S. 37–70; *D. Dimoulis*, O positivismo jurídico: introdução a uma teoria do direito e defesa do pragmatismo jurídico-político, 2006, S. 115–123; *H. L. A. Hart*, The Concept of Law (1961), 1994, S. 111–135. Zur Unterscheidung von Verhaltensgeltung und Sanktionsgeltung grundlegend *Theodor Geiger*, Vorstudien zu einer Soziologie des Rechts (1947), 1964, S. 68 ff. Unter Hinweis auf Geiger *U. Neumann*, Das Problem der Rechtsgeltung (2007), in: Recht als Struktur und Argumentation, 2008, S. 229.

650 *D. Dimoulis*, O positivismo jurídico: introdução a uma teoria do direito e defesa do pragmatismo jurídico-político, 2006, S. 113. Im gleichen Sinn definiert *François Ost* die Geltung als „die Eigenschaft, die sich an eine Norm anlehnt, der auf der Basis von verschiedenen Kriterien zugesagt wird, dass sie diejenigen rechtlichen Wirkungen hat, die sie zu haben vorgibt." *F. Ost*, Validade, in: Dicionário enciclopédico de teoria e de sociologia do direito, 1999, S. 813 (Übersetzung *L. J. S.*).

wird von den staatlichen Stellen an Machtorgane gegeben, die institutionalisierte Sanktionen anwenden.

In diesem Fall werden andere Kriterien zur Definition von Geltung angewandt und nicht notwendigerweise die positive und negative Wirksamkeit (faktische Geltung). Anders als bei der Geltung der Rechtsordnung kann eine Norm als unwirksam betrachtet werden (weil fast alle Leute über einen langen Zeitraum das Gesetz übertreten und/oder der Staat die Sanktion im Falle seiner Übertretung nicht anwendet) und dennoch als rechtlich gültig erklärt werden.[651] Obwohl es viele umstrittene Theorien und Kriterien zur Rechtsgeltung (der Norm) gibt, insbesondere in den sogenannten *hard cases* – d. h. Fälle, auf welche die Rechtswissenschaft und Rechtsanwendungspraxis keine klare und objektive Antwort anbietet und für deren Entscheidung man theoretische Probleme angehen muss –,[652] kann man jedoch sagen, dass in der Regel die Geltung der Rechtsnorm [*g*] von den Kombinationen abhängt, die ihr von Interpreten der Elemente der Positivität [*p*], der Faktizität [*f*] und der Moralität [*m*] gegeben werden: Trennungsthese: $g = p$; $g = f$; $g = m$; Verbindungsthese: $g = p + f$; $g = p + m$; $g = f + m$; $g = p + f + m$.[653]

Das Ideal ist natürlich, dass die rechtliche Geltung denjenigen Rechtsnormen entspricht, welche außer formell gültig (weil es innerhalb der formellen Schranken, die von der damaligen Verfassung zur Kompetenz und zum Verfahren der gesetzgeberischen Tätigkeit umschrieben waren, geschaffen wurde) auch gerecht und wirksam sind. Da es ungerechte und unwirksame Gesetze gibt, ist dieser Idealfall nicht die Regel, sondern die Ausnahme. Im Regelfall bestehen marginale Differenzen, die im modernen Verfassungsstaat mit den Bordmitteln des Rechtssystems und durch die Gewichtung der Elemente der Positivität, der Faktizität und der Moralität des Rechts für die Definition der Gültigkeit der Rechtsnorm bereinigt werden müssen. „Dabei ist die konstitutive Bedeutung des Elements der Positivität für die Identifizierung von Normen als geltendes Recht heute kaum umstritten. Die Frage heißt, unter welchen Voraussetzungen die grundsätzlich anerkannte Geltung des gesetzten Rechts in Hinblick auf seine Kollision mit rechtsethischen

---

651 Eine Norm wird hier als unwirksam betrachtet und dennoch als rechtlich gültig erklärt, auch wenn sich die Geltung (der Rechtsnorm) unter sozialwissenschaftlichem Blickwinkel nicht aus der Norm eliminieren lässt. Die Definition der Norm als *Verhaltenserwartung* (*N. Luhmann*, Rechtssoziologie, Bd. 1, 1972; *T. Vesting*, Rechtstheorie, 2007) statt als sanktionsgestützter Verhaltensregelmäßigkeit (*H. Popitz*, Die Normative Konstruktion von Gesellschaft, 1980, S. 12; *H. Kelsen*, Reine Rechtslehre (1960), 2000, S. 31 ff.) trägt dieser Einsicht Rechnung. Vgl. *U. Neumann*, Theorien der Rechtsgeltung (1985), in: Recht als Struktur und Argumentation: Beiträge zur Theorie des Rechts und zur Wissenschaftstheorie der Rechtswissenschaft, 2008, S. 103.

652 Zu *hard cases* vgl. etwa *R. Dworkin*, Law's Empire, 1998, S. 56.

653 *L. J. Swensson Jr*, Anistia Penal: problemas de validade da lei de anistia brasileira, 2007, S. 198 ff.

Regeln und Prinzipien einerseits, mit rechtsrealistischen Geltungskriterien andererseits ausnahmsweise zu verneinen ist."[654]

b) Theorien zur Rechtsgeltung vs. Theorien zum Recht

Zweitens: Diese drei theoretischen Positionen zu unterscheiden, heißt nicht, sie zu definieren. Gesetzespositivismus, Rechtsrealismus und Rechtsmoralismus können nicht nur von einem Element aus definiert werden, das vom Gesichtspunkt des Rechtsanwenders aus bestimmt wird, der darum besorgt ist, die geltende Rechtsnorm zu bestimmen. Wenn man diese Reduktion der Theorien zum Recht um Theorien zur Rechtsgeltung der Normen vornimmt, dann lässt man die Dimension und die Komplexität der Debatte zur Definition dieser Schulen des Rechtsdenkens aus, die in der Lehre eine *vexata quaestio* bleiben.

Im Gegensatz zu den Theorien über die Rechtsgeltung (der Norm oder der Rechtsordnung), die den verschiedenen Rechtstheorien angehören, versuchen Gesetzespositivismus, Rechtsrealismus und Rechtsmoralismus Antworten auf die größere Frage „was ist Recht", zu den Fragen der Existenz und der Essenz des Rechtphänomens, zu seinen hauptsächlichen Zügen und Funktionen, die sowohl vom Recht, als auch von anderen gesellschaftlichen Gesichtspunkten und Mechanismen ausgehen, anzubieten. Darüber hinaus ist jeder dieser Theorierahmen freilich keine homogene wissenschaftliche Bewegung, sondern in unterschiedliche Lager gespalten.

Für die vorliegende Arbeit liegt es an der eigentlichen Definition der Geltung von Rechtsnormen, die innerhalb der drei Theorien diskutiert wird, und zwar nach dem Kriterium, das jede von ihnen annimmt, um festzulegen, ob eine bestimmte Norm rechtlich gelten soll. In anderen Worten ist hier das Ziel, die Theorien zu klassifizieren, welche die Geltung der Rechtsnorm (in erster Linie) an den Gesetzestext, an die Rechtsprechungspraxis und an die moralische Qualität der Norm als jeweils positivistische, realistische und moralistische binden.[655] Die so verschiedenen Bedeutungen der Rechtsgeltung, die aus diesen drei theoretischen Linien hervorgehen, bieten ein wichtiges Instrumentarium für die Analyse des Problems der strafrechtlichen Verantwortung für die Verbrechen der brasilianischen Militärdiktatur und genügen für die vorliegende Studie.

---

654 *U. Neumann*, Rechtspositivismus, Rechtsrealismus und Rechtsmoralismus in der Diskussion um die strafrechtliche Bewältigung politischer Systemwechsel, 2002, S. 114.

655 Vgl. z. B. *O. Höffe*, Positivismus plus Moralismus: zu Augustinus' eschatologischer Staatstheorie, in: Augustinus, De civitate Dei, 1997, S. 259: „[...] Der spezifische Gesichtspunkt der Moral, die Gerechtigkeit, ist für Recht und Staat entweder, wie es bei Augustinus der Fall zu sein scheint, unverzichtbar oder aber, wie Kelsen und Hart im Gegenzug behaupten, überflüssig, vielleicht sogar störend. Dort spricht man gern von Rechts- und Staatsmoralismus, hier von Rechts- und Staatspositivismus."

c) Rechtsontologie vs. Praktische Rechtsphilosophie

Drittens: Auf die gleiche Art und Weise, die hier beim Argument der Gerechtigkeit festgestellt wurde, beziehen sich die drei angeführten Definitionen zur Rechtsgeltung auch auf die *normative* Frage „was *soll* eine gültige Rechtsnorm sein" und nicht auf die *kognitive* Frage „was sie *ist*". Es geht in der Sache nicht um das richtige Wissen im Recht, sondern um (begründete) Vorschläge um in der Praxis mit ungerechtem Recht umzugehen. Es handelt sich nicht um die richtige Beschreibung einer bestehenden Rechtslage, sondern um *Handlungsanweisungen*. Anders formuliert: Die Debatte gehört zum Bereich der praktischen und nicht der theoretischen Philosophie.[656]

Das Problem ist also nicht, in die metaphysischen Debatten einzudringen und ein so genanntes ideales „Wesen", das „Rechtsgeltung" genannt wird, zu identifizieren, sondern darum, auf dem Feld der praktischen Philosophie zu verteidigen, welches die beste Definition zur rechtlichen Geltung ist, die im konkreten Fall unter den bestehenden konkurrierenden Alternativen des Positivismus, Realismus und Moralismus angewendet werden soll. In anderen Worten, die aufgeworfene Frage ist nicht die, welche die Korrektur des Wissens anbelangt, sondern die, die nach der Zweckmäßigkeit der bestehenden Konzeptionen zum Begriff der Rechtsgeltung der Norm, die notwendigerweise den Charakter einer *Persuasivdefinition* haben, fragt.[657] In diesem Sinne haben also die verschiedenen Geltungsbehauptungen eine tatsächliche *Appellfunktion*, die, laut *Ulfrid Neumann*, „sich trotz aller theoretischen Einwände nicht einfach hinwegdisputieren lässt."[658]

Aus dieser Erläuterung lässt sich eine wichtige praktische Schussfolgerung ziehen: Es ist nicht möglich zu sagen, dass nur eine Antwort unter den drei hier vorgestellten Konkurrenten richtig oder wahrhaftig ist, und dass die anderen falsch oder irrig sind, wie es oft in akademischen Debatten in Brasilien vorgegeben wird, insbesondere, wenn es sich um Debatten zur *Transitional Justice* handelt. Innerhalb der juristischen Argumentation oder innerhalb der akademischen juristischen Diskussionen gibt es keine Antworten und/oder Theorien, die falsch oder richtig,

---

656 *U. Neumann*, Rechtspositivismus, Rechtsrealismus und Rechtsmoralismus in der Diskussion um die strafrechtliche Bewältigung politischer Systemwechsel, 2002, S. 126; *U. Neumann*, Die Rolle von Recht, Gesellschaft und Politik bei der Verarbeitung von „Unrechtssystemen", in: Transitional Justice, 2013, S. 50 f. Vgl. auch *Ferraz Jr*, Introdução ao estudo de direito: técnica, decisão, dominação, 2003, S. 39 ff., zur *direktiven* (und nicht nur informativen) Funktion der juristischen Sprache, deren Folgen nicht nur theoretischer Natur, sondern vor allem auch praktischer Natur sind.

657 *U. Neumann*, Rechtspositivismus, Rechtsrealismus und Rechtsmoralismus in der Diskussion um die strafrechtliche Bewältigung politischer Systemwechsel, 2002, S. 120; *ders.*, Theorien der Rechtsgeltung (1985), in: Recht als Struktur und Argumentation: Beiträge zur Theorie des Rechts und zur Wissenschaftstheorie der Rechtswissenschaft, 2008, S. 113.

658 A. a. O, S. 112.

wahrhaftig oder irrig wären; im Gegenteil, es gibt Entscheidungen oder Theorien, die mehr oder weniger vertretbar sind, die größere oder kleinere *faktische Anerkennung* besitzen, die sich aus der *Qualität ihrer Begründung* ergeben.[659]

Dichotomien von der Art wahrhaftig/irrig, richtig/falsch, die auf das Recht (oder die Humanwissenschaften im Allgemeinen) angewendet werden, funktionieren mehr als rhetorische Figuren, die keinen großen Beitrag zur juristischen Argumentation und zur Lösung des Problems bieten. Im behandelten Fall sind, beispielsweise, die drei vorgestellten Konzepte, auch wenn sie von verschiedenen Voraussetzungen des Verständnisses der Geltung von Recht und Rechtsnorm ausgehen, von ihrem jeweiligen Standpunkt aus gesehen richtig und korrekt. Das heißt, jede von ihnen „erreicht ihr Ziel, da dieses Ziel von vorne herein festgelegt ist."[660] Da man von verschiedenen Voraussetzungen über das, was Rechtsgeltung ist, ausgeht, kommt man zu unter sich verschiedenen, jedoch unter diesen Prämissen richtigen Antworten.

d) Gleichlautende Schlussfolgerungen?

Viertens: Man könnte noch fragen, ob diese theoretischen Alternativen des Rechtspositivismus, Rechtsrealismus und Rechtsmoralismus zur Rechtsgeltung der Norm notwendigerweise den Anwender des Rechts zu den vorgestellten Schlussfolgerungen (zur strafrechtlichen Verantwortung der Agenten der Diktatur) führen müssen. Es geht darum, ob ein Rechtspositivist, ein Rechtsrealist oder ein Rechtsmoralist sowohl für die Bestrafung als auch für die Straflosigkeit auf der Grundlage seiner theoretischen Voraussetzungen zur Rechtsgeltung entscheiden könnte.[661]

Es stimmt, dass ein Rechtsmoralist auf der Basis von nicht gesetzlichen Argumenten sowohl für die Verantwortung als auch für die Straflosigkeit der Agenten der Diktatur entscheiden könnte. Sowohl auf der Seite der Bestrafung als auch

---

659 *U. Neumann*, Wahrheit statt Autorität. Möglichkeit und Grenzen einer Legitimation durch Begründung im Recht (2005) in: Recht als Struktur und Argumentation, 2008, S. 75 ff.; *N. Horn*, Einführung in die Rechtswissenschaft und Rechtsphilosophie, 2007, S. 130 ff. In diesem Sinne müssen wir vorsichtig sein, wenn wir z. B. über „die" positivistische Definition der Rechtswirkung sprechen, die aus einer einzigen und korrekten Definition des Rechtspositivismus hervorgeht, da wir damit unter einem einzigen Begriff, unter einer einzigen theoretischen Stellungnahme verschiedene Autoren umfassen, alle bekannterweise Rechtspositivisten, die sich aber voneinander in verschiedenen Gesichtspunkten oder in bestimmten Themen unterscheiden. Man spricht von *hard positivism, soft positivism* usw. *Austin* ist nicht gleich *Kelsen*, der nicht wie *Hart* denkt, welcher sich von *Raz* unterscheidet und so weiter und so fort. Es gibt daher Positivismus und Positivismus, so wie es Positivisten und Positivisten gibt.

660 *U. Neumann*, Rechtspositivismus, Rechtsrealismus und Rechtsmoralismus in der Diskussion um die strafrechtliche Bewältigung politischer Systemwechsel, 2002, S. 116; *D. Dimoulis*, Manual de introdução ao estudo de direito, 2003, S. 39.

661 Ich bedanke mich bei Prof. Daniel Sarmento für diese Frage.

auf der Seite der Straflosigkeit bestünden gute und vertretbare Argumente, sodass die Entscheidung nach den Kriterien, den Präferenzen oder dem Glauben des Interpreten erfolgen würde. Einerseits könnte ein Rechtsmoralist die strafrechtliche Verantwortung befürworten und zwar u. a. mit folgenden Argumenten:

a) Der Gerechtigkeit gegenüber dem Opfer, in dem Sinne der Herbeiführung eines weiteren Schadens, der gegen den vom Täter verursachten Schaden „aufgerechnet" werden soll (Solidarisierung, „Genugtuung für das Opfer").[662] Durch die Bestrafung des Täters geschieht und muss dem Opfer Gerechtigkeit geschehen.

b) Der Gerechtigkeit gegenüber den (tatsachlichen oder potenziellen) Tätern anderer Verbrechen, in dem Sinne der Abschaffung einer gebräuchlichen und ungerechtfertigten Privilegierung der Täter von Staatskriminalität, die in der Regel nicht strafverfolgt werden.[663]

c) Der besonderen Schwere oder der „Natur" des Unrechts, die sich auf die sogenannten elementaren Verletzungen der Menschenrechte beziehen. Dazu zählen z. B. Folterungen, erzwungenes Verschwinden und extralegale Hinrichtungen. Es geht um Verbrechen, die nicht nur die Opfer und ihre Familien und eine bestimmte Gesellschaft betreffen, sondern die ganze Menschheit.

d) Die Besonderheit der Staatskriminalität im Verhältnis zu den gemeinen Straftaten. Außer der moralischen und rechtlichen Pflicht des Staates, die eigenen Bürger zu beschützen und zu garantieren, dass Verletzungen der (positiven) Rechtsordnung vermieden werden – deren Bruch von daher eine „inzestuöse" Kriminalität darstellen würde –, besteht die Forderung nach Bestrafung der Delikte, die im Namen des Staates begangen wurden, auch noch aus dem Grund der ungewöhnlichen Macht der Täter im Vergleich mit der Macht derer, die der Staat bekämpfte. „Soweit unsere Macht reicht, soweit reicht auch unser Vermögen, Schäden zu verursachen und auch unsere Verantwortung für diese Schäden".[664]

e) Der Notwendigkeit, zukünftig die Wiederholung der begangenen Gräueltaten zu vermeiden (Argument der positiven Generalprävention). Es geht also um das Argument, dass die Nichtbestrafung der Agenten der Diktatur zur Folge hätte, dass nie ein wirklicher Bruch mit dem vorhergehenden autoritären Regime und seinem Legat vollzogen werden könnte. Darüber hinaus hätte es zur Folge, dass man eine vermutliche Duldsamkeit hinsichtlich institutioneller Praktiken von unerlaubter Gewalt nähren würde, die vor allem aus fortwährenden Praktiken von systematischer Folter, die heutzutage in Brasilien von der Polizei und den Strafbehörden als normale Vorgehensweise angewandt werden, bestünde.[665]

---

662 *U. Neumann*, Die Rolle von Recht, Gesellschaft und Politik bei der Verarbeitung von „Unrechtssystemen", in: Transitional Justice, 2013, S. 44–46.

663 Vgl. *W. Naucke*, Die strafjuristische Privilegierung staatsverstärkter Kriminalität, 1996, S. 12 f., 23.

664 *P. Ricoeur*, O justo: ou a essência da justiça (1995), 1997, S. 55.

665 Vgl. *A. Martins*, A legalidade e a proibição de retroatividade das leis no direito penal e no direito penal internacional e o tratamento dos crimes estatais praticados

Andererseits ist es auch wahr, dass ein Rechtsmoralist von überpositivistischen bzw. moralischen Gründen ausgehend, die Nichtbestrafung der Agenten der Diktatur befürworten könnte, und zwar u. a. mit folgenden Argumenten:

a) Der Ungerechtigkeit, jemanden so viele Jahre nach der Straftat bestrafen zu wollen.[666]
b) Der Ungerechtigkeit, den Täter, der sich schon im vorgeschrittenen Alter befindet, in ein brasilianisches Gefängnis zu stecken, wo die unmenschlichen Bedingungen eine bekannte Realität darstellen.[667]
c) Der Tatsache, dass der einzig mögliche Zweck dieser Strafe die einfache und kritisierbare Vergeltung wäre, und nicht ein anderer, der ihr eine Legitimation geben könnte (vgl. z. B. die Theorien zur General und Spezialprävention in ihrer positiven oder negativen Ausgestaltung).[668]
d) Das Probleme der Selektivität der Angeklagten, da sich diese leicht in Prügelknaben für die Schuld von vielen anderen verwandeln könnten.
e) Der Unzulänglichkeit der repressiven Lösungen, besonders der Kriminalisierung, bei der Suche nach der Lösung von politischen Problemen sowie mit dem Argument der Fortsetzung, bei einer eventuellen Bestrafung, der Feindseligkeiten und des Gewaltzyklus, wodurch die Anstrengungen, die gesellschaftliche Befriedung und Versöhnung voranzutreiben, gestört werden könnten.

Schon die Wahl des Rechspositivismus, im Sinne des oben ausgeführten Verständnisses zur Rechtsgeltung, ergibt sich aus der Verteidigung eines Wertes (und zwar: die Annahme des Gesetzes als grundlegendem Kriterium, um gesellschaftliche Probleme zu lösen und damit zu verhindern, dass subjektive willkürliche Regeln und Urteile aufgestellt und gefällt werden) und auch aus einem konkreten politischen Wille, der in einer Auswahl eines bestimmten Staatstyps bestünde (nämlich: der

durante o regime militar no Brasil, in: Revista Anistia Política e Justiça de Transição, Bd. 7, 2013, S. 202 ff.

666 Vgl. *N. Batista*, Nota Introdutória, in: Justiça de transição no Brasil: direito, responsabilização e verdade, 2010, S. 16.

667 Vgl. etwa *G. Marques Jr*, A lei de execuções penais e os limites da interpretação juridical, in: Revista de Sociologia e Política 17 (2009) 33, S. 9 f.: „So wie das Recht bisher hinsichtlich des Strafvollstreckungsgesetzes interpretiert und angewendet wird, gibt es schon Recht, aber halt ‚umgekehrtes Recht'. Es ist positives Recht, es sind Entscheidungen im Rahmen des Gesetzes, aber es handelt sich um Interpretationen, die die Gesetze nach dem Gesichtspunkt des gesellschaftlichen und doktrinären Rahmens auswählen und die von daher die Rechtsordnung aufteilen und damit das Weiterbestehen von Kerkern und menschlich unwürdigen Bedingungen in den Gefängnissen zulassen" (Übersetzung *L. J. S.*). Vgl. auch *ders.*, Estupro: Uma Interpretação Sociológica da Violência no Cárcere, 2009.

668 Vgl. *K. Günther*, Kritik der Strafe I, in: WestEnd – Neue Zeitschrift für Sozialforschung (2004) 1, S. 117 ff.; *ders.*, Kritik der Strafe II, in: WestEnd – Neue Zeitschrift für Sozialforschung (2005) 1, S. 131 ff.

Rechtsstaat, der aus dem liberalbürgerlichen Staatmodell heraus geboren wurde und unter dem Motto *„government of law and not of men"* seinen Ausdruck findet,[669] mit der Französischen Revolution als einer der Meilensteine seiner geschichtlichen Verwirklichung und mit Denkern wie *Locke, Rousseau, Montesquieu, Beccaria, Feuerbach, Kant* u. a. als liberalen Vorläufern). Wie im ersten Kapitel des ersten Teils der Arbeit dargelegt, bedeutet die Verteidigung der Bindung an das Gesetz – das gerade wegen der Trennung der Staatsmächte eines der Grundelemente des Rechtsstaates darstellt – die Verteidigung der Freiheit der Staatsbürger gegen die Bedrohung von Seiten des Staates, oder, wenn wir uns auf *Hobbes* berufen, gegen den mächtigen Leviathan. Im Fall des Strafrechts ist der Imperativ, dass der Staat nur unter bestimmten Voraussetzungen dazu befugt ist, jemanden zu bestrafen, innerlich mit dem Schutz der Staatsbürger vor willkürlicher Bestrafung verbunden.

Auf der anderen Seite können diejenigen, die von einem rechtsrealistischen und rechtspositivistischen Standpunkt ausgehen, sich nicht ambivalent (für und gegen die Bestrafung) entscheiden, da dies ihrem theoretischen Verständnis zur Rechtsgeltung entgegenstünde. Was den *Rechtrealismus* anbelangt, so ist seine Schlussfolgerung zur strafrechtlichen Verantwortlichkeit der Agenten der brasilianischen Diktatur eindeutig. Wenn der Rechtsrealismus die Rechtsgeltung an die juristische Praxis, das heißt, an das Element der Faktizität des Rechts anknüpft, und wenn die damalige Praxis im Sinne einer Nichtbestrafung der Agenten der Diktatur bestand – selbst in dem Fall, in dem die verbrecherischen Verhaltensweisen noch nicht amnestiert oder verjährt waren – kommt man zu dem Schluss, dass nach dem in der damaligen Zeit geltenden Recht die Taten nicht zu bestrafen waren.

Was den *Gesetzespositivismus* anbelangt, so ist seine Schlussfolgerung zur strafrechtlichen Verantwortlichkeit der Agenten der brasilianischen Diktatur auch klar. Wenn der Gesetzespositivismus die Rechtsgeltung an die positiven Gesetze anknüpft, das heißt, an das Element der Positivität des Rechts, und wenn die damaligen Gesetze im Sinne der Bestrafung (vor dem Amnestiegesetz und der Verjährungsfrist) oder der Nichtbestrafung (nach dem Amnestiegesetz und der Verjährungsfrist) der Agenten der Diktatur bestanden, dann kommt man zu dem Schluss, dass nach dem in der damaligen Zeit geltenden Recht die Taten strafbar oder nicht strafbar waren.

Was vorliegen könnte, sind bestimmte Schwierigkeiten hinsichtlich der Identifikation der damaligen Rechtslage, einer „richtigen" Interpretation der Gesetzestexte, mit den dementsprechenden Problemen mit der Antinomie und der Übereinstimmung mit hierarchisch übergeordneten Normen usw. Doch wenn einmal die zur Zeit faktische Rechtslage bekannt oder der Wille des Gesetzes festgelegt wird, so ergibt sich, für den rechtsrealistischen oder rechtspositivistischen Interpreten, die Feststellung einer Strafbarkeit der Handlung, auch wenn er nicht mit der Rechtslage oder mit dem Gesetz einverstanden ist. Die Bestreitung für die

669 Nach der Definition, die vom Obersten Gerichtshof der USA im Fall *Marbury vs. Madison* [1 Cranch 137, 2. L.Ed. 60, 1803] ausgesprochen wurde.

Strafbarkeit oder die Nichtstrafbarkeit kann hier mit politischen oder moralischen Mitteln und nicht mit rechtlichen Mitteln geschehen.

Es ist nicht der Rechtsrealist oder der Rechtspositivist, sondern der Rechtsmoralist, der schlussendlich die Ungültigkeit *ab initio* der ehemaligen Rechtslage und Gesetzeslage, um die Bestrafung der Täter der vergangenen Staatskriminalität zu ermöglichen, verkünden könnte, da er diese Rechtslage und Gesetzlage als ungerecht betrachten würde, da er die Rechtsgeltung von der moralischen Erwägung abhängig macht. Es ist der Rechtsmoralist, der einen Filter zwischen Gesetzeslage und Rechtslage einbaut, um zu verhindern, dass grob ungerechte Gesetze rechtliche Verbindlichkeit erlangen können und konnten.[670] Für einen Rechtspositivisten oder einen Rechtsrealisten kann eine Rechtnorm oder eine vergangene Rechtslage als ungerecht vom Standpunkt einer bestimmten Norm der Gerechtigkeit aus betrachtet werden. Die Tatsache jedoch, dass der Inhalt dieser Gesetze oder die ehemalige Rechtslage als ungerecht bezeichnet werden können, bietet in keiner Weise eine Basis dafür, die Norm oder die Rechtslage nicht als gültig anzusehen.[671]

6. Für das Gesetz: Argumente zur Trennung von Recht und Moral

a) Die Radbruchsche Formel – ein rechtsphilosophischer Weg zur Strafbarkeit?

Kann also die Gerechtigkeit (und konsequenterweise die Moral) als Kriterium der Rechtsgeltung benützt werden und damit eine strafrechtliche Verantwortung bzw. eine Bestrafung der Agenten der Diktatur für die verübten Verbrechen zugelassen werden? Für den Rechtsmoralismus heißt die Antwort: Ja. Auf der einen Seite bestreitet die rechtsmoralistische Position die Äquivalenz von faktischem und geltendem Recht des Rechtsrealismus: Das geltende Recht sei nicht *nur* faktisches Recht und nicht *alles* sei faktisches Recht. Auf der anderen Seite bestreitet der Rechtsmoralismus die Gleichwertigkeit von gesetztem und geltendem Recht des Rechtspositivismus: Das geltendes Recht sei nicht *nur* gesetztes Recht und nicht *alles* sei gesetztes Recht.

Die berühmteste Formulierung des Rechtsmoralismus findet sich in der sogenannten *Radbruchschen Formel*, die große Bedeutung sowohl bei der strafrechtlichen

670 *U. Neumann*, Die Rolle von Recht, Gesellschaft und Politik bei der Verarbeitung von „Unrechtssystemen“, in: Transitional Justice, 2013, S. 47.

671 Vgl. *H. Kelsen*, Reine Rechtslehre (1960), 2000, S. 51: „Eine Rechtsordnung mag vom Standpunkt einer bestimmten Gerechtigkeitsnorm aus als ungerecht beurteilt werden. Aber die Tatsache, daß der Inhalt einer wirksamen Zwangsordnung als ungerecht beurteilt werden kann, ist jedenfalls kein Grund, diese Zwangsordnung nicht als Rechtsordnung gelten zu lassen“.

Aufarbeitung des „gesetzlichen Unrechts" des Nationalsozialismus[672] als auch bei der Verfolgung von Taten, die in der ehemaligen DDR begangen wurden (beispielsweise im Hinblick auf die Todesschüsse, die von Grenzposten der seinerzeitigen DDR auf Flüchtlinge abgegeben wurden),[673] hatte. Bei Deutschlands „Entnazifizierung" und „Entstasifizierung" hat also die Anerkennung oder die Verwerfung der Radbruchschen Formel in zahlreichen zeitgeschichtlichen Strafverfahren der deutschen Bundesrepublik darüber entschieden, ob die Angeklagten freizusprechen oder aber zu teilweise hohen Haftstrafen zu verurteilen waren. Sie besagt:

> „Der Konflikt zwischen der Gerechtigkeit und der Rechtssicherheit dürfte dahin zu lösen sein, dass das positive, durch Satzung und Macht gesicherte Recht auch dann den Vorrang hat, wenn es inhaltlich ungerecht und unzweckmäßig ist, es sei denn, dass der Widerspruch des positiven Gesetzes zur Gerechtigkeit ein so *unerträgliches* Maß erreicht, dass das Gesetz als ‚unrichtiges Recht' der Gerechtigkeit zu weichen hat. Es ist unmöglich, eine schärfere Linie zu ziehen zwischen den Fällen des gesetzlichen Unrechts und den trotz unrichtigen Inhalts dennoch geltenden Gesetzen; eine andere Grenzziehung aber kann mit aller Schärfe vorgenommen werden: wo Gerechtigkeit nicht einmal erstrebt wird, wo die Gleichheit, die den Kern der Gerechtigkeit ausmacht, bei der Setzung positiven Rechts bewusst *verleugnet* wurde, da ist das Gesetz nicht etwa nur ‚unrichtiges' Recht, vielmehr entbehrt es überhaupt der Rechtsnatur. Denn man kann Recht, auch positives Recht, gar nicht anders definieren denn als eine Ordnung und Satzung, die ihrem Sinne nach bestimmt ist, der Gerechtigkeit zu dienen."[674] (Hervorhebungen *L. J. S.*)

Radbruch ist der Meinung, dass, aufgrund des Prinzips der Rechtssicherheit, auch das ungerechte Gesetz grundsätzlich als verbindlich zu betrachten ist. Er stellt fest, die „Positivität des Rechts wird damit in höchst merkwürdiger Weise selbst zur Voraussetzung seiner Richtigkeit: es gehört ebensosehr zum Begriffe des richtigen Rechts, positiv zu sein, wie es Aufgabe des positiven Rechts ist, inhaltlich richtig zu

672 Vlg. etwa die Entscheidung des Bundesgerichtshofs BGHSt 2, 173 (177) und BGHSt 3, 357 (362 ff.) sowie die Entscheidung des Bundesverfassungsgerichts BVerGE 23, 89.

673 Vgl. etwa *K. Lüderssen*, Der Staat geht unter – das Unrecht bleibt? Regierungskriminalität in der ehemaligen DDR, 1992; *U. Neumann*, Strafrechtliche Verantwortlichkeit für die DDR-Spionage gegen die Bundesrepublik, in: Deutsche Wiedervereinigung, Bd. 2: Die Verfolgung von Regierungskriminalität der DDR nach der Wiedervereinigung, 1993, S. 161 ff.; *R. Dreier*, Gesetzliches Unrecht im SED-Staat? Am Beispiel des DDR-Grenzgesetzes, in: Strafgerechtigkeit. Festschrift für Arthur Kaufmann zum 70. Geburtstag, 1993, S. 57 ff.; *R. Alexy*, Mauerschützen: zum Verhältnis von Recht, Moral und Strafbarkeit, 1993.

674 *G. Radbruch*, Gesetzliches Unrecht und übergesetzliches Recht (1946), 2002, S. 11. Laut *Frank Saliger* ist der Begriff der Radbruchschen Formel zuerst wohl bei *Evers* (Der Richter und das unsittliche Gesetz, 1956, S. 79) formuliert; *F. Saliger*, Radbruchsche Formel und Rechtsstaat, 1995, S. 4, Fn. 9.

sein".[675] In der Regel darf man also nicht jedem „ungerechten" Gesetz die Geltung absprechen. Aber wenn es um einen *unerträglichen Verstoß* gegen Prinzipien der Gerechtigkeit geht, soll das Gesetz, als „unrichtiges Recht", seine Geltung einbüßen. Und wenn mit dem Gesetz nicht einmal Gerechtigkeit erstrebt werde, soll das Gesetz für ungültig erklärt werden. Tatsächlich kursieren in der Radbruchschen Formel nicht eine, sondern mindestens zwei Formeln. Erstens: die *Unerträglichkeitsformel*, die auf den ersten Satz des Zitats beruht und „ausschließlich objektiv orientiert" ist. Zweitens: die *Verleugnungsformel*, die sich am Ende der Passage befindet und demgegenüber wesentlich auf die Intention des Gesetzgebers und damit auf die subjektive Seite Bezug nimmt.[676] In zweiten Fall lautet die Interpretation, dass es sich nicht einmal um „unrichtiges Recht" handele, vielmehr fehle dem Gesetz überhaupt die Rechtsnatur.[677]

Die Radbruchsche Formel beinhaltet den unbezweifelbaren Vorteil, den Machthabern eines autoritären Regimes mit Bestrafung zu drohen, auch wenn ihre Taten in Übereinstimmung mit selbst erlassenen Gesetzen stehen. Sie beendet die vermeintliche Gewissheit, dass mächtige Diktatoren und ihre Kollaborateure nie bestraft werden können, weil sie von Gesetzen der Diktatur geschützt seien oder weil sie die Macht hatten, in der Praxis ihre Strafverfolgung zu verhindern. Diese rechtsmoralistische Stellungnahme ist jedoch nicht frei von Kritik. Obwohl die Radbruchsche Formel von den deutschen Gerichten angewandt wurde und bis heute einen wichtigen argumentativen Topos bietet, muss diese Argumentation den Gegenargumenten, die von anderen theoretischen Standpunkten ausgehen, gegenübergestellt werden. Rechtsphilosophisch geht es hier um die Auseinandersetzung zwischen Rechtsmoralismus und Rechtsrealismus und insbesondere zwischen Rechtsmoralismus und Gesetzespositivismus, mit seinen verschiedenen Varianten. Dies soll beispielsweise anhand der folgenden Probleme erläutert werden.

b) Moralischer Relativismus und Willkür

Ein erstes Problem betrifft den *moralischen Relativismus*. Trotz der unleugbaren Wichtigkeit von Gerechtigkeit – als einer Untergruppe der Moral, die als „negatives" Kriterium der Bewertung funktioniert –, besteht die Tatsache, dass niemand genau weiß, was Gerechtigkeit ist und welches ihre Kriterien sind.

---

675 *G. Radbruch*, Rechtsphilosophie (1932), 2003, § 9.

676 Vgl. *F. Saliger*, Radbruchsche Formel und Rechtsstaat, 1995, S. 44 ff.; *R. Alexy*, Mauerschützen: zum Verhältnis von Recht, Moral und Strafbarkeit, 1993, S. 4, Fn. 3; *R. Dreier*, Gesetzliches Unrecht im SED-Staat? Am Beispiel des DDR-Grenzgesetzes, in: Strafgerechtigkeit. Festschrift für Arthur Kaufmann zum 70. Geburtstag, 1993, S. 57 ff.; *H. Adachi*, Die Radbruchsche Formel, 2006; *U. Neumann*, Die Rolle von Recht, Gesellschaft und Politik bei der Verarbeitung von „Unrechtssystemen", in: Transitional Justice, 2013, S. 47 ff.

677 A. a. O., S. 47.

Nehmen wir das Beispiel der Radbruchschen Formel. Außer in bestimmten Situationen von „grober“ oder „evidenter“ Ungerechtigkeit – die für andere Personen in anderen Zeiten und an anderen Orten vielleicht nicht so evident wären –,[678] stellt sich die Frage, wie man wissen kann, wann der Widerspruch des positiven Gesetzes zur Gerechtigkeit ein unerträgliches Maß erreicht? Wie kann man wissen, in welchem Fall die Gerechtigkeit bei der Setzung positiven Rechts bewusst verleugnet wurde? Vielleicht ist das Urteil zur Schärfe der Unterscheidung zwischen positivem Recht und Nicht-Recht falsch oder übertrieben; vielleicht sind es die Kriterien, die nicht so recht greifen.[679] Die Fragen bleiben also offen, ob die Radbruchsche Formel in der Lage ist, grundsätzlich eine handhabbare und sachlich überzeugende Grenzziehung zwischen verbindlichem Recht und nichtverbindlichem „gesetzlichen Unrecht“ zu liefern, und ob in den Fällen der Militärdiktatur in Brasilien tatsächlich extremes Unrecht und damit die Anwendbarkeit der Radbruchschen Formel zu bejahen ist.

Die Möglichkeit einer konventionellen, hierarchisch-materiellen, in allen gesellschaftlichen Lebenssphären unmittelbar geltenden Moral gibt es in den heutigen komplexen Gesellschaften nicht mehr.[680] Auch wenn gesagt wird, dass sie in der Vergangenheit bestand habe, so ist es sicher, dass es diese Moral heute in Brasilien nicht mehr gibt. Die Entscheidungen über das, was in konkreten Fällen gerecht und richtig ist, sind in der Regel schwieriger als die Entscheidung über den Sinn eines Gesetzestextes oder über die Beschreibung einer faktischen Rechtslage.

Im Anbetracht der größeren Relativität und Wandelbarkeit der moralischen und gerechten Bestimmungen ergeben sich dabei folgende Probleme: Wenn die rechtsmoralistische Position eingenommen wird, würde damit nicht auch ein größeres Risiko von Rechtsmanipulationen oder von Rechtspervertierungen akzeptiert, um politische und persönliche Interessen (scheinbar moralisch) zu verfolgen? Würde dann nicht ein größerer Spielraum für die Willkür derer, die die Macht haben zu sagen, was gerecht und was ungerecht ist, bestehen?[681]

---

678 Wie es bei der Negersklaverei in Brasilien der Fall ist. Sie wird heute für ein unstreitbare Beispiel von extremer Barbarei und Ungerechtigkeit gegen den Menschen gehalten, war jedoch lange Zeit, bis zum 22. April 1888, in Brasilien eine gesellschaftlich akzeptierte und rechtlich wirksame Praxis.

679 *W. Hassemer*, Einführung, in: Gesetzliches Unrecht und übergesetzliches Recht, 2002, S. XV.

680 *M. Neves*, Zwischen Themis und Leviathan: Eine schwierige Beziehung, 2000, S. 172.

681 Bei *Arthur Kaufmann* heißt es: „Der Naturrechtler schätzt das positive Gesetz gering ein, er setzt auf vorgegebene Normen; da er diese aber nicht erkenntnismäßig aufweisen kann, ist das Ergebnis, wie sich vor allem im ‚naturrechtlichen‘ 18. Jahrhundert gezeigt hat, Rechtunsicherheit und Willkür“. *Ders.*, Rechtsphilosophie, Rechtstheorie, Rechtsdogmatik, in: Einführung in Rechtsphilosophie und Rechtstheorie der Gegenwart, 2004, S. 15.

c) Rechtsunsicherheit

Aus dem Rechtsmoralismus ergibt sich ein zweites Problem, und zwar das, was die *Rechtssicherheit* anbelangt. Nach *Gustav Radbruch* ist die Rechtssicherheit (die funktional ist und autoritativ gilt) neben dem Gleichheitsprinzip (das absolut gilt, aber als solches rein formal ist) und der Zweckmäßigkeit (die materiell ist, aber nur relativ gilt) einer der drei Aspekte der Gerechtigkeit.[682] Sie ist, um es kurz zu sagen, mit der Forderung nach Klarheit der Rechtsnormen (Orientierungssicherheit), nach Vorhersehbarkeit der rechtlichen Entscheidungen (Realisierungssicherheit) und nach Gleichbehandlung (formelle Gleichheit) verbunden. Die Idee beruht dabei darauf, unschlüssige Entscheidungen, unangenehme „Überraschungen", Ungleichbehandlung zu vermeiden und, im gewissen Sinne, die Kontinuität des Rechts zu garantieren.[683] Von daher lautet die Frage: Wie kann man die gewünschte Rechtssicherheit erreichen, wenn man die Rechtsgeltung an die Moral bindet, die, im Vergleich mit den Elementen der Positivität und Faktizität des Rechts, viel relativer, veränderbarer und subjektiver ist?

d) Verlust von Wichtigkeit und Durchschlagskraft

Eine dritte Frage bezieht sich auf die heute geringere Notwendigkeit, sich auf das Argument der Gerechtigkeit zu stützen, insofern Grundrechte und Menschenrechte in nationalen Verfassungen und internationalen Verträgen (die von den Staaten unterzeichnet wurden) jeweils positiviert sind und damit die wichtigsten geltenden moralischen Prinzipien der Gesellschaft (im lokalen und internationalen Sinn) oder die elementaren Prinzipien richtigen Rechts schon in der positiven Rechtsordnung des modernen Verfassungsstaates eingebaut sind.

Diese moralischen Prinzipien gehören schon dem positiven Recht des Staates und der internationalen Gemeinschaft an. Es gibt heute in unserem Kulturkreis zwischen den positiven Gesetzen und einer überlegenen naturrechtlichen Ebene ein dichtes Netz von konkreter Normierung nationaler und internationaler Herkunft, das besagt, wie ein positives Gesetz aus Gründen höherer Gerechtigkeit zu kritisieren ist. Es ist ein Netz, wie es in einer nicht fernen Vergangenheit nicht bestand, in der Zeit also, in der die Radbruchsche Formel geschrieben wurde.[684]

Würde dann die Radbruchsche Formel heute die gleiche Wichtigkeit und Durchschlagskraft haben, die sie zu ihrer Zeit hatte? Warum ist es heute notwendig, einen offenen Rechtsmoralismus zu verteidigen, wenn sich die moralischen und rechtlichen Prinzipien, welche die Grundrechte und die Menschenrechte schützen,

---

682 *G. Radbruch*, Rechtsphilosophie (1932), 2003, § 9, S. 73 ff.

683 *R. Zippelius*, Rechtsphilosophie, 2007, S. 122 ff.; *D. Dimoulis*, O positivismo jurídico: introdução a uma teoria do direito e defesa do pragmatismo jurídico-político, 2006, S. 196 ff.

684 *W. Hassemer*, Einführung, in: Gesetzliches Unrecht und übergesetzliches Recht, 2002, S. XX.

schon in den Verfassungen der Staaten und/oder in den verschiedenen internationalen Verträgen zu den Menschenrechten befinden?[685]

Dies kann anhand des Falles Brasiliens näher erläutert werden: Nach dem Militärregime hat der Staat eine Reihe von Staatsverträgen zum Schutz der Menschenrechte unterzeichnet. Zum Beispiel den Internationalen Pakt über bürgerliche und politische Rechte, das Übereinkommen gegen Folter und andere grausame, unmenschliche oder erniedrigende Behandlung oder Strafe usw. Außerdem hat Brasilien die Kompetenz des Inter-Amerikanischen Gerichtshofs für Menschenrechte (für Taten, die nach dem 10. Dezember 1998 geschahen) und des Internationalen Strafgerichtshofs (für Taten, die nach dem 1. September 2002 geschahen) als verbindlich anerkannt. Weiterhin wurde in der Verfassung von 1988 ausdrücklich vorgesehen, dass die Amnestie beim Vorliegen von Folter, Handel mit unerlaubten Rauschgiften und ähnlichen Drogen, bei Terrorismus und bei besonders abstoßenden Straftaten nicht zugelassen ist (Art. 5, XLIII der CF/88).

Wenn es zu einer neuerlichen Diktatur käme und wieder Staatskriminalität praktiziert würde, wäre es nun nicht mehr nötig, an die Gerechtigkeit zu appellieren, um die Folterer zu bestrafen, sondern es könnte einfach auf das Gesetz zurückgegriffen werden. Das Gesetzt funktioniert also als ein wichtiges Instrument, die Täter einer zukünftigen Staatskriminalität zu belangen. Von daher stellt sich die Frage, ob es von daher weise und wünschenswert ist, das Gesetz heute zu flexibilisieren, indem im Namen der Gerechtigkeit eine Ausnahme vom Gesetzlichkeitsprinzip geschaffen würde, um die strafrechtliche Verantwortung der Täter von vergangenen Verbrechen zu ermöglich.

e) Trennung zwischen dem „Sein des Sollens“ und dem „Sollen des Sollens“

Eine vierte Frage bezieht sich auf die Trennung zwischen dem *Sein des Sollens* und dem *Sollen des Sollens*. Gegenüber der rechtsrealistischen Position besagt der Rechtsmoralismus (so wie der Rechtspositivismus), dass die Rechtsregeln nicht mit den Regeln verwechselt werden sollen, die tatsächlich in der gesellschaftlichen Praxis

---

685 Bei *Ulfrid Neumann* heißt es: „Da die elementaren Prinzipien richtigen Rechts in der Verfassung positiviert wird, verstieße eine grob ungerechte Norm typischerweise zugleich gegen höherrangiges positives Recht. Das Problem des Naturrechts stellt sich in Bezug auf die eigene Rechtsordnung des modernen Verfassungsstaates deshalb typischerweise nicht, der Konflikt zwischen Recht und Moral verlagert sich in das positive Recht selbst.“ Ders., Rechtspositivismus, Rechtsrealismus und Rechtsmoralismus in der Diskussion um die strafrechtliche Bewältigung politischer Systemwechsel, 2002, S. 113. Ob die Radbruchsche Formel tatsächlich in Hinblick auf inzwischen etablierte verfassungsrechtliche Sicherungen an Bedeutung verloren hat, ist allerdings eine Frage, die sich nicht im Bereich der Rechtstheorie, sondern nur in Hinblick auf die kontigente Ausgestaltung der jeweiligen Verfassung beantworten lässt.

bestehen. Das Recht ist nicht faktisch, sondern *gegenfaktisch.* Die Rechtsnorm gilt, unabhängig davon, ob die Personen sie anerkennen und sich gemäß ihrer Orientierungen verhalten und unabhängig davon, ob der Staat diejenigen bestraft, die sie brechen. Indem es die Mentalität und das soziale Verhalten der Bevölkerung zu verändern oder die soziale Situation, die durch seine Regeln geschaffen wurde, zu erhalten trachtet, steht das Recht den gesellschaftlichen Fakten entgegen.[686]

Außerdem ist es problematisch, die Geltung an die (positive und negative) Wirksamkeit zu knüpfen und dies aus zwei Gründen: Einerseits, da man den faktischen Umgang mit den Rechtsregeln nicht genau kennt. Siehe beispielhaft im Falle des Strafrechts die hohen Dunkelziffern über die Kriminalität in Brasilien und die Problematik der selektiven Strafverfolgung. Andererseits, weil man nicht weiß, welches Mindestmaß an Effektivität als Bedingung rechtlicher Geltung bestehen sollte. Die soziale Geltung ist eine Frage des Grades (die Wirksamkeit der Norm X beträgt 73 %) und die Schlussfolgerung über die Rechtsgeltung soll immer zu einem absoluten Resultat kommen. Es gibt keine Norm mit mehr oder weniger oder mit X % Rechtsgeltung. Entweder gilt die Norm oder sie gilt nicht.

Diese Auffassung befindet sich in dem logischen Argument der Trennung von Sein und Sollen, das von *David Hume*, in seinem Werk *A treatise of human nature* (1739/40)[687] beschrieben wird und das z. B. von *Hans Kelsen* in seiner *Reinen Rechtslehre* bekräftigt wird: „daß etwas ist, nicht folgen kann, daß etwas sein soll, so wie daraus, daß etwas sein soll, nicht folgen kann, daß etwas ist".[688] Die faktische

---

686 *D. Dimoulis*, Manual de introdução ao estudo de direito, 2003, S. 50–60, S. 65 f.; *A. L. Sabadell*, Manual de sociologia juridical: introdução a uma leitura externa do direito, 2002, S 93–109; *Swensson Jr*, Anistia Penal: problemas de validade da lei de anistia brasileira, 2007, S. 206 f.

687 "I cannot forbear adding to these reasoning an observation, which may, perhaps, be found of some importance. In every system of morality, which I have hitherto met with, I have always remarked, that the author proceeds for some time in the ordinary way of reasoning, and establishes the being of a God, or makes observations concerning human affairs; when of a sudden I am surprised to find, that instead of the usual copulations of propositions, is, and is not, I meet with no proposition that is not connected with an ought, or an ought not. This change is imperceptible; but is, however, of the last consequence. For as this ought, or ought not, expresses some new relation or affirmation, it is necessary that it should be observed and explained; and at the same time that a reason should be given, for what seems altogether inconceivable, how this new relation can be a deduction from others, which are entirely different from it. But as authors do not commonly use this precaution, I shall presume to recommend it to the readers; and am persuaded, that this small attention would subvert all the vulgar systems of morality, and let us see, that the distinction of vice and virtue is not founded merely on the relations of objects, nor is perceived by reason." *D. Hume*, A Treatise of Human Nature (1739–1740), Book III, Part I, Sect. I, 2003, S. 333.

688 *H. Kelsen*, Reine Rechtslehre (1960), 2000, S. 5: „Der Unterschied zwischen Sein und Sollen kann nicht näher erklärt werden. Er ist unserem Bewußtsein unmittelbar

Gewalt kann allein ein *Müssen*, niemals aber ein *Sollen* begründen. Deshalb kann die Geltung des Rechts nicht auf den Befehl dessen, der über die Macht gebietet, es durchzusetzen, gegründet werden.[689] Sowohl der Richter als auch der Rechtswissenschaftler müssen sich an dem normativen Programm des Rechtssystems orientieren, nicht an dem faktischen Umgang mit den Regeln dieses Systems.[690]

Auch wenn es richtig und vorzuziehen ist, die Existenz des Rechts (als Sollen) von der gesellschaftlichen Wirklichkeit (als Sein) zu trennen oder, in anderen Worten, nicht den Geltungsbegriff zu sozialem Sachverhalt zu reduzieren, so ist es doch wichtig zu fragen, ob nicht auch die Existenz des Rechts (das Sein des Sollens) von seiner Bewertung, das heißt, von den Forderungen, Vorschlägen und Notwendigkeiten seiner Reform (das Sollen des Sollens) getrennt werden soll. Es geht also um die Frage, ob es nicht auch nötig ist, nach der Ermahnung von *Bentham*, die *expository jurisprudence* (*ascertain what the law is*) von der *censorial jurisprudence* (*ascertain what it ought to be*) zu trennen.[691]

Zu bekräftigen, dass die Geltung des Rechts (und der Rechtsnorm) ein Problem ist, das von seinem korrekten, angemessenen, gerechten und ethischen Charakter abhängt, ist nicht dasselbe wie zu sagen, dass ein schlechtes Lied, ein fades Essen oder eine falsche Nachricht jeweils keine musikalischen Werke, Nahrungsmittel und Informationen sind.[692] Wäre es nicht so, dass sowohl derjenige, der die Beschreibung des Rechtssystems als Vorschrift von bestimmten Inhalten betreibt, als auch derjenige, der behauptet, dass die gesellschaftliche Realität die Rechtsgeltung „kommandiert", einem selben logischen Irrtum verfallen wären, wie der der von *Hume* angezeigt wurde?

f) Geringeres kritisches Potential

Ein fünftes Problem bezieht sich auf das kritische Potential des Rechtsmoralismus – im Bezug auf die offene reschtmoralistische Debatte über die *Criminal Transitional Justice*, die im Brasilien geführt wird. Indem der Rechtsmoralismus eine Position

gegeben. Niemand kann leugnen, daß die Aussagen: etwas ist – das ist die Aussage, mit dem eine Seins-Tatsache beschrieben wird – wesentlich verschieden ist von der Aussage: daß etwas sein soll – das ist die Aussage, mit der eine Norm beschrieben wird; und daß daraus, daß etwas ist, nicht folgen kann, daß etwas sein soll, so wie daraus, daß etwas sein soll, nicht folgen kann, daß etwas ist."

689 *U. Neumann*, Theorien der Rechtsgeltung (1985), in: Recht als Struktur und Argumentation: Beiträge zur Theorie des Rechts und zur Wissenschaftstheorie der Rechtswissenschaft, 2008, S. 96.

690 *U. Neumann*, Das Problem der Rechtsgeltung (2007), in: Recht als Struktur und Argumentation, 2008, S. 229 f.

691 *J. Betham*, A Fragment on Government and an Introduction to the Principles of Morals and Legislation, 1948, S. 424, zitiert bei *D. Dimoulis*, O positivismo jurídico: introdução a uma teoria do direito e defesa do pragmatismo jurídico-político, 2006, S. 202.

692 A. a. O., S. 192.

einnimmt, die eine Gleichwertung zwischen dem Recht wie es ist (das Sein des Sollens) und dem Recht wie es sein sollte (das Sollen des Sollens) schafft, unterstellt der Rechtsmoralismus die Übereinstimmung des Interpreten mit dem Resultat seiner Interpretation; falls das Kriterium die Moral der Gemeinschaft sein sollte, setzt der Rechtmoralismus die Übereinstimmung seiner Interpretation mit der Moral der Gemeinschaft voraus. Denn falls der Interpret nicht mit dem Ergebnis seiner Interpretation einverstanden ist, oder, falls sie sich nicht als moralisch gerechtfertigt vor der Gemeinschaft darstellt, wird die Norm *automatisch* als nicht geltend betrachtet.

Indem der Vertreter des Rechtsmoralismus sich immer mit dem Ergebnis der Interpretation identifiziert und diesem immer zustimmt, verringert oder schließt er die Möglichkeit aus, das sich in Kraft befindende Recht zu kritisieren, weil für ihn der Teil des Rechts, der ungerecht ist, schon von vornherein nicht existiert oder schon von vornherein nicht als Recht besteht.[693] Er schließt die Augen gegenüber anderen Systemen, vor allem gegenüber dem politischen. So wäre es auf diese Weise nicht nötig, größere Anstrengungen vorzunehmen, um das Recht gerechter und besser zu gestalten. Das Problem der Ungerechtigkeit des Rechts wäre schon fix und fertig gelöst. Es bestünde kein Grund dafür, dass das Recht verändert und modifiziert werden sollte, oder dass man etwas dem Recht entnehmen sollte, da für ihn die als ungerecht angesehenen Normen schon nicht mehr Teil des Rechts waren, oder, besser gesagt, nie dem Recht angehörten. Es genügt zu erklären, was gerecht ist (das heißt, was Recht ist), zu erklären, dass alle diejenigen, die das Gegenteil sagen, einem Irrtum aufsitzen.[694]

Auf diese Weise fragt man sich: Wie kann man sagen, dass eine Rechtsnorm nicht gilt, falls sie in der Rechtordnung vorgesehen ist und tatsächlich vom Staat angewandt wird? Wenn ich sagte, dass eine Norm nicht gültig ist, verliert sie damit ihre Geltung? Wie kann man also eine Rechtsnorm kritisieren, die *a priori* nicht existiert, das heißt, die *ab initio* für nicht geltend gehalten wird? Die Möglichkeit, dass ein Recht gerecht oder ungerecht ist, wäre dies nicht die Konsequenz der Tatsache, dass das Recht positiv ist?[695] Wäre es nicht vorzuziehen, die Rechtsgeltung (des Rechts und der Norm) von der Qualität seines Inhalts zu unterscheiden? Wäre dies nicht aufgrund der Tatsache vorzuziehen, da man damit der freien und direkten Kritik (gegen das Recht und die ungerechte Norm) einen größeren Spielraum einräumte?[696]

---

693 A. a. O., S. 202.

694 *L. J. Swensson Jr*, O positivismo jurídico como modo de se criticar o direito, in: Anais do IV Encontro "Positivismo jurídico e teoria crítica", 2005.

695 *H. L. A. Hart*, The Concept of Law (1961), 1994, S. 77 f.

696 Gegen die daran anschließende Kritik, der Rechtsmoralismus weise im Verhältnis zum Rechtspositivismus ein geringeres kritisches Potential auf, weil er geltende Recht nicht als (grob) ungerecht kritisieren könne (da es nach seinen Prämissen im Falle der [groben] Ungerechtigkeit eben kein geltendes Recht wäre), erhebt sich der Einwand, dass diese Kritik prinzipiell nicht für zwingend gehalten werden soll, da eine schärfere Kritik als eine „existenzvernichtende" kaum vorstellbar sein

g) Zwischenbilanz

Diese Argumente für die Trennung zwischen dem Recht und der Moral sind nicht die einzigen. Es bestehen andere, die hier nicht erwähnt wurden.[697] Auf die gleiche Art und Weise gibt es eine Reihe von Argumenten *gegen* die Trennung von Recht und Moral, die hier auch nicht behandelt wurden. Das Ziel war, hier zu zeigen, dass die rechtsmoralistische Position, wie sie in der Radbruchschen Formel dargestellt ist, nicht frei von Problemen und Ansatzpunkten für Kritik ist.

Außerdem ist es wichtig hervorzuheben, dass, auch wenn die genannten Argumente sehr überzeugend sind, es sein kann, dass sie sich nicht als entscheidend herausstellen könnten, damit man die These der Trennung oder die These der Verbindung zwischen Recht und Moral vertreten kann. Jemand könnte den Gesetzespositivismus als theoretische Einstellung einnehmen, obwohl er nicht alle Kritiken gegen den Rechtmoralismus akzeptiert; das heißt, selbst wenn er (a) an absolute Werte und moralische Imperative glaubt; (b) zugibt, dass das Argument der Rechtssicherheit nicht mit den methodischen Forderungen und der Neutralität des Rechtspositivismus in Einklang steht;[698] (c) die Notwendigkeit des Rückgriffs auf das Gerechtigkeitsargument verteidigt, um das Recht zu bewerten und zu kritisieren, unabhängig davon, ob es in den Verfassungscharta oder den Internationalen Staatsverträgen der Grund- und Menschenrechte positiviert ist; (d) verteidigt,

dürfte. Trotz dieses Einwands ist es wichtig diese Kritik hier zu äußern, aufgrund der Art und Weise, wie die offene reschtmoralistische Debatte über die *Criminal Transitional Justice* in Brasilien gefüht wird.

697 Es gibt auch Kritiken, die vom Rechtsmoralismus gegen den Rechtspositivismus zu diesen Thesen vorgebracht werden, die heute normalerweise nicht mehr von Rechtspositivisten vertreten werden. Zum Beispiel die These, dass der Positivismus jeglichen Einfluss der Moral auf das Recht verneint; dass der Positivismus aussagt, dass das Recht von der Moral getrennt bleiben soll, in dem Sinne, dass die moralischen Forderungen ignoriert werden sollen; dass der Positivismus leugnet, dass diejenigen, die das Recht anwenden, nach moralischen Gesichtspunkten urteilen; dass der Positivismus bedingungslos jegliches Kommando als rechtliches anerkennt usw. S. dazu insb. *D. Dimoulis*, O positivismo jurídico: introdução a uma teoria do direito e defesa do pragmatismo jurídico-político, 2006, S. 170 ff.

698 Das Argument der Rechtssicherheit ist auch für den Rechtspositivismus problematisch, weil sich die Rechtssysteme auf der einen Seite hierarchisch an dem Grad an Sicherheit, die sie erlauben, aufbauen. Es wird dann vernachlässig, dass sowohl die Norm mit niedriger normative Dichte, die größere Unvorhersehbarkeit und Unsicherheit produziert, als auch die mit hoher normative Dichte vom Rechtspositivismus gleich behandelt werden. Auf der anderen Seite, wenn versucht wird, die Rechtsordnung auf der Basis der Rechtssicherheit (im Gegensatz zu einer ungewollten Situation von Anarchie) zu legitimieren, dann würde eine apologetische Perspektive des Rechts angenommen werden, die der neutralen Perspektive des Rechtspositivismus entgegenstünde.

dass der Rechtsmoralismus keinen logischen Fehler begeht, wenn er das gegenwärtige *Sein* des Rechts mit dem möglichen, zukünftigen und besseren rechtlichen *Sollen* verwechselt, da der Rechtsmoralist nicht vorhätte, das Recht auf der Grundlage eines moralischen *Sollens* zu korrigieren, sondern das *Sein* zu umschreiben, dessen Bindung zwischen Recht und Moral inhärent, untrennbar und begrifflich wäre[699] usw.

Die Entscheidung für die eine oder andere These hinge schlussendlich nicht so sehr von der Kritik gegen den Rechtsmoralismus ab, sondern von der Wahl des Juristen für die Theorie, welche für ihn das Recht vom beschreibenden Standpunkt aus am Besten definiert, wobei ihm die rechtlichen Folgen seiner Wahl bewusst wären und er die Vorzüge und Nachteile hinsichtlich anderer theoretischer Positionen in Kauf nehmen würde.

Die Frage nach dem Vorzug von einer theoretischen Position und nicht einer anderen bleibt von daher offen. Es handelt sich um eine schwierige Untersuchung, fast um eine „Selbstanalyse", wobei der Autor den Mut aufbringen muss, seine theoretischen Prämissen zu überdenken, die er oft intuitiv für sich geltend macht, im Sinne einer aufrichtigen und unparteiischen Auseinandersetzung mit anderen Schulen des Denkens, vor allem mit denen, die genau entgegengesetzt sind. Im Falle der vorliegenden Arbeit ist es entscheidend, zu wissen, ob man aus rechtsstaatlichen Gründen darauf verzichten soll, die damalige „wirkliche" Rechtslage rücksichtslos gegen den Täter zu wenden.

7. Das Problem eines „rückwirkenden" Rechtsmoralismus

Was die Feststellung von der Verantwortung des Einzelnen und von seiner Schuld anbelangt, so verlangt das Rückwirkungsverbot (Art. 5, XL CF), dass die Maßgeblichkeit des Rechts anzuwenden ist, das zur Zeit der Begehung der Straftat geltend war. Es muss also das in der damaligen Zeit geltenden Strafrecht angewendet werden, das richtig interpretiert wird, oder aber, falls es den Beschuldigten oder Angeklagten begünstigt, das Strafrecht, das nach der Straftat in Kraft trat. Das hat zur Folge, dass der Interpret das geltende Recht der Vergangenheit in der Gegenwart rekonstruieren oder festlegen muss, sowie auch spätere Gesetzesänderungen oder eventuelle Rechtsfertigungsgründe, die den Beschuldigten oder Angeklagten begünstigen, in Betracht ziehen muss.

Die bisherigen Überlegungen haben ergeben, dass, wenn das Rückwirkungsverbot ernst genommen wird, dann die heutige Bestrafung der Täter der Kriminalität der Diktatur nicht möglich ist. Die politische Instrumentalisierung des positiven Rechts durch die Diktatoren, mit dem die staatliche Unterdrückungsmaßnahmen gerechtfertigt wurden, und die tatsächliche Straflosigkeit, die von der Justiz den Staatsbeamten zugesichert wurde, einerseits, und die Anwendung der Amnestie,

---

699 S. dazu *D. Dimoulis*, O positivismo jurídico: introdução a uma teoria do direito e defesa do pragmatismo jurídico-político, 2006, S. 184 ff.

der Verjährung, und der Forderung nach der Achtung vor dem Gesetz des neuen demokratischen Rechtsstaats, andererseits, führen zu der Unmöglichkeit, die Täter zu bestrafen.

Der Ausweg des Rechtsmoralismus um diese Zwickmühle zwischen dem Anspruch, die vergangene Staatskriminalität strafrechtlich zu verantworten, und der Frage des Rückwirkungsverbots (und, in der Folge, der Frage des fehlenden Respekts vor dem Rechtsstaat und der fehlenden Rechtssicherheit) zu lösen, besteht gerade darin, auszusagen, dass die Normen, die als extrem ungerecht oder unmoralisch angesehen werden können, nie bestanden haben. Folgt man dieser Sichtweise, dann stellt sich kein Rückwirkungsproblem aus rechtstheoretischer Perspektive. Es bestünde also kein Problem mit dem Rückwirkungsverbot, da die Rechtsnormen, die die Bestrafung der Agenten der Diktatur (seien es die, welche vom Ausnahmeregime geschaffen wurden, um die Handlungen der politischen Unterdrückung zu rechtfertigen, seien es das Amnestiegesetz und die gesetzliche Regeln über die Verjährung für die Verbrechen des Staates,) verhinderten und noch verhindern, von vornherein keine Geltung gehabt hätten.

Zur Festlegung des in der Vergangenheit gültigen Rechts begründet sich der Rechtsmoralismus auf gegenwärtige moralische Wertungen zum Inhalt der Normen und kann deshalb die Tatsache außer acht lassen, ob diese Rechtsnormen seinerzeit innerhalb der staatlichen Rechtsordnung formell vorgeschrieben waren oder ob sie beachtliche soziale Wirkungen hatten (also ob sie tatsächlich von der Bevölkerung beachtet wurden und ob ihr Übertreten vom Staat sanktioniert wurde). Es geht laut *Ulfrid Neumann* um den „*Witz* des naturrechtlichen Denkmodells, dass es dem naturrechtswidrigen Gesetz die verbindliche Kraft *ab initio* versagt. Die naturrechtliche Argumentation, so die nahe liegende Schlussfolgerung, macht nur *die Rechtslage* geltend, die in der Rechtsordnung schon seinerzeit bestand."[700]

An dieser Stelle stellt sich dann die Frage, ob der Rechtsmoralismus in der Lage ist, darüber zu entscheiden, wie die Rechtsordnung eines vergangenen, abgeschlossenen politischen Regimes (systemtranszendente Interpretation) oder die Rechtslage innerhalb der aktuelles Rechtsordnung (systemimmanente Interpretation) ausgesehen hat, ohne dabei eine Verletzung des Rückwirkungsverbots vorzunehmen. Lässt sich eine auf Strafbarkeit gründende rechtsmoralische Argumentation bei der Identifizierung des Gehalts mit dem Rückwirkungsverbot in Einklang bringen? Kann man mit Hilfe einer rechtsmoralischen Argumentation einen in der Rechtsordnung anerkannten Strafaufhebungsgrund eliminieren, gleichzeitig aber zur Begründung der Strafbarkeit auf die allgemeinen strafrechtlichen Verbote der Rechtsordnung zurückgreifen? Kann man durch eine rechtsmoralische Auffassung festlegen, was in der Vergangenheit geltendes Recht gewesen ist?

Ich denke, nein. Eine solche Festlegung oder Rekonstruktion des Rechts, bei dem es dem Interpreten auf der Basis seiner Werturteile über Gerechtigkeit und

---

700 *U. Neumann*, Die Rolle von Recht, Gesellschaft und Politik bei der Verarbeitung von „Unrechtssystemen", in: Transitional Justice, 2013, S. 48.

Moral erlaubt ist, zu entscheiden, wobei sich die Geltungs- bzw. Nichtgeltungsbehauptung auf eine zeitlich zurückliegende „normative Situation" bezieht, begeht unvermeidlich eine Verletzung des Rückwirkungsverbots, das *de lege lata* nicht begründet werden kann.

Immer wenn versucht wird, das seinerzeit in Kraft befindliche Recht als eine Forderung des Rückwirkungsverbots zu rekonstruieren, wird in gewisser Weise eine *Fiktion* geschaffen, unabhängig davon, welche theoretische Grundlage als Definition des geltenden Rechts genommen wird. Sowohl der Rechtsmoralismus als auch der Rechtspositivismus und der Rechtsrealismus laufen auf eine Fiktion hinaus, falls man die einheitliche Rechtspraxis gegenüber den interpretierten Gesetzestexten ausspielen wollte. Es werden damit Fiktionen im Sinne von Formulierungen über *Handlungsanweisungen* geschaffen. All diese verschiedenen Deutungsmuster leisten also keine richtige Beschreibung einer bestehenden Rechtslage oder einer Rechtsordnung, sondern formulieren Handlungsanweisungen, die sich auf die Beachtung bzw. Nichtbeachtung von Normen des positiven Rechts beziehen. Nach *Ulfrid Neumann* heißt es:

> „Bezogen auf die *geltende* Rechtsordnung haben die Positionen des Naturrechts wie des Positivismus *präskriptiven* Charakter: Sie beziehen sich auf die Frage, ob der Rechtsstab auch grob ungerechte Gesetze von Rechts wegen anwenden *soll*. Das ist eine sinnvolle und praktisch wichtige normative Frage, zu der man ohne metaphysische Anleihen unterschiedliche Positionen beziehen kann. Für *vergangene* Rechtsordnungen aber kommt eine präskriptive Stellungnahme naturgemäß nicht in Betracht. Wer das naturrechtliche Deutungsschema auf vergangene Rechtsordnungen anwendet, ist deshalb gezwungen, die Kontroverse zwischen Positivismus und Naturrecht nicht als normativ-praktische, sondern als *kognitive* Frage zu verstehen. Das heißt: er ist zur Annahme einer idealen Entität ‚Rechtsgeltung' genötigt, um deren zutreffende Erkenntnis Naturrecht und Positivismus konkurrieren."[701]

Dies gilt sowohl bei der Rekonstruktion des geltenden Rechts einer sehr nahen Vergangenheit als auch der einer fernen Vergangenheit; das gilt ebenso für eine systemtranszendente Interpretation (aus der Perspektive einer anderen Rechtsordnung) als auch für eine systemimmanente Interpretation des Rechts (aus der Perspektive einer eigenen Rechtsordnung). Die entscheidende Frage ist deshalb, zu wissen, welches theoretische Modell dazu geeignet ist, die damalige Rechtswirklichkeit innerhalb der Grenzen und der Grundsätze der bestehenden Verfassungsordnung zu rekonstruieren. Obwohl alle diese drei konkurrierender Deutungsmuster sich mit Handlungsanweisungen bzw. Fiktionen beschäftigen, bin ich der Meinung, dass sowohl die rechtsrealistische als auch die rechtspositivistische Rekonstruktion eines

701 *U. Neumann*, Die Rolle von Recht, Gesellschaft und Politik bei der Verarbeitung von „Unrechtssystemen", in: Transitional Justice, 2013, S. 50 f. Vgl. auch *A. Kaufmann*, Rechtsphilosophie, Rechtstheorie, Rechtsdogmatik, in: Einführung in Rechtsphilosophie und Rechtstheorie der Gegenwart, 2004, S. 16 ff.

vergangenen Rechtssystem eine starke deskriptive Komponente im Vergleich mit der Rekonstruktion des Rechtsmoralismus beinhaltet, so dass der Rechtsrealismus und der Rechtspositivismus vorzuziehen sind.[702] Was die vorliegende Arbeit anbelangt, so ist es z. B. leichter und eindeutiger die Rechtsgültigkeit der Amnestie für die Staatsbeamten durch das Kriterium der Praxis der Gerichte (Rechtsrealismus) und durch die historische und grammatikalische Auslegung der Gesetzestexte (Rechtspositivismus) festzustellen, als durch die Beschreibung, wie die fraglichen Normen damals moralisch qualifiziert waren (Rechtsmoralismus).

Dies liegt daran, dass gegenüber dem Rechtsrealismus und dem Rechtspositivismus der Rechtsmoralismus gerade die Funktion hat, dem in der sozialen Wirklichkeit vorhandenen Recht die normative Verbindlichkeit abzusprechen. Er leistet damit keine Rekonstruktion, sondern vielmehr eine normative *Korrektur* der positiven, als ungerecht angesehenen Gesetze und des in der sozialen Wirklichkeit vorhandenen Rechts. Indem er diese korrektive Rolle besitzt, besetzt der Rechtsmoralismus schlussendlich den Platz der zu analysierenden bestehenden Rechtslage oder einer bestehenden Rechtsordnung des heutigen Rechts. Das geschieht z. B. immer dann, wenn ein Interpret eine bestimmte rechtliche Situation, die während der brasilianischen Militärdiktatur bestand, nach den normativen *Standards* und Vorgaben der neuen Rechtsordnung, die nach der Bundesverfassung von 1988 geschaffen wurden, als strafbar erklärt, obwohl diese Rechtssituation zur Zeit ihres Geschehens stillschweigend oder offen nicht strafbar war.

---

702 Es stellt sich die Frage, zu wissen, welche theoretische Grundlage bei der Wahl zwischen dem Rechtspositivismus und dem Rechtsrealismus vorzuziehen sei. Es geht um eine schwierige Frage, die innerhalb dieser Arbeit nicht abschließend behandelt werden kann. Um es kurz zu sagen, ich denke, dass weder der Rechtspositivismus noch der Rechtsrealismus alleine wirklich darüber entscheiden können, wie die Rechtsordnung eines vergangenen Staates ausgesehen hat. Dies deshalb, weil das Recht sich nicht nur im Wortlaut des Gesetzes erschöpft, sondern auch die jeweilige *interpretative Praxis* umfasst. Ich bin also der Meinung, dass zur Rekonstruktion des Rechts der Vergangenheit – vor allen Dingen, wenn es sich um ein dem heutigen Rechtssystem verschiedenes handelt – es im gewissen Maße notwendig ist, die Positionen des Rechtspositivismus und des Rechtsrealismus einzunehmen, das heißt, die Gleichwertigkeit von gesetztem und geltendem Recht des Rechtspositivismus mit der Äquivalenz von faktischem und geltendem Recht des Rechtsrealismus zu kombinieren, wobei die moralischen Werte der Gesellschaft und des Rechtsinterpreten, die zur Zeit der Fakten bestand, in Betracht zu ziehen sind, ohne jedoch Korrekturen aus der moralischen Sicht der Gegenwart heraus vorzunehmen. Die Beschreibung des in der Vergangenheit geltenden Rechts muss sich also auf das zur Zeit faktische Recht und auf die jeweilige interpretative Praxis der Rechtsnormen stützen (Rechtsrealismus) – abgesehen von derjenigen Interpretationen, die gegen den Wortlaut des Gesetzes verstoßen, dessen Geltung also gegenfaktisch ist (Rechtspositivismus). Die Geltung der Rechtsnormen, die sich aus dem Wortlaut der Gesetzestexte ergibt, bestünde so weiter fort, auch wenn diese Normen seinerzeit nicht wirksam gewesen wären.

Eine moralistische Interpretation wie diese verletzt also das Rückwirkungsverbot und ist durch die Rechtsordnung des gegenwärtigen brasilianischen Rechtsstaates nicht erlaubt. Wenn *„rechtlich nicht erwartetes"* Verantwortlichmachen[703] bereits als Motiv für Debatten ausreicht und Kritiken über seine Zulassung im demokratischen Rechtsstaat hervorruft – nach der Prophezeiung von *Dimitri Dimoulis*, die nach *Nilo Batista*[704] diejenigen beunruhigen sollte, die für harte Gefängnisstrafen eintreten: „die brasilianischen Beamten des Strafvollzugs, die 2009 die unmenschlichen und verfassungswidrigen Regeln des Differenzierten Disziplinarregimes (*Regime Disciplinar Diferenciado*) des Gesetzes Nr. 10.792/03 anwendeten, indem sie Befehlen von Oben folgten, können sich nicht vorstellen, dass sie eventuell im Jahre 2049 für Verbrechen wegen Folter geradestehen müssen"[705] –, dann ist die Ablehnung von retroaktiver Verantwortung, die sich auf Normen gründet, die nach der Tat geschaffen worden sind sowie von der rechtsmoralischen Argumentation vertreten werden, noch größer.

---

703 Es geht um eine Form der Verantwortung, bei der das Verhalten auf der Basis des Wortlauts der sich in Kraft befindlichen Normen als ungesetzlich wahrgenommen werden könnte. Doch weder der Täter noch die Gesellschaft erwarten im Augenblick der Verwirklichung der Handlung, dass diese Handlung eine Verantwortung des Rechts nach sich zieht. Vgl. *D. Dimoulis*, Justiça de transição e função anistiante no Brasil. Hipostasiações indevidas e caminhos de responsabilização, in: Justiça de transição no Brasil: direito, responsabilização e verdade, 2010, S. 109.

704 *N. Batista*, Nota Introdutória, in: Justiça de transição no Brasil: direito, responsabilização e verdade, 2010, S. 11.

705 *D. Dimoulis*, Justiça de transição e função anistiante no Brasil. Hipostasiações indevidas e caminhos de responsabilização, in: Justiça de transição no Brasil: direito, responsabilização e verdade, 2010, S. 109.

Vierter Teil
Vor dem Gesetz

„Was willst du denn jetzt noch wissen?“ fragt der Türhüter, „du bist unersättlich.“ „Alle streben doch nach dem Gesetz“, sagt der Mann, „wieso kommt es, dass in den vielen Jahren niemand außer mir Einlass verlangt hat?“ Der Türhüter erkennt, dass der Mann schon an seinem Ende ist, und, um sein vergehendes Gehör noch zu erreichen, brüllt er ihn an: „Hier konnte niemand sonst Einlass erhalten, denn dieser Eingang war nur für dich bestimmt. Ich gehe jetzt und schließe ihn.“

Kafka, *Vor dem Gesetz* (1915)

„Console-toi, tu ne me chercherais pas si tu ne m’avais trouvé.“

Pascal, *Pensées*, 553

I. Vor dem Gesetz

1. Strafrechtliche Verantwortlichkeit und Rechtsstaat

Die Problematik der strafrechtlichen Verantwortlichkeit für die Verbrechen der Militärdiktatur zu thematisieren, bedeutet, den „offen liegenden Nerv" der zeitgenössischen brasilianischen Diskussion über die jüngste Vergangenheit des Landes zu treffen. Das Bild von *Janaína de Almeida Teles* zum aktuellen Sachverhalt des Legats aufgreifend, das von der einstigen Staatskriminalität ausgeht, kann gesagt werden:

> „Das Dilemma zwischen dem Gesetz und der Gerechtigkeit sowie zwischen der Amnestie und der Bestrafung wurde nicht mit dem Verschollenengesetz (Gesetz Nr. 9.140/95) abgeschafft, dessen Grenzen durch die Verbindung der Amnestie mit der Interpretation, dass diese in unserem Land gegenseitig war, gesetzt sind. Die Amnestie und die Straflosigkeit hatten kein Vergessen der Verbrechen, wie Folter, Mord und Verschwinden von Seiten der Opfer zur Folge. Im Gegenteil, es hat den Opfern die Trauer erschwert. Dieses Fehlen von Trauer schafft eine Spannung zwischen der öffentlichen und der privaten Sphäre in der brasilianischen Politik, es zeigt die Grenzen der Demokratie in Brasilien und das von der Diktatur hinterlassene Legat auf."[706]

Wenn jedoch die Debatte über die brasilianischen *Transitional Justice* und die Problematik der strafrechtlichen Verantwortlichkeit, die mit ihr zusammenhängt, in den Vordergrund gestellt und kritisch beleuchtet wird, lautet das Ergebnis, dass diese strafrechtliche Verantwortlichkeit *rechtlich* nicht möglich ist. Indem Schritt für Schritt die verschiedenen Argumente für eine Strafbarkeit der Agenten der Diktatur dekonstruiert wurden, konnte festgestellt werden, dass sie nicht genügen, um diesen Belang zu begründen oder zu rechtfertigen. Die Straflosigkeit zu bedauern und die Strafverfolgung der staatlichen Agenten zu verlangen, die schwere Delikte während der Ausübung der politischen Repression begangen haben, kann politisch und/oder moralisch korrekt sein; aber dieses Bedauern und dieses Verlangen sind im heutigen demokratischen Rechtsstaat rechtlich nicht zulässig. Eine Bestrafung der Täter der Staatskriminalität lässt sich also *de lege lata* nicht begründen.

Was die Moderne betrifft – sagt *Günther Frankenberg* –, „so kommen als weitere Schnittstellen die, je nach Perspektive und Präferenz, zugleich Bruchstellen mit dem alten sind, auch andere Ereignisse, Bewegungen und Prozesse in Frage: die Entdeckung der Neuen Welt, das Erdbeben von Lissabon, die Glaubensspaltung nebst Westfälischem Frieden, die Kopernikanische Wende, auch Gutenbergs Erfindung des Buchdrucks oder näher am Staat: die ‚Großen Revolutionen' und die

706 *J. A. Teles*, Os herdeiros da memória: a luta dos familiares de mortos e desaparecidos políticos no Brasil, 2005, S. 8 (Übersetzung *L. J. S.*).

Philosophie der Aufklärung. Jeder Anfang dekonstruiert ein Vorher. ‚Im Anfang liegt nicht nur ein Zauber, sondern auch ein Rätsel'."[707] In einer Umschreibung dieser Worte, heißt das: Abgesehen vom Rätsel des Anfangs wird kaum jemand bestreiten wollen, dass die Konstruktion des *bürgerlich-grundrechteschonenden-demokratischen Rechtsstaats* gegen eine Gefährdung der Freiheiten des Bürgers durch den Staat ohne Zweifel zu den Ersten der geschichtsmächtigen politischen und juristischen Gründungsgedanken der Moderne gehört.

Wie bereits im ersten Teil der Arbeit erwähnt, wurde in der Moderne versucht, einerseits eine neue Rechtfertigung des Staates (von der religiös- theologischen Begründung des Staates, die während der Tradition des Absolutismus herrschte, verschieden) anzubieten und andererseits eine neue „Staatstechnik" oder Staatsarchitektur aufzubauen, die das Ziel hat, die Gefahr des Machtmissbrauchs von Seiten der Sanktionsinstanz des Staates (staatliche Willkürherrschaft) einzudämmen. Neben die liberale Vertragslehre und den Konzepten des Staatsbürgers, der Demokratie, der Grundrechte und anderen wurde das neue institutionelle Design des Staates als das eines bürgerlichem Rechtsstaates (im Sinne des Gesetzgebungsstaates) entworfen, wobei das Recht an die Stelle der zentralen Autorität gestellt wurde.

Aus diesem institutionellen Design wird sowohl die Begründung legitimer Herrschaft (im Rahmen der Gesetzmäßigkeit der Verwaltung, des Vorrangs des Gesetzes und des Gesetzesvorbehalts) als auch die Begrenzung der Herrschaftsbefugnisse und der Staatsaufgaben (durch die Idee eines *limited government* mit begrenzten Aufgaben und negative Kompetenzen) hergeleitet. Daraus folgt, dass das Recht nicht mehr nur als ein Mechanismus der Machtrechtfertigung oder als Herrschaftsinstrument verstanden wird, sondern auch als Machtbeschränkung und -kontrolle. Auf die gleiche Art und Weise wird das Strafrecht nicht mehr als ein Mechanismus für den Schutz der Freiheit der Bürger vor Verletzungen durch Dritte, sondern auch vor willkürlicher Bestrafung von Seiten des Staates („Verbrechensbekämpfungsbegrenzungsrecht") verstanden.

Obwohl der bürgerliche Rechtsstaat, der auf die Entpersönlichung bzw. Vergesetzlichung der Staatsmacht gegründet ist, sich als nicht zu leugnender Fortschritt der Moderne – vor allem was die Einschränkung der strafenden Staatsgewalt anbelangt – zeigt, stellt er sich oft in dieser Ära der Verantwortlichkeit auch als eine *obsolete* „Technik" oder „Architektur" dar, da er unerwünschte Folgen erzeugt, wie z. B. die Straflosigkeit der Täter von Staatskriminalität. „Nach dem Ende der Militärdiktatur wollten wir die Gerechtigkeit suchen, aber fanden nur den Rechtsstaat" – dies kann man bedauern oder beklagen, insbesondere wenn man zu den Opfern der Repression und zu denen gehört, die sich mit diesen solidarisierten. Es besteht also eine Spannung zwischen der Garantie der Legalität des Rechtsstaats und den Forderungen nach Gerechtigkeit aufgrund der den Tätern von bestimmten Verbre-

707 *G. Frankenberg*, Staatstechnik: Perspektiven auf Rechtsstaat und Ausnahmezustand, 2010, S. 41.

chen zugestandenen Straflosigkeit. Es ist genau diese Spannung, die richtungsweisend ist und die die gegenwärtige Debatte über die brasilianische *Transitional Justice* antreibt.

Wie im zweiten Kapitel des ersten Teils der Arbeit vorgestellt wurde, verbreitete und normalisierte sich der Diskurs der *Transitional Justice* am Ende des 20. Jahrhunderts, indem er sich nicht mehr nur auf außerordentliche Überganssituationen oder außerordentliche Bedingungen nach Konflikten bezog und bezieht, sondern als eine bestimmte Menge von Regeln betrachtet wird, die in allen Fällen und auch zu einer Beurteilung in der Gegenwart angewandt wird. So wie dies in anderen Ländern Südamerikas geschah, hat die Strömung der *Transitional Justice* vor allem seit Mitte des letzten Jahrzehnts auch Brasilien erreicht, durch die Forderung, dass das vorherrschende Modell der Wiedergutmachung und des Vergessens durch das Modell der Aufklärung (oder des Gedächtnisses) und der Bestrafung ersetzt werden soll.

Dieses Modell der Bestrafung wird seitdem als ein „Evolutionsmechanismus" des Strafrechts betrachtet, der entgegen der herrschenden Straflosigkeit der Staatskriminalität versucht, die Bestrafung von staatlichen Agenten und Führungskräften aufgrund der von ihnen begangenen Delikten zu ermöglichen. Bei Betrachtung der Diskussionen um das Rückwirkungsverbot geht es hier nicht um einen generellen Ausschluss von rechtsstaatlicher Zulässigkeit der Rückwirkung von Strafnormen, sondern um die Notwendigkeit (oder die Gerechtigkeit), die entsprechenden Fälle demgemäß zu kennzeichnen. Die Umsetzung dieses Evolutionsmechanismus des Strafrechts ergibt sich aus dem, was *Ellen Lutz* und *Kathryn Sikkink* die „Kaskadenjustiz" (*Justice Cascade*) nennen.[708] Innerhalb dieser Forderung nach einem Modell der *Transitional Justice* in Brasilien geschieht außerdem eine Umkehrung des Sinns von Strafe. Sie wird nicht weiter als ein Übel betrachtet, das einem anderen Übel (Unrecht) entgegengesetzt wird, sondern als ein Gut, das ausschließlich als Synonym für „Gerechtigkeit" gebraucht wird. Nach dem *International Center for Transitional Justice* z. B. ist *„one of the elements of a comprehensive transitional justice policy"* – von verschiedenen Autoren als „die Säule der Gerechtigkeit" benannt –[709] gerade die *„criminal prosecution"* und die Bestrafung der Täter von Staatskriminalität.[710]

708 *E. Lutz/K. Sikkink*, The Justice Cascade: The Evolution and Impact of Foreign Human Rights Trials in Latin America, in: Chicago Journal of International Law 2 (2001) 1, S. 1 ff. Vgl. auch *K. Sikkink*, The Age of Accountability: the Global Rise of Individual Criminal Accountability, in: Amnesty in the Age of Human Rights Accountability, 2012, S. 19 ff.

709 S. z. B. *P. van Zyl*, Promoting Transitional Justice in Post-Conflict Societies, in: Security Governance in Post-Conflict Peacebuilding, 2005, S. 209 ff.; *G. Mezarobba*, O que é justiça de transição? Uma análise do conceito a partir do caso brasileiro, in: Memória e verdade, 2009, S. 37 ff.

710 http://ictj.org/our-work/transitional-justice-issues/criminal-justice, Zugriff: 1.8.2013. Siehe auch http://ictj.org/gallery/no-accountability-no-dignity?utm_source=International+Center+for+Transitional+Justice+Newsletter&utm_

Das Dilemma zwischen der Amnestie und der Bestrafung wird so fast immer als ein Dilemma zwischen dem Gesetz und der Gerechtigkeit verstanden.[711]

Eines der wichtigsten Resultate der vorliegenden Studie beruht in der Feststellung, dass die Anhänger der *Transitional Justice* in Brasilien im Allgemeinen nicht zugeben, dass es einen Konflikt, einen Gegensatz oder einen Versuch der Überwindung des Modells des demokratischen Rechtsstaates mit der Einführung dieses Modells der Bestrafung gibt. Im Gegenteil, sie bestehen darauf, dass die Bestrafung als Forderung von Gerechtigkeit rechtlich möglich und politisch notwendig sei, um den brasilianischen Rechtsstaat zu stärken. Diese Stärkung sei also eines der Ziele der Bewegung der *Transitional Justice*. Es ist aber so, dass, wenn ein Argument nach dem anderen untersucht wird, das von den Anhängern der *Criminal Transitional Justice* hervorgebracht wird, um rechtlich die jetzige Bestrafung der Agenten der Diktatur zu rechtfertigen, festgestellt werden kann, dass diese Argumente die Grenzen überschreiten, die durch die Gestaltung des nach Anfang der Neuen Republik (wieder-)hergestellten demokratischen Rechtsstaates zur strafrechtlichen Verantwortlichkeit gezogen worden sind.

Wie im dritten Teil der Arbeit aufzeigt wurde, ersetzen sowohl die Argumente der richtigen Auslegung, der demokratischen Legitimation und der Verfassungswidrigkeit des Amnestiegesetzes als auch die Argumente der Verbrechen gegen die Menschlichkeit und der Verletzung der Amerikanischen Menschenrechtskonvention und andere keine feinere und kritischere Analyse. Staatliche Agenten auf der Basis von diesen Argumenten zu bestrafen, kann zu Sophismen und Irrtümern führen, die aus falschen oder schlecht abgeleiteten Begründungen entspringen. Ebensowenig besteht nach Meinung des Autors die beste theoretische Alternative zur Behandlung der Frage nicht darin, dass auf die Gerechtigkeit zurückgegriffen wird, um damit die Schranken des Gesetzes gegenüber der strafrechtlichen Verantwortung anzuerkennen, um sie dann durch die Vorgabe eines offenen Rechtsmoralismus zu überwinden; und zwar deswegen, weil das Argument der Gerechtigkeit über das Problem des Rückwirkungsverbotes des Strafgesetzes hinwegsieht, was in einem demokratischen Rechtsstaat, der in Brasilien besteht, unzulässig ist.

Daraus kann man die Schlussfolgerung ziehen, dass, wenn man auf der Grundlage dieser Argumentation die strafrechtliche Verantwortlichkeit dieser Täter zulässt, man schließlich mit der rückwirkenden Aufzwingung von Normen einverstanden ist und infolgedessen gegen die Rechssicherheit des demokratischen Rechststaats verstösst. „Spricht man einer strafrechtlichen Rechtfertigungsnorm, die in einer früheren Rechtsordnung erlassen wurde, *ex post* die Rechtswirkung ab, so verdeckt und

---

campaign=5b773bd3ff-July_17_international_justice_day_2012&utm_medium=email, Zugriff: 1.8.2013.

711 S. z. B. die Auffassung von *Janaína Teles*, Os herdeiros da memória: a luta dos familiares de mortos e desaparecidos políticos no Brasil, 2005.

umgeht man das Problem der rückwirkenden Anwendung strafbarkeitsbegründender Normen".[712] Mehr noch, dies bedeutet in gewisser Weise und unter Beachtung der Unterschiede, das zu widerholen, was die Militärs taten, als durch sie im April 1964 die „Revolution" – einen Euphemismus für eine autoritäre Diktatur, die 21 Jahre lang dauern sollte – ausgerufen und dem brasilianischen Volk aufgezwungen wurde.

Es muss also die Frage gestellt werden, ob sich die Vertreter dieser These der Bestrafung *contra legem* in gewissem Maße ähnlich wie die Militärs während des Ausnahmeregimes verhalten haben, als sie sich mit moralischen Argumenten wie dem Kampf gegen die Subversion und gegen die Korruption rechtfertigten. Und zwar mit Argumenten, die aus einer konsolidierten, rechtsgerichteten und antikommunistischen politischen Kultur abgeleitet wurden.[713] Es war nicht eine Folge der Achtung des Gesetzes, dass die Diktatur in Brasilien eingesetzt wurde und dass ein großer Teil der Gräueltaten gegen die „Feinde des Vaterlandes" begangen wurden. Genau das Gegenteil war der Fall. Viele „rechtliche" Normen, die damals angewendet wurden, ergaben sich nicht aus den positivierten Gesetzen, sondern aus dem Willen derjenigen, die damals die politische Macht hatten zu sagen, was Recht war oder was nicht rechtens war. Das Militärregime wurde unter Verletzung von positivierten Gesetzen, das heißt, unter der Herabsetzung der Legalität auf den bloßen Schein eingeführt und gefestigt.

Auch wenn die Gleichung zwischen dem Recht und dem Gesetz das Recht angesichts ungerechter oder unsittlicher Gesetze machtlos und gegenüber jeder Pervertierung des Rechts durch die politische Macht ohnmächtig werden lässt, so ist es auch wahr, dass der Rückgriff auf eine jusnaturalistische bzw. jusmoralistische Argumentation diese Pervertierung nicht verhindert. Im Gegenteil: Angesichts der größeren Relativität und Veränderbarkeit der Sprüche von Moral und Gerechtigkeit gegenüber den Normen, die von Gesetzestexten ausgehen (die geschrieben

712 *U. Neumann*, Die Rolle von Recht, Gesellschaft und Politik bei der Verarbeitung von „Unrechtssystemen", in: Transitional Justice, 2013, S. 48. Vgl. auch *H. L. A. Hart*, Positivism and the Separation of Law and Morals, in: Harvard Law Review 71 (1958), S. 593 ff. In diesem Sinne stellt *Cornelius Prittwitz* fest: „Wenn gerechte und tatsachenorientierte Zurechnung von Verantwortung angesagt ist und nicht ihre politisch erwünschte und vielleicht auch nützliche Zuschreibung, dann steht damit fest, dass es bei dieser Debatte [über die Verhältnis zwischen Kriminalität von Individuen und Kriminalität von Kollektiven, *L. J. S.*] im Ergebnis um die mögliche Entlastung des Einzelnen geht. Das beißt und reibt sich, daran kann kein Zweifel bestehen, mit unserer Wahrnehmung von „Regierungskriminalität", aber auch allgemein von „Kriminalität der Mächtigen", die wir bevorzugt als besonders schädlich, besonders böse, besonders veurteilungs- und strafwürdige Kriminalität ansehen; aber der Rechtsstaat beweist sich an den kontraintuitiven Fällen – und er verliert seine moralische Legitimation, wenn er sich nicht an die rechtsstaatlichen Grundsätze hält." *C. Prittwitz*, „Regierungskriminalität" und „Kriminalität der Mächtigen", in: Kriminalität der Mächtigen, 2008, S. 197 f.

713 *L. J. Swensson Jr*, Stellt die Amnestie ein Hindernis für die brasilianische „Transitional Justice" dar?, in: Transitional Justice, 2013, S. 191.

und veröffentlich sind und die einem Entscheidungsprozess in den gesetzgebenden Instanzen unterworfen wurden), würde man einen größeren Spielraum für die Willkür derer, die die Macht haben zu sagen, was gerecht und was ungerecht ist, akzeptieren und auf diese Weise ein größeres Risiko von Rechtsmanipulation oder Rechtspervertierung heraufbeschwören.

Was dies anbelangt, könnten die Rechtsmoralisten dem entgegenhalten, dass der Grund der Korrektur des positiven Rechts durch die Moral oder die Gerechtigkeit aus deren „guten" Beweggründen und „guten" Zielen, die sie verfolgen, besteht. Auf diese Aussage kann man jedoch antworten, dass der Weg zur Hölle mit guten Vorsätzen gepflastert ist oder *L'enfer plein de bonnes volontés et désirs est.*[714] In anderen Worten hängt die „Güte" der Ergebnisse des richterlichen Aktivismus vom Standpunkt dessen ab, der das Urteil oder Werturteil fällt. Es handelt sich nicht um eine objektive Bewertung, sondern um eine subjektive.[715] So stellt sich das „ideologische Argument" mehr als ein „rhetorisch-effektivistisches Argument" dar, dessen Folgen nur unter denen anerkannt werden, welche die Ideologie desjenigen, der sie ausdrückt, teilen.[716]

Weiterhin kann man sagen, dass, auch wenn das positive Recht bestimmte Schwierigkeiten hat, soziale Probleme zu lösen und Forderungen der Gesellschaft

---

714 Dieses Sprichwort wird Bernhard von Clairvaux (1090–1153) zugeschrieben.

715 Zum Beispiel: Der richterliche Aktivismus ist nur progressiv (und nicht konservativ) im Sinne desjenigen, der sich eine Änderung wünscht, im Sinne der Wandlung des *status quo.*

716 Vgl. *E. Malarino*, Activismo judicial, punitivización y nacionalización. Tendencias antidemocraticas y antiliberales de la Corte Interamericana de Derechos Humanos, in: Sistema interamericano de protección de los derechos humanos y derecho penal internacional, 2011, S. 25 ff. Hier ist auf *Arthur Kaufmann* hinzuweisen: „Der Naturrechtler schätzt das positive Gesetz gering ein, er setzt auf vorgegebene Normen; da er diese aber nicht erkenntnismäßig aufweisen kann, ist das Ergebnis, wie sich vor allem im ‚naturrechtlichen' 18. Jahrhundert gezeigt hat, Rechtunsicherheit und Willkür". *A. Kaufmann*, Rechtsphilosophie, Rechtstheorie, Rechtsdogmatik, in: Einführung in Rechtsphilosophie und Rechtstheorie der Gegenwart., 2004, S. 15. „[...] weil es solche absoluten und überzeitlichen Inhalte hienieden nicht gibt, zumindest aber darum, weil – nach *Kant* – ‚reine' Erkenntnis nur die *Form*, unter der etwas erkannt wird, enthält, die Inhalte aber, da sie nicht aus dem Verstand, sondern aus der Erfahrung kommen, nur a posteriori gelten, also nicht ‚rein' sind. A. a. O., S. 16 f. „Eine echte Naturrechtslehre ist nur da möglich, wo das Recht als eine seinem Wesen nach unabhängig von unserem Denken und Wollen bestehende Realität erfasst, wo die Seinshaftigkeit des Rechts nicht geleugnet wird. Es kann keinen anderen Geltungsgrund für das Naturrecht geben als das Sein. Die Naturrechtslehre ist letzten Endes immer Rechtsontologie (aber nicht notwendig Substanzontologie). Daher fallen die Blütezeiten des Naturrechts mit den Blütezeiten der Ontologie zusammen. Das Naturrecht gedeiht nur auf dem Boden eines grundsätzlichen Seinsvertrauens. Nur Geschlechter, die Zutrauen zu sich und zur Welt haben, wenden sich dem Naturrecht zu." A. a. O, S. 12.

entgegenzukommen, indem es zur Aufrechterhaltung des *status quo*, der Ausbeutung und der Unterdrückung der niedrigeren Klassen beiträgt[717] – vor allen Dingen in Ländern, die von immer währenden Situationen von sozialer Ungleichheit, Elend, Gewalt und Willkür gezeichnet sind, wie dies in Brasilien der Fall ist –, gibt es Situationen, in denen das Gesetz die letzte Garantie der Minderheiten und der unteren Gesellschaftsklassen gegen Gewalt, Ausbeutung und Willkür ist. Das zeigt sich z. B. in der vorliegenden Forschungsarbeit: Falls während der Militärdiktatur das positive Gesetz befolgt worden wäre, hätte die politische Repression in Brasilien mit Sicherheit nicht das Niveau von Barbarei und Schrecken erreicht, zu dem es tatsächlich kam.

Es ist wichtig hervorzuheben, dass es hier nicht um eine blinde Verteidigung des Gesetzes (um des Gesetzes Willen) geht, oder, in anderen Worten, um die Unterwerfung des Rechtsanwenders unter den „Fetisch des Gesetzes". Der triftigere Grund für die rechtliche Unmöglichkeit der strafrechtlichen Verantwortung ist ein anderer. Es geht um den Glaube, dass die Bestrafung von ein paar Folterknechten (die es eventuell aus moralischer und politischer Sicht verdienten, zur Verantwortung gezogen zu werden) das Problem vergangener Staatskriminalität und deren schlechten Folgen für die heutige Gesellschaft nicht lösen kann. Was zu einer Lösung beitragen könnte, ist vielmehr die Stärkung des demokratischen Rechtsstaates, ein Respekt vor dem Gesetzlichkeitsprinzip und vor anderen strafrechtlichen Prinzipien.

2. Über die Machtlosigkeit und die Angst vor Schlussfolgerungen

Ich komme zu diesem Schluss, nicht ohne vorher von einem Gefühl der Machtlosigkeit und der Angst befallen zu sein, das sich unter verschiedenen Aspekten äußert. Wie soll man, von einem rechtlichen Standpunkt aus, befriedigende Antworten auf ein so weittragendes und komplexes Problem wie das der Staatskriminalität geben, die während der brasilianischen Militärdiktatur ausgeübt wurde? Wie kann die Realität einer so extremen Gewalt von einem so tief verwurzelten Autoritarismus aus behandelt, besprochen und ausgedrückt werden, ohne dabei in Banalität zu verfallen, ohne ungerecht, unberechtigt, unkorrekt, unzulänglich und

717 Nach der Kritik von marxistischen Autoren wie *Evgenij Paschukanis* (Allgemeine Rechtslehre und Marxismus, 2003) oder von Autoren, die vom Marxismus beeinflusst wurden, ohne jedoch alle seine Voraussetzungen anzunehmen, wie es auf bestimmte Anhänger der *critical legal studies* zutrifft, z. B. auf *Mangabeira Unger* (The Critical Legal Studies Movement, 2003) hinsichtlich des rechtlich-politischen Pragmatismus, und auf *Dimitri Dimoulis* (Positivismo Jurídico: Introdução a uma teoria do direito e defesa do pragmatismo jurídico-político, 2006) sowie auf einige Soziologen, z. B. *Pierre Bourdieu* (O Poder Simbólico, Kap. VIII, "A força do direito. Elementos para uma sociologia do campo jurídico", 2003, S. 209–254), die sich für das Recht interessieren.

unzufrieden zu sein? Wie können wir im Namen derer, die es erlebt haben, über das sprechen, was wir nicht erlebt haben?

Erstens: Sich mit diesem Gefühl von Ohnmacht und Angst zu konfrontieren, heißt, die Betrachtungsweise der anderen und ihre Motive sich anzusehen, sie zu verstehen und vielleicht auch, sich mit denen zu solidarisieren, die meine Schlussfolgerungen und meine Argumente nicht teilen, da sie die Antwort, die vom Strafrecht im Sinne der Nichtbestrafung gegeben wird, nicht akzeptieren, sie nicht akzeptieren können und auch niemals in Zukunft akzeptieren werden.

Jede Verantwortung ist eine Konstruktion, die davon abhängt, wie die Menschen die gesellschaftlichen Tatsachen und die in sie verwickelten Personen sehen und bewerten (in diesem Fall die begangenen Straftaten). Wie im zweiten Kapitel des ersten Teils der Arbeit gesagt wurde, hängen die Diskurse der Zurechnung von Verantwortlichkeit weniger von dem Wissen ab, ob etwas ist, sondern von dem Wissen „wie“ und „warum“ etwas innerhalb der Prozesse der Interaktion in den gesellschaftlichen Machtverhältnissen geprägt wurde. Dies kann anhand des folgenden Beispiels verdeutlicht werden: Zum einen besteht – insbesondere für einen Teil von den Personen, welche die Diktatur stützten oder sie stillschweigend akzeptierten – die verbreitete Vorstellung, dass Politik und Verbrechen weitgehend separierte Bereiche einer sozialen Wirklichkeit sind und dass Gewaltakte und Tötungen (beiderseits) im Ausnahmezustand eines „schmutzigen Krieges“ dem Bereich der Politik angehören. Aus diesem Grund sollten sie an anderen Maßstäben als den Straftaten, die im Frieden bzw. in Zeiten relativer Normalität begangen werden, gemessen werden. Das Ergebnis dieses Arguments ist die Verteidigung der Unstrafbarkeit der begangenen Delikte. Zum anderen besteht – insbesondere unter den Personen, welche die Diktatur bekämpft haben – die Auffassung, dass Politik und Verbrechen weitgehend eng zusammenhängende Bereiche einer sozialen Wirklichkeit sind und deshalb die (legalen und illegalen) Aktionen, die mit den „falschen“ politischen Zielen begangen wurden, bestraft werden müssen, während diejenigen Aktionen, die aus den „richtigen“ politischen Motiven begangen wurden, straflos bleiben sollten.

Im hier analysierten spezifischen Fall stammt die Angst vor allen Dingen aus der Spannung zwischen dem, was ich persönlich und im Innersten wünsche, was geschehen soll (und zwar: die Bestrafung der Folterer und Mörder in Uniform, da ich mich mit den Opfern der Gewalttaten und ihren Familien solidarisiere) und dem, von dem ich rational als Jurist überzeugt bin, dass es die beste (oder die weniger schlechte) Antwort auf das Problem der begangenen Staatskriminalität ist (und zwar: die Straflosigkeit, um die Achtung vor der Legalität und dem demokratischen Rechtsstaat zu bewahren).

Zweitens: Die Ohnmacht und die Angst beruhen auf der Tatsache, dass die (politischen, moralischen, juristischen usw.) Begriffe, mit denen operiert wird, um so komplizierte Phänomene wie die Kriminalität der brasilianischen Militärdiktatur – mit ihrer unbeschreiblichen Ungleichheit im Kräfteverhältnis unter den Parteien dieses „schmutzigen Krieges“ und die kalte, unmenschliche, technische Brutalität der politischen Verfolgung zu behandeln – unzulänglich sind. *Carlos Santiago Nino* hat meines Erachtens Recht, wenn er zu den Verbrechen des deutschen Nationalsozialismus folgendes sagt:

> *"If someone had confronted Adolf Hitler and told him that his acts were wrong, it would have sounded almost laughable. 'Wrong' is too weak an adjective to describe actions that knowingly caused the deaths of more than twenty million people and the unimaginable suffering of millions more. Other words of moral condemnation, like 'atrocious' or 'abhorrent', express our emotional revulsion more strongly, but do not clarify the descriptive content. Thus, our moral discourse appears to reach its limit when dealing with deeds of this type."*[718]

Dies trifft auch auf den Diskurs des Rechts zu. Bestimmte Episoden von weitreichender, systematischer und brutaler Unterdrückung von Seiten des Staates gegen seine politischen Gegner einfach als „Verbrechen" oder selbst als „Verbrechen gegen die Menschlichkeit" zu benennen, scheint das Phänomen in seiner Einzigartigkeit, Tiefe, Schwere und Komplexität, das es verdienen würde, nicht beschreiben zu können. Wer den Präsidenten *Emílio Garrastazu Médici* oder den Kommissar *Sérgio Paranhos Fleury* einen gemeinen „Verbrecher" nennt – auch wenn sie nicht in einem ordentlichen Prozess verurteilt worden sind, wie es das Recht gebietet –,[719] verharmlost die Tatsachen und verzaubert sie ins Begreifliche. *Herbert Jäger* erklärte: „Nur kann eine rechtlich wie ethisch wertende Betrachtungsweise eben doch nicht vor der Makrokriminalität Halt machen, ohne ihrer Neutralisierung – und damit zugleich ihrer Ermöglichung – Vorschub zu leisten, so wie auch die Erforschung des Verbrechens nicht auf die Untersuchung seiner extremsten Erscheinungsformen einfach verzichten kann."[720]

Schon ein *dritter* Aspekt des Gefühls von Ohnmacht und Angst bezieht sich auf die schwierige Frage der Kulanz oder der (verhüllten oder nicht verhüllten)

---

718 *C. S. Nino*, Radical Evil on Trial, 1996, S. viii.

719 Wie bereits gesagt wurde (*L. J. Swensson Jr*, Punição para os crimes da ditadura militar: contornos do debate, in: Justiça de transição no Brasil: direito, responsabilização e verdade, 2010, S. 24): „Nach dem Verfassungsprinzip, das besagt, dass es keinen Schuldigen ohne den ihn dazu erklärenden Prozess gibt (CF, Art. 5, LVII – niemand wird ohne rechtskräftiges Strafurteil als schuldig angesehen), ist es problematisch zu behaupten, wie dies normalerweise in der jüngsten Literatur zum Thema geschieht, dass von den Agenten der politischen Repression des Militärregimes schwere und grausame Verbrechen begangen wurden. Es gab keinen Strafprozess gegen einen Agenten der Repression und von daher keinen Schuldbeweis und auch keine Verurteilung. Damit kann auch nicht bezeugt werden, wenigstens nicht auf der Ebene der rechtlichen Wahrheit, dass jemand diese Delikte begangen hat. Wenn jemand danach fragt, ob Staatsagenten oder Mitarbeiter des Militärregimes in den Kellern der Diktatur Verbrechen begangen haben, so ist aus *juristischer* Sicht die Antwort nein."

720 *H. Jäger*, Makrokriminalität: Studien zur Kriminologie kollektiver Gewalt, 1989, S. 24.

Nachsicht der Gesellschaft mit dem autoritären Regime und mit der Repression gegenüber den „Feinden des Vaterlandes“, dessen Problematik unsere Anstrengungen, Antworten auf die Frage der strafrechtlichen Verantwortung der Agenten der Diktatur zu finden, nicht berühren können. Eine Diktatur, wie die brasilianische Diktatur, kann nicht mehr als zwei Jahrzehnte bestehen, so wie sie bestand, ohne die Unterstützung breiter Schichten der Gesellschaft zu besitzen. Das mag spontan überzeugen. Was spezifisch die strafrechtliche Verantwortung anbelangt: Leute werden strafrechtlich verfolgt und vor Gericht geführt, falls ihre Delikte bekannt werden. Wer wusste von der Delinquenz des militärischen Regimes? Was wusste man über sie? Warum wurde nichts unternommen, als man erfuhr, was geschehen war? Was machten wir, unsere Eltern, Freunde, Nachbarn, Brüder und Schwestern? Warum hat die internationale Öffentlichkeit (OAS, UNO usw.), die sich als „ewige“ Prüferin und Schützerin der Menschenrechte und der transnationalen Gerechtigkeit versteht, so viele Jahre gebraucht, um sich energisch über den Horror, der in den Kellern der Diktatur geschah, zu äußern und einzugreifen?[721] Wie haben wir es geschehen lassen?[722] Die strafrechtliche Verantwortung der staatlichen Agenten, die während der Ausübung der politischen Repression schwere Delikte begangen, bietet auf diese Fragen keine Antwort.

Diese Argumentation lässt sich allerdings weiterführen und verschärfen. Zusammen mit *Jerome Kohn* gehe ich davon aus, dass der moralische Zusammenbruch, der bei unzähligen politischen Krisen des 20. Jahrhunderts festgestellt werden kann, nicht auf der Unwissenheit oder der Bosheit der Menschen beruht, die bestimmte moralische „Wahrheiten“ nicht erkannten, sondern auf der Unangepasstheit oder der fehlenden Angleichung dieser moralischen „Wahrheiten“ als Muster zur Verurteilung dessen, zu dem die Menschen fähig waren.[723] Dies wird in der Analyse deutlich, die *Hannah Arendt* vom Gerichtsverfahren gegen *Adolf Eichmann* in Jerusalem vornahm.

Vom Gerichtshof des Distrikts von Jerusalem am 11. April 1961 vor Gericht gestellt, nachdem *Eichmann* in einem Vorort von Buenos Aires gefangen genommen worden war, wurde er wegen Verbrechen gegen das jüdische Volk, gegen die Menschlichkeit und wegen Kriegsverbrechen während der Zeit des Nationalsozialismus, vor allem während der Zeit des Zweiten Weltkrieges, angeklagt. Anhand von Gutachten von verschiedenen Psychiatern, welche die „Normalität“ Eichmanns bestätigten – so kommentiert *Hannah Arendt* – „hatte die Anklage die Prämisse zur Grundlage, dass der Angeklagte wie alle ‚normalen Personen‘ Bewusstsein über die Natur seiner Handlungen hatte, und Eichmann war auch tatsächlich

721 Über die Untätigkeit der internationalen Gemeinschaft in Bezug auf die Gewalttaten, die von den politischen Repressionskräften unter der brasilianischen Diktatur verübt wurden, vgl. *A. L. Sabadell et al.*, Brasilien. Strafrecht in Reaktion auf Systemunrecht. Vergleichende Einblicke in Transitionsprozesse, 2009, S. 196–209.

722 *L. J. Swensson Jr*, Punição para os crimes da ditadura militar: contornos do debate, in: Justiça de transição no Brasil: direito, responsabilização e verdade, 2010, S. 52.

723 *J. Kohn*, Introduction, in: Responsability and Judgment, 2003, S. *x* f.

normal, in dem Sinne, dass er ‚keine Ausnahme innerhalb des Naziregimes war'. Man konnte jedoch unter den Bedingungen des Dritten Reiches nur annehmen, dass nur die ‚Ausnahmen' ‚normal' handelten. Der Kern dieser so einfachen Frage hat unter den Richtern ein Dilemma geschaffen. Dieses Dilemma konnten sie weder lösen, noch verhindern".[724] Schließlich schenkte niemand *Eichmann* Glauben, weder das Publikum im Gerichtssaal, noch die Richter, weder die Rechtsanwälte, noch die Staatsanwälte. Sie zogen es vor, aus den mutmaßlichen Lügen den Schluss zu ziehen, dass er ein Lügner war – und ließen die größere, moralische und selbst rechtliche Herausforderung des ganzen Prozesses an sich vorübergehen.[725]

Das große Problem der brasilianischen Staatskriminalität, wie in den von uns hier vorgebrachten Fällen von Staatskriminalität, besteht also nicht in der heute als „schlecht" oder „falsch" bezeichneten Wahl, die jeder staatliche Agent individuell im Augenblick des Begehens seiner Handlung traf, sodass man sie alle als extrem perverse, schlechte, sadistische und verrückte Individuen karikieren könnte, die von den „normalen" Personen abgesondert lebten. Das Problem liegt in der sozialen Struktur, in die diese staatlichen Agenten eingefügt waren, mit ihren Werten und Regeln, die erlaubten, dass diese schreckliche Wahl, die von ihnen getroffen wurde, als „gut" und „richtig" angesehen wurde, dass sie Entscheidungen trafen, die eindeutig auch von ganz „normalen" Personen getroffen werden konnten. Die Begründung für die spezifische Gefährlichkeit des Einzelnen besteht gerade in seiner (rechtlichen und faktischen) Konformität und nicht in seiner Abweichung.[726] Das Beispiel der Versklavung von „Negern" in Brasilien kann dazu zitiert werden, die über fast 400 Jahre bis zum 13. Mai 1888 andauerte und die die Frage gut illustriert. Wie *José Carlos Moreira Silva Filho* sagte, indem er sich auf *Hannah Arendt* bezog, um die Straftaten der Militärdiktatur zu behandeln:

> „Es ist entscheidend zu sagen, dass das wirkliche Übel nicht von der Person ausgeht, welche die Folterung durchgeführt hat oder direkt die Befehle zur Ermordung gab, sondern von dem politischen und sozialen System, welches innerhalb der Logik seiner Funktionsweise die Praxis dieser Gewaltmaßnahmen, die sich oftmals als hierarchische Auflage gegenüber den Agenten darstellten, die dazu abgerufen wurden, sie auszuführen, beinhaltete."[727]

---

724 *H. Arendt*, Eichmann in Jerusalem – Ein Bericht von der Banalität des Bösen (1963), 1992, S. 54.

725 Ebenda.

726 Siehe dazu *C. Prittwitz*, „Regierungskriminalität" und „Kriminalität der Mächtigen", in: Kriminalität der Mächtigen, 2008, S. 198.

727 *J. C. M. Silva Filho*, O Julgamento da ADPF 153 pelo Supremo Tribunal Federal e a Inacabada Transição Democrática Brasileira, s/d, S. 46 (Übersetzung *L. J. S.*). In den Worten von *Hannah Arendt* in Bezug auf den Prozess gegen Eichmann in Jerusalem und die „Banalität des Bösen" heißt es: „Das Beunruhigende an der Person Eichmanns war doch gerade, daß er war wie viele und daß diese vielen weder pervers noch sadistisch, sondern schrecklich und erschreckend normal waren

Die Aufmerksamkeit sollte daher dem politischen und sozialen System selbst, seiner Struktur und Funktionslogik, insbesondere der „Porosität" der Institutionen in Bezug auf die Zulässigkeit von autoritären und verbrecherischen Praktiken gelten. Das bedeutet jedoch nicht, dass die „Schuld" oder die „Verantwortung" für die begangenen Verbrechen und die Missbräuche einfach dem „System" oder den Institutionen und nicht den jeweiligen Tätern individuell zugeschrieben werden sollen. Die Position, die ich hier vertreten möchte, ist die, dass sich (a) die brasilianische Staatskriminalität mit individuellen Mordtaten und andere schweren Delikten beschäftigt, die sich gerade durch die Abwesenheit *persönlicher* Motive auszeichnen, mit denen sonst schwerstes Tötungsunrecht begründet wird; dass (b) das erste Ziel einer Politik der *Transitional Justice* der Bruch mit dem vergangenen Unrechtssystems und seiner autoritären Hinterlassenschaft sein soll und nicht die strafrechtliche Verantwortlichkeit der Täter von Staatskriminalität; dass (c) die individuelle Verantwortung und die Zuschreibung der Schuld durch andere Mittel (zivilrechtliche, administrative oder politische Sanktionen usw.) und nicht mittels der Strafe oder des Strafrechts bewirkt werden können und sollen.

3. Über die Rolle des Strafrechts bei der Verarbeitung des Unrechtssystems

Die Betonung, die hier auf das „Systemunrecht" gelegt wird – das nicht auf das Unrecht *im* System, sondern auf das konstitutive Unrecht *des* Systems verweist – führt zum *vierten* Aspekt unserer Angst und Ohnmacht, der mittels der folgenden Fragen formuliert werden kann: Inwieweit kann das Strafrecht als Instrumentarium in Brasilien zur Bewältigung bzw. zur Aufarbeitung des vergangenen Systemunrechts beitragen? Inwieweit sind die Strafe und das Strafrecht fähig, das Problem der brasilianischen Staatskriminalität zu lösen? Die Antworten lauten meiner Ansicht nach, sehr wenig. Es handelt sich um schwierige Fragen. Was aus der vorliegenden Analyse aber abgeleitet werden konnte, ist, dass das Strafrecht, so wie es gedacht, geschaffen und angewandt wird, im Prinzip ungeeignet ist, das Problem der Staatskriminalität angemessen zu erörtern.

Naucke hat in seiner Untersuchung belegt, dass der totgesagte Satz *princeps legibus solutus* in den „merkwürdigsten dogmatischen Lavierungen" wieder auftaucht und dass die Strafrechtsdogmatik im Prinzip ungeeignet ist, die eingesetzte

---

und sind. Vom Standpunkt unserer Rechtsinstitutionen und an unseren moralischen Urteilsmaßstäben gemessen, war diese Normalität viel erschreckender als all die Gräuel zusammengenommen, denn sie implizierte – wie man zur Genüge aus den Aussagen der Nürnberger Angeklagten und ihrer Verteidiger wußte –, daß dieser neue Verbrechertypus, der nun wirklich *hostis generis humanis* ist, unter Bedingungen handelt, die es ihm beinahe unmöglich machen, sich seiner Untaten bewußt zu werden." *H. Arendt*, Eichmann in Jerusalem – Ein Bericht von der Banalität des Bösen (1963), 1992, S. 326.

juristische Privilegierung der Täter der Staatskriminalität ausreichend zu bekämpfen. „Die aktuelle Strafrechtsdogmatik ist Friedensdogmatik, ist Dogmatik der privaten A-B-Kriminalität. Wendet man diese Dogmatik auf den Täter an, der eine Staatsorganisation für die Tatbegehung einsetzen kann, oder der diese Organisation hinter sich weiß, stellt man diesen Täter besser als er juristisch stehen sollte."[728] Da die in Brasilien bestehende Tendenz der Straflosigkeit der Agenten der Diktatur nicht aufgrund von zufälligen Problemen und von Fehlern der Handlungsweise derjenigen entstand, die das Recht anwenden, sondern aufgrund von systemischen und strukturellen Problemen, hat sich das Strafrecht bis jetzt unfähig gezeigt, diese Tendenz umzukehren.

Selbst wenn es andererseits ein Strafrecht gäbe, das fähig wäre, alle Täter der Staatskriminalität zu bestrafen, und damit der Tendenz der Straflosigkeit oder der Privilegierung der Täter ein Ende bereiten könnte, beantwortet dies nicht die Frage, ob die vom Strafrecht angebotenen Lösungen zwischen Bestrafung und Nicht-Bestrafung ausreichend wären, um das Problem der vergangenen Staatskriminalität und dessen Folgen für die heutige brasilianische Gesellschaft zu behandeln. In anderen Worten, es besteht das Problem, zu wissen, ob die Alternativen zwischen Bestrafung oder Nicht-Bestrafung, die vom Strafrecht angeboten werden, das größere Problem lösen könnten, das hinter den Strafhandlungen, die von den betreffenden Staatsagenten begangen wurden, steht.

Wird z. B. die Hypothese aufgestellt, dass es heute möglich wäre, die Staatsagenten, die in der Ausführung der politischen Repression der Diktatur schwere Verbrechen begangen haben, zu bestrafen, weil die begangene Delikte nicht amnestiert oder verjährt wären, dann gäbe es eine deutliche Botschaft, die vom Staat an die Gesellschaft durch die Bestrafung mitgeteilt würde. Nämlich, dass die in der Vergangenheit begangenen Handlungen in der gegenwärtigen Gesellschaft nicht erlaubt sind und dass solche Verbrechen immer von mehr oder weniger handlungsmächtigen und –fähigen Personen begangen wurden. Es könnte jedoch sein, dass diese Botschaft nicht ausreichend wäre, um die Wahrheit über die Ereignisse festzustellen, die in den „Kellern der Diktatur" geschahen, die Bevölkerung darüber aufzuklären und davon zu überzeugen und zusätzlich, auf diese Art und Weise, die Ziele zu erreichen, die durch die *Transitional Justice* erreicht werden sollen. Dabei handelt es sich um: die Wiederherstellung der Demokratie, des Rechtsstaats und des sozialen Friedens.

Der Effekt der Verantwortungszuschreibung des Strafrechts ist also ambivalent. Auf der einen Seite haben individualisierte Verantwortungszuschreibungen die Funktion, herauszustellen, dass es nicht nur die Systeme und Organisationen waren, die schwerste Menschenrechtsverletzungen in Gang gesetzt und verübt haben, sondern immer auch einzelne Akteure vor Ort. Auf der anderen Seite blenden sie aber auch strukturelle, gesellschaftliche und politische Faktoren des Systems aus.

---

728 *W. Naucke*, Die strafjuristische Privilegierung staatsverstärkter Kriminalität, 1996, S. 23, siehe auch S. 15, 31–35.

Warum gibt es seit zwanzig Jahren keine Diktatur in Argentinien? Weil jemand Angst vor einer Bestrafung hat? Oder weil sich die Bedingungen geändert haben? Wäre Argentinien beim ursprünglichen Straflosigkeitspakt geblieben, hätte es dann ein höheres Risiko einer neuen Diktatur gegeben?[729] Warum war es nach dem Ersten Weltkrieg so, dass in Deutschland ein autoritäres Regime mit all seiner bekannten Staatskriminalität errichtet wurde, obwohl das Strafmodell der *Transitional Justice* mit all seinen Sanktionen, die vom Versailler Vertrag vorgeschrieben wurden (kollektive Verantwortung) und mittels mehrerer Gerichtsverhandlungen und Verurteilungen (individuelle Verantwortung), die von den nationalen Gerichten vorgenommen wurden, zur Anwendung kam?[730]

Der Auffassung, dass eine mögliche Bestrafung die bessere Lösung für das Problem der *Transitional Justice* wäre – zum Nachteil der anderen Elemente, die dadurch im Hintergrund blieben –, werden also die Argumente entgegengestellt, die wichtiger sind, als einigen wenigen Personen zu begegnen, die bestraft werden sollten:

a) Die geschichtliche Wahrheit über die Repression der Diktatur und seine Kriminalität nachzuerzählen, zu verbreiten und zu bewahren. Zum Beispiel könnte dies durch die Reorganisation und die Öffnung aller öffentlicher Archive, die Errichtung von Denkmälern, Zentren zum Gedächtnis und zur Forschung, feierliches Begehen von Gedenktagen, Veröffentlichungen über die Geschehnisse der Vergangenheit, Verwirklichung von bewusstseinsbildenden Kampagnen in den Medien sowie einer Förderung der öffentlichen Auseinandersetzung über die Vergangenheit erfolgen.

b) Den Forderungen der Angehörigen der aus politischen Gründen Ermordeten und Verschollenen nach Aufklärung der Umstände des Todes, der in den „Kellern der Diktatur" geschah, und nach der Lokalisierung der sterblichen Überreste nachzukommen.

c) Gegen die „Last des Schweigens"[731] den Opfern der Repression das Wort zu erteilen, indem ihnen erlaubt wird, ihre Versionen der Geschehnisse gegen die offizielle Version und gegen die Stigmatisierung und Etikettierung vorzubringen, die vom Staat so lange Jahre aufrecht erhalten wurde.

d) Bedeutende Veränderungen gesetzlicher (in den Gesetzen zur Nationalen Sicherheit, zur Einstweiligen Festsetzung usw.), gerichtlicher (in der Rechtsprechung

---

729 Ich bedanke mich bei Prof. Dimitri Dimoulis für diese Bemerkung.

730 Nach *Ruti Teitel* heißt es: "Seen with the hindsight of history, it was clear that the post-World War I national trials did not serve to deter future carnage. [...] Seen through the lens of genealogy, these transitional responses clearly failed and came to be identified as a basis for the sense of economic frustration and resentment that fuelled Germany's role in World War II". *Dies.*, Transitional Justice Genealogy, in: Harvard Human Rights Journal 16 (2003), S. 72 f.

731 *D. Fabricius*, Warum Amnestie zu wenig und Strafe das Falsche ist – erweiterter Auftrag einer Wahrheits- und Versöhnungskommission (TRC)?, in: Transitional Justice, 2013, S. 149 ff.

der Diktatur, die immer noch angewendet wird) und institutioneller (in der Politik, bei den Streitkräften, bei den Gerichten usw.) Art voranzutreiben.

e) Materielle und immaterielle Wiedergutmachung sollte gegenüber den politisch Verfolgten geleistet werden. Außerdem sollten offizielle Bitten um Entschuldigung und öffentliche Versicherungen der Nichtwiederholung ausgesprochen werden.

f) Den Schuldigen andere Arten von Verantwortung zuzuschreiben, die nicht notwendigerweise aus Strafen bestehen usw.[732]

Es geht also um die Förderung einer *radikalen Dekonstruktion* (im Sinne des Dekonstruktivismus von *Jacques Derrida*) der brasilianischen autoritären Vergangenheit, um den Elementen einer schlüssigen *Transitional Justice* Politik nachzukommen, die dem Land angepasst ist, und auf diese Weise zur Errichtung eines starken, transparenten demokratischen Rechtsstaates beiträgt, der mit seiner Vergangenheit und ihrem Legat abrechnet.[733]

Jeder Übergang, in jedem Land und zu jedem geschichtlichen Zeitpunkt, ist verschieden und fordert, dass seine besonderen spezifischen Umstände in Betracht

---

732 S. Kap. II.2 des vierten Teils.

733 Vgl. *L. J. Swensson Jr*, Stellt die Amnestie ein Hindernis für die brasilianische „Transitional Justice" dar?, in: Transitional Justice, 2013, S. 198 ff. Wie der UN-Bericht zeigt (United Nations, HR/PUB/06/4, 2006, S. 3), ist es notwendig, die fast immer leere und unverständliche Diskussion zu vermeiden, dass die Täter der Staatskriminalität entweder wegen die Strafgerechtigkeit (oder aufgrund "the State's legal duties to support the pursuit of justice") bestraft werden müssen oder sie nicht bestraft werden dürfen, da diese Bestrafungen "are driven by political vengeance". Es ist dann unerlässlich "a strong commitment to criminal accountability at the political level". "Some of the key challenges are (1) presenting the commitment without politicizing the quest for justice and (2) understanding the complex goals and managing expectations. Policymakers can depoliticize the pursuit of justice by discussing accountability in a manner that respects the presumption of innocence, does not detract from fairness or the appearance of fairness, and reflects an understanding of the complex goals that such a policy seeks to achieve." Vgl. etwa *T. Fischer/M. N. Lorenz* (Hrsg.), Lexikon der „Vergangenheitsbewältigung" in Deutschland: Debatten- und Diskursgeschichte des Nationalsozialismus nach 1945, 2007, S. 13: „Will man die Nachgeschichte des Nationalsozialismus in der Bundesrepublik in ihrer ganzen Breite erfassen, genügt es nicht allein, die großen Mediendebatten und Fachkontroversen in den Blick zu nehmen: Nicht minder relevant sind die vielfältigen ästhetischen Spiegelungen des Phänomens, die administrativen und juristischen Entscheidungen einer Vergangenheitspolitik, die übergeordneten mentalitätsgeschichtlichen Prozesse, der Umgang mit den Orten des Gedenkens, schließlich die Bilder, Kollektivsymbole und Narrative der Erinnerung an den Nationalsozialismus, die sich nicht immer an konkrete Ereignisse oder Debatten im engeren Sinne zurückbinden lassen, die aber eine diskursive Wirkmächtigkeit entfalten."

gezogen werden.[734] Es gibt keine fertige Formel dafür, um ein für allemal das Problem der *Transitional Justice* allerorts zu lösen. Von daher soll man sich fragen, wie *Ruti Teitel* dies tut, „*whether there are any transitional justice baselines or any threshold minimum beyond historical, psychological, or religious inquiry ought to be characterized as justice-seeking*".[735]

Wenn es möglich wäre, dieses Minimum an *Transitional Justice* zu kennen oder zu identifizieren – selbst wenn man alle Schwierigkeiten in Kauf nimmt, die in dem Begriff liegen –,[736] so würde er, meines Erachtens nach, als politisches Projekt der Wiedergründung und des Wiederaufbaus des politischen Systems (mit oder ohne formelle Änderung des Regimes)[737] beschrieben werden, mittels dessen eine Wandlung der Ideologie oder des in der Vergangenheit herrschenden Deutungsmusters bewerkstelligt werden sollte. Das, was einstmals als legal, politisch notwendig, lobenswert und auszeichnungswürdig galt, wird in der Zeit des Wiederaufbaus als gesellschaftlich verwerflich, gegen die Menschenrechte gerichtet, kriminell oder als dessen Gegenteil angesehen.[738] In anderen Worten, was unter den verschiedenen Fällen von Erfahrungen als gemeinsam festgestellt werden kann, ist die Bewegung zur *Neubewertung* durch die *Dekonstruktion* der Vergangenheit, zur Abgrenzung von Differenz und Identität zwischen dem alten und dem neuen System.

Handelte es sich etwa um eine Dekonstruktion ohne Ziel, ohne Richtung? Ich denke, nein. Grundsätzlich ist diese Dekonstruktion der Vergangenheit auf die Errichtung (in den Ländern ohne eine demokratische Tradition), den Wiederaufbau (in den Ländern mit einer demokratischen Tradition) oder die Festigung (sofern es keine formelle Änderung des Regimes gibt) des *Friedens*, der *nationalen Versöhnung*, der *Menschenrechten* und der *Demokratie* gerichtet – trotz der Aporien innerhalb dieser Begriffe. Außerdem wird die *Transitional Justice* auch als ein Instrument

734 *K. Ambos*, The Legal Framework of Transitional Justice: A Systematic Study with a Special Focus on the Role of the ICC, in: Building a Future on Peace and Justice: Studies on Transitional Justice, Peace and Development, 2008, S. 26.

735 *R. Teitel*, Transitional Justice Genealogy, in: Harvard Human Rights Journal 16 (2003), S. 89.

736 S. Kap. II.2.b des estens Teils.

737 Ich beziehe mich hier auf die gebräuchliche Anwendung des Themas der *Transitional Justice* in Ländern ohne formelle Änderung des politischen Regimes, die jedoch von bedeutenden Umwälzungen innerhalb der Regierung betroffen waren, welche diese wohlwollender werden ließen (z. B. Marokko); die ethnische, politische oder religiöse Konflikte durchlebten (z. B. Südafrika, Israel, Irland), die sich in einer andauernde Situation von bewaffnetem Konflikt befinden (z. B. Kolumbien), die, in denen man vorhat, jahrhundertealte Menschenrechtsverletzungen gegen bestimmte Minderheiten wieder gut zu machen (z. B. Kanada) usw.

738 *D. Dimoulis*, Justiça de transição e função anistiante no Brasil. Hipostasiações indevidas e caminhos de responsabilização, in: Justiça de transição no Brasil: direito, responsabilização e verdade, 2010, S. 94.

verstanden, um den *bürgerlichen Rechtsstaat* oder die *rule of law* einzuführen oder zu garantieren.

Zusammenfassend lässt sich festhalten, dass in Brasilien das Hauptziel der *Transitional Justice* nicht die einfache Strafverfolgung ist, sondern darin besteht, mit dem politischen und gesellschaftlichen System der Militärdiktatur und der Logik seiner Funktionsweise zu brechen sowie die Ideologien abzubauen, mit denen die Rechtsverletzungen seinerzeit legitimiert wurden. Das Schweigen, den Konformismus und die Leugnung der autoritären und repressiven Vergangenheit abzubauen, vor allem durch die Wiederherstellung der Würde der Opfern und ihrer Familien, wenn ihnen das Wort erteilt wird, ist die *raison d'être* der *Transitional Justice.* Und in diesem Sinne hat, zumindest in Brasilien, die strafrechtliche Verantwortung oder die Bestrafung der Täter wenig zu bieten.

Wie man genau mit dem Autoritarismus bricht, der von der Diktatur hinterlassen wurde, ist ein Problem, dass leider noch weitgehend ungeklärt ist. Auf eine strafrechtliche Antwort auf das Problem der brasilianischen *Transitional Justice* zu pochen, heißt jedoch meines Erachtens, die Fähigkeit der Strafe als Garantie der Demokratie und des sozialen Friedens zu überschätzen und alle anderen Mittel zu unterschätzen.[739] Mehr als die Strafe ist das *kritische Bewusstsein,* das durch das *Gedächtnis* (als ein Prozess der [Re-]Konstruktion der Vorstellungen über die Vergangenheit, seine möglichen Beweggründe und Interpretationsmodelle) aufgeweckt und durch eine *demokratische deliberativen Argumentation* aufgearbeitet/entwickelt wird, die beste Waffe gegen eine Wiederholung.[740]

Natürlich bedeutet dies nicht, dass das Strafrecht in der Regel keine Rolle bei der Verarbeitung von Unrechtssystemen spielen kann. Neben der (nicht institutionalisierten) gesellschaftlichen und neben der (institutionalisierten) staatlichen und rechtlichen Aufarbeitung der Vergangenheit hat das Strafrecht noch eine zentrale Bedeutung bei der Bewältigung der Systemkriminalität eines vergangenen diktatorischen Regimes, da es ein bedeutsames Medium der gesellschaftlichen Kommunikation ist.

Das Strafrecht ist das schärfste Instrument des gesellschaftlichen Tadels und hat u.a. die wichtige Funktion, herauszustellen, dass es nicht nur die Systeme und Organisationen waren, die schwerste Menschenrechtsverletzungen in Gang gesetzt und verübt haben, sondern dass sie von mehr oder weniger handlungsmächtigen und -fähigen Personen begangen wurden. Somit hilft das Strafrecht dazu, Ideologien, die unter dem früheren Regime zur Legitimation systemkonformer Verbrechen eingesetzt wurden, zu zerstören. Durch Strafverfahren werden Botschaften über die Bewertung von Verhaltensweisen in der Gesellschaft transportiert und

739 *L. J. Swensson Jr.* "Ao julgar a justiça, te enganas". Apontamentos sobre a *justiça* da justiça de transição brasileira, in: Revista Anistia Política e Justiça de Transição, Bd. 4, 2011, S. 78–107.

740 Zur Frage der Erinnerung siehe etwa *M. P. Araújo,* Amnestie in Brasilien: Geschichte und Gedächtnis, in: Transitional Justice, 2013, S. 61 ff.

damit leisten sie auch einen wesentlichen Beitrag zur Etablierung, wie auch zur Korrektur von gesellschaftlichen Deutungsmustern. Das Strafrecht kann also klarstellen, dass die Ideologien des vergangenen Regimes zur Rechtfertigung begangener Rechtsverletzungen nicht taugen. Gerade auf diese Weise kann das Strafrecht als ein wichtiges Instrument bei der Zerstörung vergangener legitimierender Deutungsmuster dienen und entscheidend zu einem Bruch mit der autoritären Hinterlassenschaft beitragen.[741]

Nach *Raúl Enrique Rojo* heißt es: „*Le propre du jugement est de réintégrer le crime dans un ordre symbolique, de lui donner un sens à la lumière de la discrimination entre le bien et le mal, essentielle à tout groupe humain. Renoncer à cette tâche minimale ne revient pas à ne rien faire mais aboutit concrètement à prolonger le crime*".[742] *Ulfrid Neumann* sagt:

> „Man muss nicht betonen, dass sich dieses Koordinatensystem durch zahlreiche andere ersetzen lässt – etwa das von ‚Kommunismus' und ‚Patriotismus' oder das von ‚Rechtgläubigkeit' und ‚Ketzerei'. Aufgabe des Strafrechts ist es hier, solche Koordinatensysteme und die an ihnen orientierten Deutungsmuster zu durchbrechen. Strafrecht hat also auch die Funktion, Ideologien zu zerstören, die unter dem früheren Regime zur Legitimation systemkonformer Verbrechen eingesetzt wurden. Nach der Theorie der positiven Generalprävention kommt dem Strafrecht die Aufgabe zu, gesellschaftlich anerkannte Normen zu stabilisieren, wenn diese durch eine Straftat in Frage gestellt wurden. Diese Aufgabe erweitert sich hier um die Funktion, Normen zur Anerkennung oder zur Wiederanerkennung zu verhelfen, die von der Ideologie des diktatorischen Systems verdrängt oder überlagert worden waren."[743]

Das entscheidende Problem ist, dass ein Strafverfahren heute in Brasilien nicht nur Botschaften gegen das autoritäre Regime und die begangene Staatskriminalität transportiert und damit einen Beitrag zur Korrektur gesellschaftlicher Deutungsmuster leistet, sondern auch die Botschaft, dass die Achtung vor dem Gesetz

---

741 Aus diesem Grund hebt *Cornelius Prittwitz* zu Recht hervor, dass die strafrechtliche Elemente der *Transitional Justice* einen Beitrag zur Vergangenheits*bewältigung* nur leiten können, wenn, einerseits, „bei der (legitimen) Suche nach *individueller* Verantwortung die Aspekte *kollektiver* Verantwortung hinreichend – und das heißt: individuelle Verantwortung *mindernd* – berücksichtigt werden" und, andererseits, „wenn man deutlich unterscheidet zwischen (oft nicht gelindender) zurechenbarer Verantwortung fär die Vergangenheit und (wünschenswerter) Verantwortung*zumutung* und (vielleicht sogar notwendigem) Verantwortung*zutrauen* für die Zukunft." *C. Prittwitz*, Verantwortung als Schlüsselbegriff strafrechtlicher Vergangenheitsbewältigung, in: Transitional Justice, 2013, S. 260 ff.

742 *R. E. Rojo*, La justice pour exorciser les démons et conjurer les peurs des Argentins. Communication; XVII Congrès International des Sociologues de Langue Française, 2004.

743 *U. Neumann*, Die Rolle von Recht, Gesellschaft und Politik bei der Verarbeitung von „Unrechtssystemen", in: Transitional Justice, 2013, S. 43.

und den Verfassungsgarantien, welche die Bürger gegen die Strafmacht des Staates schützen, nicht von selbst gelten. Weil eine Bestrafung der Autoren der Staatskriminalität sich nicht *de lege lata* begründen lässt, würde die Verwirklichung einer Strafverfolgung schließlich bewirken, dass das Rechtliche auf das Politische *reduziert* wird (das heißt, auf die Entscheidungen derjenigen, die die politische Macht haben, zu sagen, was „gerecht" oder „richtig" ist), und damit über das Gesetz hinwegsieht, um Bürger zu bestrafen. Mit anderen Worten würde dies nochmals bestätigen, dass die Geschichte des Rückwirkungsverbots in Brasilien die Geschichte seiner Missachtung ist.

Das führt uns schließlich dazu, einen Ausweg aus einem *Dilemma* zu suchen. Als Form, sich gegen das ideologische Modell der Diktatur zu stellen, zeigen sich mindestens zwei mögliche und in sich widersprüchliche Wege: *Entweder* man verteidigt die Achtung vor der Legalität und dem Rechtsstaat und garantiert, konsequenterweise, die Straflosigkeit der Täter von schweren Menschenrechtsverletzungen; *oder* man verteidigt die strafrechtliche Verantwortung der Täter, indem man auf das Strafrecht als ein Instrument für die Zerstörung vergangener legitimierender Deutungsmuster zurückgreift, aber damit die Achtung vor der Legalität und dem Rechtsstaat flexibilisiert. Welcher von beiden Wegen ist der beste?

Dieses Dilemma lässt sich meines Erachtens eigentlich nur schwer lösen, weil jede Entscheidung, die getroffen wird, notwendigerweise Vorzüge oder Nachteile mit sich bringt. Wenn einerseits die Achtung vor dem Gesetz und dem Rechtsstaat bewahrt und gestärkt werden muss, so kann andererseits die Straflosigkeit gravierender und elementarer Menschenrechtsverletzungen nicht einfach deswegen zugelassen werden, weil der Staat sich das Recht gab, sie zu amnestieren. Ich jedenfalls bin der Meinung, dass, was gemacht werden muss, um diese Art von Dilemma anzugehen, ist, den jeweiligen Fall zu betrachten und offen und ehrlich alle Vor- und Nachteile abzuwägen, unabhängig davon, zu welchem Ergebnis sie führen. Wie *Herbert Hart* dazu lehrte: "*Surely if we have learned anything from the history of morals it is that the thing to do with a moral quandary is not to hide it. Like nettles, the occasions when life forces us to choose between the lesser of two evils must be grasped with the consciousness that they are what they are.*"[744]

Auch wenn z. B. von der Radbruchschen Formel ausgegangen und damit allen rechtlichen Schwierigkeiten hinsichtlich der Bestrafung mit dem Argument der Gerechtigkeit begegnet wird, so muss dies offen geschehen, indem die Probleme, die sich aus dieser Wahl ergeben, anerkannt und aufgezeigt werden.[745] Wenn

744 *H. L. A. Hart*, Positivism and the Separation of Law and Morals, in: Harvard Law Review 71 (1958), S. 619 f.

745 Hinsichtlich der rechtsmoralistische Argumentation stellt z. B. *Ulfrid Neumann* fest: „Es wäre schwer erträglich, wenn man die Strafbarkeit von Menschen, die im Einklang mit den Gesetzen und der Rechtspraxis ihrer Zeit gehandelt haben, damit begründen würde, dass die Rechtslage damals ‚in Wahrheit' eine ganz andere gewesen sei, als in dem System selbst allgemein angenommen wurde. Das würde auf eine schlechte Fiktion hinauslaufen. Die Begründung der Strafbarkeit

die Bewegung der *Transitional Justice* schlussendlich darauf zielt, die jüngste Geschichte des Landes ins Reine zu bringen, indem die Wahrheit über die verbrecherischen Taten, die in den Kellern der Diktatur geschahen, und die Bestrafung der Täter mittels des Rechts gesucht wird, damit diese schreckliche Erfahrung sich nie mehr wiederholt, dann ist das Erste, das dabei getan werden muss, die Argumente beider in die Geschichte verwickelten Parteien und auch alle Schwierigkeiten und theoretischen Probleme, die dabei entstehen, anzuerkennen. All dies sollte erfolgen, damit diese Debatte, die so wichtig für die brasilianische Geschichte ist, sich nicht auf fruchtlose ideologische Diskurse beschränkt, die Konflikte und Spannungen verbergen.[746]

4. Fazit

An dieser Stelle sollte noch hinzugefügt werden, dass, wenn jemand die Flexibilisierung des Gesetzlichkeitsprinzip verteidigen wollte, um die Täter der vergangenen Staatskriminalität zu bestrafen, nicht nur die bereits angeführten Argumente bewältigt werden müssen, sondern auch eine weitere Reihe von Fragen auftreten, die meines Erachtens noch nicht zufrieden stellend beantwortet sind. Als Beispiele dienen folgende Fragen:

a) Da das Problem der Legitimation der Strafe auf eine Frage der praktischen Philosophie verweist, also nicht auf eine Frage der Metaphysik oder der Religion, muss die Strafe rational begründet werden. Angesichts der Anstrengung der modernen Strafrechtswissenschaft bei der Argumentation, dass der Strafzweck nicht nur einfach die Vergeltung des Übels zur Buße der Schuld (Vergeltungstheorie) ist, sondern die Verhinderung künftiger Straftaten durch den Verurteilten (negative Spezialprävention), seine Resozialisierung (positive Spezialprävention) und/oder der Lerneffekt für die Gesellschaft durch die Garantie der Bestrafung aller, die gegen das Recht verstoßen (Generalprävention), sein soll, stellt sich die Frage: Wie kann mit einer Argumentation, die sich nicht auf die legale Rechtfertigung beschränkt, die Notwendigkeit der Strafe für Menschen im fortgeschrittenen Alter gerechtfertigt werden, die heute sozial integriert leben und keine Gefahr mehr für die Gesellschaft darstellen?[747] Warum soll es

---

kann nur lauten, dass diese ‚systemkonformen' Handlungen als ein so gravierendes Unrecht zu bewerten sind, dass es gerechtfertigt ist, hier eine Ausnahme von dem rechtsstaatlichen Rückwirkungsverbot zuzulassen". *Ders.*, Die Rolle von Recht, Gesellschaft und Politik bei der Verarbeitung von „Unrechtssystemen", in: Transitional Justice, 2013, S. 51.

746 *L. J. Swensson Jr*, Punição para os crimes da ditadura militar: contornos do debate, in: Justiça de transição no Brasil: direito, responsabilização e verdade, 2010, S. 54.

747 *A. Martins*, Sobre direito, punição e verdade. Reflexões acerca dos limites da argumentação jurídica, in: Justiça de transição no Brasil, 2010, S. 61–90; *L. J. Swensson Jr*, Anistia Penal: problemas de validade da lei de anistia brasileira, 2007, S. 87–

gerecht sein, diese Menschen jetzt zu bestrafen? In der brasilianischen Literatur findet sich die Sorge und die Aussage, bei der *Transitional Justice* und ihrer Forderung nach Strafe handele es sich nicht um Revanchismus und nicht um eine einfache Vergeltung des Übels durch Verbüßung einer Strafe. Aber worum soll es sich denn sonst handeln?[748]

b) Ein geläufiges Argument besteht darin, zu sagen, dass die Agenten des Staates bestraft werden müssen, damit die Straflosigkeit nicht zum Anreiz oder als Beispiel dafür diene, noch einmal eine Diktatur in Brasilien zu errichten und dazu, die Gräueltaten der Vergangenheit zu wiederholen – was Anzeigen von Folter und Hinrichtungen, die von der Polizei begangen werden, bestärken. Obwohl diese Aussage im ersten Augenblick überzeugend sein kann, bleibt offen, durch was bewiesen wird, dass sie auch plausibel ist. Wie kann ein kausaler Zusammenhang zwischen der Straflosigkeit für die in der Vergangenheit begangenen Verbrechen und dem Anreiz für das Begehen von Verbrechen in der Gegenwart hergestellt werden?

Ist es gerecht, zu sagen, dass Brasilien das „Land der Straflosigkeit" ist – wie normalerweise zwischen den Zeilen der Diskurse zur Rechtfertigung der strafrechtlichen Verantwortung der Agenten der Diktatur gesagt wird – selbst wenn man feststellt, dass Brasilien hinsichtlich der Anzahl von Personen, die in Gefängnissen inhaftiert sind (ca. 500.000 Gefangene) in der Welt an vierter Stelle steht und nur in den Vereinigten Staaten von Amerika (2,2 Millionen), China (1,6 Millionen) und Russland (740.000) mehr Menschen eingesperrt sind?[749] Ist es gerecht, zu sagen, dass Brasilien das „Land der Straflosigkeit" ist, selbst mit dem überbelegten und bankrotten Strafvollzugssystem, das 66 % Gefangene über seine räumliche Kapazität hinaus beherbergt, was für diese Gefangene schwere körperliche und psychische Folgen nach sich zieht?[750] Oder, im Gegenteil, ist Brasilien in Wirklichkeit ein

---

94; *ders.*, Stellt die Amnestie ein Hindernis für die brasilianische „Transitional Justice" dar?, in: Transitional Justice, 2013, S. 196. Für die Unzulänglichkeit der Rechtfertigung der Theorien des Strafzwecks, um das Phänomen der Staatskriminalität zu erörtern, vgl. etw. *W. Naucke*, Die strafjuristische Privilegierung staatsverstärkter Kriminalität, 1996, S. 31; *K. Günther*, Kritik der Strafe I, in: WestEnd (2004), S. 117 ff; *ders.*, Kritik der Strafe II, in: WestEnd (2005), S. 131 ff.

748 Vgl. *L. J. Swensson Jr*, Stellt die Amnestie ein Hindernis für die brasilianische „Transitional Justice" dar?, in: Transitional Justice, 2013, S. 196.

749 Zu diesen Daten s. „International Centre for Prison Studies" (ICPS), Juni 2012, verfügbar unter http://www.prisonstudies.org/info/worldbrief/wpb_country.php?country=214, Zugriff: 1.8.2013.

750 Nach den Zahlen aus dem Dezember 2010, die vom Bundesamt für Strafvollzug des Justizministeriums (*Departamento Penitenciário Nacional do Ministério da Justiça*) vorgelegt wurden, fehlen 164.185 Plätze im brasilianischen Strafvollzug – bei einer Kapazität von 281.520 und der Anzahl von Gefangenen in Höhe von 445.705 Menschen. Verfügbar unter: http://portal.mj.gov.br/main.asp?View=%7BD574E9CE-3C7D-437A-A5B6-22166AD2E896%7D&Team=&params=itemID=%7BC37B2

Land, in dem es zu viele Strafen und zu wenig *Strafrecht* gibt (trotz des gesamten Problems der Selektivität, die aus der sekundären Kriminalisierung entsteht, welche sich gegen die ärmere Bevölkerung und fast nie gegen die Eliten richtet)?

c) Mögen wir zugeben, dass die These stimmt, dass die Bestrafungen, die unmittelbar nach der Änderung eines politischen Regimes angewendet werden, normalerweise – aber nicht notwendigerweise – auf eine Art geschehen, dass auf der einen Seite ein institutioneller Unterschied und ein Bruch zwischen den zwei Regimen markiert wird, um damit eigene Identitäten aufzubauen und die Stabilität des Neuen zu garantieren; dass auf der anderen Seite die Forderung nach Gerechtigkeit (oder der Wunsch nach „Rache" der Opfer) stillt wird, so wie dies durch die Tribunale von Nürnberg und Tokio nach dem Zweiten Weltkrieg geschah.[751] Obwohl diese These stimmt, wie lässt sich heute, fast 30 Jahre nach der Redemokratisierung des Staates, in Brasilien die Notwendigkeit oder die „Gerechtigkeit" der Strafe vertreten?

Mit der Zeit sind die Sorgen und die Interessen, die auf den Aufbau und die Stärkung des demokratischen Regimes gerichtet sind, andere als die Bestrafung der mutmaßlichen Täter vergangener Staatskriminalität.[752] Wenn außerdem die in der Vergangenheit begangene Staatskriminalität sich wiederholte, wäre heute die Rechtsordnung besser ausgerüstet, um das Problem der strafrechtlichen Verantwortung der Täter zu behandeln, da Brasilien nach der Redemokratisierung des Staates verschiedene internationale Staatsverträge zum Schutz der Menschenrechte sowie das Verbot der Amnestie gegenüber der Praktiken von Folter, Drogenhandel und Handel mit ähnlichen Rauschmitteln, Terrorismus und abscheulichen

AE9-4C68-4006-8B16-24D28407509C%7D;&UIPartUID=%7B2868BA3C-1C72-4347-BE11-A26F70F4CB26%7D, Zugriff: 27.4.2013. Der Bundesabgeordneten *Domingos Dutra*, der 2008 Berichterstatter der Parlamentarischen Untersuchungskommission (*Comissão Parlamentar de Inquérito*) des Strafvollzugssystems war, erklärte in einem Interview mit der BBC Brasil: „Nach dem brasilianischen Gesetz sollte jeder Gefangene mindestens sechs Quadratmeter Platz (eine Gefängniseinheit) haben. Wir haben Situationen vorgefunden, in denen jeder nur 70 Quadratzentimeter hatte". Nach dem Abgeordneten ist die Überbelegung nicht verfassungsgemäß und bewirkt körperliche und psychische Folter. „Im Sommer besteht eine unerträgliche Hitze und im Winter ist es sehr kalt. Außerdem muss man sich vorstellen, wie man seine körperlichen Bedürfnisse erledigen soll, wenn 49 andere in der Zelle befindlichen Gefangenen dabei zuschauen und auf der Toilettenschüssel schlafen müssen". *L. Kawaguti*, "Brasil tem 4ª maior população carcerária do mundo e déficit de 200 mil vagas", BBC Brasil, 29.5.2012 (Übersetzung *L. J. S.*).

751 S. dazu *D. Dimoulis*, Justiça de transição e função anistiante no Brasil. Hipostasiações indevidas e caminhos de responsabilização, in: Justiça de transição no Brasil: direito, responsabilização e verdade, 2010, S. 91 f.

752 Dies zeigt die brasilianische Erfahrung nach der Redemokratisierung. Siehe dazu *M. P. Araújo*, Amnestie in Brasilien: Geschichte und Gedächtnis, in: Transitional Justice, 2013, S. 61 ff.

Verbrechen nach dem Inkrafttreten der neuen Verfassungscharta unterzeichnet hat (Art. 5, XLIII, CF/88).

Auch wenn der Schmerz der Opfer und die Vergeltungsfunktion der Strafe weiter bestehen, stellt sich die Frage, ob nach so vielen Jahren ihre kommunikative Wirkung im Sinne der Missbilligung der in der Vergangenheit praktizierten Handlungen und im Sinne der Markierung der Grenze zwischen dem alten und dem neuen Regime schon viel an Kraft und damit den Sinn und Zweck der Notwendigkeit ihrer Anwendung verloren hat. Mehr noch, obwohl es unabdingbar ist, Fragen aus der Vergangenheit zu thematisieren (im Sinne des Spruchs von *George Orwell* im Roman *1984*, „wer die Vergangenheit kontrolliert, kontrolliert die Zukunft"),[753] ist es auf der anderen Seite wichtig, zu fragen, ob, wenn wir darauf bestehen, unsere Augen in die Vergangenheit zu richten, wir damit nicht unsere Augen vor den Fragen der Gegenwart verschließen. *Nilo Batista* erklärt:

> „Das Interesse für die Gräueltaten der Vergangenheit verzerrt manchmal den Blick für die Massaker der Gegenwart. Auschwitz gibt es nicht mehr, doch im Jahre 2008 hat die Polizei der Vereinigten Staaten fast 800.000 illegale Immigranten, in ihrer Mehrheit Mexikaner, festgenommen und mehr als 350.000 von ihnen des Landes verwiesen. Die Mauerschützern, von denen wenige in den Gefängnissen und viele in den Shopping Centers landeten, um Coca-Cola zu trinken, sind zu Persönlichkeiten der Theorie der Delikte geworden, während die Polizei von Rio de Janeiro – dessen Regierung ökologische Mauern baut, die rechts den Regenwald schützen und links die Favelas in Ghettos verwandeln – jedes Jahr fast 1500 junge Neger aus den Favelas tötet, ganz zu schweigen von den Leichen, die man auffindet und den Vermissten, die man sucht."[754]

d) Darüber hinaus ist auch zu bedenken, in welchem Sinn es korrekt und umsichtig ist, die Strafe als ein „Gut" und nicht als ein „Übel" und die Bestrafung als eine Verwirklichung von Gerechtigkeit zu behandeln – so wie es diejenigen tun, welche die *Transitional Justice* verteidigen. Obwohl die Strafe in bestimmten Situationen für notwendig, unvermeidlich oder noch für gerechtfertigt gehalten wird, soll sie dennoch nicht als ein Übel bleiben? Anders formuliert: Wenn eine „Evolution" oder ein kontinuierlicher „Fortschritt" der Rechtsgeschichte (oder der Geschichte des Strafrechts) denkbar wäre – was eigentlich nicht möglich ist – wie sollte dann diese „Evolution" beschrieben werden? Handelt es sich um die Forderung nach der Steigerung der Effizienz des Staates, um seine Straffunktion ausüben zu können? Oder wäre sie die Forderung nach der Beschränkung der Misshandlungen und Körperstrafen, die als Strafe an Menschen ausgeführt wurden, wie es z. B. bei den Folterungen im mittelalterlichen Europa üblich war?[755] Ist es nicht so, dass, wenn wir die Strafe nicht mehr als ein Übel

753 *G. Orwell*, 1984, 2011, S. 45, 298 (Übersetzung v. *M. Walter*).
754 *N. Batista*, Nota Introdutória, in: Justiça de transição no Brasil: direito, responsabilização e verdade, 2010, S. 17 (Übersetzung *L. J. S.*).
755 *A. L. Sabadell*, Tormenta juris permissione, 2002.

betrachten, das einem anderen Übel (Unrecht) entgegengesetzt wird, und dazu übergehen, sie als Gut anzusehen, wir nicht einen Schritt zurückgehen – in dem Sinne das wir damit geneigt sind, nicht mehr über die problematische Realität der Kriminalisierung und der Strafvollstreckung und über die jeweiligen sozialen Ergebnisse nachzudenken?[756]

e) Hervorzuheben ist schließlich die Frage, bis zu welchem Punkt die Strafe für die Entwicklung eines Projektes der *Transitional Justice* in einem Land wichtig, notwendig oder unvermeidlich ist. Worin besteht diese Strafgerechtigkeit, die von denen gefordert wird, welche die Bestrafung *contra legem* ihrer Folterknechte fordern? Hätte die Bestrafung im brasilianischen Fall die Fähigkeit zur Demokratisierung und nicht zur Wiederholung der begangenen Gräueltaten und so zur Versöhnung und Befriedung der Gesellschaft beizutragen? Inwieweit ist die Strafe (und das Strafrecht) in der Lage, die Anerkennung des Leidens der Opfer und der Schwere der staatlichen Aggression seitens der Gesellschaft und des Staates auszudrücken?

Wären nicht andere Maßnahmen der sozialen Kontrolle, jenseits von Strafen, die beste Weise, die Staatskriminalität zu bekämpfen und aus diesem Teufelskreis von Leid und Ungerechtigkeiten herauszukommen? In anderen Worten: Ist es notwendig, darüber nachdenken, ob die Strafe – „ein wirkungsvolles Placebo, mit dem Staat des neoliberalen Unternehmertums seine sozialen Eingriffe ersetzt"[757] – die Fähigkeit hat oder nicht, die gesellschaftliche Wirklichkeit zu verändern, wie es vorgegeben wird oder ob im Gegenteil die wichtigsten Veränderungen letztendlich erst dann zum Vorschein kommen, wenn das Strafsystem offen angegangen wird.[758]

---

756 Siehe dazu den Verweis von *Radbruch*, dass die beste Form des Strafrechts nicht durch seine Ersetzung durch ein besseres Strafrecht erreicht wird, sondern durch seine Ersetzung durch etwas, dass besser als das Strafrecht selbst ist: „Es möchte vielmehr gerade umgekehrt so liegen, dass [...] die Verbesserung des Strafrechts nicht in ein *besseres* Strafrecht ausmünden wird, sondern in ein Besserungs- und Bewahrungsrecht, das *besser* als Strafrecht, das sowohl klüger wie menschlicher als das Strafrecht wäre." *G. Radbruch*, Rechtsphilosophie (1932), 2003, S. 157.

757 *N. Batista*, Nota Introdutória, in: Justiça de transição no Brasil: direito, responsabilização e verdade, 2010, S. 17.

758 Dies sind dies nicht die einzigen Fragen, die sich dazu stellen. Es gibt viele andere, die hier nicht formuliert wurden. Auch wurde in dieser Arbeit nicht versucht, Antworten darauf anzubieten. Ich bin jedoch der Ansicht, dass all diejenigen, die vorhaben, auf das Strafrecht als Recht der *ultima ratio* zurückzugreifen und die Amnestie und die Verjährung zu überwinden, um das Problem der *Transitional Justice* in Brasilien zu lösen, unbedingt versuchen müssen, diese Fragen zu beantworten und offen alle Hürden, die gegen die strafrechtliche Verantwortung präsentiert wurden, nehmen sollten. Es geht hier also nicht nur um das Entgegentreten von einem *faktischen* Limit (Zeit, Beweissammlung, die kritisierbare Selektivität in der „sekundären" Kriminalisierung usw.), sondern auch von *argumentativen* (die Grenzen des Strafrechts als politischem Instrument, als ein Mittel

Indem ich versuche, deutlich in meinen Antworten zu sein und nicht dem oben zitierten Dilemma zu entgehen, komme ich zu dem Schluss, dass die Verteidigung der Legalität und des demokratischen Rechtsstaates die bessere (oder die weniger schlimme) Wahl ist, die getroffen werden kann, obwohl sie mit dem Preis der Straflosigkeit der Agenten der Diktatur bezahlt wird.

Wie in der vorliegenden Arbeit gezeigt wurde, gibt es verschiedene argumentative Strategien, die das Ziel haben, zu behaupten, dass das vom Staat durch das Amnestiegesetz und die Verjährung gegebene Vertrauen, dass bestimmte Täter nicht mehr für ihre Straftaten bestraft werden, keinen Schutz durch das Rückwirkungsverbot verdient. Es handelt sich um offene oder versteckte rechtsmoralistische Argumentationsstrategien, die zum Ziel haben, die Achtung vor dem positiven Gesetz hinsichtlich des Strafrechts aus moralischen und gerechtigkeitsorientierten Gründen zu flexibilisieren.

Obwohl die Strategien unter sich verschieden sind, teilen sie im Allgemeinen die Idee, dass sich das Rückwirkungsverbot auf sogenannte „normale" Situationen in einem Rechtsstaat bezieht und in Situationen, die als „außerordentlich" angesehen werden, nicht angewandt wird. Man kann als Beispiele der Außerordentlichkeit zitieren: (a) was die Art von Verbrechen anbelangt: Makrokriminalität gegen Mikrokriminalität, Staatskriminalität gegen gemeine Straftaten, Verbrechen gegen die Menschlichkeit gegen gemeine Verbrechen; (b) was den Täter und das Opfer betrifft: Diktator, staatlicher Agent[759] gegen gewöhnlichen Verbrecher, Opfer der Repression aufgrund des Kampfes gegen die Diktatur gegen Opfer von gemeine Straftaten; (c) was den politischen Zeitpunkt angeht: Strafverfolgung im Augenblick der Gründung des neuen Regimes gegen Verfolgung innerhalb eines schon etablierten politischen Regimes usw.

Es gibt also Konstruktionen in der juristischen Argumentation, deren Anerkennung immer eine Einschränkung des parlamentarischen Gesetzgebers zugunsten anderer Instanzen, insbesondere der Justiz, bedeutet. Das geschieht z. B., wenn jemand gegen all dies, was bis jetzt gesagt wurde, bekräftigt, dass das Rückwirkungsverbot positivrechtlich keineswegs ohne Wenn und Aber gilt, ganz im Gegenteil;[760] oder dass das positivistische Strafrecht staatstheoretisch und straftheoretisch nur diejenigen Grenzen hat, welche die Strafrechtler wollen.[761]

---

für die Suche nach der „Wahrheit" über die Vergangenheit usw.) und *normativen* Beschränkungen (Rückwirkungsverbot, Verjährungsfrist, Definition von individueller Schuld in einem Kontext von Makrokriminalität bzw. „Unrechtssystem", Legitimation des staatlichen Strafens usw.).

759 D. h. Täter, die schon vor der Straftat über die in der Staatsorganisation konzentrierte Macht verfügen und deshalb *keinesfalls* zur Sicherung eigener Interessen direkten Zugriff auf den Gesetzgebungsapparat haben durften oder von der Nutzung bzw. Nicht-Nutzung des Gesetzgebungsapparates und der Justiz profitieren.

760 *W. Naucke*, Die strafjuristische Privilegierung staatsverstärkter Kriminalität, 1996, S. 48.

761 A. a. O., S. 37.

Das Argument der Nichtanwendung des Strafgesetzes in Ausnahmefällen ist jedoch bei dem hier behandelten Fall mehr störend als nützlich, um das Problem der Staatskriminalität zu lösen. „Die Stoßrichtung der liberalen Argumentation zielt gegen das Störpotential einer Staatsmacht, die den autonomen gesellschaftlichen Verkehr der Privatpersonen behindert."[762] Die Verteidigung der Flexibilisierung der strafrechtlichen Garantien, die sich im Gesetzt befinden, um Unebenheiten oder Ungerechtigkeiten des damaligen und des heutigen Rechts zu vermeiden, kann einen riskanten Präzedenzfall begründen, der bewirkt, dass neue Relativierungen in der Zukunft geschehen und paradoxerweise das Auftauchen von anderen Fällen von Staatskriminalität fördern. So erinnert *Norberto Bobbio*: „Wir haben uns nie gefreut, wenn eine erneuernde oder schöpferische Interpretation von den Nazijuristen vorgebracht wurde".[763]

Die Gesetze, die unsere Gegner nicht beschützen, können auch nicht angewandt werden, um uns zu schützen. Hinzu kommt, dass, zusammen mit der Unterscheidung zwischen „normalen" (wo die Regeln angewandt werden) und „außerordentlichen" Fällen (wo sie nicht angewandt werden sollten), Probleme hinsichtlich der Kriterien auftreten, mittels derer man die vorgegebene Außerordentlichkeit beurteilen könnte, und auch hinsichtlich der Frage, wem es zusteht, über sie zu urteilen. Außerdem ist dieses Argument gegen die Anwendung des Strafgesetzes – das schließlich das ganze Rechtssystem verdirbt und es damit autoritärer und schutzloser gegen Perversionen und Manipulationen werden lässt[764] – auch aufgrund der autoritären Geschichte Brasiliens und seiner Ausnahmestellung hinsichtlich der Geschichte anderer autoritären Regimen nicht zulässig.[765] Schon *Vladimir Safatle*

---

762 *J. Habermas*, Drei normative Modelle der Demokratie, in: Einbeziehung des Anderen, 1996, S. 287.

763 *N. Bobbio*, El problema del positivismo jurídico, 1991, S. 35, zitiert bei *E. Malarino*, Activismo judicial, punitivización y nacionalización. Tendencias antidemocraticas y antiliberales de la Corte Interamericana de Derechos Humanos, in: Sistema interamericano de protección de los derechos humanos y derecho penal internacional, 2011, S. 43.

764 Vgl. etwa die Diskussionen zur Angemessenheit des Einbezugs der Ausnahmezustandsreglungen in der staatlichen Rechtsordnung um Terroristenattentate zu behandeln. *W. Brugger* Darf der Staat ausnahmsweise foltern?, in: Der Staat 35 (1996), S. 67 ff.; *G. Agamben*, Ausnahmezustand, 2004, S. 7–41. Es ist hier auch wichtig zu bedenken, dass der rechtfertigende Grund und der Existenzgrund des Staates und des Strafrechts nicht die gnadenlose Verantwortung derer ist, welche die Rechtsnormen brechen, sondern die Gewährleistung von Sicherheit für die gleichen Rechte aller Bürgern auf Freiheit (und Leib, Leben, Eigentum) ist. Je mehr das Strafrecht seinen freiheitlichen Charakter preisgibt, desto mehr wird es denjenigen ähnlich, die es „bekämpften".

765 Vgl. *M. Neves*, Zwischen Themis und Leviathan: Eine schwierige Beziehung 2000, S. 182–184.

und *Edson Teles* warnten vor dem Problem, dass in Brasilien die Verfassungsmäßigkeit und die Legalität oft je nach den konkreten Machtverhältnissen beiseite gelassen würden:[766]

> „Eines der gravierendsten Kennzeichen der brasilianischen Diktatur war seine augenscheinliche Legalität oder, um es genauer zu sagen, seine Fähigkeit, *die Legalität auf die Dimension der Scheinbarkeit zu reduzieren.* Wir hatten Wahlen mit Recht auf eine Oppositionspartei, Verlage, die Bücher von Marx, Lenin, Celso Furtado herausgaben, Protestsongs, eine Regierung, die internationale Abkommen gegen Folter unterzeichnete, aber trotzdem wussten wir, dass im Grunde genommen all dies einer willkürlichen Entscheidung einer souveränen Macht unterlag, die sich außerhalb der rechtlichen Ordnung bewegte. Wenn es billig war, wurden die Regeln zu den Wahlen verändert, die Bücher beschlagnahmt, die Songs zensiert, verschwand jemand. *Kurzum, das Gesetzt wurde aufgehoben.* Eine Diktatur, die sich der Legalität bediente, um ihre souveräne Macht (das Gesetz aufzuheben, Bürger als Terroristen zu bezeichnen, Oppositionelle zu ermorden) durch eine absolut traumatische Willkür umzusetzen. *Denn in dieser Art von Situation weiß man nie, wann man sich außerhalb des Gesetzes befindet, da doch die Staatsmacht darauf besteht, zu zeigen, dass sie zu jeder Zeit das Recht und die Rechtlosigkeit vermischen kann.* Was uns zu einer Frage führt, die nicht ruhen will: vor der gesellschaftlichen und politischen Situation wie der unsrigen heute, in der Wahlkampagnen mit illegalen Geldern gemacht werden; in der die Bundesverfassung, seit ihrer Annahme, das Objekt eines unendlichen Reformismus ist (mehr als 60 Verfassungsreformen, ganz zu schweigen von den Artikeln, die nach 20 Jahren noch immer nicht in Kraft getreten sind, weil ein regelndes Gesetz fehlt) – als ob er darum ging, die Anwendung des Verfassungsgesetzes je nach der gegebenen Zweckmäßigkeit zu flexibilisieren –; in der korrupte Banker anerkannte „Mühelosigkeit" bei den Gerichten haben; in der es nicht immer klar ist, wer die Polizisten und wer die Banditen sind; *wer kann heute mit Sicherheit sagen, dass diese Art, das Gesetz und die Gesetzlosigkeit zu verbinden, das für die Diktatur kennzeichnend war, tatsächlich überwunden ist?* Dies soll hier bestimmt nicht heißen, dass wir den Fehler begehen, unserer Halbdemokratie mit einer Diktatur zu verwechseln, sondern dass wir daran erinnern, von woher das kommt, was uns daran hindert, dass unsere demokratische Erfahrung fortschreitet." (Übersetzung und Hervorhebungen von *L. J. S.*)

766 *E. Teles/V. Safatle*, Apresentação, in: O que resta da ditadura: a exceção brasileira, 2010, S. 11.

II. Schluss: Drei Anmerkungen zur „Gerechtigkeit des Übergangs" und zum „Übergang der Gerechtigkeit" des *Transitional Justice*

1. Vor dem Gesetz

Abschließend möchte ich noch kurz auf drei wichtige Aspekte hinsichtlich der Rolle der Gerechtigkeit innerhalb der Problematik der brasilianischen *Transitional Justice* hinweisen, die meine Aufmerksamkeit während der Ausarbeitung dieser Forschungsarbeit in Anspruch nahmen, vor allen Dingen da es sich um bisher wenig diskutierte und innerhalb der brasilianischen Debatte noch ungelöste Fragen handelt.

Erstens: Die *Transitional Justice* verbindet die Faktoren Übergang (*Transitional*) und Gerechtigkeit (*Justice*) und ist damit als ein auffällig normatives Konzept zu bewerten. Bei der Aufgabe, die Vergangenheit zu bewältigen, werden einerseits vergangene Situationen von Gewalt und Willkür und schwere Menschenrechtsverletzungen von Seiten des Staates und andererseits aktuelle Forderungen nach Vergeltung der begangenen staatlichen Gewalt sichtbar. Diese Forderungen beinhalten in ihrer Art und Symbolik polysemische subjektive Botschaften, die schwierig darzustellen, zu enthüllen, zu interpretieren und zu erklären sind. *Trotzdem müssen sie gerechtfertigt werden.* Die politischen Entscheidungen, die zu treffen sind und deren Rahmen sich schlagwortartig durch die Alternative „Versöhnung oder Bestrafung" kennzeichnen lässt, müssen sich zugleich an den Maßstäben von Recht und Gerechtigkeit messen lassen. Ihre Rechtfertigung innerhalb des Rechts und der Gerechtigkeit zu finden, ist die erste Aufgabe von Juristen. Das Recht vom Unrecht zu scheiden ist unmittelbar oder mittelbar die brisanteste Aufgabe aller Rechtsphilosophie.[767] Darin besteht die wichtige Rolle der Juristen innerhalb der Debatte zur *Transitional Justice*, neben der von Historikern, Philosophen, Politikwissenschaftlern, Soziologen und anderen.

Indem der Jurist diese Aufgabe zur Frage der *Transitional Justice* erfüllt, steht er vor folgenden Situationen: Einerseits besteht das Gesetzlichkeitsprinzip als Grundlage des demokratischen Rechtsstaates, das die Macht des Staates zu bestrafen begründet und einschränkt. Andererseits gibt es aber auch die Pervertierung des positiven Rechts von Seiten des Staates, vor allem des nicht demokratischen Staates, der Menschenrechtsverletzungen zulässt (wie die allgemeine und systematische Unterdrückung der politischen Feinde) und der gesetzliche Vorrechte (wie die Amnestie und die Verjährung) nutz, um diese Verletzungen straflos ausgehen

767 *A. Kaufmann*, Problemgeschichte der Rechtsphilosophie, in: Einführung in Rechtsphilosophie und Rechtstheorie der Gegenwart, 2004, S. 26.

zu lassen. Auf den ersten Blick ist man der Überzeugung, dass die Folterungen und der Mord, die vom Staat veranlasst wurden, nicht ohne Strafe bleiben sollen, einfach deswegen, weil der Staat sich (tatsächlich und gesetzlich) das Recht gab, zu foltern und zu morden und sich selbst anschließend amnestierte. Wer sich dieser Frage jedoch intensiver widmet, zweifelt an dieser Überzeugung; besonders wenn angenommen wird, dass, nach der Spruchformel des römischen Rechts, nicht aus einer Regel heraus das Recht genommen werden soll, sondern aus dem Recht, wie es ist, die Regel gemacht werden soll (*non ex regula ius sumatur, sed ex iure, quod est, regula fiat*):[768] Wo genau zieht man im konkreten Fall die Grenze zwischen der Rechtssicherheit (bzw. dem Rückwirkungsverbot) und der Gerechtigkeit? Es handelt sich schlussendlich um eine Frage, die beträchtlich Probleme aufwirft.

Ich hatte mir vorgenommen, in der vorliegenden Arbeit dieser Frage nachzugehen, konnte aber leider keine endgültige Antwort finden. Die Spannung zwischen der Legalitätsgarantie und der institutionalisierten Gewalt, welche in der Vergangenheit bestand, kann nur unsicher aufgeklärt und gelöst werden. Andererseits konnte ich, gerade wegen dieser unsicheren Lage bei der Beantwortung der Frage, eine solche Spannung gleichzeitig nur schwer auflösen.[769] Die Unzufriedenheit mit der Situation der Straflosigkeit (*diesseits des Gesetzes*) und die Ohnmacht, fähig zu sein, die Gerechtigkeit im Einzelfall genau definieren/festlegen zu können (*jenseits des Gesetztes*), hat bewirkt, dass ich an diese Spannung (*vor dem Gesetz*) zwischen der Garantie der Straflosigkeit aufgrund des Gesetzlichkeitsprinzips und dem Wunsch, die institutionelle Gewalt, die in der Vergangenheit praktiziert wurde, zur Verantwortung zu bringen, angekettet war. Warum sollte man nicht mit dem positiven Gesetz brechen, um dieser obszönen Straflosigkeit der Täter der Staatskriminalität der Diktatur ein Ende zu bereiten? „Vor dem Gesetz" stellt sich also die Frage, ob man hinsichtlich der Verbrechen der Diktatur das Modell der strafrechtlichen Verantwortung im demokratischen Rechtsstaat der Neuen Brasilianischen Republik durch ein anderes ersetzen soll oder nicht.

Diese Situation ist auf den ersten Blick schlecht, kann jedoch zu positiven Ergebnissen führen. Wenn einerseits die Entscheidung für die Straflosigkeit aus Respekt vor dem Gesetzlichkeitsprinzip des demokratischen Rechtsstaates Angst, das Gefühl der Unzulänglichkeit und Ohnmacht hervorruft (wegen der Spannung zwischen dem Resultat, das wir persönlich für wünschenswert halten und dem, das rationell annehmbar ist), so lassen uns diese Gefühle realistischer und bescheidener sein, was unsere Ziele anbelangt, und flößen uns bei unseren Behauptungen und Schlussfolgerungen Respekt vor all denjenigen ein, die am eigenen Leib das erlebt haben, was wir nur aus Bücher und vom Hörensagen kennen. Mehr noch bringen uns diese Gefühle dazu, den Brennpunkt der Schwierigkeit des Projekts nicht aus den Augen zu verlieren, Geduld und Zielstrebigkeit in unserer Aufgabe zu haben,

768 Digesten 50.17.1, zitiert bei *T. Vesting*, Rechtstheorie, 2007, S. 12.

769 Vgl. *H. Jäger*, Makrokriminalität: Studien zur Kriminologie kollektiver Gewalt, 1989, S. 53.

und unser Augenmerk auf die Wandlungen zu richten, die innerhalb des Rechts, in Folge der Forderungen der Gesellschaft, geschehen müssen. In anderen Worten, diese Gefühle führen uns dazu, das „schlechte Gewissen" bezüglich des Rechts nicht zu verlassen, das nach *Radbruch* jeder Jurist haben sollte.[770]

In gewisser Weise kann die Parabel *Franz Kafkas* „Vor dem Gesetz" (1915),[771] die den Titel der vorliegenden Arbeit inspirierte, als ein Bericht zu der Situation gesehen werden, in der wir uns befinden, wenn wir die *Transitional Justice* in Brasilien und die Problematik der strafrechtlichen Verantwortung der Verbrechen der Militärdiktatur behandeln. Die Parabel kann sehr gut das Paradox des *(Un-)Zugangs des Gesetzes oder des Rechts* als Erfahrung der Gerechtigkeitsaporie und das Gefühl der Angst und Ohnmacht, der Hoffnung und der Beharrlichkeit illustrieren, das aus ihm hervorgeht. Der zentrale Konflikt des Prosatextes von *Kafka* besteht darin, dass „ein Mann vom Land" sein Leben damit verbringt, in das Gesetz einzutreten und es ihm nie gelingt. Es ist eine immer unbefriedigende, aber nie aufgegebene Berufung. Man sucht die Gerechtigkeit, das gerechte Recht, dass sich nicht auf die Gerechtigkeit, die im Gesetzestext steht, beschränkt, doch man findet immer nur das Recht.[772]

Der Mann von Land kann das Gesetz nicht betreten, doch er beharrt bis zum Ende seiner Tage auf diesem Unterfangen. Er kann nicht in das Gesetz eintreten, doch er erfährt, dass niemandem der Zutritt erlaubt wäre, es sei denn ihm selbst. Und es ist gerade dieses Tun und nicht Tun (oder dieses nicht Tun und Tun) des Menschen, dieses Stehen vor dem Gesetz oder nicht, dieser untrennbare und notwendige Antagonismus von Kafka's Erzählung, der das Geheimnis des Rätsels und vielleicht sogar den ganzen problematischen Kern der Bedeutung der Gerechtigkeit und des Rechts selbst ausmacht.[773]

---

770 „Ein guter Jurist würde aufhören, ein guter Jurist zu sein, wenn ihm in jedem Augenblick seines Berufslebens zugleich mit der Notwendigkeit nicht auch die tiefe Fragwürdigkeit seines Berufes voll bewusst wäre." *G. Radbruch*, Rechtsphilosophie (1932), 2003, S. 105.

771 *F. Kafka*, Der Prozess (1925), 2009, S. 261–263.

772 „Da das Tor zum Gesetz offensteht wie immer und der Türhüter beiseite tritt, bückt sich der Mann, um durch das Tor in das Innere zu sehn. Als der Türhüter das merkt, lacht er und sagt: ‚Wenn es dich so lockt, versuche es doch, trotz meines Verbotes hineinzugehen. Merke aber: Ich bin mächtig. Und ich bin nur der unterste Türhüter. Von Saal zu Saal stehen aber Türhüter, einer mächtiger als der andere. Schon den Anblick des dritten kann nicht einmal ich mehr ertragen'."

773 *L. J. Swensson Jr.* "Ao julgar a justiça, te enganas". Apontamentos sobre a *justiça* da justiça de transição brasileira, in: Revista Anistia Política e Justiça de Transição, Bd. 4, 2011, S. 78 ff.

2. Bestrafung ohne Strafe? Andere Wege zur Verantwortlichkeit

Zweitens: Es ist wichtig zu betonen, dass, nicht weil wir zu dem Schluss kamen, dass die Täter von Staatskriminalität nicht bestraft werden können, sie nicht als verantwortlich betrachtet werden können. Im Gegenteil, andere Wege zur Verantwortlichkeit zu finden, ist weiterhin eine der Hauptaufgaben der Juristen angesichts des Problems der *Transitional Justice* in Brasilien. Auch wenn die Bestrafung der Täter von Staatskriminalität in Brasilien rechtlich nicht möglich ist oder auch als entbehrlich betrachtet werden kann, besteht dennoch die Notwendigkeit einer öffentlichen Feststellung des vergangenen Unrechts sowie der gerechtfertigten Zuschreibung von Verantwortung.

Was hier vorgeschlagen wird, ist also das Einrichten von alternativen Verfahren als Antwort auf Forderungen von Seiten der Gesellschaft, mittels derer ohne Drohung eines Strafurteils, eine öffentliche und formalisierte Feststellung des Unrechts und der Schuld ermöglicht wird. Die Idee ist, dass man öffentliche und formalisierte Verfahren organisiert, die vor allen Dingen dazu fähig sind, das Unrecht der Vergangenheit nicht mehr zu legitimieren; die Ideologie oder das Deutungsmuster des vergangenen Regimes zu zerstören; die Opfer zu rehabilitieren, indem man ihnen die Chance gibt, öffentlich ihre Version der Tatsachen gegen die „offizielle" und bis dahin aufgezwungene Version darzulegen; und gleichzeitig die Normen und Werte der demokratische Rechtsstaat anzuerkennen oder wieder anzuerkennen.

Durch die öffentliche Feststellung des vergangenen Unrechts und der Schuld wird dann die kommunikative Botschaft sowohl für die Täter als auch für die Opfer und für die Gesellschaft ausgesprochen, nämlich, dass bestimmte Taten (Tötung, Folter usw.) Verbrechen (Unrecht) waren, für die jemand verantwortlich ist.[774] Für *die Opfern und ihre Angehörigen* ist eine öffentliche Feststellung des vergangenen Unrechts und der Schuld erforderlich, um zu zeigen, dass die erlittenen Verbrechen weder als die Folge seiner eigene Fehler bzw. „Dummheit" noch als Unglück, Pech oder Schicksal, als unvermeidliche Katastrophe in unbeherrschbaren Umwälzungen der Geschichte deuten. Für *die Täter* ist die öffentliche Unrechts- und Schuldfeststellung grundsätzlich wichtig, weil diese Verfahren Berücksichtigung von Entschuldigungsgründe ermöglicht. „Den Tätern wird damit die Chance genommen, ihre Untaten durch Quasi-Rechtfertigungs- und Entschuldigungsgründe zu neutralisieren und dafür öffentliche Anerkennung durch die Bürgerinnen und Bürger in der Gesellschaft zu finden."[775]

Schließlich wird damit auch *von der Gesellschaft* gegenüber Opfern und Tätern klargestellt und normativ bekräftigt, dass sie die behaupteten Rechtfertigungen der praktizierten Gewalttaten nicht teilt. Zum Beispiel die Rechtfertigungen, die

---

774 Dazu *K. Günther*, Warum *Transitional Justice* auf die Feststellung strafrechtlicher Schuld angewiesen ist – Zwölf Thesen, in: Transitional Justice, 2013, S. 271 ff.

775 A. a. O., S. 276.

besagen, dass die Gewalttaten Ergebnisse von „höhere Notwendigkeit", „Verteidigungsmaßnahme", „Überlebenskampf", „Beseitigung eine Gefahr in eine Notstandsituation" usw. waren. Oder auch die gegenwärtige Argumente, die sagen, dass die aktuelle Forderung nach einer Zuschreibung von Verantwortung an die Agenten der Diktatur einfach ein Akt von Rache und Opportunismus von Seiten der damals Verfolgten wäre, die heute die politische Macht innehaben.

Eine öffentliche Feststellung der Schuld – statt es bei einer bloßen allgemeinen Unrechtsfeststellung oder einer generellen Systemverantwortlichkeit zu belassen – ist vor allem erforderlich, um zu verdeutlichen, welche individuellen Freiheitsspielräume es gab und in welchem Umfang das Unrecht mangelnder individueller Motivation zur Unrechtsvermeidung entsprungen ist. Nur dann lässt sich verhindern, dass die Überzeugung sich durchsetzt, das Geschehen sei durch überindividuelle Strukturen und Prozesse (Gesellschaft, Natur, Schicksal usw.) bedingt gewesen, für die letztlich niemand etwas konnte. Indem die begangenen Gewalttaten den Personen individuell zugeschrieben werden, und nicht mehr den supraindividuellen Strukturen und Prozessen, kann die Feststellung der Schuld in gewissem Maße auch ohne Bestrafung zur (Re-)Strukturierung der gesellschaftlichen Kommunikation zu den sozialen Problemen (Konflikte, Risiken, Gefahren und Schäden) aus der autoritären und repressiven Vergangenheit der Diktatur beitragen.[776]

Man darf also diese Verantwortung nicht mit der strafrechtlichen Verantwortung verwechseln. Die „strafrechtliche Verantwortung" ist eine Art Oberbegriff der „Verantwortung". Das Wort „Verantwortung" (*responsabilização*) hat eine überwiegend kommunikative Funktion, im Sinne von Antwortgeben auf die rechtswidrig begangene Tat. Diese Antwort muss natürlich nicht lediglich durch die Strafe, also nur durch das Strafrecht, gegeben werden. Die Strafe kann hier entbehrlich sein, aber nicht Feststellung der (strafrechtlichen) Schuld. Ein Urteil in einer zivilen Feststellungsklage, das rechtskräftig feststellt, dass ein bestimmtes Individuum ein Folterer ist, kann in gewisser Weise diese Funktion – die Schuld festzulegen und die Verantwortung zuzuschreiben – erfüllen.[777] Die Tatsache, dass der Staat sich für die Nicht-Strafverfolgung entscheidet, mittels z. B. einer Amnestie der staatlichen Täter, die Verbrechen begangen haben, bedeutet nicht, zu verhindern, dass diese zur Verantwortung gezogen werden können.[778] Beispiele sind:

a) „Zivile Feststellungsklagen", die zum Gegenstand haben, dass die Folterung von X durch Y rechtswidrig war und dass Y (und sein Vorgesetzter Z) die gesundheitlichen Schäden verschuldet haben. Ein Beispiel hierfür ist der Prozess

776 *K. Günther*, Strafrechtliche Verantwortlichkeit in der Zivilgesellschaft, in: Das Interesse der Vernunft: Rückblicke auf das Werk von Jürgen Habermas seit „Erkenntnis und Interesse", 2000, S. 482 f.

777 *F. P. Püschel*, A função comunicativa da responsabilidade civil: evidências a partir de um caso de impunidade. Artigo Direito GV (*Working Paper*), 2008.

778 *L. J. Swensson Jr*, Stellt die Amnestie ein Hindernis für die brasilianische „Transitional Justice" dar?, in: Transitional Justice, 2013, S. 190 f.

Nr. 05.202853-5 vor der 23. Zivilkammer vom São Paulo, dessen Urteil offiziell den Oberst des Heeres *Carlos Alberto Brilhante Ustra* als Folterer bezeichnete.

b) Eine Wahrheitskommission, wie die Kommission zur Wahrheit und Versöhnung, die in Südafrika nach dem Jahre 1994 einberufen wurden, in dem die Amnestie denjenigen gewährt wurde, die sich bereit fanden, vollen und wahrhaftigen Bericht über die Menschenrechtsverletzungen abzulegen.

c) Die Überprüfung und darauf folgende Amtsenthebung von Mitarbeitern des ehemaligen Repressionsapparates der Diktatur, wie dies beispielsweise in den „Lustrationsprozessen" in den ehemaligen Ostblock-Ländern geschah.

d) Die Bezahlung von Schadensersatz, der Verlust von Patenten, Auszeichnungen, Pensionen oder auf andere Weisen, die in der Lage sind, die Missbilligung des Staates und der Gesellschaft bezüglich bestimmter begangener Taten öffentlich zu zeigen, die Täter zu denunzieren und ihnen Verantwortung zuzuschreiben.

Was dies betrifft, so ist die Möglichkeit denkbar, die Kompetenzen der brasilianischen Wahrheitskommission oder den bundesstaatlichen Wahrheitskommissionen zu erweitern, damit sie gegen die staatlichen Agenten einzeln ermitteln und prozessieren und so das Strafrecht als Instrument des gesellschaftlichen Tadels ersetzen könnten. Zu ermöglichen, dass die Verbrechen gegen die Menschlichkeit, die von den Agenten des Staates und ihren Auftraggebern begangen wurden, ermittelt und aufgeklärt werden und so ihre Verantwortung beschrieben wird, kommt in gewisser Weise dem Ruf nach Gerechtigkeit von Seiten der Opfer und der Bevölkerung nach. Durch gelegentliche Verurteilungen durch diese Kommissionen, auch wenn sie keine Freiheitsstrafen aussprechen könnten, würden Botschaften über die Bewertung von Verhaltensweisen in die Gesellschaft übermittelt und damit würde ein wesentlicher Beitrag zur Etablierung wie auch zur Korrektur von gesellschaftlichen Deutungsmustern geleistet.

All diese Möglichkeiten bleiben meiner Meinung nach offen und sollten eingehend untersucht werden, um festzustellen, ob sie rechtlich möglich und gehbar sind, ob sie ihre gewünschten Ziele erreichen könnten. Ein Teil der Argumentation, welche von den Befürwortern der *Criminal Transitional Justice* gebraucht wird (und welche von mir in der vorliegenden Arbeit zurückgewiesen wird) könnte im Prinzip dazu gebraucht werden, um andere Arten von Verantwortung zu rechtfertigen, die nicht strafrechtliche sind, das heißt, bei denen das, was auf dem Spiel steht, nicht der Freiheitsentzug des Bürgers ist. Auf der anderen Seite könnten viele Argumente, die hier vorgetragen werden für eine durch Regeln kontrollierte, öffentliche, aber nicht auf Bestrafung zielende Zuschreibung von Verantwortlichkeit möglicherweise auch mit den Einwänden konfrontiert werden, die schon gegen eine Bestrafung vorgebracht wurden. Zumindest mit Blick auf die individualisierende Zuschreibung. Andere Arten von Verantwortung als die der strafrechtlichen gegenüber den Verbrechen, die im Zusammenhang mit der politischen Repression der Militärdiktatur geschahen, zu untersuchen, sowie die Analyse der individualisierenden Zuschreibung ohne Strafe, waren jedoch nicht das Ziel dieser Arbeit. Dies wird Gegenstand von zukünftigen Untersuchungen sein.

Ich möchte hier unterstreichen, dass sowohl die Amnestie als auch die Verjährung nur die strafrechtliche Verantwortlichkeit, das heißt, die Verhängung einer Strafe, verhindert. Alle anderen Maßnahmen bleiben prinzipiell offen, angefangen bei der Klärung der historischen, politischen, moralischen, zivil- und verwaltungsrechtlichen Verantwortung von Personen, die in die Staatskriminalität verwickelt waren, durch andere Mittel als die des Strafverfahrens. Außerdem soll die Feststellung der Schuld in einem formalisierten Verfahren – ohne Drohung eines Strafe-Urteils – die prozedurale Ermöglichung von Unparteilichkeit, Allgemeinheit und Reziprozität gewährleisten und alle ihm zustehenden Verfahrensrechte (wie die Unschuldsvermutung, *nemo tenetur se ipse accusare, in dubio pro reu*, usw.) bis zur Grenze des Zulässigen für sich geltend machen. Die Gewährleistung der (Menschen-)Rechte des Beschuldigten ist entscheidend, um den Unterschied zwischen dem alten und dem neuen Regime hervorzuheben.

3. Diktatur und Gedanke

Der dritte und letzte Gesichtspunkt über die Rolle des Juristen, den ich hervorheben möchte, bezieht sich auf die Art und Weise, wie er die Aufgabe der Bewältigung der Vergangenheit der Diktatur verwirklichen und neue Wege finden will, um die Täter von vergangener Staatskriminalität zur Verantwortung zu ziehen, was seinerseits davon abhängt, ob und wie er das Phänomen der *Transitional Justice* bemerkt und betrachtet.[779]

Indem die *Transitional Justice* einen unbestreitbaren argumentativen Topos der brasilianischen Aktualität begründet, besteht die Besorgnis in diesem Augenblick nicht mehr darin, die Diskussion um der Diskussion willen anzuregen, um damit das Schweigen, den Konformismus und die Leugnung der Vergangenheit der Diktatur zu brechen. Es geht vielmehr darum, zu überlegen, auf welche Art die Diskussion geführt werden soll, insbesondere was den folgenden Aspekt anbelangt: Anstatt einseitig eine „offizielle“ Fassung zur autoritären Vergangenheit zu suchen und bestimmte „unantastbare“ Werte festzulegen, welche den unvollständigen demokratischen Wechsel orientieren soll – und sich damit, in gewisser Weise, der „autoritären Utopie der pädagogischen Version“ der Diktatur zu nähern, die daraus bestünde, der verdummten Masse der Bevölkerung bestimmte Wahrheiten aufzuzwingen –,[780] soll jetzt eine pluralistische, kritische, tolerante und für einen Rechtsstaat typische Argumentation verbreitet werden.[781]

---

779 Was diesen Punkt anbelangt, beziehe ich mich vor allem auf *L. J. Swensson Jr*, Nota Introdutória: Ditadura e Pensamento, in: Revista Anistia Política e Justiça de Transição, Bd. 7, 2013, S. 66 ff.

780 *C. Fico*, Versões e controvérsias sobre 1964 e a ditadura militar, in: Revista Brasileira de História 24 (2004) 47, S. 29 ff.

781 Zum Argumentationstyp, auf den wir uns beziehen und der im Rahmen einer deliberativen Demokratie entwickelt werden soll, siehe unter anderen *J. Habermas*, Drei normative Modelle der Demokratie, in: Einbeziehung des Anderen,

In anderen Worten, eine größere Besorgnis bei der Umsetzung des politischen Projekts der *Transitional Justice* (als Vorschlag des Bruchs oder der Überwindung des vorhergehenden autoritären Modells) besteht hinsichtlich der Frage, wie die Hürden genommen werden sollen, die von den Befürwortern der *Transitional Justice* Bewegung hinsichtlich der Herausbildung und der Verstärkung einer pluralistischen und toleranten Öffentlichkeit, in der die Differenzen von Werten, Interessen, Erwartungen und Diskursen respektiert werden sollten, aufgestellt werden.

Besteht also die *Transitional Justice* aus einer Dekonstruktion der Vergangenheit ohne Ansehen des Vorgehens oder eines anzunehmenden *modus operandi*? Ich denke, nein. Die Art und Weise, wie die Dekonstruktion vorgenommen wird, verbildlicht oder soll wenigsten das Modell des Regimes verbildlichen, das man aufbauen will. Wenn das Ziel der *Transitional Justice* der Aufbau und die Stärkung eines demokratischen Regimes, insbesondere einer deliberativen Demokratie, ist, muss die Dekonstruktion der Vergangenheit durch die *Transitional Justice* Bewegung so bewerkstelligt werden, dass ein einbeziehender, pluralistischer und toleranter Meinungs- und Willensbildungsprozess durch die Ausübung politischer Teilnahme- und Kommunikationsrechte als positiven Freiheiten einbezogen und gefördert wird.[782] Jeder gesunden Demokratie ist der gegenseitige und symmetrische Respekt vor den Differenzen eigen.[783] Es ist gerade dieser unterschiedslose Respekt vor den Meinungen anderer, der bewirkt, dass deliberativen Personen über die Bedingungen entscheiden können, unter denen jemand als zurechnungsfähig angesehen und schuldig gesprochen werden soll.[784]

1996, S. 277 ff.; *K. Günther*, Welchen Personenbegriff braucht die Diskurstheorie des Rechts? Überlegungen zum internen Zusammenhang zwischen deliberativer Person, Staatsbürger und Rechtsperson, in: Das Recht der Republik, 1999, S. 83 ff.

782 *J. Habermas*, Drei normative Modelle der Demokratie, in: Einbeziehung des Anderen, 1996, S. 277 ff. Dazu stellt *Marcelo Neves* fest: „Habermas' Modell nach läuft die Moderne auf die Auflösung der konventionellen, vormodernen Moral und entsprechend auf die Entstehung des postkonventionellen, universalistischen Moralbewusstsein hinaus, das die Konstruktion einer autonomen Öffentlichkeit impliziert". In einer deliberativen Demokratie ist es also wichtig, dass die prozedurale Ermöglichung von Unparteilichkeit, Allgemeinheit und Reziprozität sichergestellt wird. „Der Konsens über Verfahren wird nur insofern zu einem Erfordernis, als er das Zusammenleben der Differenten ermöglicht bzw. fördert und den strukturellen Dissens in der Öffentlichkeit vermittelt". *Ders.*, Zwischen Themis und Leviathan: Eine schwierige Beziehung, 2000, S. 179.

783 Vgl. a. a. O., S. 168.

784 Nach Meinung von *Klaus Günther* werden in einem demokratischen Rechtsstaat der Schuldbegriff und seine einzelnen Merkmale, die in negativer Form formulierter Schuldausschließungs- und Entschuldigungsgründe, nicht aus begründeten Prinzipien einfach „abgeleitet". Vielmehr sind es nun die *Staatsbürger selbst*, die sie interpretieren und in einer historisch variablen Weise ausgestalten: „Der strafrechtliche Schuldbegriff geht aus einem praktischen Zirkel hervor, in dem die Staatsbürger einander stets als freie und gleiche deliberative Rechtspersonen

Da jedoch das Thema der *Transitional Justice* wegen der erlebten Gewalttaten traumatische Situationen beinhaltet und ein Rest von Autoritarismus selbst in uns, Brasilianer, (aufgrund des Fehlens von demokratischen Erfahrungen während der Jahre der Diktatur) überlebt, ist es möglich oder sogar natürlich, dass die Individuen, vor allem die, welche in traumatische Situationen verstrickt waren, sich mit anderen Standpunkten als ihren eigenen auseinandersetzen, sodass die Debatten zu einer implizierten Intoleranz und mithin Ablehnung des „strukturelles Dissenses" führen, so wie dies bei Konflikten zwischen religiösen Fundamentalisten der Fall ist.

Die meisten gesellschaftliche Akteure (Politiker, Militärs, Juristen, Akademiker usw.), die an dieser Diskussion teilnehmen, beziehen von vorne herein eine persönliche Stellung in ihren Diskursen und Veröffentlichungen, über die kein Einverständnis besteht, und benennen eine Reihe von Argumenten, um ihr Publikum und die Leser zu überzeugen. Da jeder von ihnen seine eigene Überzeugung hat, stellt man fest, dass ein Dialog zwischen den Parteien der Debatte fehlt, so als ob das Vertrauen auf die Überzeugungskraft der eigenen Argumente die Notwendigkeit die Argumente derjenigen ernst zu nehmen, die andere Meinungen sind oder eine gegenteilige Position vertreten, sowie die Schwierigkeiten, die die Problematik mit sich bringt, außer Acht gelassen werden könnte.

Auch wenn unter bestimmten Umständen oder innerhalb von gewissen „Systemen" diese Art von offener, freimütiger, „fast nicht dialogmäßiger" Argumentation zwischen denen, die für und denen, die gegen die strafrechtliche Verantwortung der staatlichen Agenten gerechtfertigt sein mag (z. B.: der Rechtsanwalt der seinen Mandanten vertritt, der Künstler, der sich in seinem Werk ausdrückt, der Politiker, der die Interessen seiner Partei verteidigt usw.) und auch wenn man von den Personen, die direkt in das Problem verwickelt sind (Aggressoren und Opfer, Kollaborateure und eiserne Kritiker des diktatorischen Regimes) keine freie, distanzierte und objektive Haltung erwarten kann, besteht weiterhin innerhalb anderer Umstände und mit anderen Gesprächspartnern die Forderung nach einer vielseitigen, ruhigen, offenen, rationellen und objektiven Argumentation, bei der man alle Seiten der Debatte in Betracht zieht. Ohne diese Art von Argumentation ist jeglicher Anspruch auf Fortschritt innerhalb der *Transitional Justice* von vorne herein in Gefahr.

Andererseits taucht das Problem (hinsichtlich der Art und Weise, wie der Jurist die Aufgabe der Bewältigung der Vergangenheit der Diktatur verwirklichen soll) Debatte aus dem Konzept auf, das man in Brasilien von der *Transitional Justice* hat: ein Standardisierung oder eine „Plattform" der Verteidigung, von der aus man

---

anerkennen und zugleich darüber entscheiden müssen, wie sie einander als Freie und Gleiche anerkennen. Man könnte diesen Zirkel auch so andrücken, dass die Staatsbürger mit dem Schuldbegriff Verantwortung dafür übernehmen, wie sie einander Verantwortung zuschreiben." *Ders.*, Welchen Personenbegriff braucht die Diskurstheorie des Rechts? Überlegungen zum internen Zusammenhang zwischen deliberativer Person, Staatsbürger und Rechtsperson, in: Das Recht der Republik, 1999, S. 102.

eine kritische Bewertungen der Vergangenheit vornimmt, ohne sich jedoch selbst einer kritischen Beurteilung zu unterziehen.[785] Die Begriffe, die innerhalb dieser Definition von *Transitional Justice* angenommen werden und die in ihren Diskursen gebraucht werden – Menschenrechte, Demokratie, Menschenwürde, Frieden, Gerechtigkeit usw. – brauchen nicht mehr debattiert und gerechtfertigt werden. Es handelte sich um unwiderlegliche Werte, die allgemein erzielt werden sollen, da sie schon vom Rechtssystem selbst (sei es durch die Verfassung, sie es Kraft des Völkerrechts zu den Menschenrechten, sei es durch die Rechtsprechung oder die herrschende Lehre) anerkannt werden. Das heißt, die *Transitional Justice* sucht von ihrem Selbstverständnis her keine offene, pluralistische und tolerante Diskussion über ihre Ziele, Mittel, Bedingungen und Kosten zu führen. Sie zeigt sich oft als eine Art von „moralistischem Kreuzzug", der darauf ausgerichtet ist, zu lehren, zu überzeugen und zu den Gewissheiten zu bekehren. Wie sich aus dem folgenden Ausdruck deduzieren lässt: *Transitional Justice* ist der gerechte Übergang.[786]

---

785 *L. J. Swensson Jr*, "Ao julgar a justiça, te enganas". Apontamentos sobre a *justiça* da justiça de transição brasileira, in: Revista Anistia Política e Justiça de Transição, Bd. 4, 2011, S. 89 f. Nach *Dimitri Dimoulis* kommt den Begriffen „Übergang" (*Transition*) und „Gerechtigkeit" (*Justice*) ein axiologischer Sinn zu. Der Übergang wird als Synonym von moralischem und zivilisatorischem Fortschritt gebraucht und die Gerechtigkeit als Synonym des Korrekten und Angemessenen, was den Triumph des Guten gegen das Böse, der gerechten gegen die Ungerechten andeutet und das vorhergehende Regime als eine Art von Übel vorstellt, die ausgemerzt werden muss, vorstellt. Nach den von *Desmond Tutu* ausgesprochenen Worten, erscheint die *Transitional Justice* als ein „Kampf der Gesellschaft gegen ihre bösen Geister." *D. Dimoulis*, Justiça de transição e função anistiante no Brasil. Hipostasiações indevidas e caminhos de responsabilização, in: Justiça de transição no Brasil: direito, responsabilização e verdade, 2010, S. 118 f. (Übersetzung *L. J. S.*).

786 S. z. B. *K. Ambos*, The Legal Framework of Transitional Justice: A Systematic Study with a Special Focus on the Role of the ICC, in: Building a Future on Peace and Justice: Studies on Transitional Justice, Peace and Development, 2008, S. 21: "While regime change is not at all a new phenomenon the concept of TJ is recent and innovative in that it recognizes the importance of 'justice' in processes of transition; in short, TJ deals with justice in transition". Das kann auch anlässlich der Vorstellung des ersten Bandes der Zeitschrift *Anistia Política e Justiça de Transição* gesehen werden. Dort wird gesagt: „Die demokratischen Wiederaufbauprozesse stellen eines der größten Legate des 20. Jahrhunderts dar." „Die Demokratie und der Rechtsstaat sind in der Gegenwart keine zu debattierenden Werte. Sie stehen über dem Willen und den ideologischen Leidenschaften" (*T. Genro/P. Abrão*, Apresentação, in: Revista Anistia Política e Justiça de Transição, Bd. 1, 2009, S. 5). Oder: „Die Transitional Justice ist das Produkt von einigen Gewissheiten: *a)* Dass man nicht das lokale und das internationale Recht so scheidet, als ob sie zwei verschiedene Dinge wären; *b)* dass man das positive Recht nicht mit dem legitimen Recht verwechselt; *c)* dass man sich verpflichtet, die Menschenwürde vor jedem anderen Wert zu bewahren." (Ebenda, S. 6 f.). Man spricht von *Gewissheiten* (Qualität, Charakter oder Tugend dessen, was gewiss ist oder als gewiss betrachtet wird;

Auch wenn im ersten Augenblick die Schäden, die diese apologetische Auffassung der *Transitional Justice* mit sich bringt, nicht bemerkt werden, ist es mittels einer genaueren Untersuchung tatsächlich möglich, ihre kontraproduktiven Resultate aufzufinden. Dabei handelt es sich (a) um die Reduktion einer vielschichtigen Diskussion auf eine überflüssige Zweiteilung zwischen richtig und falsch, gut und böse, Freund und Feind, rechts und links usw.; (b) um die Verhinderung der Beteiligung von verschiedenen interessierten Akteuren an der demokratischen Debatte durch Vergeltungsmaßnahmen und durch die Isolierung derer, die anders denken; (c) um die Zusammenfassung der ganze Bewegung der *Transitional Justice,* die für die brasilianische Geschichte so wichtig ist, in leeren ideologischen Diskursen, welche Konflikte und Spannungen verbergen; und (d) um die Wiederauflegung eines Modells von autoritärem Denken, das Werte und Urteile erzwingt und das den pluralistischen Dissens nicht fördert. Indem Werte und Normen vorgegeben werden, die befolgt werden sollen, indem man sich auf Überzeugungen und Gewissheiten stützt, die nicht in Frage gestellt werden können, wird der Nachteil in Kauf genommen, der darin besteht, dass man die Überlegungen und die Freiheit des Einzelnen im Sinne einer Selbsterforschung hemmt und auf diese Art und Weise verhindert, dass Neues die Welt erblickt.

Wenn ich von der menschlichen Freiheit spreche, das heißt, die Autonomie benenne, beziehe ich mich auf die Freiheit in unseren Beweggründen, auf unsere bewusste und nicht erzwungene Entscheidungsfreiheit inneren Gesetzen zu folgen, deren eigene Urheber wir sind – unabhängig davon, welches die Ergebnisse unserer daraus folgenden Handlungen sind, die von den Umständen bestimmt werden. In diesem Sinne hängt die Freiheit nicht von der Befolgung äußerer (ethischer, politischer, gesellschaftlicher, rechtlicher, ästhetischer usw.) Gesetze ab, die per Definition die Freiheit leugnen.

Auf die Befolgung der Regeln (weil es die Regeln gibt), auf die Erfüllung bestimmter Normen auf akritische und unüberlegte Weise – unabhängig davon, ob sie „gut" oder „schlecht" sind – zu pochen, heißt also, auf direkte oder indirekte Weise die Freiheit des Einzelnen, seine kritischen und selbstkritischen Handlunge einzuschränken, sowie es gerade die autoritären Regime tun, in denen die Zensur und die Vernichtung Andersdenkender eine Grundlage ihrer Funktionsweise ist. In diesem Sinne ist es auch möglich, zu sagen, dass die Überzeugungen und die Gewissheiten – wie Gefängnisse – die gefährlichere Feinde der Wahrheit als die Lügen sind, da sie uns die Stimmung zu *denken* nehmen. Wie *Jerome Kohn* im Vorwort zur Textsammlung von *Hannah Arendt* über „Verantwortlichkeit und Urteil" sagt: "*With some degree of confidence it may be said that the ability to think, which Eichmann lacked, is the precondition of judging, and that the refusal as well as the*

---

fehlerfreies und unbestreitbares Wissen; angenommene unumstößliche und augenscheinliche Wahrheit). In Anbetracht dieser Überzeugungen bleibt kein Platz für Zweifel (alle Übersetzungen *L. J. S.*).

inability to judge, to imagine before your eyes the others whom your judgment represents and to whom it responds, invite evil to enter and infect the world."[787]

In die Problemantik der brasilianischen *Transitional Justice* einzudringen, heißt nicht, Wahrheiten zu entdecken und Überzeugungen zu vertreten, sondern vielmehr Fragestellungen zu formulieren, die offen bleiben und die immerzu (neu) diskutiert werden müssen, bevor sie entschieden werden können. Eine Dekonstruktion der Vergangenheit durch die *Transitional Justice* hat meines Erachtens nach nur dann einen Sinn, wenn dies innerhalb eines demokratischen Raumes geschieht, in dem es die Individuen selbst sind, welche die Frage der *Transitional Justice* unablässig beantworten müssen – füreinander, im Streit miteinander und stets nur vorläufig – und wenn sie innerhalb dessen verwirklicht wird, was *Klaus Günther* als „aktivistische Zumutung" bezeichnet.[788]

Zusammenfassend lässt sich sagen, dass das Gefühl von dem, der vorhat, ein so widersprüchliches und heikles Thema wie das hier diskutierte zu behandeln, darin besteht, dass auf all das, was bisher als bestmögliche Analyse des Gegenstandes oder die beste Antwort auf das angegangene Problem vorgebracht wurde, bereits schon dekonstruiert wurde, wenn die Arbeit zum ersten Mal gelesen werden wird. Doch dies ist für sich genommen nicht das Problem. Im Gegenteil. Da die Dekonstruktion unausweichlich ist, ist es wichtig, dass die Argumente auf klare und objektive Weise vorgebracht und bestmöglich begründet werden. Es sind nicht nur rechtliche Lösungen zur brasilianischen *Transitional Justice*, die hier vorgelegt werden sollten, sondern Anstöße, um selbstständig zu denken.

Meiner Meinung nach besteht jenseits des Gesetzes eine Idee von Gerechtigkeit, die eine rebellische und „ketzerische" Unabhängigkeit gegen alles ist, was bisher aufgestellt und erfahren wurde – diese Idee der Gerechtigkeit ist eine Aporie. Es besteht also eine Gerechtigkeit, die den (freien und kritischen) Menschen dazu einlädt, sich gegen alle theoretischen, begrifflichen, methodischen, normativen und wertlichen Grenzen aufzulehnen, die man ihm aufzwingen will, sowie die konkreten Ungerechtigkeiten anzuzeigen, selbst diejenigen, welche in ihrem Namen begangen werden. Welches Modell von *Transitional Justice* soll in Brasilien befolgt werden? Welche Strategien und Mechanismen sollen benutzt werden? Es gibt darauf keine

---

787 *J. Kohn*, Introduction, in: Responsability and Judgment, 2003, S. *xxix*.

788 Eine sich selbst aus ihren Individuen schöpfende Gesellschaft setzt indessen Personen voraus, „die autonom und handlungsfähig sind". Auf diese Voraussetzung richtet sich die „aktivistische Zumutung", der die Bürger sich wechselseitig aussetzen, um die elementaren Prinzipien ihres Zusammenlebens aus ihren Konflikten aktiv hervorzubringen, beständig zu erneuern und zu revidieren. Die aktivistische Zumutung bedeutet, dass die Staatsbürger für die Prinzipien ihres Zusammenlebens politisch verantwortlich sind, weil sie sich nach der Säkularisierung auf keine entlastende transzendente Autorität für ihre Entscheidung mehr berufen können. *K. Günther*, Strafrechtliche Verantwortlichkeit in der Zivilgesellschaft, in: Das Interesse der Vernunft: Rückblicke auf das Werk von Jürgen Habermas seit „Erkenntnis und Interesse", 2000, S. 473 f.

absolute, einzig richtige Antwort. Auch gibt es keine generellen Muster, an denen sich unsere Urteile unfehlbar ausrichten könnten oder generelle Regeln, denen man die spezifischen Fälle mit einem gewissen Grad an Sicherheit unterwerfen könnte. Die Antworten hängen notwendigerweise von persönlichen politischen Positionen und von dem angenommenen Begriffsverständnis von Recht und Gerechtigkeit ab, sodass es nicht möglich oder erlaubt ist, im Namen der Gerechtigkeit kritische Überlegungen und eine offenen Debatte mittels verschiedener Formen von Zensur zu verhindern.[789]

Man muss also gerecht mit der *Transitional Justice* sein. Man muss ernst und verantwortungsvoll mit den Wandlungen und dem Bruch mit der autoritären, repressiven Vergangenheit und ihrem Erbe umgehen. Und die erste Art von Gerechtigkeit, die geschehen muss, ist die, die Gerechtigkeit zu *hören* (so wie es die Göttinnen *Dike* und *Justitia* mit ihren verbundenen Augen tun); die Beweggründe der anderen zu verstehen; ihre Vokabeln zu „sezieren"; sich in verschiedenen, fremden Welten und Unterwelten zu bewegen; Mythen, Mystiken und Rituale zu dekodifizieren; eingleisige Ansichten über das menschliche Verhalten innerhalb von gesellschaftlichen Wirklichkeiten, die durch ein Spiel von Unterschieden und Identitäten gekennzeichnet sind, zu untersagen; die Einzelheiten, auf die sich die Gerechtigkeit bezieht, zu verstehen.[790] Mehr als darüber zu entscheiden, wohin unsere Argumente uns tragen möchten, in welche Richtung der Geschichte wir uns bewegen wollen, fordert die Gerechtigkeit, dass wir uns selbst „dekonstruieren":

---

789 Wenn wir auf die Kurzgeschichte von Kafka zurückkommen, so ist das im Gesetz enthaltene und vom Torhüter erklärte Verbot trotz des Verbotes keine Unmöglichkeit, sondern ein Unterschied (vgl. *J. Derrida*, „Kafka: Ante la Ley", in: ders., La filosofía como institución, 1984, S. 117). Es ist doch möglich, das Gesetz zu überschreiten, seinen Geboten zu trotzen. Das Tor ist wie immer geöffnet und der Torhüter tritt zur Seite, um den Durchgang zu gewähren: „Wenn es dich so anzieht, versuche doch einzutreten trotz meines Verbots." Das Tor und sein Hüter zeichnen die Grenze des Gesetzes aus, sie sind aber selbst kein Hindernis dazu, um Zutritt zu ihm zu haben. Pragmatisch und politisch gesagt, ist es immer möglich, gegen das Gesetz zu handeln, um Gerechtigkeit zu erlangen. Es war schon möglich, dass das STF dem Antrag des ADPF/153 zustimmte und die Amnestie für ungültig erklärte, um so die Strafverfolgung der Folterer zu ermöglichen und so die Forderungen der Opfer zu befriedigen, wie es das Oberste Gericht Argentiniens tat. Alles ist möglich. Es muss nur gefragt werden, ob es angebracht ist. Auf jeden Fall heißt „in des Gesetz treten" noch lange nicht, Gerechtigkeit zu schaffen, an sie heranzukommen, sie zu durchdringen, zu kennen. Sie ist und bleibt eine Aporie. In das Gesetz eintreten bedeutet ebenfalls sich mit einem anderen Gesetz, mit einem anderen Recht zu umgeben, sich mit neuen Hindernissen befassen zu müssen, die immer hinterfragbar, immer abzubauen sind. „Von Gemach zu Gemach stehen jedoch andere Hüter, einer stärker als der andere."

790 Vgl. *J. Derrida*, Gesetzeskraft. Der „mystische Grund der Autorität" (1991) 2013, S. 41.

unsere Theorien, Ideologien, politischen Entscheidungen, Weltanschauungen, unsere Trugbilder, Urteile und Vorurteile.

Obwohl die Neutralität und die Unparteilichkeit (die nach *Habermas* den Kern der praktischen Vernunft und damit eines des wichtigsten Kriterien der Richtigkeit der rechtlichen Entscheidung darstellen)[791] immer unmöglich zu erreichen sind und immer dekonstruiert werden können, sollten sie – so wie die Gerechtigkeit und wegen der Gerechtigkeit – doch fortwährend gesucht werden. Die Gerechtigkeit ist an keine Überzeugung, an keinen Wert, an kein Muster oder keine Vorliebe gebunden. Im Gegenteil, die Gerechtigkeit (und die *Justice* der *Transitional Justice*) ist die unkontrollierbare Kraft, die alles und alle dekonstruiert, die als ein andauerndes und „atemloses" Hinterfragen der theoretischen und normativen Begriffsapparate, in ihrer ewigen Aufgabe, das Unerreichbare zu erreichen, besteht.

791 *J. Habermas*, Faktizität und Geltung. Beiträge zur Diskurstheorie des Rechts und des demokratischen Rechtsstaats (1992), 1998, S. 563; *U. Neumann*, Wahrheit statt Autorität. Möglichkeit und Grenzen einer Legitimation durch Begründung im Recht (2005), in: Recht als Struktur und Argumentation, 2008, S. 82.

Literaturverzeichnis

Abrão, Paulo/Bellato, Sueli Aparecida/Torelly, Marcelo D./Alvarenga, Roberta Vieira: Justiça de Transição: o papel da Comissão de Anistia do Ministério da Justiça, in: Revista Anistia Política e Justiça de Transição, Bd. 1, Brasília 2009, S. 12 ff.

Abrão, Paulo/Carlet, Flávia/Frantz, Daniela/Ferreira, Kelen Meregali Model/Oliveira, Vanda Davi Fernandes: As Caravanas da Anistia: um mecanismo privilegiado da justiça de transição brasileira, São Paulo 2010, idejust.files.wordpress.com/2010/04/ii-idejust-carlet-et-al.pdf, Zugriff: 1.5.2013.

Abrão, Paulo/Torelly, Marcelo D: The Reparations Program as the Lynchpin of Transitional Justice in Brazil, in: F. Reátegui (Hrsg.), Transitional Justice: Handbook for Latin America, Brasília/New York 2011, S. 443 ff.

Abrão, Paulo: Direito à verdade e à justiça na transição política brasileira, in: P. Abrão/T. Genro, Os direitos da transição e a democracia no Brasil: estudos sobre a justiça de transição e teoria da democracia, Belo Horizonte 2012, S. 59 ff.

Abrão, Paulo/Genro, Tarso: Por uma nova síntese em torno dos direitos humanos e a retomada do protagonismo da política, in: dies., Os direitos da transição e a democracia no Brasil: estudos sobre a justiça de transição e teoria da democracia, Belo Horizonte 2012, S. 21 ff.

Abrão, Paulo/Genro, Tarso: Os direitos da transição no Brasil, in: dies., Os direitos da transição e a democracia no Brasil: estudos sobre a justiça de transição e teoria da democracia, Belo Horizonte 2012, S. 33 ff.

Abrão, Paulo/Torelly, Marcelo D: Mutações do conceito de anistia na justiça de transição brasileira: a terceira fase luta pela anistia, in: Revista Anistia Política e Justiça de Transição, Bd. 7, Brasília 2013, S. 10 ff.

Adamy, Pedro: Vagueza normativa e transições políticas, in: Revista Anistia Política e Justiça de Transição, Bd. 7, Brasília 2013, S. 260 ff.

Adorno, Sérgio: O monopólio estatal da violência na sociedade brasileira contemporânea, in: S. Miceli (Org.), O que ler na ciência social brasileira: 1970–2002, Bd. 4, São Paulo 2002, S. 267 ff.

Agamben, Giorgio: Ausnahmezustand, übers. v. Ulrich Müller-Schöll, Frankfurt am Main 2004.

Ahlbrecht, Heiko/Ambos, Kai (Hrsg.): Der Fall Pinochet(s): Auslieferung wegen staatsverstärkter Kriminalität?, Baden-Baden 1999.

Alarcón, Pietro de Jesús Lora: Democracia, in: D. Dimoulis et al. (Hrsg.), Dicionário brasileiro de direito constitucional, 2. Aufl., São Paulo 2012, S. 125 ff.

Alexy, Robert: Mauerschützen: zum Verhältnis von Recht, Moral und Strafbarkeit, Göttingen 1993.

Alexy, Robert: Derecho injusto, retroactividad y principio de legalidad penal. La doctrina del Tribunal Constitucional Federal alemán sobre los homicidios cometidos por los centinelas del Muro de Berlin, in: DOXA 23 (2000), S. 197 ff.

Alexy, Robert: Begriff und Geltung des Rechts (1992), 4. Aufl., Freiburg 2005.

Ambos, Kai: Impunidad y Derecho Penal Internacional, 2. Aufl., Buenos Aires, 1999.

Ambos, Kai/Malarino, Ezequiel (Hrsg.): Persecução penal internacional na América Latina e Espanha, São Paulo 2003.

Ambos, Kai: Impunidade por violação dos direitos humanos e o direito penal internacional, in: Revista Brasileira de Ciências Criminais (2004) 49, S. 48–88.

Ambos, Kai: The Legal Framework of Transitional Justice: a Systematic Study with a Special Focus on the Role of the ICC, in: K. Ambos/J. Large/M. Wierda (Hrsg.), Building a Future on Peace and Justice: Studies on Transitional Justice, Peace and Development, Berlin/Heidelberg 2008, S. 19 ff.

Ambos, Kai: Internationales Strafrecht: Strafanwendungsrecht – Völkerstrafrecht – Europäisches Strafrecht, 2. Aufl., München 2008.

Ambos, Kai/Zilli, Marcos/Moura, Maria Thereza Rocha de Assis/Monteconrado, Fabíola Girão: Anistia, justiça e impunidade: reflexões sobre a justiça de transição no Brasil, Belo Horizonte 2010.

Améry, Jean: Jenseits von Schuld und Sühne. Bewältigungsversuche eines Überwältigten, München 1966.

Amnesty International: Report on Allegations of Torture in Brazil, London 1976.

Anscombe, Gertrude Elizabeth Margaret: Modern Moral Philosophy, in: Philosophy 33 (1958) 124, S. 1 ff.

Aranha, Maria Lúcia De Arruda/ Martins, Maria Helena Pires: Filosofando – introdução à filosofia, 2. Aufl., São Paulo 1999.

Araújo, Maria Paula: Amnestie in Brasilien: Geschichte und Gedächtnis, in: Transitional Justice, Frankfurt am Main, 2013, S. 61 ff.

Arendt, Hannah/Jaspers, Karl: Briefwechsel 1926–1969, hrsg. v. Lotte Köhler u. Hans Saner, München 1985.

Arendt, Hannah: Elemente und Ursprünge totaler Herrschaft. Antisemitismus, Imperialismus, Totalitarismus (1949), 7. Aufl., München 2000.

Arendt, Hannah: Eichmann in Jerusalem – Ein Bericht von der Banalität des Bösen (1963), aus dem Amerikanischen von Brigitte Granzow, 8. Aufl., München 1992.

Arendt, Hannah: Responsabilidade e Julgamento, São Paulo 2004.

Aristoteles: Nikomachische Ethik, hrsg. v. Paul Gohlke, Bd. 11, 2. Aufl., Paderborn 1966.

Arquidiocese de São Paulo: Brasil: nunca mais (1985). Um relato para a história, 33. Aufl., Petrópolis 2003.

Arthur, Paige: How „Transitions" Reshaped Human Rights: a Conceptual History of Transitional Justice (2009), in: F. Reátegui (Hrsg.), Transitional Justice: Handbook for Latin America, Brasília/New York 2011, S. 69 ff.

Augustinus, Aurelius: De civitate Dei, Buch IV, in: Des heiligen Kirchenvaters Aurelius Augustinus zweiundzwanzig Bücher über den Gottesstaat, Bd. 1, Kempten/München 1911, S. 186 ff.

Augustinus, Aurelius: De civitate Dei, Buch XIX, in: Des heiligen Kirchenvaters Aurelius Augustinus zweiundzwanzig Bücher über den Gottesstaat, Bd. 3, Kempten/München 1916, S. 193 ff.

Augustinus, Aurelius: De civitate Dei, Libri IV, in: Corpus Christianorum, Bd. 47, Turnholti 1955, S. 101 ff.

Augustinus, Aurelius: De civitate Dei, Libri XIX, in: Corpus Christianorum, Bd. 48, Turnholti 1955, S. 657 ff.

Augustinus, Aurelius: De Libero Arbitrio, in: Corpvs scriptorvm ecclesiasticorvm latinorvm, Bd. 74, Vindobonae 1956.

Augustinus, Aurelius: Confessionis/Bekenntnisse. Lateinisch/Deutsch, Stuttgart 2009.

Augusto, Agnaldo del Nero: A grande mentira, Rio de Janeiro 2001.

Baratta, Alessandro: Das Theater des Rechts und die Dramaturgie des Lebens. Zur Zurechnung von Verantwortlichkeit im Strafprozess, in: H. Jung et al. (Hrsg.), Das Recht und die schönen Künste. Heinz Müller-Dietz zum 65. Geburtstag, Baden-Baden 1998, S. 133 ff.

Baratta, Alessandro: Criminologia crítica e crítica do direito penal: introdução à sociologia do direito penal (1982), 3. Aufl., Rio de Janeiro 2002.

Barbosa, Ruy: Comentários à Constituição Federal Brasileira, Bd. 2, São Paulo 1933.

Bastos, Lucia Elena Arantes Ferreira: Anistia: as leis internacionais e o caso brasileiro, Curitiba 2009.

Batista, Nilo: Aspectos jurídico-penais da anistia. Revista de Direito Penal, Rio de Janeiro, n. 26, Juli–Dezember 1979, S. 33–42.

Batista, Nilo: Nota Introdutória, in: D. Dimoulis/A. Martins/L. J. Swensson Jr. (Hrsg.), Justiça de transição no Brasil: direito, responsabilização e verdade, São Paulo 2010, S. 7 ff.

Bayón, Juan Carlos: Sanção, in: A. J. Arnaud (Hrsg.), Dicionário enciclopédico de teoria e de sociologia do direito (1988), Rio de Janeiro 1999, S. 702 ff.

Beck, Ulrich: Risikogesellschaft, Frankfurt am Main 1986.

Bee, Helen: A criança em desenvolvimento, 3. Aufl., São Paulo 1984.

Benjamin, Walter: Zur Kritik der Gewalt und andere Aufsätze, mit einem Nachwort von Herbert Marcuse, 2. Aufl., Frankfurt am Main 1978.

Betham, Jeremy: A Fragment on Government and an Introduction to the Principles of Morals and Legislation, Oxford 1948.

Bergalli, Roberto: Estado democrático y cuestión judicial. Vias para alcanzar una auténtica y democrática independencia judicial, Buenos Aires 1984.

Bickford, Louis: Transitional Justice, in: D. Shelton (Hrsg.), The Encyclopedia of Genocide and Crimes Against Humanity, Bd. 3, New York 2004, S. 1045.

Bicudo, Helio: Anistia desvirtuada, in: Revista Brasileira de Ciências Criminais 13 (März–April 2005) 53, S. 88 ff.

Bitencourt, Cezar Roberto: Tratado de direito penal: parte geral, 8. Aufl., São Paulo 2003.

Bobbio, Norberto: El problema del positivismo jurídico, Cidade do México 1991.

Bobbio, Norberto: A era dos direitos (1989), Rio de Janeiro 1992.

Bobbio, Norberto: Teoria do ordenamento jurídico, Brasília 1997.

Bobbio, Norberto: O positivismo jurídico: lições de filosofia do direito, São Paulo 1999.

Bobbio, Norberto: Teoria da norma jurídica (1993), Bauru 2001.

Boraine, Alexander: Transitional Justice: a Holistic Interpretation, in: Journal of International Affair 60 (2006) 1, S. 17 ff.

Borges, Bruno Barbosa: Justiça de Transição: a transição inconclusa e suas consequências na democracia brasileira, Curitiba 2012.

Bourdieu, Pierre: O poder simbólico, übers. v. Fernando Tomaz, 6. Aufl., Rio de Janeiro, 2003.

Braun, Johannes: Der Rechtssatz und seine Anwendung, in: Einführung in die Rechtswissenschaft, 2. Aufl., Tübingen 2001, S. 33 ff.

Brecht, Bertold: Der Kaukasische Kreidekreis, Frankfurt am Main 1955.

Brecht, Bertold: Die Dreigroschenoper (1928), Dreigroschrenroman (1934). Mit Kommentaren von Bodo Plachta und Iring Fetscher, Baden-Baden, 2001.

Brito, Alexandra Barahona de: Justiça Transicional e a Política da Memória: Uma Visão Global, in: Revista Anistia Política e Justiça de Transição, Bd. 1, Brasília 2009, S. 56 ff.

Brossard, Paulo: Anistia e torturas. Discurso proferido na sessão de 17 de março de 1981 do Senado Federal, Brasília, Senado Federal, Centro Gráfico, 1981.

Brugger, Winfried: Darf der Staat ausnahmsweise foltern?, in: Der Staat 35 (1996), S. 67 ff.

Bruno, Aníbal: Direito Penal, Bd. 3, 3. Aufl., São Paulo 1967.

Buckley-Zistel, Susanne: Transitional Justice als Weg zu Frieden und Sicherheit: Möglichkeiten und Grenzen, Berlin 2008.

Caldas, Roberto de Figueiredo: Begründender Richterspruch (des *ad hoc* Richters) zum Urteil des Interamerikanischen Gerichtshofes für Menschenrechte zum Fall Lund und andere („Guerrilha von Araguaia") gegen Brasilien vom 24. November 2010.

Câmara dos Deputados: Registro das Sessões, Anistia; http://www2.camara.leg.br/atividade-legislativa/plenario/discursos/escrevendohistoria/destaque-de-materias/lei-da-anistia/introducao; Zugriff: 27.4.2013.

Cantero, José Antonio Sainz: La ciencia del derecho penal y su evolución, Barcelona 1970.

Cicero, M. Tullius: De re pvblica, in: Bibliotheca scriptorvm graecorvm et romanorvm tevbneriana, Lipsiae 1964.

Cittadino, Gisele: Judicialização da política, constitucionalismo democrático e separação de poderes, in: L. W. Vianna (Hrsg.), A democracia e os três poderes no Brasil, Belo Horizonte 2002, S. 17 ff.

Chaui, Marilena: Convite à Filosofia, 12. Aufl., São Paulo 2001.

Coing, Helmut: Grundzüge der Rechtsphilosophie, 5. Aufl., Berlin u. a. 1993.

Conde, Francisco Muñoz/Bitenourt, Cezar Roberto: Teoria Geral do Delito, 2. Aufl., São Paulo 2004.

Comissão de Familiares de Mortos e Desaparecidos Políticos et al.: Dossiê dos mortos e desaparecidos políticos a partir de 1964, São Paulo 1996.

Comissão da Anistia do Ministério da Justiça: Marcas da Memória: um projeto de memória e reparação coletiva para o Brasil, s/d, www.ufrgs.br/nph/arquivos/Projeto_Marcas_da_Memria_-_TEXTO.pdf, Zugriff: 1.5.2013.

Comparato, Fábio Konder: Fundamento dos direitos humanos, in: M. L. Marcílio, L. Pussoli, (Hrsg.), Cultura dos direitos humanos, São Paulo 1998, S. 53 ff.

Comparato, Fábio Konder: A afirmação histórica dos direitos humanos, São Paulo 1999.

Comparato, Fábio Konder: A responsabilidade do estado brasileiro na questão dos desaparecidos políticos durante o regime militar, in: J. Teles (Hrsg.), Mortos e desaparecidos políticos: reparação ou impunidade?, 2001, S. 55 ff.

Comparato, Fábio Konder: Que fizeste de teu irmão? in: J. Teles (Hrsg.), Mortos e desaparecidos políticos: reparação ou impunidade?, São Paulo 2001, S. 65 ff.

Comparato, Fábio Konder: Questão de decência, in: J. Teles (Hrsg.), Mortos e desaparecidos políticos: reparação ou impunidade?, São Paulo 2001, S. 77 ff.

Comparato, Fábio Konder: Crimes sem castigo, in: Folha de S. Paulo, 19. September 2008, http://hannaharendt.wordpress.com/2008/09/19/crimes-sem-castigo-fabio-konder-comparato/, Zugriff: 27.4.2013.

Comparato, Fábio Konder: A Balança e a Espada, 2010, http://www.oab.org.br/publicacoes/detartigo/21, Zugriff: 1.5.2013.

Corte Interamericana de Direitos Humanos: Caso Gomes Lund e outros ("Guerrilha do Araguaia") vs. Brasil. Entscheidung vom 24.11.2010 (Série C, Nr. 219), http://www.corteidh.or.cr/docs/casos/articulos/seriec_219_por.pdf, Zugriff: 2.6.2013.

Correia, Marcus Orione Gonçalves: Anistia para quem? in: I. V. P. Soares/S. A. S. Kishi (Hrsg.), Memória e verdade: a justiça de transição no estado democrático brasileiro, Belo Horizonte 2009, S. 141 ff.

Council of Europe: Recommendation n. r (84) 15, of the committee of ministers to member States relating to public liability, 1984.

Cunha, Paulo Ribeiro da: Militares e anistia no Brasil: um dueto desarmônico, in: E. Teles/V. Safatle (Hrsg.), O que resta da ditadura: a exceção brasileira, São Paulo 2010, S. 15 ff.

Cury, Paula Maria Nasser: Comissão da Verdade: análise do caso brasileiro, in: Revista Anistia Política e Justiça de Transição, Bd. 7, Brasília 2013, S. 286 ff.

Dallari, Dalmo: Anistia: esquecimento legal, memória de fato (Aussage für die Perseu Abramo Stiftung), http://novo.fpabramo.org.br/content/dalmo-dallari-anistia-esquecimento-legal-memoria-de-fato, Zugriff: 1.5.2013.

Dallari, Dalmo: Crimes sem anistia, in: J. Teles (Hrsg.), Mortos e desaparecidos políticos: reparação ou impunidade?, São Paulo 2000, S. 31 ff.

Dallari, Dalmo: Elementos de Teoria Geral do Estado, 32 Aufl., São Paulo 2013.

D'Araújo, Maria Celina/Soares, Gláucio Ary Dillon/Castro, Celso: Os Anos de Chumbo: a memória militar sobre a repressão, Rio de Janeiro 1994.

D'Araújo, Maria Celina/Soares, Gláucio Ary Dillon/Castro, Celso: A volta aos quartéis: a memória política sobre a abertura, Rio de Janeiro 1995.

Da-Rin, Silvio (Regisseur): "Hércules 56", Brasil 2006. (Dokumentarfilm).

De Greiff, Pablo: Justice and Reparations, in: ders. (Hrsg.), Handbook of Reparations, New York 2006, S. 1 ff.

Deleuze, Gilles: „Abecedário de Gilles Deleuze", Interviews mit Gilles Deleuze, Interviewerin: Claire Parnet. Abschriften finden sich auf Portugiesisch unter: http://www.oestrangeiro.net/esquizoanalise/67-o-abecedario-de-gilles-deleuze, Zugriff: 8.5.2013.

Delmas-Marty, Mireille: Le paradoxe pénal, in: dies/L. Leyssac (Hrsg.), Libertés et droits fondamentaux, Paris 1996, S. 368 ff.

Derrida, Jacques: „Kafka: Ante la Ley", in: ders., La filosofía como institución, Barcelona 1984, S. 93 ff.

Derrida, Jacques: Gesetzeskraft. Der „mystische Grund der Autorität" (1991), 6. Aufl., Frankfurt am Main 2013.

Devlin, Patrick: The Enforcement of Morals, Oxford 1965.

Dimoulis, Dimitri: Die Begnadigung in vergleichender Perspektive: Rechtsphilosophische, verfassungs- und strafrechtliche Probleme, Berlin 1996.

Dimoulis, Dimitri: Moralismo, positivismo e pragmatismo na interpretação o direito constitucional, in: Revista dos Tribunais (1999) 769, São Paulo, S. 11–27.

Dimoulis, Dimitri: Manual de introdução ao estudo de direito, São Paulo 2003.

Dimoulis, Dimitri: O art. 5°, §4° da CF: dois retrocessos politicos e um fracasso normativo, in: L. A. Tavares (Hrsg.), Reforma do judiciário analisada e comentada, São Paulo 2005, S. 107 ff.

Dimoulis, Dimitri: O positivismo jurídico: introdução a uma teoria do direito e defesa do pragmatismo jurídico-político, São Paulo 2006.

Dimoulis, Dimitri: Prefácio, in: *Lauro Joppert* Swensson Jr, Anistia Penal: problemas de validade da lei de anistia brasileira, Curitiba 2007, S. 11 ff.

Dimoulis, Dimitri: Direitos fundamentais e democracia: da tese da complementaridade à tese do conflito, in: Revista Brasileira de Estudos Constitucionais 1 (2007) 1, Belo Horizonte, S. 200 ff.

Dimoulis, Dimitri: Onze teses sobre o controle de constitucionalidade, in: Revista Brasileira de Estudos Constitucionais 1 (2007) 2, Belo Horizonte, S. 155 ff.

Dimoulis, Dimitri: Justiça de transição e função anistiante no Brasil. Hipostasiações indevidas e caminhos de responsabilização, in: D. Dimoulis/A. Martins/

L. J. Swensson Jr (Hrsg.), Justiça de transição no Brasil: direito, responsabilização e verdade, São Paulo 2010, S. 91 ff.

Dimoulis, Dimitri: A relevância prática do positivismo jurídico, in: Revista Brasileira de Estudos Políticos 102 (2011), Belo Horizonte, S. 215–253.

Dimoulis, Dimitri: O caso dos denunciantes invejosos, 8. Aufl., São Paulo 2012.

Dimoulis, Dimitri: Anistia, in: ders. et al. (Hrsg.), Dicionário brasileiro de direito constitucional, 2. Aufl., São Paulo 2012, S. 38 f.

Doehring, Karl: Allgemeine Staatslehre, 3. Aufl., Heidelberg 2004.

Dreier, Ralf: Gesetzliches Unrecht im SED-Staat? Am Beispiel des DDR-Grenzgesetzes, in: F. Haft/W. Hassemer/U. Neumann et al. (Hrsg.), Strafgerechtigkeit. Festschrift für Arthur Kaufmann zum 70. Geburtstag, Heidelberg 1993, S. 57 ff.

Dubischar, Roland: Vorstudium zur Rechtswissenschaft. Eine Einführung in die juristische Theorie und Methode anhand von Texten, Stuttgart u. a. 1974.

Dudek, Peter: Vergangenheitsbewältigung. Zur Problematik eines umstrittenen Begriffs, in: Aus Politik und Zeitgeschichte (1992) 1–2, S. 44 ff.

Dudena, Regis: A Comissão da Verdade do Sistema Político, in: Revista Anistia Política e Justiça de Transição, Bd. 7, Brasília 2013, S. 316 ff.

Dworkin, Ronald: The Forum of Principle, in: New York University Law Review 56 (1981), S. 469–518.

Dworkin, Ronald: Law's Empire, Oxford 1998.

Ekinci, Özgür: Transitional Justice in Deutschland? Die Vergangenheitsbewältigung in Deutschland nach 1989/90, München 2009.

Elster, Jon: Closing the Books: Transitional Justice in Historical Perspective, New York 2004.

Engert, Stefan/von Arnauld, Andreas/Debiel, Tobias/Rittberger, Volker/Tomuschat, Christian (Hrsg.): Transitional Justice, Die Friedens-Warte, Bd. 86, Heft 1/2, Berlin 2011.

Engländer, Armin: Die Lehren vom Gesellschaftsvertrag, in: Juristische Ausbildung (Jura) 2002, S. 381 ff.

Eser, Albin/Arnold, Jörg/Kreicker, Helmut: Strafrecht in Reaktion auf Systemunrecht. Vergleichende Einblicke in Transitionsprozesse, ein Projektbericht (2001), Freiburg im Breisgau 2002.

Fabricius, Dirk: Warum Amnestie zu wenig und Strafe das Falsche ist – erweiterter Auftrag einer Wahrheits- und Versöhnungskommission (TRC)?, in: Transitional Justice, Frankfurt am Main 2013, S. 149 ff.

Falcón y Tella, María José: Concepto y Fundamento de la validez del derecho, Madrid 1994.

Ferraz Jr, Tércio Sampaio: Introdução ao estudo de direito: técnica, decisão, dominação, São Paulo 2003.

Ferraz Jr, Tercio Sampaio: Remissão e anistia fiscais, in: Revista Dialética de Direito Tributário. São Paulo: Dialitica (2003) 92, S. 67–73.

Ferraz Jr, Tercio Sampaio: A Lei de Anistia impede a punição dos que praticaram tortura durante o regime militar? Sim, in: Folha de S. Paulo, 16. Juli 2008.

Ferraz, Lucas: "Ele não se arrepende", diz mulher de Ustra, in: Folha de S. Paulo, 13. August 2008, www1.folha.uol.com.br/folha/brasil/ult96u432843.shtml, Zugriff: 30.4.2013.

Ferreira, Pinto: Anistia, in: Enciclopédia Saraiva do Direito, São Paulo 1978, S. 417 ff.

Feuerbach, Paul Johann Anselm von: Lehrbuch des gemeinen in Deutschland gültigen peinlichen Rechts (14. Aufl., Giessen, Heyer, 1847), Aalen 1986.

Fico, Carlos: Como eles agiam. Os subterrâneos da ditadura militar: espionagem e polícia política, Rio de Janeiro 2001.

Fico, Carlos: Versões e controvérsias sobre 1964 e a ditadura militar, in: Revista Brasileira de História 24 (2004) 47, São Paulo, S. 29–60.

Fico, Carlos: A negociação parlamentar da anistia de 1979 e o chamado "perdão aos torturadores", in: Revista Anistia Política e Justiça de Transição, Bd. 4, Brasília 2011, S. 318 ff.

Figueiredo, João Baptista: Mensagem n. 59, in: Anistia, 2 Bde., Brasilia, Centro Gráfico, 1982. http://www.sbdp.org.br/arquivos/material/470_Dossie_da_Lei_n_6.683_de_1979_(Lei_de_Anistia)_Mensagem_n_59__e_PL_n_14_de_1979_(CN).pdf, Zugriff: 1.5.2013.

Figueiredo, João Baptista: Mensagem 267, 28. August 1979, http://www.planalto.gov.br/ccivil_03/leis/Mensagem_Veto/anterior_98/vep267-L6683-79.pdf, Zugriff: 12.8.2013.

Fischer, Torben/Lorenz, Matthias N. (Hrsg.): Lexikon der „Vergangenheitsbewältigung" in Deutschland: Debatten- und Diskursgeschichte des Nationalsozialismus nach 1945, Bielefeld 2007.

Fraenkel, Ernst: The Dual State: a Contribution to the Theory of Dictatorship (1941), New York 2010.

Fragoso, Heleno Cláudio: Lições de Direito Penal, 9. Aufl., Rio de Janeiro/Forense 1985.

Francisco, José Carlos: Legalidade, in: D. Dimoulis et al. (Hrsg.), Dicionário brasileiro de direito constitucional, 2. Aufl., São Paulo 2012, S. 230 ff.

Fraser, Nancy: Reframing Justice in a Globalizing World, in: New Left Review (2005) 36, S. 1 ff.

Freyre, Gilberto: Casa Grande & Sensala (1933), 48. Aufl., Rio de Janeiro 2006.

Frankenberg, Günter: Staatstechnik: Perspektiven auf Rechtsstaat und Ausnahmezustand, Berlin 2010.

Fuller, Lon L.: The Morality of Law, New Haven/London 1969.

Gabeira, Fernando: O que é isso, companheiro? (1979), São Paulo 1996.

Gadamer, Hans-Georg: Wahrheit und Methode: Grundzüge einer philosophischen Hermeneutik (1960), 6. Aufl., Tübingen 1990.

Gaspari, Elio: A ditadura envergonhada, São Paulo 2002.

Gaspari, Elio: A ditadura escancarada, São Paulo 2002.

Gaspari, Elio: O bolsa ditadura tornou-se uma indústria, in: O Globo, 28. Juni 2009.

Gavriilidis, Akis: Os direitos humanos como regra e exceção, in: Cadernos de Direito, Piracicaba 3 (2003) 5, S. 191–207.

Geiger, Theodor: Vorstudien zu einer Soziologie des Rechts (1947), Neuwied a. Rh./Berlin 1964.

Genro, Tarso/Abrão, Paulo: Apresentação, in: Revista Anistia Política e Justiça de Transição, Bd. 1, Brasília 2009, S. 5 ff.

Genro, Tarso: Teoria da Democracia e Justiça de Transição, in: P. Abrão/T. Genro, Os direitos da transição e a democracia no Brasil: estudos sobre a justiça de transição e teoria da democracia, Belo Horizonte 2012, S. 81 ff.

Gil Gil, Alicia: La justicia de transición en España. De la amnistía a la memoria histórica, Barcelona 2009.

Gillisen, John: Introdução histórica ao direito (1979), 5. Aufl., Lisboa 1986.

Gomes, Luiz Flavio: Tribunal penal internacional: mais um sonho do século XXI, http://www.dhnet.org.br/direitos/sip/tpi/luiz_TPI.html, Zugriff: 1.5.2013.

Gonçalves, Danyelle Nilin: Os múltiplos sentidos da anistia, in: Revista Anistia Política e Justiça de Transição, Bd. 1, Brasília 2009, S. 272 ff.

Gorender, Jacob: Prefácio, in: C. Fico, Como eles agiam: os subterrâneos da ditadura militar, Rio de Janeiro 2001, S. 9 ff.

Grant, Ruth/Keohane, Robert O.: Accountability and Abuses of Power in World Politics, in: American Political Science Review 99 (2005) 1, S. 29 ff.

Grau, Eros Roberto: Ensaio e discurso sobre a interpretação/aplicação o direito, 5. Aufl., São Paulo 2009.

Greco, Heloísa Amélia: Dimensões fundacionais da luta pela anistia. Tese de Doutorado em História, Faculdade de Filosofia e Ciências Humanas da Universidade Federal de Minas Gerais 2003.

Grünwald, Gerald: Bedeutung und Begründung des Satzes ‚nulla poena sine lege', in: ZStW 76 (1964) 1, S. 1 ff.

Grünwald, Gerald: Die strafrechtliche Bewertung in der DDR begangener Handlungen, in: StV (1991), S. 31 ff.

Günther, Gotthard: Life as Polycontexturality, in: H. Fahrenbach (Hrsg.), Wirklichkeit und Reflexion, Festschrift für Walter Schulz, Pfullingen 1973, S. 187 ff, http://www.vordenker.de/ggphilosophy/gg_life_as_polycontexturality.pdf, Zugriff: 1.5.2013.

Günther, Klaus: Welchen Personenbegriff braucht die Diskurstheorie des Rechts? Überlegungen zum internen Zusammenhang zwischen deliberativer Person, Staatsbürger und Rechtsperson, in: H. Brunkhorst/P. Niesen (Hrsg.), Das Recht der Republik, Frankfurt am Main 1999, S. 83 ff.

Günther, Klaus: Strafrechtliche Verantwortlichkeit in der Zivilgesellschaft, in: S. Müller-Doohm (Hrsg.), Das Interesse der Vernunft: Rückblicke auf das Werk von Jürgen Habermas seit „Erkenntnis und Interesse", Frankfurt am Main 2000, S. 465 ff.

Günther, Klaus: The Criminal Law of "Guilt" as Subject of a Politics of Remembrance in Democracies, in: E. Christodoulidis/S. Veitch (Hrsg.), Lethe's Law: Justice, Law and Ethics in Reconciliation, Oxford 2001, S. 3 ff.

Günther, Klaus: Kritik der Strafe I, in: WestEnd – Neue Zeitschrift für Sozialforschung (2004) 1, S. 117 ff.

Günther, Klaus: Kritik der Strafe II, in: WestEnd – Neue Zeitschrift für Sozialforschung (2005) 1, S. 131 ff.

Günther, Klaus: Warum *Transitional Justice* auf die Feststellung strafrechtlicher Schuld angewiesen ist – Zwölf Thesen, in: Transitional Justice, Frankfurt am Main 2013, S. 271 ff.

Guimarães, Juarez: A justiça de transição e os três mitos da transição conservadora, in: P. Abrão/T. Genro (Hrsg.), Os direitos da transição e a democracia no Brasil: estudos sobre a justiça de transição e teoria da democracia, Belo Horizonte 2012, S. 11 ff.

Habermas, Jürgen: Drei normative Modelle der Demokratie, in: ders., Einbeziehung des Anderen, Frankfurt am Main 1996, S. 277 ff.

Habermas, Jürgen: Faktizität und Geltung. Beiträge zur Diskurstheorie des Rechts und des demokratischen Rechtsstaats (1992), Frankfurt am Main 1998.

Hansen, Thomas Obel: Transitional Justice: Toward a Differentiated Theory, in: Oregon Review of International Law 13 (2011), S. 1 ff.

Hart, Herbert L. A.: Positivism and the Separation of Law and Morals, in: Harvard Law Review 71 (1958), S. 593 ff.

Hart, Herbert L. A.: The Concept of Law (1961), 2. Aufl., Oxford/New York 1994.

Hartman, Nikolai: Ethik, 3. Aufl., Berlin 1949.

Hassemer, Winfried: Symbolisches Strafrecht und Rechtsgüterschutz, in: NStZ (1989) 12, S. 553 ff.

Hassemer, Winfried: Einführung in die Grundlagen des Strafrechts, 2. Aufl., München 1990.

Hassemer, Winfried: Einführung, in: G. Radbruch, Gesetzliches Unrecht und übergesetzliches Recht, Baden-Baden 2002, S. I ff.

Hegel, Georg Wilhelm Friedrich: Grundlinien der Philosophie des Rechts (1821), Werkausgabe Bd. 7, Frankfurt am Main 1970.

Hobbes, Thomas: Leviathan (1651), Cambridge 1997.

Hobsbawm, Eric: Era dos extremos. O breve século XX: 1914–1991 (1994), 2. Aufl., São Paulo 2003.

Höffe, Otfried: Politische Gerechtigkeit: Grundlegung einer kritischen Philosophie von Recht und Staat, Berlin 1989.

Höffe, Otfried: Positivismus plus Moralismus: zu Augustinus' eschatologischer Staatstheorie, in: C. Horn (Hrsg.), Augustinus. De civitate Dei, Berlin 1997, S. 259 ff.

Horn, Christoph: Einführung in die politische Philosophie, 4. Aufl., Darmstadt 2012.

Horn, Norbert: Einführung in die Rechtswissenschaft und Rechtsphilosophie, 4. Aufl., Heidelberg 2007.

Hughes, Charles Evans: Adresses and Papers of Charles Evans Hughes, Governor of New York (1906–1908), New York 1908.

Hume, David: A Treatise of Human Nature (1739–1740), Mineola/New York 2003.

Hungria, Nelson/Fragoso, Heleno Cláudio: Comentários ao Código Penal, Bd. 1, 5. Aufl., Rio de Janeiro 1977.

Huntington, Samuel P.: The Third Wave: Democratization in the Late Twentieth Century, London 1991.

Iglésias, F.: Melancólica trajetória nacional, in: Jornal do Brasil, 23. Mai 1994.

International Center for Transitional Justice (ICTJ): What is Transitional Justice? 2009, http://www.ictj.org/sites/default/files/ICTJ-Global-Transitional-Justice-2009-English.pdf, Zugriff: 27. April 2013.

International Center for Transitional Justice (J. Méndez/G. T. R. Covelli): Parecer técnico sobre a natureza dos crimes de lesa-humanidade, a imprescritibilidade de alguns delitos e a proibição de anistias, New York, September 2008.

Instituto Brasileiro de Ciências Criminais (IBCCRIM): Elaboração jurídico-penal do passado após mudança do sistema político em diversos países: relatório Brasil, São Paulo 2003.

Isensee, Josef (Hrsg.): Vergangenheitsbewältigung durch Recht. Drei Abhandlungen zu einem deutschen Problem, Berlin 1992.

Jäger, Herbert: Makrokriminalität: Studien zur Kriminologie kollektiver Gewalt, Frankfurt am Main 1989.

Jäger, Herbert: Menschheitsverbrechen und die Grenzen des Kriminalitätskonzepts, in: KritV 1993, S. 259 ff.

Jakobs, Günther: Vergangenheitsbewältigung durch Strafrecht? Zur Leistungsfähigkeit des Strafrechts nach einem politischen Umbruch, in: J. Isensee (Hrsg.), Vergangenheitsbewältigung durch Recht. Drei Abhandlungen zu einem deutschen Problem, Berlin 1992, S. 37 ff.

Jakobs, Günther: Crímenes del Estado – ilegalidad en El Estado. ¿Penas para los homicidios en la frontera de la ex República Democrática Alemana?, in: DOXA (1995) 17/18, S. 445 ff.

Jakobs, Günther: Bürgerstrafrecht und Feindstrafrecht, in: HRR – Zeitschrift für Höchstrichterliche Rechtsprechung im Strafrecht (2004) 3, S. 88 ff.

Jakobs, Günther/Meliá, Manuel Cancio: Derecho penal del enemigo, 2. Aufl., Madrid 2006.

Jakobs, Günther: Zur Theorie des Feindstrafrechts, in: K. Rosenau (Hrsg.), Straftheorie und Strafgerechtigkeit, Frankfurt am Main 2010, S. 167 ff.

Jellinek, Georg: Allgemeine Staatslehre (1914), 3. Aufl., Darmstadt 1959.

Jesse, Eckhard: „Entnazifizierung" und „Entstasifizierung" als politisches Problem. Die doppelte Vergangenheitsbewältigung, in: J. Isensee (Hrsg.), Vergangenheitsbewältigung durch Recht. Drei Abhandlungen zu einem deutschen Problem, Berlin 1992, S. 9 ff.

José, Otto: Os torturadores anistiados. Como está sendo aplicada a Lei de Anistia, in: Movimento, São Paulo 14.–20. April 1980.

Juvenalis, D. Junii: Saturarum Libri V. Mit erklärenden Anmerkungen von Ludwig Freiedlaender, Bd. 1, Leipzig 1895.

Kafka, Franz: Der Prozess (1925), 7. Aufl., München 2009.

Kant, Immanuel: Grundlegung zur Metaphysik der Sitten (1785), in: Immanuel Kant's Sämmtliche Werke, Hrsg. v. G. Hartenstein, Leipzig, 1867.

Kant, Immanuel: Die Metaphysik der Sitten (1797/98), Werkausgabe, Bd. 8, Frankfurt am Main 1977.

Kaufmann, Arthur: Über Gerechtigkeit: dreißig Kapitel praxisorientierter Rechtsphilosophie, Köln u. a. 1993.

Kaufmann, Arthur: Rechtsphilosophie, Rechtstheorie, Rechtsdogmatik, in: ders/ W. Hassemer/U. Neumann (Hrsg.), Einführung in Rechtsphilosophie und Rechtstheorie der Gegenwart, 7. Aufl., Heidelberg 2004, S. 1 ff.

Kaufmann, Arthur: Problemgeschichte der Rechtsphilosophie, in: ders/W. Hassemer/U. Neumann (Hrsg.), Einführung in Rechtsphilosophie und Rechtstheorie der Gegenwart, 7. Aufl., Heidelberg 2004, S. 26 ff.

Kawaguti, Luis: "Brasil tem 4ª maior população carcerária do mundo e déficit de 200 mil vagas", BBC Brasil, 29.5.2012, http://www.bbc.co.uk/portuguese/noticias/2012/05/120529_presos_onu_lk.shtml, Zugriff: 1.5.2013.

Kelsen, Hans: Reine Rechtslehre (1960), 2. Aufl., Wien 2000.

Kreicker, Helmut: Völkerstrafrecht im Ländervergleich, hrsg. v. A. Eser/U. Sieber/ H. Kreicker, Nationale Strafverfolgung völkerrechtlicher Verbrechen/National Prosecution of International Crimes, Bd. 7, Berlin 2006.

Kohn, Jerome: Introduction, in: H. Arendt, Responsability and Judgment, New York 2003, S. vii ff.

Kritz, Neil (Hrsg.): Transitional Justice: How Emerging Democracies Reckon with Former Regimes, Bd. 1–3, Washington 1995.

Lafer, Celso: Ensaios liberais, São Paulo 1991.

Lafer, Celso: A reconstrução dos direitos humanos: um diálogo com o pensamento de Hannah Arendt, São Paulo 1999.

Lins, Letícia/Éboli, Evandro/Jungblut, Cristiane: Jobim contesta Tarso sobre punição a torturador, in: O Globo, 1. August 2008.

Litewski, Chaim (Regisseur): "Cidadão Boilesen", Brasil 2009. (Dokumentarfilm).

Locke, John: Two Treatises of Government (1689), London 2000.

Longhi, Rafael: A proteção das vítimas no caso brasileiro: da reparação civil e outras medidas (Leis n. 9.140/95 e n. 10.559/2002), in: Revista Anistia Política e Justiça de Transição, Bd. 7, Brasília 2013, S. 108 ff.

Lüderssen, Klaus: Kriminologie, Baden-Baden 1984.

Lüderssen, Klaus: Der Staat geht unter – das Unrecht bleibt? Regierungskriminalität in der ehemaligen DDR, Frankfurt am Main 1992.

Luhmann, Niklas: Die soziologische Beobachtung des Rechts, Frankfurt am Main 1986.

Lutz, Ellen/Sikkink, Kathryn: The Justice Cascade: The Evolution and Impact of Foreign Human Rights Trials in Latin America, in: Chicago Journal of International Law 2 (2001) 1, S. 1 ff.

Machado, Gabriel Ducatti Lino: O julgamento da Lei de Anistia (lei 6.683/79) pelo STF: dos problemas metodológicos ao problema substancial, in: Revista Anistia Política e Justiça de Transição, Bd. 7, Brasília 2013, S. 232 ff.

Magalhães, Mário: Marighella: o guerrilheiro que incendiou o mundo, São Paulo 2012.

Maisonnave, Fabiano: Via judicial da repressão evitou mortes, afirma brasilianista (Entrevista de Anthony Pereira), in: Folha de S. Paulo, 5. April 2004.

Mallinder, Louise: Exploring the Practice of States in Introducing Amnesties, in: K. Ambos/J. Large/M. Wierda (Hrsg.), Building a Future on Peace and Justice: Studies on Transitional Justice, Peace and Development, Berlin/Heidelberg 2008, S. 127 ff.

Malarino, Ezequiel: La cara represiva de la reciente jurisprudencia argentina sobre graves violaciones de los derechos humanos. Una crítica de la sentencia de la Corte Suprema de Justicia de la Nación de 14 de junio de 2005 en el caso Simón, in: El Dial, 14. September 2009; sowie online unter http://red.pucp.edu.pe/ridei/wp-content/uploads/biblioteca/110508.doc.pdf, Zugriff: 1.7.2013.

Malarino, Ezequiel: Activismo judicial, punitivización y nacionalización. Tendencias antidemocraticas y antiliberales de la Corte Interamericana de Derechos Humanos, in: K. Ambos/E. Malarino (Hrsg.), Sistema interamericano de protección de los derechos humanos y derecho penal internacional, Bogotá 2011, S. 25 ff.

Malarino, Ezequiel/Eiroa, Pablo: Kurze Geschichte des argentinischen Strafrechts, Berlin 2012.

Manifesto público dos juristas em prol do debate público nacional sobre o alcance da lei de anistia, 2008, http://xa.yimg.com/kq/groups/19592504/1929566310/name/Manifesto_e_assinatura_dos_Juristas.pdf, Zugriff: 1.7.2013.

Marques Jr, Gessé: A lei de execuções penais e os limites da interpretação juridical, in: Revista de Sociologia e Política 17 (2009) 33, S. 145 ff.

Marques Jr, Gessé: Estupro: Uma Interpretação Sociológica da Violência no Cárcere, Curitiba 2009.

Martins, Antonio: Sobre direito, punição e verdade. Reflexões acerca dos limites da argumentação juridical, in: D. Dimoulis/A. Martins/L. J. Swensson Jr. (Hrsg.), Justiça de transição no Brasil, São Paulo 2010, S. 61 ff.

Martins, Antonio: A legalidade e a proibição de retroatividade das leis no direito penal e no direito penal internacional e o tratamento dos crimes estatais praticados durante o regime militar no Brasil, in: Revista Anistia Política e Justiça de Transição, Bd. 7, Brasília 2013, S. 202 ff.

Martins Filho, Ives Gandra da Silva: O Ordenamento Jurídico Brasileiro, in: Revista Jurídica Virtual 1 (1999) 3, Brasília, http://www.planalto.gov.br/ccivil_03/revista/Rev_03/ordenamento%20jur%20brasil.htm, Zugriff: 1.5.2013.

Matos, Saulo Monteiro de: Anistia Democrática? Sobre a (i)legitimidade da lei de anistia brasileira, in: Revista Anistia Política e Justiça de Transição, Bd. 7, Brasília 2013, S. 136 ff.

Mavila, Olga Espinoza: Os direitos humanos na construção da democracia pós-regime militar, in: Cadernos de Direito 3 (2003) 5, S. 289 ff.

McArthur, Fabiana Godinho: Justiça de Transição: o caso brasileiro, in: Revista Anistia Política e Justiça de Transição, Bd. 7, Brasília 2013, S. 78 ff.

Médici, Emílio Garrastazu: Nova consciência do Brasil, Brasília, Departamento de Imprensa Nacional, 1973.

Mello, Celso Antonio Bandeira de: Imprescritibilidade dos crimes de torturam, in: I. V. P. Soares/S. A. S. Kishi (Hrsg.), Memória e verdade: a justiça de transição no estado democrático brasileiro, Belo Horizonte 2009, S. 135 ff.

Merkel, Reinhard: Politik und Kriminalität, in: S. Unseld (Hrsg.), Politik ohne Projekt? Nachdenken über Deutschland, Frankfurt am Main 1993, S. 298 ff.

Mezarobba, Glenda: Um acerto de contas com o futuro. A anistia e suas consequências – um estudo do caso brasileiro, Dissertação de Mestrado, Faculdade de Filosofia, Letras e Ciências Humanas da Universidade de São Paulo 2003.

Mezarobba, Glenda: O que é justiça de transição? Uma análise do conceito a partir do caso brasileiro, in: I. V. P. Soares/S. A. S. Kishi (Hrsg.), Memória e verdade: a justiça de transição no estado democrático brasileiro, Belo Horizonte 2009, S. 37 ff.

Ministério Público Federal: Procuradoria Regional da República da 3ª Região, Caso Vladimir Herzog, Fundamentos da Representação, São Paulo, 3. Dezember 2007.

Miranda, Jorge: Teoria do Estado e da Constituição, Rio de Janeiro 2003.

Montesquieu, Charles Secondat de: De L'Esprit des Loix (1748), Charleston 2010.

Moore, Kathleen Dean: Pardons: Justice, Mercy, and Public Interest, New York 1989.

Motta, Aricildes de Moraes (Hrsg.): 1964, 31 de março: o movimento revolucionário e a sua história, Bd. 1–10, Rio de Janeiro 2003.

Moura, Clóvis: Dicionário da escravidão negra no Brasil, São Paulo 2004.

Moura, Maria Thereza Rocha de Assis/Zilli, Marcos/Monteconrado, Fabíola Girão: A Justiça de Transição no Brasil: um caminho ainda a percorrer, in: K. Ambos et al. (Hrsg.), Anistia, justiça e impunidade: reflexões sobre a justiça de transição no Brasil, Belo Horizonte 2010, S. 133 ff.

Naucke, Wolfgang: Die Kriminalpolitik des Marburger Programms, 1882, in: ZStW 94 (1982), S. 525 ff.

Naucke, Wolfgang: Die strafjuristische Privilegierung staatsverstärkter Kriminalität, Frankfurt am Main 1996.

Naucke, Wolfgang: Strafrecht. Eine Einführung, 10. Aufl., Neuwied u. a. 2002.

Naucke, Wolfgang: Paul Johann Anselm von Feuerbach. Zur 200. Wiederkehr seines Geburtstags am 14. November 1975, in: ders. Über die Zerbrechlichkeit des rechtsstaatlichen Strafrechts, Baden-Baden 2000, S. 159 ff.

Neubacher, Frank M. A.: Strafzwecke und Völkerstrafrecht, in: NJW 14 (2006), S. 966 ff.

Neumann, Franz: Diktatur, in: H. Drechsler/W. Hillingen/F. Neumann (Hrsg.), Gesellschaft und Staat. Lexikon der Politik, Baden-Baden 1970, S. 102 ff.

Neumann, Ulfrid: Theorien der Rechtsgeltung, in: V. Gessner/W. Hassemer (Hrsg.), Gegenkultur und Recht, Baden-Baden 1985, S. 21 ff., sowie in: ders., Recht als Struktur und Argumentation. Beiträge zur Theorie des Rechts und zur Wissenschaftstheorie der Rechtswissenschaft, Baden-Baden 2008, S. 93 ff.

Neumann, Ulfrid: Strafrechtliche Verantwortlichkeit für die DDR-Spionage gegen die Bundesrepublik, in: E. J. Lampe (Hrsg.), Deutsche Wiedervereinigung, Bd. 2, Die Verfolgung von Regierungskriminalität der DDR nach der Wiedervereinigung, Köln u. a. 1993, S. 161 ff.

Neumann, Ulfrid: Rechtsphilosophie in Deutschland seit 1945, in: D. Simon (Hrsg.), Rechtswissenschaft in der Bonner Republick. Studien zur Wissenschaftsgeschichte der Jurisprudenz, Frankfurt am Main 1994, S. 145 ff.; sowie in: ders., Recht als Struktur und Argumentation: Beiträge zur Theorie des Rechts und zur Wissenschaftstheorie der Rechtswissenschaft, Baden-Baden 2008, S. 257 ff.

Neumann, Ulfrid: Zur Systemrelativität straftrechtsrelevanter sozialer Deutungsmuster – am Beispiel der Strafbarkeit von Streiks und Blockadeaktionen, in: ZStW 109 (1997), S. 1 ff.

Neumann, Ulfrid: Rechtspositivismus, Rechtsrealismus und Rechtsmoralismus in der Diskussion um die strafrechtliche Bewältigung politischer Systemwechsel, in: C. Prittwitz/M. Baurmann/K. Günther et al. (Hrsg.), Festschrift für Klaus Lüderssen, zum 70. Geburtstag am 2. Mai 2002, Baden-Baden 2002, S. 109 ff.

Neumann, Ulfrid: Zur Veränderung von Verantwortungsstrukturen unter den Bedingungen des wissenschaftlich-technischen Fortschritts, in: Rechtstheorie 36

(2005), S. 435 ff.; sowie in: ders., Recht als Struktur und Argumentation: Beiträge zur Theorie des Rechts und zur Wissenschaftstheorie der Rechtswissenschaft, Baden-Baden 2008, S. 188 ff.

Neumann, Ulfrid: Wahrheit statt Autorität. Möglichkeit und Grenzen einer Legitimation durch Begründung im Recht (2005), in: ders., Recht als Struktur und Argumentation, Baden-Baden 2008, S. 75 ff.

Neumann, Ulfrid: Das Problem der Rechtsgeltung (2007), in: ders., Recht als Struktur und Argumentation, Baden-Baden 2008, S. 224 ff.

Neumann, Ulfrid: Die Rolle von Recht, Gesellschaft und Politik bei der Verarbeitung von „Unrechtssystemen", in: Transitional Justice, Frankfurt am Main, 2013, S. 39 ff.

Neves, Marcelo: Zwischen Themis und Leviathan. Eine schwierige Beziehung, Baden-Baden 2000.

Neves, Raphael: Os heróis também erram, in: Folha de S. Paulo, 8. Juni 2012.

Nino, Carlos Santiago: Radical Evil on Trial, New Haven 1996.

Oliveira, Luciano: Não fale do Código de Hamurabi, in: ders., Sua excelência o comissário: e outros ensaios de Sociologia Jurídica, Rio de Janeiro, 2004, S. 137 ff.

Oliveira, Luciano: Ecos do Porão – A "guerra suja" mais de 30 anos depois, 5. August 2008, http://www.revistaalgomais.com.br/noticias/noticiaClicada.php?not=368, Zugriff: 7.5.2013.

Olsen, Tricia/Payne, Leigh/Reiter, Andrew: Transitional Justice in Balance: Comparing Processes, Weighing Efficacy, Washington 2010.

Olsen, Tricia/Payne, Leigh/Reiter, Andrew: Transitional Justice in the World, 1970–2007: Insights from a new dataset, in: Journal of Peace Research 47 (2010) 6, S. 803 ff.

Oltramari, Alexandre: Torturei uns trinta, in: Veja, 9. Dezember 1998, S. 44 ff.

Ordem dos Advogados do Brasil, Conselho Federal: Parecer sobre o Projeto de Lei de Anistia em tramitação no Congresso Nacional, 24. Juli 1979.

Ordem dos Advogados do Brasil, Conselho Federal: Arguição de Descumprimento de Preceito Fundamental n. 153 (APDF/153), Petição Inicial, 21. Oktober 2008. http://www.sbdp.org.br/arquivos/material/586_ADPF%20153%20%20peticao%20inicial.pdf. Zugriff: 7.5.2013.

Orwell, George: 1984 (Roman), übers. v. Michael Walter, 34. Aufl., Berlin 2011.

Ost, François: Validade, in: A. J. Arnaud (Hrsg.), Dicionário enciclopédico de teoria e de sociologia do direito, Rio de Janeiro 1999, S. 812 ff.

Paschukanis, Evgenij: Allgemeine Rechtslehre und Marxismus. Versuch einer Kritik der juristischen Grundbegriffe, Freiburg im Breisgau 2003.

Pampel, Bernd: Was bedeutet „Aufarbeitung der Vergangenheit"? Kann man aus der „Vergangenheitsbewältigung" nach 1945 für die „Aufarbeitung" nach 1989 Lehren ziehen?, in: Aus Politik und Zeitgeschichte (1995) 1–2, S. 27 ff.

Payne, Leigh A./Abrão, Paulo/Torelly, Marcelo (Hrsg.): A anistia na era da responsabilização: o Brasil em perspectiva internacional e comparada, Brasília: Ministério da Justiça, Comissão de Anistia; Oxford (Oxford University, Latin American Centre) 2011.

Pedroso Jr., Neurivaldo Campos: Jacques Derrida e a descontrução: uma introdução, Revista Encontros de Vista, Bd. 5, 2010, S. 9 ff.

Pellegrino, Hélio: "A Tortura Política", in: Jornal do Brasil, Caderno B, 18. April 1985.

Pellegrino, Hélio: A burrice do demônio, Rio de Janeiro 1989.

Pereira, Anthony W.: Political (In)Justice: Authoritarianism and the Rule of Law in Brazil, Chile, and Argentina, Pittsburgh 2005.

Pintore, Ana: Definição em direito, in: A. J. Arnaud (Hrsg.), Dicionário enciclopédico de teoria e de sociologia do direito, Rio de Janeiro 1999, S. 236 ff.

Pontes de Miranda, Francisco Cavalcanti: Comentários à Constituição de 1946, Bd. 1, 4. Aufl., Rio de Janeiro 1963.

Popitz, Heinrich: Die Normative Konstruktion von Gesellschaft, Tübingen 1980.

Portella, Petrônio: Tempo de Congresso, Brasília, Centro Gráfico do Senado Federal 1973.

Prittwitz, Cornelius: Strafrecht und Risiko: Untersuchung zur Krise von Strafrecht und Kriminalpolitik in der Risikogesellschaft, Frankfurt am Main 1993.

Prittwitz, Cornelius (Hrsg.): Kriminalität der Mächtigen, Baden-Baden 2008.

Prittwitz, Cornelius: „Regierungskriminalität" und „Kriminalität der Mächtigen", in: ders. (Hrsg.), Kriminalität der Mächtigen, Baden-Baden 2008, S. 185 ff.

Prittwitz, Cornelius: Verantwortung als Schlüsselbegriff strafrechtlicher Vergangenheitsbewältigung, in: Transitional Justice, Frankfurt am Main 2013, S. 255 ff.

Proner, Carol/Abrão, Paulo/Fernández, Rosário Valpuesta (Hrsg.): Justiça de Transição – Reparação, Verdade e Justiça: Perspectivas comparadas Brasil-Espanha, Belo Horizonte 2013.

Püschel, Flavia Portella: A função comunicativa da responsabilidade civil: evidências a partir de um caso de impunidade, Artigo Direito GV (*Working*

Paper), 28. Oktober 2008, http://bibliotecadigital.fgv.br/dspace/bitstream/handle/10438/2854/WP28.pdf?sequence=12008, Zugriff: 7.8.2013.

Püschel, Flavia Portella/Machado, Marta Rodriguez de Assis: Prefácio, in: dies. (Hrsg.), Teoria da responsabilidade no Estado Democrático de Direito: textos de Klaus Günther, São Paulo 2009, S. vii ff.

Quinalha, Renan Honório: Justiça de Transição: contornos do conceito, Dissertação de Mestrado, Faculdade de Direito da Universidade de São Paulo 2012.

Queiroz, Cristina M. M., Interpretação Constitucional e Poder Judicial. Sobre a Epistemologia da Construção Constitucional, Coimbra 2000.

Queiroz, Rafael Mafei Rabelo: A teoria penal de P. J. A. Feuerbach e os juristas brasileiros do século XIX: a construção do direito penal contemporâneo na obra de P. J. A. Feuerbach e sua consolidação entre os penalistas do Brasil. Tese de Doutorado, Faculdade de Direito da Universidade de São Paulo 2009.

Radbruch, Gustav: Grundzüge der Rechtsphilosophie (1914), in: ders., Gesamtausgabe, Bd. 2, Heidelberg 1993, S. 9 ff.

Radbruch, Gustav: Einführung in die Rechtswissenschaft, 12. Aufl., Stuttgart 1969.

Radbruch, Gustav: Gesetzliches Unrecht und übergesetzliches Recht (1946), mit einer Einführung von Winfried Hassemer, Baden-Baden 2002.

Radbruch, Gustav: Rechtsphilosophie (1932), 2. Aufl., Heidelberg 2003.

Raiser, Thomas: Das lebende Recht: Rechtssoziologie in Deutschland, 3. Aufl., Baden-Baden 1999.

Ramos, André de Carvalho: Crimes Políticos, in: D. Dimoulis et al. (Hrsg.), Dicionário brasileiro de direito constitucional, 2. Aufl., São Paulo 2012, S. 118.

Ramos, Graciliano: Memórias do cárcere (1953), 44. Aufl., Rio de Janeiro 2008.

Rawls, John: A Theory of Justice (1971), Cambridge 1999.

Reale, Miguel: Lições Preliminares do Direito, São Paulo 1998.

Ricoeur, Paul: O justo: ou a essência da justiça (1995), Lisboa 1997.

Rodrigues, Alan/Costa, Octávio: Tortura não é crime politico, in: Istoé, 11. August 2008.

Rodrigues, Georgete Medleg: Arquivos, anistia política e justiça de transição no Brasil: onde os nexos? in: Revista Anistia Política e Justiça de Transição, Bd. 1, Brasília 2009, S. 136 ff.

Rojo, Raúl Enrique: La justice pour exorciser les démons et conjurer les peurs des Argentins. Communication; XVII Congrès International des Sociologues de

Langue Française; Association Internationale des Sociologues de Langue Française (AISLF); Université François Rabelais, Tours, 2004.

Röhl, Klaus F: Rechtsgeltung und Rechtswissenschaft, in: Juristenzeitung 1971, S. 576 ff.

Rollemberg, Denise: "Memórias no exílio, memórias do exílio", in: J. Ferreira/ D. Aarão Reis (Hrsg.), As Esquerdas no Brasil: Revolução e democracia (1964 ...), Bd. 3, Rio de Janeiro 2007.

Ross, Alf: Direito e Justiça, Bauru 2003.

Ross, Alison: What is the 'Force' of Moral Law in Kant's Practical Philosophy?, in: Parallax 15 (2009) 2, S. 27 ff.

Roth-Arriaza, Naomi: The Pinochet Effect: Transnational Justice in the Age of Human Rights, Pennsylvania 2005.

Rousseau, Jean-Jacques: Du Contract Social; ou Principes du Droit Politique (1762), Charleston 2010.

Roxin, Claus: Strafrecht Allgemeiner Teil, Bd. 1, 4. Aufl., München 2006.

Sabadell, Ana Lucia: Tormenta juris permissione. Folter und Strafverfahren auf der iberischen Halbinsel – dargestellt am Beispiel Kastiliens und Kataloniens (16.–18. Jahrhundert), Berlin 2002.

Sabadell, Ana Lucia: Reflexões sobre a metodologia na história do direito, in: Cadernos de Direito, Piracicaba, 2 (2003) 4, S. 25–39.

Sabadell, Ana Lucia: Manual de sociologia jurídica: introdução a uma leitura externa do direito, São Paulo 2002.

Sabadell, Ana Lucia/Dimoulis, Dimitri: Tribunal penal internacional e direitos fundamentais: problemas de constitucionalidade, in: Cadernos de Direito, Piracicaba, 3 (2003) 5, S. 241–275.

Sabadell, Ana Lucia/Dimoulis, Dimitri: O Tribunal Penal Internacional em face da Constituição brasileira e a questão da ineficácia social dos direitos fundamentais, in: Revista Brasileira de Estudos Constitucionais – RBEC, Bd. 9, Belo Horizonte 2009, S. 41–70.

Sabadell, Ana Lucia et al.: Brasilien. Strafrecht in Reaktion auf Systemunrecht. Vergleichende Einblicke in Transitionsprozesse, Berlin 2009.

Sabadell, Ana Lucia/Dimoulis, Dimitri: Anistia: a política além da justiça e da verdade, in: Acervo 24 (2011) 1, Rio de Janeiro, S. 79 ff.

Safatle, Vladimir: Do uso da violência contra o estado ilegal, in: E. Teles/V. Safatle (Hrsg.), O que resta da ditadura: a exceção brasileira, São Paulo 2010, S. 237 ff.

Saliger, Frank: Radbruchsche Formel und Rechtsstaat, Heidelberg 1995.

Sánchez, Jesús-Maria Silva: Die Expansion des Strafrechts. Kriminalpolitik in postindustriellen Gesellschaften (1999), Frankfurt am Main 2003.

Santayana, George: The Life of Reason or the Phases of Human Progress. Introduction and Reason in Common Sense, Bd. 1, London 1906.

Santos, Boaventura de Sousa/Abrão, Paulo et al. (Hrsg.): Repressão e memória política no contexto ibero-brasileiro: estudos sobre Brasil, Guatemala, Moçambique, Peru e Portugal. Brasília: Ministério da Justiça, Comissão de Anistia; Portugal: Universidade de Coimbra, Centro de Estudos Sociais, 2010.

Santos, Cecília MacDowell: Ativismo jurídico transnacional e o Estado: reflexões sobre os casos apresentados contra o Brasil na Comissão Interamericana de Direitos Humanos, in: Sur, Revista Internacional de Direitos Humanos 4 (2007) 7, São Paulo, S. 26 ff.

Santos, Juarez Cirino dos: Direito Penal: parte geral, Curitiba 2006.

Santos, Joel Rufino dos: Assim foi (se me parece): livros, polêmicas e alguma memória, Rio de Janeiro 2008.

Santos, Roberto Lima/Brega Filho, Vladimir: Os Reflexos da "judicialização" da repressão política no Brasil no seu engajamento com os postulados da justiça de transição, in: Revista Anistia Política e Justiça de Transição, Bd. 1 (2009), Brasília, S. 153 ff.

Sartre, Jean-Paul: „Ist der Existentialismus ein Humanismus?", in: ders., Drei Essays, Frankfurt am Main 1985.

Sauer, Birgit: Staat, in: G. Göhler, M. Iser, I. Kerner (Hrsg.), Politische Theorie, 2. Auf., 2011, S. 339 ff.

Schabas, William A.: Princípios gerais do direito penal, in: F. H. Choukr/K. Ambos (Hrsg.), Tribunal Penal Internacional, São Paulo 2000, S. 149 ff.

Schäfer, Burkhard: "Sometimes you must be kind to be cruel": Amnesty between *publicae laetitiae* and *domnatio memoriae*, in: E. Christodoulidis/S. Veitch (Hrsg.), Lethe's Law: Justice, Law and Ethics in Reconciliation, Oxford 2001, S. 17 ff.

Scheerer, Sebastian: Nachteil und Nutzen kritischer Kriminologie in Zeiten des Terrorismus, in: Kriminologisches Journal 34 (2002) 1, S. 35 ff.

Schier, Paulo Ricardo: Novos desafios da filtragem constitucional no momento do neoconstitucionalismo, in: C. P. Sousa Neto/D. Sarmento (Hrsg.), A constitucionalização do direito – Fundamentos teóricos e aplicaçoes específicas, Rio de Janeiro 2007, S. 251 ff.

Schmitt, Carl: Verfassungslehre (1928), 8. Aufl., Berlin 1993.

Schmitt, Carl: Legalität und Legitimität (1932), 6. Aufl., Berlin 1998.

Schröder, Dominique: „Prozesse gegen NS-Täter“, in: T. Fischer/M. N. Lorenz (Hrsg.), Lexikon der „Vergangenheitsbewältigung“ in Deutschland: Debatten- und Diskursgeschichte des Nationalsozialismus nach 1945, Bielefeld 2007, S. 61 ff.

Schuller, Simone: Versöhnung durch strafrechtliche Aufarbeitung?. Die Verfolgung von Kriegsverbrechen in Bosnien und Herzegowina, Frankfurt am Main u. a. 2010.

Schultze, Rainer-Olaf: Diktatur, in: D. Nohlen (Hrsg.), Wörterbuch Staat und Politik (1991), München/Zürich 1995, S. 107 ff.

Schulz, Sabine: Transitional Justice und hybride Gerichte. Zur strafrechtlichen Verfolgung von völkerstrafrechtlichen Verbrechen unter besonderer Berücksichtigung des kambodschanischen Sondergerichts (Extraordinary Chambers), Berlin/Münster 2009.

Scinocca, Ana Paula: Câmara tentará punir tenente que confessou tortura, in: O Estado de S. Paulo, 6. Dezember 2008, www.estadao.com.br/estadaodehoje/20081206/not_imp289414,0.php, Zugriff: 30.4.2013.

Secretaria Especial dos Direitos Humanos, Comissão Especial sobre Mortos e Desaparecidos Políticos: Direito à verdade e à memória, Brasília 2007.

Sikkink, Kathryn: The Justice Cascade: Human Rights Prosecutions and Change in World Politics, New York/London 2011.

Sikkink, Kathryn: The Age of Accountability: the Global Rise of Individual Criminal Accountability, in: F. Lessa/L. P. Leigh, Amnesty in the Age of Human Rights Accountability: Comparative and International Perspectives, Cambridge 2012, S. 19 ff.

Silva, Guilherme Amorin Campos da: Dignidade da pessoa humana, in: D. Dimoulis et al. (Hrsg.), Dicionário brasileiro de direito constitucional, 2. Aufl., São Paulo 2012, S. 134 ff.

Silva, José Gomes da: Anistia, in: J. M. de Carvalho Santos (Hrsg.), Repertório enciclopédico do direito brasileiro, Rio de Janeiro 1947, S. 282 ff.

Silva Filho, José Carlos Moreira da: O poder menos transparente da República, in: Revista IHU online # 383. 5. Dezember 2011, http://www.ihuonline.unisinos.br/index.php?option=com_content&view=article&id=4250&secao=383&limitstart=1, Zugriff: 7.5.2013.

Silva Filho, José Carlos Moreira da: O Julgamento da ADPF 153 pelo Supremo Tribunal Federal e a Inacabada Transição Democrática Brasileira, in: I. V. P. Soares/F. Piovesan (Hrsg.), Direito ao Desenvolvimento, São Paulo 2010, S. 515 ff.

Silva Filho, José Carlos Moreira da: O Julgamento da ADPF 153 pelo Supremo Tribunal Federal e a Inacabada Transição Democrática Brasileira, 2010, http://idejust.files.wordpress.com/2010/07/o-julgamento-da-adpf-153-pelo-supremo-tribunal-federal-e-a-inacabada-transicao-democratica-brasileira.pdf, Zugriff: 27.4.2013.

Simon, Jan-Michael: Verantwortung, Schuld und Pflicht zur Erinnerung – Ein Kommentar, in: Transitional Justice, Frankfurt am Main 2013, S. 201 ff.

Skidmore, Thomas: Brasil: de Castelo a Tancredo, 1964–1985, 7. Aufl., Rio de Janeiro 2000.

Soares, Inês Virginia Prado: Justiça de Transição, in: Dicionário de Direitos Humanos, Brasília, http://www.esmpu.gov.br/dicionario/tiki-index.php?page=Justiça+de+transição, Zugriff: 28.4.2013.

Sodré, Nelson Werneck: Vida e morte da ditadura: vinte anos da autoritarismo no Brasil, Petrópolis 1984.

Sófocles: Édipo rei – Antígona, übers. v. Jean Melville, São Paulo 2004.

Streck, Lenio Luiz: Die Irrtümer des *Supremo Tribunal Federal* bei der Auslegung des Amnestiegesetzes, in: Transitional Justice 2013, S. 237 ff.

Sunstein, Cass: Free Markets and Social Justice, New York 1997.

Swensson Jr., Lauro Joppert: A afirmação histórica dos direitos humanos em Norberto Bobbio, in: Cadernos de Direito, Piracicaba, 3 (2003) 5, S. 208 ff.

Swensson Jr., Lauro Joppert: O positivismo jurídico como modo de se criticar o direito, in: Anais do IV Encontro "Positivismo jurídico e teoria crítica", Piracicaba 2005 (CD-ROM).

Swensson Jr., Lauro Joppert: Anistia Penal: problemas de validade da lei de anistia brasileira (Lei 6.683/79), Curitiba 2007.

Swensson Jr., Lauro Joppert: (Re)pensar o passado – Breves reflexões sobre a justiça de transição no Brasil, in: Revista Brasileira de Estudos Constitucionais – RBEC, Belo Horizonte, n. 7, Juli–September 2008, S. 125 ff.

Swensson Jr., Lauro Joppert: Punição para os crimes da ditadura militar: contornos do debate, in: D. Dimoulis/A. Martins/L. J. Swensson Jr. (Hrsg.), Justiça de transição no Brasil: direito, responsabilização e verdade, São Paulo 2010, S. 23 ff.

Swensson Jr., Lauro Joppert: "Ao julgar a justiça, te enganas". Apontamentos sobre a *justiça* da justiça de transição brasileira, in: Revista Anistia Política e Justiça de Transição, Bd. 4, Brasília 2011, S. 78 ff.

Swensson Jr., Lauro Joppert: Violência, in: D. Dimoulis et al. (Hrsg.), Dicionário brasileiro de direito constitucional, 2. Aufl., São Paulo 2012, S. 421ff.

Swensson Jr., Lauro Joppert: Nota Introdutória: Ditadura e Pensamento, in: Revista Anistia Política e Justiça de Transição, Bd. 7, Brasília 2013, S. 66 ff.

Swensson Jr., Lauro Joppert: Stellt die Amnestie ein Hindernis für die brasilianische „Transitional Justice“ dar?, in: Transitional Justice, Frankfurt am Main 2013, S. 179 ff.

Tavares, André Ramos: Curso de direito constitucional, 2. Aufl., São Paulo 2003.

Tavares, André Ramos: Arguição de Descumprimento de Preceito Fundamental, in: D. Dimoulis (Hrsg.), Dicionário brasileiro de direito constitucional, 2. Aufl., São Paulo 2012, S. 42 ff.

Tavares, André Ramos: Controle de constitucionalidade (espécies), in: D. Dimoulis (Hrsg.), Dicionário brasileiro de direito constitucional, 2. Aufl., São Paulo 2012, S. 105 ff.

Tavares, André Ramos/Agra, Walber de Moura: Justiça Reparadora no Brasil, in: I. V. P. Soares/S. A. S. Kishi (Hrsg.), Memória e verdade: A justiça de transição no estado democrático brasileiro, Belo Horizonte 2009, S. 69 ff.

Teitel, Ruti: Transitional Justice, Oxford 2000.

Teitel, Ruti: Transitional Justice Genealogy, in: Harvard Human Rights Journal 16 (2003), S. 69 ff.

Teles, Janaína de Almeida: Os herdeiros da memória: a luta dos familiares de mortos e desaparecidos políticos no Brasil. Dissertação de Mestrado em História Social, Faculdade de Filosofia, Letras e Ciências Humanas da Universidade de São Paulo 2005.

Teles, Janaína de Almeida: As disputas pela interpretação da Lei de Anistia de 1979, in: Idéias – Revista do Instituto de Filosofia e Ciências Humanas 1 (2010) 1, UNICAMP, Campinas, S. 71 ff.

Teles, Edson: A anistia e os crimes contra a humanidade, in: Revista Brasileira de Ciências Criminais 55 (2005), S. 315 ff.

Teles, Edson/Safatle, Vladimir: Apresentação, in: dies. (Hrsg.), O que resta da ditadura: a exceção brasileira, São Paulo 2010, S. 9 ff.

Teubner, Gunther (Hrsg.): Global Law without a State, Aldershot 1997.

Teubner, Gunther: Constitutionalizing Polycontexturality, in: Social & Legal Studies 20 (2011) 2, S. 209 ff.

Thomas von Aquin: Summa Theologica, Bd. 2, Paris, Sumptibus P. Lethielleux, Bibliopolae Editoris, 1926.

Tilly, Charles: War Making and State Making as Organized Crime, in: P. Evans/D. Rueschemeyer/T. Skocpol (Hrsg.), Bringing the State Back in, Cambridge 1985, S. 169 ff.

Todorov, Tzvetan: Memória do Mal, Tentação do Bem: indagações sobre o século XX, São Paulo 2002.

Torelly, Marcelo D.: Justiça Transicional e Estado Constitucional de Direito: perspectiva teórico-comparativa e análise do caso brasileiro, Belo Horizonte 2012.

Trindade, Antonio Augusto Cançado: O fim das "leis" de auto-anistia, in: Correio Brasiliense, 13. Juni 2006.

Trotsky, Leon: Terrorism & Communism: A Reply to Karl Kautsky, London 2007.

Unger, Roberto Mangabeira: The Critical Legal Studies Movement, Cambridge, Mass. 2003.

United Nations: Charter of the International Military Tribunal – Annex to the Agreement for the Prosecution and Punishment of the Major War Criminals of the European Axis („London Agreement"), 8. August 1945, http://www.refworld.org/cgi-bin/texis/vtx/rwmain?docid=3ae6b39614, Zugriff: 7.5.2013.

United Nations, International Law Commission: Principles of International Law Recognized in the Charter of the Nurnberg Tribunal and in the Judgment of the Tribunal, 1950, http://untreaty.un.org/ilc/texts/instruments/english/draft%20articles/7_1_1950.pdf, Zugriff: 7.5.2013.

United Nations: Yearbook of the International Law Commission, Bd. 2, 1950, Documents of the Second Session Including the Report of the Commission to the General Assembly, 1957, http://untreaty.un.org/ilc/publications/yearbooks/Ybkvolumes(e)/ILC_1950_v2_e.pdf, Zugriff: 12.6.2013.

United Nation, General Assembly: Resolution 2338 (XXII), Question of the Punishment of War Criminals and of Persons who have Committed Crimes Against Humanity, A/RES/2338 (XXII), 18. Dezember 1967, http://www.worldlii.org/int/other/UNGARsn/1967/83.pdf, Zugriff: 7.5.2013.

United Nations: Declaration of Basic Principles of Justice for Victims of Crime and Abuse of Power, A/RES/40/34, 29. November 1985, http://www.un.org/documents/ga/res/40/a40r034.htm, Zugriff: 7.5.2013.

United Nations: Rome Statute of the International Criminal Court, A/CONF. 183/9, 17. Juli 1998, http://untreaty.un.org/cod/icc/statute/romefra.htm, Zugriff: 7.5.2013.

United Nations, Security Council: The Rule of Law and Transitional Justice in Conflict and Post-Conflict Societies, S/2004/616, 23. August 2004; http://www.ipu.org/splz-e/unga07/law.pdf, Zugriff: 7.5.2013.

United Nations, Commission on Human Rights: Report of Diane Orentlicher, Independent Expert to Update the Set of Principles to Combat Impunity – Updated Set of Principles for the Protection and Promotion of Human Rights through Action to Combat Impunity, E/CN.4/2005/51/Add.1, 8. Februar 2005, http://daccess-dds-ny.un.org/doc/UNDOC/GEN/G05/109/00/PDF/G0510900.pdf?OpenElement, Zugriff: 7.5.2013.

United Nations, Human Rights Committee: Eighty-fifth Session, 17. Oktober – 3. November 2003, A/61/40 (Bd. 1) http://ccprcentre.org/doc/ICCPR/AR/A_61_40_vol.I_E.pdf, A/61/40 (Bd. 2) http://ccprcentre.org/doc/ICCPR/AR/A_61_40_vol.II_E.pdf, Zugriff: 7.5.2013.

United Nation, General Assembly: Resolution 60/47, Basic Principles and Guidelines on the Right to a Remedy and Reparation for Victims of Gross Violations of International Human Rights Law and Serious Violations of International Humanitarian Law, A/RES/60/147, 21. März 2006. http://www.un.org/ga/search/view_doc.asp?symbol=A/RES/60/147, Zugriff: 7.5.2013.

United Nations, Office of the High Commissioner for Human Rights: Rule of Law Tools for Post-Conflict States: Prosecution Initiatives, HR/PUB/06/4, 2006, http://www.refworld.org/cgi-bin/texis/vtx/rwmain?docid=46cebb6c2, Zugriff: 7.5.2013.

United Nations: Updated Statute of the International Criminal Tribunal for the Former Yugoslavia, September 2009, http://www.icty.org/x/file/Legal%20Library/Statute/statute_sept09_en.pdf, Zugriff: 7.5.2013.

United Nations: Basic Documents, Statute of the International Criminal Tribunal for Rwanda, 31. Januar 2010, http://www.unictr.org/Portals/0/English/Legal/Statute/2010.pdf, Zugriff: 7.5.2013.

United Nations: Report of the Special Rapporteur on Extrajudicial, Summary or Arbitrary Executions, Philip Alston. Addendum Follow-up to Country Recommendations – Brazil, A/HRC/14/24/Add.4, 26. Mai 2010; global.org.br/wp-content/uploads/2010/06/Relatório_de_Seguimento_ONU_Alston2010_inglês.pdf, Zugriff: 29.4.2013.

United Nations: Report on the Visit of the Subcommittee on Prevention of Torture and other Cruel, Inhuman or Degrading Treatment or Punishment to Brazil, CAT/OP/BRA/1, 5. Juli 2012, daccess-dds-ny.un.org/doc/UNDOC/GEN/G12/438/90/PDF/G1243890.pdf?OpenElement, Zugriff: 7.5.2013.

Ustra, Carlos Alberto Brilhante: A verdade sufocada: a história que a esquerda não quer que o Brasil conheça, Brasília 2006.

Valente, Rubens: Governo perde recurso e deve abrir arquivos do Araguaia, in Folha de S. Paulo, 8. Januar 2008. http://www1.folha.uol.com.br/fsp/brasil/fc0801200820.htm, Zugriff: 7.5.2013.

Varela, João de Matos Antunes: Das obrigações em Geral, Bd. 1, 10. Aufl., Coimbra 2000.

Vasconcelos, Eneas Romero: A responsabilização penal dos autores de crimes contra a humanidade e o desaparecimento forçado na guerrilha do Araguaia: possibilidade de aplicação do crime de sequestro no Brasil, in: Revista Anistia Política e Justiça de Transição, Bd. 7, Brasília 2013, S. 170 ff.

Ventura, Zuenir: 1968: o ano que não terminou, 3. Aufl., São Paulo 2008.

Ventura, Zuenir: 1968: o que fizemos de nós, São Paulo 2008.

Ventura, Deisy: A interpretação judicial da Lei de Anistia brasileira e o direito Internacional, in: L. A. Payne/P. Abrão et al. (Hrsg.), A anistia na era da responsabilização, Brasília/Oxford 2011, S. 308 ff.

Veríssimo, Luiz Fernando: Cordialidade, 6. Mai 2010, http://oglobo.globo.com/pais/noblat/posts/2010/05/06/cordialidade-289128.asp, Zugriff: 26.4.2013.

Vesting, Thomas: Rechtstheorie, München 2007.

Villey, Michel/Arnaud, André-Jean/Petzold Pernia, Hermann: Justiça, in: A. J. Arnaud, (Hrsg.), Dicionário enciclopédico de teoria e de sociologia do direito, Rio de Janeiro 1999, S. 443.

Von Beyme, Klaus/Nohlen, Dieter: Systemwechsel, in: D. Nohlen (Hrsg.), Wörterbuch Staat und Politik (1991), München/Zürich 1995, S. 765.

Von Liszt, Franz: Strafrechtliche Vorträge und Aufsätze (1905), Bd. 2, Berlin 1970.

Weber, Max: Wirtschaft und Gesellschaft (1922). Grundriss der verstehenden Soziologie, 5. Aufl., Tübingen 1980.

Weber, Max: Die „Objektivität" sozialwissenschaftlicher und sozialpolitischer Erkenntnis (1904), in: Gesammelte Aufsätze zur Wissenschaftslehre (1922), 6. Aufl., Tübingen 1985, S. 146 ff.

Weber, Max: Die protestantische Ethik und der Geist des Kapitalismus (1904–1905), 3. Aufl., München 2010.

Weichert, Marlon Alberto/Fávero, Eugênia Augusta Gonzaga: A responsabilidade por crimes contra a humanidade cometidos durante a ditadura militar, in: C. P. Souza Neto et al. (Hrsg.), Vinte anos da Constituição Federal de 1988, Rio de Janeiro 2009, S. 511 ff.

Weichert, Marlon Alberto: Responsabilidade internacional do Estado brasileiro na promoção da justiça transicional, in: I. V. P. Soares/S. A. S. Kishi (Hrsg.), Memória e verdade: a justiça de transição no estado democrático brasileiro, Belo Horizonte 2009, S. 153 ff.

Weichert, Marlon Alberto: Strafrechtlicher Schutz von Menschenrechten, in: Transitional Justice, Frankfurt am Main 2013, S. 113 ff.

Wiethölter, Rudolf: Rechtswissenschaft (1968), Basel u. a. 1986.

Wittgenstein, Ludwig: Philosophische Untersuchungen, in: ders., Schriften I, Frankfurt am Main 1960, S. 279 ff.

Wright, Thomas C.: State Terrorism in Latin America: Chile, Argentina and International Human Rights, Lanham, Maryland, 2007.

Zagrebelsky, Gustavo: Amnistia, indulto e grazia: profili constitucionali, Milano 1974.

Zaffaroni, Eugenio Raúl/Batista, Nilo/Alagia, Alejandro/Slokar, Alejandro: Direito Penal Brasileiro, Bd. 1, Rio de Janeiro 2003.

Zippelius, Reinhold: Grundbegriffe der Rechts- und Staatssoziologie, 2. Aufl., München 1991.

Zippelius, Reinhold: Allgemeine Staatslehre, 16. Aufl., München 2010.

Zippelius, Reinhold: Rechtsphilosophie, 5. Aufl., München 2007.

Zweig, Stefan: Brasilien: Ein Land der Zukunft (1941), Frankfurt am Main 1997.

Zyl, Paul van: Promoting Transitional Justice in Post-Conflict Societies, in: A. Bryden/H. Hänggi (Hrsg.), Security Governance in Post-Conflict Peacebuilding, Münster 2005, S. 209 ff.

FRANKFURTER KRIMINALWISSENSCHAFTLICHE STUDIEN

Band 1 Peter Böning: Die Lehre vom Unrechtsbewußtsein in der Rechtsphilosophie Hegels 100 S., 1978.

Band 2 Wolfgang Schneider: Kriminelle Straßenverkehrsgefährdung (§ 315c Abs. 1 Ziff. 2, Abs. 3 StGB). Eine kriminologische und strafrechtliche Untersuchung zur Problematik dieser Verkehrsstraftaten unter Berücksichtigung ausländischer Rechte. 342 S., 1978.

Band 3 Lothar Kuhlen: Die Objektivität von Rechtsnormen. Zur Kritik des radikalen labeling approach in der Kriminalsoziologie. 178 S., 1978.

Band 4 Günther Grewe: Straßenverkehrsdelinquenz und Marginalität. Untersuchungen zur institutionellen Regelung von Verhalten. 148 S., 1978.

Band 5 Dieter Haberstroh: Strafverfahren und Resozialisierung. Eine Studie über Verstehen und Nicht-Verstehen, über Verstanden-Werden und Nicht-Verstanden-Werden und deren Bedingungen in der Hauptverhandlung. 202 S., 1979.

Band 6 Thomas Vogt: Die Forderungen der psychoanalytischen Schulrichtungen für die Interpretation der Merkmale der Schuldunfähigkeit und der verminderten Schuldfähigkeit (§§ 51 a.F., 20, 21 StGB). 182 S., 1979.

Band 7 Andreas Michael: Der Grundsatz in dubio pro reo im Strafverfahrensrecht. Zugleich ein Beitrag über das Verhältnis von materiellem Recht und Prozeßrecht. 214 S., 1981.

Band 8 Ilias G. Anagnostopoulos: Haftgründe der Tatschwere und der Wiederholungsgefahr (§§ 112 Abs. 3, 112 a StPO). Kriminalpolitische und rechtssystematische Aspekte der Ausweitung des Haftrechts. 1984.

Band 9 Helga Müller: Der Begriff der Generalprävention im 19. Jahrhundert. Von P.J.A. Feuerbach bis Franz v. Liszt. 1984.

Band 10 Frowin Jörg Kurth: Das Mitverschulden des Opfers beim Betrug. 1984.

Band 11 Martin J. Worms: Die Bekenntnisbeschimpfung im Sinne des § 166 Abs. 1 StGB und die Lehre vom Rechtsgut. 1984.

Band 12 Jong-Dae Bae: Der Grundsatz der Verhältnismäßigkeit im Maßregelrecht des StGB. 1985.

Band 13 Helmut Fünfsinn: Der Aufbau des fahrlässigen Verletzungsdelikts durch Unterlassen im Strafrecht. 1985.

Band 14 Christoph Krehl: Die Ermittlung der Tatsachengrundlage zur Bemessung der Tagessatzhöhe bei der Geldstrafe. 1985.

Band 15 Walter-Hermann Kiehl: Strafrechtliche Toleranz wechselseitiger Ehrverletzungen - Zur ratio legis der §§ 199, 233 Strafgesetzbuch -. 1986.

Band 16 Matthias Krahl: Die Rechtsprechung des Bundesverfassungsgerichts und des Bundesgerichtshof zum Bestimmtheitsgrundsatz im Strafrecht (Art. 103 Abs. 2 GG). 1986.

Band 17 Patrick Carroll Campbell: § 220a StGB. Der richtige Weg zur Verhütung und Bestrafung von Genozid? 1986.

Band 18 Winfried Hassemer (Hrsg.): Strafrechtspolitik. Bedingungen der Strafrechtsreform. 1987.

Band 19 Felix Herzog: Prävention des Unrechts oder Manifestation des Rechts. Bausteine zur Überwindung des heteronom-präventiven Denkens in der Strafrechtstheorie der Moderne. 1987.

Band 20 Astrid Michalke-Detmering: Die Mindestanforderungen an die rechtliche Begründung des erstinstanzlichen Strafurteils. Zur Auslegung des § 267 StPO. 1987.

Band 21 Lothar Kuhlen: Die Unterscheidung von vorsatzausschließendem und nichtvorsatzausschließendem Irrtum. 1987.

Band 22 Michael Buttel: Kritik der Figur des Aufklärungsgehilfen im Betäubungsmittelstrafrecht (§ 31 BtMG). 1988.

Band 23 Matthias Kögler: Die zeitliche Unbestimmtheit freiheitsentziehender Sanktionen des Strafrechts. Eine vergleichende Untersuchung zur Rechtslage und Strafvollstreckungspraxis in der Bundesrepublik Deutschland und den USA. 1988.

Band 24 Klaus Lüderssen / Cornelius Nestler-Tremel / Ewa Weigend(Hrsg.): Modernes Strafrecht und ultima-ratio-Prinzip. 1990.

Band 25 Jürgen Taschke: Die behördliche Zurückhaltung von Beweismitteln im Strafprozeß. 1989.

Band 26 Daniela Westphalen: Karl Binding (1841-1920). Materialien zur Biographie eines Strafrechtsgelehrten. 1989.

Band 27 Sigrid Jans: Die Aushöhlung des Klageerzwingungsverfahrens. 1990.

Band 28 Dimitris Spirakos: Folter als Problem des Strafrechts. Kriminologische, kriminalsoziologische und (straf-)rechtsdogmatische Aspekte unter besonderer Berücksichtigung der Folterschutzkonvention und der Pönalisierung der Folter in Griechenland. 1990.

Band 29 Stephan Moll: Strafrechtliche Aspekte der Behandlung Opiatabhängiger mit Methadon und Codein. 1990.

Band 30 Stefan Werner: Wirtschaftsordnung und Wirtschaftsstrafrecht im Nationalsozialismus. 1991.

Band 31 Xanthi Bassakou: Beiträge zur Analyse und Reform des Absehens von Strafe nach § 60 StGB. 1991.

Band 32 Rainer Runte: Die Veränderung von Rechtfertigungsgründen durch Rechtsprechung und Lehre. Moderne Strafrechtsdogmatik zwischen Rechtsstaatsprinzip und Kriminalpolitik. 1991.

Band 33 Olaf Hohmann: Das Rechtsgut der Umweltdelikte. Grenzen des strafrechtlichen Umweltschutzes. 1991.

Band 34 Klaus Jochen Müller: Das Strafbefehlsverfahren (§§ 407 ff. StPO). Eine dogmatisch-kriminalpolitische Studie zu dieser Form des schriftlichen Verfahrens unter besonderer Berücksichtigung der geschichtlichen Entwicklung – zugleich ein Beitrag zum StVÄG 1987. 1993.

Band 35 Sang-Don Yi: Wortlautgrenze, Intersubjektivität und Kontexteinbettung. Das strafrechtliche Analogieverbot. 1991.

Band 36 Birgit Malsack: Die Stellung der Verteidigung im reformierten Strafprozeß. Eine rechtshistorische Studie anhand der Schriften von C. J. A. Mittermaier. 1992.

Band 37 Rüdiger Schäfer: Die Privilegierung des "freiwillig-positiven" Verhaltens des Delinquenten nach formell vollendeter Straftat. Zugleich ein Beitrag zum Grundgedanken des Rücktritts vom Versuch und zu den Straftheorien. 1992.

Band 38 Cornelius Nestler-Tremel: AIDS und Strafzumessung. 1992.

Band 39 Christine Gutmann: Freiwilligkeit und (Sozio-)Therapie – notwendige Verknüpfung oder Widerspruch? 1993.

Band 40 Walter Kargl: Der strafrechtliche Vorsatz auf der Basis der kognitiven Handlungstheorie. 1993.

Band 41 Jürgen Rath: Zur strafrechtlichen Behandlung der aberratio ictus und des error in objecto des Täters. 1993.

Band 42 Martin Fischer: Wille und Wirksamkeit. Eine Untersuchung zum Problem des *dolus alternativus*. 1993.

Band 43 Regina Harzer: Der Naturzustand als Denkfigur moderner praktischer Vernunft. Zugleich ein Beitrag zur Staats- und Rechtsphilosophie von Hobbes und Kant. 1994.

Band 44 Helmut Pollähne: Lockerungen im Maßregelvollzug. Eine Untersuchung am Beispiel der Anwendung des nordrhein-westfälischen Maßregelvollzugsgesetzes im Westfälischen Zentrum für Forensische Psychiatrie (Lippstadt). 1994.

Band 45 Hans-Joachim Leonhardt: Rechtsmittelermessen der Staatsanwaltschaft. Eine Gegenüberstellung von § 296 StPO mit Nummern 147 und 148 Richtlinien für das Strafverfahren und das Bußgeldverfahren (RiStBV). 1994.

Band 46 Rolf Grünebaum: Zur Strafbarkeit des Therapeuten im Maßregelvollzug bei fehlgeschlagenen Lockerungen. 1996.

Band 47 Barbara Bialas: Promille-Grenzen, Vorsatz und Fahrlässigkeit. 1996.

Band 48 Christine Pott: Die Außerkraftsetzung der Legalität durch das Opportunitätsdenken in den Vorschriften der §§ 154, 154a StPO. Zugleich ein Beitrag zu einer kritischen Strafverfahrensrechtstheorie. 1996.

Band 49 Wolfgang Köberer: *Iudex non calculat*. Über die Unmöglichkeit, Strafzumessung sozialwissenschaftlich-mathematisch zu rationalisieren. 1996.

Band 50 Institut für Kriminalwissenschaften Frankfurt a.M. (Hrsg.): Vom unmöglichen Zustand des Strafrechts. 1995.

Band 51 Petra Kamberger: Treu und Glauben (§ 242 BGB) als Garantenstellung im Strafrecht? 1996.

Band 52 Anastassios Triantafyllou: Das Delikt der gefährlichen Körperverletzung (§ 223a StGB) als Gefährdungsdelikt. (Zugleich ein Beitrag zur Dogmatik der Gefährdungsdelikte). 1996.

Band 53 Norbert Kissel: Aufrufe zum Ungehorsam und § 111 StGB. Grundrechtlicher Einfluß bei der Feststellung strafbaren Unrechts. 1996.

Band 54 Susanne Ehret: Franz von Liszt und das Gesetzlichkeitsprinzip. Zugleich ein Beitrag wider die Gleichsetzung von Magna-charta-Formel und Nullum-crimen-Grundsatz. 1996.

Band 55 Stefan Braum: Geschichte der Revision im Strafverfahren von 1877 bis zur Gegenwart. Zugleich eine Kritik der Kontinuität politischer Macht im Recht. 1996.

Band 56 Katja Diel: Das Regreßverbot als allgemeine Tatbestandsgrenze im Strafrecht. 1997.

Band 57 Christoph Koller: Die Staatsanwaltschaft – Organ der Judikative oder Exekutivbehörde? Die Stellung der Anklagebehörde und die Gewaltenteilung des Grundgesetzes. 1997.

Band 58 Frank Schößler: Anerkennung und Beleidigung. Rechtsgut und Strafzweck des § 185 StGB. 1997.

Band 59 Regina Engelstädter: Der Begriff des Unfallbeteiligten in § 142 Abs. 4 StGB. Zugleich eine Kritik an aktuellen Zurechnungslehren. 1997.

Band 60 Jörg Reinhardt: Der Ausschluß und die Ablehnung des befangen erscheinenden Staatsanwaltes. 1997.

Band 61 Jens Christian Müller-Tuckfeld: Integrationsprävention. Studien zu einer Theorie der gesellschaftlichen Funktion des Strafrechts. 1998.

Band 62 Peter Maria Rohe: Verdeckte Informationsgewinnung mit technischen Hilfsmitteln zur Bekämpfung der Organisierten Kriminalität. Zugleich eine rechtsvergleichende Analyse der polizeilichen Abhörbefugnisse in den U.S.A. 1998.

Band 63 Dirk Fabricius: Was ein Lehrbuch lehrt ... Eine exemplarische Untersuchung von Jakobs *Strafrecht – Allgemeiner Teil*. 1998.

Band 64 Stefan Sinner: Der Vertragsgedanke im Strafprozeßrecht. 1999.

Band 65 Sebastian Schattenfroh: Die Staatsphilosophie Giovanni Gentiles und die Versuche ihrer Verwirklichung im faschistischen Italien. 1999.

Band 66 Athanassia Dionyssopoulou: Der Tatbestand der Geldwäsche. Eine Analyse der dogmatischen Grundlagen des § 261 StGB. 1999.

Band 67 Klaus von Lampe: *Organized Crime*. Begriff und Theorie organisierter Kriminalität in den USA. 1999.

Band 68 Christian Hanssen: "Trennung der Märkte". Rechtsdogmatische und rechtspolitische Probleme einer Liberalisierung des Drogenstrafrechts. 1999.

Band 69 Institut für Kriminalwissenschaften und Rechtsphilosophie Frankfurt a.M. (Hrsg.): Irrwege der Strafgesetzgebung. 1999.

Band 70 Konstantinos Chatzikostas: Die Disponibilität des Rechtsgutes Leben in ihrer Bedeutung für die Probleme von Suizid und Euthanasie. 2000.

Band 71 Bettina Wirmer-Donos: Die Strafrechtstheorie Karl Christian Friedrich Krauses als theoretische Grundlage des spanischen Korrektionalismus. 2001.

Band 72 Christine Löw: Die Erkundigungspflicht beim Verbotsirrtum nach § 17 StGB. 2001.

Band 73 Florian Ufer: Der Verwertungswiderspruch in Theorie und Praxis. Prozessuale Obliegenheiten des Verteidigers und ihre Bedeutung für die Rechtsposition des Beschuldigten. 2002.

Band 74 Katja Melzer: Psychisch kranke Straftäterinnen. Frauen im Maßregelvollzug. 2001.

Band 75 Gregor Kuntze-Kaufhold: Lebenswelt und Unparteilichkeit. Kriterien für eine Rechtsanwendungslehre am Beispiel der Analyse von fünf Hauptverhandlungen in Strafverfahren. 2002.

Band 76 Iris Kristina Passek: Die erstinstanzliche Zuständigkeit der Oberlandesgerichte in Staatsschutzstrafsachen. Historische Entwicklung und aktuelle Probleme. 2002.

Band 77 Michael Krebs: Die Weisungsgebundenheit des Staatsanwalts unter besonderer Berücksichtigung des rechtstatsächlichen Aspekts. 2002.

Band 78 Kerstin Degenhardt: Europol und Strafprozeß. Die Europäisierung des Ermittlungsverfahrens. 2003.

Band 79 Domenico Siciliano: Das Leben des fliehenden Diebes: Ein strafrechtliches Politikum. 2., überarbeitete und ergänzte Auflage. 2013.

Band 80 Marc Colussi: Produzentenkriminalität und strafrechtliche Verantwortung. 2003.

Band 81 Thilo Lars Hild: Grenzen einer strafrechtlichen Regulierung des Kapitalmarktes. Eine kriminalrechtliche Untersuchung von Börsengängen und Aktienhandel in Deutschland und den USA. 2004.

Band 82 Philipp Rau: Schweigen als Indiz der Schuld. Ein Vergleich des deutschen und englischen Rechts zur Würdigung des Schweigens des Beschuldigten. 2004.

Band 83 Alexandra Pfeiffer: Die Regelung der Lebendorganspende im Transplantationsgesetz. 2004.

Band 84 Elena Fischer: Recht auf Sterben?! Ein Beitrag zur Reformdiskussion der Sterbehilfe in Deutschland unter besonderer Berücksichtigung der Frage nach der Übertragbarkeit des Holländischen Modells der Sterbehilfe in das deutsche Recht. 2004.

Band 85 Jörg Ziethen: Grundlagen probabilistischer Zurechnung im Strafrecht. 2004.

Band 86 Stefanie Schork: Ausgesprochen schuldig. Dogmatische und metadogmatische Untersuchungen zum Schuldspruch. 2005.

Band 87 Claudia Schubert: Verbotene Worte? Versuch einer Neubestimmung im Umgang mit rassistischen Äußerungen jenseits des Strafrechts. 2005.

Band 88 Ulfrid Neumann / C ornelius Prittwitz (Hrsg.): Kritik und Rechtfertigung des Strafrechts. 2005.

Band 89 Denis Basak: Die Zuständigkeitsregeln internationaler Strafgerichte und Art. 101 GG. Zum Verhältnis der deutschen Strafgerichtsbarkeit zu den Internationalen Tribunalen für Jugoslawien und Ruanda sowie zum Ständigen Internationalen Strafgerichtshof. 2005.

Band 90 Hsiao-Wen Wang: Der universale Strafanspruch des nationalen Staates. Eine Untersuchung über das Weltrechtsprinzip im Internationalen Strafrecht. 2005.

Band 91 Leonie Frenz: Faktizität des Rechts in der forensischen Psychiatrie. Eine Untersuchung im LKH Moringen. 2005.

Band 92 Eva-Maria Unger: Schutzlos ausgeliefert? Der Europäische Haftbefehl. Ein Beispiel für die Missachtung europäischer Bürgerrechte. 2005.

Band 93 Marcus Bastelberger: Die Legitimität des Strafrechts und der *moralische Staat*. Utilitaristische und retributivistische Strafrechtsbegründung und die rechtliche Verfassung der Freiheit. 2006.

Band 94 Marc Reiß: Rechtliche Aspekte der Präimplantationsdiagnostik. Unter besonderer Berücksichtigung der Rechte der von einem Verbot betroffenen Paare. 2006.

Band 95 Alexander Kolz: Einwilligung und Richtervorbehalt. 2006.

Band 96 Vasco Reuss: Eine Kritik der juristischen Vernunft. Rezeptionsversuche der Negativen Dialektik Adornos für die Dogmatik des Strafrechts. 2007.

Band 97 Lutz Eidam: Die strafprozessuale Selbstbelastungsfreiheit am Beginn des 21. Jahrhunderts. 2007.

Band 98 Christiane Rüdiger: Schutzinteresse und Deliktsstruktur der „Bestechungsdelikte" (§§ 331 ff. StGB). 2007.

Band 99 Urte Eisenhardt: Das nemo tenetur-Prinzip: Grenze körperlicher Untersuchungen beim Beschuldigten. Am Beispiel des § 81a StPO. 2007.

Band 100 Institut für Kriminalwissenschaften und Rechtsphilosophie Frankfurt a. M. (Hrsg.): Jenseits des rechtsstaatlichen Strafrechts. 2007.

Band 101 Nils Möckelmann: Die rechtliche, psychiatrische und gesellschaftliche Beurteilung jugendlicher Straftäter in der jüngeren deutschen Geschichte. Eine Analyse anhand zweier Strafverfahren mit Gutachten des Psychiaters Ernst Rüdin aus den Jahren 1915/1917 unter Berücksichtigung der Entwicklungen bis zur Gegenwart. 2007.

Band 102 Alexa Albrecht: Zur Erosion der Menschenrechte im demokratischen Rechtsstaat. Reaktionen der Systeme und der Zivilgesellschaft. 2007.

Band 103 Dirk Lange: Die politisch motivierte Tötung. 2007.

Band 104 Ulfrid Neumann / C ornelius Prittwitz (Hrsg.): „Personale Rechtsgutslehre" und „Opferorientierung im Strafrecht". 2007.

Band 105 Lisa Kathrin Sander: Grenzen instrumenteller Vernunft im Strafrecht. Eine Kritik der Präventionsdoktrin aus strafrechtsgeschichtlicher und empirischer Perspektive. 2007.

Band 106 Stephan Werner: Zur Notwendigkeit der Verteidigeranwesenheit während der polizeilichen Beschuldigtenvernehmung. 2008.

Band 107 Inti Schubert: Europol und der virtuelle Verdacht. Die Suspendierung des Rechts auf informationelle Selbstbestimmung. 2008.

Band 108 Bong-Jin Ko: Menschenwürde und Biostrafrecht bei der embryonalen Stammzellenforschung. 2008.

Band 109 Wanja Andreas Welke: Die Repersonalisierung des Rechtskonflikts. Zum gegenwärtigen Verhältnis von Straf- und Zivilrecht. 2008.

Band 110 Jan Helmrich: Die Berufung gewerblicher Sicherheitskräfte auf Notwehr und Nothilfe. Zugleich ein Beitrag zu den Grundlagen des Notwehr- und Nothilferechts. 2008.

Band 111 Alexander Köstler-Loewe: Strafrecht US-Style: „Three Strikes and You're Out!" Baseball, Rückfall und Kriminalpolitik? 2008.

Band 112 Christina Bott: Die Medienprivilegien im Strafprozess. Zeugnisverweigerungsrecht und Beschlagnahmeverbot zum Schutz der Medien im Strafverfahren. 2009.

Band 113 Mario Riechmann: Organisierte Kriminalität und Terrorismus. Zur Funktionalisierung von Bedrohungsszenarien beim Abbau eines rechtsstaatlichen Strafrechts. 2009.

Band 114 Dirk Simon: Präzeptoraler Sicherheitsstaat und Risikovorsorge. 2009.

Band 115 Stefan Kirsch: Der Begehungszusammenhang der Verbrechen gegen die Menschlichkeit. 2009.

Band 116 Heng-da Hsu: Zurechnungsgrundlage und Strafbarkeitsgrenze der Fahrlässigkeitsdelikte in der modernen Industriegesellschaft. 2009.

Band 117 Dennis Teschner: Die soziale Kontrolle im virtuellen Raum. Eine juristische, soziologische und soialpsychologische Untersuchung der Instrumentalisierbarkeit von Internetkriminalität. 2009.

Band 118 Daniel Schilling: Fragmentarisch oder umfassend? Wege strafrechtlichen Zugriffs bei der Veruntreuung fremden Vermögens am Beispiel des deutschen und des italienischen Untreuestrafrechts. 2009.

Band 119 Andreas Stüdemann: Die Entwicklung der zwischenstaatlichen Rechtshilfe in Strafsachen im nationalsozialistischen Deutschland zwischen 1933 und 1945. Kontinuität und Diskontinuität im Auslieferungsrecht am Beispiel der Rechtsentwicklung im NS-Staat. 2009.

Band 120 Matthias Achenbach: Strafrechtlicher Schutz des Wettbewerbs? Eine kritische Analyse von Sinn und Zweck der Straftatbestände zum Schutz des Wettbewerbs. 2009.

Band 121 Vera Backhaus: Der gesetzliche Richter im Staatsschutzstrafrecht. Zur Verfassungsmäßigkeit des § 120 Abs. 2 GVG. 2010.

Band 122 Verena Maria Brenneis: Rechtspolitische Implikationen von Gefährlichkeitsprognosen im Vollzug von Maßregeln nach § 63 StGB. Zum Subjektstatus von Eingewiesenen. 2010.

Band 123 Maike Hoenigs: Zur Existenzberechtigung des Straftatbestandes der Rechtsbeugung. Korrelat oder Widerspruch zur richterlichen Unabhängigkeit. 2010.

Band 124 Christine Würfel: Freiheit als Grundlage der Schuld. 2012.

Band 125 Charlotte Rau: Compliance und Unternehmensverantwortlichkeit. Materiellrechtliche Fragen der sanktionsrechtlichen Unternehmensverantwortlichkeit unter Berücksichtigung von Compliance-Maßnahmen. 2010.

Band 126 Marc Fornauf: Die Marginalisierung der Unabhängigkeit der Dritten Gewalt im System des Strafrechts. 2010.

Band 127 Sabine Benthin: Subventionspolitik und Subventionskriminalität. Zur Legitimität und Rationalität des Tatbestandes zum Subventionsbetrug (§ 264 StGB). 2011.

Band 128 Philipp Horrer: Bestechung durch deutsche Unternehmen im Ausland. Strafrechtsentwicklung und Probleme. 2011.

Band 129 Marianne Varwig: Zum Tatbestandsmerkmal des Vermögensschadens (§ 263 StGB). Eine kritische Untersuchung mittels der vier klassischen Auslegungsmethoden. 2011.

Band 130 Alexander Rieger: Verfassungsrechtliche Legitimationsgrundlagen richterlicher Unabhängigkeit. Zugleich eine Auseinandersetzung mit der Debatte um eine Selbstverwaltung der Justiz. 2011.

Band 131 Moritz von Schenck: Pönalisierung der Folter in Deutschland – de lege lata et ferneda. 2011.

Band 132 Kerstin Bohn: Der gesetzliche Richter als rechtsstaatstragendes Prinzip in europäischen Staaten. Eine Untersuchung der Fallzuteilung unter besonderer Berücksichtigung Englands. 2011.

Band 133 Cornelius Trendelenburg: Ultima ratio? Subsidiaritätswissenschaftliche Antworten am Beispiel der Strafbarkeit von Insiderhandel und Firmenbestattungen. 2011.

Band 134 Susana Campos Nave: Rechtsstaatliche Regeltreue? Corporate Compliance als zwingende Antwort des freiheitsliebenden Unternehmens im Wirtschaftsstrafrecht. 2012.

Band 135 Christine Ditscher: Europäische Beweise. Der Rahmenbeschluss über die Europäische Beweisanordnung zur Erlangung von Sachen, Schriftstücken und Daten zur Verwendung in Strafsachen. 2012.

Band 136 Fedor Brunner: Das Phänomen des Mietnomaden in der Rechtspraxis. Strukturelle Hintergründe, zivilrechtliche Mechanismen und Perspektiven. 2012.

Band 137 Konstantinos Diakonis: Die Geringfügigkeitsvorschriften als Teil der Problematik der Kollision zwischen primären und sekundären Prinzipien des Rechts. 2012.

Band 138 Gustavo Chan Mora: Kritik des Schuldbegriffs im Jugendstrafrecht. Eine metadogmatische Begründung des Schuldfähigkeits- und Verbotsirrtumsbegriffs. 2012.

Band 139 Julia Anna Bargenda: *Australian Law Reform Commission.* Ein Modell für Deutschland? 2012.

Band 140 Katharina Schermuly: Grenzen funktionaler Integration. Anforderungen an die Kontrolle europäischer Strafgesetzgebung durch den EuGH. 2013.

Band 141 Florian Conradi: Die Sicherungsverwahrung – Ausdruck einer zunehmenden Sicherheitsorientierung im Strafrecht? Die Entwicklung der Sicherungsverwahrung im Kontext des Spannungsverhältnisses von Freiheit und Sicherheit. 2013.

Band 142 Hyun Kyong Joo: Die positive Generalprävention im Straßenverkehr. 2013.

Band 143 Ulfrid Neumann / Cornelius Prittwitz / Paulo Abrão / Lauro Joppert Swensson Jr. / Marcelo D. Torelly (Hrsg.): Transitional Justice. Das Problem gerechter strafrechtlicher Vergangenheitsbewältigung. 2013.

Band 144 Frederico Figueiredo: Zur Möglichkeit des unmöglichen Strafrechts. Ein Versuch über die Dissonanz im System der ultima ratio. 2014.

Band 145 Moritz Bermel: Banken und Pflichten. Moderne Bankmanager und traditionelles Strafrecht. 2014.

Band 146 Björn Kruse: Compliance und Rechtsstaat. Zur Freiheit von Selbstbelastung bei Internal Investigations. 2014.

Band 147 Charlotte Schultz: Spiegelungen von Strafrecht und Gesellschaft. Eine systemtheoretische Kritik der Sicherungsverwahrung. 2014.

Band 148 Daniel Wegerich: Moderne Kriminalgesetzgebung: Produzent von Parteiverrat? Auswirkungen strafprozessualer Absprachen und Aufklärungshilfen auf den Parteiverrat in Strafsachen (§ 356 StGB). 2015.

Band 149 Lauro Joppert Swensson Jr: Vor dem Gesetz. *Transitional Justice* in Brasilien und die Problematik der strafrechtlichen Verantwortung für Straftaten der Militärdiktatur. 2015

www.peterlang.com